바른말 옳은 글

바른말 옳은 글

지은이 김 상 민

대양미디어

책머리에

훈민정음 해례의 '용자례(用字例)'에, "以二十八字而轉換無窮 簡而要 精而通 故智者不終朝而會 愚者可浹旬而學 以是解書 可以知其義"라는 글이 있다. 필자 나름대로 옮겨 써 보면, "스물여덟 글자로써 전환 사용이 무궁무진하며, 간단하면서도 요긴함은 물론, 정교하면서도 두루 상통한다. 따라서 지혜로운 사람은 하루아침이면 능히 알 수 있고, 설사 어리석은 자라 할지라도 열흘이면 배울 수 있으니, 이로써 글을 이해하고 가히 그 뜻을 알 수 있을 것"이라는 내용의 글이 된다.

그런가 하면, 훈민정음 창제 초창기에는 집현전 부제학 최만리 등이 "우리 글을 만들어 쓰는 것은 사대모화(事大慕華)에 어긋나며, 스스로 오랑캐가 되는 것이다. 그처럼 쉬운 언문을 배워 출세한다면, 어렵게 한문을 배울 이가 없어질 것이니 이것이 걱정"이라는 내용의 한글 반대 상소문을 올려 읍소할 정도로, 천덕꾸러기 취급을 당하기도 했었다. 그러나 네덜란드 라이덴 대학의 언어학자인 포스 교수를 비롯한 세계 각처의 숱한 석학들이 "한국인들은 세계에서 가장 훌륭한 알파벳을 발명했다."며 한글의 우수성을 극찬하고 있음은 주지의 사실이다.

영어 스펠링 하나 틀리는 건 무척 창피해하면서도 신문, 잡지, 방송 할 것 없이 한글맞춤법 몇 개 틀리는 것쯤은 눈 하나 깜짝하지 않는 서글픈 현실을 늘 안타깝게 생각해 왔다. 이에 국문학자도 아니요 어학 전문가도 아니며 한글학자는 더더욱 아닌 한갓 하잘것없는 백면서생이, 수십 년 간 보고, 듣고, 생각하며 수집해 온 여러 단편들과 각종 자료들을 한데 모아 2000년도에 이미 탈고를 했으나, 사정이 여의치 않아 출판을 미뤄 오다가 다시 내용을 첨가하고 수정 보완하여, 맞춤법은 말할 것도 없거니와 토씨 하나에도 필자 깜냥으론 정성을 다하여 한 권의 책으로 내놓게 되었으니, 비록 남 보기엔 하잘것 없고 빈약한 내용일지언정 혼자서도 대견스러운 마음 어찌 숨길 수 있으리오.

그러나 글 내용의 출처를 밝히려다 보니 각 방송사나 신문·잡지사 등의 사명(社名)은 물론이거니와, 때로는 본의 아니게 개인의 실명(實名)까지 거론하게 되어, 청정무구한 학계에 뜻하지 않은 누를 끼칠까 봐 초조하고 바끄러운 마음 또한 그지없으나, 만에 하나라도 어느 특정인의 명성에 흠집을 내고 싶다거나, 그로 말미암아 본인의 필명에 손톱만큼이라도 보탬이 되어야겠다는 어리석은 생각은 추호도 없음을 혜량해 주시리라 믿는다.

하긴, 미국 뉴욕의 '석세스'誌는, 1990년 10월부터 편집 담당자가 철자나 문장 부호 하나 잘못 쓰면 25달러, 문법이나 人名이 틀리면 자그마치 500달러의 벌금을 물린다고 했다. 필자 역시 1984년 일본에 잠시 유학 공부를 하던 중, 단편적이나마 일본의 출판물들을 다각도로 접하게 되었는데, 오자투성이인 국내 출판물들과는 달리, 일부러 눈을 부릅뜨고 오자를 찾아내려고 해도 무척 찾아보기 힘들 정도로 정확한 문장과 철자법은 말할 것도 없거니와, 특히 법적인 증빙서류가 될 만한 문서 등에는 토씨 하나에도 세심한 주의를 기울여 절대로 잘못 해석되거나 오해의 소지가 없도록, 철두철미한 완벽주의를 지향하는 그들의 출판문화에 새삼 놀라지 않을 수 없었다.

아무쪼록, 필자 역시 그런 철저한 장인 정신으로 이 책을 집필코자 혼신의 정을 쏟았다곤 하나, 명문임을 자부하며 썼던 글을 이튿날 읽어 보면 이걸 글이라고 썼던가를 후회하며 스스로 얼굴 붉힌 일이 어디 한두 번뿐이리오마는, 강호 제현의 애정 어린 질타와 알뜰하신 보살핌에 힘입어, 앞으로도 계속 절차탁마 배우며 노력하는 마음으로 열심히 정진코자 하오니, 우리말과 글을 늘 아끼고 사랑하시는 모든 분들께, 자그마한 참고 자료라도 됐으면 하는 마음 간절할 뿐이다.

세종 큰 임금님께서 한글 펴내신 지 570돌에
지은이 **김 상 민** 두 손 모음

국어는국민정신에의하여형성되나

국민은다시국어에의하여형성된다

피히테의독일국민에게고한다에서

차 례

일러두기

1. '신문 · 잡지 기사의 오류'와 '방송에서 잘못 쓰는 말들'에선 각 쪽당 한두 꼭지의 글로 마무리 지었으며, 다른 항에서도 특별한 경우를 제외하곤 일단 문장을 끝내고 다음 쪽으로 넘어가는 것을 원칙으로 하되, 주의를 요하는 부분은 고딕체로 표시했다. (다만, 발췌한 예문들의 체크한 날짜와 등재 순서와는 전혀 무관함.)

2. 방송 예문들에 표시된 연월일은, 위성 방송이나 유선 방송 등의 재방송을 듣고 체크한 경우 또한 적잖으므로 최초의 방송 일자와 다를 수도 있으며, TV 방송이라도 자막으로만 방영된 경우엔 '신문·잡지 기사의 오류' 항으로 옮겨 실었다.

3. 각 신문 · 방송에서 모니터한 예문들의 출처를 표시할 때,
   가. 책 제목인 경우, '문학 동네 술 동네'는 '문학 동네'로, '우리말 바로 써야 한다'는 '우리말 바로' 등으로 줄여 쓰고,
   나. 방송 프로그램일 경우, '6시 내 고향'은 '내 고향'으로, '그것이 알고 싶다'는 '알고 싶다' 등으로 줄여 썼으며,
   다. 연속극일 경우, '은하수를 아시나요'는 '은하수를'로, '아름다운 선택'은 '아름다운' 등으로 축약해서 표기했음은 물론,
   라. 중앙 방송(Key Station)이나 지방 방송(Network), KBS 2TV나 위성 1, 2 방송 등등의 구분 없이 그냥 'KBS(TV)', 'MBC(TV)', 'SBS(TV)', 'EBS(TV)' 등으로 표시했다.

4. 신문·잡지나 TV·라디오 방송 등에 같은 내용의 문제점이 있을 경우엔, 기사의 중복을 피하기 위하여 어느 한쪽으로 몰아 썼으며, '엣센스 국어사전'의 '엣센스(Essence)'는 외래어 표기 용례에 따라 당연히 '에센스'라고 표기하는 것이 원칙이겠으나, 다른 고유명사들처럼 원제(原題)를 그대로 살려 썼다.

5. 같은 뜻의 한자라도 중국에선 대개 간체자(簡體字)를 쓰고 일본에선 주로 약자(略字)들을 쓰지만, 정자체(正字體)를 쓰는 한국인 독자들의 편의를 위하여 이 책에선 중국어나 일본어를 막론하고, 간자나 약자를 쓰지 않고 전부 정자를 썼음을 미리 밝혀 둔다.

1. 신문·잡지 기사의 오류

"이판사판 공사판 벌여 놓고"
(일간 스포츠 '미주알고주알')
"보다 낫다는 이판사판 심리?"
(경향신문 '신문고'. 1991. 10. 30.)
"이판사판 야단법석"
(안길모 책 제목)
"나도 이판사판이야"
(MBC '일일 드라마'. 2015. 2. 3.)

　막다른 길에 이르러 어쩔 도리가 없게 된 경우를 '이판사판' 또는 '이판새판'이라고 하는데, 숭유억불정책(崇儒抑佛政策)으로 천민 대우를 받던 조선조 후기에, 속세를 떠나 수도에 전념하는 것을 '이판(理判)'이라 하고, 그런 스님을 '이판승(理判僧)'이라고 하는가 하면, 사찰의 재물과 사무를 처리하는 걸 '사판(事判)'이라 하고, 사판을 담당하는 스님을 '사판승(事判僧)'이라고 했다. 결국 '이판승'이 되건 '사판승'이 되건 별 도리 없다는 뜻에서 이런 말이 나왔다는 설이 있다. 그런가 하면, '이판'은 '이조판서'의 준말이되, 뒤의 '새판'은 '영감땡감'처럼 단순히 운율을 맞추기 위하여 덧붙인 추임새로서, 이조판서가 되건 다른 어떤 판서가 되건 뭔가는 되겠지 하는 뜻으로 쓰이게 됐다는 설도 있으나, 아마 불교 용어에서 비롯된 말이 아닌가 싶다.

　그건 그렇다 치고라도, 준첩어인 '이판사판'에 대한 표기마저 국어 대사전에는 '이판사판'은 없이 '이판새판'만 나와 있고, 동아 새 국어사전에는 '이판사판'은 '이판새판'의 비표준어로 되어 있다. 그런가 하면 엣센스 국어사전·한컴사전·표준국어 대사전에는 '이판새판'은 간 곳이 없고 '이판사판'만 나와 있는가 하면, 새 한글사전과 새 우리말 큰 사전에는 아예 찾아볼 수조차 없어, 사전을 뒤질수록 더욱 미궁 속을 헤매게 된다. 다만, 문자언어(Written Language)로선 '이판새판'이 맞을지 모르겠으나, 실지 입말(Spoken Language)로는 '이판사판'임이 분명한데, 지금은 대개 '죽기 아니면 살기'라는 뜻으로 통용되고 있다.

"「벌을 섰다」는 말은 바른 말이 아니다."
(박갑수 '우리말 바로 1.')
"벌을 서고 있는 듯한 기분을"
(네이버 블로그. 2013. 2. 21.)
"우리 체육 쌤은 벌씨우고요"
(다음넷 카페. 2003. 10. 9.)

　　국어심의 위원이신 서울대 박갑수 교수님께선 위 책에서, 「「잘못된 것이 있어 벌을 당하는 것」을 흔히 「벌을 섰다」 또는 「벌을 받았다」고 한다. 그런데 이들 가운데 「벌을 섰다」는 말은 바른 말이 아니다. 이 말의 바른 말은 「벌을 썼다」이다.」라고 했다. 그런가 하면 '표준국어 대사전'에는, '벌(罰)서다'는 '잘못을 하여 **일정한 곳**에서 벌을 받다.'라는 의미로 "수박 서리하다 들킨 아이들은 원두막에서 한두 시간 벌서곤 하였다."라는 예문을 들고 있다. 그러나 '엎드려뻗쳐'나 '토끼뜀뛰기' 또는, '꿇어앉기' 등의 체벌들을 통틀어 '벌쓰다'라고 할지라도, 그냥 맨 몸이나 의자 등 다른 뭔가를 들고 **서 있게 하는 벌**은 '벌을 서다' 즉 '**벌서다**'라고도 할 수 있으므로, 바른 말이 아니란 말은 진짜 바른 말이 아님은 물론, 잘못을 하여 **일정한 곳**에서 벌을 받는 것을 '벌서다'라고 한다는 '표준국어 대사전'의 설명 또한 문제점이 있음을 알 수 있다. 위 마지막 예문의 '벌씨우고요'는 '**벌씌우고요**'로 바로잡아야 하는데, '벌씌우다'는 '벌쓰다'의 사동형이므로 '벌쓰게 하다'의 뜻이 되며, '쌤'은 '선생님'에 대한 학생들의 은어다. 아무튼 '**벌쓰다**'는, '바쁘다'가 '바빠서, 바빴다'로, '움트다'는 '움터서, 움텄다' 등으로 어미가 활용되듯, 어간의 끝 '으'가 '아'나 '어' 앞에서 줄어지는 '으' 불규칙 용언이므로, '벌쓰다'역시 '벌써서, 벌썼다' 등으로 활용되며, 사역형은 '벌씌우다'가 된다. 반면에 '**벌서다**'는 '벌서니, 벌서면, 벌서서, 벌섰다' 등으로 활용되며, 사역형은 역시 '벌세우다'가 되어야 한다.

※ 위의 '우리말 바로'는 박갑수 교수님의 '우리말 바로 써야 한다'의 약칭인데, 지금은 작은따옴표(' ') 대신 낫표(「 」)도 쓸 수 있도록 개정(2015. 1. 1.) 되었으나, 1, 2, 3권의 모든 낫표는 당시로선 잘못된 부호용법이었다.

"'올바르다'가 아니라 '옳바르다'?"
('말과 글'지에서)
"정부와 여당의 옳바른 길은"
(네이버 카페. 2014. 10. 27.)
"모든 분들이 옳바르게 하셔서"
(다음넷 블로그. 2008. 12. 16.)

　교열기자로서도 널리 알려진 경희대학교 서강화 교수님도, '옳고 바른 것'을 뜻하는 '올바르다'는 '옳고 바르다'의 축약형인 '옳바르다'로 써야 한다고 강조한 바 있으나, 필자는 의견을 달리하기에 예시해 본 글이다. 물론 필자의 과문(寡聞) 탓인진 모르겠으나, 훈민정음의 서문에 있는 '홇 배'와 '몯 홇 놈'처럼, '여린히읗(ㆆ)'이 'ㄹ'과 병서되어 경음 부호나 절음(絶音) 부호, 또는 '하눓 뜯'처럼 'ㄹ'과 'ㅳ' 사이의 관형격 촉음으로 쓰였을 뿐, 어간 끝 받침 'ㅎ'이나 'ㅀ'이 'ㅂ'으로 직접 연결되는 낱말은 없는 것으로 알고 있다. 만약 굳이 '옳바르다'로 써야 한다면 발음에도 적잖은 문제가 생기는데, '옳게, 옳고, 옳다, 옳소, 옳지'가 〔올케〕, 〔올코〕, 〔올타〕, 〔올쏘〕, 〔올치〕' 등처럼 거센소리나 된소리로 발음되듯이, '옳바르다' 역시 〔올빠르다〕라고 발음해야 하므로, 예사소리인 〔올바르다〕의 발음과는 거리가 멂을 알 수 있다. 따라서 위 예문의 '옳바르다', '옳바른', '옳바르게'는 각각 〔올빠르다〕, 〔올빠른〕, 〔올빠르게〕라고 발음해야 하므로, 비논리적임을 쉽게 알 수 있다. 물론, '값어치' 같은 경우는 '값'이라는 명사와 '어치'라는 의존명사의 두 단어가 결합된 합성어이므로, 각 낱말의 음가를 살려 〔갑서치〕가 아닌 〔가버치〕로 발음되는 예도 있거니와, 북한에서도 '올바르다'가 아닌 '옳바르다'를 문화어로 인정하고 있지 않으냐고 항변할 진 모르겠으나, 어원 자체가 '옳고 바르다'는 뜻에서 나온 말이 아니라, 길쌈을 할 때 베틀의 날실(經絲)과 북의 씨실(緯絲), 즉 올들을 가지런히 바르게 하여 베를 짜야 좋은 옷감이 된다는 뜻에서 나온 말임을 생각하면 '올바르다'가 올바른 표기임을 분명히 알 수 있다.

"앎은 즐겁고 어짊은 오래 간다."
(중앙일보 기사. 1999. 9. 16.)

문화 전문위원이자 역사학자인 김기협 님의 글에, "'논어'에는 '지자요수 인자요산(知者樂水 仁者樂山)'에 이어 '앎이란 움직임이고 어짊이란 조용함이며, 앎은 즐겁고 어짊은 오래 간다(知者動 仁者靜 知者樂 仁者壽)'고 했다."라고 하여, 논어 제6편 '옹야(雍也)' 21에 나오는 공자의 말씀을 설명하고 있다. 그런데 문제는, '기자(記者)'나 '학자(學者)' 등처럼, '어떠한 사람'이나 '어떤 일에 능통한 사람'임을 뜻하는 접미사인 '놈 자(者)' 자를, 실질적인 뜻이 없는 조사쯤으로 잘못 생각하는 바람에, 위와 같은 엉뚱한 해석이 나오지 않았나 싶다. 다시 말하자면 '지자(知者)'란 '앎'이 아니라 '지식이 많고 사리에 밝은 지혜로운 사람'을 뜻하며, '인자(仁者)'란 '어짊'이 아니라 '마음이 어진 사람'을 뜻하는 말이다. '動(움직일 동)' 자도 여기선 '움직임'이 아니라 행동이 동적(動的)이라는 뜻으로 쓰였으며, '靜(고요할 정)' 자 역시 '조용함'이라는 뜻이 아니라 '정적(靜的)'이라는 뜻으로 쓰인 글자다. '樂' 자 역시 '즐거울 락' 자로 보아 '즐겁다'로 풀이했으나, 여기서는 '좋아할 요'로 읽는 글자이며, '壽(목숨 수)' 자 역시 오래 간다는 뜻이 아니라 장수(長壽) 즉, 오래 산다는 뜻으로 쓰인 글자들이다.

제대로 정리하자면, "지자 즉 지식이 많고 사리에 밝은 사람들은 동적이며, 인자 즉 마음이 어진 사람들은 정적이다. 지자는 즐기고 인자는 수를 누린다."는 뜻인데, 고명하신 역사학자께서 어찌 이런 허무맹랑한 글을 쓰게 되었는지 알 수가 없으나, '지자요수 인자요산(知者樂水 仁者樂山)'이란 말은 "지자는 사리에 밝아 막힘이 없이 흐르는 물을 즐기며, 인자는 행동이 신중하여 태산 같으므로 산을 즐긴다."는 뜻이 된다. 환언하자면 지혜로운 사람은 '知'를 탐구하기 위하여 끊임없이 흐르는 물처럼 늘 움직이고 있으니 '生'을 즐길 수밖에 없고, 어진 사람은 늘 마음이 명경(明鏡)처럼 맑고 평온하여, 희로애락에 구애됨이 없으니 장수할 수밖에 없다는 뜻이므로, 착오 없도록 주의해야겠다.

"푸짐한 **순대국** 한 뚝배기"
(네이버 블로그. 2015. 3. 27.)
"불광동 삼오 옛날 **순대국**"
(ESSEN 여행/맛집. 2012. 12. 1.)

돼지를 삶은 국물에 순대를 넣고 끓인 국을 '**순댓국**'이라고 하는데, 수천수
만이나 될 전국 음식점들 중에서 아직 단 한 군데도 '**순댓국**'이라고 제대로
표기된 간판을 본 일이 없으니 참으로 딱한 노릇이다. 순우리말로 된 합성어
로서 앞말이 모음으로 끝나고, 뒷말의 첫소리가 된소리가 나는 것은 사이시
옷을 받쳐 적는다는 사이시옷 규정에 따라 '김치+국'은 '김칫국'이 되고 '시래
기+국'은 '시래깃국'이 되며, '선지+국'은 '선짓국'이 되듯이 '순대+국' 역시
'순댓국'이 되어야 한다.

"**낙자압병**(落者壓鬂)"
→엎으러진 놈의 꼭뒤를 친다.
('말과 글' 제47호)

우선 위의 '鬂'은, '살쩍(귀밑털) 빈' 또는 '구레나룻 빈'이란 글자이지, 결
코 '병' 자가 아니다. 흔히 위에 있는 글자 '髟(머리 늘일 표)'에서 '털이 길다'
는 뜻을 취하고, 아래에 있는 글자 '수(須)'나 '염(冉)' 등에서 음을 취하여,
'수염(鬚髥)'이 된다는 한자의 보편적인 구성 원리만 믿고, '鬂'의 밑에 있는
글자가 '군사 병(兵)' 자이므로, 이것도 '병' 자이겠거니 하고 넘겨짚었던 것
으로 추측되나, '鬂'이 '鬢(살쩍 빈)'의 속자인 줄은 미처 몰랐던 게 아닌가
싶다. 아무튼 '**낙자압빈**'의 뜻은 엎어진 놈 뒤통수를 친다는 뜻으로 어려움에
처한 사람을 더 괴롭힌다는 뜻이며, 위의 '엎으러진'도 '**엎어진**'으로 바로잡아
야 하는 글이다.

※ 한국 교열 기자회에서 펴낸 '말과 글' 제47호의 내용 중에, 고사성어들을 풀이한
"알고 써야 바른 글 고운 말"에서 발췌한 내용임.

"경험을 통해서 도움을 **받고져**"
(녹색신문 기사. 1993. 9. 20.)

"소연을 **베풀고저** 하오니"
(어느 고희연의 청첩장)

"집들이를 **가지고저** 하오니"
(모 동지회의 이전 안내장)

"다음과 같이 **시행코져** 하오니"
(모 낚시대회 안내장)

"대회를 **개최하고져** 합니다."
(모 창당 대회 공고문)

"시설을 점용 **사용코져** 하는"
(한강 시민공원 안내판)

"님을 홀로 **모시고져**"
(장윤진 그림이야기. 2007. 2. 5.)

"캠프에 여러분을 **모시고져**"
(네이버 블로그. 2013. 8. 14.)

　　동사어간에 붙어 소망의 뜻을 나타내는 연결어미는, '-고져'나 '-코져'가 아니요 '-코자'도 아닌 '-고자'이다. 물론 고어에서는, "봄나리 살진 맛을 님에게 드리고저(고시조).", "덕을 그려 보숩고져 ᄒ니(월인천강지곡 175).", "시름 업슬 일을 議論코져 ᄒ노라(청구영언 274)." 그리고 "고국산천을 쩌나고쟈 ᄒ랴마ᄂᆞᆫ(고시조)." 등에서 보는 바와 같이, '-고저', '-고져', '-코져', '-고쟈' 등으로 다양하게 써 왔던 건 사실이다. 그러나 예문들에서처럼 아직까지도 사회 각계각층에서 각양각색으로 쓰고들 있으나, 현행 표기법으로는 "연구실을 **옮기고자** 하오니" 또는 "선생님을 **모시고자** 하오니" 등처럼, 동사 어간 뒤에는 반드시 '-고자'로 쓰되, 체언 뒤에는 "비법을 **전수하고자** 하오니" 또는 "기념식을 **개최코자** 하오니" 등과 같이, '-하고자'('-코자'는 축약형)로 쓰도록 되어 있으므로 혼동하지 않도록 주의해야 한다.

"마돈나 **도쿄** 열창"
(조선일보 토픽. '93. 12. 15.)
"**도쿄** 한복판에서 범죄를"
(동아일보 기사. 1993. 12. 23.)
"**도쿄** 한 올림픽에서 다시"
(세계일보 기사. 1994. 1. 14.)
"일본의 古都 **교토**로 들어"
('말과 글' 1991 가을호. 72쪽)

국어연구원의 외래어 표기 용례집 지명편이나, 문교부의 편수 자료는 '**도쿄**'로 적도록 되어 있으나, 한국 교열 기자회의 외래어 사전에는 '**도꾜**'로 적기로 해 놓고도, 바로 그네들이 교열하고 있는 각 신문에는 '**도쿄**'로 쓰고들 있으니 웬일인지 모르겠다. 하긴, 문교부(현 교육부)에서 고시한 '일본어의 가나와 한글 대조표'에서부터 벌써 논란의 불씨를 안고 있는 건 사실이다. 왜냐하면, 탁음(濁音)인 'だ·ぢ·づ·で·ど'도 '다·지·즈·데·도'라 하고, 청음(淸音)인 'た·ち·つ·て·と'도 어두에선 '다·지·쓰·데·도'라고 써야 한다고 했는가 하면, 탁음인 'が·ぎ·ぐ·げ·ご'도 '가·기·구·게·고', 청음인 'か·き·く·け·こ' 역시 어두에선 탁음과 같이 '가·기·구·게·고'로 적도록 되어 있기 때문이다.

물론 현행 일본어 한글 표기법에 따라 어두의 'た·ち·つ·て·と'를 '다·지·쓰·데·도'로 어중·어말의 'か·き·く·け·こ'를 '카·키·쿠·케·코'라고 표기할 수밖에 없었겠으나, 그렇게 되면 'が·ぎ·ぐ·げ·ご'나 청음인 'か·き·く·け·こ'가 아무런 차이가 없어, 일본어의 탁음 부호인 니고리(〃)는 완전히 있으나 마나한 장식품이 되고 만다. 따라서 탁음은 무조건 예사소리인 '가·기·구·게·고'로 하고, 청음은 어두에선 거센소리인 '카·키·쿠·케·코'로 하되, 어중이나 어말에선 된소리인 '까·끼·꾸·께·꼬'로 구분 즉 위 예문의 'とうきょう'는 '**토꾜**'로 표기하고, 'きょうとう'는 '**쿄또**'로 적어야 한다고 생각하나, 이에 관한 자세한 내용은 뒤에 있는 '일본어 표기'에서 상세히 논하기로 한다.

"산 넘어 남촌에는 누가 **살길래** 해마다 봄바람이 남으로 **오네**"
(김동환의 시 '산 넘어 남촌')

　　한때 꾀꼬리 같은 목소리의 주인공인 '박재란'이란 가수가 불러 대중가요로도 크게 히트한 바 있는 김동환의 유명한 시이긴 하나, 우선 제목의 철자법부터 잘못 돼 있음을 지적하지 않을 수 없다. 즉, '산을 넘어간 남촌'이 아니라 '산 너머에 있는 남촌'을 뜻하는 말임이 분명하므로, '**산 넘어 남촌**'이 아닌 '**산 너머 남촌**'이라야 한다. '넘어'는 동사 '넘다'의 활용형이요, '너머'는 '저쪽'이라는 뜻의 명사다. 기왕 '누가 살길래(기에)'로 시작된 문장이라면, 즉 "산넘어 남촌에는 누가 **살길래** 저 하늘 저 빛깔이 그리 **고울까?**"처럼 '-ㄹ까?'라는 의문형 종결어미로 단락지어야 함에도 불구하고, '**남으로 오네**'처럼 긍정문으로 종결되어 있어 문맥상의 난점을 드러내고 있다. 따라서, "**산 너머 남촌에는 누가 살길래** 해마다 봄바람이 남으로 (불어)**올까?**"라고 해야, 비로소 앞뒤 문맥이 제대로 조응된다는 사실을 알 수 있다.

　　"남촌서 남풍 불 때 **나는 좋대나**"의 '좋대나'는 '몸에 좋대나 뭐래나', '좋긴 좋대나 봐' 등처럼 남의 얘기라 확신이 서지 않을 경우에 쓰는 의문형 종결어미인데, 남풍이 불어 올 때 기분이 좋다는 자신의 감정을 마치 남의 얘기하듯 '나는 좋대나 (뭐래나)'라고 표현하는 것도 문제가 있다. 물론 시적으로 표현하기 위한 형이상학적인 기법인진 모르겠으나, '남촌서 남풍 불 때 **나는 좋더라**'라고 한대서 시적 감흥에 손상을 주리라곤 생각지 않는다. 그리고 엣센스 국어사전(1998년 판)이나 표준국어 대사전에는 분명히 '-길래'는 '-기에'와 같은 표준어로 등재되어 있는가 하면, 한컴사전이나 서울대 박갑수 교수님의 '우리말 바로 써야 한다'에서는 '-길래'는 '-기에'의 사투리로서 바른말이 아니라고 했으나, 2011년 8월 31일 자로 '-기에'의 구어적인 표현이라 하여 복수표준어로 인정되었으니 그나마 다행이 아닐 수 없다. 다만, "너, **길래** 그럼 혼나"처럼 '오래도록'이라는 부사로 쓰는 '**길래**'와, 어미 '**-길래**'는 전혀 별개의 낱말이므로 혼동하지 않도록 주의해야 한다.

"장미빛 미래를 조명하기 시작"
(경향신문 기사. 1993. 12. 23.)
"투자의 기본인 **여유돈(종자돈)**"
(다음넷 블로그. 2013. 7. 9.)
"중화**요리집** 창업 시장 분석"
(다음넷 블로그. 2014. 12. 18.)

'장미빛', '여유돈', '종자돈', '요리집' 등은 한자어인 '장미(薔薇)', '여유(餘裕)', '종자(種子)', '요리(料理)'에 순우리말인 '빛', '돈', '집'의 합성어로서, 뒷말인 '빛', '돈', '집' 등이 모두 된소리인 〔삗〕, 〔똔〕, 〔찝〕으로 소리 난다. 따라서 순우리말과 한자어로 된 합성어로서 앞말이 모음으로 끝나고 뒷말의 첫소리가 된소리로 나는 것은, 사이시옷을 받쳐 적도록 되어 있으므로 위의 '장미빛, 여유돈, 종자돈, 요리집' 등은 '**장밋빛, 여윳돈, 종잣돈, 요릿집**'으로 적되 〔장미삗/장믿삗〕, 〔여유똔/여윧똔〕, 〔종자똔/종잗똔〕, 〔요리찝/요릳찝〕으로 발음해야 한다.

"노 대통령 빈소에 조의"
(어느 신문기사 제목)

본문 기사는 "노태우 대통령은, 11일 언론인 몽향 최석채 씨 빈소에 정해창 비서실장을 보내 조의를 표했다."는 간단한 기사 내용이었다. 그러나 위의 제목만을 보면, 타계하신 노 대통령의 빈소에 누군가가 조의를 표했다는 뜻이 되고 말았는데, 모르긴 해도 과거 언론탄압 시절 같았으면, 아마 한바탕 필화 소동이라도 일어났음직한 헤드라인이 아닌가 싶다. 오해의 소지를 없애려면, '노 대통령' 다음에 쉼표를 하거나, "최석채 빈소에 노 대통령 조의"라고 하는 게 원칙이겠으나, 지면의 여백에 문제가 있다면 "노 대통령, 최상가에 조의" 또는 "노 대통령, 조의 표명"이라고 하되 누구의 빈소인가는 본문 내용에서 밝혔더라면, 이런 실례나 낭패는 없지 않았을까 싶다.

"자동차 **골치거리**여 안녕"
(경향신문 광고. 1991. 6. 26.)
"좋은 **이야기거리**를 놔 두고"
(강홍규 '문학 동네'. 7쪽)
"마드리드 **흥미거리**가 뭐 있어요?"
(다음 카페. 2011. 11. 20.)
"숱한 **얘기거리**를 만들어 온"
(세계일보 기사. 1992. 9. 4.)
"**찌개거리** 선을 보이고"
(경향신문 기사. 1991. 10. 31.)
"총각무 **김치거리** 싱싱하네"
(다음넷 게시판. 2011. 5. 15.)
"**핑계거리** 생각에 머리가 터질 듯"
(네이버 카페. 2015. 5. 9.)

　　순우리말로 된 합성어로서, 앞말이 모음으로 끝나고 뒷말의 첫소리가 된소리로 나는 것은, 사이시옷을 받쳐 적도록 되어 있는 사이시옷 규정에 따라, 위 예문 중의 '골치거리'나 '이야기거리', '흥미거리', '얘기거리', '찌개거리', '김치거리', '핑계거리' 등은, 모조리 사이시옷을 넣어 **'골칫거리'**, **'이야깃거리'**, **'흥밋거리'**, **'얘깃거리'**, **'찌갯거리'**, **'김칫거리'**, **'핑곗거리'** 등으로 고쳐 써야 한다. 그리고 〔골치꺼리/골칟꺼리〕, 〔이야기꺼리/이야긷꺼리〕, 〔흥미꺼리/흥믿꺼리〕, 〔얘기꺼리/얘긷꺼리〕, 〔찌개꺼리/찌갣꺼리〕, 〔김치꺼리/김칟꺼리〕, 〔핑게꺼리/핑겓꺼리〕라고 발음해야 함은 물론이다. 만약 그냥 '찌개거리'나 '김치거리'라고 하면, 전문 음식점들이 죽 늘어서 있는 거리를 '먹자거리'라고 하듯이, '찌개 전문 거리'나 '김치 전문 거리'쯤으로 오인하기 쉬우며, '이야기거리' 역시 향토사적이나 역사적으로 무슨 대단한 센세이션을 일으켰던 거리쯤으로 오인할 수도 있잖을까 싶은 노파심이 앞선다.

　　※ 위의 '문학 동네'는, 강홍규 저 '문학 동네 술 동네'의 약칭으로 이하 같음.

"**길어깨** 확장 재개"
(경향신문. '94. 3. 3.)
"공사 구간에 **길어깨** 없음을 보고"
(교통방송 자유게시판. 2015. 2. 2.)
"장항선 철도까지 **노견**이 없어"
(충남넷. 2003. 10. 23.)
"**노견**에 소국 화단 조성"
(시사제주. 2014. 12. 11.)

　지금은 물론 용어가 바뀌었지만, 고속도로에서 '길어깨 없음' 또는 '길어깨 주행 금지'란 도로 표지판을 흔히 볼 수 있었는데, '길어깨'란 말은 1965년에 개정된 '도로 구조령'에서부터 '로켕(路肩 : ろけん)', '로카타(路肩 : ろかた)'라는 일본어를 우리 한자음인 '노견'으로 썼다가, 다시 우리말로 고쳤으나 한때 찬반양론이 분분했었다. 당시 내무부와 건설부 당국에선, 전선 또는 하수도 등을 묻어 둠은 물론, 지반이 약한 길섶을 사람의 어깨처럼 떠받들어 주는 도로 공학적인 기능도 갖고 있을 뿐만 아니라, 영어권에서도 '노견(路肩)'과 같은 뜻인 '로드 숄더(Road Shoulder)' 또는 '숄더 오브 로드(Shoulder of Road)'라 하고 있기 때문에, '길어깨'란 용어에 아무런 하자가 없다는 주장이었다.

　이에, 당시 이어령 문화부 장관께서 '**갓길**'이란 신조어를 제시, 국무회의의 최종 결론을 얻어 공식 용어로 사용하게 되었으나, 한글학회 허웅 이사장께선, '갓길'보다 나은 '길섶'이란 말을 두고도 왜 안 쓰는지 모르겠다며 못내 아쉬워했다. 그러나 '갓길'이건 '노견'이건 길[道路]인 것만은 분명하나, '길섶'이란 말은 길의 가장자리 즉, '길가[路邊]'를 뜻하는 말일 뿐 결코 '길'을 뜻하는 말이 아니므로 적절치 않다고 생각했다. 다만 필자는, 위에서 천명한 도로 공학상의 여러 기능은 물론, 교통사고 때 파손된 차량 신속 처리와 부상자 긴급 후송 등의 비상사태 시에, 여러 가지로 도움을 주는 길이란 뜻의 '도움길'이나, 곁에 있는 길이란 뜻의 '곁길' 또는 '비상도로'도 무난하잖을까 싶기도 했다.

"신검(身檢) 때 교통비 지급 등, 본적지서 꼭 줘야 하나"
(동아일보 독자의 글. 1991. 6. 2.)

본문 내용은, 병무청에서 신검자들에게 주는 약간의 교통비를 되도록이면 신검 현장에서 지급함으로써, 본적지를 다시 찾아가야 하는 번거로움을 덜어 줘야 한다는 글 내용이었다. 그러나 부사인 '꼭'의 위치 선정이 잘못되어, 지급하지 않아도 될 교통비를 굳이 줘야 하느냐 뜻으로도 볼 수 있는 모호한 문장이 되고 말았다. 게다가 '지급'은 하다형 동사인데도, '지급을 줘야 하나'라고 하여, '식사 먹는다' 식이 되고 말았다. 따라서 "신검자 교통비 꼭 본적지서만 지급해야 하나", "신검자 교통비, 꼭 본적지서 줘야 하나", "신검자 교통비 지급, 현장에서 했으면" 등으로 했더라면 좀 더 분명한 내용이 되잖았을까 싶다.

"요구하는 것도 당연하지 않느냐?"
('梨大 미팅 더치페이 논쟁')
"신이 두렵지 않느냐"
(스포츠조선 소설. '99. 7. 14.)

'-느냐'는, 동사 어간이나 형용사인 '있다·없다·계시다'의 어간 또는 존칭 선어말어미 '-시-'나, 시제 선어말 어미 '-겠-', '-았〔었〕-' 등의 밑에 활용되는 '해라체'의 의문형 종결어미, 즉 '있느냐/없느냐/계시느냐/보았느냐' 등으로 쓰이는 말이다. 그런 반면에 '-으냐'는, 받침 있는 형용사 어간에 붙어 현재의 어떤 상황에 대하여 '반말체' 물음을 나타내는 의문형 종결어미인데, '좋으냐/싫으냐/그렇지 않으냐' 등으로 쓰는 말이다. 따라서 위의 '당연하지 않느냐?', '두렵지 않느냐' 등의 '-느냐?'는 둘 다 '-으냐'로 고쳐 써야 한다. 다만, '가다/오다/하다' 등의 **동사 어간**에 '-지'가 붙을 경우엔, '왜 가지 않느냐?', '왜 하지 않느냐?'등처럼 '-느냐?'가 된다는 사실을 명심해 둬야 한다.

"마지막 5공 출소"
(경향신문. '91. 6. 26.)

5공 비리 인사인 전경환·이철희의 화보에 따른 캡션 내용인데, '마지막 5공'이란 말의 모순은 차치하고라도, 감옥에서 출소를 한 건 사람이지, 5공이 아니므로 '5공'이 출소를 했다는 건 어불성설이다. 따라서 "5공 실세 마지막 출소"라고 해야 바른말 옳은 글이 된다.

"연방 예산 균형 촛점"
(경향신문 제목. 1992. 6. 6.)
"문제 해결에 촛점을 두지"
(오재호 '그래도 부부'. 272쪽)
"유공 업체 원정에 헛점"
(경향신문 제목. 1992. 6. 6.)
"심각한 구조적인 문젯점"
(다음넷 카페. 2014. 4. 20.)

사이시옷 규정에 두 음절로 된 한자어 즉 '곳간(庫間)', '셋방(貰房)', '숫자(數字)', '찻간(車間)', '툇간(退間)', '횟수(回數)' 등의 여섯 낱말 외에는 비록 뒷말이 된소리로 발음되더라도 사이시옷을 넣지 않도록 되어 있다. 1988년 한글맞춤법 개정 전엔 흔히 '촛점', '헛점', '문젯점' 등으로 쓰기도 했으나, 지금은 잘못된 표기로 인정되므로 주의해야 한다. 따라서 위 예문의 '촛점', '헛점', '문젯점' 등의 사이시옷은 모두 빼고 **초점**(焦點), **허점**(虛點), **문제점**(問題點)' 등으로 표기하되 발음만은 〔초쩜〕, 〔허쩜〕, 〔문제쩜〕이라고 해야 한다.

※ 위의 '그래도 부부'는 방송 작가 오재호 씨가 지은 '그래도 부부싸움을 합시다 (전 3권)'라는 책의 약칭인데, 이하 이 책에선 이대로 쓰기로 한다.

"독백 같은 나지막한 **중얼거림이** 회견장 안에 **울려 퍼졌다.**"
(경향신문 '행간'. 1991. 6. 14.)

언뜻 보면 그럴듯한 문장 같지만, 살짝 유심히 들여다보면 전혀 이치에 닿지 않는 말임을 알 수 있다. 왜냐하면, 포효나 절규가 아닌 독백 같은 나지막한 중얼거림이, 회견장 안에 울려 퍼진다는 건 있을 수 없는 일이기 때문이다. 결국 명문을 쓰려다가 졸문이 되고 만 셈인데, '~울려 퍼졌다.'를 '~잦아드(맴도)는 것 같았다.'라고 해야 한다.

"'**안절부절하다**'는 잘못 사용하는"
(박갑수 '우리말 바로')
"보기엔 **안절부절하던 것 같던데**"
(itv '일루전'. 1999. 7. 7.)
"**안절부절** 두리번거리는"
(MBC TV '해결'. 1999. 8. 8.)
"적자투성이 장부 들고 **안절부절**"
(일요신문 제목. 2001. 3. 4.)

박갑수 교수님도, 한글맞춤법에선 띄어쓰기도 없는 '안절부절못하다'만 바른말로 인정하고, '안절부절하다'는 잘못된 말이라고 했으나, '안절부절'의 사전 풀이는 "마음이 초조하고 불안하여 어찌할 바를 모르는 모양."으로 되어 있어, '좌불안석'과 대동소이한 말임을 알 수 있다. 따라서 '좌불안석하는 모습'이나 '안절부절하는 모습'이라고 말할지언정 '좌불안석 못 하는 모습'이나 '안절부절못하는 모습'이라고 하진 않는다. 혹 누군가가 불안에 떨고 있을 때, "넌 안절부절할 것 없잖아?"나 "그렇게 안절부절하지 말고 진정해."가 아니라, "넌 **안절부절못해할 것 없잖아?**"나 "그렇게 **안절부절못해하지 말고 진**정해."라고 해야 한다니, 뭔가 마뜩치 못하다고 느껴지는 건 필자만의 단견일까?

"가계에 **부담 줄듯**"
('89년 여름 모 일간지)

위 일간지의 헤드라인 내용만으로는, 부담이 감소된다는 뜻의 '부담 줄듯'인지, 아니면 부담을 안겨 준다는 뜻의 '부담 줄ˇ듯'인지 알 수 없는 묘한 글이 되고 말았다. 만약 '줄-'을 자동사 '줄다(減少)'의 어간으로 보게 되면, 어미인 '-듯'을 붙여 써야 하지만, 타동사인 '주다(贈與)'의 어간 '주-'에, 미래를 나타내는 관형사형 전성어미인 '-ㄹ'이 붙은 것으로 보면, 의존명사인 '듯'을 띄어 써야 한다. 따라서 부담을 주게 될 것 같다는 본문 내용에 따라, 위의 문장은 '가계에 **부담(이) 될ˇ듯**' 또는 '가계에 **부담을 줄ˇ듯**'이라고 하여 목적격 조사 '을'을 넣었더라면, 설사 붙여 쓰더라도 의미상의 큰 혼란을 일으키진 않게 된다.

"비가 내린 후 해가 밝아지길 기다려"
(오재호 '어쨌든 부부'. 268쪽)

지구의 공전에 의하여 춘하추동 사계가 생기거나 자전에 의하여 밤과 낮의 구별이 생기고, 비나 구름 등의 기후 변화로 인하여 명암이 좌우되긴 하지만, 태양 자체가 밝아졌다가 어두워졌다가 하는 발광체가 아니란 것은 삼척동자도 다 아는 사실이다. 따라서 위의 글은 "비가 내린 후 **해가 나오길 기다려**" 또는 "비가 내린 후 **볕이 나길 기다려**" 아니면 "비가 내린 후 **구름이 걷히길 기다려**" 등으로 고쳐 써야 한다. 여담이지만, 저자의 잘못인지 아니면 편집자의 실수인지 알 수가 없으나, 띄어쓰기나 문장부호는 차치하고라도, 맞춤법과 문장 오류 등에 관한 한, 지금껏 필자가 본 모든 책 중에서도 위의 시리즈 세 권이 가장 자유분방(?)한 책이 아니었던가 싶다. 우선 단적인 예로 "어쨌든 부부싸움은 하는 것입니다"라는 책 제목에서부터 '어쨌든'을 '어쨌든'으로 표기했을 정도이니 여타 표기법 등이야 일러 무삼하리오다.

"강원 **레져** 개발"
(KBS 뉴스. '94. 3. 4.)

'레져'는 '레저(Leisure)'의 잘못이다. 어말이나 자음 앞의 〔ʒ〕는 '지'로 적게 되어 있으므로, 'Rouge 〔rúːʒ〕'나 'Mirage〔mirɑːʒ〕' 등은 '루지', '미라지'가 되지만, 모음 앞의 〔ʒ〕는 'ㅈ'으로 적어야 하므로 'Measure〔méʒər〕'는 '메저', 'Leisure〔léʒə〕'는 '레저'가 되어야 한다.

"조교 추천 **댓가** 거액 받기도"
(경향신문 제목. 1991. 6. 30.)
"맥주 얻어 마시는 **댓가**를 해야"
(강홍규 '문학 동네'. 42쪽)
"'안 **이비인훗과**'라고 한다."
"**밋가**를 인상하고, **윳가**를 인하"
('말과 글' 1991년 겨울호 26쪽)
"**구둣점**은 문장에 옷을 입히는"
('말과 글' 1993년 가을호 49쪽)

한글맞춤법 제30항 3.의 규정에, 두 음절로 된 한자어로서 뒷말이 된소리가 나는 '곳간(庫間)', '셋방(貰房)', '숫자(數字)', '찻간(車間)', '툇간(退間)', '횟수(回數)' 등의 여섯 개 낱말 외에는, 사이시옷을 쓰지 않도록 되어 있다는 사실은 이미 설명한 바와 같다. 따라서 이들 '대가(代價)'의 '가'는 물론, '이비인후과(耳鼻咽喉科)'의 '과', '미가(米價)'와 '유가(油價)'의 '가', '구두점(句讀點)'의 '점' 등이 각각 된소리인 〔까〕, 〔꽈〕, 〔까〕, 〔쩜〕으로 발음되는 건 사실이다. 그러나 위에서 허용한 여섯 낱말 외의 한자어들이므로, 사이시옷 없이 그냥 '대가(代價)'나 '이비인후과(耳鼻咽喉科)', '미가(米價)', '유가(油價)' 또는 '구두점(句讀點)' 등처럼 예사소리로 적되, 모두 된소리로 발음해야 한다.

"'괴팍'은 '괴이할 괴(怪)', '팍할 팍(愎)'"
(박갑수 '우리말 바로 1'. 14쪽)

'우리말 바로 써야 한다'의 원문을 좀 더 인용하자면, "'괴팍'은 '괴이할 괴(怪)', '팍할 팍(愎)'자를 쓰는 말이었는데, '괴팍'의 '팍'이 '팩'으로 변하고 '팍'으로 바뀐 것이다."로 되어 있으나, '괴이할 괴(怪)'는 '어그러질 괴(乖)'를 잘못 쓴 글이다. 그건 그렇다 치고, '괴팍'은 일종의 음편형(音便形) 차원에서 '괴팍'이 된 것으로 짐작되나, '팍', '팍팍(쏘다)'은 물론, '팍(愎)하다', '강팍(剛愎)하다', '팍성(愎性)'은 많이 쓰이지 않는 다는 이유로 그대로 둬, 논란의 불씨를 남겨 놓고 있다.

"어린이 여러분들께서는…마십시요."
(MBC TV '일요일 밤에'. 1990. 6. 23.)

대부분의 방송인들이 유치원생이나 초등학생들과 인터뷰할 때, '-시겠습니까?' 또는 '어떻게 생각하십니까?' 하는 등, 격에 맞지 않는 어법을 쓰고 있는 경우를 흔히 볼 수 있다. 그러면서도 정작 제대로 존댓말을 갖춰야 할 연로하신 어르신들께는 되레, "-겠어요?", "어떻게 생각하세요?", "고마워요" 등의 어법을 함부로 쓰고들 있으니 딱한 노릇이다. 물론, 어린이들에게 존댓말을 쓰는 건 언어 교육상 지극히 당연한 처사로서, 충분히 권장할 만한 일임엔 틀림없으나, 과공은 비례라 했으므로 어린이에겐 어린이에게 어울리는 말을 써야 하고, 어른에겐 어른에게 합당한 존칭어를 써야 하는 것 또한 당연지사다. 따라서 위의 '여러분들께서는'은, '여러분은'으로, '마십시요'는 '마세요'로 바꿔, "**어린이 여러분**은 절대로 **흉내내지 마세요**" 정도면 충분하다. 그리고 "이건 볼펜이요, 저건 만년필이오."처럼 연결형 어미로 쓸 땐 '이요'로 쓰고, 설명문, 의문문, 명령형, 청유형 등에 쓰이는 종결어미는 '-오'이므로, 위의 '**마십시요**'는 '**마십시오**'로 바로잡아야 한다.

"행정 편의주의에 **다름 아니다**."
(경향신문 '사설'. 1991. 11. 9.)

"총칼의 대치에 **다름 아니다**."
(세계일보 '교열 메모'. '91. 11. 12.)

"우리 문화유산에 **다름 아니다**."
(MBC TV '특선 다큐'. 1999. 8. 23.)

"결국 포퓰리즘에 **다름 아니다**."
(자유기업원 보도 자료. 2010. 5. 19.)

속된 말로 머릿속에 먹물 깨나 들었다는 사회 지도층에서 흔히 남용하고들 있는 어투인데, 우리말에서 '조금도 틀림이 없이 동일하다'는 뜻의 '똑같다'나, 비교해 보아 다른 점이 없다는 뜻의 '다름없다'라는 말은 있어도 '다름 아니다'라는 말은 없다. 이런 어법의 근원을 살펴보면, "넷신니 벵쿄시타 겍카니 호카나라나이(열심히 공부한 결과임에 틀림없다)." 또는 "손나 사케구세와 아쿠슈니 호카나라나이(그런 술버릇은 악습임에 틀림없다)." 등에서 쓰는 '호카나라나이(他ならない : 다름 아니다)'를 그대로 직역한 일본식 어투임을 알 수 있다.

물론, 일본에서도 "소레가 마사니 호카나라나이 와타시노 노조미(그게 바로 다름 아닌 나의 희망)" 등으로도 쓰고들 있으나, 우리말 '같다'나 '다르다'의 서술어를 '같음이다'나 '다름이다'라고 할 수 없듯이, 이를 부정하는 말 역시 '같음 아니다'나 '다름 아니다'가 아니라 '같지 않다'라거나 '다르지 않다'라고 쓰는 것이 우리의 전통 어법이다. 일본식 어법이라고 해서 무조건 내치자는 옹졸함에서가 아니라, 마치 바지저고리에 지카타비(地下足袋 : 일제 작업용 신발)를 신겨 놓은 듯한 어쭙잖은 글을, 굳이 쓸 필요가 없다는 얘기다. 따라서 위의 예문들을 다시 고쳐 써 보자면 "행정편의주의임에 **틀림없다**.", "총칼에 대치하는 것과 **다를 바 없다**.", "우리 문화유산임이 **분명하다**.", "포퓰리즘에 **불과할 뿐이다**." 등으로 고쳐 써야 할 말들이므로, '다름 아니다'는 한시바삐 버려야 할 말투임을 알아야겠다.

"배추, 마른 **고추값** 내려"
(경향신문 제목. 1992. 8. 29.)

"**담배값** 올려 지방 財政 보전"
(경향신문 제목. 1993. 7. 23.)

"새로 산 **낚시대** 펴 보다(가)"
(경향신문 '돋보기'. 1991. 8. 1.)

"물고기는 **낚시밥**으로 잡지만"
(오재호 '부부싸움'. 199쪽)

위 예문의 '고추값', '담배값', '낚시대', '낚시밥'은, 이미 설명한 바와 같이 '고추+값', '담배+값', '낚시+대', '낚시+밥' 등의 순우리말로 구성된 데다, 뒷말인 '값', '대', '밥' 등이 각각 된소리인 〔깝〕, 〔때〕, 〔빱〕으로 발음되므로, 사이시옷을 받쳐 **'고춧값'**, **'담뱃값'**, **'낚싯대'**, **'낚싯밥'** 등으로 표기하되, 〔고추깝/고춛깝〕, 〔담배깝/담밷깝〕, 〔낚씨때/낚씯때〕, 〔낚씨빱/낚씯빱〕 등으로 발음해야 하는 글들이다.

"제 뜨들 시러펴디 몯 홇 **노미**"
"者ᄂᆞᆫ **노미**라."
(훈민정음 '어지(御旨)와 언해(諺解)')

'망할 놈, 미친놈, 쌍놈' 등 이 세상의 모든 몹쓸 사람의 대명사가, 바로 이 '놈' 자 붙은 말임은 재론의 여지가 없다. 그런데 위 예문 "몯 홇 **노미**"나 "者ᄂᆞᆫ **노미**라" 등의 '노미' 역시 '**놈이**'의 연철(連綴)임이 분명하나, 그냥 일반 백성들을 평칭(平稱)한 말일지언정, 설마 세종 큰 임금님께서 현대어의 '**놈**'과 같은 비속어로 쓰신 말씀이 아닐 터인데, 어쩌다 이렇게 저속한 말로 전락해 버리고 말았는지 알다가도 모를 일이다. '선지자, 선각자, 기자, 필자, 애독자, 성자, 애국자, 식자, 인자, 우승자, 왕자, 의사자, 학자, 순국자, 현자, 동반자' 등의 긍정적인 낱말들도 모두 '놈 자(者)'자를 쓰고 있는 데도 말이다.

"엔젤피쉬"
(KBS '91. 11. 13.)

흔히 '엔젤' 또는 '에인젤'로 잘못 쓰고들 있는 'Angel'에 대한 현행 외래어 한글 표기법으로는 '에인절〔éindʒəl〕'로 쓰도록 되어 있다. 또한 'Fish'의 발음 기호는 〔fiʃ〕인데, 어말의 'ʃ'는 '시'로 적게 되어 있으므로, 'Angelfish'는 '엔젤피쉬'가 아닌 '에인절피시'로 적어야 한다.

"借廳借閨(차청차윤) → 마루를 빌려주니까 방도 빌려 달라네."
('말과 글' 제47호 '국어순화운동')

'借'는 '빌릴 차', '廳'은 '마루 청', '閨'는 '규방 규' 자인데, 이 '閨' 자를 '윤 달 윤(閏)' 자로 잘못 알고도 어떻게 옳은 해석이 나왔는지 불가사의한 일이 아닐 수 없다. 아무튼 **차청차규**는 '차청입실(借廳入室)'과 비슷한 말인데, 이와 비슷한 속담으로는 "마당 빌린 놈이 뜰까지 빌리잔다." 또는 "쪽박 빌려 주니까 쌀 꾸어 달란다." 등이 있다.

"…지 않는다면 큰일났다고 걱정했으나"
(경향신문 인터뷰 기사. 1991. 6. 7.)

성균관 대학교 장을병 총장님의 실언이었는지, 아니면 신문 기사가 잘못된 건지 확인할 수는 없으나, 위의 '…지 않는다면'과 '큰일났다'는 시제상으로 전혀 호응이 되지 않는 말이다. 왜냐하면 '않는다면'은 가정형 종속적 연결어 미 즉 미래형인 반면에, '큰일났다'는 이미 일이 끝나 버린 과거형이기 때문 이다. 이런 경우, 설사 인터뷰이가 실언을 했다손 치더라도 담당 인터뷰어나 데스크에서, "…지 않는다면 큰일이다 싶어 걱정했으나"로 바로잡아 기사화하 는 게 당연하다.

<h1 style="text-align:center">"원래는 8~90명 됐는데"</h1>
(KBS '남북의 창'. '99. 7. 2.)

우선 '물결표(~)'의 부호 용법부터 살펴보면, "9월 15일~9월 25일"이나 "20~30개" 등처럼, 숫자 사이에 끼어 '내지'나 '얼마에서 얼마까지' 또는 어떤 말의 앞이나 뒤에 들어갈 말 대신 쓰는 문장 부호(지금은 줄표 '-'로도 허용)로 쓰도록 되어 있다. 따라서 위의 예문은, 중국 조선족 유치원생이 '80명' 내지 '90명'이란 화자 본래의 의도와는 달리, '8~90명'으로 표기하여 '8명 내지 90명'이란 엉뚱한 뜻이 되고 말았다. 뜻을 제대로 전달하려면 반드시 '80~90명'으로 표기해야 누구나 〔팔십 내지 구십 명〕이라고 읽게 된다는 사실을 잊지 말아야 한다.

<h1 style="text-align:center">"걷는 것이 힘들어서 자전차가"</h1>
(녹색신문 기사. 1993. 8. 16.)

알듯 모를 듯 알쏭달쏭한 게 바로 '自轉車'나 '停車' 등에서 쓰는 '車'의 표기 문제가 아닌가 싶다. 물론 '자동차(自動車)'나 '전동차(電動車)' 등처럼 전력이나 기계 등의 동력으로 움직이는 수레는 '차'라 하고, '인력거(人力車)'나 '자전거(自轉車)' 등처럼 인력(人力)으로 움직이는 수레를 '거'라고 한다는 일종의 공식(?) 같은 것이 있긴 하나, '마차(馬車)'나 '풍차(風車)'는 말이나 바람으로 움직이는데도 '차'라고 하며, '停車'는 '정거'도 되고 '정차'도 되니, 자동차가 서면 '정차'요 '자전거'가 서면 '정거'라고 할 수도 없는 노릇이다. 또한 '駐車場'은 '주거장'이라 하지 않고 '주차장'이라고 하는가 하면, '停車場'은 '정차장'이라 하지 않고 '정거장'이라 하는가 하면, 손수레를 뜻하는 '輦車'는 '연거'라기도 하고 '연차'라기도 하니 종잡을 수가 없다. 만약 끌고 가면 '자전거'요 타고 가면 '자전차'라고 한다면 '세발자전거'는 어떻게 되며, 소형 엔진을 탑재한 自轉車는 뭐라고 불러야 할지 궁금하다.

"봄이면 온통 블그스레"
(경향신문 제목. 1991. 11. 14.)

편집상의 실수라고 짐작되긴 하나, 위의 '블그스레'는 '**불그스레**'를 잘못 쓴 글인데, 이와 비슷한 말로는 '불그덩덩', '불그데데', '불그뎅뎅', '불그무레', '불그숙숙', '불그스름', '불그죽죽', '불그레', '불그름' 등이 있다. 어느 조사 보고서에 의하면 '붉다'의 파생어가 62개, '푸르다'는 34개, '누르다'는 35개, '희다'는 38개, '검다'는 자그마치 74개에 이른다니, 이토록 풍부한 색채어에 새삼 놀라지 않을 수 없다.

"수사 확대 **바람직 않다**."
(경향신문 기사. '91. 10. 17.)
"무당적 대통령 **바람직 않다**."
(다음넷 카페. 2003. 9. 29.)
"고건 영입은 **바람직 않다**."
(김두관 대통령 특보. 2005.10.12.)
"환율 정책 **바람직 않다**."
(현오석 부총리. 2013. 6. 2.)
"야권 분열은 **바람직 않다** 하더라도"
(국민 뉴스. 2015. 3. 13.)

'바람직'은 '여 불규칙 형용사'인데다, '않다'는 '아니하다'의 준말이므로, '믿음직 않다'나 '먹음직 않다' 등도 말이 안 되듯이, '바람직 않다' 즉 '바람직 아니하다' 역시 성립될 수 없는 말이다. 따라서 "수사 확대 **바람직하지 않다**" 또는 "수사 확대 **꼭 해야 하나**" 아니면 "수사 확대 **바람직한가?**" 등으로 바로잡아야 한다. 굳이 이렇게 같은 예문들을 장황하게 늘어놓은 이유는, 오히려 지식층에서 이런 글말이나 입말들을 남발하고 있다는 사실을 주지시키기 위함에서다.

"수련의 조건 돈과 배경"
(어느 잡지의 기사 제목)

위의 글은, 인격·기술·학문 등을 닦아서 단련한다는 뜻의 '수련(修鍊)'에 소유격 조사인 '의'로 구성된 말인지, 아니면 '수련(修鍊)'에 '의사(醫師)'를 뜻하는 '의(醫)'가 접속된 '수련의(修鍊醫)'로 봐야 할지, 본문 내용을 읽어보기 전엔 당최 감을 잡을 수 없는 헤드라인이다. 그러나 1991년 8월 28일자 중앙일보 사회면 기사에는, "수련医 임용 싸고 受略"처럼, '의'를 한자로 처리함으로써 오해의 소지를 없앴다. 다만, 옛날엔 '수련의(修鍊醫)'라고 했으나, 지금은 '전공의(專攻醫)'라고 하지만, '의원 의(醫)'의 약자로 쓰는 '医'와 활과 화살을 넣는 제구를 뜻하는 '동개 예(医)'자를 혼용하고 있으나, 원래는 '상자 방(匚)'과 '감출 혜(匸)'로 부수를 달리한다는 차이가 있음을 참고로 밝혀 둔다.

"성삼문은 **사륙신**의 한 사람으로"
(네이버 지식iN. 2013. 11. 20.)
"國樂人 새 **등룡문** 서울國樂대경연"
(연합뉴스. 1990. 8. 28.)

'死六臣', '登龍門' 등의 한글 표기를, 흔히 '사륙신', '등룡문' 등으로 잘못 쓰게 되는 가장 큰 이유는 '관념론(觀念論)', '아녀자(兒女子)', '오륙도(五六島)', '흑룡강(黑龍江)' 등의 표기를 연상하기 때문이다. 그러나 한자어들의 '死(사)-', '登(등)-', '空(공)-', '新(신)-' 등은 전부 접두사들이므로, '몰-염치(沒廉恥)', '실-낙원(失樂園)', '공-염불(空念佛)', '신-여성(新女性)'등처럼 독립성이 있는 단어에, 접두사처럼 쓰이는 한자어 형태소가 결합하여 된 단어나, 두 단어가 결합하여 된 합성어일 경우, 뒤의 단어에는 두음법칙이 적용된다. 따라서 위의 예문들 역시 '**사-육신**', '**등-용문**'이라고 표기해야 하므로 주의해야 한다.

"매형은 동생을 마당으로 **내팽겨치고**"
(SBS TV '행복찾기'. 1999. 7. 3.)
"규범은 **내뺑개치고** 원초적 본능으로"
(네이버 웹문서. 2013. 9. 27.)
"바쁜 일 다 **네팽개치고** 아침 일찍"
(다음넷 블로그. 2011. 4. 20.)

매형이 처남을 마당으로 집어던졌다는 자막 내용인데, 손위 처남이야 흔히 '형님'이라고 부르긴 하나, 손아래 처남을 '동생'이라고 부르는 예는 금시초문이다. 그리고 뭔가를 냅다 집어던져 버리는 행위를 '**내팽개치다**'라고 하는데, 위의 예문은 '내팽겨치고', '내뺑개치고', '네팽개치고'로 잘못 쓰고들 있으나, 모두 '**내팽개치고**'로 바로잡아야 한다.

"합의점을 **찾아질 때까지**"
(세계일보 '사설'. 1991. 11. 20.)
"방법도 **찾아질 수 있기 때문**"
(경향신문 '메모'. 1992. 9. 4.)

이런 '-을(를) 찾아질 때까지'라는 묘한 어법은, '-오 사가사레루토키마데(-を探される時まで)'라는 일본 어투의 잔재임이 분명한데, 위의 '합의점을 찾아질 때까지'는 '**합의점을 찾을 때까지**'로 고치고, '방법도 찾아질 수 있기 때문'은 '**방법을 찾을 수 있기 때문**'으로 고쳐 써야 한다. '찾아지다'나 '찾기다'의 동사원형은 '찾다'로서, '찾(능동형 어간)+아지다(양성 음절 피동형 종결어미)=찾아지다' 또는 '찾(능동형 어간)+기(피동형 어간 형성 접미사)+다(종결어미)=찾기다'로 분석되지만, 굳이 수동태로 표현하더라도 반드시 목적격조사 '을'이 아닌 주격조사 '이' 뒤에 붙여 써야 한다. 다만, 방법은 누가 찾아 주는 것이 아니라 자신이 직접 찾아야 하는 것이므로 능동형으로 써야 한다.

"방송극 주제가 등 600여 곡 남겨"
(경향신문 기사 제목. 1991. 8. 10.)

한국 가요사에 숱한 일화를 남긴 "작곡가 황문평 씨 가요 인생 반세기"란 주제에 따른 부제 내용인데, 공사 간에 익히 잘 알고 있는 터인지라 "600여 곡을 남겼다"는 말에 그만 타계하신 줄 알고 무척 놀라지 않을 수 없었다. 아무튼 결코 건강이 좋지 않으신 건 사실이지만 당시엔 분명히 활동 중이셨으므로, 당연히 "방송극 주제가 등 **600여 곡을 작곡**" 아니면 "~**600여 곡을 발표**"라고 했어야 함은 물론이다.

"귀하는 딸기 쥬스를 좋아하시죠?"
(이·류 '신문 제작론'. 126쪽)
"아이들이 좋아하는 해태 츄잉껌"
(네이버 블로그. 2015. 3. 19.)

'Bandage〔bǽndidʒ〕'와 같은 어말의 〔dʒ〕는 '지'로 적게 되어 있으므로 '밴디지'가 되지만, "모음 앞의 〔dʒ〕는 'ㅈ'으로 적는다."는 영어 표기법 규정에 따라, 'Juice〔dʒuːs〕'의 〔dʒ〕는 모음 〔uː〕앞에 있으므로, '쥬스'가 아닌 '**주스**'라 쓰고, 'Chewing〔tʃuːiŋ〕'의 'tʃ' 역시 모음 'u' 앞에 있을 땐 '치'가 아닌 'ㅊ'으로 적도록 되어 있으므로, '**추잉**'으로 적어야 한다. 다만, "파열음 표기에는 된소리를 쓰지 않는 것을 원칙으로 한다."는 외래어 표기법에 따라 'Gum'은 '검'으로 표기하는 것이 원칙이겠으나, "이미 굳어진 외래어는 관용을 존중하되 그 범위와 용례는 따로 정한다."는 규정과, 오랫동안 된소리로 발음해 온 관행에 따라 '**껌**'으로 표기하도록 해 놓고도, 'Chewing gum'은 '추잉껌'이라고 해야 한다니, 'Bubble Gum'이나 'Candy Gum'도 우리말로는 '풍선껌', '과자껌'이라 하고, 외래어 표기로는 '버블검', '캔디검'이라고 하는 것도 그렇거니와, 'Chicle Gum', 'Plate Gum'의 표기도 사뭇 궁금하다.

"'곱슬머리'가 비표준어?"
('동아 새 국어사전')

민중엣센스 국어사전, 한컴사전, 표준국어 대사전 등에선 '고수머리'와 '곱슬머리'를 둘 다 복수표준어로 인정했는가 하면, 동아 새 국어사전에선 '곱슬머리'를 '고수머리'의 비표준어라고 했다. 실지로 거의 대부분의 사람들이, 어원이 아리송한 '고수(曲?)머리'보다 곱슬곱슬한 머리라고 해서 이름 붙여진 '곱슬머리'란 말을 훨씬 더 많이들 쓰는 게 현실이긴 하나, 1990년의 표준어 모음에서 북한의 문화어와 마찬가지로 복수표준어로 인정되어 '사투리'라는 굴레에서 벗어나게 되었다.

"현명한 **장삿꾼**은 틈을 주지"
(조선일보 광고. 1991. 10. 20.)
"**나뭇꾼**이 감히 손을 댈 수 없을"
"**밤서릿꾼**이 밤새 내내 서리해"
(오재호 '어쨌든 부부'. 14,73쪽)
"교인 중 **사깃꾼**이 많은 이유"
(지식 iN. 2005. 2. 28.)

위의 '장삿꾼', '나뭇꾼', '밤서릿꾼', '사깃꾼' 등은 쓸데없는 사이시옷을 받쳐 적어 문제가 된 경우인데, 종전에는 일부 명사 밑에 붙어 어떤 일을 전문적이나 습관적으로 하는 사람을 뜻하는 접미사를, '나무군/나뭇군/나무꾼/나뭇꾼' 등처럼 '-군'이나 '-꾼'을 별다른 원칙 없이 무분별하게 써 오다가, 1988년 표준어 규정 개정 때 '농군(農軍)'을 제외하곤 전부 '-꾼'으로 적기로 했다. 따라서 '-꾼' 자체가 된소리이므로, 뒤 단어의 첫소리가 된소리나 거센소리일 경우에도, 사이시옷을 붙이지 않도록 되어 있는 규정에 따라 '장사치', '장사터', '장사판' 등처럼 그냥 '**장사꾼**', '**나무꾼**', '**밤서리꾼**', '**사기꾼**'으로 표기해야 한다.

"정신 차려야 할 농민의 대부-농협"
(시사춘추 기사 제목. 1989. 9. 30.)

"피해망상증에 걸려 있는 자신의 숙모에게"
(경향신문 '해외 토픽'. 1991. 10. 20.)

"형님이 유명 인사가 되어 평양에 살고 있던 도산"
(경향신문 기사. 1991. 10. 20.)

    간단한 문장 부호인 쉼표 하나를 소홀히 한 탓으로, 정신 차려야 할 대상이 농민인지 아니면 농민의 대부인 농협인지 알 수 없게 되어 있다. '정신 차려야 할' 다음에 쉼표를 하든지, 아니면 아예 어순(語順)을 바꿔 "농민의 대부 농협, 각성해야"쯤으로 고쳐야 본래의 뜻이 전달될 수 있는 내용이다. 두 번째 예문은, 피해망상증에 걸려 있는 사람이 자신인지 아니면 자신의 숙모인지 알 수 없게 되어 있는데, 만약 피해망상증 환자가 숙모일 경우라면, '걸려 있는' 다음에 쉼표를 해야 하나, 자신이 환자라면 '자신의' 다음에 쉼표를 해야 한다. 마지막 예문 역시 유명인사가 된 사람이 형님인지 아니면 도산 선생인지 헷갈릴 수밖에 없다. 만약 형이 유명인사가 됐다면 '인사가 되어' 다음에 쉼표를 해야 하고, 도산 선생이 유명인사가 됐다면 당연히 '형님이' 다음에 쉼표를 해야 함은 물론이다. 이처럼 쉼표 하나의 위치에 따라 주객이 전도되는 경우가 허다하므로, 절대로 소홀히 생각해선 안 된다. 다만, 글말(Written Language)일 경우엔 이렇게 쉼표를 활용할 수도 있으나, 입말(Spoken Language)일 경우엔 통하지 않는 화법이므로, 될 수 있는 한 이현령비현령식의 애매한 말을 삼가고, 자신의 뜻을 분명하게 전달하기 위하여 시의적절한 어휘를 구사할 수 있도록 노력해야 한다.

  ※ 문장 부호 쉼표〔休止符〕 사용법 (3)에 "바로 다음의 말을 꾸미지 않을 때에 쓴다."고 하여, "슬픈 사연을 간직한, 경주 불국사의 무영탑", "성질 급한, 철수의 누이동생이 화를 내었다." 등을 예시했다. 따라서 슬픈 사연을 간직한 대상이 경주 불국사가 아닌 무영탑이 되며, 성질 급한 사람이 철수가 아닌 누이동생이라는 뜻이 됨을 명시하고 있다.

"강력범까지 빼내 쓴다."
(경향신문 제목. '91. 6. 26.)

본문 기사는, 강력범들까지도 국가의 전산 자료를 빼내어 범죄 행위에 이용하고 있다는 내용이었지만, 무리하게 목적어를 생략해 버리는 바람에 다른 누군가가 감옥에 있는 강력범들을 빼내어, 어떤 다른 목적으로 이용하고 있다는 뜻으로 잘못 해석할 수 있는 어정쩡한 제목이 되고 말았다. 물론 대개의 경우 본문을 읽어 보면 금방 알 수 있는 내용들이긴 하나, 신문 기사 제목만 보고도 전체적인 내용을 대강 짐작할 수 있어야 한다는 건 글 쓰는 사람들의 일반적인 상식(Common Sence)이다. 아무튼 입버릇처럼 지면 탓만 할 게 아니라, "강력범들까지 전산자료 도용"으로 해야 오해의 소지가 없어지게 됨은 물론이다.

"탈출기도땐 나무묶어 뭇매"
(경향신문 제목. 1991. 8. 5.)

대전 신생원 강제수용 사건을 다룬 "약물 먹여 정신병자로"라는 헤드라인에 따른 서브타이틀 내용인데, 신문 기사를 두고 띄어쓰기를 논하는 것부터가 우스운(?) 얘기가 될는지 모르겠으나, 충분한 여백을 두고도 예문과 같이 줄줄이 붙여 쓴 데다, 체언인 '나무' 뒤에 부사격 조사 '에'를 무리하게 생략해 버린 바람에, 탈출을 기도할 땐 나무를 묶어 뭇매질을 한다는 뜻으로 인식할 수밖에 없게 되어 있다. 그러고도 "탈출을 기도하면 나무에다 묶어 놓고 매질을 한다."는 뜻으로 이해해 주길 바란다는 건 억지가 아닐 수 없다. 아무리 신문의 편집 특성상 지면의 여백을 고려하지 않을 수 없다지만, 간혹 절대로 경시할 수 없는 것이 바로 문장부호와 띄어쓰기다. 따라서 위 예문은 "탈출ˇ기도ˇ땐 나무에ˇ묶어 뭇매"라고 써야 하는데, 정 여백에 문제가 있다면 제목을 다시 뽑는 한이 있더라도 여기선 절대 조사 '에'를 생략해선 안 된다.

"오랫만에 먹는 오순이"
(KBS TV '일요일'. 1999. 12. 5.)

"**한햇동안** 검찰이 관련된"
(중앙일보 기사. 1999. 12. 31.)

"어제 **하룻동안** 먹은 음식들"
(네이버 블로그. 2015. 2. 27.)

　'오래 된 끝'이나 '오래 지난 뒤'를 뜻하는 말은, '오랫만'이 아니라 '오래간만'의 준말인 '**오랜만**'이며, 시간적으로 매우 긴 동안을 뜻하는 말은 복합명사인 '오랫동안'이다. '한햇동안'의 '한'은 '하나'라는 뜻을 가진 관형사인데다 '해'와 '동안'은 명사들로서, '해'에 사이시옷이 들어가야 할 하등의 이유가 없으며, 관형사나 명사는 띄어 써야 하므로 '일ˇ년ˇ간'처럼 '**한ˇ해ˇ동안**'으로 각각 띄어 써야 한다. '하룻동안' 역시 '하루'와 '동안'이라는 별개의 명사끼리 연결된 상태이므로, 당연히 사이시옷 없이 '**하루ˇ동안**'처럼 두 낱말을 띄어 써야 한다.

"바나나 **수입** 작년의 15배"
(경향신문 기사 제목. '91. 11. 6.)

　위의 '수입'이 '수출(輸出)'의 반대말로 쓴 '수입(輸入)'인지, 아니면 '지출(支出)'의 반대말로 쓴 '수입(收入)'인지, 헷갈리게 되어 문제가 된 경우인데, 한글 전용의 걸림돌로 좋은 본보기가 되지 않을까 싶어 예시해 본 글이다. 오해의 소지를 없애려면, 본문 내용대로 '**輸入**'이라고 한자로 처리하든지, 아니면 분량이나 수량을 뜻하는 접미사인 '-량(量)'을 붙여, "바나나 **수입량** 작년의 15배" 등으로 손질해야 한다. 물론 본문 내용을 보면 다 알 수 있잖으냐고 항변할지도 모르겠으나, 본문 내용을 읽어보고 나서야 그 뜻을 이해할 수 있는 헤드라인은, 우선 낙제점으로 봐야 한다. 혹 무슨 탐정소설 제목이라면 모르겠거니와.

"문화 센터도, **장사속** 못 벗어"
(경향신문 제목. 1991. 7. 29.)

"실속을 택하는 것이 남는 **장사속**"
(오재호 '어쨌든 부부'. 56쪽)

"**장사길**로 나선 시민단체"
(다음넷 게시판. 2009. 6. 10.)

"**장사배**가 너무 자주 보이는데"
(다음넷 웹문서. 2010. 08. 26.)

"무허가 **낚시배**로 인한 해상사고"
(KNS 서울뉴스. 2014. 6. 20.)

"정선 아우라지 **나루배** 무료 체험"
(네이버 블로그. 2014. 8. 3.)

"그녀의 **머리 속**엔 무엇이?"
(중앙일보 스포츠. 2015. 3. 20.)

위의 '장사속'은 순우리말인 '장사'와 '속'의 합성어로서, 앞말이 모음으로 끝나고 뒷말이 된소리로 발음되므로, **'장삿속'**으로 적고 〔장사쏙〕 또는 〔장삳쏙〕으로 발음해야 한다. '장사+길', '장사+배', '낚시+배', '나루+배', '머리+속' 역시 다 같은 조건이므로, 사이시옷을 받쳐 **'장삿길'**, **'장삿배'**, **'낚싯배'**, **'나룻배'**, **'머릿속'**으로 적고, 〔장사낄/장삳낄〕, 〔장사빼/장삳빼〕, 〔낚씨빼/낚씯빼〕, 〔나루빼/나룯빼〕, 〔머리쏙/머릳쏙〕으로 발음해야 함은 물론이다. 다만, '장사+치', '장사+판', '낚시+터', '나루+터', '머리+통'의 '-치', '-판', '-터', '-통' 등은 모두 거센소리(된소리도 마찬가지)들이므로 사이시옷을 넣으면 안 된다.

※ '장사치', '장사판', '낚시터', '나루터', '머리통'에 사이시옷을 넣지 않는 이유는, '나무꾼', '갈비뼈' 등처럼 뒷말의 첫소리가 예사소리가 아닌 된소리인 'ㄲ·ㄸ·ㅃ·ㅆ·ㅉ'이나, 거센소리인 'ㅋ·ㅌ·ㅍ·ㅊ'이 올 땐 사이시옷을 받쳐 적지 않도록 되어 있기 때문이다.

"人情載默 進上貫串 (인정재묵 진상관곤)"
→ 인정은 바리로 싣고, 진상은 꼬지로 꿴다.
('말과 글' 제47호 '국어순화운동')

　　조선 말기의 학자 송남 조재삼이 천문, 지리, 국호, 음악, 동식물 등을 비롯하여 33개의 항목으로 나누어 각 부분에 관계되는 사항을 서술해 놓은《송남잡지(松南雜識)》와, 조선 인조 때의 학자이며 시평가(詩評家)인 홍만종이 정철, 송순 등의 시가(詩歌)와 중국의《서유기》에 대한 평론과 더불어, 130여 종의 속담이 실려 있는《순오지(旬五志)》에 나온 말이다. 그러나 위의 '默(묵묵할 묵)'은 '駄(짐 실을 태/타)'의 잘못이며, '곤'은 '천(串)'의 오류인데다, '꼬지'는 '꼬치'를 잘못 쓴 글이다. '駄'는 대개 '짐 실을 태(타)' 자로 쓰는 글자이긴 하나, 소나 말의 등에 잔뜩 실은 짐 또는 그 짐들을 세는 단위를 말하는 '바리'란 뜻도 가진 한자다. '串' 역시 '친할 관, 꼬치(꿸) 천, 곶 곶' 등으로 쓰여 김포 '월곶면(月串面)', 서울 '석관동(石串洞)'처럼 '곶'이나 '관' 자로 쓰이긴 하지만, '곤'으로 쓰인 예는 없다. 아무튼 여기선 '꼬치'란 뜻으로 쓰여 "인정재태 진상관천(人情載駄 進上貫串)"이라고 해야 한다.

　　한데, 이런 누더기 글로 억지로 꿰맞추느라 얼마나 땀을 흘렸을까 하고 생각하니 참으로 안쓰럽기 그지없다. 그리고 모두(冒頭)에서 말한 '인정(人情)'은, '사람의 다사로운 마음'이란 뜻과 '지난날, 벼슬아치들에게 은근히 건네주던 선물이나 뇌물 따위'를 말하는 두 가지 뜻이 있으나, 여기선 물론 후자의 뜻으로 쓴 말임은 두말할 필요도 없다. 따라서 이 속담의 속뜻은, 직접적인 관련이 있는 담당 관원에게 바칠 뇌물은 마차에 바리바리 실을 정도로 넉넉하지만, 지방의 토산물이나 진귀한 물건 따위를 바쳐야 하는 진상은 꼬치에 꿸 정도로 빈약하다는 뜻으로 쓴 말이다. 환언하자면, 서슬이 퍼럴 정도로 권세가 막강한 관리들은 자신과 직접적인 이해관계에 있으므로 그들에게 줄 뇌물에는 온갖 정성을 다해 바리바리 싸 보내면서도, 의무적으로 나라에 바쳐야 하는 진상에는 형식에만 치우친다는 냉소적인 속담이라 할 수 있다.

"양념에는 **젓깔**이 들어가나요?"
(네이버 지식iN. 2002.12.07.)
"광천 **젓갈** 토굴과 **젓갈**시장"
(다음넷 블로그. 2015. 1. 2.)
"**젓갈 / 젓깔**"
(각 일간지나 잡지 등에서)

　우선 '젓갈/젓깔'에 관한 서울신문 한글판 사회면 기사 일부를 발췌해서 옮겨 적어 보기로 한다. "우리 사전들에 '젓으로 담근 음식'을 '젓갈'로 적고 있다. 그러나 '젓깔'이 옳다. 그 때(1957년)까지의 사전들에 '-꾼'이 '-군'으로 되어 있어서 '장꾼'도 '장군'으로 되어 있었다. 동료에게 알려서 '-군'을 '-꾼'으로, '-대기'를 '-때기'로, '-갈'을 '-깔'로 하기로 의견을 모았다.
　당시 《큰사전》 편찬원 중 주로 적기 잘못을 찾아 고치는 일을 하는 내가 막둥이라, 그런 일은 내가 한다. 《큰사전》6권 중 3권은 이미 나와 있었고, '-군'은 120개가 넘어 다음으로 미루고, '-대기'는 그럭저럭 찾아냈다. 그런데 '-갈'은 "대깔(대 부스러기), 때깔(드러난 맵시), 맛깔, 빛깔, 색깔, 성깔, 태깔"들로 고치고, '젓갈'은 그만 빠뜨리고 말았다. '젓갈'은 둘이 있는데 음식을 집는 '젓갈'의 '-갈'은 '젓가락'에서 '가락'의 준말이다. 음식 '**젓깔**'의 '-깔'은 '-갈'로 적어야 할 까닭이 없으므로 '대깔, 맛깔'처럼 소리대로 적어야 한다. 《큰사전》에서 실수를 해놓고 그대로 내버려 두었으니, 다른 사전들에도 그대로 되어 있을 수밖에. 그 뒤 한글학회에서 펴낸 <국어사전 바로잡기>에 밝혀 놓았으나, 아직도 잘 모르는 이가 많다. 정재도 / 한말글연구회 회장ⓒ 한겨레(http://www.hani.co.kr), 무단전재 및 재배포 금지."라고 했다. 이에 국립국어연구원 관계자는 "현재 모든 사전에 '젓갈'로 적혀 있고 이미 수십 년 동안 사용된 만큼 '**젓갈**'이 바른말"이라고 했으니, 옳게 쓴 '**젓깔**'이 되레 서자 취급을 받게 된 것도 그렇거니와, 한시바삐 온 국민에게 알려 바로잡을 생각은커녕 "**무단 전재 및 재배포 금지**"라고 했으니, 무슨 심사인지 알다가도 모를 일이다.

"비누기를 깨끗이 헹궈야 한다."
(경향신문 캡션. 1991. 10. 21.)
"고추가루로 만든 청정원 찰고추"
(네이버 게시판. 2015. 3. 2.)

'비누질'이나 '비누통' 등은 예사소리인 '비누'로 써야 하지만, '비누＋기'의 '기'는 된소리인 [끼]로 발음되므로, 사이시옷을 받쳐 **'비눗기**'로 적고 [비누끼] 또는 [비눈끼]라고 발음해야 한다. 같은 신문 20일과 23일자 기사 중의 '고추대', '고추가루'나 위 예문의 '고추가루'도, 모두 사이시옷을 받쳐 **'고춧대**', **'고춧가루**'로 적어야 함은 물론이다.

"미싯가루는 친정엄마께서 주셨는데"
(네이버 카페. 2015. 5. 18.)

설탕물이나 꿀물 등에 미숫가루를 탄 음료를 '미수[麋食]'라 하고, 찹쌀이나 다른 곡식을 볶거나 쪄서 갈아놓은 가루를 **'미숫가루**'라고 하므로, 위위 '미싯가루'는 비표준어인 사투리로 분류된다. 가정에서 손쉽게 조리할 수 있음은 물론, 아무데서나 별다른 준비 없이 간단하게 물에 타서 허기를 채울 수 있는 영양식이라, 전란 때에도 훌륭한 비상식량으로 사용되어 전투식량의 원조라고 할 수 있다. 우리 한민족은 예로부터 입맛 없는 여름철의 가정용 인스턴트식품으로서, 조선조 7대 왕 세조가 피부병으로 수라를 거르게 되자 이 가루로 영양 보충을 했다 하며, 선조 때의 명의 허준의 동의보감에도 명기되어 있을 정도로 예로부터 익히 알려진 식품임을 알 수 있다. 아무튼 옛날에는 '미시'나 '미싯가루'가 표준어였으나, 이미 언중들의 입에 굳어버린 말이라 하여 '미수'와 **'미숫가루**'를 표준어로 삼게 된 사연 많은 낱말이다. 그러나 알고 보면 '볶거나 쪄서 말린 가루'라는 뜻을 가진 '미수'에다 다시 '가루'라는 말이 중복되어 있다는 논리적인 모순을 피할 길은 없다.

"不良여성 기성복에 '불만 폭발'"
(경향신문 기사 제목. 1991. 10. 4.)

기자 본래의 의도는, 여성용 기성복이 불량품들이라 불만을 폭발한다는 내용임이 분명한데, '불량'과 '여성'을 띄어 쓰지 않고 붙여 써 놓아, 마치 불량한 여성들이 기성복에 불만을 폭발한 것으로 되어 버렸다. 차라리 '여성 기성복'은 붙여 쓰더라도 '불량'은 띄어 쓰거나, "불량 기성복에 여성들 분통"으로 했더라면 하는 아쉬움이 남는 글이다.

"아버지의 **거치르신** 그 손에는"
(어느 중학생의 글에서)
"**시들은** 꽃으로 인테리어 소품 만들기"
(네이버 블로그. 2014. 7. 18.)
"알맞게 잘 **영글은** 찰옥수수"
(네이버 블로그. 2013. 8. 18.)
"천박한 관료주의에 **찌들은** 정부"
(자주민보 김성훈 칼럼. 2014. 5. 6.)

'거치르신'은 '**거치신**', '시들은'은 '**시든**'. '영글은'은 '**영근**', '찌들은'은 '**찌든**' 등의 잘못인데, 이들의 원형은 'ㄹ 불규칙 용언'들인 '거칠다', '시들다', '영글다', '찌들다'이다. 'ㄹ 불규칙 활용'이란, 용언 어간의 'ㄹ 받침'이 'ㄴ·ㅂ·오'나 미래의 'ㄹ', 그리고 존경의 '시' 앞에서 줄어지는 형식을 말한다. 즉 '거칠다'의 어간인 '거칠' 역시 뒤에 존칭 선어말어미 '시'가 있으므로, "거치('ㄹ' 탈락)+시(존칭 선어말어미)+ㄴ(현재의 사실을 나타내는 관형사형 전성어미)=거치신"으로 되는데, 만약 원형이 '거치르다'이면 '거치르신'으로 활용되겠으나, '거치르다'란 낱말은 없으므로 재론할 필요도 없다. 따라서 '시들다', '영글다', '찌들다' 역시 '**시든**', '**영근**', '**찌든**'으로 활용된다는 사실을 알 수 있다.

"'사지선다형'이 틀린 말?"
(박인환 '바른 우리말')

'사지선다형(四肢選多型)'의 '選多'가 '가릴 선'과 '많을 다' 자이듯이, 한 문제에 대한 네 개 항목 중에서 가장 적합한 항을 고르게 하는 객관식 문제 형식의 하나인데, 위의 책에서는 무슨 까닭에서인지 '사지택일형(四肢擇一型)'은 표준어이고, '사지선다형(四肢選多型)'은 틀린 말이라고 했다. 그러나 네 개의 항목 중에서 하나의 정답만을 선택하게 하는 '사지택일형'이 대부분이긴 하지만, 경우에 따라선 한 문제에 대한 네 개의 항목 중에 가장 알맞은 복수 정답을 골라야 하는 '사지선다형'도 있을 수 있으므로, 이를 틀린 말이라고 하면 진짜 틀린 말이 된다. 즉 '택일형'이나 '선다형'은 출제하기 나름임을 알아야겠다.

"원매자가 희망하는 물건의 값"
(경향신문 기사. 1991. 9. 1.)
"7단지 34평 45평 원매자 매매"
(네이버 카페. 2013. 10. 23.)
"마땅한 원매자 찾기 쉽잖을 듯"
(서울경제 13면. 2014. 11. 20.)

다 같은 '원매자'라도 '願賣者'로 보면 '팔고 싶은 사람'이 되는가 하면, '願買者'로 보면 정반대의 뜻인 '사고 싶은 사람'이 되는 데다, '매매(賣買)' 역시 팔거나 사는 것을 뜻하는 말이므로, 사겠다는 건지 팔겠다는 건지 헷갈리지 않을 수 없다. 그러나 본래의 의도대로 팔고 싶은 사람을 말하려면 '願賣者(원매자)', 사고 싶은 사람을 말하려면 '願買者(원매자)'처럼 한자로 표기하든지, 아니면 누구나 알기 쉽게 아예 '팔 사람'이나 '살 사람'이라고 하면 전혀 논란의 여지를 없앨 수 있는데, 유식한 글을 쓰려다가 무식한 글이 되고 만 경우가 아닌가 싶다.

"'의'를 소리값대로 발음하는"
('말과 글' 1993년 겨울호 94쪽)

MBC 오남렬 보도위원이, '방송 보도 용어 순화 방안'이란 논제로 쓴 기사 내용 중의 일부인데, 예문의 '소리값'은 순우리말로 된 합성어로서, 앞말이 모음('리'의 'ㅣ')으로 끝나고 뒷말의 첫소리('값'의 'ㄱ')가 된소리인 [ㄲ]으로 소리 나므로, 한글맞춤법 규정에 따라 사이시옷을 받쳐 적어야 한다. 따라서 '소릿값'으로 적되, 받침 'ㅅ' 뒤에 연결되는 'ㄱ'은 된소리로 발음해야 한다는 표준발음법 된소리 규정에 따라, [소리깝/소릳깝]으로 발음해야 한다. 다만, '이·을·으로·은' 등의 어미가 연결될 땐, [소리깝씨/소릳깝씨·소리깝쓸/소릳깝쓸·소리깝쓰로/소릳깝쓰로·소리깝쓴/소릳깝쓴] 등의 된소리로 발음해야 함은 물론이다.

"일본에 대해선 **此限**에 **不在**다"
(경향신문 '정동 칼럼'. '91. 8. 15.)
"물론 여성은 **此限**에 **不在**다"
(경향신문 '여적'. 1992. 3. 16.)
"특수계급용 아파트는 **차한에 부재**이니"
(조선 김병희 블로그. 2014. 11. 22.)

"차한에 부재(**此限**에 **不在**)"란 말은, 일본어 "고노가기리데나이(此の限リで ない)."를 한문 투로 번역한 글인데, 흔히 "히죠노 바아이니와 고노 가기리데 나이(非常の場合には此の限リでない : 비상시엔 차한에 부재한다)." 즉 '이 범 위에 들지 않는다/ 이에 해당되지 않는다/예외로 한다'쯤으로 번역되는 말이 다. 따라서 위 예문들은 "일본에 대해선 **이와 무관하다**.", "물론 여성은 **예외 로 한다**.", "~ 아파트는 이에 **해당되지 않는다** ." 등으로 고쳐 쓸 게 아니라, 애초부터 쓰지 말아야 할 어법임이 분명한데, 구한말에 일본에서 교육을 받 은 유학파 지식인들이 주로 쓰던 달갑잖은 어투인데도 아직도 버리지들 못하 고 있다.

"서로 **권커니 자커니** 술잔을 돌려"
(경향신문 '餘滴'. 1991. 8. 3.)

"막걸리 잔을 **권커니 자커니** 하는"
(강홍규 '문학 동네'. 208쪽)

"주거니 받거니, **권커니 잣커니**"
(네이버 블로그. 2010.11.20.

"**권거니 잦거니** 해 가며 밤늦게까지"
(조선 블로그. 2014. 4. 22.)

"술 한 잔 따라 **권거니 받거니**"
(다음넷 카페. 2014. 10. 20.)

"'**잣거니**'는 아마도 **작(酌)**에서 온 말인 듯"
(임방호 한글 맞춤법. 2015. 3. 13.)

위의 '권커니 자커니', '권커니 잣커니', '권거니 잦거니', '권거니 받거니' 등은 전부 '**권커니 잣거니**'를 잘못 쓴 글들이다. 원래 '-거니'는, '하거니 말거니', '오라거니 가라거니' 등처럼, 여러 동작이 되풀이될 때 각 동사 어간에 붙이는 연결어미인데, '권커니'는 '권하거니→권ㅎ거니→권커니'로 축약되는 말이며, '잣거니'는 '먹다'의 경어인 '자시다'의 어간에 연결어미 '-거니'가 결합된 '자시거니'의 '자시'가 다시 '잣'으로 축약된 말이므로, '자커니'가 아닌 '**잣거니**'로 써야 한다. 흔히들 '잣거니'를 '권커니'와 같은 맥락으로 보기 쉬우나, '자하거니'란 말이 없으므로 '자커니'로 축약될 수도 없다. '권거니 받거니' 역시 '**권커니 받거니**'의 잘못이겠으나, 기왕 뒷말을 '받거니'로 하려면 앞말은 '주거니' 즉 '주거니 받거니'라고 하는 게 훨씬 더 자연스럽다. 임방호 씨는 아마 '권하거니 따르거니'를 생각하고 위에서처럼 '잣거니'가 '따를 작/술잔 작(酌)'에서 온 말인 듯하다고 했으나, 아무래도 너무 비약된 논리가 아닌가 싶다. 표준국어 대사전에서는 '권커니 잡거니'도 관용구로 보아 복수표준어로 허용하고 있으나, '잡는다'는 것보다 차라리 '먹다'의 경어인 '들다'를 연결한 '권커니 드시(들)거니'가 낫잖을까 싶다.

"삼천포 **로타리** 클럽 이·취임 기념"
(위 클럽 기념 타월. 1993. 6. 30.)
"**로타리** 클럽 회원 가입 조건"
(다음넷 카페. 2009. 8. 25.)

따지고 보면 'Rotary'가 미국식 발음으로는 '로우러리'요 실지 입말로는 '로타리'이긴 하나, 현행 외래어 표기법으로는 '**로터리**'로 적도록 되어 있다. 따라서 전국 '로타리 클럽'은 당연히 '로터리 클럽'으로 바로잡아야 한다. 그리고 이임이나 취임을 하는 건 '클럽'이 아니라 '회장'이므로, "삼천포 **로터리** 클럽 **회장** 이·취임 기념"이라고 해야 한다.

"無醬嗜羹(무장기갱)" → 장이 없으면 국으로 맛을 내자."
→ 이가 없으면 잇몸으로 씹어라.
('말과 글' 제47호 '국어순화운동')

장이나 소금 등의 조미료로 맛을 낼지언정, 국으로 맛을 낸다는 말은 금시초문이라, 참으로 기상천외한 해석이다. '無'는 '없을 무', '醬'은 '간장 장', '嗜'는 '즐길 기' 또는 '좋아할 기', '羹'은 '국 갱' 자이므로, "**장 없는 놈이 국은 더 즐긴다.**"는 속담인데, 대체 어떻게 해서 위와 같은 해석을 창작해 낼 수 있었는지 불가사의한 일이 아닐 수 없다. 그것도 전국에서 내로라 하고 글깨나 안다는 한국어문 교열기자협회의 회지에 어떻게 이런 원고가 계속 나오고 있으며, 교열부나 편집국에선 어떻게 이런 원고가 걸러지지 않고 버젓이 출판되어 혹세무민하고 있는지, 참으로 개탄스럽지 않을 수 없다. "이가 없으면 잇몸으로 산다."는 말 역시 원전은 조선 후기의 학자 박경가가 저술한 '동언고략'에 '치망순역지(齒亡脣亦支)'라는 속담이 있고, 순조 때 정약용이 엮은 〈이담속찬〉에 "꿩 대신 닭(雉之未捕 鷄可備數)"이라는 속담도 있긴 하나, 위의 '무장기갱(無醬嗜羹)'과는 전혀 무관한 속담이다.

"어느날 콩 **커피슢**에서 봄을 느끼다."
(네이버 블로그. 2014. 4. 2.)
"동래 **커피샾**에 진출했어요."
(다음넷 카페. 2014. 11. 16.)
"직접 로스팅하는 **커피샵**에서"
(네이버 블로그. 2015. 3. 14.)
"병원 홍보 현수막 **스크랲북**"
(네이버 블로그. 2014. 4. 6.)
"**노트붘**에 옮기려면 어떻게"
(네이버 지식iN. 2010. 5. 18.)
"파라과이에서의 **펲시콜라**"
(다음넷 블로그. 2010. 3. 17.)
"**코너킼**으로 넘어오는 공을"
(네이버 블로그. 2013. 2. 13.)
"고교 **풑볼** 팀들의 상당수가"
(네이버 블로그. 2008. 01. 01.)

위의 예문뿐만 아니라, 전국 방방곡곡에 산재해 있는 '×× 커피슢'들의 간판
은, 전부 '×× **커피숍**'으로 고쳐야 한다. 왜냐하면 영어를 한글로 표기할 때
"받침에는 'ㄱ·ㄴ·ㄹ·ㅁ·ㅂ·ㅅ·ㅇ'만을 쓴다."는 외래어 표기법 제3항의 표기
의 기본 원칙에 따라, 어말의 'ㄱ·ㅋ'은 'ㄱ', 'ㅂ·ㅍ'은 'ㅂ', 'ㄷ·ㅅ·ㅌ'은 'ㅅ'
받침으로 적어야 하기 때문이다. 따라서, '커피샾/샵(Coffe Shop)'은 '**커피
숍**', '스크랲북(Scrap-book)'은 '**스크랩북**', '노트붘((Notebook)'은 '**노트
북**', '펲시콜라(Pepsy Cola)'는 '**펩시콜라**', '코너킼(Corner Kick)'은 '**코너
킥**', '풑볼(Football)'은 '**풋볼**' 등으로 바로잡아야 한다. 만일 '커피슢', '노트
붘', '코너킼' 등에 조사 '-에서, -이, -을' 등을 연결할 경우, 발음 역시 〔커
피쇼페서·커피쇼피·커피쇼플〕, 〔노트부케·노트부키·노트부클〕, 〔코너키크로·
코너키키·코너키클〕 등으로 발음해야 하므로, 'ㄱ·ㄴ·ㄹ·ㅁ·ㅂ·ㅅ·ㅇ 받
침'만을 쓰게 된 이유를 충분히 이해할 수 있으리라 믿는다.

"'밟다'는 [밥따]이니, '짧다' 역시 [짭따]?"
(한글맞춤법 표준발음법)

'넓다'는 [넙따]가 아닌 [널따]로 발음해야 하는데, 비슷한 상황인데도 '넓다듬이'는 [넙따드미]가 되고, '넓디넓다'는 [널띠널따]가 된다. 또한 '넓적넓적'은 동아 새 국어, 국어대사전, 새 우리말큰사전에는 [넙적넙적]인데, 엣센스, 민중엣센스, 한컴, 표준국어 대사전에는 [넙쩡넙쩍]으로 되어 있어 혼란스럽다. 그런가 하면 '밟다'는 [발따]가 아닌 **[밥따]**이니, 같은 'ㄼ+다'이면서도 '짧다'와 '얇다'는 [짭따]나 [얍따]가 아닌 **[짤따]**, **[얄따]**라고 발음해야 한다. 물론, "겹받침에서 뒤엣것이 발음되는 경우에는 그 어간의 형태를 밝혀 적고, 앞엣것만 발음되는 경우에는 어간의 형태를 밝히지 않고, 소리 나는 대로 적는다."고 했으나, 앞뒤 어느 것이 발음되느냐 하는 논란의 불씨를 안고 있다.

"북한의 박정희·김종필 포섭 작전"
(월간중앙 1991년 10월호. 제목)

'-의'는, 아래의 체언이 위의 체언에 소속 또는 소유됨을 나타내는 관형격 조사인데, 쉼표나 토씨를 잘못 처리하는 바람에, 본의 아니게 북한 사람인 박정희·김종필 두 분이 누군가를 포섭하거나, 주어가 생략된 누군가가 북한 사람인 박정희·김종필 두 분을 포섭하기 위한 작전을 펴고 있다는 엉뚱하고 아리송한 제목이 되고 말았다. 오해의 소지를 없애려면, 조사를 제대로 활용하면 간단하게 해결될 수가 있다. 소유격 조사인 '북한의'의 '-의'를 처소격 조사인 '-에서'로 즉, "북한의 박정희·김종필 포섭 작전"이 아니라 "**북측에서** 박정희·김종필을 포섭 작전" 또는 "**北의 포섭 대상**이 된 **박정희·김종필**" 정도로 했더라면 무난하지 않았을까 싶지만, 서슬 퍼런 언론탄압 시절이 아니었다는 것이 그나마 천만다행이었다는 생각을 떨쳐버릴 수 없다.

"철조망이 가로막혀 **다시 못 올 그 날까지**"
(경향신문 '餘滴'. 1991. 9. 13.)

대중가요 '한 많은 대동강' 후반부의 노랫말을 인용하여, 남북 이산가족들의 애환을 표현한 기사 중의 일부인데, 위의 "철조망이 가로막혀 다시 못 올 그 날까지"는, "철조망이 가로막혀 **다시 만날 그 때까지**"를 잘못 알고 쓴 글이다. 이산가족들의 한 맺힌 염원이 남북통일임은 삼척동자도 다 아는 사실인데, 엉뚱하게 '다시 못 올 그날까지'라니, 설사 본래의 노랫말이 그렇다손 치더라도, 절대로 이런 취지의 글에다 인용할 성질의 내용이 아님은 두말할 필요도 없다.

"즐거운 포항 나들이, **떼거지**로 즐기기"
(네이버 블로그. 2015. 3. 18.)
"**떼거지**들을 볼 수 있어서 넘 좋았던"
(다음넷 게시판. 2014. 9. 11.)
"목소리 크고 **떼거지**가 심하며"
(경희의대 장성구 교수. 2015. 5. 23.)
"덤터기를 쓴 것이라고 **떼거지**를 썼다."
(온라인 가나다. 2006. 10. 8.)

'떼거지'란, 천재지변으로 졸지에 헐벗게 된 많은 사람들이나, 떼를 지어 몰려다니는 거지들을 뜻하는 말이지만, 대개 별로 좋지 않은 무리들을 지칭하는 비속어로 쓰고 있는 말이다. 반면에 '떼거리'란, '무리〔群〕'란 뜻 외에도 지나치게 억지를 쓰거나 엉뚱한 고집을 부린다는 뜻의 '떼'와 같은 말로 쓰이기도 한다. 그러나 앞 두 예문의 '떼거지'는 '**떼거리**'를 잘못 쓴 글이며, 뒤 두 예문의 떼거지는 '떼거리'도 아닌 '억지'의 사투리인 '어거지'를 잘못 쓴 것으로 보아 '목소리 크고 **억지/생떼가 심하며**', '덤터기를 쓴 것이라고 **억지/생떼를 썼다.**' 등으로 바로잡아야 하겠으나, '떼거지'와 '떼/떼거리'란 말을 잘 가려 써야 한다.

"기름값 올랐지만 버스값도 올랐고"
(다음넷 웹문서. 2010. 12. 10.)
"버스값과 라면값이 비교 가능한가?"
(네이버 게시판. 2013. 6. 5.)
"택시값 인상되어 지금 3000원"
(네이버 웹문서. 2013. 10. 28.)

'값'이란 말은, 물건을 사고 팔 때 주고받는 돈을 뜻하는 말이므로, 돈을 주고 책을 사면 '책값'이 되고, 돈을 내고 빵을 사면 '빵값'이 되듯이, 돈을 주고 기름을 사면 '기름값', 버스를 사면 '버스값', 라면을 사면 '라면값', 택시를 사면 '택시값'이 되는 게 당연지사다. 그러나 위 예문의 '버스값'이나 '택시값'은 버스나 택시를 산다는 돈이 아니라, 버스나 택시를 타고 지불 ―선불과 후불의 차이는 있지만 ―하는 차비라는 뜻으로는 잘못된 말임을 알 수 있다. 따라서 '버스삯/택시삯', '버스비/택시비' 또는 '버스 요금/택시 요금' 등으로 바꿔 써야 한다.

"'구두닦기'와 '구두닦이'"
(국어사전들의 표기)

'말뚝박기·힘겨루기·이웃돕기' 등처럼, 동사 어간에 '-기'가 붙으면 동사가 하는 일 자체를 뜻하며, '딸깍발이·허풍선이·먼지떨이' 등처럼, 자음으로 끝난 체언 밑에 '-이'가 붙으면, 그 체언이 뜻하는 특징을 지닌 사람이나 물건을 뜻하게 된다. 마찬가지로 구두 닦는 행위를 **'구두닦기'**라 하고, 구두 닦는 사람을 **'구두닦이'**라고 하는데, 우리말사전이나 새 국어대사전, 새 한글사전, 엣센스 국어사전('91년)에선 '구두닦기'가 구두를 닦는 행위는 물론, '행위자'란 뜻까지 포함된다고 했다. 그런가 하면, 동아 새 국어사전, 한컴사전, 표준국어 대사전에는 '구두닦기'는 간 곳 없고 '구두닦이'만 나와 있는데, 다만 새 우리말 큰 사전과 엣센스 국어사전('98년)에만 제대로 설명되어 있을 따름이다.

"흠뻑 **물들은** 제주도 봄 풍경들"
(다음넷 블로그. 2014. 3. 8.)

"시원하게 **맛들은** 동치미"
(네이버 블로그. 2015. 1. 3.)

"**철들은** 막내딸 인사드려요."
(네이버 블로그. 2015. 2. 20.)

"우리의 **멍들은** 역사"
(네이버 블로그. 2015. 12. 30.)

위의 '물들은'은 '**물든**', '맛들은'은 '**맛든**', '철들은'은 '**철든**', '멍들은'은 '**멍든**'으로 바로잡아야 하는데, 이들의 동사원형은 'ㄹ 불규칙 동사'인 '물들다(물＋들다)'와 '맛들다(맛＋들다)', '철들다(철＋들다)', '멍들다(멍＋들다)'이다. 'ㄹ 불규칙 용언'이란, 어간의 'ㄹ' 받침이 'ㄴ·ㅂ·오'나, 미래의 'ㄹ' 또는 존경의 '시' 앞에서 줄어지는 형식을 말하는데, '물들다'는 '물드니', '물듭니다', '물드오', '물들', '물드시다' 등으로 활용되며, 동사의 과거를 나타내는 관형사형 전성어미는 'ㄴ'이므로, 위의 '물들은', '맛들은', '철들은', '멍들은' 등은 '**물든**', '**맛든**', '**철든**', '**멍든**'으로 바로잡아야 한다는 사실을 알 수 있다.

"**허영찬** 경쟁 땐 가정 파탄"
(경향신문 기사. 1991. 8. 15.)

망국 과외를 지탄하는 머리기사 "고액-합격 보장은 큰 망상"이라는 주제에 따른 부제 내용인데, 마구잡이로 조사를 생략해 버린 데다, 충분한 여백을 두고도 띄어쓰기마저 무시해 버린 바람에, 마치 '허영찬'이라는 사람이 누군가와 경쟁을 할 땐, 가정이 파탄된다는 뜻으로 생각할 수밖에 없는 묘한 제목이 되고 말았다. 설사 몽땅 붙여 쓰는 한이 있더라도 조사 '-에'를 생략해선 안 되므로, "**허영에 찬** 경쟁 땐 가정파탄"이라고 하거나, "**지나친** 경쟁 땐 가정파탄"이라고 해야 한다.

"이혼 20년 새 3.2배 증가"
(경향신문 기사. 1991. 10. 22.)

　　1970년 이후 '91년 현재까지, 약 20년에 걸쳐 이혼 건수가 자그마치 3.2 배로 늘어났다는 얘기인데, 이 제목의 내용으로 봐선 누군가가 이혼한지 20년 사이에 다른 뭔가가 3.2배로 증가했다는 뜻으로도 해석할 수 있게 되어 있으므로, '이혼' 다음에 쉼표를 하든지 아니면 접미사 '-율'을 넣어 "**이혼율**, 20년 새 3.2배 증가"라고 고쳐 써야 한다.

"배추잎이 얇고 단단하게 속이"
(경향신문 기사. 1991. 11. 11.)
"대잎들이 갓 잡아 올린 생선"
('소설 토정비결 ⊕'. 182쪽)
"지경에 이르렀으니 예사일이"
(오재호 '어쨌든 부부'. 235쪽)
"희귀한 얼음 해무리 현상"
(다음 카페. 2015. 1. 14.)

　　순우리말로 되어 있거나, 순우리말과 한자어로 된 합성어로서, 뒷말의 첫소리 모음 앞에서 'ㄴㄴ' 소리가 덧나는 경우엔, 사이시옷을 받쳐 적어야 한다는 규정에 따라, 위의 '배추잎', '대잎', '예사일', '해무리' 등은 '**배춧잎**', '**댓잎**', '**예삿일**', '**햇무리**'로 적어야 한다. 또한 사이시옷 뒤에 '이'가 올 경우엔, 〔ㄴㄴ〕으로 발음해야 한다는 규정에 따라 〔배춘닙〕, 〔댄닙〕, 〔예산닐〕, 〔핸무리〕 등으로 발음하도록 되어 있다. 다만, '-이, -으로, -에서' 등의 조사와 연결될 경우에는, 각각 〔배춘니피, 배춘니프로, 배춘니페서〕, 〔댄니피, 댄니프로, 댄니페서〕, 〔예산니리, 예산닐로, 예산니레서〕 등으로 발음하되, '햇무리'의 '-리'는 받침이 없으므로 〔핸무리가, 핸무리로, 핸무리에서〕로 발음된다.

"활동 자체가 처음이라 **서툴룬데**"
(네이버 카페. 2014. 10. 30.)

무엇에 익숙지 못한 것을 '서투르다'라고 하는데, 어간 '서투르-'에 받침 없는 형용사 어간에 붙는 어미인 '-ㄴ데'를 연결하면 '**서투른데**'로 활용되므로, 위의 '서툴룬데'는 '**서투른데**'로 바로잡아야 한다.

"'녹음기(錄音器)'를 '錄音機'로"
(엣센스 국어사전. 1991년 판)

앞서 말한 '차(車)'와 함께 무척 까다로운 것 중의 하나가, 바로 '**器**'와 '**機**'의 사용법이다. 물론 기계적인 힘으로 움직이는 '항공기(航空機)', '경운기(耕耘機)', '발동기(發動機)', '인쇄기(印刷機)' 등엔 '-**機**'를 쓰고, 단순한 기구나 도구인 '악기(樂器)', '이발기(理髮器)', '제도기(製圖器)', '보청기(補聽器)' 등에는 '-**器**'를 쓴다는 공식 아닌 공식이 있긴 하나, '등사기(謄寫機)'는 기계적인 동력과는 거리가 먼 완전 수동식 속사(速寫) 기구에 불과하며, 나무로 만든 '모형 비행기(飛行機)'나 '종이비행기(飛行機)'도 동력과는 전혀 무관한데도 '-기(機)'를 쓰고 있다. 그런가 하면, '녹음기(錄音器)'나 '제초기(除草器)'는 분명히 모터의 힘으로 작동되는 기기인데도, '-機가 아닌 '-器'를 쓰도록 되어 있으니 섣불리 속단할 수도 없다. 게다가, '복사기'는 '複寫器'로도 쓰고 '複寫機'로도 쓸 수 있음은, 수동 복사기도 있고 전동 복사기도 있기 때문일까? 그렇다면 일회용 '면도기'는 수동이므로 '面刀器'라야 하고, 전기면도기는 '電氣面刀機'라야 할 것 같은데, 구별 없이 '面刀器'로 쓰게 되어 있으니 종잡을 수가 없다. 아무튼 '녹음기'는 '錄音機' 아닌 '錄音器'로 표기해야 하는데, 민중엣센스 국어사전도 1991년도에 발행한 것과는 달리, 1998년도에 펴낸 제4판에는 제대로 표기되어 있어 그나마 다행이 아닌가 싶다.

"음식을 갔다 먹는 사람들이 눈에 띄인다."
(경향신문 '우체통'. 1999. 10. 15.)

"뷔페식당의 과소비"라는 주제로, 독자 노명숙 씨가 투고한 글 내용 중의 일부인데, 위의 '갔다 먹다'와 '띄인다'는 각각 '갖다 먹다'와 '뜨인다' 또는 '띈다'로 고쳐 써야 한다. '가다(往)'의 과거형인 '갔다'가 아니라, '음식을 가져다가 먹는 사람들'이므로, 이의 준말인 '갖다'로 써야 한다. 즉 '가지어다가 먹는→가져다 먹는→갖다 먹는'으로 축약되기 때문이다. 그리고 눈에 들어오거나 발견되는 것을 '눈에 뜨인다'('띈다'는 준말)라고 하는데, '띄인다'는 '뜨이인다'의 준말로 분석되나 이런 말은 성립될 수 없으므로, 위의 글은 "음식을 갖다 먹는 사람들이 눈에 띈다."로 바로잡아야 한다는 사실을 알 수 있다.

"큼직한 사건을 귀뜸받게 되어"
(이·류 '현대 신문'. 63쪽)
"모르겠다고 귀뜸해 주었다."
(김충식 '남산의 부장들'. 48쪽)
"진즉 내게 귀뜸을 했어야지."
(KBS TV '대추나무'. '99. 7. 23.)

위의 '귀뜸'들은 모두 '귀띔'으로 고쳐 써야 한다. 눈치로 알아차릴 만큼 슬쩍 일깨워 준다는 뜻의 낱말은, '귀뜸'이 아닌 '귀띔'이기 때문이다. 처음으로 외부의 소리를 느끼게 된다는 뜻인 '귀 뜨다'의 피동형 '귀 뜨이다'의 명사형 '귀 뜨임'을 축약한 것이 바로 '귀띔'이므로, '귀뜸'은 잘못된 말이라고 한다. 그러나 강아지가 태어난 한 달쯤에 처음으로 눈을 뜨면 '눈뜸'이요 귀를 뜨면 '귀뜸(귀 뜨다의 명사형)'이라고 해야 하는데, 무조건 틀린 말이라고 한다. 그러나 '귀띔'과 '귀뜸'의 사용법이 각각 다를 뿐, '귀뜸'을 틀린 말이라고 하는 건 잘못된 말이다.

"…을 부득이 **변경하였아오니**"
(한국통신 공지사항. 1991. 10. 19.)

"습득물을 보관하고 **있아오니**"
(통영 해양경찰서 공고문. 1999. 3.)

"송년회 자리를 **마련했아오니**"
(네이버 카페. 2015. 12. 23.)

"추후 별도로 통지하겠아오니" 또는 "대화의 장을 마련했아오니" 등으로 표기된 공문서나 일반 청첩장을 종종 접하게 되는데, 이는 전부 **'통지하겠사오니'**, **'마련했사오니'**로 바로잡아야 한다. '-사오니'는, 선어말 어미인 '-사옵-'의 'ㅂ'이 어말 어미인 '-니' 앞에서 탈락된 형태('-삽-'은 준말)로 쓰이는 말이므로, 위의 예문 역시 **"변경하였사오니"**, **"보관하고 있사오니"**, **"자리를 마련했사오니"**로 고쳐 써야 하는데, 한글 창제 이래 '-아오니'란 어미는 없었다는 사실을 밝혀 둔다.

"다양한 **칼라**와 충분한 물량"
(하드리안 정기세일 광고)

"출품 제한에 걸린 **칼라** 광고"
(경향신문 기사. 1992. 11. 19.)

"화염의 **칼라**와 움직임을 이용한"
(조·배 학술논문. 2014년 1월)

'칼라(Collar)'는 원래 와이셔츠나 양복저고리의 깃을 말하고, **'컬러(Colour)'**는 빛깔이나 색채를 뜻하는 말인데도, '후지칼라, 코닥칼라, 칼라 현상소, 칼라 화보, 칼라 영화' 등처럼 하나같이 '칼라'로 쓰고들 있는 실정이다. 이렇게 된 근본적인 원인은, '컬러'의 '어'나 'ㄹ 받침' 발음이 되지 않는 일본인들이 '카라'(カラ-)라고 발음하는 것을, 한국인들이 'ㄹ 받침'을 넣어 발음하게 된 것이 바로 한일 합작 외래어인 '칼라'가 된 것으로 유추할 수 있으나, 분명 잘못된 말임에 틀림없다.

"희귀한 땅벌 **수펄** 무늬 패턴"
(네이버 블로그. 2014. 10. 18.)

"자기는 뭐지? **숫돼지야**?"
(오재호 '부부싸움' 224쪽)

"**숫게와 암게(숫개와 암캐)**"
(최정수 홈페이지. 2012. 1. 18.)

"**숫닭과 암닭**의 적당한 비율"
(다음넷 Q&A. 2013.05.14.)

"**암병아리가 숫병아리를** 자꾸"
(네이버 지식iN. 2013. 7. 22.)

　　표준어　규정에 '수캉아지·수캐·수컷·수키와·수탉·수탕나귀·수톨쩌귀·수퇘지·수평아리'와 접두사 '암-'이 결합되는 이들 낱말 외에는, 〔수캐미〕나 〔수커미〕 등처럼, 비록 접두사 '수-/암-' 다음에서 거센소리가 날지라도, 일체 거센소리를 인정하지 않도록 되어 있다. 그런데도 동아 새 국어사전이나 민중엣센스 국어사전('91년 판)에는 '수펄', '수펌'으로 나와 있으나, '**수벌**', '**수범**'이 바른 표기다. 다만 돼지의 수컷은 '숫양', '숫염소', '숫쥐' 외 "수컷을 이르는 접두사는 '수-'로 통일한다."는 규정에 따라, '**수퇘지·암퇘지**'로 적어야 한다. 양(羊)의 경우 '수양·수염소'로 적지 않고 '숫양·숫염소'로 쓰는 이유는, '수양(修養)'이나 '수염난 소'로 혼동치 않게 하기 위한 고육지책인지는 모르겠으나, 대부분의 언중들이 〔숟놈〕이나 〔숟소〕로 발음하고들 있는 '수놈'과 '수소'는 그대로 두고, '수쥐'로 해도 좋을 '수컷 쥐'는 되레 '숫쥐'로 적도록 되어 있다. 객담이지만, 사위 쪽의 사돈이라 '수사돈', 며느리 쪽의 사돈이라 '암사돈'이라고 하는데, 굳이 사람에게까지 '암컷'과 '수컷'으로 따져 불러야 하는지 모르겠다. 아무튼 위의 '숫게·암게'는 '**수게·암게**'로, '숫개·암캐'는 '**수캐·암캐**'로, '숫닭·암닭'은 '**수탉·암탉**'으로, '암병아리·숫병아리'는 '**암평아리·수평아리**'로 표기해야 하므로, 귀찮더라도 위의 아홉 낱말은 확실히 외워 두는 것이 좋다.

"인상이 팍팍 **쓰여진다**"
(세계일보 만화. '91. 4. 21.)
"언젠가는 장미꽃처럼 **꺾여지고**"
(다음 웹문서. 2009. 7. 6.)
"낙엽으로 **쌓여진** 은행잎"
(네이버 블로그. 2012. 11. 13.)

　'쓰다'는 '으 불규칙 동사'로서, 피동형은 '쓰여지다'가 아니라 '쓰이다'나 '써지다'이므로, '인상이 팍팍 **쓰인다**'고 하거나 '~ 팍팍 **써진다**'라고 해야 한다. 이를 음운론적으로 분석해 보면, '쓰(동사 어간)+이(피동형 어간 형성 접미사)+다(종결어미)=쓰이다' 또는 '쓰(동사 어간)+어지다(음성 음절 피동형 종결어미)=쓰어지다→써지다'로 분석되는 말이다. 이렇듯 '쓰어'가 '써'로 축약되는 까닭은, 어간인 '쓰-'의 'ㅡ'와, 어미인 '-어지다'의 첫음절 '-ㅓ'의 두 모음이, 두 음절로 직결(모음 충돌 : Hiatus)되는 현상을 피하기 위하여, 'ㅡ'가 탈락되기 때문이다. 반면에 '쓰여지다'는, '쓰(동사 어간)+이(피동형 어간 형성 접미사)+어지다(피동형 종결어미)=쓰이어지다→쓰여지다'로 분석되는데, 결국 피동형 어간인 '쓰이-'에다 다시 피동형 종결어미인 '-어지다'가 이중으로 연결되어 있으므로 잘못된 말임을 알 수 있다. 다만, '(글씨를) 쓰다'가 사동형으로 쓰일 때 '쓰여지다'로 표기할 수도 있다.

　피동형의 구성 요건은 우선 '동사 어간+피동형 어미'가 되어야 하는데도, '쓰여지다'는 '피동형 어간+피동형 어미'로 잘못 구성되어 있다는 얘기다. 다만, 음성모음으로 끝난 동사 어간에 붙는 피동형 종결어미는 '-어지다'가 되지만, '볶다'나 '낚다' 등처럼 양성모음으로 끝난 동사 어간에는 '-아지다'가 붙어 '볶아지다'나 '낚아지다' 등으로 활용되는데, 피동형 어간 형성 접미사인 '-이-'를 넣어 '볶이다'나 '낚이다'로도 활용됨은 물론이다. 같은 맥락에서 위 예문의 '꽃처럼 꺾여지고'는 '꽃처럼 **꺾이고·꺾어지고**'로, '낙엽으로 쌓여진'은 '낙엽으로 **쌓인·쌓아진**'으로 활용되지만, '쌓아진'은 실지로는 잘 쓰이지 않고 있다.

"줄이 두꺼워질수록 낮은음이 난다."
(KBS TV '탐험대'. 1992. 5. 31.)

'두껍다'는 '얇다'의 반의어로서, '책이 두껍다'나 '송판이 두껍다' 처럼 두께가 넉넉할 경우에 쓰는 말이며, 피아노 줄이나 막대기 등의 둘레가 큰 것을 말할 땐, '두껍다'가 아니라 '굵다'라고 해야 한다. 영어로는 두껍거나 굵은 것 구별 없이 'Thick'라고도 하므로, 아마 번역상의 오류로 짐작되나, "줄이 굵을수록 낮은음이 난다."고 해야 한다.

"원주민의 혈통이 얼키고설키다."
(경향신문 '세계를'. 1991. 11. 2.)
"인연들이 서로 얽히고 섥혀서"
(네이버 블로그. 2005. 3. 22.)

위의 '얼키고설키다'와 '얽히고 섥혀서'는 '얽히고설키다'의 잘못이다. "싸릿가지를 얽어 울타리를 만든다."처럼 노끈이나 새끼 따위로 이리저리 걸어서 묶는 것을 '얽다'라고 하므로, '얽히다'는 '얽다'의 피동형임을 알 수 있다. 그러나 언뜻 생각하기로는 앞뒤의 형평성을 고려하여 '얽히고섥히다'로 쓰거나, 아니면 '얼키고설키다'로 쓰는 것이 훨씬 더 논리적일 것 같긴 하나, 우리말에 '섥다'나 '섥히다'라는 말도 없거니와, 어원이 불분명한 글은 소리 나는 대로 적는다는 맞춤법 규정에 따라 '얽히고설키다'로 표기하도록 되어 있다. 즉 뒤의 '설키다'는, 어원이 분명한 '얽히다'의 뒤에서만 비로소 제값을 할 수 있는 일종의 보조용언에 불과한 허사(虛辭)로서, 운율을 맞추기 위한 추임새라고 할 수 있다. 게다가 '얼키고설키고'는 우리말에 '얼키다'나 '설키다'라는 말이 아예 없으므로 재론할 여지도 없음은 물론이다. 다만 '이리저리 뒤섞여 얽혀 있는 모양'을 뜻하는 '얼키설키(>얼기설기)'란 말이 있긴 하나, 이런 부사는 활용되지 않는 것이 원칙이다.

"에미 애비도 없는 불효 정당"
(네이버 블로그. 2014. 10. 23.)
"냄비가 탄 것은 어떻게 하나요?"
(파워지식iN 답변. 2015. 2. 18.)

'아비, 어미, 속이다, 죽이다'의 가운뎃소리〔中聲〕'ㅏ·ㅓ·ㅗ·ㅜ'가 뒤 음절 'ㅣ'에 모음 동화되어 '에미, 애비, 쇡이다, 쥑이다' 등처럼, 'ㅐ·ㅔ·ㅚ·ㅟ'로 변하는 현상을 'ㅣ' 역행동화라고 하지만, 현행 맞춤법상 원칙적으로 이를 인정하지 않고 있다. 그러면서도 '서울내기, 노랭이, 냄비' 등은 동화된 음을 표준어로 삼았는가 하면, '아지랑이, 앞잡이, 오라비' 등은 동화되지 않은 음을 표준어로 삼았으며, '쥔장'이나 '당최'는 '주인장, 당초에'의 준말로 인정하고 있어 꽤나 혼란스럽다.

"사무치게 언 산내를 헤매이다"
(박노해 시 '오늘은 다르게'에서.)
"헤매이는 여자가 아름다워요."
(고은의 시 '누구라도 그대가 되어')

위 박노해 시(詩)의 도입부 원문은, "그렇게 사무치게 언 산내를 헤매이다/돌아온 처마 밑에 꽃은 이미 피었더냐"인데, '헤매이다'는 '헤매(동사 어간)+다(어미)=헤매다(가)'의 잘못이요, '헤매이는 여자'는 '헤매는 여자'의 잘못이다. 물론 시의 운율을 살리기 위하여 때론 의식적으로 낱말을 변형(?)시키는 경우도 있겠으나, 이런 경우 '헤매다가'나 '서성이는' 등으로 표현해도 결코 시의 품격이 손상되리라곤 생각지 않는다. 부언하자면, '-이다'는 '펄럭이다'나 '출렁이다' 등처럼, '-거리다'가 붙을 수 있는 시늉말인 부사의 어근에 붙어, 그 말이 동사가 되게 하는 접미사다. 따라서 위의 '헤매이다'는 결국 '헤매거리다'가 되므로, 이런 말은 성립될 수 없다는 사실을 쉽게 알 수 있다.

"루머와 **찌라시** 이제는 범죄의 영역"
(네이버 블로그. 2016. 3. 21.)

영어로는 'Handbill, Leaflet, Flyer, Flier, Circular' 등 여러 가지로 표현되기도 하는 일본어 '찌라시(散らし)'는, 한때 '삐라(Bill)'라고 회자(膾炙)되었던 일종의 '광고 쪽지'를 뜻하는 말이다. 그런데 위의 예문에서뿐만 아니라, 공중파나 지상파 할 것 없이 모든 방송 매체들의 앵커나 패널들이 분명히 일본어인 줄 알면서도 아무런 거리낌 없이 수시로 남용하고들 있어 언짢기도 하나, 너 나 없이 '**전단지**(傳單紙)'란 말로 바꿔 써 주셨으면 하는 마음 간절하다.

"**놀이배** 표류 침몰, 3명 사망"
(경향신문 제목. 1990. 10. 21.)
"교사에 촌지…**치마바람**까지"
(경향신문 제목. 1992. 3. 26.)
"쥐한테 **코잔등** 물리는 고양이"
(다음넷 게시판. 2010. 8. 10.)
"**쌈지돈**으로 목돈만들기)
(다음넷 블로그. 2015. 2. 11.)

위의 '놀이배', '치마바람', '코잔등', '쌈지돈'은 '놀이+배', '치마+바람', '코+잔등', '쌈지+돈'으로 구성된 순우리말 합성어로서, 앞엣말이 모음인 '-이', '-마', '코-', '-지'로 끝나고, 뒤엣말의 첫소리인 '배', '바', '잔', '돈'이 된소리인 〔빼〕, 〔빠〕, 〔짠〕, 〔똔〕으로 발음되므로, 전부 사이시옷을 받쳐 '**놀잇배**', '**치맛바람**', '**콧잔등**', '**쌈짓돈**'으로 적고, 〔놀이빼/놀잍빼〕, 〔치마빠람/치맏빠람〕, 〔코짠등/콛짠등〕, 〔쌈지똔/쌈짇똔〕으로 발음해야 한다. 또한 사람이나 짐승 등의 유정명사에 붙어, 행동이 미치는 상대를 나타내는 부사격 조사는 '-에'가 아닌 '-에게'이므로, '교사에 촌지'가 아니라 '**교사에게 촌지**'라고 해야 한다.

"만나니까 **패션어블**해졌습니다."
"**커텐**이 필요 없어요. **커텐** 걱정 끝"
('일진 베스 홈 샤시' 광고)

'패션어블'은 '**패셔너블**(Fashionable)'로, '커텐'은 '**커튼**(Curtain)'으로, '샤시'는 '**섀시**(Chassis)'로 고쳐 써야 하는데, 몇 자 되지도 않는 글에 자그마치 네 군데(션→셔, 어→너, 텐→튼, 샤→섀)나 틀린 누더기 광고문이 되고 말았는데도, 광고 효과가 제대로 있었는지 궁금하다.

"**희안한** 목소리로"
(MBC TV. '99. 6. 14.)
"**희안한** 나라의 **희안안** 법"
(한국정경신문. 2014. 11. 28.)
"환율의 **상안선**과 **하안선**을 정해"
(MBN 미디어다음. 2014. 6. 26.)
"가능성은 **무안대**라 생각됩니다."
(네이버 지식iN. 2007. 2. 12.)

"인생칠십고래희(人生七十古來稀 : 사람이 70세까지 살기란 극히 드문 일)"라는 두보의 '곡강' 시에도 '드물 희(稀)'와 '드물 한(罕)' 자를 쓰고 있듯이, '썩 드물다'는 뜻의 낱말은 '희안'이 아니라, '**희한(稀罕)**'이다. 따라서 하다형 형용사인 '희한하-'에 현재 시제형 '-ㄴ'을 연결하면 '희한한'이 되므로, 위의 '희안한 목소리' 역시 '**희한한** 목소리'가 되어야 함은 물론이다. '상안선', '하안선', '무안대' 등의 '안'은 '한계'나 '한정'을 뜻하는 '**한(限)**'을 잘못 쓴 글들이므로, 당연히 '**상한선**(上限線)', '**하한선**(下限線)', '**무한대**(無限大)'로 바로잡아야 한다. 이런 경우는 문법이나 맞춤법 또는 한자 문제를 떠나서, 애당초 낱말의 뜻 자체를 제대로 모르고 있기 때문에 야기되는 문제가 아닌가 싶다.

"오늘도 **좋은 하루 되세요**"
(네이버 블로그. 2016. 3. 21.)

아마 영어권 화자들의 인사말인 "Have a good time."이나 "Have a nice day."에서 비롯된 말임을 짐작할 수 있으나, 만약 누군가가 "훌륭한 선수가 되세요" 또는 "좋은 파트너가 되시길 바랍니다"라고 말할 경우, '훌륭한 선수'나 '좋은 파트너' 즉 주인공은 바로 인사를 받은 당사자가 된다. 마찬가지로 '좋은 하루 되세요'라는 말은 곧 '당신은 좋은 하루가 되세요'라는 뜻이 되므로, 결코 당신 자신이 좋은 하루가 될 수 없음을 알 수 있다. 따라서 "당신에게 좋은 하루가 되시기 바랍니다", "좋은 하루 보내세요" 또는 "좋은 시간 누리세요"라고 해야 한다.

"서양 **사라다**를 좋아하다가"
(이동식 '스트레스'. 220쪽)
"고기 **부페**를 즐기고 왔어요."
(다음 블로그. 2015. 3. 19.)

위의 '사라다'는 **샐러드**(Salad)'의 잘못인데, 일본에서 개최되는 국제회의에서도 절대로 일본어를 쓰지 않고 영어로 스피치할 정도로, 반일사상이 투철하다고 자부하고 있는 정신과 의사께서, 어쩌자고 완전히 일본식 발음인 '**사라다**(サラダ)'로 쓰고 있는지 궁금하다. 아무튼 일본인들은 성음 구조상, '샐러드' 중 '샐'의 중성(中聲)인 'ㅐ'와 'ㄹ' 받침은 물론, '러'의 중성 'ㅓ'나 '드'의 'ㅡ' 발음을 할 수 없어 할 수 없이 '사라다'라고 발음하는데, 멀쩡한 발음기관을 가진 우리들까지 왜 혀짤배기소리를 해야 하는지 모르겠다. 또한 발음상으로 꽤나 문제점이 있는 'Buffet〔bəféi, buféi, bʌ́fit〕'의 미국식 발음은 '부페'도 '뷔페'도 아닌 '부페이' 또는 '버페이'요, 원산지 프랑스식 발음은 '**버핏**'인데, 그나마 영어 발음에 가까운 '**부페**'를 버리고 누가 어쩌다 국적 불명의 한국식 발음인 '**뷔페**'를 표준어로 지정했는지 궁금하기 짝이 없다.

"잔디구장에서 **축구 차는** 분들"
(네이버 블로그. 2013. 9. 4.)

"**슈팅** 멋있게 **차는** 방법 좀"
(네이버 블로그. 2015. 5. 19.)

 축구공으로 승부를 겨루는 경기를 '축구(蹴球)'라고 하는데, '蹴'이 '찰 축' 자이므로 '축구(를) 차다'라고 하거나, '슈팅(Shooting)'이란 말 역시 '구기(球技)에서 골이나 바스켓을 향해 공을 차거나 던져 넣는 것'을 뜻하는 말이므로, '슈팅(을) 찬다'라고 하면 중첩 표현이 된다. 따라서 '축구'나 '슈팅'은 하는 것이지 차는 것이 아니므로, 앞엣것은 '**축구하는** 분들', 뒤엣것은 '**슈팅** 멋있게 **하는** 방법'이라고 해야 한다.

"**언어적/통사적** 속성을 **명시적**으로"
"**핵심적**인 **이론적·방법론적** 문제가"
('말과 글' 33호. 홍재성 교수의 글)

"**기호학적**으로, **표기학적**으로, **교열학적**으로"
('말과 글' 44호 47쪽. 소범 민기)

 일본어 '-데끼(てき：的)'를 번역한 '-적(的)'은, 한자어로 된 체언에 붙어 그런 성질, 경향, 상태를 나타내는 별로 달갑잖은 접미사인데, 앞엣것은 본문 총 19페이지 기사 중, 전반부 네 페이지에서만도 62회(쪽당 15.5회 꼴)에, 맨 끝 페이지에선 16회를 썼는가 하면, 그 앞 페이지에선 21회나 사용하여 마치 '-적' 전시장을 방불케 하고 있다. 심지어 '본명'이나 '본명 저서'를 뜻하는 '오터님(Autonym)'에까지 '-적'을 접목시킬 정도로 그야말로 '마니아的'이다. 하긴 문장에 무척 까다로우실 것 같은 소범 민기(閔畿) 님도 위 예문에서처럼 상당히 남발하고 있는 실정이다. 아무튼, 무조건 '적(的)' 자만 갖다 붙이면 고상한 문장이 되는 것으로 잘못 인식할 후학들도 없잖을 것 같아 염려스럽기도 하다.

"구역을 **여덟로** 나눈 데서"
(박숙희 '속뜻 사전 Ⅱ'. 196쪽).

"겹받침 'ㄳ', 'ㄵ', 'ㄼ', 'ㄽ', 'ㄾ', 'ㅄ'은, 어말 또는 자음 앞에서 각각 〔ㄱ, ㄴ, ㄹ, ㅂ〕으로 발음한다."는 표준발음법 규정에 따라, '여덟'은 〔여덜〕로 발음해야 한다. 그러나 "젊음으로 극복하라", "충심으로 기도하라" 등처럼 'ㄹ' 받침 이외의 받침 있는 체언에 붙어, 수단이나 방법 등을 나타내는 부사격 조사는 '로'가 아닌 '으로'이며, 'ㄼ' 뒤에 실질적 의미가 없는 모음 형태소가 올 땐 'ㄹ'은 끝소리로 남기고, 'ㅂ'은 모음의 첫소리로 옮겨 발음해야 하므로, 위의 '여덟로'는 **여덟으로**'로 쓰고 〔여덜브로〕라고 발음해야 한다. 단, '박수로 환영', '햅쌀로 취사' 등처럼 받침이 없거나, 'ㄹ' 받침이 있는 체언에는 '-로'를 붙여야 한다.

"어쨌든 주걱을 꺼내어 밥을 **펐다**."
(다음 카페. 2003. 10. 26.)
"광복절 폭주족 자취 **감췄다**"
(서울 =뉴시스. 2012. 08. 15)

"모음 'ㅗ, ㅜ'로 끝난 어간에, '-아/-어, -았/-었'이 어울려 '-와/-ㅝ, -왔/-웠'으로 될 적에는 준 대로 적는다."는 준말 규정에 따라, '춤추다'는 '춤추어 →춤춰/춤추었다→춤췄다', '꿈꾸어 →꿈꿔/꿈꾸었다→꿈꿨다' 등으로 축약되는 'ㅜ 규칙 용언'이다. 이와 마찬가지로 '밥을 푸다' 역시 '밥을 푸어→밥을 풔/밥을 푸었다→밥을 펐다'로 축약되는 것으로 착각하기 쉬우나, '푸다'는, 어간 끝 'ㅜ'가 어미인 '어' 앞에서 줄어지는 단 하나밖에 없는 'ㅜ' 불규칙 동사로서, '푸어'가 '퍼'로 즉 '푸다→푸어→퍼→펐다'로 활용된다는 사실을 잊지 말아야 한다. 그런 반면에 '감추다'는 '감추어 →감춰/감추었다→감췄다' 등처럼 규칙적으로 활용되는 'ㅜ 규칙 용언이므로, 위 예문의 '감췄다'는 **당연히** 감췄다'로 바로잡아 "광복절 폭주족 자취(를) 감췄다."라고 해야 한다.

"엉뚱한 부탁 **툇자** 일쑤"
(경향신문 제목. 1992. 2. 25.)
"전문 사기 도박꾼 **탓자**가"
(중앙일보 기사. 1999. 7. 26.)
"첫 **끝발**이 개 **끝발**이라는데"
(네이버 웹문서. 2011. 12. 5.)
"화투를 받아 **끝수**가 9(갑오)에"
(네이버 뉴스 신동아. 2010. 2. 1.)

　위의 '툇자'는 '퇴짜(←退字)'의 잘못인데, '퇴짜놓다'라는 말은 지난날, 관청
에 상납하던 물건의 품질이 낮아 관원이 '退'라는 도장을 찍어 수령을 거부하
던 행위를 일컫던 데서 나온 말이다. 1930년대에는 '퇴자'로 표기하고 〔퇴
짜〕로 발음한 적도 있긴 하나, 지금은 '**퇴짜**'로 적고 〔퇴짜〕로 발음하도록 되
어 있으며, 위의 '탓자' 역시 '**타짜**'로 표기 〔타짜〕로 발음하고, '끝발'과 '끝수'
는 '**끗발**'과 '**끗수**'로 정정하되 〔끋빨〕과 〔끋쑤〕라고 발음해야 하는 것들이다.
※ '끗수'는 끝자리에 있는 수.

"一過苣田一遺失之大 擬其每遺(일과거전일유실지대 의기매유)"
→한 가지 일이 옳지 못하면, 모든 일이
　의심을 받게 된다는 비유어임.
('말과 글' 제47호 '국어 순화')

　대체 어느 책에서 발췌하여 난도질한 글인지 알 수 없으나, '過(지날 과,
허물 과)'는 '**萵**(상추 와)'의 잘못이요, '失(잃을 실)'은 '**矢**(똥 시)', '大(큰
대)'는 '**犬**(개 견)', '擬(헤아릴 의)'는 '**疑**(의심할 의)'를 잘못 알고 쓴 글이라
만신창이가 됐는데도, 비유문은 비슷하게나마 억지로 꿰맞춰놓았으니 귀신이
곡할 노릇이다. 제대로 정리하자면 "一萵苣田 一遺矢之犬 疑其每遺(일와거전
일유시지견 의기매유)"가 되니, "상추밭에 한 번 똥 싼 개는 항상 의심받
기 마련"이란 뜻이 되는 속담이다.

"**옛**부터 즐겨 찾던 을밀대"
(세계일보 캡션. 1992. 8. 26.)
"**옛**처럼 사인(士人)의 겉옷"
"**옛**대로 흰 옷을 입었다."
(이규대 '한국 여인'. 216/231쪽)
"주막 분위기의 **옛스러운** 밥집"
(네이버 블로그. 2014. 11. 26.)
"**옛**이나 지금이나 여전하네."
(네이버 블로그. 2014. 12. 8.)

　'옛'이 '옛날의/예전의'라는 뜻을 가진 관형사로 쓰일 땐, '옛ˇ친구'나 '옛ˇ추억' 등처럼 띄어 쓴다. '관형사'란 체언 앞에 놓여 그 체언이 가진 뜻을 꾸며 주는 품사로서 활용되지 않는다. '옛적', '옛글', '옛정', '옛꿈', '옛이야기' 등은 이미 굳어버린 관용어로 보아 붙여 써야 하는 합성어들인데, 이 경우의 '옛'은 접두사가 되므로 '옛' 뒤에는 당연히 체언이 와야 한다. 반면에 '예'는 '옛적'이나 '오래전'이라는 명사이므로 '예로부터', '예나 지금이나', '예스럽다' 등처럼 쓰이는 말이다. 따라서 위의 '옛부터', '옛처럼', '옛대로'는, 관형사인 '옛'과 조사인 '부터', '처럼', '대로'는 결합될 수 없는 말임을 알 수 있다. 따라서 '옛부터'는 '**예(로)부터**'로 고치되, '예'가 '옛적'이나 '오래 전'이란 뜻을 나타내는 명사이긴 하나, 받침이 없거나 'ㄹ' 받침으로 끝나는 체언에 붙어, '에서부터'의 뜻을 나타내는 유래격 조사는 '-로부터'이므로, '**예로부터**'라고 하는 것이 어감도 그렇거니와 훨씬 더 논리적이라 할 수 있다. '옛스러운 밥집'과 '옛이나 지금이나'는 '**예스러운 밥집**', '**예나 지금이나**'라고 쓰되, '옛처럼'과 '옛대로'는 '예처럼'과 '예대로'로 쓰는 것보다는 어감상으로도 '옛날처럼'이나 '옛날대로'라고 쓰는 편이 좋을 것 같다. 여담이거니와 '옛 터전', '옛 추억', '옛 풍속', '옛 친구' 등의 '옛'은, 관형사로 쓰여 띄어 써야 하는데도, 국어사전이나 '맞춤법/문법 검사기' 등도 뒤죽박죽 믿을 만한 것이 없어 답답한 심정이다.

"치즈 맛은 기막히게 잘 **맞쳐요**"
(중앙일보 광고. 1999. 10. 21.)

"정답 **맞추신** 분 대단하시네요."
(다음넷 게시판. 2011. 8. 2.)

"정답 **맞치신** 분 손수 만든 쿠키"
(다음넷 카페. 2010. 10. 25.)

본문을 좀 더 인용하자면, "우리 집 남편, 딴 건 잘 몰라도 슬라이스 치즈 맛은 기막히게 잘 맞쳐요."라는 해태 유업의 신문광고 내용인데, 위의 '맞쳐 요'는 '맞히어요'의 축약형인 '**맞혀요**'로 고쳐 써야 하는 글이다. 물론 이의 동사원형은 '맞히다'로서, '수수께끼를 (알아)맞히다', '목표물을 맞히다', '주사를 맞히다', '눈비를 맞히다' 등으로 활용되는 말인데, 우리말에 '맞치다'라는 말은 없다. 따라서 위의 '정답 맞추신 분'과 '정답 맞치신 분'은 둘 다 '**정답 맞히신 분**'으로 고쳐 써야 한다.

"폭탄이 1m만 **빗겨나갔어도** 벽화가 완전히 파괴됐을 것"
(경향신문 '최후의 만찬'. 1992. 10. 6.)

"식사 때를 조금 **빗겨나** 찾는 것도"
(네이버 블로그. 2012. 9. 16.)

빗으로 머리를 빗는 건 '빗다', 옆으로 비뚤어지게 놓이거나 비치는 건 '비끼다', 한쪽으로 물러나는 건 '비켜나다', 목표물에서 비뚜로 나가는 건 '빗나가다'라고 해야 하므로, 위의 '빗겨나갔어도'는 '**빗나갔어도**'나 '**비껴나 갔어도**'라고 써야 한다. 그건 그렇다 치고, 화살이건 총탄이건 명중을 해야 피격물이 파괴되는 게 기본 상식인데, 조금만 빗나갔더라면 파괴되었을 거란 말은 어불성설이 아닐 수 없다. 뒤집어 말하자면, 폭탄이 벽화에 명중했기 때문에 무사했다는 억지소리가 된다. 그리고 뒤 예문의 '조금 빗겨나'는 '**조금 벗어나**'로 바로잡아야 한다.

"외국인과 **부딪혀라**"
(영어 회화 '알파' 광고)

"몸으로 **부딪히는** 도의원"
(KBS TV '사람들'. '92. 7. 21.)

"극심한 민원에 **부디친다.**"
(경향신문 칼럼. 1990. 10. 20.)

"손바닥을 **부딪쳐** 박수를 쳐라"
(다음넷 블로그. 2014. 4. 23.)

"현우는 봉고차와 **부딪힌 후** 공중에 몸이"
(네이버 뉴스. 2015. 3. 12.)

"유리창에 **부딪힌** 새 조치 방법"
(네이버 지식iN. 2012. 10. 9.)

"차가 높아서 육교에 **부딪친** 사고"
(네이버 지식iN. 2004. 7. 17.)

어떤 물건이나 동물 등이 세게 충돌하는 것을 '**부딪다**'라고 하는데, 이 '**부딪다**'의 힘줌말이 '**부딪치다**'이며, 이의 피동형 즉 부딪음을 당하는 것을 '**부딪히다**'라고 한다. 따라서 위의 '외국인과 **부딪혀라**'와 '몸으로 **부딪히는**'은 누군가가 나를 들이받지 않는 이상 피동형 '**부딪혀**'가 아닌 능동형인 '**부딪쳐**'라고 해야 한다. 그러나 '민원에 **부디친다**'는 민원에 시달린다는 뜻이므로 피동형인 '**부딪힌다**'가 되어야 하나, '손바닥을 **부딪쳐**'는 손바닥을 마주 친다는 뜻이므로 '**부딪쳐**'라고 해야 한다. '현우는 봉고차와 **부딪힌 후**'는 현우가 봉고차를 들이받은 것이 아니라 봉고차에 충돌을 당한 것이라면, 대상을 나타내는 조사인 '-에'를 써서 '현우는 봉고차에 **부딪힌 후**'라고 하되, 쌍방 과실이 있을 경우엔 '봉고차와 **부딪친 후**'라고 해야 한다. '유리창에 **부딪힌** 새'는 유리창이 날아 와서 새를 받은 게 아니므로, '**부딪힌** 새'가 아니라 '유리창에 **부딪친** 새'라고 하는 것이 옳다. '차가 높아서 육교에 **부딪친** 사고' 역시 차가 육교를 들이받은 것이지, 육교가 차를 들이받은 것이 아니므로, '차 높이를 잊고 **육교를 들이받은 사고**'로 바로잡아야 한다.

"키다리 한기범 등장에 모든 출연자 난쟁이?"
(뉴스 정확도 미디어펜. 2014. 2. 16.)

"키달이 아저씨가 풍선을 나눠주네요."
(다음넷 블로그. 2015. 1. 22.)

"며칠 전 작달이가 안보여 찾다보니"
(네이버 블로그. 2012. 10. 7.)

  키가 큰 사람을 '키다리'라고 하지만, 키가 작은 사람은 '작다리'라고 해야 하는데도, 대부분의 국어사전들이 '난쟁이'라고 표기해 놓았다. 물론, 한기범의 장신을 강조하기 위하여 다른 출연자들을 '난쟁이'로 표현할 수도 있으나, '키다리'의 반의어는 '난쟁이'가 아닌 '작다리'이며, '난쟁이'의 반의어는 '키다리'가 아닌 '거인(Giant)'이다. '키다리'와 '작다리'는 약간 '비정상'이라고 할 수 있을지언정, '기형'이라고까지 할 순 없지만, '거인'이나 '난쟁이'는 기형에 속한다고 할 수 있다.

"느낌은 어떤 것이였을까요?"
(오재호 '어쨌든 부부'. 68쪽)

"헤아려라 하시는 것이였어."
(오재호 '그래도 부부'. 36쪽)

  '-였-'은 '-이었-'의 축약형이므로, '-이였-'은 '-이이었-'이 된다. 따라서 위의 '어떤 것이였을까요', '하시는 것이였어' 역시, '어떤 것이었을까요?', '하시는 것이었어'로 고쳐 써야 한다. 이 밖에도 이 책에서는, '무서운 분이였기에', '필요한 돈이였습니다.', '아니였지만', '하시는 것이였어.', '때문이였다네', '주장이였고', '낚시광이였나 봅니다.', '한 몸이 되였습니다.' 그리고 '몫이였습니다.' 등뿐만 아니라, 숱한 맞춤법 오류들이 지천으로 깔려 있으나, 우선 이 책에 나오는 '-였-'은 거의 과거형 선어말어미인 '-었-'으로 바로잡아야 한다.

"도영심 의원 이혼 訴"
(국제신문 제목. 1991. 11. 19.)
"도영심 의원 **남편**/이혼 소송"
(부산일보 제목. 1991. 11. 19.)

　　서로의 성격 차이로 별거중인 도영심 의원의 남편이 이혼 소송을 제기했다는 제목 내용인데, 위 국제신문의 제목을 보면 남편이 아닌 도영심 의원이 되레 소송을 제기했다는 엉뚱한 내용의 글이 되고 말았으므로, 의당 '**이혼 피소(被訴)**'라고 해야 한다. 그러나 부산일보에서는 '남편'이란 낱말을 넣어, 오해의 소지를 없애고 있음을 알 수 있다.

"'윗옷'(O), '웃옷'(×)?"
(중앙일보 기사. 1992. 8. 2.)
"**웃도리**에 바지까지 벗어 준"
(네이버 블로그. 2015. 2. 9.)

　　내무부에서 한글맞춤법과 외래어 표기법에 맞지 않게 표기된 각종 업소의 옥외 광고물이나, 지역 정보 안내판 등을 정비토록 각 시·도에 지시했다는데, 숱한 예시어 중에서 '**웃옷**'도 잘못된 말이므로 '**윗옷**'으로 고쳐 써야 한다고 했으나, 표준어 사정 원칙 12항에서 "'웃-' 및 '윗'은 명사 위에 맞추어 '윗-'으로 통일한다." 하여 '**윗옷**'을 표준어라고 했는가 하면, 같은 항 다만 2.에는 "아래, 위의 대립이 없는 단어는 '웃-'으로 발음되는 형태를 표준어로 삼는다."고 하여, '**웃옷**'도 표준어로 인정하고 있다. 다만 '**윗옷**'은 '아래옷[下衣]/아랫도리(옷)'에 상대되는 '상의(上衣)/윗도리(옷)'라는 뜻으로 쓰이는 말이며, '**웃옷**'은 '외투'나 '두루마기' 등의 겉옷[外衣] 즉 '겉에 입는 옷'이라는 의미로 각각 달리 쓰이는 말이므로, 착오 없도록 주의해야 한다. 위 예문의 '**웃도리**'는 '아랫도리'라는 말이 있으므로 '**윗도리**'라고 해야 한다.

"많이 나면 벌금 내요."
(M. TV '논픽션'. '99. 7. 20.)

　　막 결혼식을 마친 중국인 신랑 신부가, 희망 자녀수를 묻는 인터뷰어에게 대답한 말을 번역한 캡션 내용인데, 위의 '나면'은 '낳으면'을 잘못 표기한 글이다. 물론 '나다'는, '난 해'나 '난 달'처럼 '태어나다'라는 뜻도 되겠으나, 결국 위 예문은 "많이 태어나면 벌금 내요."라는 뜻이 된다. 다만, 벌금은 신생아가 내는 게 아니라 낳은 부모가 내야 하므로 **"많이 낳으면 벌금 내요."**라고 해야 논리에 맞는 말이 되겠으나, 지금은 중국에서도 35년 간 지켜 온 '한 자녀 정책'을 2016년 1월 1일부로 전면 폐지키로 했는데, 우리도 다산정책을 펴야 하지 않을는지.

"바윗돌을 몽땅 **날으는** 방법"
(다음넷 카페. 2015. 2. 9.)
"**나르는** 코도나"
(SBS '92. 7. 18.)
"하늘을 **날으는** 불새"
(책 제목. 1993. 1. 10.)

　　'나르다'는 사람이나 물건을 다른 데로 옮긴다거나 운반한다는 뜻을 가진 낱말로서, '나르니, 나르시다, 나르오, 나른, 나릅니다, 날라서, 날랐더니, 날르라고' 등으로 활용되는 '르' 불규칙 동사이므로, '돌을 몽땅 **날으는** 방법'은 '돌을 몽땅 **나르는** 방법'으로 고쳐 써야 한다. 그런가 하면 '날다'는 어간 '날-'에 '-고', '-지', '-면' 등의 어미가 연결될 땐 '날고', '날지', '날면' 등으로 '르 받침'이 존속되지만, '-ㄴ', '-ㅂ', '-오', '-시-' 등의 어미가 올 땐 '나니', '납니다', '나오', '나시오' 등처럼 '르'이 탈락되는 '르' 불규칙동사다. 따라서 위의 '**나르는** 코도나'나 '**날으는** 불새'는 '**나 는**(飛) 코도나', '**나 는**(飛) 불새'로 써야 한다.

"구질 변화 재미 들면 자세 흩어진다"
(경향신문 제목. 1991. 12. 11.)

 '스포츠 정보'의 볼링 어드바이스 기사에 대한 서브타이틀 내용인데, 위의 '흩어진다'는 '흐트러진다'로 고쳐 써야 한다. '흩어진다'는, '낙엽이 바람에 흩어진다' 또는 '형제가 뿔뿔이 흩어진다' 등으로 쓰는 말이다. 그리고 '흐트러지다'는, '정신이 흐트러진다' 또는 '머리가 흐트러진다' 등으로 쓰듯이, 사람의 자세 역시 흩어지는 게 아니라 흐트러지는 것이므로, 위의 예문 역시 당연히 "구질 변화 재미 붙이면 자세 가 흐트러진다."라고 고쳐 써야 비로소 올바른 문장이 된다.

"진짜 참기름 78%가 가짜"
(경향신문 기사 제목. '92. 1. 20.)
"그 옆에 순 진짜 왕대포 막걸리"
(네이버 뉴스. 2008. 10. 9.)
"요건 진짜 참숯이에요."
(네이버 블로그. 2015. 3. 24.)

 '참기름'이란, 진짜 깨(眞荏)로 짠 진짜 기름(眞油)을 뜻하는 말인데, '진짜 참기름'이라고 하면 '진짜, 진짜 깨로 짠 기름'이란 말이 된다. 게다가 '순'이라는 관형사까지 동원하여, '순 진짜 참기름'이라며 이중 삼중으로 강조하고 있는 실정인데, 사회 전반적으로 만연되고 있는 불신 풍조 탓이 아닌가 싶다. 아무튼 '참기름'이란 말 자체가 진짜 기름이라는 뜻을 포함하고 있으므로, 위 예문은 "시중 참기름 78%가 가짜"라고 해야 한다. '왕대포' 역시 크다는 뜻의 '큰 대(大)'와 '바가지 포(匏)' 자로 구성된 '대포(大匏)'에다 '임금 왕(王)' 자까지 곁들인 '왕대포(王大匏)'도 모자라 '순 진짜'란 말까지 겹겹으로 포장을 하며, '참숯'이란 말 역시 '진짜 숯'이란 말인데도 '진짜 참숯'이라고까지 한다.

"감금하고 **매를 때리며** 곡예를"
(경향신문 캡션. 1991. 10. 17.)
"총을 쏘고 **매를 때렸는데**"
(교육방송에서. 1994. 3. 1.)

개가 사람을 무는 것과는 달리 사람이 개를 물면 화젯거리가 되듯이, 매로 사람을 때리는 게 아니라 사람이 매를 때린다니 충분한 얘깃거리가 되지 않을까 싶다. '-를'은, 받침 없는 체언에 붙어 그 체언이 목적어가 되게 하는 목적격조사이며, '-로'는 받침이 없거나 'ㄹ' 받침을 가진 체언에 붙어, 수단·방법, 재료·이유 등을 나타내는 부사격조사다. 따라서 위의 '매를 때리며'와 '매를 때렸는데'는 '매로 때리며', '매로 때렸는데'로 고치거나, '**매질을 하며**', '**매질을 했는데**' 등으로 바로잡아야 하는 글들이므로, 토씨 하나라도 소홀히 생각해선 안 된다.

"높이뛰기나 **넓이뛰기의 경기**"
(스포츠 서울 '명포수'. '94. 2. 14.)

고대 올림픽에서 육상의 주종목으로 채택되었을 만큼 유구한 역사를 자랑하는 '넓이뛰기'에 대한 엣센스 국어사전(1991년 판)의 뜻풀이를 보면, "폭이 넓게 멀리뛰기를 겨루는 경기"로 되어 있는가 하면, 같은 사전의 제4판(1998년)에는 '넓이뛰기'를 '**멀리뛰기**'의 비표준어라고 해 놓고도, '도움닫기' 낱말풀이에선 '넓이뛰기', '높이뛰기', '창던지기' 운운하고 있다. 하긴 영어인 'Broad Jump'의 'Broad'나, 일어인 '하바토비(幅跳び)'의 '하바(幅)' 역시 '넓이'를 뜻하는 말이긴 하지만, 손과 발을 양 옆으로 한껏 벌리고 누가 더 넓게 뛰는가를 겨루는 경기라면 모르겠거니와, 도움닫기한 지점에서 얼마나 멀리 뛰느냐를 따지는 경기를 말하는 것이므로, 당연히 '**멀리뛰기(Long Jump)**'라고 해야 하는데, 아직도 '넓이뛰기'란 말을 줄기차게 쓰고들 있는 실정이다.

"衙中譽倅(아중예쉬)"
→ 관아의 벼슬이 한 일은 원님에게 영예가 돌아간다.
→ 영예를 얻을 사람은 가만 있고 엉뚱한 이가 이름남.
('말과 글' 제47호 '국어순화운동')

아무리 좋게 해석해 보려고 노력해도 참으로 묘한 풀이가 아닐 수 없다. '벼슬이 한 일'이란 말을, '벼슬아치가 한 일'로 고쳐 놓고 생각해 봐도, 해설이나 비유문할 것 없이 '아중예쉬'의 본뜻과는 전혀 상관없는 엉뚱한 동문서답이 되고 말았다. 물론 본래의 뜻은 **"관아(동헌)에서 원님 칭찬하듯"**이라는 속담으로, 흔히 면전에서 아첨 잘하는 사람을 빗대어 하는 말인데, "다리 아래서 원님 꾸짖듯"이란 뜻의 '교하타쉬(橋下咤倅)'라는 일맥상통하는 속담도 있음을 참고로 밝혀 둔다.

"물 좋은 우럭 등 찌개감 풍성"
(경향신문 제목. 1991. 10. 31.)
"안주감 요리 손수 만든다."
(경향신문 '산책'. 1992. 10. 31.)
"싱싱한 회감과 국수를 버무린"
(아시아 뉴스통신. 2013. 6. 14.)

위 예문의 '찌개감', '안주감', '회감'은, **찌갯감**, **안줏감**, **횟감**으로 적되, 〔찌개깜 / 찌갣깜〕, 〔안주깜 / 안줃깜〕, 〔회깜 / 횓깜〕 등으로 발음해야 한다. '-감'은 찌개나 안주 등을 만들 수 있는 음식 재료를 말하는 접미사인데, 순우리말인 '찌개+감'과, 한자어와 우리말인 '안주(按酒)+감'으로 구성된 합성어로서, 앞말이 모음으로 끝나고 뒷말의 첫소리가 된소리로 나는 것은, 사이시옷을 받쳐 적도록 되어 있다. 만약, '찌개감'이나 '안주감'으로 쓸 경우, 혹시 찌개에 넣는 감이나 안주로 먹는 감으로 오인할 수도 있으므로, 늘 생각하며 글을 써야 한다.

"영호에 물끼얹져"
(경향신문. '92. 6. 30.)

　위의 '물끼얹져'는 '물[∨]끼얹어'를 잘못 쓴 글인데, 동사원형 '끼얹다'의 어간인 '끼얹-'에 부사형 전성어미 '-어'가 붙어서 '끼얹어'가 된 다. 설사 피동형으로 한다손 치더라도 '물[∨]끼얹히어→물[∨]끼얹혀'라야 하며, 유정명사에 붙는 부사격 조사는 '에'가 아닌 '에게'이므로, "영호에게 물[∨]끼얹어"라고 해야 제대로 된 글이라 할 수 있다.

"유경완 씨가 만취된 채 길가 평상에 누워 있던 柳 모씨의"
(경향신문 '돋보기'. 1991. 9. 2.)

　좀 더 보충 설명을 하자면, 구속영장이 신청된 유경완 씨가, 만취된 채 길가 평상에 누워 있던 柳 모씨의 안주머니를 뒤져 금품을 절취했다는 요지의 기사 내용이었는데, 필요한 곳에 쉼표를 하지 않은 관계로 술 취한 사람이 유경완 씨인지 아니면 柳 모씨인지를 알 수 없게 되어 있다. 본문 내용대로라면 '유경완 씨가' 다음에 쉼표를 해야 하는데, 만약 '만취된 채' 다음에 쉼표를 하게 되면 엉뚱하게 유경완 씨가 취했다는 글이 되어 버리고 만다. 이와 비슷한 경우로, 13일자의 같은 지면에 "광주 조선대 영문과 박 모 교수 형제 운운"하는 기사가 있었는데, 형제 둘 다 같은 대학 영문과 교수인지, 아니면 교수는 교수로되 각기 다른 대학의 교수인지, 그도 아니면 한 사람만 교수인지 본문을 다 읽고 나서도 끝내 알 수 없었다. 1992년 6월 18일자 중앙일보에서도, "조영림 순경이 술에 취한 채 공원에서 잠자다 파출소로 연행된 최광호 씨가 행패를 부리자, 발로 목을 걸어차 숨지게 했다."는 기사가 있었는데, 이 경우 또한 쉼표를 빠트린 관계로 아리송한 문장이 되고 말았다. '조영림 순경이'와 '술에 취한 채'의 쉼표 위치에 따라 취한 사람이 달라지게 되므로, 쉼표 하나라도 절대로 허투루 생각해선 안 된다.

"북청 물장사"
(김동환의 시)

　김동환 시인의 유명한 시제(詩題)인데, 물건을 파는 일을 '**장사**'라고 하고, 장사를 하는 사람 즉 물건을 사고파는 사람을 일러 '**장수**'라고 한다는 건 누구나 다 아는 사실이다. 한데 위 시의 본문에 나오는 '멀리 사라지는 북청 물장사', '북청 물장사를 부르면', '아침마다 기다려지는 북청 물장사' 등의 내용을 보면, 어느 곳 한 군데도 물을 사고파는 행위를 말하는 게 아니라, 분명히 물을 파는 사람을 뜻하므로, 이 시에 나오는 모든 '북청 물장사'는 '**북청 물장수**'로 고쳐 써야 한다.

"3·4분기 조사 평균 2·7%로"
"3·4분기 중…땅값은 2·71%"
"1·4분기의 4·69%, 2·4분기의 3·39%"
(경향신문 기사. 1991. 10. 26~27.)

　문장 부호 사용법상 소수점은 원래가 '4.6%', '3.9%' 등처럼 온점(.)을 사용하는 게 원칙인데, 내리쓰기도 아닌 가로쓰기에서 가운뎃점(·)을 쓰고 있다. 게다가, '이사분기', '삼사분기'를 뜻하는 '2/4분기', '3/4분기' 등은 분명히 빗금(/)을 사용하도록 되어 있는데도, 소수점과 같이 가운뎃점으로 처리하고 있다. 참고로, 문장 부호 사용법 중 가운뎃점의 용도에 관한 예문을 들어 보면, ① "용비어천가·월인천강지곡, 동국정운·훈몽자회는 국문학 연구의 중요한 참고 문헌이다." 등처럼, 쉼표로 열거된 어구가 단위별로 나뉠 때. ② "3·1 운동, 8·15 광복절, 6·29 선언" 등처럼 특정한 의미를 가진 날짜에. ③ "한국인의 의식구조에 관한 연구·분석", "게·가재·새우는 갑각류이며, 거북·악어·뱀은 파충류다." 등처럼 같은 계열의 단어 사이에 쓰도록 되어 있으나, 지금은 쉼표도 허용하여 단위 구분은 무의미하게 되고 말았다.

"**제사 날**만 해도 죽음을 생각"
(서정범 '품바품바'. 222쪽)

"전화 연결⇔**막내동생**"
(KBS TV '행복'. '99. 8. 3.)

"**손위사람 손아래사람**이 확실히 구분"
(다음넷 게시판. 2007. 12. 24.)

위의 '제사날'은, '祭祀'라는 한자어와 '날'이라는 순우리말로 된 합성어로서, 뒷말의 첫소리('날'의 'ㄴ') 앞에서 'ㄴ' 소리가 덧나므로 '**제삿날**'로 적고, '막내동생'은 '동'이 된소리로 나므로 '**막냇동생**'처럼 사이시옷을 받쳐 적되, '제사+날'은 [제산날]로, '막내동생'은 [망내똥생/ 망낻똥생]으로 발음해야 한다. '손위사람'과 '손아래사람'은 '손위[手上]+사람'과 '손아래[手下]+사람'으로 구성된 합성어로서, [소뉘싸람/소뉟싸람], [손아래싸람/손아랟싸람]으로 발음되므로, 사이시옷을 넣어 '**손윗사람**'과 '**손아랫사람**'으로 적어야 한다.

"사랑하는 사람의 병을 **낫우고**"
(다음넷 블로그. 2010. 6. 22.)

'-우-'는, '돋우다'(원형 '돋다'), '깨우다'(원형 '깨다') 등처럼 동사 어간에 붙어 사동을 나타내는가 하면, '바르게 하다'(원형 '바르다')의 '바루다(←바르+우+다)', '(땅을) 걸우다'(원형은 '걸다') 등처럼, 일부 동사 어간에 붙어 사동으로 만드는 어간 형성 접미사임을 알 수 있다. 따라서 병을 낫게 한다는 뜻의 '**낫우다**' 역시 '낫(동사 어간)+우(사동형 어간 형성 접미사)+다(어미)'로 분석되어, 사역동사로서의 충분한 요건을 갖추고 있으며, 지금도 노년층에서 흔히 사용하고 있는 활어임이 분명한데, 왠지 비표준어로 밀려나 있다. 질병이나 기계 고장은 구별 없이 '고친다'고 할 수 있으나, 기계에는 '**낫우다**'라고 말하지 않는다.

"훨씬 경제적이예요"

(중외제약 신문광고)

"호감을 갖고 만나는 편이예요."

(선데이 연예 기사. 1993. 12. 15.)

"오히려 당신이 걱정이예요."

(오재호 '어쨌든 부부'. 55쪽)

"주말은 할머니댁에 갈 거에요."

(네이버 블로그. 2015. 3. 20)

"절대 놓치지 않을 거에요."

(네이버 매거진. 2015. 4. 3.)

"허리 스트레칭 운동할 거에요."

(네이버 블로그. 2015. 1. 10.)

종결형 서술격조사인 '이에요/이어요'는, 받침이 있는 명사에는 '이에요/이어요'가 결합하여 '탐스러운 꽃이에(여)요' 또는 '좋은 생각이에(여)요'로 쓰되, 받침이 없이 모음으로 끝나는 명사 뒤에는 '아름다운 여자이에요'가 '아름다운 여자예요'로 축약되고, '훌륭한 신사이에요'가 '훌륭한 신사예요'로 축약된다. 다만, 사람 이름이 '영철'일 경우에는 자연히 '이'라는 접사가 붙어 '영철이'가 되므로, 축약형인 '예요/여요'를 붙여 '영철이에(여)요'라고 써야 한다. 따라서 위 예문들의 '이예요'는 '이에요·이어요'를 잘못 쓴 글들인데, 본래의 전통 어법은 '이에요'였으나, 해방 후 당시 국민학교의 교과서에서부터 시작된 '이어요'가 '여요'로 축약된 채, 젊은 층에 널리 만연되어 복수표준어로 인정된 경우이다. 위 예문들을 정리해 보면 '경제적이에(여)요', '만나는 편이에(여)요', '걱정이에(여)요', '갈ˇ거예요', '할ˇ거예요'가 된다. 다만 위의 네 번째 예문 "주말은 할머니댁에 갈거에요."는, '주말 자체가 할머니 댁으로 가는 게 아니므로, '주말에는 할머니ˇ댁에 갈ˇ거예요.'라고 해야 옳은 문장이 된다. 다만, '-에요'는 '나는 학생이에요'나 '그게 아니에요' 등처럼 '이다'나 '아니다'의 어간에 붙는 어미로 쓰인다.

"따라서 건축을 짓자면"
(방송대학 TV. 1999. 5. 26.)

'건축(建築)'은 '세울 건(建)'과 '쌓을 축(築)' 자로 된 한자어로서, 건물을 짓는 일 자체를 뜻하는 하다형 동사다. 따라서 '건축을 짓자면'이 아니라 '건물을 짓자면' 또는 '건축을 하자면'이라고 해야 한다.

"엉터리없는 표준말 배우기"
(네이버 블로그. 2011. 4. 4.)
"사랑은 터무니없고 엉터리 같은 것"
(다음넷 블로그. 2011. 5. 27.)
"터무늬없는 세상에 무늬 하나 남기기"
(네이버 블로그. 2014. 7. 4.)

대립어가 있는 '거짓'이나 '이상(異常)' 등의 명사에, 접미사 '없다'가 연결되면 당연히 그 낱말의 반의어가 된다. 즉 '거짓없다↔진실되다', '이상없다↔정상이다' 등처럼 뜻이 바뀌게 된다. 따라서 '엉터리없다'는 '진짜다'라는 뜻이 돼야 하는데도, 여전히 같은 뜻인 '엉터리'란 말밖에 되지 않으므로, '없다'는 있으나마나한 허사(虛辭)라 그야말로 허사(虛事)가 되고 만다. 물론 '엉터리'는, '터무니없는 말이나 행동 또는 그런 행위자'란 뜻 외에도, '대강의 윤곽'이라는 상이(相異)한 뜻을 갖고 있는 건 사실이다. 그러나 '엉터리다'라고 할 땐 전자의 뜻으로 해석하고, '엉터리없다'라고 할 땐 후자의 뜻으로 해석해야 한다는 자체 모순을 안고 있다. '터무니없다'의 '터무니'는 '터를 잡은 자취' 또는 '정당한 이유나 근거'란 뜻이므로, '터무니없다'는 말은 그야말로 흔적도 없고 아무런 근거도 없다는 말이 된다. '엉터리다'는 그대로 쓰되, '엉터리없다'는 말은 '터무니[根據]없다'라고 해야 논리적인 말이 된다. 아무튼 위 예문의 '터무늬'는 '터무니'로 고쳐야 하고.

"모두 다 떠나시고 **낯설은** 사람들만"
(진안 군정신문. '징검다리'. 2001. 6. 1.)

위의 '낯설은'은 '**낯선**'의 오류다. 원형 '낯설다'는 어간 끝받침 'ㄹ' 뒤에 '-ㄴ', '-ㅂ', '-오' 등의 어미가 올 때 '낯선', '낯서니', '낯섭니다', '낯서오' 등처럼 'ㄹ'이 탈락되는 'ㄹ' 변칙용언이기 때문이다.

"勢力範圍一切(세력범위일절)을거(擧)하야"
(동아일보 기사. 1929. 4. 15.)
"國民會議召集(국민회의소집)하야一切紛糾(일절분규)"
(동아일보 기사. 1930. 10. 4.)
"一切(일절)의叛逆討伐(반역토벌) 緊急動議(긴급동의)"
(동아일보 기사. 1931. 5. 16.)
"財産一切(재산일절)을국가(國家)에헌납(獻納)"
(경향신문 기사. 1961. 6. 25.)

'一切'는(은), '일체'와 '일절' 두 가지로 쓰이는 동자이음이의어(同字異音異義語)인데, '일체'라고 하면 '모든 것 전부'라는 뜻이 되어, '**재산 일체 자진 헌납**'이나 '**공공요금 일체 동결**' 등으로 쓰는 말이다. 반면에 '일절'은, '**일절 출입금지**' 또는 '**일절 반입불가**' 등처럼 '**절대로**'라는 뜻으로 쓰는 말이므로, 상황에 따라 적절하게 구분해서 써야 한다. 그러나 위 예문에서 보는 바와 같이 옛날에는 띄어쓰기 없이 '전부'라는 뜻의 '일체'도 무조건 '一切(일절)'로 썼음을 알 수 있다. 그러나 지금은 '一切'를 '일체'로 보면 '모든 것, 통틀어, 몽땅'이라는 뜻이 되는가 하면, '일절'로 보게 되면 '전혀, 도무지, 절대로'라는 뜻이 된다. 그런데도 아직 전국 각처에 '주류 일절', '안주 일절'이라는 술집 간판이 지천으로 널려 있으니, 술이나 안주는 절대로 팔지 않겠다는 배짱이 아니라면, 당연히 '**안주 일체**', '**주류 일체**'로 바꿔 달아야 한다.

"三日之種 一日往十日臥(삼일지종 일일왕십일와)"
→사흘 갈 곳을 하루에 뛰고 열흘을 누워 쉬기.
→ 일이란 너무 속도를 내면 오히려 더 늦어지게 마련이라는 뜻.
('말과 글' 47호 '국어순화운동')

위의 '種(씨 종, 심을 종)'은, 길의 거리(路程)를 뜻하는 '정(程)'을 잘못 알고 쓴 글인데, 본문의 뜻과는 전혀 상관없는 글자를 두고 어떻게 이런 해석이 나왔는지 알 수가 없다. 아무튼 중국 송나라의 시인 황산곡의 시구에 '서서무욕속 급급무감타(徐徐無欲速 汲汲無敢惰)'라는 글이 있고, 논어에도 '욕속즉부달(欲速則不達)'이라 하여 너무 서두르지 말 것을 훈계하고 있으나, 위 예문의 내용은 "사흘 길을 하루에 가고 열흘 드러눕는다." 즉 느긋하게 가도 사흘이면 도착할 길(路程)을, 너무 급히 서둘러 하루 만에 헐레벌떡 무리하게 달려갔다가 몸살로 열흘 동안이나 드러눕는 어리석음을 범하지 말라는 교훈적인 속담이다.

"**입천정**이 벗겨지기 시작"
(오재호 '부부싸움' 72쪽)
"전세가도 **천장부지**로 치솟고?"
(네이버 카페. 2014. 12. 27.)

1936년 이전에는 '보꾹'이나 '반자의 아래쪽 겉면'을 '천정(天井 : てんじょう)' 또는 '천장(天障)'이라고 해 왔으나, 1988년 맞춤법 개정 때 "비슷한 발음의 몇 형태가 쓰일 경우, 그 의미에 아무런 차이가 없고, 그 중 하나가 더 널리 쓰이면 그 한 형태만을 표준어로 삼는다."는 표준어 규정에 따라, '**천장**'만을 쓰도록 되어 있으므로, 위의 '입천정' 역시 '**입천장**[口蓋]'으로 바로잡아야 한다. 다만, 물건 값이 한없이 치솟는다는 뜻의 한자 숙어는, '천장부지(天障不知)'가 아닌 '**천정부지**(天井不知)'라고 해야 하므로, 자칫 혼동하지 않도록 주의해야 한다.

"나타샤 클라식 목재 침대 **풀셑트** 판매"
"**클라식** 목재 침대＋침대 **카바**＋침대 **베게**"
(세계일보 '나타샤 가구'. 1992. 10. 4.)

"혼수 이불 침구 **셋트** 했어요"
(네이버 블로그 2015. 3. 26.)

"일본이 **셋트** 스코어 3：0으로 승리"
(KBS TV '다큐멘터리'. 1994. 1. 26.)

"훈련 **보이코트** 소동을"
(경향신문 기사. 1993. 6. 12.)

"장애자 안내용 **로보트**"
(경향신문 캡션. 1993. 7. 2.)

　위의 '풀셑트', '클라식', '카바'는 'Full-set', 'Classic', 'Cover'의 한글 표기로서, 각각 '**풀세트**', '**클래식**', '**커버**'를 잘못 쓴 글들이며, '베게' 역시 '베개'의 오기(誤記)인데, 몇 자 되지도 않는 광고 내용이 이렇듯 만신창이 누더기가 되고 말았으니, 광고주나 카피라이터의 소양을 의심하지 않을 수 없다. 영어 알파벳 't'의 한글 표기는, 설사 't'가 중복된 'Setting'이나 'Cutting' 같은 경우에도, 't' 자체가 거센소리이므로 'ㅌ' 받침이나 'ㅅ' 받침을 하지 않고, 그냥 '**세팅**'이나 '**커팅**'으로 적어야 한다. 다만, 'Setdown', 'Setback' 등과 같은 경우에는 'ㅅ'을 받쳐 '셋다운', '셋백'으로 표기해야 하는데, 이는 "짧은 모음과 유음·비음([l]·[r]·[m]·[n]) 이외의 자음 사이에 오는 무성 파열음([p]· [t]·[k])은 받침으로 적는다."는 외래어 표기법 규정에 의해서다. 또한, 'ㅌ' 받침이 아닌 'ㅅ' 받침을 하는 이유는, "받침에는 'ㄱ·ㄴ·ㄹ·ㅁ· ㅂ·ㅅ·ㅇ'만을 쓴다."는 외래어 표기의 기본 원칙 제3항 규정에 따라, 'ㄱ·ㅋ'은 'ㄱ', 'ㅂ·ㅍ'은 'ㅂ', 'ㄷ·ㅅ·ㅌ' 등은 'ㅅ' 받침으로 적도록 되어 있기 때문이다. "짧은 모음 다음의 어말 무성 파열음([p]·[t]·[k])은 받침으로 적는다."는 규정에 따라, 위의 '보이코트' 역시 '보이콧(Boycott)'으로, '로보트(Robot)'는 '로봇'으로 바로잡아야 한다.

"고속도 점거 檢警 시위 참가 89명 연행"
(경향신문 기사 제목. 1992. 9. 28.)

　　대한 파월 유공 전우회 소속 회원들의 고속도로 점거 농성 사건을 다룬 기사 제목인데, '검경(檢警)'이란 낱말의 위치 선정을 잘못한 관계로, 고속도로 점거 행위자가 파월 장병이 아닌 검경으로 볼 수밖에 없게 되어 있다. 이런 경우, '검경(檢警)'에 쉼표를 하고 맨 앞으로 내세우거나, 농성자들을 연행한 주체가 검경임은 누구나 다 아는 사실이므로, 굳이 밝힐 필요 없이 그냥 "**고속도로 점거 시위자 89명 연행**"으로 해도 전혀 하자 없는 헤드라인이 될 수 있다.

"**서툴어도** 칭찬은 자주자주"
(경향신문 기사. 1992. 3. 18.)
"여태까지 **억눌어 왔던** 분노와 울분이"
(네이버 블로그. 2013. 7. 19.)
"**서둘어도** 이상스레 걸림돌이 생겨요"
(네이버 블로그. 2015. 2. 13.)
"판단하기 **섣불르다고** 봅니다."
(네이버 카페. 2011. 11. 28.)
"동창들에게 흉기 **휘둘르고** 태연하게"
(한국경제 TV. 2014. 8. 16.)

　　위 예문들의 '서툴어도', '억눌어', '서둘어도', '섣불르다고', '휘둘르고' 등은 각각 '**서툴러도**', '**억눌러**', '**서둘러도**', '**섣부르다고**', '**휘두르고**' 등을 잘못 쓴 글들이다. 이 낱말들의 원형은 각각 '서투르다', '억누르다', '서두르다', '섣부르다', '휘두르다' 들로서, 각 낱말 어간의 끝 음절 '르'가 모음 위에서 어미의 'ㄹ' 받침으로 줄고, 어미 '-아·-어'가 '-라·-러'로 변하는 '르' 변칙활용 용언들이기 때문이다.

"두말한 나위도 없이"
(KBS TV. '99. 10. 14.)

위 예문은, 그야말로 두말 할 나위도 없이 '두말할 나위도 없이'의 잘못인데, 각 텔레비전 방송에서 무분별하게 잘못 쓰고 있는 자막들을 일일이 지적할 수 없을 정도로 심각한 지경이다. 그러나 이 정도의 실수를 굳이 꼬집는 이유는, 다른 일반적인 오락 프로그램도 아니고, 명색이 올바른 어문 생활의 길잡이가 되겠다고 나선 '바른말 고운말'이란 프로그램에서조차도 도저히 순간적인 실수로 봐 넘길 수 없는 숱한 오류들을 범하고 있는 실정이라, 국영 방송인 KBS에서마저 어문 규정을 소홀히 취급하고 있는 것 같아 심히 걱정스러워 예시해 본 글이다.

"토끼장 같은 **전셋방**에 남겨 둔"
"방 두 칸짜리 **전세집**을 얻어"
('말과 글' 1990년 겨울호. 54쪽)
"**처가집**하고 뒷간은 멀수록 좋다."
(경향신문 '가장 일기'. 1994. 3. 3.)

위의 '전셋방'은, '傳貰(전세)'와 '房(방)'으로 구성된 한자어로서, '車間(찻간)', '庫間(곳간)', '退間(툇간)', '回數(횟수)', '數字(숫자)', '貰房(셋방)' 외의 한자어는 일절 사이시옷이 허용되지 않는다는 규정에 따라, '**전세방**'으로 쓰되 〔전세빵〕으로 발음해야 한다. 그러나 '전세+집'은, 한자어인 '傳貰'와 순우리말 '집'으로 된 합성어로서 '집'이 된소리 〔찝〕으로 발음되므로, 사이시옷을 받쳐 '**전셋집**'으로 적되 〔전세찝/전섿찝〕으로 발음해야 하는데, 위에서처럼 '말과 글'에선 완전히 거꾸로 표기하고 있다. 재차 일러두거니와, '처가(妻家)+댁(宅)'과 '妻家+집' 역시 같은 경우이므로, 각각 '**처가댁**', '**처갓집**'으로 적고 〔처가땍〕, 〔처가찝/처갇찝〕으로 발음해야 하나, 원래는 '**처가**'가 바른말이다.

"아는 **사람에** 통사정"
(일간스포츠 '미주알고주알')

"피해망상 **숙모에** 먹여"
(경향신문 '해외 토픽')

"**유권자들에** 진심으로 감사"
(경향신문 기사. 1992. 3. 26.)

"**주부에** 만나자 협박"
(경향신문 '돋보기'. 1992. 5. 4.)

"니가 **나에** 말해 줘"
(다음넷 게시판. 2015. 3.)

"**나에** 삶 **나에** 행복"
(다음넷 블로그. 2015. 2. 9.)

　조사 '에'는, '꽃밭에 든 나비'처럼 처소를 나타내거나, '회사에 간다'처럼 진행 방향을 나타낸다거나, 아니면 '바람에 흔들리는 갈대'처럼 '꽃밭', '회사', '바람' 등과 같은 무생물인 무정명사(無情名詞) 아래에서, 원인을 나타낼 때 쓰는 부사격 조사다. 그런가 하면 '에게'(존칭어는 '께')는, '동생에게 보낸 글'처럼 행동이 미치는 상대방을 나타내거나, '개에게 물렸다'처럼 행동을 일으키게 한 대상임을 나타낼 때, 또는 '나에게 꿈과 희망이 있다' 등처럼, 유정명사 아래에서 딸린 대상을 나타낼 때 쓰는 부사격 조사라는 사실을 알았으면 하는 마음이다. 옛날에 어느 일간지에 이런 내용의 글을 보냈더니, '에'도 '에게'와 같은 조사로 쓸 수 있다는 답변에 어이가 없어 한동안 할 말을 잊고 말았으나, 위 예문에 나온 '사람', '숙모', '유권자', '주부', '나' 등은 전부 유정명사들이므로, 당연히 '에'가 아닌 '에게'를 붙여, '**사람에게** 통사정', '**숙모에게** 먹여', '**유권자들에게** 감사', '**주부에게** 협박'이라고 해야 한다, 특히 '**나에 말해 줘**'는 어불성설이므로 '나에게 말해 줘.'로 바로잡되, 끝 예문 "**나에** 삶, **나에** 행복"은 소유격 조사 '-의'를 넣어 '나의 삶, 나의 행복'으로 표기하되 발음은 [나에 삼, 나에 행복]도 허용된다.

→ 스님이 비록 승복 입기를 꺼려하면 어찌 가증스럽다 아니 할까.
→ 비록 갑옷이 맞지 않는다고 새에게 줄 수는 없는 법이라는 말.
(言雖怒於甲 不可移乙)

역시 '말과 글'에 나온 내용인데, 점입가경 갈수록 태산이다. "僧雖憎 袈裟何憎"은, "비록 중이 밉기로서니 어찌 가사까지 미우랴." 하는 뜻으로서, "죄는 미워해도 사람은 미워하지 말라."는 말과 일맥상통하는 속담인데, 대체 어떻게 이런 기상천외한 해석이 나왔는지 알 수가 없으나, 아마 자신도 무슨 말인지도 모르고 쓰지 않았을까 싶다. "言雖怒於甲 不可移乙(언수노어갑 불가이을)" 역시 '甲에게서 난 화를 乙에게 옮기지 말라.'는 뜻으로 그냥 '怒甲移乙'이라고도 한다. 그런데 '화낸다'는 뜻의 '怒(성낼 노)'를 '맞지 않다'로, '甲'이란 사람과 '乙'이란 사람의 뜻으로 쓴 '甲(갑옷 갑)과 乙(새 을)'을, 생뚱맞게 '갑옷'과 '새'로 알고 꿰맞추려니, 아무리 용을 써도 옳은 해석이 될 리가 만무하다.

"대기업 합작 商用 로킷"
(경향신문 기사 제목. 1991. 11. 11.)
"로켓트가 올라가 있고"
(중앙일보 광고. 1999. 6. 28.)

앞엣것은 "日, 항공 우주 산업 참여 선언"이란 제목에 따른 부제 내용이며, 뒤엣것은 '해마 학습법'에 관한 신문광고 내용 중의 일부인데, 'Rocket'의 현지 발음은 '롸키트'이지만, 위의 '로킷'과 '로켓트가'는 현행 외래어 표기법으로는 '로켓'과 '로켓이'로 적도록 되어 있다. 물론, 외래어 표기법이 개정되기 전엔 '로케트'로 표기하기도 했으나, 문교부(현 교육부)의 외래어 표기 용례집에는 분명히 '로켓'으로 적도록 되어 있다. 물론 고유명사이긴 하나, '로켓트 보일러', '로케트 밧데리' 등도 '로켓 보일러', '로켓 배터리'로 표기하는 게 원칙임을 밝혀 둔다.

"우에노 경찰서 **도오꾜오**"
(MBC TV '여명의 눈동자')

'도오꾜오'는 위 연속극 화면에 수차 방영된 캡션 내용인데, 1986년에 개정된 외래어 표기법에는 장음이나 된소리는 쓰지 않게 되어 있으므로, 'とうきょう'는 '**도쿄**'로 표기해야 한다. 한국 교열 기자회에서 펴낸 '외래어 사전'에는 '도꾜'로 쓰도록 되어 있으나, 필자는 '**토꾜**'로 표기할 것을 주장한다. '버마'도 지금은 '미얀마'로 바뀌었지만, 수차 '버어마'로 표기하기에 지적해 보았으나, 끝내 우이독경이었다.

"**대포값**이야 더 말해 무엇하랴."
(강홍규 '문학동네'. 197쪽)
"60년대 **왕대포집** 체인 등장"
(중앙일보 광고. 1999. 7. 22.)
"나물에 귀밝이 **대포술**"
(다음넷 카페. 2013. 2. 24.)
"서운한 마음을 **대포잔**에 흘리고"
(다음넷 카페. 2013. 5. 27.)

앞에서도 수차 설명한 바와 같이, 위의 '대포값', '왕대포집', '대포 술', '대포잔' 역시 앞말인 '포'가 모음으로 끝나고, 뒷말인 '-값', '-집', '-술', '-잔' 등이 된소리인 〔깝〕, 〔찝〕, 〔쑬〕, 〔짠〕으로 발음되므로, 당연히 사이시옷을 받쳐 '**대폿값**', '**대폿집**', '**대폿술**', '**대폿잔**'으로 표기하되 〔대포깝/대폳깝〕, 〔대포찝/대폳찝〕, 〔대포쑬/대폳쑬〕, 〔대포짠/대폳짠〕이라고 발음해야 한다. 다만, '대포+잔'의 경우, 한자어인 '大匏'와 '盞'의 합성어로 보면 사이시옷 없이 '**대포잔(大匏盞)**'으로 표기해야 하나, 국어사전에서처럼 '대포'를 한자어가 아닌 순우리말과 '盞'의 합성어로 본다면 사이시옷을 넣어 '**대폿잔**'으로 표기해야 한다.

"악세사리 업계에서 제일이"
('㈜ 라망'의 광고)
"악세사리는 화려하지만"
('㈜ 유일'의 광고)
"패션 악세서리 회사 인수"
(연예정보신문. 1993. 12. 15.)
"액세사리, 커뮤니케이션 포켓"
(네이버 블로그. 2015. 2. 14.)

위의 '악세사리', '악세서리', '액세사리'는 '**액세서리**(Accessory)'를 잘못
쓴 글들이다. 사전의 발음 기호로는 '액세서리〔æksésəri〕' 또는 '억세서리
〔əksésəri〕' 두 가지로 나와 있으나, 현행 외래어 한글 표기법으로는 '**액세
서리**'로만 적도록 외어 있는데, '악세사리'는 일본식 표기인 '아쿠세사리(アク
セサリ-)'의 변형임을 참고로 밝혀 둔다.

"樵輕釘聳(초경정용)"
→ **땔나무짐**은 가볍게 지고, 못을 박을 때는 잘 다루라.
→ **웃사람**은 아랫사람을 잘 다루라는 말.
('말과 글' 47호 '국어순화운동')

하긴 우리 한글인 '**땔나뭇짐**'과 '**윗사람**' 표기마저 '땔나무짐'과 '웃사람'이라
고 쓴 기자에게 제대로 된 사자성어 풀이를 기대한다는 건 무리일지도 모르
겠으나, '樵(땔나무 초)'는, '椎(몽치 추)' 자를 제대로 모르고 쓴 글임이 분명
하거니와, '輕'은 '가벼울 경', '釘'은 '못 정', '聳'은 '솟을 용' 자로서 '퇴경정용
(槌輕釘聳)'이라고도 하는데, "망치가 가벼우면 못이 솟는다." 즉 윗사람이 위
엄이 없다 보면 아랫사람들이 고분고분하지 않고 되레 반항하게 된다는 속담
이다. 그런데 '樵'라는 엉뚱한 글자에다 한글 표기마저 '초'로, 게다가 해설문
에서까지 '땔나무짐' 운운하며 혹세무민하고 있으니, 참으로 딱한 노릇이다.

"거긴 다치기가 **쉽상이지**"
(KBS TV 영화. 1993. 12. 19.)

"웃음거리가 되기 **쉽상이었다.**"
(경향신문 고은 소설. 1992. 7. 5.)

"교통사고를 당하기 **쉽상이다.**"
(연예정보신문 기사. 1993. 12. 15.)

 '아주 알맞다', '썩 잘 어울리게', '꼭 맞게' 등의 말뜻을 가진 '십상(十常)'은, 황금의 품질을 10등분했을 때의 첫째 등급을 말하는 '십성(十成)'의 변한 말인데, '쉽다'는 말을 연상해서인지 흔히 위에서처럼 '쉽상'으로 쓰고들 있으나, '**십상**'을 잘못 쓰는 글이다. 열 가운데 여덟, 아홉은 거의 다 그럴 것이라고 추측할 때 쓰는 말인, '십중팔구(十中八九)'와 동의어인 '십상팔구(十常八九)'를 줄여서 '십상(十常)'이라고도 하므로, 위 예문들은 '~ 다치기가 **십상**', '~ 되기 **십상**', '~ 당하기 **십상**' 등으로 고쳐 써야 하는 글들이다.

「고오바이」는 「구배(句配)」란 일본어"
(박갑수 '우리말 바로 2'. 108쪽)

 "장모음은 따로 표기하지 않는다."는 일본어 표기 제2항의 규정에 따라, 일본의 지명인 '九州(きゅうしゅう)', '大阪(おおさか)', 京都(きょうと)'의 현행 한글 표기법으로는, '규우슈우', '오오사까', '교오토'가 아닌 '규슈', '오사카', '교토'다. 마찬가지로, 비탈이나 가풀막을 뜻하는 'こうばい' 역시 '고오바이'가 아닌 '**고바이**'라고 해야 하며, 한자 표기 역시 '句(글귀 구)'가 아닌 '勾(굽을 구)' 자라야 한다. 그뿐만 아니라, "가로쓰기에는 작은따옴표, 세로쓰기에는 낫표를 쓴다."는 문장 부호 규정이 있는데도 불구하고, 가로쓰기인 1, 2, 3권 모든 지면에 위의 예문에서처럼 작은따옴표(' ')를 쓰지 않고 낫표(「 」)를 쓰고 있다.

"죽음 부른 뒷풀이"
(KBS TV 뉴스. 1999. 5. 19.)
"뒷끝이 개운해 머리가"
(두통약 펜잘 광고 문안)
"쓰레기 등의 뒷처리는"
(이명환 '이럴 땐 어떻게')

위 예문의 '뒷풀이', '뒷끝', '뒷처리' 등은, '뒷풀이'의 '풀', '뒷끝'의 '끝', '뒷처리'의 '처' 등이 전부 예사소리가 아닌 거센소리나 된소리이므로, 앞에서 설명한 바와 같이 사이시옷을 받쳐 적지 않고 그냥 '뒤풀이', '뒤끝', '뒤처리' 등으로 표기해야 한다.

"아뭏든 정신과 의사의 진료실"
(이동식 '정신 건강'. 161쪽)
"아뭇튼 당신은 너무 이뻐"
(다음넷 팁. 2008. 3. 19.
"아뭇든 많은 자료 공유하고"
(네이버 카페. 2013. 6. 7.)

'아뭏든'은, '아무러하든→아무렇든→아뭏든'으로 분석되는 말이긴 하나, '결하고→결ㅎ고→결코', '요하건대→요ㅎ건대→요컨대', '한사하고→한사ㅎ고→한사코' 등처럼, '아뭏든' 역시 소리 나는 대로 적도록 되어 있으므로 '아뭏든', '아뭇튼', '아뭇든' 역시 한글맞춤법 규정에 따라, 아무튼 '아무튼'으로 적도록 되어 있다. 이 밖에 '흔하다→흔ㅎ다', '다정하다→다정ㅎ다', '가하다→갛다' 등도, "어간의 끝 음절 '하'의 'ㅏ'가 줄고, 'ㅎ'이 다음 음절의 첫소리와 어울려 거센소리로 될 적에는 거센소리로 적는다."는 규정에 따라 '흔타', '다정타', '가타'로 적어야 한다. '이뻐'는 '예뻐'의 비표준어에서 복수표준어로 인정되었다.

"空白이 그 主因이라고 보여진다."
('말과 글' Vol. 53. 서강화 시론)

위의 '보여진다'는, 일본어 "고꼬데 미루또 요꾸 미라레루(此處で見るとよく **見られる** : 여기서 보면 잘 보인다)."나, "도료쿠노 아토가 미라레루(努力の跡 が**見られる** : 노력의 흔적이 보인다)." 등의 '**미라레루**'를, 그대로 직역한 어법이다. 이 '보여진다'는, '보(동사 어간)＋이(피동형 어간 형성 접미사)＋어지다(피동형 종결어미)＝보이어지다→보여지다'로 분석되어, 이중피동으로 중복되어 있으므로 잘못된 어법이다. 물론 '보다'의 피동형은 '보이다'이지만, 기왕이면 "공백이 그 주된 원인이라고 **본다**."처럼 능동형으로 쓰는 것이 바람직한 어법이다.

"할매는 보리짚이 늘핏한 뜰에"
(부산일보 기사 제목. 1991. 11. 19)
"보리가루는 밀가루보다 다량의 물을"
('한국 전통 식품 연구' 44쪽. 2008. 2. 5.)
"보리고개가 언제 없어졌나요?"
(네이버 지식iN. 2003. 3. 12.)
"꿔다 놓은 보리자루마냥 굳은 표정으로"
(다음넷 뉴스. 2015. 3. 1.)

위의 '보리짚'은, 순우리말로 된 합성어로서 '짚'이 된소리로 발음되므로, 사이시옷을 받쳐 '**보릿짚**'으로 표기하고 〔보리찝/보릳찝〕으로 발음해야 한다. 같은 맥락으로 '보리＋가루', '보리＋고개', '보리＋자루' 등도 사이시옷을 받쳐 '**보릿가루**', '**보릿고개**', '**보릿자루**'로 적되, 〔가〕, 〔고〕, 〔자〕 등은 모두 된소리로 발음해야 한다. 그러나 '보리＋차', '보리＋타작', '보리＋풀' 등은 뒷말자체가 거센소리들이므로 사이시옷을 받쳐 적을 필요가 없다. 위의 '꿔다'는 '꾸어다'의 축약형.

"**고등어찌게** 때문에 고생한 일"
(오재호 '부부싸움'. 47쪽)

"남편이 즐겨 먹는 **된장찌게를**"
(오재호 '그래도 부부'. 27쪽)

고기나 채소 등에 고추장이나 된장 따위를 풀어 넣어, 바특하게 끓인 반찬을 '찌개'라고 하며, 고등어를 넣으면 '**고등어찌개**'요 두부를 넣으면 '**두부찌개**'가 되는데, 대부분의 식당에서도 거의 '찌게'로 잘못 쓰고들 있는 실정이다. 어느 일간지에서 '한글에 대한 인지도(認知度)'를 조사해 본 결과, '**된장찌개**'라고 제대로 쓴 사람은 통틀어 23%였는데, 그 중에서 찌개 전문가라고 할 수 있는 가정주부가 21.7%였는가 하면, 대학생 이상의 고학력자가 겨우 21.8%에 불과했다고 한다.

"아이들과 함께 **딸기케익** 만들기"
(네이버 블로그. 2015. 3. 25.)

"줌마 야구단의 슬라이딩 **쎄입**"
(네이버 블로그. 2011. 5. 12.)

"연습투구할 때도 이 **글럽을**"
(네이버 블로그. 2013. 11. 15.)

외래어 표기법에 '갭(Gap)', '캣(Cat)', '북(Book)'처럼 단모음 뒤에 오는 어말 무성 파열음([p]·[t]·[k])은 받침으로 적고, '앱트(Apt), 셋백(Setback), 액트(Act)'처럼 단모음과 유음·비음([l]·[r]·[m]·[n]) 이외의 자음 사이에 오는 무성 파열음([p]·[t]·[k])도 받침으로 적도록 되어 있다. 그러나 '케이프(Cape)', '파트(Part)', '메이크(Make)' 등처럼 위 경우 외의 어말과 자음 앞의 [p]·[t]·[k]는, '으'를 붙여 적는다는 규정에 따라 '딸기 케익'은 '딸기 케이크', '슬라이딩 쎄입'은 '슬라이딩 세이프', '글럽'은 '글러브'라고 표기해야 한다.

"알루미늄 샤시 턱에 걸터앉아"
(PSB TV '현장 르포'. 1999. 7. 16)
"쉴드법(Shield Law : 방패법)"
(이·류 '신문 제작론'. 143쪽)

위의 '샤시(シャシ)'는, 'ㅐ' 발음이 되지 않는 일본식 발음으로서 '섀시 (Chassis[ʃǽsi]'를 잘못 쓴 글인데, 외래어 표기 개정 전에는 '샤시'로 쓴 예도 있긴 하나, "어말의 [ʃ]는 '시'로 적고, 자음 앞의 [ʃ]는 '슈'로, 모음 앞의 [ʃ]는 뒤따르는 모음에 따라 '샤, 섀, 셔, 셰, 쇼, 슈, 시'로 적는다."는 외래어 표기 규정에 따라, [ʃǽsi]는 '섀시'로 적어야 하며, 'Sield [ʃiːld]'의 [ʃi] 역시 '시'로 적어야 하므로, '쉴드법'이 아닌 '실드법'이라고 표기해야 한다.

"'세무 잠바'…단골엔 무조건 30% 깎아 줘"
(중앙일보 기사 제목. 1999. 7. 30.)
"쎄무구두 얼룩 제거법"
(네이버 지식iN. 2013. 11. 20.)
"세무가죽을 썼다고 하네요."
(다음넷 카페. 2002. 1. 27.)

'잠바'는 '점퍼(Jumper)'의 한국식 발음이요, '쟘파(ジャンパ-)'는 일본식 발음이다. 'Chamois[ʃǽmi/ʃǽmwaː]'도 남유럽·서남아시아의 영양류를 말할 땐 '샤무아'라고 하지만, 장갑이나 코트, 구두 등의 가죽재질로 쓰일 땐 '쎄무'나 '세무'도 아닌 '섀미'라고 해야 한다. '단골엔'은 '단골에는'의 준말이므로, '단골에겐'이라고 해야 하는데, 단골들에겐 30% 깎아 준다는 얘긴, 일반 손님들에겐 30% 이상 바가지를 씌운다는 얘기가 되는데, 그러고도 광고 효과가 있었는지 궁금하다.

"'-래도'가 비표준어?"
(박인환 '바른 우리말')

세계일보 교열부 박인환 부장께서 '-라도'는 "누구라도 할 수 있다.", "네가 아니라도 괜찮다." 등으로 쓸 수 있지만, '-래도'는 틀린 말이라고 했으나, 뭔가 크게 잘못 생각한 게 아닌가 싶다. '-래도'는 '-라고 해'의 준말인 '-래'에 보조사 '도'가 접속된 말로서, "아무리 **가래도** 가질 않네.", "그게 **아니래도** 그래.", "누가 **뭐래도** 난 할 거야.", "제발 **하지 말래도** 그러는구먼." 등처럼 '-라고 해도'의 준말로서, 우리 일상생활에서 늘 쓰고 있는 공인된 표준어임을 몰라서였을까?

"외제 선호 기업의 **얄팍한** 상술"
(경향신문 제목. 1992. 2. 17.)
"**넓직하고** 위치 좋은 방 나왔네요."
(네이버 카페. 2014. 6. 28.)
"**넓다란** 백사장 정비를 하는 모습"
(네이버 블로그. 2012. 6. 14.)
"**짧다랗게** 편지를 써서 사진을"
(다음넷 카페. 2015. 3. 8.)

'얄팍하다(×얇팍하다)', '널찍하다(×넓직하다)', '짤따랗다(×짧다랗다)' 등처럼, 겹받침의 끝소리가 드러나지 않는 말은, 어간의 원형을 밝히지 않고 소리 나는 대로 적는다는 한글맞춤법 제21항 별도 규정이 있다. 따라서 위 예문의 '얇팍한', '넓직하고', '넓다란', '짧다랗게' 등은 모두 '**얄팍한**', '**널찍하고**', '**널따란**', '**짤따랗게**' 등으로 고쳐 써야 한다. 위의 예문에서처럼 흔히 잘못 쓰고들 있는 가장 큰 이유는, 이 낱말들의 원형이 '얇다', '넓다', '짧다'로 생각하기 때문이겠지만, 원형과는 상관없이 소리 나는 대로 적도록 되어 있으므로 주의해야 한다.

"교통 체증 등 시민들 **곤욕**"
(경향신문 기사 제목. 1992. 12. 12.)

"시험 차량 너무 낡아 **곤욕**"
(경향신문 기사. 1994. 2. 21.)

흔히들 '**곤욕**'과 '**곤혹**'을 혼용하고들 있으나 '곤욕(困辱)'이란, '심한 모욕이나 참기 힘든 일'을 뜻하는 말이므로, 누구에겐가 심한 모욕을 당할 경우 '곤욕을 당한다'거나 '곤욕을 치른다'고 하나, 곤란한 일을 당해 어쩔 줄을 모르고 당황해할 경우엔, '곤욕(困辱)'이 아닌 '**곤혹**(困惑)'이라고 해야 한다. 따라서 위의 경우 역시, 교통 체증이나 면허 시험용 차량이 너무 낡아 큰 어려움을 겪고 있다는 뜻이지, 결코 심한 모욕을 느낀다는 기사 내용이 아니므로, "교통 체증 등 시민들 **곤혹**", "(면허)시험 차량 너무 낡아 **곤혹**" 등으로 고쳐 써야 한다.

"80 노인인 가친이 **쓸으셨다**."
(이동식 '정신건강'. 53쪽)

"아버님은 **알으셨을** 것 같은데"
(KBS TV '진품 명품'. 1999. 7. 18.)

"울 어머니는 그런 세상을 **살으셨다**."
(다음넷 블로그. 2015. 2. 13.)

"손님이 물건을 사고 **팔으시면** 됩니다."
(네이버 지식iN. 2008. 1. 12.)

위에서 잘못 쓴 '쓸으셨다', '알으셨을', '살으셨다', '팔으시면' 등의 원형은 '쓸다', '알다', '살다', '팔다'라는 'ㄹ' 불규칙 용언들이므로, 존칭 선어말 어미인 '-시-'를 연결하면, 위의 '쓸으셨다'는 '쓰시었다→**쓰셨다**', '알으셨을'은 '아시었을→**아셨을**', '살으셨다'는 '사시었다→**사셨다**', '팔으시면'은 '파시었으면→**파셨으면**'으로 정리되어야 한다.

"32세 독신녀 이유 없이 **외로와**"
(경향신문 '살롱'. 1992. 3. 19.)

'반갑다', '고맙다', '외롭다' 등은, 어간 끝 받침 'ㅂ'이 모음으로 시작되는 어미 앞에서 축약되는 동시에, 어미인 '-어, -아, -으'가 각각 '-워, -와, -우'로 변하는 'ㅂ 불규칙 용언'으로서, '반갑다→반가와→반가우니', '고맙다→고마와→고마우니', '외롭다→외로와→외로우니' 등으로 써 왔다. 그러나 지금은 모음조화 원칙에 관계없이 현실적인 발음 형태를 취하여 '**반가워**', '**고마워**', '**외로워**' 등처럼 모두 '워'로 적도록 되어 있다. 다만 '돕다'나 '곱다'는, "'돕-, 곱-'과 같은 단음절 어간에 어미 '-아'가 결합되어, '와'로 소리 나는 것은 '-와'로 적는다."는 맞춤법 규정에 따라 '**도와**', '**고와**'로 적어야 하므로 주의가 필요하다.

"일본식 **돈가스** 전문점"
(itv 프로 예고. '99. 10. 19.)
"**돈까스** 전문점의 내부 모습"
(중앙일보 광고. 1999. 10. 18.)

위의 '돈가스'는, 얇게 저민 돼지고기를 빵가루에 버무려 식용유에 튀긴 서양식 요리인 '**포크커틀릿**(Pork Cutlet)'을 지칭하는 일본식 외래어다. 이의 변천 과정을 살펴보면, '돼지고기'를 뜻하는 'Pork'를 '돼지 돈(豚)' 자로 대체하고, '얇게 저민 살코기'를 뜻하는 '커틀릿(Cutlet)'을, '커틀' 발음이 되지 않는 일본인들이 '가쓰레쓰(カツレツ)'라고 하는데, '돈(豚)'에다 갖다 붙여 '**돈까스**(←とんカツ)'라는 잡탕어가 생겨나게 된 것이다. 따라서 '돼지고기 튀김'으로 언어순화를 하든지, 아니면 원어대로 '**포크커틀릿**'이라고 해야 한다. 쇠고기로 만든 요리(Beef Cutlet)인 '비후가스(ビーフカツ)' 역시 '소(쇠)고기 튀김'이라거나, 원어대로 '비프커틀릿(Beef Cutlet)'으로 써야 함은 물론이고.

"'무법의 법' 휘둔 수사 기관"
(한겨레신문 기사 제목. 1992. 10. 18.)

동사원형 '휘두르다'는 '휘두르고, 휘두르니, 휘둘러서, 휘두른' 등으로 활용되는 '르' 불규칙 동사이므로, 위의 '휘둔'은 '휘두르다'의 활용형인 **휘두른**을 잘못 쓴 글이다. '휘두르다'의 동사 어간인 '휘두르-'에 관형사형 전성어미인 '-ㄴ'이 연결된 것으로 분석되며, 이 밖에도 '휘둘러, 휘둘렀-' 등으로 활용되는 낱말이다. 물론, 표준어 사정 원칙 제16항에 "준말과 본말이 다 같이 널리 쓰이면서 준말의 효용이 뚜렷이 인정되는 것은, 두 가지를 다 표준어로 삼는다."고 했으나, '머물다', '서둘다', '서툴다' 등은 '머무르다', '서두르다', '서투르다' 등의 준말로 인정되고 있으나, 위의 '휘두르다'는 '휘둘다'로 축약할 수 없으므로, '휘둔'이 아니라 **휘두른**이라고 해야 함은 물론이다.

"당분간은 크게 **춥지 않는** 가운데"
(연합뉴스 TV. 2016. 2. 16.)
"**심하지 않는** 경우는 약물 요법과"
(이동식 '현대인과 스트레스'. 83쪽)

'춥지 않는'과 '심하지 않는' 등의 '-지 않는'은, 모두 '**-지 않은**'으로 고쳐 써야 한다. 형용사 뒤에서 '-지 않다' 형태로 쓰이면 '보조 형용사'가 되므로 '밉지 않은 얼굴', '깊지 않은 동굴' 등처럼 현재형 어미인 '-은'만 결합할 수 있으므로, 위의 예문은 "크게 **춥지 않은** 가운데", "**심하지 않은** 경우는"으로 고쳐 써야 한다. 다만, 동사 뒤에서 '-지 않다' 형태로 쓰이면 '보조 동사'가 되므로, '돌지 않은 풍차'처럼 '-은'을 연결하면 과거가 되고, '돌지 않는 풍차'처럼 '-는'을 결합하면 현재를 뜻하게 된다. 결국 '그치지 않은 장맛비', '그치지 않는 장맛비' 등은 '-은(과거형 보조 동사)'과 '-는(현재형 보조 동사)'을 둘 다 쓸 수 있다.

"발전시키는 데는 **나름대로의**"
(경향신문 기사. 1991. 8. 3.)
"…해도 **나름대로** 그윽한 향기를"
(오재호 '어쨌든 부부'. 109쪽)
"그런데 **나름대로** 노력한다구요"
(SBS TV '알고 싶다'. 1999. 1. 16.)

위의 '나름'은 명사나 어미 '-기'와 '-을' 뒤에 쓰여, 그 됨됨이나 하기에 달림을 나타내는 의존명사다. 의존명사란, 다른 말의 도움 없이 홀로 쓰이는 자립명사와는 달리, 단독으로는 쓸 수 없는 명사를 말하므로 **'사람 나름'**, **'노력할 나름'**, **'하기 나름'**, **'자기 나름대로'** 등처럼, 반드시 앞에 어떤 명사나 체언 등의 선행사가 있어야 한다. 그런데도 한컴사전에서는 "나름대로 최선 운운"하는 예문까지 실어 놓았다.

"야권 연대 구걸하는 민주당이 **가엽다**."
(다음넷 게시판. 2014. 1. 15.)

예전에는 '가엾다'만을 표준어로 인정했으나, '가엽다'가 복수표준어로 사정되기 전에는 '가여워서', '가여우니', '가여운' 등의 어미변화를 문법적으로 설명할 길이 없었다. 그러다가 1988년 표준어 사정 때 '가엽다'를 'ㅂ' 변칙용언으로 인정하게 되어 그나마 다행이 아닐 수 없다. 'ㅂ' 변칙활용이란 '덥다→더워→더우니→더운'이나 '돕다→도와→도우니→도운' 등처럼, 어간 끝받침 'ㅂ'이 모음으로 시작되는 어미 앞에서 주는 동시에 어미 '어'는 '워', '아'는 '와', '으'는 '우'로 변하는 현상을 말한다. 반면에 '가엾다'는 '가엾고', '가엾지', '가엾어', '가엾으니' 등처럼 규칙적으로 활용되는 형용사다. 따라서 '가엾어 보인다=**가여워** 보인다', '가엾은 아이=**가여운** 아이', '무척 가엾지?=무척 **가엽지**?'라는 등식이 성립할 수 있게 되었다.

"藁履其經好(고리기경호)"
→ '結婚當取適也'라는 말로 결혼은 마땅히 목적이 있음을 말함.
→ 비유어로, 시신을 싸는 볏집도 제 몫을 다한다는 말.
('말과 글' 제47호 '국어순화운동')

참으로 숨이 막힐 지경이다. 위의 '藁'는 '볏짚 고', '履'는 '신 리' 자라, '藁履'는 '짚신'을 뜻하는 말이다. 따라서 '고리기경호(藁履其經好)'는 "짚신도 제 날이 좋다."는 속담으로, '비등한 사람끼리 짝을 맺는 게 좋다.'는 뜻의 '結婚當取適也(결혼당취적야)'와 일맥상통하는 고사성어인데, 결혼에 목적이 있느니 볏짚도 제 몫 운운하는 건 전혀 엉뚱한 동문서답이 아닐 수 없다. 아무튼 '순오지'에 나오는 이 말의 진의는 만사가 그러하듯 자신의 배필도 분수에 맞게 골라야 한다는 뜻이다.

"박해와 고통을 **누려 왔다**."
(경향신문 기사. 1992. 5. 2.)
"오늘 **찜질방을 누리게 되었는데요**."
(다음넷 웹문서. 2014. 1. 8.)

독자의 이해를 돕기 위하여 연극인 손숙 씨의 글(정동 칼럼) 내용을 좀 더 인용하자면, "어떤 사람은 3공에서 지금까지 온갖 권력을 누려 왔고, 어떤 사람은 박해와 고통을 누려 왔다는 뜻 운운"했으나, '누리다'는, 자유나 행복 또는 부귀영화 등을 마음껏 향유한다는 뜻의 말이므로, 권력이야 '누린다'고 말할 수 있으나, 박해나 고통 같은 건 '당한다'거나 '감내한다'고 말할지언정, '누려 왔다'는 말은 어불성설이다. 따라서 위의 글은 "박해와 고통을 **당해 왔다**."라고 해야 한다. 다시 말하거니와 '누린다'는 말은 '인기를 누린다.'거나 '영화(榮華)를 누린다' 등으로 쓰는 말이며, 찜질방을 누린다는 것 또한 어불성설이므로, "오늘 **찜질을 즐기게 되었는데요**."라고 해야 바른말 옳은 글이 된다.

"단일어와 복합어로 **나뉘어진다.**"
"파생어와 합성어로 **나뉘어진다.**"
(남태현 '새 한글맞춤법')

성질이나 종류에 따라 서로 분류해서 살라놓는 걸 '나누다'라고 하는데, 이 '나누다'의 피동형은 '나누(동사 어간)+이(피동형 어간 형성 접미사)+다(어미)=나누이다→나뉘다(준말)' 또는 '나누(동사 어간)+어지다(피동형 종결어미)=나누어지다→나눠지다(준말)'가 된다. 그러나 위 예문의 '나뉘어진다'는, 피동형 동사 어간과 피동형 종결어미로 중복되어 있으므로, "단일어와 복합어로 **나누인다(나뉜다)**" 또는 "파생어와 합성어로 **나누어진다(나눠진다)**" 등으로 고쳐 써야 한다.

"**햇님**과 **달님**"
(이오덕 '우리글'. 345쪽)
"가난은 **나랏님**도 구제하지 못한다고"
(동아일보 기사. 1998. 2. 12)

'님'은 직위나 신분 및 일부 명사 뒤에 붙어, 존경의 뜻을 나타내는 접미사인데, 위의 '햇님'은 명사인 '해'에 존칭 접미사인 '-님'이 결합된 것이므로, '기사님'이나 '대사님' 등처럼 **해님**으로 적고 예사소리인 〔해님(핸님 ×)〕으로 발음하며, '나라+님'도 같은 맥락에서 '나라님'으로 적되 〔**나라님**(나란님 ×)〕으로 발음해야 한다. 그런데, 동아 새 국어사전엔 웬일인지 '나랏님'으로 나와 있다. 아무튼, '나라+돈'은 명사와 명사로 된 복합어로서, '돈'이 된소리인 〔똔〕으로 발음되므로 사이시옷을 받쳐 **나랏돈**으로 적고, 〔나라똔/나랃똔〕으로 발음하되, '나라+무당'은 'ㄴ' 소리가 덧나는 복합명사이므로, **나랏무당**으로 적고, 〔나란무당〕으로 발음해야 한다. 즉 '명사+님(존칭 접미사)'으로 구성된 낱말에는 사이시옷 규정이 해당되지 않는 것으로 생각하면 된다.

"죄송해요. 조금은 **서툴어서**"
(네이버 카페. 2007. 12. 21.)

"영어가 **서툴어서** 해석 좀 부탁"
(인터넷 '지식 iN'. 2011. 12. 17.)

"카페 활동 자체가 처음이라 **서툴룬데**"
(네이버 카페. 2014. 10. 30.)

"운전이 **서툴르니** 형아랑 같이 타자."
(네이버 블로그. 20141. 10. 3.)

"제가 문법이 많이 **서툴르고**"
(네이버 지식iN. 2012. 2. 28.)

표준어 사정 원칙 제16항에 "준말과 본말이 다 같이 널리 쓰이면서 준말의 효용이 뚜렷이 인정되는 것은, 두 가지를 다 표준어로 삼는다."고 하여, '머무르다→머물다', '서두르다→서둘다' 등으로 축약되듯이 같은 '르' 불규칙 형용사인 '서투르다' 역시 '서툴다'와 함께 복수표준어로 인정된다. 다만, 준말은 '-고, -게, -지, -소, -겠' 등의 자음어미와 결합될 땐 아무런 제약이 없지만, '-어, -어서, -었' 등의 모음어미가 연결될 때에는 준말의 활용형을 인정하지 않는다는 단서조항에 따라, '서툴다'가 '서툰', '서툴고', '서툽니다', '서툴러', '서투르니', '서툴다네' 등으로 활용될 수 있지만, '서툴어', '서툴어서', 서툴었고' 등으로 활용될 순 없다. '서툴러서'는 '서투르다'의 활용형이요, '서툴다'는 '서투르다'의 준말이다. 여기서 모음 어미가 연결된다는 것은, 준말 '서툴다'의 어간 '서툴-'에 모음 어미 '어서'를 접속하는 것이 아니라, '서투르다'의 어간 '서투르-'에 '-어, -어서, -었' 등을 연결한다는 뜻인데, '르' 불규칙 (학교 문법에서는 '규칙 활용')이란, '거르다→거르어→걸러', '끄르다→끄르어→끌러' 등처럼, 어간의 끝 음절 '르'가 모음 위에서 어미의 'ㄹ' 받침으로 줄고, 어미 '-아·-어'가 '-라·-러'로 변하는 형식을 말한다. 따라서 '서툴어서→**서툴러서**', '서툴룬데→**서투룬데**', '서툴르니→**서투르니**', '서툴르고→**서투르고**'로 정리되어야 한다.

"협력해준데 대해 감사한다."
(중앙일보 기사. 1999. 9. 29.)
"일손을 도와준데 대해 고마움을"
(중앙일보 기사. 1999. 9. 29.)

김대중 대통령께서 38년 전의 선거 운동원을 만났다는 기사 내용인데, 위 예문은 "**협력해 준 데에** 대하여 감사한다."처럼 의존명사인 '**데**'를 띄어 쓰되 가능한 한 조사인 '에'도 삽입하는 것이 좋다. 왜냐하면, "키는 작은데 배포는 크다." 같은 종속적 연결어미나, "야, 굉장한데." 같은 종결어미인 '-ㄴ데'는 붙여 써야 하지만, "협력해 준 **것에** 대해", "일손을 도와준 **것에** 대해"라는 뜻으로 쓰였기 때문이다.

"습진을 막기 위해 **설겆이할 때**"
(국민일보 'TV 週評'. 1994. 1. 7.)
"빨래하고, **설겆이하고**, 청소하고"
(오재호 '부부싸움'. 162쪽)

음식 그릇 등을 씻어서 치우거나, 여기저기 널려 있는 물건들을 정리 정돈 하는 일을, 원래는 '설겆이[서름질]'나 '설겆다[서릊다(좋지 않은 것을 쓸어 치움)]'라고 써 오던 말이다. 그런데 지난번 표준어 사정 때 '설겆어라, 설겆으니, 설겆더니' 등의 활용형이 별로 쓰이지 않는다 하여 명사형인 '설거지'로 개정했으나, '설익다'나 '설삶다' 등에서처럼 '설-'이란, '동사나 동사로 된 명사 앞에 붙어 '불충분함'의 뜻을 나타내는 접두사이므로, '설겆이'도 그렇거니와 '설거지' 역시 '설날 거지'나 '설익은 거지'가 연상되는 것 같아 별로 달갑잖다는 생각이다. 따라서, '입안을 **가시다**'나 '냄비를 **부시다**' 등처럼 '깨끗이 씻는다.'는 뜻의 타동사 '가시다/부시다'의 명사형 '**가심**/부심'을 빌어 '걸레질', '비질'이라고 하듯이 '**가심질**'이나 '**부심질**'이라고 하는 게 어떨까 싶다.

"'문뜩·뻐꾹새·양념거리·어림잡다'(×)?"
(박인환 '바른 우리말'에서)

세계일보 박인환 교열부장이 펴낸 위의 책에서 '문득, 뻐꾸기, 양념감, 어림치다'는 표준어이지만, '문뜩, 뻐꾹새, 양념거리, 어림잡다' 등은 비표준어라고 했으나, '문뜩'은 '문득'의 센말이고, '뻐꾹새'는 '뻐꾸기'를 분명하게 일컫는 말이며, '양념거리'나 '어림잡다' 역시 '양념감', '어림치다'와 함께 분명 복수표준어로 인정된 낱말들임을 밝혀 둔다.

> ### "만만챦은 교육비에 한숨이 납니다."
> #### (네이버 카페. 2009. 3. 24.)
> ### 분양가도 만만챦고 당첨도 되지 않고
> #### (다음 카페. 2014. 10. 29.)
> ### "섭섭챦은 대우는 받았다지요?"
> #### (다음 블로크. 2014. 11. 27.)

위의 '만만챦은', '만만챦고', '섭섭챦은'은 각각 **'만만챦은', '만만챦고', '섭섭챦은'** 등으로 고쳐 써야 하는 글들이다. 이들 형용사는 '만만하지 않다→만만치 않다→만만챦다'로 축약 즉 '-치 않다'는 '-챦다'로 되는 게 원칙이겠으나, 이미 굳어 버린 관용어로 보고 '-찮다' 즉 **'만만찮다'**로 적도록 되어 있기 때문이다. 반면에 '섭섭하지 않은'은 '섭섭지 않은→**섭섭잖은**'으로 축약되는데, '-하지'의 축약형은 '-치'이므로 '섭섭하지 않은'은 '섭섭치 않은→섭섭챦은'으로 축약될 것 같으나, 'ㄱ·ㅂ·ㅅ' 등의 안울림소리[無聲音] 받침 뒤에서, 어간의 끝 음절 '하'가 줄면 준 대로 적어야 한다는 준말 규정에 따라 '섭섭챦다'가 아닌 **'섭섭잖다'**로 표기해야 된다. 이 밖에 '넉넉하지 않다', '깔밋하지 않다' 등도, '넉넉치 않다→넉넉챦다', '깔밋치 않다→깔밋챦다'가 아니라, '넉넉잖다', '깔밋잖다'로 축약된다는 사실 등도 잘 기억해 둬야 한다.

"노원을 재검표 결과 유감"
(SBS TV 뉴스. 1992. 7. 22.)
"노원을 개표 '의도적 부정'"
(한겨레신문 제목. 1992. 7. 22.)
"관악을 26년 야당 텃밭"
(연합뉴스 TV. 2015. 3. 29.)

앞엣것은, 국회의원 당락이 뒤바뀐 서울 노원 을구의 재검표 결과에 관한, 위 신문 프런트 페이지의 서브타이틀 내용인데, 한글 전용 운운하며 항변할진 모르겠으나, '乙'이란 한자를 쓰기 싫다면 **'노원 을구'**라고 하든지, 아니면 최소한 띄어쓰기라도 해서 **'노원ˇ을'**로 표기했어야 하나, 23일자 경향신문 기사 제목에는 '노원 乙'로 표기해 놓아 깔끔하게 처리해 놓았다. '관악을' 역시 '을'이 목적격조사인 '을'인지 아니면 '갑을(甲乙)'의 '을(乙)'인지 알 수 없게 되어 문제가 된 경우이다.

"깡총 깡총 뛰면서 어디로 가느냐?"
(동요 '산토끼' 노랫말)

옛날에는 'ㅏ·ㅗ' 등의 양성모음은 양성모음끼리, 'ㅓ·ㅜ·ㅡ' 등의 음성모음은, 음성모음끼리 어울리려는 모음조화 원칙에 따라 '깡총깡총'으로 적어 왔으나, 너나없이 **'깡충깡충'**으로 노래해 왔던 게 사실이다. 그래선지 지난 1988년 한글맞춤법 개정 이후로는 모음조화원칙에 관계없이, 현실적인 발음 형태를 취하여 **'깡충깡충'**으로 적도록 했다. '발가송이', '뻗장다리', '오똑이' 등 역시 **'발가숭이'**, **'뻗정다리'**, **'오뚝이'**처럼 현실 음인 음성모음 형태를 표준어로 삼되, 어원(語源) 의식이 강하게 작용되는 **'부조(扶助)'**, **'사돈(査頓)'**, **'삼촌(三寸)'** 등은, 양성모음 형태 그대로를 표준어로 인정하고 있어 늘 주의하지 않으면 실수하기 십상이므로, 귀찮더라도 아예 외워두는 것이 좋다.

"대학교 **컨닝**하다 걸렸는데요."
(네이버 지식iN. 2014. 10. 24.)

누구나 한 번쯤 경험해 봤음직한 '**컨닝**'이, 실은 '교활한·약삭빠른' 등의 뜻을 가진 '**커닝**(Cunning)'이라는 영어가 일본으로 건너가 '칸닝구(カンニング)'로 변질되었다가, 다시 한국으로 와서 '컨닝'이라는 국적불명의 외래어로 쓰이고 있다. 그러나 영어권에선 '**커닝**(Cunning)'이라 하지 않고 '기만하다', '속이다', '부정을 저지르다'의 뜻을 가진 '**치트**(Cheat)'란 말을 쓰고 있는데, 명사형은 '**치팅**(Cheating)', 커닝하는 사람은 '**치터**(Cheater)'라고 한다. 물론 지금은 '커닝'을 '**부정행위**(不正行爲)'로 순화하긴 했으나, '부정행위'란 말뜻이 너무 광범위하여 '커닝'이란 뜻으로 제대로 알아들을 사람이 과연 몇이나 될지 궁금하다.

"**물논** 못자리를 시작했습니다."
(네이버 블로그. 2013. 4. 29.)

위의 '**물논**'은 물론 '**무논**'을 잘못 쓴 글이다. '무논'이란 물이 늘 괴어 있거나 물을 쉽게 댈 수 있는 논 즉 '수전(水田)/수답(水畓)'을 일컫는 말인데, '물+논'이 '무논'으로 변하게 된 이유는, '불씨·불꽃'은 원형대로인 '불씨·불꽃'인데, '불+나비·불+삽,'은 'ㄹ'이 탈락된 '부나비·부삽'이 되고, '딸년·딸자식'은 원형대로인데 '딸+님'은 '따님'이 되며, '아들놈·아들녀석'과는 달리 '아들+님'은 '아드님'이 되는 것과 같다. 이 외에도 '솔바람·솔방울'은 원형대로인데 '솔+나무'는 '소나무'가 되고, '활촉·활터'는 원형대로인데 '활+살'은 '화살'이 되며, '쌀눈'이나 '쌀집'은 원형대로인데, '쌀+전'은 '싸전'으로 되는 이유를 단순히 '역사적인 현상 때문'이라고밖에 설명할 길이 없으므로, 무조건 기억해 두는 것이 상책이다. 즉, 그 '역사적인 현상'의 기준을 어디에 두고 있는지 모호하여 논란의 불씨를 안고 있는 셈이지만, 아무튼 '수전(水田)'이나 '수답(水畓)'은 '무논'이지 '물논'이 아님은 물론이다.

"앞[前]과 뒤[後]가 동의어?"
(우리말의 양면성)

　우리말인 '앞'과 한자어인 '前(앞 전)'은 완전히 같은 뜻인데도, '5년 앞'과 '5년 전'은 10년이란 시차가 있는 정반대의 뜻이 되고 만다. 그런가 하면, '앞날[前日]'과 '훗날[後日: 뒷날]' 역시 자의상(字義上)으로는 철저한 반의어 (Antonym)인데도, '앞날을 내다본다'와 '훗날을 기약한다'의 '앞날'과 '훗날'이나, '백 년 앞을 내다보고'와 '백 년 뒤를 생각해서' 등의 '앞'과 '뒤'는 완벽한 동의어가 되고, 다시 '前'과 '後'로 대척점에 놓고 보면 완전히 반의어가 된다는 사실을 설명할 길이 없다.

"다음 그림에 **알맞는** 댓글을 다세요."
(다음넷 카페. 2015. 2. 23.)
"글로벌 시대에 **걸맞는** 국제적인 감각"
(다음넷 카페. 2015. 2. 23.)

　우선 어미 '-는'은, '떡을 먹는 사람', '책을 읽는 학생' 등처럼 동사나 '있다·없다·계시다'의 어간에 붙어, 그 동작이 현재 진행 중임을 나타내는 관형사형 전성어미로 쓰이고, 어미 '-은'은 '짓궂다'나 '얄궂다' 등의 형용사 어간에 붙어 **'짓궂은'**, **'얄궂은'**으로 활용되나, 동사 '먹다', '읽다'의 어간에 붙게 되면 '(이미) 떡을 먹은 사람', '(이미) 책을 읽은 학생' 등처럼 과거형이 된다. 그러나 동사 어간에 '-는'을 붙여 '떡을 먹는 사람', '책을 읽는 학생'은 현재형이 되므로, 동사 어간에는 경우에 따라 '-은'과 '-는' 둘 다 사용할 수 있다. 즉 형용사 어간에는 '-은'만 붙지만, 동사 어간에는 '-은'이 붙으면 과거형이 되고, '-는'이 붙으면 현재형이 된다. 따라서 위의 '알맞는'과 '걸맞는'은 형용사들이라 '-는'이라는 어미가 붙을 수 없으므로, 당연히 '-은'을 붙여 '그림에 **알맞은** 댓글', '시대에 **걸맞은** 국제적인 감각'으로 바로잡아야 한다.

"요즈음 젊은이들은 **가난해서 도둑질하지 않아요.**"
(경향신문 기사. 1992. 8. 12.)

이원녕 중앙대학 교수의 '도벽은 어릴 때 고쳐야'라는 글 내용 중의 일부인데, 도벽의 심리적 요인이 꼭 가난 탓이 아니라, 생리나 스릴 때문에 훔치게 되는 습관성 도벽이라는 내용이었다. 그러나 '가난하기 때문에 도둑질을 하지 않는다.'는 말은, 결국 '부자이기 때문에 도둑질을 한다.'는 역설적인 논리가 성립될 수 있으므로, 분명히 잘못 표현된 문장임을 알 수 있다. 제대로 표기하자면, "요즘 젊은이들은, **꼭 가난 때문에** 도둑질하는 건 아녜요."로 바로잡아야 한다.

"영어 **학습 난도** 마련했으며"
(중앙일보 '알림'. 1999. 9. 7.)
"한국일보 **문예 난에** 게재"
(다음넷 블로그. 2013. 5. 5.)

'樂園(낙원), 來日(내일), 老人(노인), 雷聲(뇌성), 樓閣(누각), 陵墓(능묘)' 등처럼, 한자음 '라·래·로·뢰·루·르'가 단어의 첫머리에 올 적에는, 두음법칙에 따라 '나·내·노·뇌·누·느'로 적어야 하므로, '欄, 陵' 역시 '난, 능'이 되어야 한다. 다만, 단어의 첫머리 외엔 '극락(極樂), 거래(去來), 연로(年老), 지뢰(地雷), 광한루(廣寒樓), 동구릉(東九陵), 가정란(家庭欄)' 등처럼, '-欄', '-陵' 역시 본음인 '-란, -릉'으로 적어야 하나, '어린이난', ' 가십난' 등처럼 순우리말이나 외래어에 붙는 '-欄'은, '-난'으로 적되, 접미사이므로 반드시 붙여 쓰도록 되어 있다. 따라서 위의 '학습 난'은 한자어인 '學習＋欄'으로 구성된 합성어이므로, **'학습란'**으로 붙여 쓰되 〔학씀난〕으로 발음해야 한다. '문예 난' 역시 한자어인 '文藝＋欄'으로 구성된 합성어이므로, **'문예란'**으로 붙여 써야 하며, 외래어가 앞에 올 때에도 두음법칙이 적용된다.

"'후랭크'라고 불러 주십시요"
(후랭크 치킨 광고 문안)
"빨간 마후라는 조종사만이"
(SBS TV '코리아'. 1999. 10. 8.)

'Frank'는 '프랭크'이지 '후랭크'가 아니며, '이건 책이요, 저건 펜이다.' 같은 경우의 연결형 어미는 '-이요'이지만, 명령형이나 종결형 어미는 '-오'이므로, "불러 주십시오"라고 해야 한다. 위의 '마후라' 역시 '머플러'여야 하는데, '마후라'는 '머플러'의 '머 발음', '플'의 '프'와 'ㄹ 받침' 그리고 '러' 발음 등 어느 것 하나 제대로 되는 게 없어 '마후라(マフラ-)'라고 하게 된 'Muffler'의 일본식 발음임을 밝혀 둔다.

"수도물 훔쳐 쓰면 5배까지"
(경향신문 기사 제목. 1991. 10. 11.)
"수돗물 값 2천2백 배 되는"
(경향신문 기사 제목. 1991. 10. 16.)
"노인이 젊은이에게 존대말하는 세상"
(다음넷 게시판. 2014. 8.11.)

위의 '수도물'은 한자어인 '水道'와 순우리말인 '물'의 합성어로서, 뒷말의 첫소리인 'ㅁ' 앞에서 'ㄴ' 소리가 덧나므로, 사이시옷 규정에 따라 '수돗물'로 적되, 사이시옷 뒤에 'ㄴ'이나 'ㅁ'이 결합될 경우엔, [ㄴ]으로 발음한다는 표준발음법 규정에 따라 [수돈물]로 발음해야 한다. 하긴, 각자의 발음 성향에 따라 'ㄴ' 소리가 덧날 수도 있고 나지 않을 수도 있음은 물론, 시각적인 문제 등 '수도물'에도 당위성이 없는 건 아니나, 같은 신문 같은 지면에서마저 위에서처럼 '수도물'과 '수돗물'이 멋대로 넘나들어 문제가 되고 있다. 위의 '존대말'은 한자어 '존대(尊待)'와 우리말 '말'의 합성어로서, '대'에 'ㄴ' 소리가 덧나므로 '존댓말'로 표기하되 [존댄말]로 발음해야 하나 이 역시 같은 경우이다.

"생활의 전부는 **아닐 꺼예요**"
(오재호 '어쨌든 부부'. 249쪽)

"가사 다 찢어 **버릴 꺼야**"
(선데이연예 기사. 1993. 12. 15.)

"어른들은 **모를 꺼야**"
(서윤정 일기 모음 제목)

"올해에는 꼭 **승진할 꺼야**"
(다음넷 블로그. 2013. 1. 16.)

의문을 나타내는 '-(으)ㄹ까?', '-(으)ㄹ꼬?', '-(스)ㅂ니까?', '-(으)리까?', '-(으)쏘냐?' 등의 어미를 연상해서인지, '-ㄹ 거예요', '-ㄹ 거야'를 위에서처럼 흔히들 된소리인 '-ㄹ 꺼예요', '-ㄹ 꺼야' 등으로 잘못 쓰고들 있다. 그러나 '-ㄹ 거예요', '-ㄹ 거야'는, '-ㄹ 것이에요'와 '-ㄹ 것이야'의 준말이므로, 된소리로 적어야 할 아무런 이유가 없다.

"시간은 돈이다"
(세계의 명언)

이 말은 고대 희랍의 철학자인 디오게네스가 한 말로 알려져 있으나, 미국의 정치가이며 철학자요 과학자이며 문필가이기도 한 벤저민 플랭클린은, '젊은 상인에의 충고'란 글에서 "Remember that time is money."(시간이 돈임을 명심하라.)라고 갈파했다. 그렇다면 남는 게 시간밖에 없는 실업자(失業者)들에겐 남아도는 것도 돈이라야 한다. 물론, 시간을 돈처럼 아껴 쓰라는 잠언임을 몰라서 하는 억지소리가 아니라 '시간'이란, 돈과는 달리 서로 빌리거나 빌려 줄 수도 없고, 저축이나 가불은 물론 담보도 불가능하므로, 만약 필자에게 말할 기회가 있었더라면 아마 "시간은 **돈으로도 살 수 없음을 명심하라.**"고 하지 않았을까 싶다.

"친구라도 나쁘게는 **않해**"
(KBS TV 영화. 1992. 4. 26.)

"앉을 자리가 준비 **않되자**"
(경향신문 기사. '92. 9. 18.)

"오염시설 건립 질대 **않돼**"
(아시아 뉴스통신 2014. 8. 24.)

'않'은 '아니하다'의 어간 '아니하-'의 축약형이며, '안'은 '아니'의 준말이므로 위의 '않 해'는 '아니하 해', '않되자'는 '아니하 되자', '않돼'는 '아니하 돼'라는 밑도 끝도 없는 말이 되고 마는데도, 많은 사람들이 잘못 쓰고들 있다. 아무튼, '않해'는 '안(아니)˅해', '않되자'는 '안(아니)˅되자', '않돼'는 '안(아니)˅돼'로 고쳐 쓰되 띄어 써야 한다.

"가끔씩 너의 집에 **놀러 갈께**"
(네이버 지식iN. 2015. 1. 5.)

"**잘할께** 아마도 **그럴껄 잘할꺼야**"
(네이버 지식iN. 2003. 7. 5.)

'ㄹ' 받침을 가진 동사 어간 뒤에 붙어 어떤 행동에 대한 약속이나 의지를 나타내는 종결 어미는 'ㄹ께'가 아닌 'ㄹ게'인데, 원래는 'ㄹ께'로 쓰기도 했으나, '혼자 할 거야', '정말 갈 거야'의 '거'는 의존 명사 '것'을 구어적으로 이르는 말이므로 된소리로 적을 이유가 없다 하여 예사소리 형태인 'ㄹ거야', 'ㄹ걸', 'ㄹ게'로 적게 된 것이다. 따라서 위의 '놀러 갈께', '잘할께', '잘할 꺼야'는 '놀러 갈게', '잘할게', '잘할 거야'로 적되, 표준발음법 제27항 "관형사형 '-(으)ㄹ' 뒤에 연결되는 'ㄱ·ㄷ·ㅂ·ㅅ·ㅈ'은 된소리로 발음한다."는 규정에 따라, 〔놀러 갈께〕, 〔잘할께〕, 〔잘할 꺼야〕처럼 된소리로 발음해야 한다. 다만, 의문을 나타내는 'ㄹ까?', 'ㄹ꼬?', 'ㄹ쏘냐?' 등은 된소리로 적어야 한다.

"비디오 **카셋** 현지 법인 SKC"
(경향신문 '기업 광장'. 1992. 6. 9.)
"일방적으로 **카셋트**를 뽑아."
(오재호 '부부싸움'. 172쪽)
"비디오 **테입** 구입을 강요하는"
(KBS TV 안내 자막. 1992. 7. 18.)

 영어의 표기 제1항에 '갭(Gap)', '캣(Cat)', '북(Book)' 등처럼 짧은 모음 뒤의 어말 무성 파열음([p]·[t]·[k])은 받침으로 적고, '앱트(Apt), 셋백 (Setback), 액트(Act)' 등처럼 단모음과 유음·비음([l]·[r]·[m]·[n]) 이외 의 자음 사이에 오는 무성 파열음([p]·[t]·[k])도 받침으로 적도록 되어 있 다. 그러나 위 경우 외의 어말과 자음 앞의 [p]·[t]·[k]는 '케이프(Cape)', '파트(Part)', '메이크(Make)' 등처럼 '으'를 붙여 적는다는 꽤나 까다로운 규정에 따라, '카셋'이나 '카셋트'는 '**카세트**'로, '테입'은 '**테이프**'로 바로잡아야 바른 표기가 된다.

"'단칸방·널따란 잔디'가 사투리?"
(남태현 '새 한글맞춤법')

 위의 책에서 '단간방', '넓다란 잔듸'는 표준어이고, '단칸방', '널따란 잔디' 는 비표준어라고 했으나, 완전히 거꾸로 이해하고 있다. '**방 한 칸**'처럼 공간 의 구획이나 넓이를 나타내는 일반적인 용법에선 '칸'을 쓰되, '간(間)'은 '**초 가삼간, 대하천간(大廈千間)**' 등처럼 관습적인 표현에만 쓰므로 '**단칸방**'이 표준어다. '널따랗다' 역시 "겹받침에서 뒤엣것이 발음되는 경우에는 그 어간 의 형태를 밝혀 적고, 앞엣것만 발음되는 경우에는 어간의 형태를 밝히지 않고 소리 나는 대로 적는다."는 규정에 따라, '너르다'보다는 '넓다[널따]' 에서 파생된 걸로 보아, 소리 나는 대로 '**널따랗다→널따란**' 즉 '**널따란 잔디**' 가 옳은 표기가 된다.

"상공부 **세자리수** 적자"
(경향신문 제목. '91. 12. 17.)
"아무리 **가지수**를 줄여도"
(경향신문 '사설'. '93. 12. 27.)

위의 '세자리수'와 '가지수'는, 순우리말인 '세 자리'와 '가지'에 한자어인 '數'가 합성된 데다, 발음 역시 된소리인 〔쑤〕로 되므로, 사이시옷 규정에 따라 '자리'와 '가지'에 사이시옷을 받쳐 '세 ˇ 자릿수', '가짓수'로 적어야 한다. 그리고 '세'는 원래 '3'이나 '셋'을 뜻하는 양수사이나, 체언 앞에서 그 체언의 뜻을 꾸밀 때에는 수사 아닌 관형사가 되는데, 양수사나 관형사는 띄어 써야 하므로, '세ˇ자릿수'가 돼야 한다.

"신문은 '**삿포로**', …들은 '**삽뽀로**'"
('말과 글' 91. 봄·가을호. 63쪽)
"온천 관광 휴양지 **벳푸**"
('말과 글' 91. 봄·가을호. 69쪽)
"일본 북단 **홋카이도**와 러시아"
(경향신문 해외 토픽. 1993. 1. 5.)

일본어 표기 제1항에, "촉음(促音) 'っ'는 'ㅅ'으로 통일해서 적는다."고 했으므로, 위의 '삽뽀로'를 제외한 '삿포로', '벳푸', '홋카이도'는 현행 일본어의 표기 규정상으로는 아무런 하자가 없다. 그러나 촉음 'っ'가 'ぱ' 행 앞에선 'ㅂ', 'か' 행 앞에선 'ㄱ', 기타는 'ㅅ' 받침으로 자음동화되는 것이, 가장 자연스럽고 일본 현지음에 가장 가까운 발음 형태 - 물론 우리말에선 인정되지 않지만 -라 할 수 있다. 실지로 일어사전들의 발음 표기도 '삿포로(札幌)'는 '삽뽀로〔sapporo〕', '벳푸(別府)'는 '벱뿌〔beppu〕', '홋카이도(北海道)'는 '혹까이도〔hokkaido〕'로 표기하고 발음한다는 사실만 봐도 충분히 증명되리라고 본다.

"섧은 마음에 울다 깨어보니 꿈이더라."
(다음넷 블로그. 2010. 6. 3.)

'섧은'은 '설운'이나 '서러운'으로 고쳐 써야 하는데, '섧다'와 '서럽다'는 동의어로 복수표준어다. '곱다→고와→고우니→고운', '맵다→매워→매우니→매운' 등처럼, 어간 끝받침 'ㅂ'이 모음으로 시작되는 어미 앞에서 주는 동시에 어미 '어'는 '워', '아'는 '와', '으'는 '우'로 바뀌는 'ㅂ 불규칙 용언'이다. 따라서 '설워', '설우니', '설운', '섧고', '섧게', '섧지' 등으로 활용되며, 명사형은 '설움(설음×)'이 된다. 여기서 '섧고', '섧게', '섧지'로 활용되는 이유는 어간 끝 받침 'ㅂ' 다음의 어미가 '-어', '-아', '으'가 아닌 '-고'와 '-지'이기 때문이며, '서럽다'는 '서러워', '서러운', '서러우니', '서럽고', '서럽게', '서럽지'로 활용된다.

"사는 집 해변 낚싯터에 앉아"
(주간경향 기사. 1993. 10. 28.)
"제주 나룻터를 붐비게 했지만"
(이규태 '한국 여성'. 26쪽)
"완전 절제 비해 뒷탈 적고"
(동아일보 기사 제목. 1998. 7. 1.)

"사이시옷을 제대로 쓸 줄 알면 下山 허가를 받아도 된다."는 교열 기자들의 우스갯소리가 있을 정도로, 까다롭고 문제점 또한 적잖은 게 바로 이 사이시옷 규정인데, '나루+가', '나루+목', '나루+배' 등은 사이시옷을 받쳐 '나룻가', '나룻목', '나룻배'로 적어야 한다. 따라서 위의 '낚시+터', '나루+터', '뒤+탈' 등 역시 '낚싯터', '나룻터', '뒷탈'로 적어야 할 것 같으나, 뒷말인 '터'와 '탈' 자체가 거센소리(된소리도 포함)들이므로, 규정에 따라 사이시옷을 받쳐 적지 않고, 그냥 '나루터', '낚시터', '뒤탈'로 써야 하므로, 혼동하지 않도록 주의해야 한다.

"독산동 맛집 **육계장**의 깔끔한 맛"
(네이버 블로그. 2015. 7. 14.)

　네이버 지식iN에서 "'육개장'은 소고기로 만든 것이고, '육계장'은 닭고기로 만든 것"이라고 설명한 어느 황당한 지식인도 있으나, 닭고기로 끓인 '닭곰탕'은 있어도, 소고기로 만든 '육계장'이란 음식은 없다. 소의 살코기에 갖은 양념을 넣어 끓인 국을 '**육개장**'이라고 하는데, 다들 '닭 계(鷄)'를 연상해선지, 흔히 '육계장'으로 잘못 쓰고들 있다.

"**멀잖아** 체제 붕괴 불가피"
(경향신문 제목. 1992. 2. 24.)
"**멀지않아** 무서리가 내리고"
(박인환의 '바른 우리말' 23쪽)
"**머지않아서** 감기 걱정은"
(MBC TV '화제'. '99. 10. 8.)

　'머지않아/머잖아'는, 한글맞춤법 심의에 참여했던 어느 실무자가 해설집을 낼 때, 'ㄹ' 받침 탈락의 예로 든 '마지않다'를 '머지않다'로 잘못 처리해 문제가 되었던 낱말이다. 현행 한글맞춤법으로는, 어간 끝 받침 'ㄹ'은 'ㄷ·ㅈ·아' 앞에서 줄지 않는 게 원칙이지만, 관용상 'ㄹ'이 줄어진 형태가 굳어져 쓰이는 건 준 대로 적게 되어 있으므로 '멀잖아', '멀지 않아'는 '**머잖아**', '**머지않아**'로 적어야 한다. 다만, "머지않아 봄이 오겠지?"처럼 시간과 관련될 때 '머지않아'로 써야 하지만, "대전은 서울에서 그렇게 멀지 않아." 등처럼 공간이나 거리와 관련될 땐 반드시 "**멀지 않아**(축약형은 **멀잖아**)"로 구별해서 써야 한다. '머지않아'와 '멀지 않아'가 '머잖아', '멀잖아'로 축약되는 이유는 "어미 '-지' 뒤에 '않-'이 어울려 '-잖-'이 될 적과 '-하지' 뒤에 '않-'이 어울려 '찮-'이 될 적에는 준 대로 적는다."는 규정에 의해서다.

"'**실락원**' 등 성인物 제외"

(중앙일보 기사 제목. 1999. 9. 11.)

"좋은 생각도 실행이 없으면 **공념불**"

(네이버 블로그. 2013.03.15.)

"**사륙신 생륙신** 청사에 이름 남기고"

(네이버 블로그. 2007. 1. 4.)

위의 '실락원'은 일본 문화 개방에 관한 기사의 소제목인데, 우리 국어사전에는 등재되어 있지 않고, 엣센스 한영사전, 그리고 금성 영한 대사전에 '실락원(Paradise Lost)'으로 잘못 나와 있으며, 표준국어 대사전에만 겨우 '**실낙원**'으로 나와 있는 실정이다. 그러나 '실낙원(失樂園)'이란, 문자 그대로 '잃어버린(Lost : 失)＋낙원(Paradise : 樂園)' 즉 '실락(失樂)＋원(園)'이 아닌 '실(失)＋낙원(樂園)'으로 구성된 한자어로서, '樂(즐길 락)'은 두음법칙에 따라 '락'이 아닌 '낙'이 되므로, 당연히 '**실낙원**'으로 표기하되, '물난리〔물랄리〕'나 '줄넘기〔줄럼끼〕' 등처럼, "'ㄴ'은 'ㄹ'의 앞이나 뒤에서 〔ㄹ〕로 발음한다."는 규정에 따라, 〔실락원〕으로 발음하도록 되어 있다. 한글맞춤법 제10항 붙임 2에 "접두사처럼 쓰이는 한자가 붙어서 된 말이나 합성어에서, 뒷말의 첫소리가 'ㄴ' 소리가 나더라도 두음법칙에 따라 적는다."는 규정에 의해서다. '空念佛'이나 '死六臣 / 生六臣' 등 역시 같은 맥락으로 '공연한 염불'이란 뜻의 '공＋염불', '죽은 여섯 충신'을 뜻하는 '사＋육신'과 '살아있는 여섯 신하(충신)'를 뜻하는 '생＋육신'으로 구성된 합성어들이므로, 두음법칙에 따라 '**공－염불**', '**사－육신**', '**생－육신**' 등으로 표기해야 한다. 그리고 "합성어 및 파생어에서, 앞의 단어나 접두사의 끝이 자음이고 뒤의 단어나 접미사의 첫 음절이 '이·야·여·요·유'인 경우에는, 'ㄴ' 음을 첨가하여 〔니·냐·녀·뇨·뉴〕로 발음한다."는 규정에 따라 '공염불'은 〔공념불〕로 발음하되, '사육신/생육신'은, 'ㄱ·ㄷ·ㅂ 받침' 뒤에 연결되는 'ㄱ·ㄷ·ㅂ·ㅅ·ㅈ'은 된소리로 발음하도록 되어 있으므로 〔사육씬/생육씬〕으로 발음하도록 되어 있다.

"겸양의 뜻으로 쓰기에 **걸맞는 말**"
(박숙희 '우리말 속뜻 사전 Ⅱ'. 67쪽)

　양쪽 다 서로 어울리는 경우를 '걸맞다'라고 하는데, 현재의 상황을 나타내는 형용사의 관형사형 어미는 '-는'이 아닌 '-은'이므로, '걸맞는'이 아니라 '**걸맞은**'이라야 한다. 따라서 "네게 **걸맞은** 신랑감"이나, '마음에 **걸맞은** 옷' 등으로 써야 함은 물론, 각종 시험지의 '알맞는 답을 고르시오' 역시 '알맞은 **답**을 고르시오'라고 해야 알맞은 글이 된다.

"**팔 걷어붙인** 클린턴"
(중앙일보 제목. '99. 9. 1.)
"**두 손 두 발 걷어붙이고** 나서기 좋아하는"
(경기신문 기사. 2015. 3. 2.)

　위의 '**팔 걷어붙인**'과 '**두 손 두 발 걷어붙이고**'는 우선 비논리적인 말들이다. (팔)소매를 걷어붙이고 나선다든지, 아니면 신발을 벗고 나선다거나 바짓가랑이를 걷어붙이고 나선다면 모르겠거니와, 팔이나 발을 벗고 나선다는 건 어불성설이다. 하긴 이런 말을 제대로 고쳐 쓴다고 해도, 조사 하나 들어갈 여백을 따지는 신문 지면의 특성상, 기사 제목으로는 결코 바람직한 인용어라고 할 수 없다. 따라서 '**작심하고 나선** ××', 좀 더 강조하려면 '**사생결단하고 나선** ××', '**강단(剛斷) 있게 나선** ××', '**절치부심하고 나선** ××'이라고 하면 무난하게 대체할 수 있는 내용들이다. 사족이 되겠으나, '팔을 걷어붙인다'거나 '발 벗고 나선다'는 말의 근원은, 아마도 시골 농부들이 논밭에서 농사일을 하거나, 어촌의 아낙네들이 개펄에서 조개잡이를 하려면 우선 신발을 벗고 바짓가랑이와 소매를 잔뜩 걷어붙이고, 적극적인 자세로 작업에 임해야 했던 데서 유래된 말이 아닐까 싶긴 하나, 아무튼 '소매/바짓가랑이를 걷어붙이고 나선다'거나 '신발을 벗고 나선다'고 해야 한다.

"**와타나베** 요미우리 신문사 사장"
(경향신문 캡션. 1993. 12. 19.)
"하얼빈 역에서 **이토 히로부미를**"
(선데이연예 기사. 1993. 12. 15.)

국어연구원과 문교부(현 교육부)에선, 어중·어말의 'た·と'는 '타·토'로 적게 되어 있지만, 한국교열기자회에선 '따·또'로 적도록 해 놓고도, 웬일인지 '타·토'로 쓰고들 있다. 아무튼 어두의 'た·と'는 '타·토'로, 어중·어말의 'た·と'는 '따·또'로 구분 즉, 위의 '와타나베(渡辺)'는 '와따나베', '이토(伊藤 : いとう)'는 '이또'로 표기하는 것이 훨씬 더 논리적이라고 생각한다. 왜냐하면, 어두의 'た·と'를 '다·도'로 적도록 되어 있으나, 그렇게 되면 탁음 'だ·ど'와 전혀 구별이 되지 않는다는 자체 모순이 생기기 때문이다.

※ 뒤편 '일본어 표기' 참조.

"**養雛之畓** 虎亦顧(양추지답 호역고)"
→ 새를 길러 봤자 도리어 범에게 좋은 일.
→ 개인적인 사정은 별로 없다는 뜻.
('말과 글' 47호 '국어순화운동')

위 예문은 우리 속담 "호랑이도 새끼 둔 골을 두남둔다." 즉 미물인 짐승들도 제 새끼를 돌본다는데, 하물며 사람이야 일러 무엇하겠는가? 하는 뜻인데, "고슴도치도 제 새끼는 함함하다고 한다(蝟愛子謂毛美)."라는 속담과도 일맥상통하는 말이다. 그러나 위의 '**畓**(대답할 답)'은 '**谷**(골 곡)'의 잘못이거니와, '雛'는 대개 '병아리 추'나 '새 새끼 추' 자로 쓰기도 하지만, 여기선 '짐승의 새끼'란 뜻으로 쓰인 사실을 모르고, '새 새끼'에다 억지로 뜻을 꿰맞추려다 보니, 귀신도 알아들을 수 없는 황당한 말이 되고 말았다. 게다가, 개인적인 사정은 별로 없다는 말은 무슨 뚱딴지같은 소리인지 알 수가 없으나, 부디 좀 자제하시고 우선 '국어순화운동'이나 더럽히지 말아 주셨으면 하는 마음 간절하다.

"빠찡꼬業 不況을 모른다."
(세계일보 제목. 1994. 1. 10.)

슬롯머신이나 핀볼을 뜻하는 일본어 'パチンコ'를, 현행 일본어 표기 원칙에 따라 쓴 것이 '파친코'이며, 현지음을 따른 것이 '**빠찡꼬**'다. 물론 일본어의 가나와 한글 대조표에선, 'パ·ピ·プ·ペ·ポ'를 어두나 어중·어말에 관계없이 '파·피·푸·페·포'로 적게 되어 있으나, 어두에선 '파·피·푸·페·포', 어중·어말에선 '빠·삐·뿌·뻬·뽀'로 구별해서 표기해야 한다. 즉, 'チ'는 어중이라 '찌', 'ン'은 'ㄲ' 앞이므로 'ㅇ' 받침, 'コ'는 어말이므로 '꼬'로 적어야 한다는 얘긴데, 'パチンコ'는 '**빠찡꼬**'로 적는 게 그나마 가장 합리적인 표기가 되리라고 생각한다.

"할 수 있지 않느냐고 젊잖게 훈계"
(경향신문 '돋보기'. 1992. 4. 9.)
"이제는 요렇게 젊잖은 게 좋다."
(네이버 블로그. 2012. 3. 30.)
"몸이 아프면 만사가 귀찮은 법"
(네이버 카페. 2012. 11. 22.)

사람의 몸가짐이나 됨됨이가 품위 있고 의젓함을 '**점잖다**'라고 하는데, 흔히 '젊잖다(←젊지 않다)'나 '젊잖다'로 쓰고들 있으나, 지금은 뜻이 변한 채 독립된 낱말로 보아 어원을 밝혀 적지 않고, 소리 나는 대로인 '**점잖게**'로 쓰도록 되어 있다. 즉, '젊지 아니하다→젊지 않다→젊잖다→젊잖다→**점잖다**'로 변천되어 왔다고 할 수 있다. '귀찮다'는 '귀하지 아니하다→귀ㅎ지 않다→귀치 않다→귀찮다→**귀찮다**'로 축약된다. '귀찮다'가 '귀찮다'로 적게 된 이유는, "어미 '-지' 뒤에 '않-'이 어울려 '-잖-'이 될 적과, '-하지' 뒤에 '않-'이 어울려 '-찮-'이 될 적에는 준대로 적는다."는 한글맞춤법 제39항 준말 규정에 의해서다.

"베개잇에 홀로 얼굴을 파묻기보다는"
(네이버 뉴스. 2012. 7. 6.)

"가을밤 **나무잎**이 떨어지는 모습"
(전북일보 2015. 1. 6.)

"콩잎과 **깨잎**이 맘에 쏙 들어"
(다음넷 카페. 2013. 12. 30.)

"순우리말로 된 합성어로서 앞말이 모음으로 끝나고, 뒷말의 첫소리 'ㄴ, ㅁ' 앞에서 〔ㄴㄴ〕 소리가 덧나는 것은 사이시옷을 받쳐 적게 되어 있으므로, 위의 '베개＋잇'은 **'베갯잇'**이라 표기하고, "사이시옷 뒤에 '이' 음이 결합되는 경우에는 〔ㄴㄴ〕으로 발음(표준발음법 제30항 3.)하도록 되어 있으므로, 〔베갣닏〕이라고 발음해야 한다. 같은 맥락에서 '나무＋잎'은 **'나뭇잎'**이라 표기하고 〔나문닙〕으로 발음하되, '깨＋잎'은 **'깻잎'**으로 적고 〔깯닙〕으로 발음해야 한다.

"'**웃분**'들에게 수해 현황을"
(동아일보 기사. 1999. 8. 7.)

표준어 사정 원칙 제12항 다만 2.에 '웃돈'이나 '웃어른' 등처럼 아래, 위의 대립이 없는 단어는 '웃-'으로 발음되는 형태를 표준어로 삼게 되어 있으나, '윗목↔아랫목', '윗입술↔아랫입술' 등처럼 상하 개념이 뚜렷한 낱말에는 '윗-'으로 쓰도록 되어 있으므로, 위 예문의 '웃분'은 **'윗분'**으로 고쳐 써야 한다. 물론, '웃어른'과 같은 개념으로 생각한다면 '웃분'이 되는 게 당연하겠으나, '웃어른'에 상반되는 '아래어른'이란 말은 없어도 '윗사람↔아랫사람'처럼 '아랫분'이라는 대립어가 있으므로 '윗분'으로 적어야 한다. 다만, '짝', '층', '턱' 같은 된소리나 거센소리 앞에선 '윗'이나 '웃'도 아닌 '위'로 하여, **'위짝'**, **'위층'**, **'위턱'**으로 표기해야 한다는 사실도 잘 구분해서 기억해 둬야 한다.

"의견 교환을 갖음으로써"
(이동식 '스트레스'. 214쪽)
"작은 선산을 갖을 수 있다."
(중앙일보 광고. 1999. 9. 15.)

위의 '갖음으로써'는, '가지므로(이유)'나 '가짐으로써(수단)'의 구분은 차치하고라도, '의견 교환'은 하는 것이지 갖는 게 아니라는 사실부터 먼저 인지해야겠다. 그리고 '가지다'의 명사형은 '가짐'이지 '갖음'이 아니다. 물론, '가지다'의 준말이 '갖다'이므로, '갖(동사원형)+으(조음소)+ㅁ(명사형 전성어미)=갖음'이 될 것 같으나, 준말은 모음 어미와 결합하여 활용하지 않는 게 원칙이다. 아무튼, 명사형 어미 또는 명사화 접미사 뒤에 붙는 조사는 '-ㅁ으로(써)'이므로, '의견교환을 함으로써'나 '의견을 교환함으로써'라고 써야 하며, 뒤 예문의 '갖을 수'도 '가질 수'로 바로잡아야 바른말 옳은 글이 된다.

"'암커미', '수커미'?"
(동아 새 국어사전)

표준어 사정 원칙 제7항 〔다만 1.〕에, '암-'이나 '수-' 등의 접두사 뒤에서 나는 거센소리를 인정한다 하여 '수캉아지, 수캐, 수컷, 수키와, 수탉, 수탕나귀, 수톨쩌귀, 수퇘지, 수평아리' 등으로 표기하도록 되어 있다. 그러나 앞에 예시한 낱말과, '수-' 대신 '암-'이 결합된 열여덟 낱말 외에는, 비록 거센소리가 나더라도 전부 본음대로 적도록 되어 있다. 따라서 위의 '암커미', '수커미'도 당연히 '암거미', '수거미'라고 해야 하며, 이 밖에도 '수게', '수곰', '수꽹이', '수구렁이', '수글' 등도, 위의 동아 새 국어사전에는 전부 거센소리인 '수케', '수콤', '수쾡이', '수쿠렁이', '수클' 등으로 잘못 표기('암-'도 포함)되어 있는데, 이와 비슷한 여타 사전들도 하루바삐 시정되어야 하리라고 본다.

"이 문은 열려지지 않습니다."

(지하철 차내 스티커)

"그 동안 보여지지 않은 잠재된"

(선데이연예 기사. 1993. 12. 15.)

"구멍이 잘 뚫려지지 않아서 포기"

(네이버 블로그. 2013. 2. 22.)

　한때 "이 전등이 켜져 있을 때에는 이 문은 **열려지지** 않습니다. 앞뒤의 문을 이용하여 주십시오."라는 스티커가 수년 동안 서울 지하철 객차 출입문 위에 부착돼 있었으나, '열다'의 피동형은 '**열리다/열어지다**'이지 '열려지다'가 아니다. 즉, '열리(피동형 어간)＋어지다(피동형 종결어미)＝열리어지다→열려지다'처럼, 피동형이 중복되어 있음을 알 수 있다. 반면에 '열리다'는, '열(동사 어간)＋리(피동형 어간 형성 접미사)＋다(종결어미)＝**열리다**'로, '열어지다'는 '열(동사 어간)＋어지다(피동형 종결어미)＝**열어지다**'와 같이 활용되는 말이다. 뒤 예문 중의 '보여지지 않는'은, '**보이지 않는**'을 잘못 쓴 글로서 이의 동사원형은 '보이다'인데, 피동형 어간인 '보이-'에 다시 피동형 종결어미인 '-어지다'가 연결되어 있기 때문에 잘못된 경우다. 따라서 '보이(피동형 어간)＋지(부정형 연결어미)＝보이지'로 활용해야 하므로, 위의 글은 "이 문은 **열리지 않습니다**.", "그 동안 **보이지 않는** 잠재된"으로 고쳐 써야 한다. 마지막 예문의 '구멍이 잘 뚫려지지 않아서' 역시 같은 맥락으로 "구멍이 **잘 뚫리지 않아서**" 또는 "구멍이 잘 **뚫어지지 않아서**"로 고쳐 써야 한다. 이런 피동형 어법은, 주로 일본식 교육을 받은 지식인들이 "고노 도와 아케라레마센(この戸は開けられません)."이나, "요쿠 미라레마센(よく見られません)." 등의 일본어법을 그대로 직역하여 "이 문은 열려지지 않습니다."나 "잘 보여지지 않습니다."라고 써 오던 구습에서 비롯되어, 지금은 방송인들까지 분별없이 남용하고들 있는 실정이다. 그러나 "색약인 그에게 이 색상이 잘 **보여질지** 궁금하다."에서 쓰인 '보이다'는 피동이 아닌 사동이므로 허용된다.

"경찰39명 체포"
(부산일보. '91. 11. 19.)

응원 중에 난동을 부리던 영국의 극성 축구 팬(훌리건) 39명이 경찰에 체포되었다는 기사 내용의 헤드라인인데, '경찰' 다음에 쉼표도 없이 '39명'이란 말까지 붙여 써 놓아, 마치 범죄를 저지른 경찰관 39명이 다른 누구에겐가 체포된 것으로 볼 수밖에 없는 헤드라인이 되고 말았다. 따라서, 훌리건을 체포할 권한이 있는 사람은 당연히 경찰들뿐이므로 굳이 '경찰'이란 낱말을 넣을 필요 없이, 그냥 "난동 축구 팬 39명 체포" 또는 "훌리건 39명 체포"라고 하면 그만이다.

"은행장 어제밤 긴급 회의"
(조선일보 기사 제목. 1991. 7. 28.)
"어제밤 도심서 장외 투쟁"
(한국일보 제목. 1992. 1. 22.)
"하루밤만 재워 보내면 그만"
(경향신문 기사. 1992. 2. 28.)

위의 '어제밤'과 '하루밤'은 순우리말로 된 합성어로서, 앞말인 '어제'의 '제'와 '하루'의 '루'가 모음으로 끝난 데다, 뒷말인 '밤'이 된소리인 [빰]으로 발음되므로, 사이시옷 규정에 따라 '어젯밤', '하룻밤'으로 표기하되, "받침 'ㄱ(ㄲ·ㅋ·ㄳ·ㄺ), ㄷ(ㅅ·ㅆ·ㅈ·ㅊ·ㅌ), ㅂ(ㅍ·ㄺ·ㄿ·ㅄ)' 뒤에 연결되는 'ㄱ·ㄷ·ㅂ·ㅅ·ㅈ'은 된소리로 발음한다."는 표준발음법 제23항 규정에 따라 [어제빰/어젠빰], [하루빰/하룻빰] 등으로 발음해야 한다. 다만, '그끄저께 밤', '그제 밤/그저께 밤', '모레 밤', '글피 밤', '그글피 밤' 등은, 이미 한 낱말로 굳어 버린 위의 '어젯밤'이나 '하룻밤'과는 달리, 사이시옷도 넣을 필요가 없음은 물론, 반드시 '밤'을 띄어 써야 한다는 사실을 참고로 밝혀 둔다.

"영어로만 **가르키는 놀이학교**"
(네이버 카페. 2015. 3. 30.)
"내가 다 **가르켜 주께**"
(다음넷 블로그. 2014. 10. 21.)
"화장하는 법 **가리쳐 주세요.**"
(다음넷 블로그. 2012. 3. 4.)
"자정을 **가르키는** 시곗바늘이"
(네이버 카페. 2010. 3. 15.)
"많은 학파를 **가르켜** '제자백가'라고"
(네이버 블로그. 2014. 9. 30.)

우선 '가르침, 가르칠, 가르치면, 가르치니, 가르친들, 가르쳤-' 등으로 어미가 활용되는 타동사 '가르치다'에 대한 국어사전의 풀이를 보면, "① '음악을 가르치다.'처럼, 지식이나 기능 따위를 깨닫거나 익히게 하다. ② '사람으로서의 도리를 가르치다.'처럼, 도리나 바른길을 일깨우다. ③ '비밀을 가르쳐 주다.'처럼, 상대방이 아직 모르는 일을 알도록 일러 주다. ④ '역사가 가르치는 교훈.'처럼, 타일러 경계하다. 지각이나 인식을 높이다."라고 되어 있다. 반면에 역시 타동사인 '가리키다'는, "① '손가락으로 북쪽을 가리키다.', '시곗바늘이 여섯 시를 가리키다.', '길을 가리켜 주다.' 등처럼, 손가락 따위로 지시하거나 알리다. ② '자네 같은 사람을 가리켜 무골호인이라 하네.'처럼, (주로 '…을 가리켜'의 꼴로 쓰여) 특별히 집어서 지적하다."로 되어 있다. 따라서 위 예문의 '가르키는 놀이학교'는 '**가르치는** 놀이학교'로, '가르켜 주께'는 '**가르쳐** 줄게'로, '가리쳐 주세요'는 '**가르쳐** 주세요'로, '자정을 가르키는'은 '자정을 **가리키는**' 등으로 표기하되 발음도 당연히 이에 따라야 한다. '가르치다'는 영어로는 'Teach', 일어로는 '오시에루(教える)'요, '가리키다'는 영어로 'Indicate', 일어로 '사스(指す)'로 구분되는 말인데, 남녀노소 유·무식을 불문하고 많은 지식인들까지 하나같이 '가르치다'를 '가리키다'로, '가리키다'를 '가르키다' 등으로 잘못 말하고들 있어 안타까운 마음을 숨길 수 없다.

"자긍심을 **높히고자**"
(SBS '천국'. '99. 7. 25.)

"자신감을 **높혀 주는** 건강한 프로젝트"
(네이버 카페. 2015. 3. 22.)

"집안 가득 쑥 향기로 **덮히다.**"
(다음넷 카페. 2011. 4. 25.)

우리글의 음운학상, '엎히다'나 '입히다' 등처럼 〔ㅂ+ㅎ=ㅍ〕으로 발음되거나, '짚이다'나 '덮이다' 등처럼 〔ㅍ+ㅇ=ㅍ〕으로 발음되는 경우는 있으나, 어간 끝 받침 'ㅍ'과 뒤 음절의 'ㅎ'이 직접 연결되는 예는 없는 것으로 알고 있다. 따라서 '높게 하다' 즉 '높다'의 피동형은 '높(어간)+이(피동형 어간형성 접미사)+다(종결어미)=**높이다**'가 되므로, 위 예문의 '자긍심을 높히고자'는 당연히 '자긍심을 **높이고자.**'가 되어야 하며, '자신감을 높혀 주는' 역시 '자신감을 **높여 주는**'으로 바로잡아야 한다. '덮다' 역시 같은 맥락에서 피동형은 '덮히다'가 아닌 '**덮이다**'이므로, '향기로 **덮이다**'로 바로잡아야 한다.

"사람이나 동물을 가리키는 명사"
(국어사전들의 설명)

위 예문은, '유정명사(有情名詞)'라는 말에 대한 국어사전들의 낱말풀이 내용인데, 원문을 좀 더 인용하면 "**사람이나 동물**을 가리키는 명사.《'사람·학생·개' 따위》. ↔무정(無情) 명사"로 되어 있다. 그런데 '식물'에 대한 반의어인 '동물'이란 말은, 주로 '짐승'을 지칭하는 말이긴 하나 분명히 '사람'도 포함(고등동물)되는데, '사람이나 동물'이라고 하면 사람은 동물에 포함되지 않는 다른 생명체로 오인될 수밖에 없다. 따라서 위의 글은 "**사람이나 짐승** 등을 가리키는 명사"라고 하거나, "**동물들을 통틀어서** 가리키는 명사"라고 하는 것이 옳다.

"먹던 콩국수 다 **엎질르고** 배고파"
(다음넷 카페. 2006. 8. 16.)
"이상한 비명소리를 **내질르고**"
(네이버 카페. 2015. 3. 28.)
"우리나라에서 범죄를 **저질르고**"
(YTN TV '이슈 오늘' 2015. 3. 31.)

위의 '내질르고', '저질르고', '엎질르고'는 모두 '르' 불규칙 타동사인, '**엎지르고**', '**내지르고**', '**저지르고**'를 잘못 쓴 글들인데, '르' 불규칙 용언이란, '고르다→고르아→골라', '벼르다→벼르어→별러' 등처럼, 어간의 끝 음절 '르'가 모음 위에서 어미의 'ㄹ' 받침으로 줄고, 어미 '-아·-어'가 '-라·-러'로 변하는 형식을 말한다. 그런데 '엎지르고', '내지르고', '저지르고' 등은 어간 끝 음절 '르'에, '-아·-어'가 아닌 다른 자음인 '-고'로 연결되어 있으므로, 앞 음절 '엎지-', '내지-', '저지-'에 'ㄹ' 받침이 들어가야 할 하등의 이유가 없다.

"弓的相適(궁적상적)"
→ 활을 가진 이나 안 가진 이나 실력이 비슷함.
('말과 글' 47호 '국어순화운동')

'的'은 활쏘기를 할 때 목표로 세워 놓은 타깃을 뜻하는 '과녁 적'이라는 한자로서 '궁적상적(弓的相適)'은, 조선 중기에 홍만종이 쓴 문학 평론집인 '순오지(旬五志)'에 실린 130여 종의 속담 중의 하나인데, "활과 과녁이 서로 잘 맞는다." 즉, 속된 말로 궁합이 잘 맞는다는 뜻인데, 기회가 서로 잘 맞아떨어졌을 경우에 쓰는 말이다. 그런데 대체 어쩌다 이런 허무맹랑한 해설이 나오게 되었는지 알 수가 없으나, '과녁 적(的)' 자를 '인간적'이라거나 '신사적' 등에서 쓰는 접미사쯤으로 알았던 모양이니, 해석이 제대로 될 리가 없었던 게 당연했으리라.

"배우자와의 대화가 안되서"
(이동식 '스트레스'. 204쪽)

위의 '-와의'는, "가와토 야마토노 사카이(川と山との境)" 즉 "강과 산과의 경계" 등에서처럼 일본인들이 통상적으로 쓰는 '-との(-와의)'라는 어법의 잔재라 할 수 있으므로, "배우자와 대화 운운"한다거나 "배우자 간에 대화 운운" 등으로 쓰는 게 좋다. '대화가 안되서' 역시 '대화가 아니되어서'라는 뜻이므로 '대화가 안 ˇ 돼서'로 고치되 띄어 써야 한다. 다만, "고 아들을 보니 참 맘이 안됐어." 또는 "실연했다니 정말 안됐구나." 등처럼, 가엾고 애석한 느낌이 있음을 표현할 땐, 물론 '안됐다'(원형은 '안되다')라고 말하되 붙여 써야 한다.

"대통령을 '각하'로 호칭하는"
(한겨레 '투시경'. 1991. 1. 9.)

옛날 자유당 정권 때 모 장관이 방귀를 뀐 이승만 대통령에게 "각하, 시원하시겠습니다."라고 하며 아부했다고 하여 실소를 자아내기도 했으나, 이 '각하(閣下)'라는 호칭은 원래 중국에서 고위 관리들에게 붙이던 호칭이었다. 천자가 용상으로 오르는 섬돌을 말하는 '폐(陛)' 아래에서 삼가 우러러본다는 뜻으로 '폐하'라 하고, 임금이 정사를 보는 전각 아래란 뜻에서 '전하(殿下)', 정승들이 정사를 보는 다락방 문 아래라는 뜻으로 '합하(閤下)'라고 했듯이, 고위 관리들에게 붙이던 경칭이 바로 '각하(閣下)'라는 호칭이다. 일본에선 2차 대전 종전 때까지 일왕이 직접 임명하는 문관이나 육군 소장 이상의 무관에게 쓰던 호칭이었으나 종전 후에는 총리나 각료에게만 썼으며, 조선조에선 정승에게 쓰던 호칭이라 대통령에게 '각하'라 칭하는 것은 되레 격을 떨어뜨리는 시대착오적인 용어임이 분명한데, 이정현 국회의원이 거의 폐어가 되어 버린 '각하'란 호칭을 썼다가 한때 구설수에 오르기도 했다.

"'장인·장모'를 '아버님·어머님'?"
(동아일보 기사. 1994. 4.)

위 신문 모 교수님의 글은 물론, 조선일보와 국립국어연구원의 표준안에서도 장인·장모를 '아버님·어머님'이라고 불러도 좋다고 했다. 장인·장모님도 내 부모님과 다를 바 없다는 뜻이겠지만, '아버님·어머님'이라고 부른다고 해서 없던 정이 솟아날 리도 없고, '장인어른·장모님'라고 부른다고 해서 있던 정이 사그라질 이유도 없다. 아버지의 부인이 어머니요 어머니의 남편이 곧 아버지인데, 만약 부모님 면전에서 장인·장모를 '아버님·어머님'이라고 부른다면, 양 사돈이 피차 민망해 할 건 자명한 일이다. '장인어른·장모님' 이 얼마나 정답고 살가운 말인가? 중국에서는 장인·장모를 '악부(岳父)·악모(岳母)'라 하고, 일본에서는 '의부(義父)·의모(義母)'라고 하는가 하면, 영어권에서도 '법률상의 부모(Father-in-law/Mother-in-law)'라고 부르고들 있다.

"고지서를 보니 3번 모두 요금이"
(동아일보 '독자 편지'. 1999. 7. 27.)

'1, 2, 3, 4'를 〔하나, 둘, 셋, 넷〕으로, 또는 '하나, 둘, 셋, 넷'을 〔일, 이, 삼, 사〕로 읽을 수 없듯이, 위의 '3번'도 '1번', '2번', '3번 고지서'란 뜻이 아니라 '세 번 다'란 뜻이므로, '3번'이 아니라 반드시 '**세 번**'이라고 표기해야 한다. 따라서, 아라비아 숫자 다음에는 횟수를 뜻하는 한자어인 '회(回)'를 넣어, '3회(回)'로 쓰고, 양수사인 '세' 뒤에는 '번(番)'이나 '차례(次例)'를 붙여, '세 번' 또는 '세 차례'로 쓰고 읽어야 한다는 사실을 잊지 말아야 한다. 흔히 쓰는 '19살 아가씨' 또한 〔열아홉 살 아가씨〕가 아니라 〔십구 살 아가씨〕가 되고 마는데, 실지로 이렇게 써 놓은 글을 이렇게 발음하는 경우 또한 비일비재하다. 만약 굳이 '19'라는 숫자를 써야 한다면 당연히 '19세 아가씨'라고 써야 한다.

"요즘 젊은 것들 **싸가지**가 없다."
(네이버 지식iN. 2015. 3. 23.)
"**싹아지** 없는 놈이 좌익이 되면 극좌"
(네이버 블로그. 2010. 7. 25.)

'싸가지'나 '싹아지'는 '싹수'의 사투리로서, '싹아지없다' 함은 버르장머리 없다는 뜻으로 쓰는 말인데, 식물의 싹[萌芽]과 주로 동물 이름에 붙어 '강아지·망아지·송아지' 등처럼 '새끼, 작은 것, 낮은 것' 등을 나타내는 지소사(指小辭) '-아지'의 합성어 즉, '싹아지'를 소리 나는 대로 표기한 것이 '싸가지'다. 하긴 싹도 없이 자란 나무처럼, 무성하게 우거지는 큰 나무가 되긴 글렀다는 부정적인 얘기로서, '싹수가 없다'가 바른 표기이긴 하나, 우스갯소리로 오상(五常) 중의 '인(仁)·의(義)·예(禮)·지(智)'를 '四가지'라고 한다며 시시덕거리기도 한다.

"유관순 열사의 **독립과 통일**"
(TV 조선. '신통방통'. 2015. 3. 2.)
"해병대, 해군에서 **독립**시켜라"
(다음넷 블로그. 산업뉴스. 2015. 3. 5.)

'독립'에 대한 사전 풀이는 "① 남에게 의지하지 않고 따로 섬. ¶ 기술을 익힌 후 독립해 나갔다. ② 한 나라가 정치적으로 완전한 주권을 행사함. ¶ 독립을 선포하다. ③ 개인이 한 집안을 이루어 완전히 사권(私權)을 행사함."으로 되어 있다. '독립'이란 엄밀히 말해서 앞 ③항의 내용에서도 알 수 있듯이, 부모 슬하에서 자라다가 성인이 되어 따로 살림을 차려 나가는 걸 '독립했다'고 한다. 그러나 우리 조선은 애당초 일본의 속국이나 식민지가 아닌 엄연한 자주독립 국가로서 한동안 주권을 강탈당했다가 속박에서 벗어난 것이므로, 해병대를 해군에서 독립시키는 것과는 달리 '**독립**'이란 말은 가당찮다. 따라서 우리들 자존심을 감안해서라도 그냥 '**대한민국 만세**'라고 하는 것이 좋을 듯싶다.

"영어로 **씌어졌고**~한자로 **씌어졌지만**"
(김헌. 광주 서구 화정 2동)

"윤동주, 쉽게 **씌어진 시**"
(네이버 지식iN. 2014. 8. 15.)

"안네의 일기가 **씌여진** 시기는?
(다음넷 팁. 2004. 10. 15.)

"비자금 다른 용도로 **쓰여진 듯**"
(BBS. 뉴스. 2015. 3. 20.)

위의 '씌어졌고'는 '**써졌고 /쓰였고**', '씌어졌지만'은 '**써졌지만 /쓰였지만**'으로 고쳐 써야 하는 '으' 불규칙 용언이다. '으' 불규칙 활용이란, 용언의 어간 '으'가 모음으로 된 연결어미 '-아·-어'와 과거시제 선어말어미 '-았-·-었-' 앞에서 규칙적으로 탈락하는 현상을 말한다. 이렇듯 한글맞춤법통일안과 한글맞춤법 그리고 전통 문법서에서는 'ㄹ'이나 '으'가 탈락하는 현상을 불규칙으로 처리하고 있으나, 현행 '통일 학교 문법'에서는 이를 규칙적인 음운 탈락 현상으로 보아 '불규칙 활용'이 아닌 '규칙 활용'으로 처리하고 있다. 아무튼 명칭이야 어떻든 위 예문의 '씌어졌고'는 '쓰이어졌고'의 축약형인데 이를 분석해 보면, '쓰(동사 어간) +이(피동형 어간 형성 접미사)+어지다(피동형 종결어미)=쓰이어지다'가 되어 피동형이 중복되어 있다. 따라서 '쓰다'의 과거형은 '쓰(동사 어간)+이(피동형 어간 형성 접미사)+-었-(과거시제 선어말어미)+다(종결어미)=쓰이었다→쓰였다'가 되거나, '쓰(동사 어간)+어지다(피동형 종결어미)='으'가 탈락되어 '써지다'가 되므로, 위 예문의 '씌어졌고'는 '**써졌고 /쓰였고**', '씌어졌지만'은 '**써졌지만 /쓰였지만**'으로 바로잡아야 한다. 이 밖에 다른 예문의 '씌어진 시'는 '**쓰인 시**' 또는 '**써진 시**'로 고치고, '씌여진 시기'는 '**쓰인 시기**' 또는 '**써진 시기**'로 고치되, 마지막 예문 '쓰여진 듯'은 '**쓰인 듯**' 또는 '**써진 듯**'으로 바로잡아야 한다. 다만, '협박에 못 이겨 **강제로 쓰여진/씌어진 계약서**'라고 할 때의 '쓰이다'는 사동으로 쓰였으므로 허용된다.

"영계백숙 계절의 피로를 이기는 음식"
(경향신문 기사. 1976. 5. 10.)

"조상들은 '연계백숙'을 즐겨먹었다고"
(다음넷 블로그. 2012. 4. 30.)

"국물이 뜨끈뜨끈 백제 계삼탕"
(네이버 블로그. 2015. 3. 23.)

"삼계탕은 여름철의 대표적인 보양 음식"
(네이버 웹문서. 2015. 3. 7.)

"삼계탕과 찜닭의 궁합 고려 계삼탕"
(네이버 블로그. 2013. 8. 7.)

'영계(-鷄)'의 사전적 풀이는 "병아리보다 조금 큰 어린 닭. 약병아리."로 되어 있으나, 이 말의 어원은 '연할 연(軟)' 자에 '닭 계(鷄)' 자로 구성된 한자어로서 '연한 닭'이란 뜻이었는데, 이 '연계(軟鷄)'가 자음동화를 일으켜 '영계'로 바뀌게 된 것이다. 그런가 하면 '고기나 생선 등에 양념을 하지 않고 맹물에 푹 삶아 익히거나 그렇게 익힌 음식'을 '백숙'이라 하여, 어린 닭(연계)을 백숙으로 조리한 음식을 '연계백숙(軟鷄白熟)'이라고 했으나, 같은 맥락에서 '영계백숙(영鷄白熟)'이 되었다. 이 '영계백숙'에 인삼을 넣어 계삼탕(鷄蔘湯)이라 했는데, 지금은 주객이 전도되어 '삼계탕'이라는 이름으로 굳어 버리고 말았다.

그런데 기왕에 한자어를 쓸 바엔 '어릴 영(嬰)' 자를 써서 '영계(嬰鷄)'나 '영계백숙(嬰鷄白熟)'이라고 하면 될 것을, 우리말도 아니요 한자어도 아닌 혼합형으로 '영鷄'와 '영鷄白熟'으로 쓰고 있다. 게다가 표준국어 대사전에는, '영계'나 '영계백숙'의 본딧말인 '연계'나 '연계백숙'이란 낱말은 찾아볼 수도 없으니 웬일인지 모르겠다. 한때 대학가 젊은이들의 은어(슬랭)로, 발음이나 뜻도 비슷한 영어를 끌어다 붙여 'Young계'나 'Young계백숙'이라고 하며 시시덕거리기도 했으나, 정식 영어 표기로는 'Chicken boiled with rice' 또는 'Pullet boiled with rice'라고도 한다는 사실을 참고로 밝혀 둔다.

"규격에 맞게 그려 **색칠해진 태극**"
(경향신문 기사. 1992. 7. 21.)

"국교 미술 시간 '소비성 교육' 못마땅"이란 글 내용인데, '색칠해진'은 '**색칠된**'이나 '**색칠한**'으로 바로잡아야 한다. '산뜻하다'나 '활발하다' 등의 하다형 형용사는, '산뜻해지다', '활발해지다' 등으로 활용되고, '단련하다'나 '강조하다' 등의 하다형 동사는, '단련되다'나 '강조되다'로 활용되지만, '단련해지다', '강조해지다' 등으로는 활용되지 않듯이, '색칠하다' 역시 '색칠해지다'로는 활용될 수 없는 말이다.

"산산이 **부숴진** 점심시간의 꿈"
(네이버 블로그. 2015. 3. 29.)
"**부숴지는** 파도를 타는 갈매기들"
(다음넷 카페. 2009. 1. 22.)

단단한 물건을 여러 조각이 나게 두드려 깨뜨리거나, 만들어진 물건을 두드리거나 깨뜨려 못 쓰게 만드는 것을 '부수다'라고 한다. 따라서 이의 피동형은 '부수(동사 어간)+-어지다(피동형 종결어미)=부수어지다→부숴지다'로 축약되는 것이 문법상 아무런 하자가 없는 구조이긴 하나, 이와 같은 뜻을 가진 '**부서지다**'라는 자동사가 따로 있으므로, "비슷한 발음의 몇 형태가 쓰일 경우, 그 의미에 아무런 차이가 없고 그 중 하나가 더 널리 쓰이면, 그 한 형태만을 표준어로 삼는다."는 표준어 사정 원칙 제17항의 규정에 따라 '부숴지다'를 비표준어로 하고 '**부서지다**'만을 표준어로 인정하게 되었다. 다만 '부서지다', '부스러뜨(트)리다'와 이의 준말 '부서뜨(트)리다'의 활용 외에는 '부수어(부숴)-'의 활용을 모두 인정하지 않고 있다. 따라서 위 예문의 '산산이 부숴진'은 '**산산이 부서진**'으로, '부숴지는 파도'는 '**부서지는 파도**'로 바로잡아야 한다. 다만, '**부숴버리다**'는 '부수어+버리다'로 분석된다.

"잘리워진 가지"
(KBS '내 고향')
"말발굽처럼 둘리워진 특이한 자연경관"
(네이버 카페. 2006. 10. 28.)
"자작나무라 불리워진 이유가 재미있어"
(네이버 블로그. 2015. 3. 8.)

'자르다', '두르다', '부르다'의 피동형은 각각 '잘리다/잘라지다', '둘리다/둘러지다', '불리다/불러지다'이므로, 위의 '잘리워진'은 **'잘린/잘라진'**, '둘리워진'은 **'둘린/둘러진'**, '불리워진'은 **'불린/불러진'**으로 고쳐야 한다. 왜냐하면 '잘리-'는 '자르다'의 피동형 어간이며, '-우-'는 사동형 어간 형성 접미사인데, 여기에 다시 '-어지다'라는 피동형 종결어미를 붙여 피동형이 중복되어 있기 때문이다. 그러나 '잘리다'는, 동사 어간 끝 음절인 '르' 뒤에 피동형 접미사인 '-이'가 결합되는 경우, 어간 모음 'ㅡ'가 줄면서 'ㄹ'이 앞 음절의 받침으로 올라붙고, '-이'가 '-리'로 바뀌는 복잡한 형태로 활용된다. 그리고 '잘린'은 '잘리(어간)+-ㄴ(현재의 상태를 나타내는 관형사형 전성어미)=**잘린**'으로 분석되며, 그 밖의 '둘린'이나 '불린'도 같은 맥락이다. '잘라지다'는, 어간 끝 음절인 '자르'의 '르'가 모음 앞에서 'ㄹ' 받침으로 줄고, 어미 '-아지다'의 '-아'가 '-라'로 바뀌어 구성된 '르' 변칙활용 동사이므로 각각 **'잘라진'**, **'둘러진'**, **'불러진'**으로 활용된다. 다만, "조선인들에겐 억지로 **불려졌던** 기미가요"에서는 '불리다'가 사동사이므로 사동사의 피동표현으로 인정된다. 현행 '통일 학교 문법'에서는 '규칙 활용'으로 처리하고 있으나, 어간이 똑같은 '르'인데도 '치르다'는 모음 어미 '-아/-어/-았-/-었-' 앞에서 탈락 즉 '치르(어간)+-어(연결어미)=치러', '치르(어간)+-었(과거시제 선어말어미)+다(종결어미)=치렀다'처럼 'ㅡ'가 탈락되어 규칙적으로 활용되는가 하면, '찌르다'는 '찌르(어간)+-어(연결어미)=찔러', '찌르(어간)+-었-(과거시제 선어말어미)+다(종결어미)=찔렀다'처럼 'ㄹ'이 첨가되는 불규칙 활용이 된다.

"**희노애락**의 조형적 표현 연구"
(부산대. 이하림 석사논문. 2015년)
"상표권 양도를 **승락**하는 경우"
(예스폼 내용증명. 2010년)
"**허낙** 이용권자의 보호 방안"
(서울대 권창환 석사논문. 2010년)
"백제 **무녕왕능**을 만드신 분은"
(다음넷 블로그. 2016. 2. 28.)

'怒'의 본음이 '**노할 노**' 자이므로 두음법칙과 상관없이 '怒發大發'은 당연히 '노발대발'이 되겠지만, 같은 글자인데도 '喜怒哀樂'은 '희노애락'이 아닌 '**희로애락**'이 되는가 하면, '一怒一老'는 '일로일로'가 아닌 '**일노일로**'라고 해야 하고, '激怒', '憤怒', '天人共怒'는 '격노', '분노', '천인공노'인데도 '大怒'는 '대노'가 아닌 '**대로**'라고 해야 한다. 이 밖에도 '諾'은 '**대답할 낙**' 자인데도 '承諾', '應諾', '輕諾'은 '승낙', '응낙', '경낙'이라 하고, '許諾', '受諾', '快諾'은 '허락', '수락', '쾌락'이라고 한다. 결국 자음 뒤에선 본음인 '**노**', '**낙**'으로 발음되고, 모음 뒤에선 '**로**', '**락**'으로 발음된다는 사실을 알 수 있다. 그러나 '지이산(智異山)'이 '지리산'으로, '한나산(漢拏山)'이 '한라산〔할라산〕'으로, '작란(作亂)'이 '장난'으로, '백어(白魚)'가 '뱅어'로, '삭월세(朔月貰)'가 '사글세'로 음운변화되는 까닭은, 무슨 특별한 문법적인 근거에 의해서가 아니라, 이미 입에 굳어 버린 음편형 발음에 따른 유음화 현상이나 활음조(Euphony) 현상이라고 봐야 하지 않을까 싶다. 그리고 마지막 예문의 '무녕왕능'은 '**무령왕릉**(武寧王陵)'을 잘못 쓴 글인데, 한자 '**寧**'은 본래 '**편안할 녕**' 자이긴 하나, '영월(寧越)', '영변(寧邊)'처럼 어두에 올 땐 두음법칙에 따라 당연히 '**영**'으로 쓰고, '충녕세자(忠寧世子)', '양녕대군(讓寧大君)'처럼 자음 뒤에선 '**녕**'으로 써야 하는가 하면, '효령대군(孝寧大君)'이나 '이어령(李御寧)' 등처럼 모음 뒤에선 '**령**'으로 써야 하나, 중국 심양의 '遼寧省'만은 '**요녕성**'이라고 적어야 한다.

"그린 카페지기님 **속과 것이 다른**"
(다음 카페 기사. 2015. 10. 4.)

"아기 때는 **머리숫이** 별로 없었어요."
(네이버 블로그 기사. 2015. 2. 14.)

위 예문의 '속과 것이'와 '머리숫이'는 '속과 겉이'와 '머리숱이'로 표기하되, 받침 'ㅌ(ㄾ)'이 조사 '이'와 결합될 경우에는 〔ㅊ〕으로 바꾸어서 뒤 음절 첫 소리로 옮겨 발음한다는 규정에 따라, 각각 〔속깨거치〕와 〔머리수치〕라고 발음해야 한다. 이 밖에도 흔히 '낫낫이 파헤쳐'로 쓰기도 하나 당연히 '낱낱이 〔난나치〕'라고 쓰고 말해야 한다.

"**딸기**는 누구나 좋아하는 **과일**이다."
(네이버 블로그. 2015. 3. 1.)

"좋아하는 **과일**은 복숭아 **딸기** 귤"
"별로 안 좋아하는 **과일**은 **참외** 감"
(다음 카페. 2013. 11. 16.)

우선 과일과 열매채소〔果菜〕를 가장 쉽게 구분하는 방법은 다년생 나무에 맺는 열매 즉 '사과·배·감·밤·복숭아·귤·호도·잣' 등은 '과일'이라 하고, 일년 생 식물의 덩굴에서 생산되는 열매 즉 '토마토·수박·참외·콩·딸기·오이·호박·가지·고추·메론·박·참외' 등등은 '열매채소〔果菜〕'라고 하며, '당근·무·우엉·마·고구마·칡·더덕·인삼·생강·사탕무' 등은 '뿌리채소'로 분류된다. 또한 '배추·상추·부추·시금치' 등은 '잎 채소류', '후추·고추·마늘' 등은 '양념 채소류'에 속하는데, 이들 '채소류'를 통틀어 '원두(園頭)' 또는 '과채류(果菜類)'라고도 한다. 따라서 위 예문의 '복숭아'나 '귤' 등은 당연히 '과일'에 속하지만, '딸기'와 '참외'는 과일이 아니라 '과채'라고 해야 한다. 따라서 여러 농작물들을 열거할 땐 '과일류'와 '과채류'를 잘 구분해서 정리해야 한다.

"안전선 넘다 치어 숨져"
(경향신문 제목. '91. 12. 2.)

'안전선'에 대한 사전식 풀이는 "전철의 플랫폼 따위에 승객의 안전을 위하여 그어 놓은 선."으로 되어 있는데, 위 신문의 본문 내용에는 "김 씨가 갑자기 **안전선 안으로 들어오면서**, 역 구내로 들어오던 열차의 두 번째 칸 창문에 머리를 부딪쳐 **사망** 운운"하여, 결국 안전선 안으로 들어왔기 때문에 죽었다는 황당한 얘기가 되고 말았다. 그러나 안전구역은 당연히 안전선 안쪽이어야 하므로, 위 본문 내용의 "안전선 안으로 들어오면서…머리를 부딪쳐 사망"은, "**안전선을 벗어나면서**…머리를 부딪쳐 사망"이라고 해야 논리적인 기사가 된다.

"정월 **초이틋날** 일월산 언저리에서"
(다음넷 블로그. 2011. 2. 7.)
"옛날도 먼 옛날 상달 **초사홋날**"
(김지하 '오적'. 2006. 6. 25.)
"끼니 때마다 **숫가락만** 챙겨요."
(네이버 블로그. 2015. 1. 24.)

'초이틋날', '초사홋날', '숫가락' 등은 각각 **'초이틀날'**, **'초사흘날'**, **'숟가락'**을 잘못 표기한 것들이다. 이유는 '초이틀날'은 '처음'이라는 뜻의 접두사 '초(初)'와 '이틀'과 '사흘'이라는 명사에 '날'이라는 명사로 접속된 합성어이며, '숟가락'은 '밥 한 술' 할 때의 '술'에 가느스름하고 기름하게 토막진 물건을 뜻하는 '가락'이 접속된 합성어로서, "끝소리가 'ㄹ'인 말과 딴 말이 어울릴 적에 'ㄹ'소리가 'ㄷ' 소리로 나는 것은 'ㄷ'으로 적는다."는 맞춤법 제29항 규정에 따라 '이틀', '사흘'의 'ㄹ 받침'과 '술'의 'ㄹ 받침'이 각각 'ㄴ'과 'ㄱ'을 만남으로써 'ㄷ 받침'으로 변하기 때문이다. 그리고 '끼니✓때'는 '끼니때'로 붙여 써야 한다.

"아지버님 강의는 잘하셨겠죠?"
(다음넷 카페. 2013. 8. 27.)
"아주범보다 우리가 먼저 결혼했는데"
(네이버 카페. 2006. 8. 14.)

'媤'는 '시집 시'라는 국자(國字)이며, '叔'은 '숙부(叔父), 고숙(姑叔), 외숙(外叔), 이숙(姨叔), 시종숙(媤從叔)' 등에서 보는 바와 같이, 아버지와 같은 항렬 즉 3·5·7·9촌 아저씨뻘의 호칭에 쓰는 '아재비 숙' 자다. 따라서 '시숙(媤叔)'은 '시아저씨' 즉 '시숙부(媤叔父)'가 돼야겠는데, '남편의 형님'을 '시숙'이라 하니, 논리적으로 문제가 있다고 생각되어 예시해 본 글이다. 사실 남편의 형이 '시숙'이면 남편의 사촌형도 '시종숙'이 되고, 남편의 5촌 당숙도 '시종숙'이 되니 콩가루 집안이 될 수밖에 없다. 물론 동아 한한(漢韓) 대사전에 보면, '숙(叔)'은 '아저씨'라는 의미 외에도, '셋째 아우'나 '시동생'이란 뜻도 있다고 하여, '숙계(叔季)'는 '막냇동생', '숙매(叔妹)'는 '시누이'로 풀이해 놓기도 했다. 사서오경의 예기에도 남녀칠세부동석이라는 유교 사상에 따라, "형수는 시동생(屍身)을 만져서는 안 되며, 시동생 또한 형수(屍身)를 만지면 안 된다(嫂不撫叔 叔不撫嫂)"고 하여, '叔'을 '시동생'이란 뜻으로 쓰기도 했다. 중국의 가정 풍속까지 알 길이 없으나, 우리는 '아주버님'을 직·간접 호칭어로 쓰되, 지칭어는 '시형(媤兄)'이라고 하는 게 훨씬 더 논리적이라고 생각한다. 왜냐하면, 남편의 부모님은 '시부모(媤父母)', 남편의 고모님은 '시고모(媤姑母)', 남편의 당숙은 '시당숙(媤堂叔)'인데다가 남편의 동생을 '시동생(媤同生)'이라고 하므로, 남편의 형님이야 당연히 '시숙(媤叔)'이 아닌 '시형(媤兄)'이어야 한다고 믿기 때문이다. 필자가 수십 년 전에 이미 이 글을 쓸 땐 어느 사전이나 친족 용어에도 '시형(媤兄)'이란 낱말 자체가 없었으나, 근래에 와서 인터넷상으로 필자와 같은 생각을 가진 네티즌의 글도 보았으나, 아직까진 실질적인 호칭어로 사용되지 못하고 있는 실정이다. 그리고 위의 '아주버님'이라는 호칭어 뒤에는 반점을 찍어야 한다.

"하나님이 **귀가 잡수셔서가 아니고**"
(네이버 웹문서. 2012. 2. 23.)
"**귀가** 완전히 **잡수셔서** 문 두드리는"
(네이버 카페. 2015. 4. 20.)

 귀에 이상이 생겨 제 기능을 다하지 못하게 되는 상태를 '귀가 먹다'라고
하는데, 연로하신 분들께 '귀가 먹다'라고 하기엔 뭔가 외람된 것 같아, 격식
을 차린답시고 흔히들 '귀가 잡수시다'라고 표현하기도 한다. 그러나 이 경우
에는 먹고 마신다는 뜻의 '먹다'가 아니라, '밝다(明)'의 반의어인 '어둡다(暗)'
의 뜻으로 쓰이는 말이므로 당연히 '**귀가 어두우셔서가 아니고**', '**귀가** 완전히
어두우셔서'로 고쳐 써야 한다.

"집중 탐험 **족제비과(課)**"
(KBS '탐험'. 1999. 10. 23.)
"**고양이과** 대장인 호랑이에게"
(네이버 블로그. 2015. 2. 27.)

 위 예문의 '족제비과'는 '**족제빗과**'로, '고양이과'는 '**고양잇과**'로 바로잡아야
하는데, '과'가 비교적 독립성이 약한 형태소이긴 하나, '족제비'와는 경계가
인식되는 구조인데다 '과'가 된소리인 〔꽈〕로 발음되기 때문이다. 그리고 '**課**
(과)'는 '**科**(과)'의 오류인데, '총무과', '경리과' 등처럼 사무 조직의 한 작은
구분을 말할 땐 '**課**'를 쓰지만, '생물과'나 '소나뭇과' 등처럼 학술의 분과나 연
구 분야를 분류한 소구분을 말할 땐 '**科**'를 써야 한다. 따라서 '개구리-과', '참
새-과', '가자미-과' 등은 우리말과 한자어로 구성된 복합어로서 '-과'가 〔-꽈〕
로 발음되므로 사이시옷을 받쳐 '**개구릿과**', '**참샛과**', '**가자밋과**', '**메뚜깃과**'
등으로 쓰되, '연어-과(鰱魚科)', '타조-과(駝鳥科)', '장미-과(薔薇科)', '악어-
과(鰐魚科)' 등은 전부 한자어들이므로, 사이시옷을 넣으면 안 된다.

"인욕의 뼈를 사뤄 날빛 **솟우는** 새 날은"
(유천리 첫 시조집 '천마비상도')
"붙든 후에 다시 몸을 **솟구엇으나**"
"간난이가 몸을 **솟우려고**"
(동아일보 '인간문제'. 1934. 12. 10.)

'샘물이 솟다', '용기가 불끈 솟다' 등처럼 아래에서 위로 또는 속에서 겉으로 세차게 분출되어 나오는 현상을 '솟다'라고 하는데, '-우-'는 '깨우다', '세우다' 등처럼 일부 동사 어간 뒤에 붙어 사동의 뜻을 더하는 어간 형성 접미사이므로, '솟다'의 사동형 역시 '솟우다'가 되어야 할 것 같고, 옛날의 동아일보에서도 위에서처럼 '솟우다'와 '솟구다'를 혼용하고 있는데, 웬일인지 '솟구다'의 방언으로 밀려나 있다. 그런가 하면 이와 반대로 '돋다', '걸다' 등의 사동형은 '돋우다', '걸우다'가 표준어이고 '돋구다', '걸구다' 등은 방언이라고 하니, 종잡을 수가 없다.

"덕수궁 맛집인 **처가집**에서 가족식사를"
(네이버 블로그. 2016. 3. 25.)
"**초갓집** 마을이 게딱지모양 다닥다닥"
(동아일보 기사. 1962. 9. 29.)

'妻家집'은 한자어와 우리말의 합성어로 '집'이 된소리로 발음되므로 '처갓집'으로 표기하고 〔처가찝/처갇찝〕으로 발음해야 한다. '外家집', '喪家집', '大家집' 등도 같은 맥락에서 '외갓집', '상갓집', '대갓집'으로 표기해야 한다. 다만, '草家집'만은 유일하게 된소리 발음이 나지 않는다는 이유로 사이시옷 없이 **초가집**으로 적어야 하는데, '妻家집'과 '草家집'에 어떤 차이점이 있는지 묻지 않을 수 없다. 하긴 따지고 보면 '집 가(家)'자와 '집'이 중복되므로, '관가, 농가, 명가, 생가' 등처럼 그냥 '외가, 처가, 초가, 상가, 대가, 종가'라고 하는 것이 원칙이다.

"교육개혁은 **만란(萬難)**을 무릅쓰고"
(경향신문 기사. 1998. 2. 26.)

"**험 란(險難)**한 시련과 도전이 예상"
(동아일보 기사. 1980. 10. 14.)

"**討論結果(토논결과)**를 政府(정부)측에"
(매일경제 기사. 1971. 8. 31.)

"광주불교방송 법사단 **담논법회** 열렸다."
(네이버 웹문서. 2014. 2. 22.)

'難'은 '어려울 난' 자이므로 '苦難', '無難', '女難', '國難' 등은 모두 '고난', '무난', '여난', '국난'이 되듯이, 위의 '萬難'과 '險難' 역시 '만난', '험난'이 되어야 하는데도 '만란을 무릅쓰고'와 '험란한 시련' 등으로 잘못 쓰고 있다. 하긴 같은 '難' 자를 쓰고 있는 '論難'이나 '困難' 등은 '논난', '곤난'이 아닌 '논란', '곤란'이라고 써야 하는가 하면, '避難'은 재난을 피하여 멀리 옮겨가는 것은 '피난'이라 하고, 난리나 전쟁을 피하여 멀리 떠나는 것은 '피란'이라 하며, '兵難'은 전쟁으로 인한 재난은 '병난'이라 하고, 나라 안에서 일어나는 내란은 '병란'이라고 해야 한다. 그리고 '토론'이나 '담론' 등의 '론(論)'은 '말할 론/토론할 론' 자이므로, '討論', '談論', '國論', '辯論', '衆論', '總論' 등은 모조리 '토론', '담론', '국론', '변론', '중론', '총론'이라고 해야 하는데도, 위의 예문에서는 '討論 結果(토론 결과)'를 '토논 결과'라 하고, '담론법회(談論法會)'는 '담논법회'로 잘못 쓰고 있다. 다만, '議論'은 어떤 사안에 대한 각자의 의견이나, 소견을 제시하는 것을 '의론'이라 하고, 어떤 일에 대하여 서로 의견을 주고받는 것은 '의논'이라고 한다는 아리송한 사족을 붙여 놓고 있으나, "중구난방으로 의론들이 분분하므로 우리 단 둘이 의논하자." 등으로 쓸 수 있다. 아무튼 '論'이 어중·어말에서 '논'으로 쓰인 예는 이 '의논'이 유일무이한 경우가 아닌가 싶다.

"'읽혀지다'는 이중피동 아닌가요?"
(어느 네티즌의 질문. 2013. 1. 26.)
"자동차의 회전은 앞바퀴가 **꺾여진** 각도"
(매일경제 기사. 1996. 12. 6.)

첫 번째 예문은, 어느 네티즌이 국립국어원에 제시한 질의 내용인데, 이에 대한 '온라인 가나다' 담당자의 답변은, '읽혀지다'는 '읽다'의 피동사 '읽히다'에 피동의 의미를 더하는 '-어지다'가 결합된 구조로서, 이중 피동으로 판단되므로 '읽혀지다'는 '읽히다, 읽어지다'로 표현해야 한다고 했다. 그러나 "학생들에게 위인전을 **읽혀라** / 읽게 하라", "한때 필수과목으로 **읽혀졌던** 불온서적들", "범인들의 일거수일투족이 CC TV를 통하여 속속들이 **읽혀지고** 있다."라고 한대서 일률적으로 잘못된 표현으로 매도해선 안 된다. '읽(동사 어간) + 히(사동형 접미사) + -어지다(피동형 보조동사) = 읽히어지다→읽혀지다' 즉 '피동형의 피동 표현'은 금지되어 있으나, '사동사의 피동 표현'은 충분히 허용됨은 물론, 어감상으로나 문법상으로도 전혀 하자 없는 표기가 되기 때문이다. 따라서 '밝히다'나 '알리다' 등은 '밝다'와 '알다'의 사동형으로만 쓰이므로, "드디어 진실이 **밝혀지다**", "타이머 작동으로 전등이 밝혀졌다", "대낮같이 **밝혀진** 축구장"이나, "이미 **알려진** 사실", "한때 목사로 **알려졌던** 대도(大盜)", "종말론의 허구가 **알려지고**" 등은 문법적으로도 전혀 하자 없는 표기임을 알아야겠다. 그러나 '꺾이다'는 '꺾다'의 피동형이므로 '꺾(동사 어간) + -이-(피동형 어간 형성 접미사) + -어지다(피동형 보조동사) = 꺾이어지다→꺾여지다'로 분석되어 이중 피동이 되므로 쓰지 말아야 한다. 알기 쉽게 요약하자면, '남기다', '숨기다' 등은 사동으로만 쓰이므로 '-어지다'를 연결할 수 있지만, '잊히다', '열리다' 등은 피동으로만 쓰이므로 '-어지다'가 연결될 수 없는가 하면, '찢기다'나 '묻히다' 등은 피동사도 되고 사동사도 되므로, 약간 까다롭긴 하지만 피동으로 쓰이느냐 아니면 사동으로 쓰이느냐를 잘 구별해서 써야 한다는 얘기다.

"쪽바리를 왜 쪽바리라고부르나요?"
(네이버 지식iN. 2004. 12. 02.)

위의 '쪽바리'는 '쪽발이'를 잘못 쓴 글인데, 국어사전에는 "왜나막신을 신는다는 데서, 일본인을 낮잡아 이르는 말"이라고 했다. 그러나 필자는, 나막신이나 '게타(下駄 : げた)' 또는 슬리퍼 비슷하게 생긴 '조리(草履 : ぞうり)' 등보다, 일본 노무자들의 작업화인 '지카타비(地下足袋)'를 신은 모양새가, 한국인들이 술안주로 즐겨먹는 돼지 족발 닮았다고 하여 '족발이'라고 했다가 경음화되어 '쪽발이'로 음운 변화가 된 것이 아닌가 하고 생각한다. 필자의 또 다른 생각은, '돼지족발'을 닮아서가 아니라, '깨진 유리 쪽'처럼 쪼개진 물건의 한 부분이나 조각을 '쪽'이라고 하므로, 엄지발가락과 검지발가락을 갈라놓아 마치 '쪼개진 발' 같다고 하여 이름 붙여진 것으로 볼 수도 있잖을까 싶다.

"'딴따라'라고 딴지거는 사람도 있긴 하지만"
(네이버 팁. 2015. 8. 2.)

국어사전에도 '딴따라'를 연예인(演藝人)들을 얕잡아 이르는 말이라는 설명에 이어, "부모님께서는 딴따라가 된다고 연극 영화과 지원을 극구 반대하셨다."는 예문까지 들어 놓았다. 그러나 '탠터러/탠타러/탠태러' 등 여러 가지로 발음되는 영어 'Tantara'가 바로 나팔소리를 뜻하는 소리시늉말(擬聲語)인데, 일본식 외래어 표기인 '탄타라(タンタアラ)'가 밀수입(?)되었거나, 영어 스펠링 그대로 읽는 한국식 독음(讀音) 'Tantara(탄타라)'의 경음화 현상으로 '풍각쟁이'란 뜻의 '딴따라'가 된 것으로 유추해 볼 수 있다. 아무튼 어원이야 어떻든 약간 부정적인 뜻으로 잘못 사용되어 왔던 게 사실이므로, 같은 연예인들끼리는 서로 '딴따라 운운'해도 웃어넘기고 말지만, 만약 다른 직종의 사람들이 '딴따라'라고 하면 시빗거리가 될 수 있으므로 주의해야 된다.

“새로 **걸구어** 심고 걷고 합시다”
(동아일보 기사. 1993. 7. 12.)

“옷에 맞추어서 **늘구려고** 하는데”
(조선향토대백과 '민족음식과 식생활')

“오이 양파를 소금에 **절궈서**”
(네이버 카페. 2015. 11. 29.)

“대검 공안부장이 고개를 **떨구고**”
(경향신문 기사. 1999. 8. 28.)

흙이나 거름 따위가 기름지고 양분이 많음을 뜻하는 '걸구다'는, '걸다'의 강원도 지방의 방언이요 표준어는 '**걸우다**(사동사)'이며, '늘구다'는 '늘다'의 강원·경기·함경도 지방의 방언이요 표준어는 '**늘리다**(사동사)'이다. 따라서 토지나 몸무게를 늘리는 것처럼, 물체의 넓이나 부피를 좀 더 키우는 것은 '**늘리다**'라고 하지만, 창문에 발을 늘인다거나 고무줄을 잡아당겨 길이를 늘어뜨릴 땐 '**늘이다**'라고 해야 한다. 흔히 “바지 길이를 좀 늘려 주세요.”라고들 하나, 바지통이 아닌 길이를 말하는 것이므로 반드시 “늘여 주세요.”라고 해야 한다. '절구다'는 '(소금에) 절다'의 강원·충북 지방의 방언이요 표준어는 '**절이다**(사동사)'이지만, '떨구다'는 표준어와 방언으로 오락가락하고 있어 필자의 머리도 오락가락한다. 아무튼 위 예문들은, '걸구어 심고'는 '**걸우어 심고**'로, '옷에 맞추어서 늘구려고'는 옷의 품이나 바지통이라면 '**늘리려고**'로, 윗도리나 바지의 길이라면 '**늘이려고**'로 고쳐 쓰되, '소금에 절궈서'는 '**소금에 절여서**'라고 써야 한다. '떨구다'는 일상생활에서 흔히 써 오고 있는 활어인데, 한글맞춤법에선 뜻밖에도 '떨구다'를 비표준어라고 해서인지, 한컴사전에서도 '떨구다'를 '떨어뜨리다'의 잘못이라고 했다. 그런가 하면, '온라인 가나다'나 '표준국어 대사전'에는, 지난 2011년에 '떨어뜨리다'와 '떨구다'를 포함한 39항목이 복수표준어로 인정되었다 하여 버젓이 등재되어 있으므로, 철 지난 국어사전만 믿다가 실수하지 않도록 주의해야 한다.

"**악발이** 노정윤 부상 우려"
(한겨레신문 기사. 1991. 6. 28.)

"한 명이 '**군발이**'라고 폭언을"
(동아일보 기사. 1996. 12. 23.)

"'**시다**'는 '**시다발이**'의 준말이다."
(대전일보 기사. 2016. 1. 28.)

"망나니가 **절름바리**'에게 욕을"
(다음넷 블로그. 2008. 2. 25.)

위의 '악발이'는 고집이 세고 성미가 모진 사람을 지칭하는 '**악바리**'를 잘못 쓴 글이고, '군발이'는 군인을 낮잡아 이르는 '**군바리**'를 잘못 쓴 글이며, '시다발이'는 하수인이나 똘마니를 뜻하는 한일 합작어 '**시다바리**'를 잘못 쓴 글들인데, 접미사 '-바리'의 어원설이 분분하다. 우선, 비데가 없던 옛날에, 일본 스모(相撲 : すもう) 선수들이 몸집이 크고 배가 너무 나와 볼일을 보고 뒤처리를 할 수 없으므로 부득이 고용하게 된 보조원을, '아래'란 뜻의 '시타(下 : した)'에 '-들/무리/잡배'라는 뜻의 '바라(輩 : ばら)'를 합성시켜 '시타바라(下輩 : したばら)'라고 써오다가, '똘마니/아랫것들'이라는 뜻의 '시다바리'로 변형되어 쓰이게 되었다는 설도 있다. 그러나 대전일보 사내 칼럼에서는 "주로 견습공이나 수습생을 일컫는 '시다'라는 말은, 일본어와 전라도 사투리의 합성어로서 '시다발이'의 준말"이라고 했으나, '전라도 사투리 운운'하는 건 금시초문이다. 다만, 1951년 한국전쟁 때 제주도 모슬포에 신설된 제1훈련소에 모인 훈련병들을 현지인들이 '군바리'라고 했던 데서 비롯되었다고 한다. 그들은 아가씨를 '비바리', 아주머니를 '냉바리', 총각을 '동바리', 아저씨를 '왕바리'라고 하듯이, 사람에게 붙여 쓰는 접미사가 '-바리'이므로 자연히 '군인'들도 '**군바리**'라고 하게 되었다는 것이 정설이 아닌가 싶다. 이와는 달리 발을 절름거린다고 하여 '**절름발이**'라고 한다는 건 기본상식인데도, 이렇게 '절름바리'라고 쓰게 되는 이유가, 당사자의 무능 탓일까? 아니면 어문정책의 실책 탓일까?

"게임 전문 검색엔진인 **오케바리**"
(매일경제신문 기사. 1999. 12. 7.)
"전문적으로 찾아주는 **오케바리**"
(한겨레신문 기사.1999. 12. 20.)

　무엇에 대한 확답을 얻거나 문제가 시원스레 해결되었을 때, 흔히들 쓰는 '오케바리'라는 말은, 일본인들이 식당 같은 곳에서 손님들에게 음식 주문을 받을 때 '결정하셨습니까?'라는 뜻으로 쓰는 "오키마리데스카(お決まりですか)?"의 '오키마리(おきまり)'가 '오케바리'로 와전되었다고 하는 설과, 하와이 원주민 관광가이드들이 한국에서 온 단체 관광 손님들을 안내할 때 "OK, 빨리!(이동합시다)."라고 한 말이 영어권 사람들이라 '빨리'라고 발음한 것을 '바리'로 잘못 알아들어 '오케바리'가 되었다기도 하나, 우스갯소리가 아닌가 싶기도 하다. 또 어떤 사람은 "그래, 좋아."라는 뜻의 "오케이, 어바우릿(Okay, about it)."에서 나온 말이라기도 하고, 어떤 이는 "오케이, 에브리 바리(Ok, every body)."가 원조라기도 하나, 여자분들은 이런 말("그래, 누구든지 좋아.")은 잘 가려 써야 할 것 같다. 이 밖에도, 영어권에서 흔히 친구나 동료의식을 강조할 때 "좋았어, 친구"라는 뜻으로 쓰는 "OK, Buddy"가 '오케이, 버디→오케버디→오케버리→오케바리'로 탈바꿈한 콩글리시라기도 하나, 필자 나름대로 가장 신빙성이 있다고 느껴지는 네티즌 woojs0729님의 글을 거두절미하고 속칭 엑기스(Extract)만 요약해 볼까 한다. 1992년 5월, 제25회 여자프레올림픽대회 취재 관계로 스페인 비고(포루투칼과 근접)에 갔을 때, 현지인들의 전화통화에서 '발리 발리'라고 하는 말을 듣고 말뜻을 알아본즉, 브라질어로 '좋아 좋아(따봉 따봉)'라는 뜻의 스페인어 '발레 발레(Vale Vale)'였다고 한다. 귀국 후, 초창기 E-mail 주소를 만들 때, '바리 바리'가 기억에 남아 영어의 'Okay'와 스페인어 'Vale'를 '바리(bari)'로 변형시켜 탄생된 '오케바리(okaybari)'가, 당시 SBS TV방송 '스포츠가 좋아요'의 전파를 타면서부터였다는 실화이고 보면, 믿어도 좋을 듯싶다.

"오늘 하루도 **수고하세요**."
(네이버 카페. 2015. 12. 16.)
"할머니, 먼길 가시는데 **수고하세요**."
(다음넷 웹문서. 2016. 4. 16.)

표준국어 대사전 외엔 하나같이 '수고(受苦)'라는 낱말을 한자 없이 한글로만 적고 있으나, 옛 문헌들인 '한청문감(漢淸文鑑)'에는 '슈고(受苦)'라는 표제 아래 "견디지 못ᄒ다(不耐勞)", '노걸대언해(老乞大諺解)'에는 "너 슈고 ᄒ여다(生受你)", '박통사언해중간(朴通事諺解重刊)'에는 "슈고ᄒ여다 相公아(生受相公)"라고 예시해 놓은 걸로 보아, 한자어임이 분명하다. 아무튼 '수고(受苦)'는 한자 뜻 그대로 '고생을 감수(甘受)한다'는 뜻이므로, 윗분에게 과거형이 아닌 미래형에는 쓸 수 없는 말이다. 온라인 가나다에서는 "'일을 하느라고 힘을 들이고 애를 씀. 또는 그런 어려움.'이라는 뜻을 가진 '수고'라는 표현을 쓰는 것이 무엇보다 문제가 되므로, 윗사람에게는 '수고하셨습니다.'와 같은 표현도 쓰지 않아야 합니다."라 하고, '고생'도 '수고'와 마찬가지라고 했다. 그러면서도, 말미에는 "헤어지는 상황에 맞게 윗사람에게는 '애쓰셨습니다.', '노고가 많으셨습니다.'와 같은 표현을 쓰는 것이 적절합니다."라고 했으니, 대체 어쩌라는 건지 종잡을 수가 없게 되어 있다. 아무튼, 필자는 아주 어려운 고비를 넘겼거나, 무척 힘든 일을 해냈을 경우의 지난 일에 대해선, "고생 많으셨습니다.", "애 많이 쓰셨습니다."라고 한다거나, 지금 작업 중일 경우에 "수고하십니다.", "고생이 많으십니다."라고 하는 건 전혀 문제될 것이 없다는 생각이다. 다만, 현재 진행형인 작업 현장에서 먼저 떠날 때 "수고하세요."라고 하면, 결국 앞으로도 계속 고생하시라는 뜻이 되므로, 당연히 결례가 아닌 무례가 될 수밖에 없다. 따라서 나와 직접 관련된 일이라면 "뒷일 잘 부탁드리겠습니다."라고 하거나, "먼저 들어가겠습니다." 또는 "또 뵙겠습니다."라고 하는 게 가장 무난하지 않을까 싶다. 물론 평교간이거나 수하에게라면 "수고들 하게."라고 해도 상관없을 테지만.

2. 방송에서 잘못 쓰는 말들

"참게장을 맛있게 **담으려면**"
(KBS TV '젓갈'. 1999. 3. 5.)

"비슷한 까나리로 **담은** 간장"
(세계일보 캡션. 1992. 10. 4.)

"김치 **담궈 주고**, 게장 **담궈 주고**"
(MBC TV '서울의'. 1994. 3. 3.)

"올해 김장김치 몇 포기 **담을 거야?**"
(김장철 가정주부들의 대화 중에서)

술·김치·젓갈·간장 등의 원료에 양념이나 재료를 버무려, 삭거나 익게 하려고 그릇에 넣는 것을 '담근다'(원형은 '담그다')라고 하며, 어떤 물질을 보관하거나 저장하기 위하여, 부대나 그릇 같은 데에 단순히 넣는 것을 '담는다'(원형은 '담다')라고 한다. 따라서 '담그다'는, 어간 끝 모음인 'ㅡ'가 어미 '-어'와 결합되면서 탈락 즉, "담그(어간)＋어(음성모음 어미)＝담거('ㅡ' 탈락)→담가(양성모음 조화)"가 되어서 '담그니·담그고·담가서·담갔다·담가 주세요(청유형)·담가라(명령형)' 등으로 활용되는 '으' 불규칙 동사다. 그런가 하면 '담다'는 '담는다·담으니·담고·담아서·담아라·담았다' 등처럼 규칙적으로 활용되는 규칙동사이므로, 제대로 구별해 쓸 수 있도록 주의해야 한다.

흔히 가정주부들 간에 "올해 김장김치 담았니?", "아니, 아직 안 담았어." 하는 일상 대화에서도 알 수 있듯이, 남녀노소나 지식의 수준 고하를 막론하고 흔히들 잘못 쓰고들 있는 말 중의 하나가 바로 이 '**담다**'와 '**담그다**'의 구별 용법이다. '담가야'나 '담가도' 등을 흔히 '담아야'나 '담아도'로 잘못 쓰고들 있는 이유는, 앞에서 말한 '담다(담는다)'와 '담그다(담근다)'를 혼동하기 때문이며, '담가요', '담가 주고' 등을 '담궈요', '담궈 주고' 등으로 잘못 쓰고들 있는 이유는 '헹구어서(헹궈서)', '떨구어서(떨궈서)', '일구어서(일궈서)' 등과 같은 활용으로 잘못 알고 있기 때문이다. 그러나 '헹구다', '떨구다', '일구다' 등은 '우' 규칙활용 동사이므로, '으' 불규칙 활용 동사와는 별개의 용언이다.

"우리 **먹거리** 문화에 대해"
(MBC 라디오 칼럼. '92. 7. 11.)
"사랑의 **먹거리** 나누기"
(KBS TV 광고. 1999. 3. 23.)
"이웃과 **먹거리**를 나누는"
(MBC '특별 기획'. '99. 3. 25.)
"먹거리 여행, **먹거리** 장터"
(각종 광고 전단지)

　　국어대사전과 한컴사전에는, '먹거리'를 방언이라 하고 '먹을거리'를 표준어라 했으며, 1991년판 엣센스 국어사전에는, '먹을거리'는 간 곳도 없이 '먹거리'를 표준어로 인정했는가 하면, 같은 사전인 제4판(1998년)과 표준국어대사전에는 뜻밖에도 복수표준어로 되어 있어, 어느 장단에 춤을 춰야 할지 혼란스럽기 그지없다. 온라인 가나다에서도 '먹을거리'는 '먹을 수 있거나 먹을 만한 음식 또는 식품'을 뜻하며, '먹거리'는 '사람이 살아가기 위하여 먹는 온갖 것'을 뜻하는 말이라 하고, '먹을거리'는 "시장에 가서 먹을거리를 장만하다.", '먹거리'는 "먹거리 산업이 발달하다."와 같은 문맥에서 쓰인다고 했다. 그러나 '-거리'는 '반찬거리·일거리' 등처럼 명사 뒤에 붙거나, '볼거리·읽을거리' 등처럼 받침 있는 동사 어간에 다시 관형사형 전성어미인 '-을' 뒤에 붙어 무엇을 만드는 데에 드는 재료나, 어떤 행동의 내용이 될 만한 소재를 뜻하는 말이다. 즉, '볼거리'나 '읽을거리' 등은, "보(어간)+ㄹ(관형사형 전성어미)+거리"로 분석되며, '읽을거리' 역시 "읽(어간)+으(조음소)+ㄹ(관형사형 전성어미)+거리"로 분석된다. 반면에 '먹거리'는 '먹다'의 동사 어간인 '먹'과 '거리'가 직접 연결되어 있어, 받침 있는 어간에 들어가야 할 관형사형 전성어미인 '-을'이 누락되어 있다. 만약, '먹거리'를 '먹을거리'의 축약형으로 인정해야 한다면, '읽을거리', '입을거리', '씹을거리' 등 역시 '읽거리'나 '입거리', '×거리'로 축약할 수 있어야 하므로, 분명히 논리적인 문제점이 있음을 알 수 있다.

"'형수'와 '아주머니'"
(가족 호칭법)

전라도와 함께 사투리의 대표적인 양대 지역이랄 수 있는 경상도에서도, 아재(아저씨)의 부인을 '아지매(아주머니)'라 하거니와, 형님의 부인은 당연히 '형수(님)'라고 부른다. 그런데 일부 지방에서는 형의 부인인 형수도 '아주머니'라 하고, 아저씨뻘 되는 사람의 부인도 '아주머니'라고 호칭하고들 있다. '동아 새 국어사전', '새 우리말 큰사전', '한컴사전', '표준국어 대사전' 등에선 '아주머니'는 '형수'를 정답게 부르는 말이라고도 했다. 그러나 '아주머니'의 사전적 해설은 부모와 같은 항렬인 친척 여자나 자기 나이 또래가 되는 남자의 아내, 또는 친척이 아닌 기혼 여성을 일컫는 말인데, 아저씨의 부인도 '아주머니'요 형님의 부인도 '아주머니'라고 하면, 아저씨뻘인지 형제뻘인지 알 수 없어 결국 아저씨와 형님이 같은 항렬로 오인되기 쉽다. 여증동 교수님은 그의 저서 '한국 가정 언어'에서, 형의 부인을 '아지메'— '아주머니'에 대한 경상도 사투리—로 불러야 한다고 했는가 하면, 문학박사 최재석 교수님 역시 그의 저서 '한국의 친족 용어'에서, '아주머니'를 "아버지나 어머니와 같은 항렬의 여자를 뜻한다."는 설명과 함께, "형수를 직접 부를 때 사용되기도 한다."고도 했다. 이에 대한 필자의 견해는, '아주머니'는 어디까지나 '아저씨의 부인'이어야지, 결코 '형님의 부인'이 되어선 안 된다는 생각이다. 동생의 부인은 '제수'가 되듯이, 형님의 부인은 '형수'라고 부르는 것이 당연지사다. 만일 '형님의 부인'을 '아주머니'라고 한다면, 아주머니의 남편은 당연히 '아저씨'가 되므로, 역설적으로 말해서 결국 형님을 '아저씨'라고 부를 수도 있다는 얘기가 된다. 그뿐만 아니라 대한민국의 친척 아닌 모든 젊은 기혼여성들은 다 '아주머니'에 속하므로, 생면부지 초면인 여자도 '아주머니'요 친족이나 친척 형수도 '아주머니'라고 하기엔 아무래도 어폐가 있으므로, 친척 아저씨뻘의 부인에겐 '아지매'라고 하되, 일반 기혼 여성들에겐 '아주머니'로 구별해서 호칭하는 것도 재고해 봤으면 하는 마음이다.

"모래와 **조개껍질**로 만든 예술작품"
(네이버 블로그. 2014. 08. 23.)
"**달걀껍질**을 깨지 않으면"
(KBS TV 해설위원. 1991. 5. 29.)
"**과자껍질** 종이에 나타난"
('말과 글'. '93년 여름호 51쪽)

　오징어나 뱀장어 등처럼 물렁물렁한 물체의 거죽을 싸고 있는 얇은 막을 '**껍질**〔皮〕'이라 하고, 소라나 전복 등처럼 물체의 겉을 싸고 있는 단단한 물질은 '**껍데기**〔殼〕'라고 하는데, 일부 사전에서는 '소라 껍질'은 인정하지 않으면서도 '조개껍질'과 '조개껍데기'는 동의어로 보고 있다. 결국 '껍질'과 '껍데기'가 동의어라라는 얘기가 되는데, '화투 껍데기'도 '화투 껍질', '이불 껍데기'도 '이불 껍질'이라고 해도 되는지 묻고 싶다. 그러나 동·식물 외에는 막이 얇아도 '껍질'이라 하지 않고 '껍데기'라고 해야 한다. 물론, 달걀 바깥쪽의 난각(卵殼)은 '**껍데기**'이며, 껍데기 안쪽의 얇은 막은 '**껍질**'이기 때문에, 달걀이나 밤〔栗〕에는 겉껍데기와 속껍질이 따로 있으나, 속껍질은 찢어지긴 해도 깨지는 건 아니므로, '찢는다'거나 '벗긴다'고 할지언정 '깬다'고는 할 수 없다. 위의 '과자 껍질 종이'는 '**과자봉지**'나 '**과자 포장지**'라고 해야 하고.

　'아하, 그렇군요'라는 프로그램에 나온 어느 저명인사는, 빈 담뱃갑을 '담배 껍질'이라고 했는가 하면, MBC TV '정보 데이트'('91.6.3.)에서 어느 농장주는, '참외 껍데기'를 '참외 꺼풀'이라고 한 예도 있었다. 그러나 '꺼풀'이란, 양파나 양배추처럼 여러 겹으로 된 껍데기 층을 말하는데, 어쩌다 이런 엉뚱한 말이 나오게 되었는지 알다가도 모를 일이다. 아무튼, 다시 한번 기억하기 쉽게 정리하자면, 호두나 밤 등의 딱딱한 바깥 표피(거죽)를 '**껍데기**'라 하고, 속 알맹이의 거죽에 붙어 있는 얇은 막, 즉 보늬를 '**껍질**'이라고 한다는 사실을 기억해 두면, 쉽게 구별할 수 있으리라고 본다. 그리고 '조개껍데기'는 합성어이므로 붙여 쓰되, 기타 '껍질'이나 '껍데기'는 모두 띄어 써야 한다.

"작곡하는 분이 **세 달** 걸렸어요."
(MBC R. '싱글벙글'. '93. 12. 31.)

"지금 **세 단** 묶었는데요."
(KBS TV '현장'. 1994. 3. 7.)

"**석 되, 넉 되**"
(표준어 규정 제17항)

"편지를 빽빽하게 **세 장을** 써"
(SBS TV '그것이' 1999. 1. 16.)

"허영란 **네 잔** 구본승 **네 잔**"
(MBC TV '21세기'. 1999. 7. 11.)

  양수사(量數詞)인 '하나·둘·셋·넷'이, 의존명사인 '말〔斗〕·되〔升〕·홉〔合〕·벌〔着〕·치〔寸〕·필(匹)·달〔月〕·자〔尺〕·섬〔石〕·잔(盞)' 등과 결합하면, 앞의 양수사는 관형사가 되고 뒤의 의존명사는 양수사로 바뀌는데, 이때의 관형사는 뒤의 양수사에 따라 형태가 변하므로 여간 주의하지 않으면 안 된다. 이런 규칙은 한글맞춤법 표준어 규정 제17항 "비슷한 발음의 몇 형태가 쓰일 경우, 그 의미에 아무런 차이가 없고, 그 중 하나가 더 널리 쓰이면, 그 한 형태만을 표준어로 삼는다.'는 규정에 따른 것이다. 즉 '서 되·너 되', '서 말·너 말', '서 홉·너 홉', '세 벌·네 벌', '세 치·네 치', '세 필·네 필', '석 냥·넉 냥', '석 달·넉 달', '석 섬·넉 섬', '석 자·넉 자', '석 잔·넉 잔', '석 장·넉 장' 등으로 변한다는 얘기다. 같은 길이의 단위인 '三尺 三寸'일 경우에도 '석 자 세 치'로, '四石 三斗'는 '넉 섬 서 말'이라고 해야 하는데, 국어사전들마저 들쭉날쭉인가 하면 표준어 규정에도 '석 되 넉 되'로 예시해 놓고 있으나, 옛날부터 노인들은 분명히 '서 되, 너 되'라고 말해 오고 있다. 아무튼, 위 예문들의 '세 달', '세 단', '석 되 넉 되', '세 장', '네 잔' 등은, 각각 '**석 달**', '**석 단**', '**서 되 너 되**', '**석 장**', '**넉 잔**'이라고 하되 모두 띄어 써야 한다. 그리고 첫 번째 예문 "**작곡하는 분이 세 달 걸렸어요?**'는 "**작곡 하는 데(에) 석 달 걸렸어요.**"라고 해야 옳은 글이 된다.

"고 김종업 이등중사 **미망인**"
"고 박병현 하사의 **미망인**"
(KBS TV '신고'. 1999. 6. 28.)

'미망인(未亡人)'이란 말뜻 그대로, 원래 '남편을 따라 죽지 못하고 아직 살아 있는 죄 많은 여인'이란 뜻의 겸양어로 쓰던 말이었다. 이 말의 어원은 초나라 영윤인 자원과 문왕의 부인 간에 있었던 일화에서 나온 말인데, 언제부터인가 엉뚱하게도 '회장님 미망인'이나 '장관님 미망인' 등처럼 '과부'의 존칭어로 쓰고들 있는 실정이라, 자신을 '아무개의 미망인'이라고 하면, 무식한 여자로 취급될 수밖에 없게 되었다.

"그때 **쇼당을 쳐야** 돼요."
(SBS '멋진 만남'. 1999. 7. 11.)

옛날 일본의 소화(昭和) 초기에, 수동식 교통 신호로 'GO(進め : 스스메)', 'STOP(止れ : 도마레)'이라고 쓴 팻말을 사용했는데, 망국병으로 일컬어지고 있는 '고스톱'이 여기서 유래되었다고도 한다. 셋만 모였다 하면 시도 때도 없이 판을 벌여 국제적인 망신까지 당하고들 있는 고스톱 판에서, 말뜻도 모르고 쓰고들 있는 '쇼당'은, 서로 의논한다는 뜻의 '상담'에 대한 일본식 발음, 즉 '소당(そうだん : 相談)'의 잘못이다. 설사 일본말 그대로 쓰더라도 '소당'은 치는 게 아니라, 하는 것이므로 '소당한다(相談する)'라고 해야겠으나 '상담', '타협', '의논' 등의 말을 두고 굳이 '소당'이란 말을 쓸 필요가 없다. 사족이지만, 2월 매조 열 끗짜리에 있는 새 한 마리와 사월 흑싸리 열 끗짜리에 있는 새 한 마리, 그리고 팔월 공산 열 끗짜리에 있는 새 세 마리를 합친 다섯 마리의 새를 지칭하는 '고토리(五鳥)'와, '무효'나 '파투(破鬪)'를 뜻하는 '나가리'란 말 역시 일본어 '나가레(流れ)'가 변형된 말이다. '나가레'는 '흐름·물결' 등의 뜻 외에도 '중단·허사'란 뜻도 포함되어 있다.

"저는 경주김씨인데요."
(채널A '직언직설'. 2015.)

위 방송에서 모 변호사가 말한 내용인데, 누군가가 성씨를 물을 경우 "예, 김해 김씨입니다." 또는 "예, 밀양 박씨입니다."라고 하면 결례가 된다. 대신 "예, **김해 김가입니다.**" 또는 "**밀양 박가입니다.**"라고 하는 게 우리 예법이다. 또한 "자네 부친 존함이 어떻게 되시는가?" 하는 질문에는 "예, 김 무슨 자에, 무슨 자를 쓰십니다."라고 하되, 성에는 '자' 자를 붙이지 말아야 한다. 게다가 종종 자신의 이름에다 '무슨 자, 무슨 자'라기도 하나, 이건 무례를 떠나 망발이라고 할 수밖에 없다.

"웬만한 집 한 채 **값이라고?**"
(SBS TV '선택'. 1999. 7. 17.)
"그딴 일로 **겁을** 내십니까?"
(KBS TV '어사'. 1999. 5. 29.)
"오늘 **술값은** 제가 쏘겠습니다.
(다음넷 블로그. 2010. 2. 6.)

표준발음법 제14항에 "겹받침이 모음으로 시작된 조사나 어미, 접미사와 결합되는 경우에는, 뒤엣것만을 뒤 음절 첫소리로 옮겨 발음한다(이 경우, 'ㅅ'은 된소리로 발음함)."고 하여, '넋이〔넉씨〕, 닭을〔달글〕, 곬이〔골씨〕, 값을〔갑쓸〕' 등을 예시했듯이, 첫째 받침은 그대로 받침의 소리로 발음하되 둘째 받침은 다음 음절의 첫소리로 옮겨 발음해야 한다. 따라서 위의 '값이라고〔가비라고〕'와 '술갑은〔술가븐〕'은 각각 '**값이라고**', '**술값은**'으로 표기하고, 〔**갑씨라고**〕, 〔**술깝쓴**〕'이라고 발음해야 한다. 두려워하는 마음을 '겁(怯)'이라고 하는데, 흔히들 '**겁이 난다**〔거비난다〕'를 '겂이 난다〔겁씨난다〕' 하고, 정작 '**값이라고**〔갑씨라고〕'로 발음해야 할 말은, '값이라고〔가비라고〕'로 발음하고 있다.

"'[화장]한 여자'와 '[화 : 장]한 여자'"
(어느 영화 장면에서)

훈민정음 예의(例義)에, "凡字必合而成音 左加一點則去聲 二則上聲 無則平聲 入聲加點同而促急"이라고 한 글이 있는데, 필자 나름대로 알기 쉽게 풀어 써 보면, "무릇 글자란 반드시 서로 합쳐져야 소리가 된다. 글자 왼쪽에 점 하나 있는 건 가장 높은 소리인 거성(去聲)이요, 점 둘이 있는 건 처음은 낮고 뒤는 높은 소리인 상성(上聲)인가 하면, 점이 없는 건 가장 낮은 소리인 평성(平聲)이다. 'ㄱ·ㄷ·ㅂ' 받침을 가진 입성(入聲)은 점 더하는 건 같으나, 끝이 촉박하고 급하다."는 뜻이 된다. 우리 국어사전엔 장단음으로 인하여 뜻이 달라지는 낱말이 약 8천 쌍이 있다는데, 훈민정음에선 고저장단만 지켜 오다가, 순조 때의 학자 유희가 그의 '언문지'에서 사성(四聲) 무용론을 주창한 이래 점차 퇴색되었다ㄱㄴㅗ 한다. 그런 옳으로 방송인이나 아나운서들까지도 단음을 장음으로 발음하고들 있어 심히 귀에 거슬리기도 한다.

아무튼, 각종 화장품들을 사용하여 얼굴을 곱게 꾸미는 행위를 말할 땐 단음절인 **化粧**[화장]'이라 하고, 시체를 소각하여 장사(葬事)를 지내는 행위를 말할 땐 장음절인 **火葬**[화 : 장]'이라고 발음해야 한다. 그런데 위에 예시한 영화 장면에선 '화장(化粧)한 여자'를 '화 : 장(火葬)한 여자'로 발음하여 멀쩡한 여자를 졸지에 죽은 여자로 둔갑시켜 버리고 말았다. 이 밖에도 반드시 장단음을 구별해 써야 할 낱말은 '統長[통 : 장]과 通帳[통장]', '助詞[조 : 사]와 調査[조사]', '令監[영 : 감]과 靈感[영감]', '警査[경 : 사]와 傾斜[경사]', '大將[대 : 장]과 隊長[대장]', '性癖[성 : 벽]과 城壁[성벽]', '正常[정 : 상]'과 '頂上[정상]', '假定[가 : 정]'과 '家庭[가정]', '正否[정 : 부]'와 '政府[정부]', '戰國[전 : 국]'과 '全國[전국]' 등 부지기수다. 그럼, "작년 말 (末)에 말 (水草)을 캐러 말 (馬)을 타고 말 (마을) 앞을 지나다가, 말 (말뚝)로 말 (윷말)을 만들어 쌀 한 말 (斗)내기 윷을 놀았다는 말 을 들었다."는 말을, 제 음가대로 정확히 발음할 수 있는지 각자 자가진단해 보시기 바란다.

"중앙에서의 **역활**, 중요한 **역활**"
(MBC '시사 토론'. 1991. 5. 31.)

"더욱 중요한 **역활**을 다할 것"
(캐나다 오타와에서. 노 대통령)

"정부의 **역활**이고, 국민의 **역활**"
(KBS '여의도 법정'. 1991. 6. 2.)

"큰 **역활**을 해 주신 데에 대해서"
(KBS '보도 본부'. 1992. 9. 2.)

"맞는 **역활**, 죽는 **역활**…이런 **역활**"
"**역활**을 분담…이런 **역활**을 하면"
(MBC R. '싱글벙글 쇼'. 1994. 2. 4.)

"그런 **역활** 등이 중요한 **역활**들이죠."
(채널 A '뉴스 통'. 2015. 2.)

　위의 '역활'들은, [여칼]이라고 발음해야 할 '**역할**(役割)'을, [여콸]이라고 잘못 말한 화자들의 발음 그대로 음사(音寫) 표기한 것들이다. 각 전파 매체의 방송 내용을 단 하루만 체크해 봐도, 숱한 사례를 지적해 낼 수 있을 정도로 대통령, 장관, 국회의원, 대학교수, 경영인, 기자, 앵커맨, 성우, 아나운서, 연예인 등 남녀노소에 지위 고하를 막론하고, 철저하리만큼 잘못 발음하고들 있는 가장 대표적인 낱말이 바로 이 '**역할**[여칼]'이 아닌가 싶다. 이밖에도 '할당(割當)', '할인(割引)', '할증(割增)', '분할(分割)', 할복(割腹)', '할부(割賦)' 등의 '할(割)'도 전부 '나눌 할(割)' 자이며, '관할(管轄)', '통할(統轄)', '직할시(直轄市)'의 '할(轄)' 역시 '다스릴 할(轄)' 자임이 분명하므로, 절대로 [콸]이나 'ㄱ 받침' 뒤에서 [콸]로 발음하지 않도록 주의해야 한다. 여담이지만, 이럴 경우엔, '확실히'를 [학시리], '환경'을 [항경], '관계'를 [강계], '활동'을 [할동], '권리[궐리]'를 '건리[걸리]', '관리[괄리]'를 '간리[갈리]' 등으로 발음하는 김영삼 전 대통령을 비롯한 경상도식 사투리 발음이 오히려 전화위복이 되는 경우라 할 수 있다.

"가르켜 달래서 노래 가르켜 주고"
(KBS TV '서울 뚝배기'. '91. 5. 25.)
"전부 피아노를 가르켜요"
(MBC TV '여성 시대'. '94. 1. 15.)
"사랑이 뭔가를 가리켜 준 사람"
(KBS TV '사랑과 야망'. '91. 5. 25.)
"꼼꼼히 가르켜 주셔서 감사합니다."
(네이버 블로그. 2015. 7. 8.)

위의 '가르켜, 가르켜요, 가리켜' 등은, 전부 '**가르치다**'의 활용형인 '가르쳐, 가르쳐요, 가르쳐'를 잘못 말한 것들('갈치다'는 '가르치다'의 준말)인데, 우선 '가르치다'의 사전 풀이를 보면,

① 지식을 쌓게 하거나 기능을 익혀 주는 것.
(학습교육, 운전교습 등)
② 모르는 것을 일러 줘서 알게 하는 것.
(집 주소, 전화번호 등)
③ 지각, 인식 등을 깨우쳐 주는 것.
(지능개발, 인성교육 등)

으로 되어 있는데 '가르침, 가르칠, 가르치면, 가르치니, 가르친들, 가르쳤-' 등으로 어미가 활용되며 '갈추다, 갈키다, 갈체다, 가라치다, 가리치다, 알키다' 등은 모두 사투리임을 알아야겠다. 그런 반면에 '**가리키다**'는, "나침반이 북쪽을 가리키고 있다.", "손가락으로 달을 가리켰다.", "화살표가 가리킨 방향", "요순(堯舜)을 가리켜 성제(聖帝)라 한다." 등으로 어미가 활용되는 낱말이다. 전술한 바와 같이 '가르치다'는 영어로는 'Teach', 일어로는 '오시에루(教える)'가 되는가 하면, '가리키다'는 영어로는 'Indicate', 일어로는 '사스(指す)'로 각각 구분되는 말인데, 많은 지식인들이 하나같이 '**가르치다≠가리키다**'를 뒤죽박죽 구분 없이 잘못 쓰고들 있는 실정이라 답답한 노릇이다.

"법 없이도 살 그런 사람이죠."
(KBS TV '사람들'. 1992. 10. 20.)

문단의 기인 고 천상병 시인에 관한 특집 프로그램의 내레이션 내용인데, 흔히들 도덕군자나 무골호인을 일러 "그 사람 법 없어도 살 사람"이란 말로 비유하고들 있으나, 엄밀히 따지고 보면 상당히 비논리적인 말임을 알 수 있다. 왜냐하면, 서슬 같은 민·형사법이 있는데도 끊임없이 강도 살인 사건이 발발하는 살벌한 세상에, 부처님 같은 마음을 가진 사람들에게, 만약 법이 없는 무법천지가 된다면 자기 것 제대로 간수하기는커녕, 제명대로 마음 편히 살 수도 없을 것임은 자명한 일이기 때문이다. 정녕 법이 없어야 살 사람은 사형수들 뿐이다.

"한 발자욱 더 가까이 가고"
(SBS TV 올림픽 중계. '92. 7. 8.)
"남보다 한 발자욱 앞서 나간다."
(MBC R. '여성시대'. '94. 1. 10.)

걸음 수를 세는 단위는 '발자욱'이 아닌 **'발자국'** 또는 **'발짝'**이라고 해야 한다. 따라서 위의 '한 발자욱 더 가까이', '한 발자욱 앞서' 등은, 각각 **'한 발자국** 더 가까이'나 **'한 발자국** 앞서'라고 해야겠지만, '발자국'은 주로 '걸음 수'라는 뜻보다 주로 발로 밟은 자리에 남은 흔적을 말하거니와, 걸음 수를 세는 단위인 **'발짝'**이란 말이 따로 있으므로, **'한 발짝** 더 가까이' 또는 **'한 발짝** 앞서'라고 하는 것이 훨씬 더 적절한 표현이 되리라고 본다. 또한 '발자국 소리'보다는 **'발걸음 소리'**래야 하고, '눈물 자욱'이나 '첫 발자욱' 등도 '눈물 자국'과 '첫 발자국'이라고 해야 한다. 그러나 국어사전에서 '발자욱'은 '발자국'의 잘못이라고 하면서도, 짐승의 발자국을 찾아가면서 사냥하는 포수는 '자국포수'가 아닌 **'자욱포수'**라 하니, 머릿속이 아리송해지는 것 같다.

"김 박사님께 **물어 주세요**."
(MBC TV '주부가'. '99. 3. 10.)

위 프로그램의 이선영 진행자가, 궁금증이 있는 방청객들은 강의를 끝낸 한양대 명예 교수인 김용운 박사님께 직접 질문을 해 달라는 방송 내용인데, 어법에 문제가 있어 예시해 본 내용이다. 만약, 공개 석상이 아닌 평교간의 격의 없는 사석이라면, 경우에 따라 "김 박사한테 물어 보세요." 정도로도 무난하겠으나, 존칭 접미사인 '-님' 자까지 붙여 놓고 물어 달라는 건 잘못된 어법이므로, 당연히 "김 박사님께 **여쭤 봐 주세요**." 또는 "김 박사님께 직접 **질문해 주세요**."라고 해야 바른 어법이 된다. 물론 불특정 다수를 상대로 하는 방송에서 '여쭈다'라는 어법도 압존법으로 따지자면 반론의 여지가 없는 것도 아니지만….

"××곡을 **경음악**으로 들어"
(방송국 음악 프로그램에서)

'경음악'의 사전식 풀이에 "오락 목적의 대중성을 띤 가벼운 음악 '재즈·샹송·팝송 따위.'"라고 했듯이, 서양의 전통적·예술적인 고전파 음악을 '고전(클래식) 음악'이라 하고, 부담 없이 가벼운 마음으로 들을 수 있는 '포퓰러(팝) 뮤직·재즈·샹송·칸초네·가요·영화 음악' 등 통속적인 대중음악을 통틀어서 '라이트 뮤직(Light Music)' 즉 '경음악(輕音樂)'이라고 한다. 바꿔 말하자면, '클래식 뮤직'에 대응되는 말이 곧 '라이트 뮤직'이라는 얘기다. 이렇듯 성악이나 노래가 있고 없음은 전혀 무관한데도, 우리나라에선 작곡가나 연주인들마저도, 가창자의 노래 없이 악기로만 연주하는 클래식 외의 모든 음악은 무조건 '경음악'인 것으로 잘못 알고들 있다. 그러나 말뜻 그대로 '가벼운 마음으로 들을 수 있는 통속적인 음악'이 바로 '경음악(Light Music)'이라는 사실을 상식적으로 알아 뒀으면 하는 마음에서 예시해 본 글이다.

"후세 교육에 **구감**이 되었으면"
(KBS TV 뉴스. 1991. 5. 4.)

어느 지방 항일 의병대의 무덤 발견에 관하여, 문화재 관리국의 모 전문위원이 밝힌 배경 설명 중의 일부인데, '구감'은 '**귀감**'을 잘못 말한 것으로서 한자로는 '龜鑑'으로 표기된다. '龜'를 흔히 '거북 구'로 잘못 알고들 있으나, '구'로 읽자면 '거북 구'가 아닌 '나라 이름 구'가 되고, '귀'로 읽자면 '거북 귀, 본뜰 귀, 점칠 귀'가 되며, '균'으로 읽자면 '터질 균'이 되어, '구자(龜玆 : 나라 이름)', '귀선(龜船 : 거북선)', '균열(龜裂 : 갈라져 터짐)' 등으로 각기 달리 쓰이고 있다. 따라서 위의 '구감'은 당연히 본보기가 되어야 한다는 뜻의 '**귀감**'이라고 해야 한다.

"우리 **와이프**도 처녀 땐 48키로"
(KBS TV 연속극. 1994. 3. 4.)
"우리 **남편**만한 사람 봤어요?"
(영화배우 엄앵란의 CF)

남편과 아내가 있어 '우리 아들', '우리 딸'이라고 말할 수 있으나, 혼자 사는 사람이 "우리 집에 놀러 와"라고 해도 누구 하나 '여럿이 사는 집'으로 잘못 알아듣진 않는다. 하나밖에 없는 '**내 남편**', '**내 아내**'마저 복수형으로 '**우리 남편**', '**우리 마누라**'라고 하는 게 우리들의 언어 습관이다. 실지로 '우리 남편', '우리 마누라'를 일어로 직역하면 '와가옷토(我が夫)'나 '와가츠마(我が妻)'가 되고, 중국어로는 '워멘창푸(我們丈夫)', '워멘치쯔(我們妻子)'가 되며, 영어로는 '아워 허즈번드(Our Husband)', '아워 와이프(Our Wife)'가 되고 만다. 개인주의적인 서구인들의 시각으로는 혹여 일부다처(一夫多妻)나 일처다부(一妻多夫) 습속을 가진 미개인쯤으로 오인할지도 모를 일이지만, 주체의식이 부족해서가 아니라 공동체 의식이 강하기 때문이라고 믿고 싶다.

"가위가위보"
(KBS 2TV '1박2일')

"가위가위보"
(어린이들의 놀이터에서)

"가위가위보 확률 문제"
"가위가위보 잘하는 방법"
(각종 인터넷 기사들)

차례나 승부를 정하는 방법 중의 하나인 '**가위바위보놀이**'는 본래 중국에서 시작된 술자리의 놀이(兩拳碼)였으나, 19세기 말에 일본으로 건너가 어린이들의 놀이가 되었던 '쟌켄(じゃんけん)'을, 아동 문학가 방정환 선생께서 '가위바위보'로 고쳐 쓰게 했는데, 어찌 된 셈인지 골목길이나 방송 매체에서까지 흔히 '가위가위보'로 잘못 쓰고들 있다.

"두견새 =소쩍새?"
"'소쩍새'는 '두견'이라 불리는 여름 텃새"
(KBS TV '북한산은'. 1994. 3. 4.)

TV나 영화 등에서 울음소리만 들어도 판이하다는 걸 알만도 한데, 위 프로그램의 내레이션뿐만 아니라, 각 국어사전에서나 세계일보 박인환 교열 부장도 '두견새'와 '소쩍새'를 같은 새라고 했다. 그러나 숱한 영웅호걸이나 시인묵객들의 시구(詩句)에, 흔히 인용되어 온 두견과에 속하는 '두견(杜鵑)'은, '두우(杜宇)·자규(子規)·두백(杜魄)·촉조(蜀鳥)·촉도(蜀道)·귀촉도(歸蜀道)·불여귀(不如歸)·망제(望帝)' 등등의 화려한 별칭들을 갖고 있는 주행성 조류이지만, 밤새 목놓아 슬피 운다는 새는 두견새가 아닌 올빼밋과 야행성 조류인 '**소쩍새**'로서 전혀 별개의 새다. 이렇게 혼동하게 된 이유는, 중국에서는 두견새와 소쩍새를 구별 없이 '두견(杜鵑)'이라 했던 데서 비롯되었다고 할 수 있다.

"입양되어야 할 아이들은 이 세상에서 영원히 없어져야 할 것"
(KBS TV 르포에서. 1990. 12. 13.)

해외 입양 실태 르포 중, 부양능력이 없는 남녀들의 무책임한 출산 행위는 영원히 근절돼야 한다는 여성 리포터의 설명 내용인데, 표현 미숙으로 말미암아 입양아들은 절대로 이 세상에 발을 붙이지 못하도록 없애버려야 한다는 뜻이 되고 말았으니 딱한 노릇이다. 아무튼 오해의 소지를 없애려면, "**이런 무책임한 출산 행위는 절대 없어져야 할 것입니다.**"라고 했더라면 하는 아쉬움이 남는 내용이었다.

"밥솟을 뛰어 넘었다구요?"
(KBS TV '전설의'. 1999. 7. 21.)
"특히 이 **쇠솟은**"
(KBS TV '뉴스 9'. 1994. 1. 28.)
"전기 **밥솟이** 다 해 주거든요."
(SBS TV '연예정보'. '93. 12. 13.)

위의 '밥솟을〔밥소슬〕', '쇠솟은〔쇠소츤〕', '밥솟이〔밥소시〕' 등은 화자들의 발음 그대로를 음사(音寫) 표기한 것들인데, 물론 '**밥솥을**', '**쇠솥은**'으로 표기하고 〔**밥소틀**〕, 〔**쇠소튼**〕이라고 발음해야 한다. 다만, '밥솟이'는 '**밥솥이**'로 표기하되, 발음만은 "받침 'ㄷ, ㅌ(ㄾ)'이 조사나 접미사의 모음 'ㅣ'와 결합되는 경우에는, 〔ㅈ, ㅊ〕으로 바꿔 뒤 음절 첫소리로 옮겨 발음한다."는 발음법 규정(제17항)에 따라, 〔밥소치〕라고 발음해야 한다. 이 밖에도 '꽃밭'이나 '고샅' 등도 역시 '꽃밭을〔꼳바틀〕', '꽃밭에〔꼳바테〕', '꽃밭이〔꼳바치〕', '고샅을〔고사틀〕', '고샅에〔고사테〕', '고샅이〔고사치〕'라고 발음해야 한다. 다만, 한글 자모의 이름 '티읕(ㅌ)'은 예외 규정으로 '티읕을〔티으슬〕', '티읕에〔티으세〕', '티읕이〔티으시〕'로 발음(ㅈ·ㅊ·ㅋ·ㅍ·ㅎ도 마찬가지)해야 한다.

"가서 아버지 데리고 와"
(MBC '중산층'. '91. 9. 28.)

드라마 중에서 어머니(이수미 扮)가 아들에게 이른 말인데, 아무리 화가 나서 한 얘기라 할지라도 당연히 "가서 **아버지 모시고 와.**"라고 해야 하는 말임은 두말할 필요도 없다. 이럴 경우엔 혹시 시나리오 작가나 연기자가 무의식중에 실수를 했다손 치더라도, 녹화 때 누군가가 지적해 줘야 하는 어법들이다. 실수인 줄 아는 성인들을 위해서가 아니라, 듣고 잘못 배울 어린이들이나 청소년들을 위해서라도.

"설레임으로 잠을 못 잤대."
(KBS TV '신고'. '99. 5. 31.)
"설레이는 세 번째 만남입니다."
(네이버 카페. 2015. 1. 6.)
"그녀와 입맞춤에 잠시 설레였다."
(다음넷 카페. 2015. 3. 20.)

마음이 가라앉지 않고 들뜬 상태를 '**설레다**'라고 하며, 이의 명사형은 '설레임'이 아닌 '**설렘**'이다. '기쁘다→기쁨', '놀다→놂' 등처럼 받침이 없거나, 'ㄹ' 받침을 가진 용언을 명사로 만들려면, 용언의 어간에 명사형 전성어미인 '-ㅁ'을 받쳐 적어야 하므로, '설레다'는 '설레(동사어간)＋ㅁ(명사형 전성어미)＝**설렘**'이 된다. 그러나 '-이-'는 '높이다', '줄이다' 등처럼, 자동사 어간에 붙어 타동사로 만드는 어간 형성 접미사이므로, '설레이다'는 잘못된 말로 분류된다. 따라서 동사어간 뒤에 붙어 동작이 현재 진행 중임을 나타내는 관형사형 전성어미는 '-는'이므로, '설레(어간)＋-는(현재 진행형 전성어미)＝**설레는**'이 되고, '설레였다'는 '**설레었다**'의 잘못된 표기로서, '설레(어간)＋-었-(과거형 선어말 어미)＋-다(종결어미)＝**설레었다**('**설렜다**'는 축약형)'가 된다.

"시골의 **들녘에서**"
(MBC R. '여성'. '94. 2. 4.)
"통일로 변 **들녘을** 수놓고"
(경향신문 기사. '93. 9. 14.)
"해남의 봄 **들녘입니다.**"
(KBS TV '고향'. '94. 2. 17.)
"이름 없는 **남녘에**"
(KBS '6시'. '92. 10. 29.)

    위 예문의 '들녘'이나 '남녘'의 '녘'은, 1979년 국어심의회 안(案)에서는 '부엌'과 함께 '녁'으로 썼다가, 1984년 학술원 안(案)에서는 '녘'과 '부엌'으로, 1987년 국어연구소 안(案)에서 또다시 '녁'과 '부엌'으로 환원되었다가, 같은 해 국어심의회에서 결국 '**녘**'과 '**부엌**'으로 확정되어 쓰이고 있는 꽤나 우여곡절이 많은 낱말이다. 따라서 표준어 사정 원칙 제3항의 규정에 따라, 위의 '들녘'은 '**들녘**'으로 표기하고, '칼날〔칼랄〕', '대관령〔대괄령〕'처럼 "'ㄴ'은 'ㄹ'의 앞이나 뒤에서 〔ㄹ〕로 발음한다."는 발음법 규정에 따라 〔들력〕으로 발음하되, '남녘'은 '**남녘**'으로 표기하고 〔남녁〕으로 발음해야 한다.

    다만, '들녘에서', '들녘을', '들녘입니다' 등은, "홑받침이나 쌍받침이 모음으로 시작된 조사나 어미, 접미사와 결합되는 경우에는, 제 음가대로 뒤 음절 첫소리로 옮겨 발음한다."는 규정에 따라 반드시 〔**들려케서**〕, 〔**들려클**〕, 〔**들려킴니다**〕라고 발음해야 한다. 마찬가지로 '남녘에' 역시 '**남녘에**'로 적고 〔남녀게〕가 아닌 〔**남녀케**〕라고 발음하고, '남녘에서', '남녘을', '남녘입니다' 등은 당연히 '〔**남녀케서**〕', '〔**남녀클**〕', '〔**남녀킴니다**〕'라고 발음해야 한다. 그런데도 위의 예문에서처럼, 아나운서들까지도 '〔들려게서〕', '〔들려글〕', '〔들려김니다〕', '〔남녀게서〕', '〔남녀글〕', '〔남녀김니다〕' 등으로 발음하고 있으나, 이렇게 되는 이유는, 한글 자모 '**ㅋ·ㅍ**'은 〔키으기, 키으글, 키으게/피으비, 피으블, 피으베〕로 발음하도록 되어 있는 특별 규정 때문이 아닌가 싶다.

"조선의 **내노라 하는 지사들이**"
(MBC TV '이광수'. 1992. 8. 11.)

"국내에서 **내노라 하는 보험회사**"
(MBC R. '홈런 출발'. 1992. 7. 9.)

"**내노라 하는 스타가 아닙니까?**"
(불교방송 '백팔 가요'. 1992. 7. 10.)

"미국 정·재계의 **내노라 하는**"
(MBC TV '성공 시대'. 1999. 1. 9.)

꽤나 존경받고 있는 상당한 지식인들도, 위의 예문들에서처럼 하나같이 "××에서 내노라 하는 ××"로 표기하거나 말하고들 있는 실정인데, 전부 '**내로라**'라고 말하고 표기해야 하는 말들임을 명심해야 겠다.

우선 '-노라'와 '로라'의 국어사전 뜻풀이부터 비교해 보면,
☞ -노라 어미 자기 동작을 격식 차려 말할 때 쓰는 종결어미.
　¶ 吾等은 玆에 朝鮮人의 自主民임을 宣言하노라.
　¶ 왔노라, 보았노라, 이겼노라
☞ -로라 어미 '아니다'의 어간 '아니'에 붙어서 자신의 동작을 의식적으로 쳐들어 말하는 뜻을 나타내는 연결어미.
　¶ 절대로 도둑이 아니로라 하고 우긴다.
☞ -로라 어미 〈옛〉-노라.
　¶ 다토리 업슬 순 다문인가 너기로라.
※ 로라 조사 자기의 상태나 동작 등을 의식적으로 쳐들어 말할 때, '-다'의 뜻을 나타내는 연결형 서술격조사.
　¶ 내로라 하고 뻐긴다.

로 되어 있다. 이처럼 어미인 '-노라', '-로라'와 조사인 '로라'는 별개의 낱말인데, 이것 역시 일반 언중들은 물론이거니와 아나운서나 기자를 비롯한 전문 언론인들까지 무분별하게 잘못 쓰고들 있는 실정이다.

"기독교 방송은 기독교인만 듣지 않습니다."
(MBC TV '초청 토론회'. 1990.12.23.)

'강원용 방송위원장 초청 토론회'에서 주인공이 직접 발표한 강연 내용 중의 일부인데, 정작 하고 싶은 말은 "기독교 방송이라고 해서 꼭 기독교인들만 듣는 건 아닙니다."였을 게다. 그런데도 '다른 사람들은 다 듣지만 기독교인들만은 기독교 방송을 듣지 않는다.'는 엉뚱한 내용이 되고 말았는데, 자신은 〔바담풍〕하면서도 〔바람풍〕으로 새겨듣길 바라는 건 화자들만의 욕심일 뿐이라는 사실을 명심해야 한다.

"최병서보다 **성대묘사**를 더 잘"
(OSB TV '코미디 클럽'. 1999. 5. 6.)

"**성대묘사**는 굉장히 잘 하셨는데"
(KBS TV '곽규석 특집'. 1999. 9. 3.)

"박정현씨의 특유의 **창법을 묘사**"
(네이버 카페. 2011. 09. 10.)

눈이나 마음으로 느낀 것을 객관적이고 구체적으로 옮겨 표현하는 것은 '**묘사(描寫)**'라고 하나, 어떤 그림을 그대로 본떠서 그리거나, 무엇을 흉내 내어 그대로 나타내는 것은 '**모사(模寫)**'라고 해야 하므로, '묘사'와는 엄연히 구별되는 말이다. 따라서, 목소리를 모방할 경우엔 '**성대모사(聲帶模寫)**'라 하고 노래를 흉내 내어 부를 땐 '**모창(模唱)**'이라고 해야 하는데도, 흔히들 '성대묘사(聲帶描寫)'나 '묘창(猫唱)'이라고 말하고들 있는 실정이다. 덧붙여 말하거니와, 행동이나 모양 흉내를 '**짓시늉**' 또는 '**의태(擬態)**'라 하고, 소리나 성대 흉내를 '**소리시늉**' 또는 '**의성(擬聲)**'이라고 하는가 하면, 동작의 모양을 '**흉내**'라 하고, 목소리 흉내를 '**입내**'라 한다는 사실도 참고로 밝혀 둔다. 아무튼 '창법'이나 '성대' 등은 '**묘사(描寫)**'가 아니라 '**모사(模寫)**'라고 해야 한다.

"사람이 환경을 바꿔 놓은 **덕분**"
(EBS TV '과학 이야기'. 1999. 2. 6.)

'덕분'이란 말은 "자네 덕분에 잘 먹었네.", "형 덕분에 성공했어." 등처럼 다행스러운 일에 쓰는 말임이 분명한데, 사람들이 자연을 훼손하여 환경오염이 심각해졌다는 내용임에도 불구하고, 환경을 바꿔 놓은 **덕분**에 환경이 엉망이 됐다는 얘기는 어불성설이 아닐 수 없다. 따라서, 뭔가 잘못된 까닭으로 빚어진 일을 표현할 땐, '탓'이나 '소치(所致)' 또는 '욿'이란 낱말을 써야 하므로, 위 예문은 당연히 "사람이 환경을 바꿔 놓은 **탓(욿)**"이라고 해야 바른말 옳은 글이 될 수 있다.

"고모도 우리 **고모**지만"
(KBS TV '행복을'. '99. 3. 12.)
"**고모** 선보실래요?"
(대림 '鮮' 어묵 TV 광고)
"얘기 안 했어요. **고모**"
(KBS TV '욕망'. '99. 8. 5.)

지역적인 차이가 있긴 하나, 남편의 여동생 즉 시누이를 결혼 전에는 '아가씨'나 '아기씨', 결혼 후엔 '× 서방 댁' 또는 '×× 엄마'라고 부르는 게 일반적인 상식이다. 자식들이 아버지의 여형제를 '고모'라고 하는 거야 당연하겠지만, 엄마까지 덩달아 '고모'라고 하는 것도 그렇거니와, '아가씨'란 말 역시 대개 옛날에 상것들이 양반집 딸에게 부르던 호칭인 데다, '삼촌'이란 말 역시 원래 촌수 명칭일 뿐 친족 용어가 아니므로 문제점을 안고 있다는 것 또한 사실이다. MBC 연속극 '까치 며느리'에서도 시누이를 '고모'라고 하는 데다, 남편의 '처남댁'을 '**외숙모**'라고 하는 판국이니 친족 간의 촌수가 뒤죽박죽이 될 수밖에 없는 실정이라, 친족 용어에 대한 재검토가 있었으면 하는 마음이다.

"한 번씩 **빗장걸이**를 시도"
"**빗장걸이**를 시도했는데"
"누가 더 **빗장걸이**가 세냐"
(KBS TV 씨름 중계. '94. 3. 11.)

위의 '**빗장걸이**'는, 씨름에서 상대편의 안다리걸기가 성립되었을 때 상대편의 다리를 사타구니로 죄어 붙여, 발목으로 상대편의 왼 다리 오금을 걸고 왼쪽으로 넘어뜨리는 기술 중의 하나이지만, 남녀가 +자 모양으로 눕거나 기대서서 하는 성교를 말하는, 동음이의어(同音異議語)인 '**빗장거리**'라는 비속어가 있다는 사실을 간과해선 안 된다. 왜냐하면, '**빗장걸이**'나 '**빗장거리**'는 하나같이 이자동음(異字同音)인 〔**빋짱거리**〕로 발음되어, 방송 용어로는 부적합하다는 생각 때문인데, 필자로선 '**십**(+)**자걸이**'나 '**엇걸이**' 등으로 고쳐 쓰는 게 좋을 듯싶다.

P. S. : 대낮에 하는 관계를 '낮거리'라고 했던가?

"안장을 **얹으고**, 사람을 **묶으고**"
(KBS TV '릴레이'. '99. 7. 11.)
"무겁다 하면 너무 **깊으다**"
(송욱 시 '아악'. 1999. 8. 5.)

주로 여성들이 남용하고들 있는 '**얹으고**', '**묶으고**', '**깊으다**'는, '**얹고**', '**묶고**', '**깊다**'라고 해야 하는 말들이다. '-으-'는, '얹다', '묶다'나 '깊다'의 어간인 '얹-', '묶-', '깊-'에 의문형 어미인 '-니?'가 아닌 연결어미인 '-니', '-면' 등이 접속될 땐, 양쪽의 소리를 고르는 조음소(調音素)가 들어가야 하므로, '얹으니・묶으니・깊으니' 또는 '얹으면・묶으면・깊으면' 등으로 활용된다. 그러나 '-고', '-지', '-다' 등의 어미가 올 땐, 조음소 '-으-'를 넣어야 할 이유가 없으므로, 그냥 '얹고・얹지・얹다', '묶고・묶지・묶다', '깊고・깊지・깊다' 등으로 활용해야 한다.

"제가 가슴이 **두근두근거리는데요.**"
(itv '모닝 데이트' 여 진행자 2001. 5. 7.)

'건들거리다', '살랑거리다' 등은 동사 어간에 접미사 '-거리다'가 붙어 형성된 낱말들인데, 이런 어간들을 겹쳐 쓰면 '건들건들', '살랑살랑' 등의 첩어가 된다. 이 첩어들은 '-하다'라는 접미사가 붙어 '건들건들하다', '살랑살랑하다' 등으로 활용될 수 있지만, 이런 첩어에 '-거리다'를 연결하면 어색한 말이 된다. 따라서 '두근두근거리는데요'는 '**두근두근하는데요**'라고 하거나, 그냥 '**두근거리는데요**'라고 해야 한다.

"국가 **정:상**들이 받아야 할 대접에도"
(MBN BIG5. 2015. 3. 11.)
"이번 사건을 **정:치적**으로 해석해서는"
(YTN. '뉴스 人'. 2015. 3. 6.)

한 나라의 우두머리를 '**정상(頂上)**'이라 하고, 두 나라 이상의 우두머리들이 모여서 하는 회담을 '정상회담(頂上會談)' 또는 '수뇌회담(首腦會談)'이라고 하는데, '정상'의 '頂'은 '꼭대기 정' 자로서 장음이 아닌 단음이므로 〔**정상회담**〕이라고 짧고 높게 발음해야 한다. 맨 꼭대기의 점 즉 꼭짓점을 말하는 〔정점(頂點)〕을 발음할 때의 억양을 생각하면 쉬이 짐작할 수 있다. 그러나 언제부터인가 방송 실무자나 많은 언중들도 장음인 〔정:상회담〕이라고 발음하고 있는 실정이다. 〔정:상〕은 정상(正常)이냐? 비정상(非正常)이냐? 라고 할 때의 음가이므로 〔비정:상회담(非正常會談)〕의 반의어가 바로 〔정:상회담(正常會談)〕이다. 다시 말하자면 '밤(夜)'과 '밤:(栗)', '눈(眼)'과 '눈:(雪)' 정도의 억양 차이가 있는데도, '정치(政治)', '정책(政策)', '정부(政府)' 등뿐만 아니라, '가정(家庭)'도 '가:정(假定)', '정당(政黨)'도 '정:당(正當)' 등으로 발음하는 추세로 변해가고 있어 심히 염려스럽다.

"우리나라 난이 **꼿이** 피려면"
(MBC TV 퀴즈 프로. 1993. 12. 11.)
"'꽃 중의 **꼿**'을 부르겠습니다."
(KBS TV '가요 무대'. 1999. 6. 28.)
"(김현중 여친이) **꼿을** 받았다고 해요."
(MBN '이슈 파헤치기'. 2015. 3. 2.)

　위의 '꼿이'나 '꼿을'은 MBC TV 진행자들과 MBN의 고정 패널 최영일 시사평론가가 발음한 그대로를 음사(音寫) 표기한 것들인데, 홑받침이 모음으로 시작된 조사와 결합될 땐, 제 음가대로 뒤 음절 첫소리로 옮겨 발음한다는 표준발음법 규정에 따라, '꽃이[꼬치]', '꽃을[꼬츨]'이라고 쓰고 말해야 한다. 하긴, 귀순 가수 김용도 '꽃이나 팥이나[꼬치나 파치나]'를 [꼬시나 파시나]로 발음하는 걸로 봐, 북한에서도 역시 이런 식의 잘못된 발음이 만연하고 있는 것으로 짐작된다.

"눈물을 **먹고** 이별하던 밤"
(KBS '가요 무대'. '99. 7. 12.)
"눈물 **먹은** 목소리로 왕에게 탄원"
(문화원형백과 불교설화)
"눈물을 **먹음고** 현찰 70만 원에"
(네이버 카페. 2014. 5. 1.)

　박춘석 작사·작곡에 최양숙의 노래 '황혼의 엘레지'라는 흘러간 옛 노래 가사 중의 일부인데, 통상 "입술을 깨물며 **눈물을 머금고**" 또는 "**눈물을 머금고** 발길을 돌려" 등처럼, 눈물은 '머금고/삼키고'고 말할지언정, 아무리 시적으로라도 '눈물을 먹는다'고 표현하지는 않는다. 따라서 위의 '눈물을 먹고', '눈물 먹은', '눈물을 먹음고'는 각각 '눈물을 **머금고**', '눈물 **머금은**', '눈물을 **머금고**'로 쓰고 말해야 한다.

"'고 : 속(古俗)'과 '고속(高速)'"
(생활 속의 언어 습관)

　　빠른 속도로 달리는 버스라고 해서 이름 붙여진 '고속(高速)버스'와, 빨리 달릴 수 있는 길이란 뜻으로 명명된 '고속도로(高速道路)'의 '고(高)'는, 단음이므로 짧게 발음해야 한다. 한데 일반인들이나 방송인들마저 하나같이 옛날 풍속과 무슨 관련이 있는 버스와 도로란 뜻의 '고 : 속(古俗)버스'나 '고 : 속(古俗)도로'라고 장음으로 발음하고들 있으나, 반드시 〔**고속버스**〕, 〔**고속도로**〕라고 단음으로 발음해야 한다.

"실망의 **빗을** 감추지 못하고"
(KBS TV 뉴스. 1994. 2. 25.)
"**돗이** 바람을 안고 달릴 때"
(KBS TV '아침'. 1999. 7. 3.)

　　위의 '빗을'이나 '돗이'는, 담당 진행자가 발음한 그대로 음사 표기한 것들인데, 물론 '**빛**〔光〕'을'과 '**돛**〔帆〕'이'를 말한 것이 분명하므로 당연히 〔**비츨**〕, 〔**도치**〕라고 발음해야 한다. 그런데 흔히 위에서처럼 잘못 발음들 하고 있는 가장 큰 이유를 필자 나름대로 유추해 보면, 'ㅊ이', 'ㅊ을', 'ㅊ에' 등은 〔치으치〕, 〔치으츨〕, 〔치으체〕로 발음하는 것이 원칙이겠으나, 표준발음법 16항에 "**한글 자모의 이름**은 그 받침소리를 연음하되, 'ㄷ·ㅈ·ㅊ·ㅋ·ㅌ·ㅍ·ㅎ'의 경우엔 특별히 다음과 같이 발음한다."고 하여 〔치으시〕, 〔치으슬〕, 〔치으세〕로 발음하게 되어 있는 규정 때문이 아닌가 싶다. 여타 '디귿, 지읒, 티읕, 히읗'도 받침의 연음법칙에 상관없이 '디귿이〔디그시〕, 디귿을〔디그슬〕, 디귿에〔디그세〕～ 히읗이〔히으시〕, 히읗을〔히으슬〕, 히읗에〔히으세〕' 등처럼 무조건 '시옷받침(ㅅ)'으로 발음('ㅋ·ㅍ'은 예외)하도록 되어 있으나, 단지 한글 자모일 경우에만 해당되는 특별 규정임을 알아야 한다.

"운동장은 이상 더 나무랄 수 없죠?"
(KBS TV 19회 대통령배 국제 축구)

운동장의 잔디를 비롯한 다른 주변 여건이 최상의 컨디션이라는 걸 강조한, KBS 박경호 축구 해설 위원의 도움말 내용인데, 결과적으로는 '더 이상 말할 수 없을 정도의 최악인 상태'라는 엉뚱한 말이 되고 말았다. 현장 실정에 맞게 제대로 표현하려면 "운동장 사정은 이 이상 더 바랄 게 없을 정도로 아주 쾌적하죠?" 아니면 "운동장 사정은 조금도 나무랄 데가 없죠?"라고 말해야 함은 물론이다.

"…동안에 그마만큼 했다는"
(KBS TV 축구 중계. 1991. 6. 7.)
"그마만큼 우리 것을 아끼자는"
(MBC TV '18회 전주 대사습')
"그마만큼 애로 사항이 많았습니다."
(KBS TV '신고합니다'. 1999. 7. 13.)
"그마만큼 팔의 힘이 필요한 운동"
(네이버 블로그. 2013. 1. 4.)
"그마만큼 취업에 관심이 더욱더 치솟아서"
(네이버 카페. 2014. 5. 3.)

'얼마만큼'은, 어떤 수효나 분량의 정도를 뜻하는 명사인 '얼마'와, 체언에 붙어 그 정도가 체언과 거의 비슷함을 나타내는 부사격 조사인 '만큼'이 결합된 낱말이다. 그러나 '그마만큼'은 '그마'란 말이 없으므로, '만큼'이라는 조사도 붙을 수가 없다. 따라서 '그마만큼', '이마만큼', '저마만큼' 등 역시, 그냥 '그만큼', '이만큼', '저만큼'이라고 해야 하는데, 어쩌다 이런 묘한 어법이 만연하게 되었는지 알 수가 없으나, MBC 축구 해설 위원 신문선 씨가 가장 즐겨 쓰는 말투이기도 하다.

"영화를 만든 **장본인**이신 심형래"
(SBS TV '좋은 아침'. '99. 7. 21.)
"싸이를 미국으로 진출시킨 **장본인**"
(네이버 블로그. 2015. 1. 30.)

　'**장본인**'이란, 주로 무슨 나쁜 일을 저지른 주모자나 배후 조종 인물 등을 가리키는 말로서, '**스캔들의 장본인**' 또는 '**인질극의 장본인**' 등처럼 별로 좋지 못한 일에 가담한 사람을 일컫는 말이다. 그런 반면에, 칭찬받을 만한 미담의 중심인물에겐 '**선행의 주인공**'이나 '**표창받은 당사자**' 등처럼 '**주인공**', '**당사자**' 또는 '**주역**'이라고 해야 하므로, '**영화를 만든 주인공**', '**진출시킨 주인공(당사자)**'이라고 말해야 한다.

"**얼마나**…귀엽게 느껴지네요."
(KBS TV '동물의'. '92. 8. 28.)
"살았으면 **얼마나** 좋으련만"
(SBS TV '세상에'. '99. 5. 13.)

　'**얼마나**'는 '얼마만큼이나', '오죽(이나)' 등의 뜻을 가진 부사로서, 긍정문에선 '**얼마나 반가운지 몰라**', 의문문에선 '**성공하면 얼마나 좋을까?**' 등으로 쓰는 말인데, 위 예문은 전혀 앞뒤가 조응되지 않는 비문임을 알 수 있다. 아예 '얼마나'를 생략해 버리든지, 아니면 "**얼마나**…귀여운지 모르겠네요."라고 하거나 "**무척**…귀엽게 느껴지네요"라고 해야 되거니와, 뒤엣것 역시 '얼마나'를 빼 버리거나 "살았으면 **얼마나 좋(았)을까?**" 또는 "살았으면 **더없이 좋으련만**"이라고 해야 한다. 굳이 복잡하게 문법적으로 따지지 않더라도, 글짓기 아니 말만 제대로 배웠더라도 이런 말도 되지 않는 말을 남발하진 않을 것이라는 안타까움이 앞선다. 다들 영어 공부에 목을 매는 것도 좋지만, 먼저 자국의 국어 문법부터 제대로 알고 나서의 일임을 간곡히 일러두고 싶다.

"공이 발가락 사이로 빠져"
(KBS TV 축구 중계. '92. 2. 7.)

KBS배 전국 중고 축구 중계방송 담당 캐스터의 해설 내용인데, 설사 공이 아무리 작고 발가락 사이가 아무리 넓다 해도, 축구공이 발가락 사이로 빠져 나간다는 건 도저히 있을 수 없는 황당한 얘기다. 순간적인 말실수를 굳이 꼬집겠다는 몽니에서가 아니라, 누구 말마따나 아나운서들은 국민교사 격인 '언어운사(言語運士)'들이므로, 낱말 하나에도 절대 소홀히 생각지 말아 달라는 충정에서일 뿐이다. 아무튼, 위 '발가락 사이'는 '양 발 사이'라거나 '다리 사이'라고 해야 함은 물론이다.

"모스코바에서 연합 통신"
(MBC R. 뉴스. 1994. 1. 15.)
"모스코바 국제 영화제에서"
(MBC TV '코미디 전망대'.)
"모스코바에서 KBS 뉴스"
(KBS TV 뉴스. 1999. 7. 16.)
"러시아 모스코바 여행기"
(네이버 블로그. 2014. 12. 8.)

1991년도 8월 하순 소련에서 쿠데타가 발발했을 때, 각 텔레비전의 화면 자막에는 분명히 '모스크바'로 표기하고 있으면서도, 세계 각국의 주재 기자, 정치 전문가, 동시 통역자, 외신부 기자, 앵커, 캐스터 할 것 없이, 거의 전부가 '모스코바'라고 발음하고 있었는데, 지금도 별반 다를 바 없는 실정이다. 러시아의 수도인 'Moskva'에 대한 현행 외래어 표기법으로는 분명히 '모스크바'로 되어 있으므로, 당연히 이 규정에 따라야 함은 물론이다. 다만, '마스코(Moscow)'는 러시아어 'Moskva'의 영문 표기에 영어식 발음임을 참고로 밝혀 둔다.

"두 개의 **년도**는 우연이 아니라"
(SBS TV '그것이'. 1999. 7. 3.)
"2013년 **회계년도** 회비 결산 보고"
(다음넷 카페. 2015. 2. 16.)

명사인 '年度'가 서수사나 '금(今)-' 또는 '내(來)-' 등의 접두사와 연결되면 '1999년도', '금년도', '내년도'가 되지만, '年度'는 두음법칙에 따라 '**연도**'가 된다. 반면에 '會計年度'나 '決算年度'는 '회계년도', '결산년도'가 될 것 같으나, '會計年+度'나 '決算年+度'로 결합된 낱말이 아니라, '會計+年度'와 '決算+年度'로 결합된 합성어로 분석되므로 두음법칙을 적용, '**회계^연도**'와 '**결산^연도**'라고 써야 한다.

"**빠른 시일** 내에 알아다 줘"
(MBC TV '은아'. 1999. 3. 23.)
"확보되는 대로 **빠른 시간** 내에"
(YTN 뉴스. 2015. 3. 26.)

위의 '빠른 시일'과 '빠른 시간'은, 둘 다 '**이른 시일**'과 '**이른 시간**'이라고 해야 하는 말들인데, '빠르다'는 '제트기는 빠르다'처럼 속도감이 있다는 말이며, '이르다'는 '결혼하기엔 아직 이르다'처럼 어느 시점보다 시간적으로 앞서 있다는 뜻으로 쓰는 말인데, 영어로는 'Fast'와 'Early'로 구분되며, 한자로는 '빠를 속(速)'과 '이를 조(早)'로 구별되고, 일본어로는 다 같이 '하야이(はやい)'라고 하나, 속도가 빠르다고 할 땐 '速い'라고 쓰되, 때가 이르다고 할 땐 '早い'라고 쓴다. 한데 '느리다'는 '빠르다'의 반의어로서, '동작이 느리다'처럼 속도감이 없다는 뜻이며, '늦다'는 '이르다'의 반의어로서, '출발이 늦다'처럼 시간적으로 뒤져 있다는 뜻으로 쓰는 말인데, 'Slow'와 'Late', '더딜 지(遲)'와 '늦을 만(晚)'으로 구별되므로 제대로 가려 쓸 줄 알아야 한다.

"여보, **엄청** 시원한 걸로"
"**엄청** 시원합니다"
(백양 모시 메리의 CF)

"**엄청** 많이 가르쳐 줬잖아요."
(KBS TV '비디오'. 1999. 3. 28.)

"저승은 **엄청** 세련됐구나"
(스포츠 조선 만화. 1991. 4. 5.)

"제 아내가 **엄청** 화를 내면서"
(채널 A '이제 만나러'. 2015. 2. 28.)

새 우리말 큰사전에는 뜻밖에도 '자동사'로 나와 있으나, 원래 '**엄청나다**'는 '생각 외로 대단하다'는 뜻의 형용사로서, '**엄청나게**', '**엄청나서**', '**엄청난**' 등처럼 형용사 연결형으로 쓰되, '-나다'라는 접미사를 생략한 '엄청'만으로는 원래 쓸 수 없는 낱말이었다. 그런데 '91년판 '민중엣센스 국어사전'에 처음으로 '엄청'이란 낱말이 표제어로 수록되었는데, 뜻밖에도 '엄청나게'와 같은 부사 즉 '엄청=엄청나다'로 나와 있으며, 근래의 사전에는 "양이나 정도가 아주 지나치게"라는 부사로 등재되었는가 하면, '엄청나다'는 형용사로서 "생각보다 대단하다"로 설명되어 있다. 결국 '엄청'이나 '엄청나게'가 같은 말이란 얘기다. 이에 관하여 당시 한글 학회 허웅 이사장님께 직접 전화로 질의했던 바, 언중들의 실지 입말이 그렇다면 '엄청'도 인정해야 하잖겠느냐고 하셨다. 그러나 '꼭, 꽤, 더욱(이), 매우, 아무쪼록, 무척, 설마, 훨씬' 등의 부사는 '꽤나', '무척이나', '설마하니' 등처럼 가끔 보조사나 특수조사가 붙는 경우가 있긴 하나, 형태상으로 볼 때 부사는 활용이나 곡용 등의 어형 변화를 할 수 없는 불변화어다. 따라서 '엄청'이 부사라면 '-나다'라는 접미사를 연결할 수도 없거니와, 명사가 아닌 부사에 '-나다'라는 접미사사 붙어 형용사가 될 수도 없다. '-나다'는 '생각나다'나 '고장나다' 등처럼 '명사+나다'로 구성돼야 하는 말이며, '엄청'에는 반드시 '-나다'라는 접미사가 붙어 형용사로 활용되는 것이 원칙이다.

"학점으로 간단히 **평가하지 마세요.**"
"교수님, 그건 정말 **비겁한 겁니다.**"
(KBS TV '사랑이'. 1991. 6. 26.)

　아무리 극중 술좌석이라곤 하지만, 자신의 스승님에게 '**-하지 마세요**' 또는 '**비겁 운운**' 등의 불경스러운 언사를 함부로 내뱉게 함으로써, 텔레비전이 청소년들의 부박(浮薄)한 언어 습관을 더욱 혼란스럽게 하는 선도적 역할을 하는 것 같아 무척 안쓰럽다. 삼강오륜이나 군사부일체라는 동방예의지국의 오랜 미덕은, 정녕 구세대의 빛바랜 유물로나 치부해 둬야 할는지도 모를 일이라 홀로 가슴만 답답할 뿐이다.

"비교가 **안 돼죠.**"
(KBS '코미디'. '99. 1. 28.)

"그렇게 생각하면 **안 돼지.**"
(KBS TV '한국이'. '99. 5. 30)

"이거 어떻게 하면 **돼죠?**"
(네이버 카페. 2015. 2.13.)

　'**돼**'는 '**되어**'의 축약형이므로, '**안 돼죠**'나 '**안 돼지**'는 '안 되어죠'와 '안 되어지'가 되는데, 우리말에 이런 말은 성립될 수 없음은 물론이다. 따라서 '되(동사 어간)+지요(존칭 어미)=되지요→**되죠**', '되(동사 어간)+지(종결어미)=**되지**' 즉, "비교가 **안 되죠**", "생각하면 **안 되지**" 등으로 바로잡아야 한다. 사실 TV 화면의 자막이나 일반 어문 생활에서 심심찮게 눈에 띄는 게 바로 이 '되-'와 '돼-'의 오용(誤用) 사례인데, 한글맞춤법 제35항 〔붙임 2〕에 "'ㅚ' 뒤에 '-어, -었'이 어울려 'ㅙ, ㅙㅆ'으로 될 적에도 준 대로 적는다."는 준말 규정에 따라 '되었다→**됐다**', '되었기에→**됐기에**', '되었으므로→**됐으므로**', '되었다면→**됐다면**' 등으로 활용되므로, 혼동하지 않도록 주의해야 한다.

"속은 까다로운 **독불장군**"
(KBS TV '풍물'. '99. 7. 11.)

'독불장군'은 '홀로 독(獨)', '아니 불(不)', '장수 장(將)', '군사 군(軍)' 자로 구성된 고사성어로서, "一將功成 萬骨膏(일장공성 만골고)"라는 시구(詩句)도 있듯이, 본래의 뜻은 부하들의 도움 없이 혼자선 장군이 될 수 없다는 내용의 말이었다. 그런데 언제부터인가 "쟨 완전히 독불장군이야"처럼 남에게 따돌림 받는 '외톨이'나, 뭐든지 혼자서 제멋대로 처리하는 사람을 두고 하는 말로 쓰고들 있으나, 이럴 땐 혼자서는 장군이 될 수 없다는 뜻의 '독불장군'이 아니라, 차라리 제멋대로 혼자서만 장군이라는 뜻의 '**홀로장군** 〔獨將〕'이라고 해야 하지 않을까 싶다. 대학생들의 슬랭(Slang)이라면 '**솔로 제너럴**(Solo General)'이나 '**얼론 제너럴**(Alone General)'이라고 해도 좋을 듯싶고.

"**발뿌리**에 걷어채는 사랑은 없다더냐"
(대중가요 '삼다도 소식' 노랫말)
"**돌뿌리** 차야 내 **발뿌리**만 아프다고"
(다음 넷 카페. 2015. 4. 12.)

'부리'는, 짐승의 주둥이나 물건의 뾰족한 끝부분을 뜻하는 말로서, 발끝의 뾰족한 부분을 '**발부리**'라 하고, 다른 물건에 깊숙이 박힌 물건의 밑동을 '**뿌리**'라고 한다. 따라서 사람 발바닥에 '뿌리'가 있을 리 없으므로, '발뿌리'는 '**발부리**'의 잘못이되 발음은 〔발뿌리〕라고 해야 한다. 윤동주의 시(눈 감고 간다) "**발뿌리**에 돌이 채이거든"도 마찬가지다. 위의 '**돌뿌리**' 역시 '**돌부리** 〔돌뿌리〕'라고 쓰고 말해야 한다. 설사 돌에 뿌리가 있다손 치더라도, 땅 속에 묻혀 있는 돌뿌리에 발이 걸어챌 리가 없으므로 "돌뿌리에 걸려 운운"해선 안 된다. "**멧부리**에서 **빨부리**를 물고 새 **부리**를 향해 **총부리**를 겨눈다." 등으로 써야 한다.

"'남편'을 '오빠'도 아닌 '아빠'?"
(TV. R. 연속극 또는 일상용어)

　젊은 신혼부부들이 스스럼없이 사용할 수 있는 참신한 호칭어가 없는 게 문제이긴 하나, 김보민 아나운서도 남편인 김남일 선수를 '오빠'라고 호칭하는가 하면, 여타 연속극과 마찬가지로 '기타 여러분'에서도 친정아버지 면전에서까지, 자기 남편을 '아빠'라고 부르고 있는 판국이니 놀라지 않을 수 없다. 그렇다고 해서 신혼 초의 새내기부부들이 어른들 면전에서 '부인·마누라/서방님·부군'이라고 할 수도 없고, '여보·당신'이라고 하는 것도 삼가야 한다. 필자의 단견(短見)으로는, 신혼 시절엔 둘만의 애칭으로 대용하고, 첫아기가 태어나면 '아무개 엄마·아빠'로 하되, 최소한 40대 중반 ― 만혼(晩婚)이 대세라 ―쯤에 '여보·당신'으로 호칭하는 것이 무난할 듯싶지만, 이 역시 집안 어르신들 앞에선 삼가거나 조심스레 써야 함은 물론이다. 그리고 남편이 아내에게 반말로 하대하는 것도 그렇거니와, 친구지간에 부부가 되었다고 하여 아내가 남편에게 반말로 하대하는 건 누가 봐도 꼴불견이 아닐 수 없다. 1936년 최초로 발행된 '우리말 사전'(문세영 저)에는, '여보'를 "평교간에 대하여 부르는 소리"로 풀이했으며, 한양대 서정수 교수님은, '여기 보오'의 준말로서 '50년대 이전엔 단순히 '여보시오'의 좀 낮은말로 써 오다가, 1960년대 이후로부터 부부 간의 호칭으로 널리 쓰이게 되었다고 한다. 객담이지만, 필자는 '보배 같은 여자', '보배 같은 남자'라는 뜻의 '여보(女寶)', '남보(男寶)'라고 부르는 게 어떨까 싶기도 하다. 아무튼, 오래전에 서울 시민 일천명을 대상으로 부부 간 호칭 사용 실태를 조사 발표한 자료를 참고로 인용 게재한다.

남편에 대한 호칭		아내에 대한 호칭	
여 보	65.5%	여 보	83.2%
아 빠	22.1%	애엄마	6.6%
자 기	10.3%	자 기	4.8%
영 감	1.2%	임 자	3.7%
임 자	0.9%	마누라	1.7%

"**빨르고** 드리블이 좋은 선수"
(MBC TV 축구 중계. 1992. 6. 22.)

"물론 배가 **불르기도** 하지만"
(KBS TV '동물의'. 1992. 8. 12.)

"다나베 선수가 **눌르고** 있는데."
(MBC 특집 스포츠. 1992. 9. 10.)

"아침밥을 **걸르기도** 일쑤이다."
(네이버 블로그. 2013. 3. 13.)

"저도 몸이 **말르고** 안 이쁜데요."
(네이버 게시판. 2009. 7. 21.)

위의 '빨르고', '불르기도', '눌르고', '걸르기도'는 '**빠르고**', '**부르기도**', '**누르고**', '**거르기도**'를 잘못 발음하거나 표기한 것들인데, 이들 용언의 원형은 '빠르다', '부르다', '누르다', '거르다', '마르다'로서 '르' 불규칙 형용사와 동사들이다. '르' 불규칙(통일 학교 문법에서는 규칙활용으로 인정)이란, '다르다→다르아→달라', '흐르다→흐르어→흘러' 등처럼, 어간의 끝 음절 '르'가 모음 위에서 어미의 'ㄹ' 받침으로 줄고, 어미 '-아·-어'가 '-라·-러'로 변하는 형식을 말한다. 그런데 '빠르고', '부르기도', '누르고', '거르기도' 등은 어간 끝 음절 '르'에, '-아·-어' 아닌 다른 자음인 '-고', '-기', '-고'로 연결되어 있으므로, 첫 음절 '빠-', '부-', '누-', '거-'에 'ㄹ' 받침이 들어가야 할 이유가 없다. 이 밖에도 '고르다·거르다, 다르다·두르다, 마르다·무르다, 바르다·벼르다, 오르다·이르다, 자르다·지르다' 등에도, 쓸데없는 'ㄹ' 받침을 붙여 '골르다·걸르다, 달르다·둘르다, 말르다·물르다, 발르다·별르다, 올르다·일르다, 잘르다·질르다' 등으로 흔히 잘못 쓰고들 있는 실정이다. 특히나, MBC TV '이야기 쇼'(1994. 1. 12.)에 출연한 5~6세밖에 되지 않은 어린이까지, "**배도 안 불르고** 딸 낳았다고 운운"했으며, 순댓국 광고방송에 나온 어느 꼬마도 매일 "**배 불르지?**"를 연발하고 있는데도, 광고주나 방송 관계자 어느 누구도 고칠 생각을 하지 않고 있다.

"자동차의 문이나 **본네트**도"
(KBS TV '경제'. 1999. 10. 24.)

"美 **섬머타임** 거래시간 변경 안내"
(KBS TV '경제'. 1999. 10. 24.)

자동차 엔진 덮개를 영국에선 'Bonnet'이라 하고, 미국에선 'Hood'라고 하나, 우리 외래어 표기로는 분명히 '**보닛**'으로 되어 있는데도, 흔히들 '본네트'라고 하며, 'Summer Time' 역시 '**서머타임**'이라 하지 않고 '섬머타임'이라고 잘못 쓰고 잘못 말하고들 있는 실정이다. 그러나 이건 '본넷토(ボンネット)'라는 일본식 발음을, 다시 한국식으로 재구성해 쓰는 얼치기 말이며, '섬머타임' 역시 영어 스펠링에만 집착한 탓으로 볼 수 있다. 'Tunnel', 'Running' 등도 마찬가지로 '턴넬'이나 '런닝'이라고 발음하거나, 아직도 '톤네루(トンネル)', '란닝구(ランニング)'라는 일본식 발음을 그대로 쓰는 경우도 있으나, 현지 발음은 물론 외래어 표기로도 분명히 '**터널**'과 '**러닝**'으로 쓰고 말하도록 되어 있다. 'Connection'이나 'Runner' 등처럼 모음 사이에서 중복되어 나타나는 '-nn-'은, 영어의 음운 규칙상 자음 중복일 경우 거의 전부가 하나만 발성토록 되어 있으므로, [ㄴㄴ]이 아닌 [ㄴ] 즉 '컨넥션', '런너'가 아니라 '**커넥션**', '**러너**'라 쓰고 발음해야 한다. 같은 맥락에서 'Hammer'나 'Communication' 등 역시 '햄머'나 '컴뮤니케이션'이 아닌 '**해머**', '**커뮤니케이션**'이어야 하듯이, 'ㄴㄴ'이나 'ㅁㅁ'으로 발음되는 경우가 거의 없으므로 한글 표기 역시 겹쳐 적지 않도록 주의해야 한다. 다만, '논 내추럴(Non-Natural)'이나 '룸 메이트(Room-Mate)' 등처럼 앞 낱말의 끝 알파벳과 뒤 낱말의 첫 알파벳이 겹칠 땐 각각 따로 표기하고 발음해야 한다. 이 밖에 우리 일상용어 중에서 중복 발음이 허용되지 않는 단어들을 우선 생각나는 대로 열거해 보면 Groggy(그로기 ○, 그록기 ×), 'Coffee(커피 ○, 컵피 ×), Account(어카운트 ○, 억카운트 ×), Happy(해피 ○, 햅피 ×), Commission(커미션 ○, 컴미션/컴밋션 ×), Dummy(더미 ○, 덤미 ×) 등도 모두 이런 경우에 해당된다.

"어머님, **홀홀단신** 고향 떠나"
(KBS TV '가요 무대'. '99. 6. 28.)
"**홀홀단신**으로 다시 왔던가?"
(SBS TV '좋은 아침'. '99.7.30.)

위의 '홀홀단신'은 '**혈혈단신**(孑孑單身)'의 잘못인데, '혈(孑)'은 '외로울 혈'자로서, 외로이 서 있는 모양을 '혈혈(孑孑)'이라 하고, 의지할 곳 없는 홀몸은 '**혈혈단신**'이라고 해야 하는데, 많은 언중들이 잘못 쓰고들 있어 안타깝다. 반면에, 순우리말인 '홀홀'은 '훌훌'의 작은말로서, 날짐승이 가볍게 나는 모양, 또는 음료수나 묽은 죽 따위를 조금씩 들이마시는 모양 등을 말한다. 이렇듯 '**홀홀**'과 '**혈혈**'은 전혀 별개의 낱말이므로, 혼용하거나 잘못 쓰지 않도록 주의해야 한다.

"은봉의 누이동생이 **비구니승**인데"
(EBS '노자와 21세기'. 2000. 1. 28.)
"누워 있는 **와불**은 보았습니다."
(EBS '노자와 21세기'. 2000. 1. 31.)

출가하여 구족계(具足戒)를 받은 여승을 '**비구니**(比丘尼)'라 하고, 남자 스님을 '**비구승**(比丘僧)'이라고 하지만, '비구니승'이라고 해도 남승과 여승을 통칭하는 말이 될 수도 없으므로, 위의 경우엔 그냥 '**비구니**'라고 해야 한다. 또한 부처님의 자세에 따라 앉아 있는 불상을 '**좌불**(坐佛)', 서 있는 불상을 '**입불**(立佛)', 누워 있는 불상을 '**와불**(臥佛)'이라고 한다. 따라서 앉아 있는 형상을 '**좌상**(坐像)'이라 하고 서 있는 상을 '**입상**(立像)'이라 하며, 누워 있는 용을 '**와룡**(臥龍)'이라 하듯이, '누울 와(臥)' 자에다 '부처 불(佛)' 자로 된 '**와불**(臥佛)' 자체가 누워 있는 부처를 뜻하는 말인 데다 서 있는 와불은 있을 수 없으므로, '**누워 있는 불상**'이라거나 그냥 '**와불**'이라고 해야 한다.

"**절대절명**의 위기를 타개해"
(KBS TV 주말 영화. '99. 6. 27.)
"그리고 **절대절명**의 순간에"
(EBS TV 영화 예고. '99. 6. 26.)

　　육신도 다되고 목숨도 다되었다는 뜻으로, 어찌할 수 없는 궁벽한 경우를 비유할 때 '**절체절명**(絶體絶命)'이라고 하는데, 의외로 많은 지식인들까지 밑도 끝도 없이 '절대절명(絶對絶命) 운운'하고들 있으니, 절대로 절명(絶命) 즉 절대로 목숨을 끊고 말겠다는 얘긴지 알다가도 모를 일이다. 아무튼 위 예문들은 '**절체절명**의 위기를 타개해 나갈', '그리고 **절체절명**의 순간에'라고 해야 면장(面墻)을 면(免)할 수 있다.

"골프공이 마구 **날라와요**."
(MBC TV '화제'. '99. 3. 3.)
"철새들이 **날라와서**"
(KBS TV '세상'. '99. 5. 25.)
"송장이 몇 통 정도나 **날라오는지**"
(다음넷 카페. 2015. 8. 27.)

　　첫 번째 예문은, 실내 골프장의 관리 소홀로 안전그물이 뚫려, 골퍼들의 퍼팅한 공이 집안으로 무차별 날아든다는 주민들의 불평 내용이며, 두 번째는 철새들이 하늘을 비상(飛翔)해서 센(Seine) 강변으로 이동해 왔다는 내용이며, 세 번째는 종이서류인 '송장(送狀)'이 우송되어 온다는 내용이므로, 위의 '날라와요·날라와서·날라오는지'는 모두 '날아와요·날아와서·날아오는지'라고 해야 한다. 이들 동사원형은 '날다'인데, '나니, 난, 납니다, 나시다, 나오, 날아서, 날았더니, 날려고' 등으로 활용되는 '르' 불규칙 동사이며, '날라와요'나 '날라와서'는 짐 등을 '운반한다'는 뜻을 가진 '르' 변칙동사인 '나르다'의 활용형이다.

"연세가 드시고 나이가 드신"
(KBS TV '언제나'. 1991. 6. 22.)
"연세가 들면서 저승에 대한 관심을"
(다음넷 카페. 2014. 9. 12.)

앞 예문은 같은 내용의 말이 쓸데없이 중복된 데다, 어법에 문제가 있어 예시해 본 글이다. 즉 '나이'라는 예사말을 쓰려면 '나이가 드신'이나 '나이가 드시면서'가 아니라, '나이가 든'이나 '나이가 들면서'라고 해야 하며, 두 번째 예문에서처럼 '연세'라는 존칭어를 쓰려면 '연세가 들면서'가 아니라 '연세가 드시면서'라고 해야 격에 맞는 존칭 어법이 된다. 이밖에도 '춘추'라는 존칭어도 있는데, '춘추가 높으신 어르신' 또는 "어르신 춘추가 어떻게 되셨습니까?"라고 말해야 한다.

"살을 에이는 혹한 속에"
(KBS '한국 톱'. '99. 6. 27.)
"어젠 칼바람이 살을 에이듯"
(다음넷 블로그. 2015. 8. 6.)
"가슴을 에이는 듯한 애잔함이"
(네이버 블로그. 2014. 5.16.)

예리한 칼로 도려내거나 마음을 아프게 하는 걸 '에다'라고 하는데, 타동사 어간인 '에-'에다, 어떤 동작이나 상태가 현재 진행 중임을 나타내는 관형사형 전성어미인 '-는'을 연결하면 '에는'이 되므로, 위의 '에이는(듯)'은 잘못된 말이다. '에다'는 타동사이므로 목적격 조사 '을'을 취하여 '살을 에다'나 '가슴을 에다' 등으로 써야 한다. 따라서 위의 '에이는'과 '에이듯'은 '에는'과 '에듯'으로 바로잡아야 한다. 다만, '에다'의 피동형인 '에이다'는 자동사이므로 목적어를 취하지 않고, '칼바람에 살이 에이다', '모진 설움에 가슴이 에이다' 등으로 써야 한다.

"좁은 스페이스 공간에서도"
(어느 TV 현장 르포에서)

가구 용품 전시장의 신형 옷걸이 담당 안내원이 한 말인데, '스페이스 (Space)'는 뭐며 '공간(空間)'은 뭔지 묻고 싶다. 하긴 흔히 '라인선 (Line＋線)'이나 '트로트 뽕짝(Trot＋뽕짝)', '컬러색(Colour＋色)', '글라스 잔(Glass＋盞)'이라기도 하나, 쓸데없는 겹말로 중복되므로, '라인'과 '선', '트롯'과 '뽕짝', '컬러'와 '색', '글라스'와 '잔' 둘 중 하나만 골라 써야 하는 말 들이다. 다만, 분별없이 외래어를 남용할 게 아니라, 가능한 한 우리말을 써야 하므로 **"좁은 공간에서도"**라고 해야 한다.

"자금성은 세계에서 가장 큰 임금님이 사시던 집"
(KBS TV극 '약속'. '91. 5. 20.)

극 중에서 자금성 광장 앞을 지나며 작은아버지가 조카에게 한 말인데, 물론 본래의 뜻이야 "자금성은 세계에서 가장 큰 건물로서, 옛날엔 임금님이 사시던 집"이었음이 분명하다. 그러나 작가의 실수인지, 아니면 연기자가 대사를 잘못 처리했는지 알 길이 없으나, "자금성은 세계에서 가장 키나 덩치가 큰 임금님이 사시던 집"이라는 엉뚱한 뜻의 말이 되어버리고 말았다. 만약 문자로 표시되는 산문이나 소설 등의 글이라면, 바로 다음 말을 꾸미지 않을 땐 쉼표를 해야 한다는 문장 부호 용법 규정에 따라, '가장 큰' 뒤에 쉼표를 하면 그런 대로 '세계에서 가장 큰 집'이란 뜻이 되겠으나, 직접 대화로 할 땐 이런 방법으로는 뜻 전달이 제대로 될 리가 없으므로, 문어체와 구어체의 차이점을 충분히 감안해서 써야 한다. 예를 들어, 그냥 '눈이 큰 철수의 누나'라고 하면, 철수가 눈이 큰지 아니면 철수의 누나가 눈이 큰지 알 수 없게 되므로, '눈이 큰' 다음에 쉼표를 하면 철수의 누나가 눈이 크다는 뜻이 되긴 하지만, '철수의 눈 큰 누나'라고 표현하면 간단히 해결된다.

"그 [광한누]에는 은하수가 있고"
(EBS TV '세상보기'. 1999. 10. 21.)

연세대 설성경 교수의 '고전 속의 지혜 찾기'라는 프로그램에 나온 강의 내용 중의 일부인데, '廣寒樓'는 우리 고전 명작 소설 '춘향전'으로도 널리 알려진 누각 이름이다. '樓'는 '다락 루' 자로서 홀로 쓸 때나 어두(語頭)에 올 땐 당연히 두음법칙에 따라 '누'라고 써야 하나, '廣寒樓'의 경우엔 당연히 본음인 '루'라고 써야 한다. 따라서 'ㄴ'은 'ㄹ' 앞이나 뒤에서 〔ㄹ〕로 발음하도록 되어 있으므로, 이 '광한루' 역시 〔광 : 할루〕라고 발음해야 하는데, 명색이 명문 대학 국문과 교수님께서 어쩌자고 계속 〔광한누〕라고 발음하는지 당최 알다가도 모를 일이다.

"나무라는 사회가 **되야** 할"
(SBS TV 뉴스. 1999. 2. 8.)
"위축이 많이 **되서** 터지는"
(PSB TV '현장'. 1999. 7. 16)
"경찰에 **연행되** 가서"
(KBS 2TV '추적'. 1999. 3. 4.)

'되다'는 어간 '되-'에 어미 '-다'로 형성된 동사인데, '되-'에 '-다, -고, -니, -면, -ㄴ다, -겠다' 등의 자음이 연결될 땐 '되다, 되고, 되니, 되면, 된다, 되겠다' 등으로 활용되며, '되-'에 '-어, -어서, -어라, -었다' 등의 모음이 와도, '되어, 되어서, 되어라, 되었다' 그대로 활용된다. 다만 준말 규정 제35항 〔붙임 2〕에 "'ㅚ' 뒤에 '-어, -었'이 어울려 '왜, 쟀'으로 될 적에는 준 대로 적는다."고 했으므로, 'ㅚ'와 'ㅓ'를 줄여 '되어→돼, 되어서→돼서, 되어라→돼라, 되었다→됐다'로 축약해야 하므로, 위의 '되야 할', '되서', '연행되 가서'는 전부 '**되어(돼)야 할**', '**되어(돼)서**', '**연행되어(돼) 가서**' 등으로 바로잡아야 한다.

"장난감에 **스티로폴**을 사용할"
(KBS TV 뉴스에서. 1993. 8. 15.)
"앞으로 나아가는 **스치로폴** 보트"
(SBS TV '호기심'. 1999. 7. 25.)
"**스치로폴** 같은 가볍고 단단한"
(연예정보신문 기사. '93. 12. 15.)

　'폴리스터렌'을 발포(發泡)시킨 것을 성형하여 냉장고나 텔레비전 같은 상품의 포장재, 해상 경계표시나 양식장 부표, 녹음실 방음이나 건축 방열재 등으로 쓰고 있는 화합물질을 '**스티로폼**(Styrofoam)'이라고 한다. 그런데 흔히 '**스치로폴**'이나 '**스티로폴**'은 틀린 말이라고들 하나, '**스티로폴**(Styropor)'은 독일식 상표명이며, '**스티로폼**'은 미국식 상품명인데, 현행 외래어 표기는 '**스티로폼**'으로 되어 있다.

"너무 **만땅**이 돼가지고"
(PSB TV 르포. '99. 7. 16)

　선박이나 자동차 등에 주유(注油)를 할 경우, '탱크 가득'이란 뜻으로 쓰고들 있는 '만땅'은, '**풀 탱크**(Full Tank)'의 일본식 조어인데, 'Full'을 '가득찰 만(滿)'으로 대체하고, '탱크' 발음이 되지 않아 '탕쿠'로 해서 '만땅꾸(滿+たんく)'가 된 데다 다시 축약하여 '만땅'이 된 잡탕어인데, 어쩌다 '만취상태'를 뜻하는 의태어로까지 발전(?)하게 되었다. 그런데 뜻밖에도 〈어학사전〉에는 "휘발유나 가스 따위의 연료가 가득 찬 상태를 속되게 이르는 말."이라고 하며, "휘발유 좀 만땅으로 넣어 주세요."라는 예문까지 실어 놓고 있어 놀라지 않을 수 없다. 아무튼 위의 '만땅이 돼 가지고'는, '**만취돼 가지고**'나 '**잔뜩 취해 가지고**'라고 해야 하는 말인데, 일본선 '만취'를 '데스이(泥醉)' 또는 '친스이(沈醉)'라 하고, 포식하여 배가 부를 땐 '만푸쿠(滿腹)'라고 한다.

"**밥갑**은 먹자고 한 사람이 내는 거요."
(CHING TV. '무자식 상팔자'. 2015. 2. 26.)
"명절 **떡갑**이나 두둑하게 주지"
(네이버 카페. 2013. 2. 7.)

위의 '밥갑'은 TV극에서 출연자가 발음한 그대로 음사 표기한 것이며, '떡갑'은 실수로 'ㅅ 받침'을 빠뜨렸겠거니 하고 제법 너그러운 생각도 해 보았으나, 본문 내용에도 같은 철자법을 쓰고 있으니 변명할 여지가 없을 것 같다. 아무튼 '밥갑은'과 '떡갑이나'는 당연히 **'밥값은'**과 **'떡값이나'**로 표기하되〔**밥 깝 쓴**〕, 〔**떡깝씨나**〕라고 발음해야 한다.

"문제가 있다고 **보여집니다**."
(KBS TV '의견을'. 1994. 1. 9.)
"좋았다고 **생각되어집니다**."
(EBS TV 영어 교사 1999. 1. 22.)
"될 것으로 **예상되어집니다**."
(국회에서 박철언. 1991. 7. 22.)
"나쁘지 않다고 **보여집니다**"
(TV조선. '신통방통'. 2015. 2. 24.)

'보여집니다', '생각되어집니다'는 일본어 "**미라레마스**(見られます.)", "**칸가에라레마스**(考えられます.)"를 그대로 직역한 말로서 방송 관계자나 패널들, 특히 알 앤 서치 김미현 소장의 고질적인 어투인데, 자신들의 감각으로 직접 보고 생각하고 예상하는 말임에도 불구하고, 왜 이런 묘한 어투로 표현하는지 무척 짜증스럽다. '보여집니다'는 **'보입니다'**, '생각되어집니다'는 **'생각됩니다'**, '예상되어집니다'는 **'예상됩니다'**라고 해야겠으나, 기왕이면 그냥 **'봅니다'**, **'생각합니다'**, **'예상합니다'** 등처럼, 능동형으로 표현하여 제발 주체성을 찾아 줬으면 한다.

"이 말이 **와야지만** 말이 된다."
(EBS 국어 시간. 1991. 5. 24.)

"신고를 **해야지만** 됩니다."
(KBS TV '법률'. 1991. 7. 24.)

"**그래야지만** 우리 위원회가"
(KBS TV 청문회. 1999. 2. 5.)

"먼저 어떤 걸 **넣어야지만**"
(KBS TV '퀴즈'. '92. 10. 30.)

"자세히 들여다 **봐야지만**"
(MBC R. '세계는'. 1994. 2. 4.)

"앞으로 글을 몇 번 **올려야지만**"
(다음 카페. 2010. 11. 13.)

"대학을 **나와야지만** 가능한가요?"
(다음넷 네티즌. 2011. 11. 23.)

"해남에 **가야지만** 맛볼 수 있는"
(네이버 블로그. 2005. 11. 2.)

'-야지'는 '-야 하지'의 준말로서 '알아야지', '웃어야지' 등과 같이 '-아', '-어' 등의 어미에 붙어 쓰이는 종결어미다. 반면에 '-야만'은 "꼭 성공해야만 한다.", "군이 그래야만 하니?" 등처럼, 한정이나 강조하는 뜻의 '야'와 단독을 뜻하는 '만'이 어울려, 다음 행위나 상황 등의 필수 조건임을 강조하는 보조사다. '-지만'은 '-지마는'의 준말로서, "맹수지만 양같이 순하다."처럼 서로 반대되는 말을 이어주는 연결형 서술격조사나, "몸은 가지만 정은 두고 간다."처럼 앞말은 인정하되, 뒷말은 그에 얽매이지 않음을 나타내는 종속적 연결어미로 쓰이는 말이다. 그런데도, 온라인 가나다에서는 '해야지만'은 '해야 하지만(지마는)'의 준말이라고 했으나 어불성설이다. 아무튼 연자(衍字)인 '-지'는 모두 빼고, 그냥 '**와야**(만)', '**해야**(만)', '**그래야**(만)', '**넣어야**(만)', '**봐야**(만)', '**올려야**(만)', '**나와야**(만)', '**가야**(만)' 등으로 고쳐야 한다.

"엄마 속 많이 **썩혀** 드렸는데"
(MBC TV '아름다운'. '99. 7. 21.)

"선생님 속을 많이 **썩혔어요.**"
(KBS TV '아침 마당'. '99. 3. 22.)

'썩히다'는 '썩다'의 사동형으로, 사람의 재능이나 음식물 등을 부패시킨다는 뜻을 가진 낱말로서, "몹쓸 병을 얻어 아까운 재능을 다 썩히고 있다."거나, "장마 통에 아까운 농작물을 다 썩혀버렸다." 등으로 쓰는 말이다. 그런 반면에, '썩이다'의 사전식 풀이는 역시 '썩다'의 사동형이긴 하나, "근심·걱정 따위로 마음을 상하게 하는 것."으로 되어 있어 "자식들이 부모 속을 썩인다."거나 "마누라가 남편 속을 썩인다." 등처럼 써야 하는 말이다. 따라서 위의 '썩혀 드렸는데'나 '썩혔어요'는 '**썩여 드렸는데**'와 '**썩였어요**'로 바로잡아야 함은 물론이다.

"속으로 **삭힐 줄** 아는 당신"
(MBC TV '白夜'. '99. 6. 28.)

"그냥 혼자 **삭히고** 말았지"
(KBS TV '아침 마당'. '99. 7. 16.)

"**썩힌** 홍어를 갔다 달라고 해서"
(네이버 카페. 2011. 3. 31.)

'삭히다'는 '삭다'의 사동형으로 "김치나 멸치젓을 삭힌다."거나 "홍어를 부뚜막에 두어 삭힌다." 등으로 써야 하는 말이다. 반면에 '삭이다'는 역시 '삭다'의 사동형이긴 하나, "젊은 나이라 뭘 먹어도 잘 삭인다." 등처럼 먹은 음식을 소화시킨다는 뜻과, "분이나 화를 삭인다."처럼 화가 풀어지도록 마음을 가라앉힌다는 뜻으로 써야 하는 말이다. 따라서 위의 '삭힐 줄', '삭히고'는 '**삭일 줄**', '**삭이고**'라고 말해야 하며, '썩힌 홍어'는 홍어를 부패시키는 게 아니라 발효시킨다는 뜻이므로, '**삭힌 홍어를 갖다**(갔다×) 달라고 해서'라고 해야 옳은 글이 된다.

"인내심을 갖고 강제로 시켜선 안 돼요."
(KBS TV '기네스 북'. 1991. 1. 1.)

외국 기록물을 더빙한 내레이션 내용으로서, 세계 최연소 꼬마 스키어의 연습 과정을 소개하는 도움말 중의 일부인데, 본래의 의도는 분명히 "인내심을 갖고 흥미를 유발시키되, 절대 강제로 시켜선 안돼요."라는 내용이었다. 아무튼, 번역 미스였는지 아니면 더빙한 성우의 실수였는지 알 순 없으나, 전혀 앞뒤가 맞지 않는 비문이 되고 말았다.

"돈 봉투 [사건]에 대해"
(KBS TV 뉴스. 1994. 1. 29.)

국회 노동 위원회 돈 봉투 사건에 관한 리포트 내용이다. 원래 '事件'은 '요건〔요껀〕'이나 '조건〔조껀〕' 등처럼 한자의 본음대로 '사건'으로 표기하되, 된소리인 〔사껀〕으로 발음해야 하는 말인데도 불구하고, 예사소리인 〔사건〕이라고 발음하는 아나운서나 리포터 등 방송 실무자가 예상 외로 많다는 사실에 놀라지 않을 수 없다.

"인상착의를 저한테 말씀드리면"
(SBS TV '호기심'. 1999. 6. 26.)

몽타주 사진 작성에 관한 문제점을 다룬 프로그램의 진행자가 한 얘긴데, "인상착의를 **저에게 말씀해 주시면**"이라고 해야 할 말을, 자신에게 말씀을 드려 달라는, 참으로 황당하기 그지없는 발언을 하고 말았으니 딱한 노릇이다. 물론 '말씀'은 남의 말에 대한 존칭어도 되고 자기 말의 낮춤말도 되긴 하지만, 이런 경우에는 전혀 격에 맞지 않는 어법이므로, 순간적인 실언이라고 얼버무릴 생각을 말아야 한다.

"쓸모없는 돈을 쓰는 거거든요."
(채널 A '뉴스 通'. 2015. 2. 25.)
"쓸모없는 잡초도 뛰어난 약효가 있다?"
(네이버 카페. 2015. 2. 12.)

아무데도 쓸 만한 가치가 없는 것을 '쓸데없다'고 한다. 그러나 앞엣것은 이정희 선거 자금 먹튀에 관한 문제점을 다루는 대담 프로에서 최단비 변호사가 한 말의 일부인데, '쓸데없는 곳에 쓰는 돈'을 '쓸모없는 돈'으로 잘못 표현한 것이다. 뒤엣것은 뛰어난 약효가 있다면 아주 유용한 약초임이 분명한데 '쓸모없는 잡초'라고 했다. 굳이 장자(莊子)의 '無用之用(무용지용)'을 거론하지 않더라도, 물건에 버릴 물건 없고, 사람에 버릴 사람 없다는 말뜻을 다시 한 번 음미해 봤으면 한다.

"노가다 일도 못 가게 하고"
"우리 노가다하는 사람은"
(KBS TV '추적'. 1999. 7. 22.)
"타일 데모도 노가다 자리를 얻었음."
(다음넷 게시판. 2015. 3. 4.)

'공사판의 막벌이꾼'을 일본어로 '도카타(土方 : どかた)'라고 하는데, '도'가 '노'로 바뀐 데다가 위의 예문에서처럼 어의(語義)마저 '공사판'이나 '공사판에서 하는 일' 그 자체를 뜻하는 말로 변질되어 쓰이고 있다. 다의어(多義語)인 '데모도(手元 : てもと)'도 목수나 미장이 등의 '조수'를 뜻하는 일본말로서 현지 발음은 '테모또'이며, '토목 공사'나 '그런 일에 종사하는 사람'이란 뜻을 겸한 **'도꼬**(どこう : 土工)'란 말 역시 '공사장'이나 '공사판', '막노동자'나 '잡역부(雜役夫)'라고 해야 한다. 그리고 흙을 구워 만든 둥근 관을 말하는 **'도깡**(どかん : 土管)' 역시 다들 '노깡'이라고 하나, 이것 역시 **'토관**(土管)'이라고 해야 한다.

"'니코틴'과 '니코친'"
"'에어컨'과 '에어콘'"
(KBS TV '9시 뉴스')

언젠가 KBS TV 9시 뉴스 화면의 자막은, "**니코틴** 규제 시급"이라고 옳게 표기되어 있는데도, 앵커는 '니코친'으로 발음하는가 하면, 아나운서는 '**에어 컨**'이라고 옳게 발음하는데도, 캡션은 '에어콘'으로 표기하는 등, 글 따로 말 따로인 경우가 허다하다. 위의 '에어콘'은 영어 '에어컨디셔너(Air Conditioner)'의 축약형임은 누구나 익히 아는 사실인데, '어'나 '컨'의 'ㅓ' 발음이 되지 않는 일본인들이, '에아콘(エアコン)'으로 변형시킨 일제 조어를 수입해서 '**에어컨**'으로 쓰고 있으나, 필자는 '**냉풍기**(冷風器)/**온풍기**(溫風器)'로 고쳐 썼으면 하는 마음이다.

"잠궈도 잠궈도 불안까지는 잠굴 수"
(최불암 세콤 CF)
"잠궈도 잠궈도 안심할 수 없다"
(중앙일보 광고. 1999. 12. 16.)

위의 '잠궈도'와 '잠굴 수'는 '**잠가도**'와 '**잠글 수**'를 잘못 발음한 경우인데, 제대로 쓰는 사람이 아주 드물 정도로 오용이 심한 말이다. 물론 동사원형은 '잠그다'인데, '잠그-'가 '잠가'로 활용되는 과정은, '잠그다'의 어간 끝 모음인 'ㅡ'가, 어미 '-아'와 결합되면서 줄어지는 '으 불규칙 활용 동사' 즉 '잠그(어간)+어(음성모음 어미)=잠거→잠가(양성모음 조화)'로 분석되어, '잠그니', '잠그고', '잠가서', '잠가라', '잠가 주세요' 등으로 활용된다. '잠가도', '잠글 수'를 '잠궈도'나 '잠굴 수'로 잘못 쓰는 이유는, '달구다→달궈서→달굴 수'나 '꿈꾸다→꿈꿔서→꿈꿀 수', '나누다→나눠서→나눌 수' 등으로 활용되는 '우 규칙동사'와 혼동하기 때문으로 짐작하나, 전혀 별개의 용언임을 알아야 겠다.

"**무릎을** 꿇으시던가요?"
(MBC TV '창'. 1991. 6. 26.)
"쿠바에 **무릎을 꿇었는데**"
(MBC TV 배구. 1992. 10. 24.)
"**무릎을** 단련하기 위해서"
(KBS TV 뉴스. 1994. 2. 23.)

위의 '무릎을[무르블]' 역시, 화자들이 발음한 그대로 음사 표기한 것들인데, 전부 **'무릎을'**로 적고 [무르플]로 발음해야 하는 것들임은 두말할 필요도 없다. "홑받침이나 쌍받침이 모음으로 시작된 조사나 어미, 접미사와 결합되는 경우에는, 제 음가대로 뒤 음절 첫소리로 옮겨 발음한다."는 표준발음법 제13항 규정에 의해서다. 이런 잘못된 발음은, 한글 자모 'ㅍ'의 표준 발음법에 'ㅍ이, ㅍ을, ㅍ에'를 각각 [피으비, 피으블, 피으베]로 발음해야 한다는 특별 규정 때문이 아닌가 싶다.

"거짓말시키지 마"
(청소년들의 어투)

'-시키다'는, '-하게 하다'의 뜻을 나타내는 사역형 접미사이므로, 불청객이 찾을 때 "나 없다고 그래" 하고 사주할 경우의 "거짓말시킨다"는 옳게 쓰인 예라고 할 수 있다. 그러나 거짓말은 어떤 물리적인 압박이나 회유성 협박을 당해서 하는 게 아니라, 대부분 자의로 하는 게 분명하므로, "**거짓말 하지 마**"라고 해야 한다. 그런데도 "거짓말시키지 마"라고 하면, 결국 "거짓말하게 하지 마" 즉 누군가가 거짓말을 하도록 사주했다는 책임 전가형의 묘한 말이 되고 마는데, 특히 청소년들이 무분별하게 남용하고들 있어 문제가 되고 있다. 다만 '공부시키다'나 '심부름시키다' 등은 엄마가 아이들에게 공부나 심부름을 하도록 권유하거나 명령한다는 뜻이 되므로 당연히 옳은 표현이 된다.

“봄이 **되서 씨앗을 파종**하고”
(MBC TV ‘화제 집중’. ’99. 3. 2.)

“백련 **씨앗을 파종**하는 방법”
(네이버 지식iN. 2010. 8. 13.)

MBC 보도 기자의 말과 자막 내용인데, 논밭에 곡식의 씨앗을 뿌리는 것을 ‘**파종**(播種)’이라고 한다는 것쯤은 누구나 다 아는 사실이다. 그런데 ‘씨앗을 파종 운운’하면 ‘식사를 먹고’, ‘이발을 깎고’, ‘안심 놓고’ 등처럼 쓸데없는 말이 중복되고 만다. 따라서, 앞 예문은 ‘(봄이 **되어**) **씨앗을 뿌리고**’ 또는 ‘~**파종을 하고**’라고 해야 하며, 뒤엣것은 “**백련 씨앗을 뿌리는 방법**” 또는 “**백련을 파종하는 방법**”이라고 해야 한다.

“**날으는** 원더우먼”
(TBC 방영 외화 제목)

“새처럼 **날을** 수 있다는”
(MBC TV ‘화제’. ’99. 7. 5.)

“살별 떼가 **날으는** 밤을”
(송욱 시 ‘아악’. 1999. 8. 5.)

서커스 등에서도 흔히 ‘날으는 오토바이 운운’하지만, ‘날다’는 ‘나니, 난, 납니다, 나시다, 나오’ 등으로 활용되는 ‘ㄹ 불규칙 동사’로서, 문제점이 없는 건 아니지만 현행 맞춤법으로는 동사 어간 ‘날-’에, 관형사형 전성어미인 ‘-을’이나 조음소 ‘-으’가 들어가야 할 이유가 없으므로, 위의 ‘날으는’이나 ‘날을 수’는 ‘**나**〔飛〕**는**’과 ‘**날 수**’로 바로잡아야 한다. 다만, 어간 끝 받침 ‘ㄷ’이 모음으로 된 어미 앞에서, ‘ㄹ’로 바뀌는 ‘ㄷ 불규칙 용언’인 ‘걷다’, ‘깨닫다’ 등에는, 미래를 나타내는 관형사형 전성어미인 ‘-을’을 연결하여, 각각 ‘걸을 수’, ‘깨달을 수’ 등으로 활용되므로, ‘ㄹ 불규칙’과 ‘ㄷ 불규칙 용언’을 가릴 수 있어야 한다.

"(큰돈을) **한몫**에 주고"
(MBC 'PD'. 1999. 4. 27.)

불법으로 영업하는 무도장 춤 선생에게, 일시불로 5천만 원까지도 쾌척하며 유혹한다는, 돈 많고 정신 나간 유한마담 족 댄스 교습생들에 관한 취재 내용이었는데, '한몫'은 '한몫 끼다'나 '한몫 잡다' 등처럼, 각자 몫몫이 돌아가는 분량이나 역할을 뜻하는 말이므로, '한몫에 주고 운운'하여 위의 주제 내용과 동떨어진 말이 되고 말았다. 따라서 '분납금을 **한목**에 납부했다.' 등처럼 '한꺼번에 다' 또는 '한차례에 몽땅' 등을 뜻하는 말은, '한몫'이 아닌 **한목**이므로, 위 예문의 '한몫에〔한목세〕'는, **한목에**'로 표기하고 〔한모게〕라고 발음해야 한다.

"하나, 둘, 세, 네, 다, 여"
(MBC TV '뽀뽀뽀'. '91. 8. 1.)
"마흔여덟, 마흔아홉, 오십"
(MBC TV '화제'. 1999.3.11.)
"여기까지 **삼십한 가지**네."
(SBS TV '모닝'. 1999.3.26.)

첫 번째 예문은, 프로그램 진행자가 유치원 어린이들에게 물건 세는 법을 가르친답시고 한 말인데, '하나, 둘, **셋, 넷, 다섯, 여섯**' 하고 정확하게 가르쳐야 함에도 불구하고, 마치 골목길 개구쟁이들 같은 말투로 뭘 가르치겠다는 건지, 한심한 노릇이 아닐 수 없다. 두 번째 것 역시 기왕 우리말인 〔마흔여덜〕, 〔마흔아홉〕이라고 했으면 다음은 당연히 **쉰**'이라 하고, 한자어인 '**오십**'이라고 말하려면 당연히 '사십팔', '사십구'라고 해야 한다. '삼십한 가지' 역시 우리말과 한자어를 뒤섞을 것이 아니라 순우리말인 '**서른한 가지**'라고 하거나, 기왕 한자어로 말하려면 당연히 '**삼십일 종**'이라고 말하는 것이 올바른 어법이다.

"소를 몰고 **풀을 뜯으러 가는**"
(SBS TV. '그녀의'. 1999. 7. 17.)

　위 예문 중 '**뜯으러**'의 동사원형은 '뜯다'인데, 이의 피동형은 '모기에게 뜯기다'나 '담뱃값을 뜯기다' 등처럼 장음인 〔뜯기 : 다〕이며, 사동형은 '염소에게 풀을 뜯기다' 즉, 풀을 뜯어 먹게 하는 행위를 말할 땐, 단음인 〔뜯기다〕라고 짧고 높게 발음해야 한다. 따라서, 위의 예문은 자신이 소를 몰고 꼴을 채취하러 가는 경우라면 당연히 "소를 몰고 **풀을 베러 가는**"이라고 해야 하나, 만약 소를 먹이는 것이 목적이라면 "소에게 풀을 **뜯기러 가는**"이라고 해야 바른말 옳은 글이 된다.

"**핸드폰**을 한 번 걸도록 하죠"
(KBS TV. '송년 특집'. '99. 12. 27.)
"그 중에서도 벌써 **휴대폰** 기지국"
(SBS TV. '이홍렬 쇼'. '99. 12. 27.)

　'개인 휴대 통신 시스템'은 'PCS(Personal Communication System)'라 하고, 속칭 '삐삐'라고 하던 '소형 무선호출기'는 '페이저(Pager)'나 '비퍼(Beeper)'라 하고, 흔히 '휴대폰'이라고 하는 '휴대용 무선전화시스템'은 '셀룰러폰(Cellular Phone)/셀폰(Cell. Phone)' 또는 이동하는 전화라 해서 '모빌폰·모바일폰(Mobile Phone)'이라고도 한다. 일반 언중들이나 방송 관계자들 할 것 없이 누구나 즐겨 쓰는 '핸드폰'이란 말은 순수한 콩글리시임은 물론, '휴대폰'이란 말 역시 한자어인 '携帶'와 영어인 'Phone'으로 구성된 합성어이긴 하나, 국어사전에도 복수표준어로 올라 있다. 북한에서는 손에 들거나 몸에 지니고 다니면서 쓸 수 있는 소형 무선전화기라 하여 '손전화·밀기식 손전화·접이식 손전화·막대기식 손전화' 등 다양하게 쓰고 있으나, '발로 하는 전화'가 따로 있는 것도 아닐 텐데 굳이 '손전화'라고 해야 했을까 싶다.

"그 일이 **여간 번거롭지만**"
(KBS TV '인생'. 1999. 1. 14.)

　'**여간(如干)**'이란, "그 사람 재능이 여간 아니다." 또는 "그 녀석, 솜씨가 여간 아냐." 등처럼 보통이 아니고 대단하다는 뜻의 관용구로 쓰이기도 하나, 주로 '어지간하게', '보통으로' 등의 부사적 용법으로 쓰여, "여간 살갑지 않아.", "장미꽃이 여간 탐스러운 게 아냐.", "여간 복잡한 게 아니다." 등처럼, '여간'의 뒤엔 주로 '않다'나 '아니다' 등의 부정을 나타내는 말이 와야 한다. 따라서 위 예문은 "그 일이 **꽤 번거롭긴 하지만**"이라고 하거나, 굳이 '여간'이란 말을 넣어야 한다면 "그 일이 **여간 번거로운 게 아니지만**"이라고 해야 올바른 용법이 된다.

"**아마** 저한테 **전화 왔어요**."
(SBS TV '사람들'. 1999. 4. 26.)
"사거리에 **아마** 공터가 **있습니다**."
(KBS TV '전국은'. 1991. 6. 22.)
"**아마** 선심이 아웃을 **선언했습니다**."
(KBS 바르셀로나 올림픽 중계)

　'**아마**'란 말은, 단정적으로 확언할 수는 없으나, 어느 정도 그럴 만한 개연성이 있는 말 앞에서 '**거의**'나 '**대개**'란 뜻으로 쓰이는 부사이므로, 뒷말은 의당 '아마 별일 없을 거야.', '아마 짐작했을 테지.', '아마 그랬을 거야.' 등처럼 의문형이나 가정형으로 종결돼야 하는 낱말인데, 위 예문들은 하나같이 가정형인 '아마'로 시작된 문장에 긍정문으로 끝맺고 있어, 머리와 꼬리가 따로 놀고 있다는 사실을 알 수 있다. 따라서 바른말 옳은 글이 되게 하려면, '아마'를 몽땅 빼 버리거나, 아니면 "아마 저한테 전화 왔나 봐요.", "아마 사거리에 공터가 있을 겁니다.", "아마 선심이 아웃을 선언한 것 같습니다."라고 말해야 한다.

"**밧데리**가 훨씬 커진 느낌"
(KBS TV '세계는'. '99. 7. 7.)

"**빳데리**가 나갔어요, 완전히"
(itv '경찰 24시'. '99. 10. 18.)

"대선 주자로서의 **빳데리**가 완전 방전"
(MBN LIVE '뉴스 와이드'. 2016. 4. 28.)

'투수와 포수'란 뜻 외에 주로 '건전지'나 '축전지를 'Battery'라고 한다는 건 이미 다 아는 사실인데, [밧테리]나 [빳데리] 등은 일본식 외래어 표기인 'バッテリ'에서 나온 말이므로 [배터리]라고 해야 한다.

"서울에 가서 **치루어야** 할"
(SBS TV '기동'. 1999. 7. 15.)

"가족끼리 **치루었습니다.**"
(MBC TV '수첩'. 1999. 4. 23.)

"행사는 한국에서 **치루겠다.**"
(KBS TV '집짓기'. 1999. 4. 27.)

"일어나서 전쟁을 **치루었더니**"
(트위터 강지윤. 2012. 4. 23.)

'치르다' 역시 흔히 잘못 쓰고들 있는 말인데, '값을 치르다', '홍역을 치르다', '시험을 치르다' 등처럼, 줘야 할 돈을 내준다거나 무슨 일을 겪어 내는 걸 '**치르다**'라고 한다. 따라서 위의 '**치루어야**'는 '**치러야**'로, '치루었습니다'는 '**치렀습니다**'로, '치루겠다'는 '**치르겠다**'로, '치루었더니'는 '**치렀더니**'라고 해야 한다. 이유는, '뜨다', '크다'가 '떠', '커'로 활용되듯이, 어간의 끝 '으'가 '아'나 '어' 앞에서 줄어지는 현상, 즉 '치르(동사 어간)+어'에서 '르'의 'ㅡ'가 탈락되고, '어'와 결합하여 '러'로 바뀌어 '**치러**'가 되는 '으 불규칙 활용 동사'이기 때문이다.

"자꾸 말이 **왔다리갔다리**하고"
(MBC '100분 토론'. 1999. 11. 11.)

우리말 '여기저기'란 말도 일본어로는 '저기여기'(あちこち : 아치코치)'라 하고, '밤낮'도 영어로는 'Day and night(낮과 밤)'이요, 한자어로도 '주야(晝夜)', 일본어 역시 '낮밤' 즉 니치야(日夜 : にちや)' 또는 '츄야(晝夜 : ちゅうや)'라 하니, 언어습관이란 각 나라마다 차이점이 있기 마련이다. 그러나 위 예문의 '**왔다리갔다리**'는, 우리말 '왔다갔다'에 일본식 어법인 '갔다왔다' 즉, '잇타리키타리(行ったり來たり)'의 '**리**(り)'를 갖다 붙인 한일 잡탕어라, 남용할 말이 아닌데도 불구하고 어원을 몰라서인지 방송에서도 함부로 남용하고들 있는 실정이다.

"전체 의사에 **따라야지** 되고"
(MBC 뉴스. 1992. 10. 28.).
"선생님은 푹 **쉬셔야지** 돼"
(KBS TV '닥터 퀸'. 1993. 12. 19.)
"그렇게 **돼야지** 없어지지"
(MBC R. '여성 시대'. 1994. 2. 3.)
"이럴 땐 어떻게 **해야지** 돼요?"
(네이버 지식iN. 2004.3. 16.)

어미 '-지'는, 동사나 형용사의 뜻을 부정할 때 그 어간에 붙는 연결어미로서, '-지' 뒤에는 '울지 못한다', '좋지 않다', '가지 마오' 등처럼 '못하다', '아니하다', '말다' 등이 연결되어야 한다. 그러나 위 예문들처럼 긍정문이나 의문문에다 쓸데없는 '-지'를 접속시켜, 말도 안 되는 말들을 남용하며 우리말과 글을 오염시키고들 있으니, 안타까운 노릇이 아닐 수 없다. 아무튼 위 예문들 중 '없어지지' 외, 쓸데없이 갖다 붙인 '-지'들은 무조건 제거해야 하는 연자들임을 기억해 주시기 바란다.

"꾼들은 **캬바레**에서 안 놀아."
(MBC TV '서울의'. 1994. 2. 5.)

"딸기 맛 롯데 **스크류 바**."
(롯데 스크류 바 CM 송)

"**쇼파** 할인 매장 정직하게 할인"
(다음 블로그. 2015. 4. 19.)

원래 프랑스어인 'Cabaret'는 〔꺄바헤〕로서, 영어식 발음은 〔캐버레이〕이지만, 외래어 한글 표기는 '캬바레'가 아닌 '**카바레**'다. 그런데 많은 언중들이 무조건 이중모음에다 비비꼬기만 하면 잘 하는 발음인 것으로 착각들을 해서인지, '스크루(Screw)', '소파(Sofa)'를 비롯한 '카메라(Camera)', '카멜레온(Chameleon)', '캐비닛(Cabinet)', '카투사(KATUSA)', '재킷(Jacket)' 등도 하나같이 '스크류', '쇼파', '캬메라', '캬멜레온', '캬비넷', '카추샤', '쟈켓' 등으로 잘못 쓰고들 있다.

"**슈팅**을 때렸거든요."
(KBS TV 축구. '99. 7. 14.)

"**슛**다운 **슈팅**을 때리기 어려워"
(웹문서 김기종. 2011. 10. 15.)

각종 축구 중계방송에서 캐스터나 해설위원들이 흔히 잘못 쓰고들 있는 말인데, '슛(Shoot)'은 '슈팅(Shooting)'의 동사형이며, '슈팅'은 '슛'의 '하다형 동사'이므로, '슛'만으로도 '슈팅한다'는 뜻까지 포함된다. 따라서 '슈팅을 때린다'고 하는 건 '점프 뛴다'나 '배팅 친다'는 말과 다를 바가 없으므로, 반드시 "슈팅을 했거든요.", "슈팅을 하기 어려워"라고 해야 한다. 다만, 같은 'Shoot'이라도 축구에선 '**슛**', 야구에선 '슬라이더(Slider)'의 일본식 용어로 '**슈트**'라고 하며, 'Cut' 역시 야구나 영화에선 '**컷**', 미용실이나 탁구·골프 등에선 '**커트**'라고 한다.

"두 판이나 넘어갈 수 있는 기회가"
(KBS TV. 61회 장사 씨름 중계)

이만기 해설 위원의 도움말 내용인데, '기회(機會)'란 '절호의 기회' 또는 '마지막 기회' 등처럼 어떤 일을 하기에 가장 알맞은 때 즉, 바람직한 일에 쓰는 말이다. 그런데 씨름이란 원래 넘어지면 지고 넘어뜨리면 이기는 게임인데, 넘어지기 위해서 하는 씨름이 아닌 담에야, "넘어갈 수 있는 기회 운운"하는 건 어불성설이다. 아무튼, 위험한 순간이나 고비는 '위기'라고 해야 하므로, "두 판이나 넘어질 위기가 있었으나"라고 해야 하며, 만약 그 반대의 상황이라면 "두 판이나 넘어뜨릴 수 있는 기회가 있었는데"라고 해야, 바른말 옳은 글이 될 수 있다.

"안전사고로 아마 취급할 겁니다."
(KBS TV '추적'. 1999. 6. 17.)
"대형 안전사고가 우려되고"
(MBC TV 뉴스. 1999. 10. 4.)
"안전사고에 관한 거 있잖아요."
(SBS TV '호기심'. 1999. 7. 25.)

'안전사고'에 대한 사전식 풀이는 "공장이나 공사장 등에서 안전 교육의 미비, 또는 부주의 따위로 일어나는 사고."라고 되어 있듯이, 뭔가가 추락해서 난 사고를 '추락사고'라 하고, 화약이나 가스가 폭발하여 일어난 사고를 '폭발사고'라고 하므로, '안전사고'는 안전했기 때문에 야기된 사고라는 묘한 말이 되고 만다. 따라서 불안전하거나 부주의로 인한 사고는 있을지언정, 안전한 사고가 있다는 건 어불성설이 아닐 수 없다. 게다가 '대형 안전사고'라는 말을 제대로 이해하려면 참으로 머릿속이 복잡해져 버린다. 어쩌다 이런 말이 회자되고 있는지 알 수 없으나, '방심사고'나 '부주의사고'라고 하는 게 어떨까 싶다.

"**서방님**이 출연하시기 직전"
(KBS TV '남자는'. '94. 1. 30.)
"**서방님**도 딱도 하셔"
(TV극 '여러분'. '99. 4. 26.)
"**서방님**이 회사 떠날 필요가"
(KBS TV '욕망의 바다')

　극중 형수가 시동생에게 한 말들인데, '서방님(書房-)'의 어원에 대한 학설도 꽤 다양하나, 우선 사전의 뜻풀이부터 살펴보면,

　서방님 ① 남편을 공대하여 이르는 말.
　　　　　② 결혼한 시동생에 대한 호칭.
　　　　　③ 손아래 시누이의 남편을 이르거나 부르는 말.
　　　　　④ 버슬 없는 젊은 선비를 상사람이 부르는 말.

로 되어 있는데, 위에서처럼 남편도 '서방님'이요 시동생에다 손아래 시누이의 남편까지 '서방님'이라 해야 한다니, 만약 이들 셋이 함께 있을 때 형수가 '서방님' 하고 불렀을 경우를 생각해 보면 당황스럽지 않을 수가 없다. '서방질'이란 말뜻에서도 알 수 있듯이, 남편 이외의 남자에 대한 '서방님' 호칭은 금기라고 생각한다. '춘향전'의 옥중 상봉 대목에선, 이 도령을 수차 '서방님'이라 하고, 밀양 아리랑에선 "서방님이 오셨는데 인사를 못 해"라고 노래하며, 제주도 타령에선 "우리 집 서방님 명태 잡으러 갔는데"라고 우쭐거리는가 하면, 경상도 함양 지방에선 "함양 산천 물레방아는 물을 안고 돌고, 우리 집 서방님은 나를 안고 돈다"고 노래하는 여러 대목들에서도 볼 수 있듯이, 남편을 '서방님'이라고 했던 건 분명하다. '도련님'이나 '서방님'은 상반제도가 엄격하던 옛날에 상놈이 양반집 자제들에게나 쓰던 호칭이라 하여 거부 반응도 없진 않으나, 남편에게만은 '서방님'이라 하되 남편의 형은 '시숙(媤叔)'이 아닌 '**시형**(媤兄)', '시동생'은 '**시제**(媤弟)'라 하고, 시누이의 남편은 '**시매부**(媤妹夫)'라고 하는 게 어떨까 싶다.

"사망자 수를 최소한 팔천 명 선으로"
(KBS TV 뉴스에서. 1992. 9. 25.)

정원식 총리께서, 매년 평균 13,000여 명의 교통사고 사망자 수를 올해엔 최소한 8,000명 선으로 줄이겠다는 내용이라, 언뜻 들으면 대견하고 고마운 말씀 같지만, 뒤집어 생각해 보면 살아 있는 멀쩡한 사람을 선심이라도 쓰듯 올 연내로 8천 명의 생명을 교통사고로 죽이겠다는 말로 해석될 수도 있으니, 끔찍한 얘기가 아닐 수 없다. 같은 값이면 "교통 사고율을 최대한으로 줄이겠다."거나 "교통 사고율을 몇% 정도로 줄일 계획"이라고 했더라면, 하는 아쉬움이 남는 대목이다.

"니가 왜 **칠칠이냐**?"
(MBC '남자'. '99. 3. 25.)
"**칠칠맞게** (핸드폰을) 놓고 오게 되네요"
(네이버 카페. 2015. 8. 18.)

'칠칠하다'는, '칠칠하게 자란 배추' 또는 '솜씨가 칠칠하다' 등처럼, 푸성귀 등이 미끈하게 잘 자랐거나, 하는 품이 거침없고 깔끔할 경우에 쓰는 형용사다. '칠칠맞다' 역시 '칠칠하다'의 속된 말로서, "칠칠맞지 못한 녀석"처럼 주로 부정문으로 쓰이고 있다. 그러나 일을 경망스럽게 잘못 처리하는 사람을 일러 "방정맞은 사람"이라고 하는 것과는 달리, 일을 칠칠하게 처리하는 칠칠한 사람을 "칠칠맞은 사람"이라고 해야 한다면, '칠칠이'는 '똘똘이'와 같은 뜻이 되어야 하는데도, '못난이'란 뜻으로 쓰이고 있으니 이래저래 헷갈릴 수밖에 없다. 접미사 '맞다'는 '궁상맞다', '능글맞다', '청승맞다' 등처럼 거의 부정적인 구조로 쓰이므로, 긍정적인 '칠칠'과 부정적인 접미사 '맞다'는 처음부터 잘못된 만남이라는 얘기다. 따라서 "넌 왜 그리 **칠칠맞지 못하냐**?"가 아니라 "넌 왜 그리 **칠칠맞냐**?"가 정답이라는 필자의 사견임을 밝혀둔다.

"MBC 문화방송입니다"
(MBC 안내 방송)

'MBC'의 'M'은 'Munhwa(문화)'요, 'B'는 'Broadcasting(방송)', 'C'는 'Corporation(주식회사)'의 이니셜이 분명하므로, 'MBC'라는 애크러님 (Acronym) 자체가 바로 '문화방송'이란 뜻이 되는데, "MBC 문화 방송입니다"라고 하면, 결국은 "문화방송 문화방송입니다" 하는 꼴이 되고 만다. 따라서 의식적으로 점층법 효과를 노리는 속셈이라면 몰라도, 그냥 "여기는 MBC입니다" 또는 "여기는 문화 방송입니다" 둘 중 하나면 충분하다. 다만, 간판이나 명함 같은 데의 로고로 사용할 경우라면, '문화방송(MBC)' 아니면 'MBC(문화방송)' 등처럼, 괄호로 묶어서 쓰는 거야 탓할 바가 없겠지만, 'KBS 한국방송'도 마찬가지다.

"왼쪽 턱이 약하니까 레프트를 쳐"
(SBS TV '은하수를'. 1992. 3. 29.)

위 주말극 중의 권투 시합에서, 코치가 출전 선수에게 주문한 작전 지시 내용인데, 레프트 즉 누군가가 왼 주먹으로 치면 맞는 사람은 당연히 오른쪽 턱이 되므로, 왼손으로 상대방의 왼쪽 턱을 칠 수는 없다. 굳이 그렇게 하려면 왼쪽 손등으로 후려칠 수도 있지만 반칙이 된다. 따라서 **"왼쪽 턱이 약하니까 라이트를 쳐."**라고 하거나, **"오른쪽 턱이 약하니까 레프트를 쳐."**라고 해야 한다. 여담이지만 얼토당토않은 소리를 흔히 '택도 없는 소리'라고들 하나, '턱없는 소리'에서도 알 수 있듯이, '턱도 없는 소리'를 잘못 쓰는 경상도만이 아닌 전국전인 사투리다. 다만, '그럴 턱이 없지.'나 '알 턱이 있나.' 등처럼 주로 어미 '—ㄹ' 뒤에서 '있다·없다'와 함께 쓰여 그렇게 되어야 할 까닭을 뜻하는 명사와 사람의 '턱', '한턱내다'의 '턱', 평지보다 조금 높은 자리를 뜻하는 '턱', '숨이 턱 막힌다'고 할 때의 부사 '턱' 등과는 별개의 말이다.

"단도리 잘 하고 지내"
(MBC '아름다운'. '99. 6. 7.)
"'단도리'가 전라도 사투리?"
(지식iN 오픈국어)
"선배들의 **단도리**가 이어지고"
(Esquire 문화 산책. 2012. 10. 1.)

　극 중에서 아버지가 왈가닥 기자인 딸에게 한 얘기다. '**단도리**(段取り)'란, '일을 진행시키는 순서나 방도 또는 절차'를 뜻하는 일본말임이 분명한데, 알고도 쓰는 건지 몰라서 그러는지는 모르겠으나 방송 관계자들도 스스럼없이 쓰고들 있는 실정이다. 게다가 〈두산백과〉에는 떳떳이 "일을 해 나가는 순서, 방법, 절차 또는 그것을 정하는 일"로 되어 있고, 지식iN 오픈국어에는 "단속. 주의를 기울여 다잡거나 보살핌. 규칙이나 법령, 명령 따위를 지키도록 통제함."이라고 했는가 하면, "몸 단도리. 몸단속. 위험에 처하거나 병에 걸리지 않도록 미리 조심함. 옷차림을 제대로 함. (같은 말), 몸수색(무엇을 찾으려고 남의 몸을 뒤짐)."이라는 기상천외한 설명에다, 일본어라는 설명도 없이 "'규제하다', '단속하다'의 뜻을 가진 전라도 사투리."라는 밑도 끝도 없는 풀이까지 등장하고 있어 놀라지 않을 수 없다. 위의 예문 "선배들의 **단도리** 운운"한 필자 역시 우리 어문에 관하여 상당히 앎직도 한, 잡지사 중견 기자의 글이라 더욱 놀랍다. 물론, '세계는 하나'를 부르짖는 글로벌 시대에 일본어라고 해서 무조건 배척하자는 옹졸함에서가 아니라, 건축용어나 공구 이름 등 적당한 대체어가 없을 경우엔 부득이 원어를 사용한다손 치더라도, 굳이 써야 할 이유도 없이 말의 근원도 모른 채 무분별하게 남용한다는 건 당연히 지양되어야 한다. 아무튼 애당초 일본어 '단도리(だんどり)'에 대한 대체어(代替語)를 생각할 게 아니라, 아예 우리말 '**채비·단속·준비**'란 말을 생각하면 이런 문제점은 자연히 해소되리라고 본다. 따라서 위 예문의 경우 "**처신** 잘 하고 다녀!", "선배(님)들의 단속이 이어지고"라고 하면 된다.

"저런 **플랭카드**가 걸린다는 건"
(KBS TV. '시사진단'. 2015. 3. 5.)

청년위원회 신용한 위원장의 대화 내용인데, 신 위원장뿐만 아니라 상당한 지식인들도 '플랭카드' 또는 '프랭카드'라고 잘못 쓰고들 있다. 가로로 긴 천 등에 구호를 적고 양끝을 장대에 매달거나 길 위에 단 선전물 즉 현수막을 '**플래카드**(Placard)'라고 하는데, 중세 네덜란드어 'Placken(풀로 붙이다)'의 변한 말이라고 하나, 일본에서도 '푸라카도(プラカ-ド)'라고 하는데, 어디서 이런 말이 나왔는지 알 수가 없다.

"앞으로 **남은 여생**을 어떻게"
(SBS TV '비디오'. 1999. 6. 12.)
"교도관이 되어 **남은 여생** 헌신"
(다음넷 카페. 2015. 2. 24.)

'상갓집 개'나 '대갓집 마님' 등은, '喪家'나 '大家'의 '家'와 '집'이 중복되는데도, '상가 개'라거나 '대가 마님'이라고 하진 않는다. '면도(面刀)'와 '면도칼'은 '刀'와 '칼'이 중복되긴 하나, '면도'와 '면도칼'은 분명 다른 말이며, '축구(蹴球)·야구(野球)·배구(排球)'와 '축구공·야구공·배구공'의 '구(球)'와 '공'이 중복되지만, 각기 뜻이 다르므로 그대로 쓸 수밖에 없다. 그러나 위 예문 중의 '여생'은, '남을 여(餘)'와 '날 생(生)' 자로 구성된 한자어이므로, '남은 여생'이라고 하면 '남은 남은 생'이라는 묘한 말이 되고 만다. 따라서 그냥 '**여생**'이라고 하거나 아니면 '**남은 생**'이라고 하되, 굳이 운율을 맞춰야 할 경우라면 '**남은 인생**'이라거나 '**남은 일생**' 또는 '**남은 생애**'라고 하면 된다. 위 예문 중의 뒤엣것은 꿈이 있다면 교도관이 되어 남은 인생을 헌신하고 싶다는 젊은 남자(30세)의 당찬 고백이긴 하나, '**여생**'이라고 하면 최소한 인생의 반환점(?)을 돌아선 나이쯤 되어야 어울리는 말이 아닌가 싶다.

"잠시 후에…만나 보았습니다."
(KBS TV '중계차'. 1991. 4. 23.)

위 프로그램의 담당 진행자가 한 말 중의 일부인데, 본문을 좀 더 인용하자면 "잠시 후에 뮤지컬 '산 너머 파랑새'의 리허설 현장을 찾아서, 극의 내용과 출연진들을 만나 보겠습니다."인데, 미래형 '잠시 후'와 과거형 '만나 보았습니다'의 시제가 전혀 맞지도 않거니와, "극의 **내용을 만나 보겠다**"는 것 또한 어폐가 있는 말이다. 제대로 소개하려면, "잠시 후에 뮤지컬 '산 너머 파랑새'의 리허설 현장을 찾아서 출연진들도 만나보고, 극의 내용도 함께 알아보기로 하겠습니다."라고 해야 한다. 만일 녹화물일 경우라면, "저희 달리는 중계차 팀이 뮤지컬 '산 너머 파랑새'의 리허설 현장을 찾아서, 출연진들을 만나 극의 내용을 알아보았는데, 잠시 후 함께 보기로 하겠습니다."라고 해야 한다.

"사장님이 뭐 **먹으러 오시는 거야**?"
(KBS TV '서른한 살의'. '93. 10. 9.)
"멋진 넥타이를 **하시고 계시네요**."
(지식iN 영문 해석. 2015. 2. 23.)

'사장님'에 합당한 주격조사는 '이'가 아닌 '**께서**'라야 하며, 식사 역시 '먹으러'가 아닌 '**잡수 (시)러**'라고 해야 하므로, "**사장님께서 뭘 잡수시러 오시는 거야**?"라고 해야 격에 맞는 어법이 된다. 다만 평상시에도 너나들이할 정도로 사장이 막역한 친구지간이라거나 손아랫사람이라면, 존칭 접미사인 '-님'이나 존칭 선어말 어미인 '-시-'도 생략하고, 그냥 "사장이 뭐 먹으러 오는 거야"라고 해도 무방하다. 뒤의 예문은 과공이 비례라고 했듯이, 존칭 선어말어미인 '-시-'의 과용도 어색하게 들리므로, "**멋진 넥타이를 하고 계시네요**." 해도 무난하겠으나, 그냥 "**멋진 넥타이를 매셨군요**."라고 하면 깔끔하게 처리된다.

"객석에 앉아도 될 분 같죠?"
(KBS TV '오늘의'. '91. 6. 15.)

위의 프로그램 진행자가 게스트인 최순영 부천시의회 의원에 대한 소개 내용인데, 의회 의원이면서도 누구나 부담 없이 대화할 수 있는 평범한 인상임을 부각시키고자 한 말인 것 같으나, 객석에 앉아 있는 많은 방청객들에겐 대단한 실언이 된다는 사실은 미쳐 생각지 못 했던 게 아닌가 싶다. 왜냐하면, 본의야 어떻든 강단에 설 사람과 객석에 앉을 사람이 따로 있다는 뜻은 아니더라도, 객석에는 으레 달동네 아줌마들이나 자리를 메워야 한다는 뜻이 돼 버리고 말았기 때문이다. 차라리 "아주 권위적이실 거라는 우리들 선입견과는 달리, 무척 수더분한 분이시죠?" 정도로 소개했더라면 무난하지 않았을까 싶다.

"변우민 씨가 오바이트를 많이 해서"
(KBS TV '삶의 현장'. 1999. 7. 12.)
"엔진오일이 오바이트를 해서 엉망"
(다음넷 카페. 2015. 3. 4.)

술이나 음식 등을 과음·과식하여, 먹은 것을 토하는 행위를 흔히들 '오바이트한다'고 하는데, '과식을 한다'는 뜻인 'Overeat'에서 온 말이지만 분명 콩글리시다. 현지에선 과식했을 때 '오버이트(Overeat)', 과음했을 경우엔 '오버드링크(Overdrink)', 과음·과식으로 토할 경우엔 '스로우업(Throw up)'이라고 하나, '바미트(Vom it)/퓨크(Puke)'라고도 한다. 그렇다고 해서, 우리도 덩달아 '스로우업(바미트·퓨크)'이라고 해야 한다는 게 아니라, '토하다'나 '게우다'라는 우리말을 두고 굳이 부적절한 외래어를 끌어다 쓸 게 아니라, 앞 예문은 "변우민 씨가 많이 토해서"라고 하되, 뒤 예문 엔진오일 과열 현상은 '오버이트'가 아닌 '오버히트(Overheat)' 또는 '과열되다'라고 해야 한다.

"내가 보살펴 **줄께요.**"
(SBS TV '쏭바'. '93. 1. 3.)
"알겠어요, **단속할께요.**"
(PSB TV 뉴스. '99. 7. 16)
"G2 널 끝까지 **책임질께.**"
(㈜ 한화 / 정보 통신 광고)

한글맞춤법 규정에 '-(으)ㄹ까?', '-(으)ㄹ꼬?', '-(스)ㅂ니까?', '-(으)리까?', '-(으)ㄹ쏘냐?'와 같은 의문형 종결어미를 제외한 '-(으)ㄹ걸', '-(으)ㄹ게', '-(ㄹ)지라도', '-(ㄹ)지언정', '-올시다'처럼, 'ㄹ' 뒤에서 된소리로 발음되는 것은 된소리로 적지 않기로 되어 있는데, 의외로 많이들 오용하고 있는 실정이다. 따라서 위의 '보살펴 줄께요', '단속할께요', '책임질께' 등은, '**보살펴 줄게요**', '**단속할게요**', '**책임질게**'로 바로잡되 '게'의 발음만은 모두 된소리인 [께]라고 해야 한다.

"**한 치의 오차도 없습니다.**"
(로가디스 TV 광고)

각 매스컴을 통하여 에스에스 패션 기성복의 훌륭한 재단 기술을 자랑하는 광고 내용인데, 소매 길이나 통, 허리둘레, 기장 등에 푼을 다투는 고급 양복 재단 기술에, 한 치(一寸 : 3.33cm)의 오차도 없다 함은, 3.32cm까지의 오차는 허용할 수도 있다는 뜻이 되므로, 이런 CF는 그야말로 넌센스가 아닐 수 없다. 그러고도 그저 막연하게, '아주 미세한 치수를 비유하는 말'로 해석해 주길 바란다는 건 크게 잘못된 생각이다. 첨단 기술을 자랑하는 게 아니라, 주먹구구식 기술임을 스스로 광고하는 셈이 되기 때문이다. 여담이지만, 허리띠 구멍이 한 개씩 늘어날 때마다 허리띠 주인의 수명이 3년씩 줄어든다고 하는데, 그 허리띠의 구멍 간격이 대개 2.5cm 내외임을 참고로 밝혀 둔다.

"지금까지 **어려운 역경을 딛고**"
(KBS TV '11시에 만납시다')
"**어려운 곤난과 난관에 부딪쳐도**"
(지식iN. 물어보기. 2014. 4. 17.)

일이 뜻대로 되지 않는 불행한 환경이나 어려운 처지가 곧 '역경(逆境)'이
므로, '어려운 역경'이라고 하면 결국 '가까운 근처(近處)', '높은 고층(高層)',
'더운 열탕(熱湯)', '찬 냉방(冷房)', '하얀 白구두' 등처럼, 불필요한 말이 중
복되고 만다. 즉 '가까운 곳'이 '근처'요, '높은 층'이 '고층', '더운 탕'이 '열탕'
이요, '찬 방'이 '냉방', '하얀 구두'가 '백구두'이기 때문이다. 따라서, 그냥 "**역
경을 딛고**"나 "**어려운 고비를 넘기고**" 또는 "**숱한 곤란과 난관에 부딪쳐도**"라
고 해야 한다.

"보리가 **영그는 계절**"
(KBS TV '내 고향'. '99. 6. 2.)
"애기가 꽃빛 속에 **영글어**"
(1999년 동요 대상 노랫말)
"많이 **영글었네요, 크게**"
(MBC TV 뉴스. '99. 10. 16.)

낟알이나 과일 따위가 익어서 단단해지는 걸 '**여물다**'라고 하는데, 한때는
'**영글다**'가 비표준어로 밀려나 있었으나, 어원적으로도 근거가 있는데다 현실
적으로도 널리 쓰이고 있던 터라, 1999년 '표준국어 대사전'에서부터 '**영글
다**'와 '**여물다**', '**익다**'와 함께 복수표준어로 처리되어, 작가의 한 사람으로 반
가운 마음이 앞선다. 사실 "산포도 **영글어** 다람쥐 쪼로롱" 또는 "고향 마을
뒷동산엔 머루 다래 **영글어** 가고" 등으로 쓰면, '산포도 여물어(익어)'나 '머
루 다래 여물고(익고)'라고 표현하는 것 보다 훨씬 더 정감이 가는 훌륭한
시어가 되리라고 본다.

"~야 한다. 저는 그렇게 생각합니다."
(서울 대학교 조영달 교수)
"~않았나, 저는 그렇게 생각합니다."
(정성철 경실련 상임집행위원장)
"~이 크다, 저는 그렇게 생각하고"
(조세형 신민당 정책위 의장)
"저는 그런 개인 생각을 하고 있고요.."
(나웅배 민자당 정책위 의장)

위 예문들은, MBC TV의 시사토론(1991. 5. 31.) '광역 선거 정국'에서 드러난 각 패널리스트들의 고질적인 언어 습관들을, 일일이 열거할 수 없어 각 한마디씩만 추출해 보았으나, 문법상 무슨 하자가 있어서라기보다, 역겨울 정도로 시종일관 "저는 그렇게 생각합니다."를 서로 겨끔내기로 연발하는 어투가 못내 귀에 거슬렸던 게 사실이다. 이는 일본인들의 상투적인 어투 "나는 그렇게 생각합니다(私はそんなに考えます)."의 영향 탓으로 보지만, 사회의 많은 지식인들이 아직도 이런 어법들을 즐겨 사용하고 있는 실정이다. 외국에는 음치가 많은 반면에, 우리나라엔 토론 문화(Discussion Culture)가 제대로 정립되지 않아서인지, 화치(話痴)가 많다는 사실을 각 토론장에서 늘 절감해 오던 터이나, 위의 예문들을 필자 나름대로 손질해 보기로 한다.

"~야 한다, 저는 그렇게 생각합니다."
→ "~어야 할 것으로 봅니다."
"~않았나, 저는 그렇게 생각합니다."
→ "~ 않았나, 싶습니다."
"~이 크다, 저는 그렇게 생각하고"
→ "~이 큰 것으로 보고"
"저는 그런 개인 생각을 하고 있고요."
→ "저는 그렇게 믿고요."

　　생후 6개월 남짓 된 영계(←軟鷄) 뱃속에 찹쌀·밤·대추·마늘 등을 넣고 푹 끓인 음식이 '영계백숙(←軟鷄白熟)'이요, 여기에 인삼을 넣어 끓인 탕을 '계삼탕'이라고 했으나, 지금은 주객이 전도되어 '**삼계탕**'으로 굳어버리고 말았다. 일본에선 '닭'을 뜰에서 키우는 새라 하여 '**니와토리**(庭鳥/鷄 : にわとり)'라고 하나, 대개 '새'를 뜻하는 '**토리**(鳥)'처럼 그냥 '**토리**(鷄)'라고도 하는데, '**닭도리탕**'은 '닭+닭+湯=닭닭탕'이 되므로, 국립국어원에서도 일본 어원설을 내세워 '닭볶음탕'이라는 말로 순화해 놓고 있다. 그런데 이 '도리'의 어원이 '졸이다'의 북한 사투리 '됴리다'에서 왔다기도 하고, '도려내다'의 '도리다'에서 나온 말이라고도 하는가 하면, 작가 이외수 씨는 '외보도리(오이채반찬)'의 '도리'에서 온 말이라고도 했으나, '외'는 '오이'의 준말로 보고 '도리'를 '잘라내다/도리(려내)다'의 뜻으로 보더라도, 닭을 오이 썰듯이 써는 것도 아니거니와 '-보-'의 출신성분도 설명할 길이 없지 않은가 싶다. 그러나 필자는 역어유해(譯語類解)의 '됴리ᄒ다'와, 박통사언해초간(朴通事諺解初刊)의 '고깃국으로 됴리호되'의 '됴리(調理)'에서 온 말로서, 옛말 '됴리'가 '도리'로 음운 변화하여 '닭도리탕'이 된 것으로 유추해 볼 수 있잖을가 싶다. 아무튼 어원이야 어떻든 '**닭볶음탕**', '**토끼볶음탕**'으로 순화한 것만으로도 다행인진 모르겠으나, '**닭볶음**'이나 '**토끼볶음**'이면 족한 것을 '탕'이라는 사족은 왜 붙였을까 하는 아쉬움이 남는다. '××볶음'이란 '김치볶음, 곱창볶음, 순대볶음' 등처럼 음식 재료에 양념을 하여 볶은 음식을 말하며, '탕'은 '대구탕, 설렁탕, 갈비탕' 등처럼 국물이 많은 음식을 뜻하는 반의어가 되므로, '닭볶음탕', '토끼볶음탕'의 '탕'이란 꼬리표는 쓸데없는 군더더기 말임을 알 수 있다. 따라서 그냥 '**닭볶음**', '**토끼볶음**'만으로도 충분하다는 생각이다.

"조금만 지나면 **잃어버려**"
(MBC '세상을'. '99. 4. 28.)

가지고 있던 물건을 분실할 경우엔 '**잃어버리다**'라고 해야 하나, 기억을 상실할 경우엔 '잃어버리다'가 아니라 '**잊어버리다**'라고 해야 한다. 따라서 중앙대 노영기 교수가 말한 위의 '잃어버려' 역시 당연히 '**잊어버려**'라고 해야 할 내용이었다. 다시 말하자면, '잃다'는 영어로는 'Lose', 일어로는 '우시나우(うしなう)'라고 하지만, '잊다'는 영어로는 'Forget', 일어로는 '와스레루(わすれる)'로 구분되며, 한자로는 '잃을 실(失)'과 '잊을 망(忘)'으로 구분된다는 사실을 참고로 밝혀 둔다.

"참나무 **숫으로**"
(SBS TV '만남'. '99. 7. 11.)
"**숫을** 피우기 위한 기구"
(KBS TV '진품'. '99. 7. 18.)
"**옷닭** 먹고 **옷이** 올랐는데"
(웹 문서 2009. 8. 7.)
"**닭볏을** 더 세우려고"
(네이버 카페. 2013. 8. 23.)

위의 '숫으로', '숫을', '옷닭', '옷이', '닭볏을' 등은 '**숯으로**', '**숯을**', '**옻닭**', '**옻이**', '**닭볏**'으로 표기하고 〔수츠로〕, 〔수츨〕, 〔온딱〕, 〔오치〕, 〔닥벼슬〕이라고 발음해야 하는 것들을, 화자들이 발음한 그대로 음사(音寫) 표기한 것들이다. 이런 폐단의 근본적인 원인을 분석해 보면, 'ㅊ이', 'ㅊ을', 'ㅊ에'는 〔치으치〕, 〔치으츨〕, 〔치으체〕라고 발음하는 게 원칙인데도, 한글 자모를 연음해서 발음할 경우엔 〔치으시〕, 〔치으슬〕, 〔치으세〕로 발음하도록 되어 있는, 발음법 특별 규정 때문이겠으나, '**닭볏을**'은 거꾸로 '닭볏을〔닥벼츨〕'이라고 하여 문제가 된 경우다.

"그때 당시에 카메라를"
(MBC TV '수첩'. '99. 6. 26.)
"일제시대 때의 학습 장면"
(KBS TV 뉴스 1999. 4. 29.)

　'당시(當時)'가 '바로 그때'이므로, '그때 당시'라고 하면 결국 '그때 그때'라는 말이 되며, '시대(時代)'와 '때' 역시 굳이 겹쳐 써야 할 이유가 없는 말이다. 물론 강조하는 뜻도 있겠으나, '그때 당시에'는 '그때에', '그 당시에', '바로 그때'라 하고, '일제(日帝)'는 '일본 제국'의 준말이므로, '일제시대 때'는 그냥 '일제 시대'나 '일제 때'라고 할 게 아니라, '일제^강점기'라고 해야 한다. 이 밖에 '그곳 현장', '지금 현재', '지금 바로 당장' 등 역시 중복되는 말들이므로 제대로 가려 써야 한다.

"네가 늦장을 부리고 있다는 걸"
(KBS 위성. '왕십리'. 1999. 11. 15.)
" '늑장'과 '늦장'은 동의어입니다."
(국립국어원@urimal1365. 임유림)

　남의 땅에 억지로 장사를 지내는 '늑장(勒葬)'은 차치하고라도, 엣센스 국어사전과 동아 새 국어사전 등에는 '늑장'만 있고 '늦장'은 아예 간 곳이 없으며, 여타 사전 역시 뒤죽박죽이라 종잡을 수가 없는 실정이다. 다만, 네이버 국어사전, 표준국어 대사전, 한컴사전에서는 '당장 볼일이 있는데도 딴 일을 하거나 느릿느릿 행동하는 일'을 뜻하는 '늑장'과 '늦장'을 동의어로 보아 '늑장 부리다'와 '늦장 부리다'를 다 쓸 수 있지만, '다 파할 무렵 느직하게 보러 가는 장'이라 하여 '늑장 부리다'와 '늦장을 보러 가다'를 제대로 분류해 놓고 있다. 따라서 '늑장 부리다'나 '늦장 부리다'는 유의어나 동의어로 간주할 수 있을지라도, '늦장 보러 간다'를 절대로 '늑장 보러 간다'고는 할 수 없다.

"동생들 학교도 시켜야 되겠고"
(MBC TV '인터뷰'. '92. 3. 19.)

'시키다'는, '심부름을 시킨다.'거나 '노래를 시킨다' 등처럼 '어떤 일이나 행동 등을 하게 한다'는 뜻의 타동사이지만, '진정시키다'나 '결혼시키다' 등처럼 명사 뒤에 붙어 '하게 하다'의 뜻을 나타내는 '시키다'는 접미사가 된다. 그러나 '학교'는 '시킨다'라고 할 수 없는 말이므로, **'학교에도 보내야'** 또는 **'공부도 시켜야'**라고 해야 하는 말이다.

"아버지가 보시잔다."
(어느 TV 연속극에서)
"오시라고 하지 않았습니까?"
(EBS TV '세상'. 1999. 4. 30.)
"도련님, **회장님께서 오시랍니다.**"
(네이버 카페. 2010. 1. 18.)

앞 예문은, 극중에서 어머니가 아들에게 한 말인데, '보시잔다' 함은 결국 아버지가 아들을 '보시자고 한다'는 몰상식한 말이 되므로, **"아버지께서 보자(고 하)신다"**라고 해야 하는 말이며, 두 번째 예문은 박목월 시인이 옛날에 제자인 신달자 자신에게 한 말씀이라는데, 이것 역시 **"(갖고) 오라고 하시지 않았습니까?"** 또는 **"(갖고) 오라고 하지 않으셨습니까?"**라고 해야 하는 말이다. 마지막 예문 역시 **'회장님께서 오라고 하십니다.'** 또는 **'회장님께서 오라십니다.'**라고 해야 예법에 맞는 말이 된다. MBC 주간 드라마 '전원 일기'(1991. 7. 29.)에서 김 회장 손자는 "작은아버지, 할아버지께서 오라셔요."라고 하여, 호칭은 물론(흔히들 '삼촌'이라고 호칭하므로), '오라셔요'(오라고 하셔요) 하는 압존법(壓尊法)도 제대로 처리하고 있는데, 만약 아버지 손아랫사람의 심부름이라면, 당연히 "오시랍니다."라고 해야 함은 물론이다.

"'[무 : 학대사]'와 '[무학대사]'"
(KBS TV '용의 눈물'에서)

아무것도 배운 게 없다는 뜻과 함께, 수행을 끝내고 다시 더 배울 것이 없는 최고의 단계를 말하는 '무학(無學)'은, 〔무식(無識)하다〕나 〔무사(無事)하다〕고 할 때의 음가(音價)처럼 단음으로 발음해야 한다. 따라서 조선 초기의 승려인 '무학대사(無學大師)'는 단음으로 발음해야 하는데도, '무 : 예(武藝)'나 '무 : 용(舞踊)' 등의 음가처럼 하나같이 장음으로 발음하고들 있으나, 〔무 : 학대사〕라고 발음하면, 무술에 대한 경륜이 높은 대사 즉 '武學大師'나 춤추는 학과 같은 대사라는 뜻인 '舞鶴大師'가 되어 버리고 만다. 그런가 하면, 서울 성동구 행당동에 있는 〔무 : 학여고(舞鶴女高)〕를 단음인 〔무학여고〕라고 발음하면, 아무것도 배울 게 없는 무식한 여고라는 뜻의 '無學女高'가 되어 버리므로, 절대로 장·단음을 소홀히 취급해선 안 된다는 사실을 알 수 있다.

"님이라 부르리까?"
(대중가요 제목)

'임'은 '연인'을, '님'은 임금님을 뜻하는 옛말인데, 언제부터인가 '임'과 '님'을 무분별하게 쓰고들 있어 무척 혼란스럽다. 우선 각 국어사전들 역시, '님'이 '임'의 옛말이라고도 하고 동의어라고도 하는가 하면, 새 한글사전에선 '임'과 '님'을 같은 말이라 해 놓고도, 정작 '님'은 간 곳이 없다. '임'으로 쓰고 있는 대중가요 제목으로는 '임이 오는 소리', '임 그리워' 등이 있고, 시제(詩題)로는 '임(이광수)', 임(김남조), '임께서 부르시면(신석정)' 등이 있다. 반면에 '님'으로 쓰고 있는 가요로는 '님은 먼 곳에', '님 그림자' 등이 있으며, 시제로는 '님의 침묵(한용운)', '님에게', '님의 노래(김소월)' 등 제각각이다. 물론 현행 표준어로는 '임'이라지만 '님'도 함께 묵인되고 있는 어정쩡한 상태이다.

"한 번 [박꼬] 두 번 [박꼬]"
(강부자 CF)

정작 전달하고 싶은 메시지는, "(선물을) 한 번 **받고** 두 번 **받고** 자꾸만 **받고** 싶네."가 분명할 터인데, 〔받꼬〕라고 발음해야 할 '받고'를, 〔박꼬〕라고 발음하고 있다. 흔히들 '옷걸이〔옫꺼리〕'를 〔옥꺼리〕, '헌법〔헌 : 뻡〕'을 〔험 : 뻡〕, '낯가림〔낟까림〕'을 〔낙까림〕, '감기〔감 : 기〕'를 〔강 : 기〕, '젖멍울〔전멍울〕'을 〔점멍울〕, '낮말〔난말〕'을 〔남말〕, '꽃병〔꼳뼝〕'을 〔꼽뼝〕, '걷기〔걷끼〕'를 〔걱끼〕 등으로 발음하고들 있으나, 표준발음법 제21항의 규정에 따라 역행동화된 발음은 허용하지 않으므로, '한 번' 역시 〔함번〕으로 발음하지 않도록 주의해야 한다.

"짧은 기간 동안 최선을 다"
(KBS TV '탐험대'. 1999. 4. 25.)
"친구가 오랜동안 봉사하는곳"
(네이버 카페. 2014. 7. 27.)
"오랫만에 재회한 프라하는 첫사랑인 듯"
(백상현 저 '아호이 아호이' 264쪽)

우선 국어사전의 뜻풀이를 보면, '기간(期間)'은 '어느 일정한 시기의 사이', '동안'은 '어느 때부터 어느 때까지의 사이'를 말하는데, 한자어인 '기간'과 순우리말인 '동안'은 유의어로서, '기간'과 '동안'은 비슷한 말이므로, '짧은 기간 동안'은 그냥 '**짧은 기간**'이나 '**짧은 동안**'으로 쓰는 것이 좋다. '오랜동안'은 '**오랫동안**'의 잘못인데, '오래'와 '동안'이 결합될 때 사잇소리 현상이 나타나 사이시옷을 받쳐 적은 형태이다. 그런가 하면 위 예문의 '오랫만에'는 '**오랜만에**'를 잘못 쓴 글로서 '오랜만에'는 '오래간만에'의 준말이므로, 지인끼리 모처럼 만나 인사할 땐 "오랜만이군!" 또는 "오래간만이군!"이라고 해야 한다.

"고난이도의 게임 방식 때문에"
(KBS TV '영상 가요'. 1999. 5. 31.)
"시작해서 난이도 있는 데까지"
(KBS TV '팔도 명물'. 1999. 7. 2.)

"시험 문제의 난이도를 조절하다"처럼 '난이도(難易度)'는 '어려움과 쉬움의 정도'를 뜻하는 말인데, 일부 한자어 명사 앞에 붙어 '높은'이나 '훌륭한' 등의 뜻을 나타내는 접두사인 '高-'에 '난도'를 연결하면, 아주 어려운 정도를 뜻하는 말이 되지만, '이도(易度)'를 연결하면 '고이도(高易度)' 즉 '아주 쉬운 정도'가 된다. 따라서 '고난이도'라고 하면 '아주 어렵고 쉬운 정도'라는 묘한 말이 되므로, 위의 예문들은 '**고난도의 게임 방식**', '**고난도 수준까지**'라고 해야 한다.

"'高架道路'가 [고까도로]?"
(각 방송국의 교통 안내)

'高(고)'는 높다는 뜻이요 '架(가)'는 가설한다는 뜻이므로, '고가도로(高架道路)'는 높게 가설한 도로를 일컫는 말인데, 일반 언중들은 물론, 각 방송국의 리포터나 아나운서들까지도 대개 [고까도로]라고 발음하고들 있다. 하긴 '高架 [고가]'나 '高價[고까]'도, 일본식 발음으로는 둘 다 똑같은 음가인 [고카(こう か)]가 되지만, 한국식 발음으로는 '고가'의 '가'를 된소리인 [까]로 발음하면 물가의 [고까(高價)], [저까(低價)]에서 알 수 있듯이 [고까도로(高價道路)] 즉 '아주 비싼 도로'라는 뜻이 되어 버리고 만다. 따라서 '높게 가설한 도로'라는 뜻의 '고가도로(高架道路)'는 [가 : 공(架空)], [가 : 교(架橋)], [가 : 설(架設)] 등의 소릿값처럼 예사소리인 [**고가도 : 로(高架道路)**]라고 발음해야 한다. '고가(高架) 사다리' 역시 [고까(高價)사다리]'라고 발음 하면 '높게 가설된 사다리'가 아니라 '아주 비싼 사다리'란 뜻이 되고 만다.

"시큰시큰거려 가지고"
(어느 영화에서 심형래)
"중얼중얼거리는 거예요."
(SBS '영어 비법'. '99. 7. 27.)

'번쩍번쩍'이나 '소곤소곤' 등의 부사에 붙어 동사나 형용사를 만들 땐 접미사 '-하다'가 연결되지만, '-거리다'는 동작이나 상태를 나타내는 일부 어근 뒤에 붙어 어떤 상태가 계속됨을 뜻하는 동사형 접미사이므로, 첩어에 '-거리다'를 연결하면 어색한 말이 된다. 따라서 위의 '시큰시큰거려'와 '중얼중얼거리는'은 그냥 **'시큰거려'**, **'중얼거리는'**이라거나, **'시큰시큰해 가지고'**, **'중얼중얼하는 거예요.'**라고 해야 한다.

"아빠, 짝은언니 꿈꿨어"
(KBS '당신이'. '93. 12. 9.)
"짝은 형님 일본 여행 후"
(네이버 블로그. 2013. 5. 29.)

위의 '짝은언니'는 **'작은언니'**를 쓸데없이 된소리로 발음한 경우이다. '소주, 핸드백, 세컨드, 건수(件數), 전(錢), 파일럿, 골통, 세미나, 센스, 제(製), 사이렌, 서비스, 백기어, 족집게, 진드기, 가솔린, 둑, 소나기' 등은 모두 예사소리로 발음해야 하는 것들이다. 그런데도 대부분의 언중들이 하나같이 '쐬주, 핸드빽, 쎄칸드, 껀수, 쩐, 빠이롯드, 꼴통, 쎄미나, 쎈스, 쩨, 싸이렌, 써비스, 빽구기아, 쪽집게, 찐드기, 까소린, 뚝, 쏘나기' 등처럼 발음이 점점 경음화되어 가고 있는 추세라 걱정스럽다. '짝은형님' 역시 **'작은형님'**처럼 예사소리로 발음하되, 글로 쓸 땐 반드시 붙여 써야 한다. 왜냐하면, '작은ⱽ형님'으로 띄어 쓰면 서열을 따지는 첫째 형이나 둘째 형이란 뜻이 아니라, 신장이 크고 작은 여러 형들 중에서 키가 작은 형을 뜻하는 말이 되기 때문이다.

"빨리 읽으려고 **하시지 마시고**"
(EBS R. '일본어 회화'. 1999. 2. 28.)
"자주 **싸우시며 하시는 말씀들**이"
(MBC R. '여성 시대'. 1994. 1. 11.)
"예의를 어떻게 **보시고 계십니까?**"
(KBS R. '명랑하게'. 1992. 7. 13.)

'-시-'는, 모음으로 끝난 어간 밑에서 높임의 뜻을 나타내는 존칭 선어말 어미인데, 각 어절마다 일일이 '-시-'를 붙일 게 아니라, 대개 각 문장의 마지막 용언에만 붙이는 게 올바른 어법이다. 과공(過恭)은 비례(非禮)라고 했으니, '하시지 마시고'는 '**하지 마시고**', '싸우시며 하시는 말씀'은 '**싸우며 하시는 말씀**', '보시고 계십니까'는 '**보고 계십니까?**' 정도로만 말해도 전혀 탓할 바 없는 존칭어법이 되기 때문이다.

"**7살박이** 시인의 아내"
(KBS 예고. 1992. 10. 20.)
"네 **살박이**라고 하는 게"
(KBS '바른말'. '99. 12. 22.)

주로 어린이의 나이를 나타내는 말에 붙어, 거기에 걸맞은 나이를 먹었음을 뜻하는 접미사는 '-바기'나 '-박이'가 아닌 '-배기'인데, 필자가 소장하고 있는 10여 권의 국어사전 중 엣센스 국어사전(제4판) 외엔 찾아볼 수 없고, 새 국어사전엔 '-바기'로 나왔는가 하면, KBS의 '바른말 고운 말'에서는 '네 살배기'가 틀린 말이라고 했다. '7살'은 〔칠 살〕로 읽어야 하므로, '**7세**'나 '**일곱 살**'이라고 해야 한다. '알짜배기·얽배기' 등처럼 명사 밑에 붙어, 앞말의 특성을 지닌 사람이나 사물을 속되게 이를 때에도 '-배기'라 하나, '점박이·자개박이' 등처럼 일부 명사에 붙어, 뭔가 박혀 있는 사람과 물건을 지칭할 땐 '-박이'를 쓴다.

"꽃을 원하신다면 직접"
(KBS '왕십리'. 1994. 1. 12.)
"밤바람이 **코꽃을** 스쳐"
(MBC R. '여성'. 1994. 1. 18.)
"성의를 다하여 **뒤꽃을**"
(MBC R. '홈런'. 1992. 7. 9.)

'끝이', '코끝이', '뒤끝이' 등처럼 받침 'ㅌ'이 조사 '이'와 결합될 경우엔, 〔끄치〕, 〔코끄치〕, 〔뒤끄치〕라고 발음해야 한다. 그러나 **'끝을'**, **'코끝을'**, **'뒤끝을'** 등은 〔**끄틀**〕, 〔**코끄틀**〕, 〔**뒤끄틀**〕이라고 발음해야 하는데도, 방송인들을 비롯한 많은 사람들이 위 예문에서처럼 〔끄츨〕, 〔코끄츨〕, 〔뒤끄츨〕 등으로 잘못 발음하고들 있어 문제가 되고 있다.

"알루미늄은 스텐레스보다 20배"
(SBS TV '호기심 천국'. 1999. 8. 8.)

'스텐레스'는, **'스테인리스 강(鋼)'**이나 **'스테인리스 스틸(Stain-less Steel)'**을 잘못 쓰는 말인데, '스테인'은 '얼룩'이란 명사이자 '녹슬다'라는 뜻의 동사이며, '-less'는 '…ㄹ 수 없는'이란 뜻의 접미사로서, '스테인리스'는 '녹슬지 않는'이라는 형용사가 되므로, 정작 무엇이 녹슬지 않는다는 주어가 빠져 있음을 알 수 있다. 'Steel'은 '강철'을 뜻하는 명사이므로, **'스테인리스 스틸'**이라고 해야 비로소 **'녹슬지 않는 강철'**이란 뜻이 되는데, 흔히들 일본식 발음인 '스텐(ステン)'이라고만 한다. 심지어 '쌍용스텐', '태화스텐', '삼미종합스텐' 등도 따지고 보면 '쌍용 얼룩(녹)', '태화 얼룩(녹)', '삼미 종합 얼룩(녹)'이란 뜻이 되고 말아, 유명 기업체들의 얼굴이랄 수 있는 그들의 간판마저 이 모양들이니 딱한 노릇이다. 따라서 '스테인리스' 다음에 '그릇', '강(철)' 등의 주어를 붙여 쓰되, 글자 수 때문이라면 다른 용어로 바꿔 써야 한다.

"삔 하나 **꼽을** 거 있습니까?"
(SBS TV '행복'. 1999. 6. 26.)

"항상 두 개를 **꼽아야** 합니다."
(itv '길라잡이'. 1999. 7. 20.)

위의 '삔', '꼽을〔꼬블〕', '꼽아야〔꼬바야〕' 등은, 각각 '핀(pin)', '꽂을〔꼬
즐〕', '꽂아야〔꼬자야〕'를 잘못 발음한 것들이다. '꼽다'는 '손꼽아 기다려', '첫
손가락으로 꼽아' 등처럼 손가락으로 어떤 수를 헤아리거나 골라서 지목하는
행위를 뜻하며, '꽂다'는 '꽂을 꽂다', '비녀를 꽂다' 등처럼, 꼭 끼워져 있게
하는 행위를 말하므로, 각각 별개의 용언이다. 따라서, '핀'은 꼽는 게 아니
라 꽂는 것이므로, 위 예문은 "핀 하나 **꽂을** 거 있습니까?", "두 개를 **꽂아야**
합니다."라고 말해야 한다.

"노을 지는 강물위에"
(가요 '낙조' 노랫말)

"강 마을의 **저녁노을**"
(조지훈 시 '玩花衫')

"비 오는 낙동강에 저녁노을 짙어지면"
(가요 '저 강은 알고 있다'의 노랫말)

조선조의 야인 학자인 유희(柳僖)의 제해물명고 천문류에는 '아침노을'이란
말이 있고, 세종 때 최세진의 '훈몽자회'에도 분명히 '노을 하(霞)'로 나와 있
다. 그뿐만 아니라, '노을'은 시나 노랫말 등에서도 무척 애용해 오던 말인데
도 불구하고 오랫동안 비표준어로 취급돼 오다가, 1988년 표준어 개정 때부
터 뒤늦게나마 '놀'과 함께 복수표준어로 인정받게 되어 다행이긴 하나, 비가
올 땐 저녁노을이 질 수 없으므로 위의 노랫말은 허구임이 분명한데도, 일본
에서 번역한 가사 역시 고쳐지지 않고 "雨降る洛東江に夕燒け濃くなれば"로
직역되어 있다.

"선생님은 황어 **드셔 보셨어요?**"
(KBS TV '동물의'. 1992. 8. 14.)

"천둥오리 고기……**드셔 보셔요.**"
(KBS TV '내 고향'. 1992. 10. 15.)

"어머니는 참다못해 **우시고 계신 거였어.**"
(web. humoruniv. com 2006. 1. 14.)

"저 같은 꿈을 **꾸시고 계시다면**"
(네이버 블로그. 2012. 10. 28.)

"한번 **잡사보시면** 그 맛을 평생"
(네이버 카페. 2012. 10. 05.)

"살살 녹는 제철 멸치회 **잡솨보시고**"
(다음넷 카페. 2014. 5. 23.)

공영방송에서 경어법을 쓰는 거야 당연하겠지만 과유불급이라고 했듯이, 용언과 보조용언으로 연결된 말을 존대어로 할 때 어휘마다 존칭 선어말 어미(보조어간) '-시-'를 남용하면 되레 역겹게 들리게 된다. '살고 계시다'나 '알고 계시다' 등처럼 본용언과 보조용언으로 구성된 말은 뒤의 보조용언에만 넣는 것이 상식화된 어법이다. 따라서 위 예문의 '우시고 계신 거였어'나 '(꿈을) 꾸시고 계시다면'은 '**울고 계신 거였어**'와 '(꿈을) **꾸고 계시다면**'이라고 해야 한다. 다만 '드셔 보셨어요?'나 '드셔 보셔요' 등은, '드시다+보시다'의 연결형으로, '주무시고 계시다'나 '잡수시고 계시다' 등의 '자다→주무시다'나 '먹다→드시다/자시다/잡수시다' 등처럼 별도의 높임말이 있을 경우에는 본용언과 보조용언도 높여야 하므로, '드셔 보시다'에 문법적인 하자는 없겠으나, 어감상으로도 그렇거니와 '들다'라는 말 자체가 '먹다'의 높임말이 되므로 그냥 '**들어 보셨어요?**', '**들어 보셔요.**'만으로도 충분하리라고 본다. 정 께름칙하다 싶으면 '**잡숴 보셨어요?**', '**잡숴 보셔요.**'라고 하면 되므로, 위의 '잡사 보시면'과 '잡솨 보시고'는 '**잡숴 보시면**'과 '**잡숴 보시고**'로, '천둥오리'는 '**청둥 오리**'로 바로잡아야 한다.

"더러운 **곤조**가 있기 때문에"
(SBS TV '추적'. 1999. 7. 19.)
"혼자 긴 **고데기** 가지고"
(SBS TV '극과 극'. 1999. 7. 18)
"팔딱팔딱 뛰는 멸치 **사시미**"
(SBS TV '와이드'. 1999. 7. 9.)

'곤조(こんじょう)'는, '**근성(根性)**'이란 한자어의 일본식 발음이며, '고데기'는 머리 지질 때 쓰는 부젓가락(퍼머기)을 뜻하는 '**컬링 아이언(Curling Iron)**'을, 일본어인 '고테(鏝 : 인두)'에 다시 한자어인 '기(器)'를 붙인 말이며, '사시미(刺身 : さしみ)' 역시 '**생선회**'를 뜻하는 일본말이다. 그러나 일본인들은 생선을 잡아 바로 회를 뜨는 것이 아니라, 생선을 일부러 죽인 후 일정 시간을 숙성시켜 회를 떠서 먹는 선어회를 좋아하고, 한국인들은 팔팔 뛰는 생선을 즉석에서 바로 회를 떠서 눈을 껌벅거리는 활어회를 선호한다. 육고기도 마찬가지다. 따라서 일본식 '사시미집'과 한국식 '횟집'으로 구분해도 좋을 듯 싶다.

"그 얘길 꼭 나한테 하고 **싶으니**?"
(KBS 영화 '천재 소년'. 1992. 9. 9.)

자음끼리 충돌할 때 발음하기에 불편함을 없애기 위하여, 두 자음 중간에 조음소인 '으'를 삽입해야 하나, '해라체'의 의문형 종결어미인 '-니?'에는 조음소가 필요 없다. 따라서 '싶다'의 의문형 역시 '싶으니?'가 아닌 '**싶니[심니]?**'가 돼야 한다. 그러나 "하고 **싶으니** 어떡하나?", "보고 **싶으니** 만나야지." 등처럼, 장차 하려는 말에 대해 먼저 이유나 원인을 밝힐 경우, 받침 있는 어간에 붙여 쓰는 연결형 어미인 '-으니'를 접속해야 한다. 그러나 '엮다, 솎다, 깊다, 높다, 옅다, 얕다' 등의 '-니?' 의문형에 공연히 '으'를 넣지 않도록 주의해야 한다.

“**낫이** 뜨거울 정돕니다.”
(KBS TV 뉴스. 1993. 11. 23.)
“**명함꽂이**는 1개씩입니다.”
(네이버 카페. 2015. 3. 4.)

극초단파 중계용 안테나(파라볼라)의 긍정적인 면과 부정적인 면을 설명하는 내용 중의 발음 그대로를 음사 표기한 것인데, “낫(鎌)이 뜨겁다”는 말은 대장간에서나 쓸 말이지, 면목 없어 민망할 때 쓰는 “**낯(面)이 뜨겁다**”는 말과는 거리가 멀다. 따라서 위의 ‘낫이〔나시〕’는 ‘**낯이〔나치〕**’로 말해야 함은 물론, ‘낯이, 낯을, 낯에, 낯으로, 낯은’ 등으로 활용하되, 〔나치, 나츨, 나체, 나츠로, 나츤〕 등으로 발음해야 함은 물론이다. ‘명함꽂이〔명함꼬치〕’는 ‘**명함꽂이〔명함꼬지〕**’라야 하고.

“미치리라고는 **생각치 않습니다**.”
(KBS TV ‘시사 포커스’. 1999. 3. 2.)
“**섭섭치 않은** 대우를 해 주는 듯한”
(네이버 영화 매거진. 2009. 1. 28.)

‘변변하지 않다’가 ‘변변치 않다→변변찮다’로 줄고, ‘범상하지 않다’는 ‘범상치 않다→범상찮다’로 축약된다고 하여, ‘생각하지 않다’ 역시 ‘생각치 않다→생각찮다’로 줄 것 같으나, “어간의 끝 음절 ‘하’가 아주 줄 적에는 준 대로 적는다.”는 준말 규정에 따라, 위의 ‘생각치’는 ‘**생각지**’로, ‘섭섭치 않은’은 ‘**섭섭지 않은**’으로 바로잡아야 한다. 또한, 어간 끝 받침이 ‘ㄴ·ㄹ·ㅁ·ㅇ’ 등의 유성음일 땐, ‘-지 않-’이 ‘찮’으로 축약되나, ‘ㄱ·ㅂ·ㅅ’ 등의 무성음 끝 받침 뒤에선, ‘녹녹하지 않다→녹녹지 않다→녹녹잖다’나 ‘깔밋하지 않다→깔밋지 않다→깔밋잖다’ 등처럼, ‘-지 않-’이 ‘잖(찮×)’으로 축약되므로, 주의해야 한다. 물론, ‘유성음’과 ‘무성음’의 구별이 약간 까다롭긴 하지만.

"왔으면 하는 **바램**을 가져"
(KBS TV '세상은'. 1999. 6. 11.)
"놀게 해 주는 게 최고의 **바램**"
(SBS '세상에 이런'. 1999. 7. 30.)

염원이나 소원을 뜻하는 말은 '바램'이 아닌 '**바람**〔願望〕'이어야 하는데, 뭔가 그렇게 되기를 원한다는 '바라다'의 어간 '바라–'에, 명사형 전성어미인 '–ㅁ'이 결합된 형태다. 그런가 하면, '**바램**'은 '빛깔이 바래다', '광목을 바래다', '역까지 바래다주다' 등에서 쓰는 '바래다'의 어간에, 명사형 전성어미인 '–ㅁ'이 연결된 형태이며, '바람〔風〕'은 '바람 부는 언덕', '바람든 무', '바람맞은 노처녀' 외에, '속옷 바람', '새끼 서너 바람' 등으로 쓰는 명사들도 있으므로, 혼동하지 말아야 한다.

"'납량 특집'이 〔**나량특집**〕?"
(KBS TV '91 여름 특집 쇼)
(MBC R. '세계는'. '92. 7. 13.)
"TV에서 방영하던 **납양 특집** 드라마"
(네이버 블로그. 2008. 7. 2.)
"극장가 納涼物(**납양물**) 사라졌다."
(매일경제 생활/문화. 1992. 7. 8.)

'**납량**(納涼)'을 〔나량〕과 〔남냥〕으로 분별없이 발음하고들 있으나, '협력〔혐녁〕, 십리〔심니〕' 등처럼, "받침 'ㄱ, ㅂ' 뒤에 연결되는 'ㄹ'은 〔ㄴ〕으로 발음한다."는 발음법 규정에 따라 〔남냥〕으로 발음해야 한다. '납량'의 'ㅂ' 받침이 〔ㅁ〕으로 발음되는 이유는, 'ㅂ' 뒤에서 'ㄹ'이 〔ㄴ〕으로 발음되는 그 'ㄴ'으로 말미암아, 다시 'ㅂ'이 〔ㅁ〕으로 역행동화되기 때문인데, 매년 여름만 되면 MC나 아나운서들까지도 〔나량〕으로 발음하고, 각 신문 잡지에서도 '납양'으로 잘못 표기하고들 있다.

"가서 **클린싱**을 좀 **깨끚이 해**"
(MBC TV '임성훈'. 1999. 3. 21.)

"가려움증을 **깨끗히** 해결하는"
(㈜한국 얀센, 니조랄액 광고)

"아픈 마음을 **깨끚이** 씻어드릴게"
(혜은이 '당신은 모르실거야' 노래)

위의 '깨끚이'는, MC와 가수 혜은이가 〔깨끄치〕라고 발음한 대로 음사 표기한 것이며, '깨끗히'는 광고문 그대로 옮겨 적은 내용인데, 이는 서울지방의 사투리다. 그런데 우리글의 음운학상 'ㅊ' 받침으로 끝난 형용사 어간에 '이'가 붙거나, 어간 끝 받침 'ㅅ'이 뒤 음절 '히'와 결합되어 부사가 되는 예가 없으므로, '깨끚이'나 '깨끗히'라는 말도 성립될 수 없다. 따라서, 위의 '깨끚이'와 '깨끗히'는 '**깨끗이**'로 적고 〔**깨끄시**〕라고 발음하고, '클린싱'은 '**클렌징**(Cleansing)'이라고 해야 한다.

"이런 **아버님을 갖고 계신 따님은**"
"**아버지는 말도 잘 하시고**"
(MBC R. '여성 시대'. 1994. 1. 14.)

방송인이라면 최소한의 기본 교양쯤은 충분히 갖추고 있어야 함에도 불구하고, 굳이 경어를 쓰지 않아도 무방한 딸에게는 '**계신**'이라고 했는가 하면, 정작 존칭어를 써야 하는 아버지께는, 무슨 물건이라도 되듯이 '**갖고**'라는 표현을 쓰고 있으니 어이가 없다. 격식대로 바로잡자면 "**이런 아버님을 모시고 있는 따님은**", "**아버님께선 말씀도 잘 하시고**"라고 해야 하는데, 이 '말씀'은 '그 분이 하신 말씀'이나 '제가 드리고 싶은 말씀' 또는 '자네가 말씀해 보시게' 등처럼 겸양어도 되고 존칭어도 되지만, '내가 하고 싶은 말씀'은 논란의 여지가 있으므로 '내가 하고 싶은 얘기'라고 하는 게 무난할 것 같아 참고로 밝혀 둔다.

"중국인은 **아편장이가**"
(영화 '정무문' 캡션)

"**개구장이** 막내가 오늘은"
(KBS '동물의'. '99. 10. 27.)

"**멋장이**들의 인생살이 이야기"
(다음넷 블로그. 2014. 12. 18.)

위의 '아편장이', '개구장이', '멋장이'는, '**아편쟁이**', '**개구쟁이**', '**멋쟁이**'의 잘못인데, '-장이'는 일부 명사 밑에 붙어 무슨 물건을 만들거나, 다루는 사람을 홀하게 이르는 말로서 '미장이', '옹기장이', '칠장이', '땜장이' 등으로 쓰는 말이다. 하긴 패션 디자이너를 '멋장이'라고 우길 수 있을지 모르겠으나, '-쟁이'는 '허풍쟁이'나 '바람쟁이' 등처럼 사람의 성질, 습관, 행동, 모양 등을 뜻하는 말에 붙어, 그 이를 홀하게 부르는 말이므로, "그 아편장이(기술자)도 아편쟁이(중독자)래."로 기억해 두면, '-장이'와 '-쟁이'의 구별에 도움이 되리라 믿는다.

"근 한 달이 조금 넘은 것"
(KBS TV '동물의'. '92. 11. 30.)

'근 한 달'이라 함은 '거의 한 달'이란 말이 되는데, 여기에 다시 '조금 넘은' 이랬으니, 한 달이 넘는다는 건지 모자란다는 건지 종잡을 수 없게 된 문장이다. '근(近)'은 무엇에 거의 가까움을 나타낼 때 쓰는 관형사, '몇'은 미지수로 어림잡아 말할 때 쓰는 관형사, '-여(餘)'는 한자어 수사 밑에서 그 이상임을 뜻하는 접미사, '남짓'은 어떤 기준보다 약간 초과되었을 때 쓰는 의존명사다. 어림짐작의 폭이 넓을 땐 '몇 천 명, 기만 원, 수백 개'로 쓰고, 어림짐작이라도 가능할 땐 '천여 명', '오백 명 남짓' 등으로 써야 하므로, "몇천여 명 남짓"이나 "근 몇백여 명 가까이" 등처럼 너덜너덜 군더더기말로 범벅이 되게 해선 안 된다.

"배지기가 **특기 기술**입니다."
"안다리 기술이 **특기기술**"
(KBS TV 씨름 중계. '92. 3. 16.)

각종 씨름 대회 때마다 앵커나 해설위원 특히 이만기 교수가 늘 입버릇처럼 쓰는 말인데, '특기(特技)'라는 말 자체가 '특별한 기술'이란 뜻인데도, '특기'에 다시 '기술(技術)'이란 말을 덧붙여 무척이나 귀에 거슬리게 하고 있다. 따라서 '특기기술'이 아닌 **'특별한 기술'**, **'독특한 장기(長技)'**라거나 그냥 '특기'라고 해야 한다. 그리고 '배지기'는 배를 이용한 기술 자체를 뜻하는 말이지만, '안다리'나 '밭다리'는 '안다리걸기'라거나 '밭다리걸기'라고 해야 하는 말이다. 따라서 위 예문은 "배지기가 **특기입니다.**", "안다리걸기가 장기입니다."라고 말해야 한다.

"나의 살던 고향은"
('고향의 봄' 노랫말)
"나의 살던 고향은"
(우계숙 소설 제목)

"나의 살던 고향"이 아니라, "내가 **살던 고향**"이라야 한다. 만약 문자언어(Written Language)일 경우라면, 쉼표를 이용하여 '나의, 살던 고향'으로 고집할 수도 있겠으나, 노랫말이나 음성언어(Spoken Language)일 경우엔 통하지 않는다. '고향의 봄'을 작사하신 고 이원수 선생께서도 생전에 문제점이 있음을 솔직히 시인했듯이, 근본적인 동기는 일본어 "**와타시노 슨데이타 고쿄(**私の住んでいた故鄕)."등과 같은 일본식 교육을 받은 한국 선각자들이 일본 어법에 찌든 구습(口習) 탓으로 생각되지만, 우리 어법으로는 당연히 비문(非文)임에 틀림없다. 물론 간혹 잡다한 이론을 내세우며 구차하게 합리화시키려는 학자들도 없잖으나, 어린이들이 부르는 동요에 그런 복잡한 문법을 적용시키지도 않았을 것이며, 설사 했더라도 잘못된 발상이 아닐 수 없다.

"놀면 죽는 걸 **어떻해요**."
(KBS TV '추적'. '91. 1. 14.)
"그런데 끊으면 **어떻하니**?"
(KBS TV '비디오'. 1999. 2. 6.)
"안 내주면 **어떻할 거야**?"
(MBC TV 뉴스. 1999. 7. 18.)

위의 '어떻해요', '어떻하니', '어떻할' 등은, '**어떻게 해요**', '**어떻게 하니?**', '**어떻게 할**' 등을 축약해서 쓴 말과 자막임이 분명하나, 실은 '**어떡해요**', '**어떡하니**', '**어떡할**' 등의 오류이며, 받침 'ㄱ'이 뒤 음절 'ㅎ'과 결합되는 경우, 두 소리를 합쳐 'ㅋ' 즉 〔어떠캐요〕, 〔어떠카니〕, 〔어떠칼〕이라고 발음해야 한다. 흔히 잘못 쓰고들 있는 노래 "나는 어떻하라구"도, "나는 어떡하라고 〔어떠카라고〕"로 쓰고 말해야 한다.

"**흑**에서 **흑**으로"
(MBC 영화. 1992. 5. 9.)
"이내 몸이 **흑이 되도**"
(가요 '가는 세월' 노랫말)
"고무 **찰흑**을 딱딱하게 만드는"
(네이버 지식iN. 2005. 3. 10.)

위의 '흑이 되도'는 서유석의 노래 발음 그대로를 음사 표기한 것인데, 다른 '흑'도 전부 '흙'으로 고쳐 쓰되, 겹받침 'ㄺ'이 어말이나 자음 앞에서는 'ㄱ'으로 발음한다는 규정에 따라 〔흑〕으로 발음해야 하나, "겹받침이 모음으로 시작된 조사나 어미, 접미사와 결합되는 경우에는 뒤엣것만을 뒤 음절 첫소리로 옮겨 발음한다."는 규정에 따라, '흑에서 흑으로'는 '**흙에서 흙으로**〔흘게서흘그로〕', '흑이 되도'는 '**흙이 돼도**〔흘기돼도〕', '찰흑을'은 '**찰흙을**〔찰흘글〕'이라고 쓰거나 말해야 한다.

"밤낮을 가리지 않고"
(MBC R. 1994. 2. 15.)
"젖을 계속 짜면 젖이 줄어드나요?"
(네이버 카페. 2012. 1. 6.)

'밤낮을', '젓을', '젓이'는, '밤낮을', '젖을', '젖이'의 잘못인데, '낫[鎌]'은 풀 베는 농기구를 뜻하는 말로서, 밤에만 쓰는 '밤낫(?)'이 있고 낮에만 쓰는 '낮낫(?)'이 따로 있을 리 없으니 '밤낮'의 낮[畫]과는 거리가 먼 말임을 알 수 있고, '젓'은 '젓갈'을 말함이요 '젖'은 모유(母乳)를 뜻하는 것. 따라서 '밤낮을[밤나슬]'은 '밤낮을'로 표기하고 [밤나즐]로 발음해야 하며, '젖을[저슬]'은 '젖을'로 표기하고 [저즐]로 발음하되, '젓이[저시]'는 '젖이'로 표기, [저지]라고 발음해야 한다.

"문화가 싯구에 담겨 있음."
(KBS TV '세상은'. 1991. 9. 1.)
"성경 귀절로 가훈 만들기"
(지식 iN. 2007. 3. 14.)

위의 '싯구'는 시의 구절 즉 '시구(詩句)'를 잘못 쓴 경우인데, 한글맞춤법 제30항 3.의 규정에, 두 음절로 된 한자어로서 뒷말이 된소리가 나는 '곳간(庫間)', '셋방(貰房)', '숫자(數字)', '찻간(車間)', '툇간(退間)', '횟수(回數)' 등의 여섯 개 낱말 외에는 일체 사이시옷을 쓰지 않도록 되어 있다. 한땐 '싯귀'로 쓰기도 했으나, 지금은 '구절(句節)', '대구(對句)', '절구(絶句)' 등처럼 "한자 '구(句)'가 붙어서 이루어진 단어는, '귀'로 읽는 것을 인정하지 않고 '구'로 통일한다."고 하여, '詩句' 역시 '시구'로 표기하고 [시꾸]라고 발음해야 하며, '귀절' 역시 '구절'로 바로잡아야 한다. 다만, 순우리말 '귀글'과 '글귀'의 두 경우만은 예외로 인정하고 있다는 사실도 참고로 밝혀둔다.

“**인권비** 제하고 나면 남는”
(KBS TV 뉴스. 1999. 6. 28.)
“저 **인권비**도 안 나와요.”
(다음넷 팁. 2008. 10. 30.)

'인권'이란 생명, 평등, 자유 등의 자연권에 관하여 인간으로서 의당 갖는 기본적인 권리를 뜻하는 말이므로, '인권비(人權費)'라는 말은 성립될 수 없는 말이다. 그러나 일꾼을 불러다 쓰는 비용 즉 '품삯'은 '인권비'가 아닌 '**인건비**(人件費)'라고 쓰되〔인껀비〕라고 발음해야 한다.

“**소년역로 학난성**”
(KBS 라디오. 허참)
“**소년은 역노하고**”
(어느 협회 회보 '노래샘')

위의 '소년역로학난성'은 '**소년이로학난성**(少年易老學難成)'의 잘못인데, '한자 '**易**' 자는 도마뱀의 상형 문자로서, '간이(簡易)'나 '이행(易行)'처럼 '쉬울 이'로 쓰기도 하지만, 대개 '역술(易術)'이나 '무역(貿易)' 등처럼 '바꿀 역' 자로도 많이 쓰이는 건 사실이다. 그러나 여기선 '늙음과 바꾼다'는 뜻이 아니라, '늙기 쉽다'는 뜻으로 쓰인 말이므로, 당연히 '소년역노'가 아닌〔소년이로〕라고 읽어야 한다.

참고로, 주희의 '권학시'를 필자 나름대로 번역 게재한다.

少年易老 學難成　소년은 늙기 쉽고 학문은 이루기 어렵나니
一寸光陰 不可輕　하찮은 촌각이라 헛되이 생각 마라
未覺池塘 春草夢　연못가 새싹들이 꿈을 채 깨기도 전에
階前梧葉 已秋聲　뜰 앞의 무심한 오동잎은 어느새 가을

"그 분은 츄리닝을 입고"
(MBC 방송 대상. 1999. 9. 3.)

운동할 때 착용하는 팬츠를 뜻하는 '트레이닝 팬츠(Training Pants)'를, 일본에선 '도레판(トレパン)'으로 축약해서 쓰고 있는가 하면, 간단한 체육복을 말하는 '트레이닝 슈트(Training Suit)'도 그냥 '도레닝구(トレ-ニング)'라고 일본식으로 축약해서 쓰고들 있다. 그런데 이런 얼치기 외래어인 '토레닝구'가, 다시 이 땅으로 건너와서 '추리닝'으로 회자(膾炙)되고 있으나, 1999년 '운동복'으로 순화된 용어로 고시되었는데도, 아직 제대로 순화될 기미를 보이지 않고 있는 실정이다.

"밤이면 매일마다 찾아옵니다."
(SBS TV '순간 포착'. 1999. 9. 2.)
"매 경기마다 빠지지 않고 응원"
(네이버 지식iN. 2007. 1. 26.)
"매 년도마다 높은 취업률로"
(네이버 블로그. 2012. 12. 10.)

'매(每)'는 '매 학기'나 '매 시간' 등처럼, 일부 명사 앞에 붙어 '마다'라는 뜻으로 쓰이는 관형사로서, '매일(每日)'은 '날마다'라는 뜻이 되어, '매(每)'와 '마다'는 결국 동의어가 되므로, '매일마다'는 '날마다'로 바로잡되, '밤이면 매일마다'는 '밤이면 밤마다' 또는 '날마다 밤이면'이라고 해야 한다. '매 경기마다'와 '매 년도마다'는 '매'를 '각(各)'으로 대체하고 '년도'는 '연도'로 바로잡되, '每年+度'가 아니라 '每+年度'로 분석되므로, "한자음 '랴, 려, 례, 료, 류, 리'가 단어의 첫머리에 올 적에는 두음법칙에 따라 '야, 여, 예, 요, 유, 이'로 적는다."는 규정에 따라 '매 년도'가 아닌 '매 연도'라고 해야 한다. '매 경기마다'는 '모든 경기에'로, '매 년도마다'는 '각 연도마다'로 바로잡아야 한다.

"사람들에 의해 **외곡되었지만**"
(MBC TV '다큐'. 1999. 8. 23.)
"현실 **외곡**은 생소한 단어이죠!"
(네이버 블로그. 2012. 2. 15.)

　사실과 다르게 해석하거나 그릇되게 한다는 뜻의 한자어는 '외곡'이 아닌 '**왜곡**(歪曲)'이다. 물론 '歪'는 '비뚤 왜' 자도 되고 '비뚤 외' 자도 되는 건 사실이나, 현행 우리 표준어 규정으로는 '외곡'은 인정하지 않고 분명히 '**왜곡**'으로만 쓰도록 되어 있는데도, 많은 사람들이 잘못 쓰고들 있는 실정이다. 다만, 북한에서는 이와 반대로 '왜곡'이 아닌 '**외곡**'을 문화어(남한의 표준어)로 인정하고 있는데, 남북한 언어의 괴리감이 날로 심각해져 가고 있어 심히 걱정스럽지 않을 수 없다.

"감독은 희한한 일을 **벌렸죠.**"
(KBS TV '위성 극장'. 1999. 9. 3.)
"**걸찍하게 판을 벌리기로** 하였다는"
(다음 블로그. 2009.07.29.)

　'팔을 벌리다'처럼 두 사이를 넓힌다거나, '입을 벌리다'처럼 오므라진 것을 펴서 여는 것, 또는 '조개껍데기를 벌리다'처럼, 열어서 속에 있는 것을 드러내는 행위 등을 말할 땐 '**벌리다**'라고 한다. 그러나 '잔치'처럼 무슨 일을 베푼다거나, '가게'처럼 무슨 시설을 할 경우, 또는 '상품'처럼 무슨 물건 같은 것을 진열하는 행위 등을 말할 땐, '벌리다'가 아니라 '**벌이다**'라고 해야 한다. 따라서 위의 예문은 무슨 틈새나 간격을 넓힌 게 아니라, 이상야릇한 일을 저질렀다는 것과, 푸짐하게 한판 펼치겠다는 뜻으로 쓰인 말이므로, '일을 벌렸죠.'는 '**일을 벌였죠.**'라고 발음하고, '판을 벌리기로'는 '**판을 벌이기로**'로 바로잡되, '걸찍하다'는 사투리이므로 '**걸쭉하다**'로 바로잡아야 한다.

"허송세월을 보내고"
(영화 '스완의 사랑')
"허송세월을 낭비하느니"
(네이버 카페. 2012. 2. 8.)

'허송(虛送)'은, '빌 허(虛)'와 '보낼 송(送)' 자로 구성된 한자어로서 '헛되이 보낸다'는 뜻이 되므로, '허송세월(虛送歲月)'이란 말 자체가 하는 일 없이 헛되이 세월만 보낸다는 뜻의 '하다 동사'가 된다. 따라서 '허송세월을 보낸다'고 하면, '허송'과 '보낸다'는 말이 쓸데없이 중복되므로, 위 예문은 그냥 **'허송세월을 하고'** 또는 **'세월을 허송하고'**라고 말하면 되겠으나, '허송세월을 낭비하느니' 역시 비문이므로, **'세월을 낭비하느니'** 또는 **'허송세월로 무위도식하느니'**라고 해야 한다.

"매우 적절하다고 **보여지는데요.**"
(TV조선. '신통방통'. 2015. 2. 24)
"저는 적당하지 않다고 **보여집니다.**"
(연합뉴스 TV. 시사포커스. 2015. 3. 16.)
"당연히 그렇게 **보여지는 게**"
(TV 조선. '뉴스'. 2015. 3. 2.)

특히 알 앤 서치 김미현 소장을 비롯한 숱한 방송인들의 고질적인 어투인데, '보다'의 피동형은 '보이다'로서, '바다가 보이다'처럼 눈에 뜨인다거나, '저금통장을 보이다.'처럼 무엇을 보게 할 때, 또는 '웃어 보이다'처럼 남이 알도록 해서 보게 할 때 쓰는 말이다. 그러나 '보여지다'는 '보다'의 '보(동사 어간)+이(피동형 어간 형성 접미사)+어지다(피동형 종결어미)＝보이어지다→보여지다'처럼 쓸데없이 피동형이 중복되어 있다. 따라서 위의 '보여지는데요.'는 **'보는데요'**로, '보여집니다'는 **'봅니다'**로, '보여지는 게'는 **'보이는 게'**라고 해야 한다.

"회장님이…전화 **끊으시래.**"
(KBS TV '야망의'. '91. 6. 1.)

"어떤 옷을 **입으시라는** 거야."
(MBC TV '전원'. '91. 7. 29.)

'**끊으시래**'는 '끊으시라고 해'의 준말인데, 회장님께서 전화 끊으라고 하셨지 결코 끊으시라고 한 게 아니므로, 마땅히 "**회장님께서 전화 끊으라(고 하)셔**"라고 해야 바른 어법이 된다. 뒤 예문 역시, 옷차림에 불만을 표시하는 극중 시아버님께 며느리가 투정부리는 모놀로그(독백) 내용인데, "입으시라는 거야"는, 시아버지께서 며느리더러 입으시라고 하는 것이 되므로, "**입으라시는 거야**" 즉 "**어떤 옷을 입으라고 하시는 거야.**"라고 해야 격에 맞는 어법이 된다.

"산천초목 다 **바껴도**"
(가요 '가는 세월' 가사)

"확~**바꼈습니다.**"
(동아일보 가우디 광고)

"바뀌긴 뭘 **바껴** 개뿔"
(네이버 블로그. 2014. 3. 12)

타동사인 '바꾸다'의 피동형은 '바꾸어지다(바뀌지다)' 또는 '바꾸이다('바뀌다'는 준말)'이므로, 가정(假定)이나 양보 등을 나타내는 종속적 연결어미인 '-어도'가 접속되면, '바꾸이어도→바뀌어도'로 활용된다. 따라서 '바껴도', '바꼈습니다', '바껴'는 '바뀌어도', '바뀌었습니다', '바뀌어'로 바로잡아야 한다. 아무튼 절대로 '뀌어'가 '껴'로 축약될 순 없으므로 '바뀌어도' 역시 '바껴도'로 바뀌진 않는다. 또한 '바뀌다'는 자동사라 목적격조사인 '을'을 쓸 수 없으므로, 주격조사인 '가'를 넣어 "**바뀌긴 뭐가 바뀌어**" 또는 "**바꾸긴 뭘 바꿔**"라고 해야 된다.

"눈물 고인 내 청춘"
(가요 '미사의 종' 가사)

　'입석(立石)'의 반대말인 '지석(支石)'은 '괸돌'이 아닌 '**고인돌**'이라고 하며, 숙종 때 청조의 중국어를 한글로 음을 달아 한학 교재로 썼던 '역어유해(譯語類解)'에서도, '고이다'를 '괴다'로 설명하고 '고인 물'이란 예문까지 들어 놓았다. 그뿐만 아니라 '뵈다', '뫼다', '죄다'가 '보이다', '모이다', '조이다'의 준말이듯이, '고이다' 역시 '괴다'의 말밑〔語源〕임이 분명한데도, '고이다'가 오랫동안 '괴다'의 비표준어로 밀려나 있다가, 1988년 표준어 사정 때 뒤늦게나마 '괴다'와 함께 복수표준어로 인정된 낱말이라 그나마 다행이라 할 수 있다.

"무데뽀예요 무데뽀."
(MBC '화제'. '99. 9. 16.)
"무대뽀로 하는 거예요."
(SBS '그것이'. '99. 8. 14.)
"그냥 무데포로 쓰는 게 아녜요."
(채널A 쾌도난마. 2015. 3. 27.)

　고삐 풀린 망아지처럼 천방지축 날뛰는 것을 흔히 '무대뽀' 또는 '무데뽀(포)'라고들 하나, 이 말은 '무텟포(無鐵砲 : むてっぽう)'라는 일본어임이 분명한데, 같은 뜻을 가진 '**무코미즈**(むこう見ず)'의 말뜻처럼 앞뒤를 돌보지 않고 무턱대고 덤벙댄다는 뜻이다. 그런데 '우리말 속뜻 사전'(박숙희 저)과 '우리말 바로쓰기'(이수열 저)에는, '**텝뽀**(鐵砲)'가 일본어로 '총'이라고 해서 "아무데나 대고 마구 쏘아대는 발포 행위를 비유한 말"이라고 했으나, '無鐵砲'(무철포)는 단순히 취음일 뿐 한자의 뜻과는 아무런 상관이 없는 말이다. 아무튼 위의 '무데뽀·무대뽀·무데포' 등은 '**막무가내**', '**무작정**', '**무턱대고**' 등으로 바꿔 써야 한다.

"마시면 **젓이라도** 나올까."
(MBC TV '보도국'. '99. 3. 26.)
"엄마 **젓을** 먹일 수 있는"
(MBC TV '여기서'. '99. 9. 9.)
"낙동강의 **젓줄**"
(KBS TV '내 고향'. '99. 8. 17.)

'젓'은 '새우젓', '갈치젓', '멸치젓' 등에서 쓰는 '젓갈'의 준말이지만, 위의 '**젓이라도**〔저시라도〕'와 '**젓을**〔저슬〕'은, 유방에서 분비되는 뿌연 액체를 지칭하는 '젖'을 잘못 말한 게 분명하므로, '젖이라도', '젖을'로 표기하고 〔저지라도〕, 〔저즐〕이라고 발음해야 한다. '생명선'이란 뜻으로 쓴 '낙동강의 **젓줄**'이란 자막 역시 '젖줄'로 쓰고, 받침 'ㅈ+ ㅈ'으로 연결되어 있으므로, 된소리인 〔젇쭐〕이라고 발음해야 한다.

"결혼을 **하던 안 하던** 간에"
(MBC TV '수첩'. '99. 8. 10.)
"남이야 콘서트를 **가던 말던**"
(네이버 블로그. 2015. 1. 26.)
"**울던 말던** 신경 쓰지 말아요."
(다음 카페. 블로그. 2007. 10. 7.)

'하던 안 하던', '가던 말던', '울던 말던'은 '**하든 안 하든**', '**가든 말든**', '**울든 말든**'의 잘못이다. '-든'은, '사랑을 하든(지) 말든(지)' 또는 '오든(지) 가든(지) 상관 마라.' 등처럼, 내용을 가리지 않는 뜻을 표시하는 연결어미인 '-든지'가 축약된 형태다. 반면에 '-던'은, '**즐거웠던** 그 시절' 또는 '함께 **울고 웃던** 죽마고우' 등처럼, '이다'의 어간, 용언의 어간 또는 어미 '-으시-', '-었-', '-겠-' 등의 뒤에 붙어, 과거를 회상하거나 동작이 완결되지 못함을 나타내는 관형사형 전성어미다.

"**69메다 08** 같으면요."
(KBS 세계 육상. '99. 8. 25.)

"해발 **2500메다** 되는 곳"
(KBS '세상은'. '99. 8. 17.)

"**메다** 안 꺾고 그냥 1만원 받거나"
(네이버 블로그. 2012. 8. 7.)

"자전거로 **100키로메다** 달린 날"
(다음 카페. 2008. 7. 26.)

'Meter'와 'Kilometer'의 현행 한글맞춤법 외래어 표기로는 '**미터**', '**킬로미터**'이며, 'Meter'의 일본식 발음은 길이를 말할 땐 '메토루(メートル)'라 하고, 계기(計器)를 지칭할 땐 '메타(メーター)'라 하고, 'Kilometer'는 '키로메토루(キロメートル)'라고 하지만, '메다/키로메다'는 한일 잡탕어인데, 아직도 길이나 택시미터기도 '메다'라고들 하고 있다.

"고농축 **엑기스**의 토크 쇼가 되지"
(itv '삼일 간의'. 1999. 9. 14.)

"한 마리를 고아 만든 사슴 **엑기스**"
(중앙일보 광고에서. 1999. 8. 7.)

'엑기스'란, '동식물 등 천연 약물의 삼출액(滲出液)을 저온으로 증발시킨 의약품'을 말하는 'Extract'에 대한 일본식 조어인데, 원래 네덜란드어인 'Extract'는 '짜내다·추출하다·증류해내다' 등의 동사로 쓸 땐 '익스트랙트'라고 발음하고, '추출물·달여 낸 즙·정제(精製)' 등의 명사로 쓸 경우엔 '**엑스트랙트**'라고 해야 한다. 그러나 일본인들은 '엑스트랙트'의 축약어인 '엑기스'의 'ㄱ' 받침 발음을 할 수 없으므로 머리(Ex.)만 잘라내어 그마저 '에키스(エキス)'라고 하는데, 우리는 '에키스'도 아닌 '**엑기스**'라고 하나 '**진액**'이나 '**농축액**'으로 고쳐 써야 한다.

"지나온 **자욱마다** 눈물 고였다"
(가요 '나그네 설움' 노랫말)

"커다란 **발자욱을** 남기신"
(KBS '가요 무대'. 김동건)

"왼쪽 **칼자욱** 흉터"
(살인 용의자 수배 전단)

"**핏자욱**처럼 보이는 얼룩"
(KBS '다이애너'. '93. 12. 5.)

어떤 물체에 다른 물건의 접촉으로 말미암아 생긴 자리는 '**자국**'이라 하므로, 발이 디딘 자리 즉 '족적(足跡)'은 '**발자국**'이라고 해야 한다. 물론, 짐승의 발자국을 찾아 수렵하는 사냥꾼을 지칭하는 '자욱포수'란 말이 있긴 하나, '발자욱'이나 '발자죽'은 사투리이므로, 위 예문의 '자욱마다'는 '**자국마다**'로, '커다란 발자욱'은 '**커다란 발자국**'으로, '칼자욱'은 '**칼자국**'으로, '핏자욱'은 '**핏자국**' 등으로 바로잡아야 한다.

"신라강이라고 **불리웠던** 것"
(KBS TV '스페셜'. 1999. 2. 6.)

"신이라 **불리운** 사나이"
(TV 프로그램. 2010. 3.)

'불리웠던'은 '불리었던→**불렸던**'의 잘못인데, '부르다'의 피동형인 '불리다'의 과거형은 '불리었다→불렸다'가 되고, '불리었-'에 다시 지난 일을 회상함을 뜻하는 관형사형 전성어미인 '-던'을 접속하면, '불리었던→**불렸던**'이 되기 때문이다. 그런데 위의 '불리웠던'은 '불리우었던'의 축약형으로 분석되는데, '부르다'의 피동형 어간인 '불리-'에, 다시 피동형 어간 형성 접미사인 '-우-'가 중복되어 있음을 알 수 있다. '불리운' 역시 '**불린**'이나 '**불러진**'으로 바로잡아야 한다.

"잠시 후 **코메디** 세상만사가"
(KBS TV 프로 예고. 1999. 7. 7.)

"**코메디** 프로를 줄인다는 시책"
(이규태 '배짱의 한국학' 133쪽)

"준비하는 **코메디안**입니다."
(KBS TV '무엇이든'. '99. 9. 30.)

희극을 뜻하는 'Comedy[kámədi]'는 비극을 뜻하는 '트래지디(Tragedy)'의 반의어로서, 현지 발음으로는 '카머디'이긴 하나 현행 외래어 표기법으로는 '코미디'이므로, 위의 '코메디'는 잘못된 말들이다. 'Comedian〔커미디언〕' 역시 '코메디안'이 아닌 '코미디언'인데, 바로 코미디언 자신들마저 잘못 쓰고들 있으니 코미디가 아닐 수 없다.

"아! 깜짝 **놀랬네**."
(KBS TV. 1999. 8. 8.)

"주위를 **놀래키는** 윤진이"
(MBC TV '화제'. 1999. 8. 31.)

"무리를 **놀래켜 준** 쌍카오"
(KBS TV '동물'. 1999. 9. 20.)

위의 '놀랬네', '놀래키는', '놀래켜 준'은 각각 '**놀랐네**', '**놀래는**', '**놀래 준**'을 잘못 말한 것들이다. '**놀라다**'는 갑자기 무서움을 타는 걸 말하는 자동사이며, '**놀래다**'는 '놀라다'의 사동형 즉 남을 놀라게 함을 뜻하는 타동사이기 때문인데, "네가 갑자기 날 놀래다 보니 내가 놀라잖아?" 등으로 써야 하는 말이다. 많은 사람들이 '놀래다' 대신 사투리인 '**놀래키다**'란 말을 즐겨 쓰고들 있어 학회에 질의했던 바, 언중들이 그렇게 쓰고들 있다면 표준어로 인정해야 하잖겠느냐는 어정쩡한 답변이 있었으나, 아직 표준어로 인정되지 않아 사투리로 남아 있다.

"한국 건물의 처마 **꼳은**"
(KBS TV '코리어'. '99. 2. 18.)

"그럼 **끋을** 맺겠습니다."
(KBS TV '현장'. '99. 2. 27.)

"대통령 **햇빛정책**에 대해"
(네이버 '지식iN'. 2013. 8. 4)

위의 '끛은'과 '끋을'은 화자(話者)들이 발음한 그대로 음사(音寫) 표기한 것들인데, 물론 '**끝은**'과 '**끝을**'로 표기하고 〔끄튼〕, 〔끄틀〕이라고 발음해야 한다. "홑받침이나 쌍받침이 모음으로 시작된 조사나 어미, 접미사와 결합되는 경우에는, 제 음가대로 뒤 음절 첫소리로 옮겨 발음한다."는 규정에 의해서인데, YTN '연예계 소식'에서도 '태양의 후예'가 16회를 끛으로〔끄츠로〕라고 발음했다. 그리고 위의 '햇빛정책'은 '**햇볕정책**'으로 쓰고 '햇볕'은 〔해뻗/핻뻗〕으로 발음해야 한다.

"**몇일**을 두고 대결을 벌인 끝에"
(MBC TV '논픽션'. 1999. 7. 16.)

"무엇이 아쉬워서 **몇날 몇칠**"
(오재호 '어쨌든 부부'. 35쪽)

'몇일'과 '몇칠'은 '**며칠**'의 잘못인데, '**며칠**'은 '몇 년, 몇 월'처럼 관형사인 '몇'과 명사인 '日'이 연결된 형태가 아니라, '그 달의 몇째 날'을 뜻하는 '며칟날'의 준말이다. 만약 '몇＋일'로 본다면 '몇 잎〔멷닙→면닙〕, 몇 년〔멷년→면년〕' 등처럼, '몇 일〔멷닐→면닐〕'로 발음하거나, '몇 위〔멷위→며뒤〕, 몇 월'〔멷월→며둴〕처럼 〔멷일→며딜〕로 발음해야 하므로, '**며칠**'과는 거리가 먼 표기임을 알 수 있다. 또한 '몇ˇ년'이나 '몇ˇ월', '며칠'의 유의어인 '몇ˇ날' 등은 띄어 써야 하지만, '**며칠**'은 붙여 써야 하는 단일어이므로 '몇 날 며칠'이라고 표기해야 한다.

"부부 **금슬** 좋아지는"
(KBS '건강'. '99. 8. 5.)

"잉꼬부부가 되는 부부 **금술혈**"
(SBS '좋은 아침'. 1999. 8. 5.)

"부부 **금술**도 좋고 손금도 좋아"
(itv '왕국의'. 1999. 10. 23.)

'거문고와 비파' 즉 '거문고'를 뜻하는 '금(琴)'과 '비파'를 뜻하는 '슬(瑟)'이 합쳐 '**금슬**'이 되나, 같은 한자인 '**琴瑟**'이라도 부부간의 화목한 정을 말할 땐, '**금실지락(琴瑟之樂)**'이라 하며 이를 줄여 '**금실**'이라고 하므로, 위의 '금슬'과 '금술'은 모두 '**금실**'이라고 말해야 한다.

"우리 모두의 몫이 **아닐런지**"
"목소리를 듣기나 **하실런지**"
(SBS TV '세상에'. 1999. 9. 30.)

"대신해 줄 수 **있을런지요?**"
(코리아 익스프레스. '94. 9. 21.)

"집을 사야 **할런지 말런지요?**"
(네이버 카페. 2007. 3. 15.)

위의 '아닐런지', '하실런지', '있을런지요', '할런지 말런지'는 '**아닐는지**', '**하실는지**', '**있을는지요**', '**할는지 말는지**'의 잘못인데, 많은 사람들이 잘못 쓰고들 있는 말과 글들이다. 받침 없는 어간이나 존경의 '-시-' 앞에서 추측, 의지, 가능성 등의 뜻을 나타내는 종결어미나 연결어미는, '-르런지'가 아닌 '**-ㄹ는지**'로 쓰도록 되어 있다. 흔히 '탈런지/탈른지', '볼런지/볼른지', '놀런지/놀른지' 등으로 쓰기도 하나, 우리말에 '-르런지'나 '-르른지'란 어미는 없으므로, 당연히 '**탈는지[탈른지]**', '**볼는지[볼른지]**', '**놀는지[놀른지]**' 등으로 쓰고 말해야 한다.

"너무 정의감에 **불타 계셨고**"
(KBS TV '추적'. 1999. 7. 22.)

어느 해직 언론인의 부인이 남편을 두고 한 얘기인데, 상당한 지식과 교양을 갖춘 숙녀분들이 여성 상위 시대를 강조하면서도, 자기 남편 얘기에 제법 교양을 갖춘답시고 말끝마다 '…하시고', '잡수시고', '주무시고' 등의 낯간지러운 존칭어법을 쓰고들 있어 안쓰럽기 그지없다. 예로부터 부부는 동격이라 했으므로, 결과적으로 자기 자신에게 존대를 한다는 웃지 못할 해프닝이 되고 만다. 시부모님이나 집안 어르신들도 듣고 계신다고 생각해 보라. 자신의 무식을 자랑하고 싶지 않다면 압존법에 대한 참뜻을 제대로 숙지해 줬으면 하는 마음 간절하다.

"아이들 옷은 **으레히**"
(MBC TV. 1999. 3. 26.)
"사람들은 **으레히** 같이"
(SBS '좋은 아침'. '99. 9. 15.)
"**으레껏** 다 벗기잖아요."
(KBS '무엇이든'. '99. 9. 30.)

'두말할 것 없이', '마땅히', '당연히' 등의 뜻을 가진 부사는 '으례'가 아닌 '으레'다. 1936년 이후에는 '의례(依例)'에서 변한 '으례'를 표준어로 쓰기도 했으나, 1988년 표준어 사정에서는 단순 모음화된 '으레'와, '전례(前例)에 의한다'는 뜻으로 쓰는 '의전례(依前例)'의 준말인, '의례(依例)'를 표준어로 삼기도 했었다. 아무튼 '으레'나 '의례'는 별개의 낱말로서, '으레'는 그 자체만으로도 충분히 부사 역할을 다하고 있으므로, 쓸데없는 접미사인 '-히'나 '-껏' 등을 붙여서, 긁어 부스럼 만들 필요가 없다. 부언하거니와, 절대로 '으레히·으레껏' 또는 '의례히·의례껏' 등으로 쓰지 않도록 주의해야 한다.

"여전히 **유모어** 감각 톡톡 튀네"
(뉴스N 2014. 10. 27.)
"재치와 **유모어**가 뛰어나지만"
(지식iN. 2015. 3. 4.)
"이런 풍경을 **유모어스럽게**"
(KBS '무엇이든'. 1999. 10. 1.)
"맛깔나게 **유모어스럽게** 잘하시는지"
(다음 블로그. 2009. 8. 2.)

'익살스러운 농담이나 해학'은 '**유머**(Humor)'라고 해야 하는데도, 흔히들 '유모어'라고 잘못 말하고들 있다. 게다가 '익살스럽고 재치가 있음'을 뜻하는 '**유머러스**(Humorous)**하다**'를 '유모어스럽다'라고 하는 묘한 말을 쓰기도 하나, 위의 '유모어스럽게'는 '**유머러스하게**'라고 제대로 표현하거나, 그냥 '**풍자적으로**'나 '**해학적으로**' 또는 '**익살스럽게**'라고 해야 한다. 또한 '익살스러운 사람'은 '유모어스러운 사람'이 아니라 '**유머러스한 사람**' 또는 '**유머리스트**(Humorist)'라고 해야 한다.

"**바바리코트** 깃 세우고 어디론가"
(MBC '생방송 임성훈'. '99. 10. 1.)
"올백머리였다. **바바리 코트**였다."
(중앙일보 고은. 1999. 9. 9.)

제1차 세계전쟁 때 참호(Trench) 속에서 떨고 있는 영국군과 연합군들의 바람막이 비옷으로 만들었다가 장교들의 유니폼으로 제정된 것이 바로 영국 '버버리 회사(Burberry Company)'의 '**버버리 코트**'였다. 한때 영화배우 고 피터 포크가 '형사 콜롬보'에서 즐겨 입던 겉옷을 너나없이 "버버리 코트(속칭 '바바리 코트')"라고들 하나, '버버리'는 단순한 특정 상표일 뿐이므로, 통상 넓은 깃에 벨트로 허리를 질끈 동여맨 더블형 코트는 '**트렌치 코트**(Trench Coat)'라고 해야 한다.

"과로사로 죽어 버렸어."

"일만 하다 과로사로 죽었다."

(EBS TV '세상'. 1999. 7. 2.)

"과로사로 돌아가셨어요."

(KBS TV '행복'. 1999. 8. 31.)

천하에 내로라 하는 달변가이신 이어령 교수님도 이런 실수를 범하시는가 싶지만, '과로사(過勞死)'는 문자 그대로 과로로 죽는다는 뜻인데, '과로사'에다 다시 '죽어'와 '죽었다'를 연결했으니, 과로로 죽은 걸로 죽었다는 묘한 말이 되고 말았다. 따라서, 위의 예문들은 '과로로 죽어 버렸어/과로사해 버렸어', '과로로 죽었다/과로사했다' 그리고 '과로사하셨어요/과로로 돌아가셨어요'라고 해야 올바른 표현이 된다.

"[위뻡]행위를 단속하게 되며"

(KBS TV 뉴스. '94. 2. 2.)

"동화은행의 [위뻡] 사실은"

(KBS TV 뉴스. '99. 1. 26.)

위의 [위뻡]은 '**違法**[위법]'을 잘못 발음한 아나운서들의 방송 내용들인데, '병법(兵法), 필법(筆法), 예법(隷法), 비법(秘法)' 등의 '法'은 된소리인 '[병뻡], [필뻡], [예뻡], [비뻡]'이라고 발음해야 하지만, '위법(違法), 무법(無法), 마법(魔法), 고법(高法), 비법(非法)' 등의 '法'은 예사소리인 '[무법], [마법], [고법], [비법]'이라고 발음해야 한다. 게다가, 한글로는 같은 '사법'일지라도 삼권의 하나인 '司法'이나, 쓰이지 않는 법률을 말하는 '死法'은, 예사소리인 [사법]으로 발음하고, 제사 지내는 법 즉 '祭法'은 [제뻡]인데도, 모든 법 즉 '諸法'은 [제법]이라고 해야 하며, '공법(公法)'의 반의어인 '私法'이나, 활이나 총 쏘는 방법 즉 '射法'은 된소리인 [사뻡]이라고 해야 하듯이, 한자어 밥음법에 대한 일정한 원칙이 없다는 문제점은 풀어야 할 난제 중의 하나다.

"[제의ˇ사지위](諸義士之位)"
(MBC TV '다큐'. 1999. 10. 11.)

위의 예문은 MBC TV의 특선 다큐멘터리 '금성단의 사람들'에서, 단종 복위를 꾀하다가 이름 없이 죽어 간 여러 충신들의 무덤임을 뜻하는 '諸義士之位'를, 내레이터가 [제의ˇ사지위]라고 발음한 그대로 띄어쓰기한 내용인데, 작가와 내레이터 누구의 잘못인지 알 순 없으나, 마치 "아버지 가방에 들어가신다."와 같은 맥락이라 실소를 금할 수 없었다. 실은 여러 의사들의 신위 즉 [제ˇ의사지ˇ위]라고 끊어 읽어야 하는 글인데도, 수차에 걸쳐 마치 '제씨(諸氏)'라는 성을 가진 '의사(義士)'를 말하듯 [제 의사의 이름], [제 의사의 후손] 운운했으나, 이 또한 '여러 의사들의 이름', '여러 의사들의 후손'이라고 해야 한다.

"상습 필로폰 투약 4명"
(KBS TV 뉴스. 1999. 3. 3.)
"필로폰 투약 확산"
(KBS TV 뉴스. 1999. 3. 21.)
"구치소 재소자 히로뽕 복용"
(중앙일보 제목. 1999. 10. 2.)

'히로뽕(ヒロポン/ Hiropon)'은 '일을 좋아하다'라는 뜻을 가진 그리스어 '히로포노스'에서 나온 말로서, 메탄페타민 계열 각성제의 일본 상품명인데, '필로폰(Philopon)'은 영한사전에도 잘 나와 있지 않은 '히로뽕'의 영어식 표기이긴 하나, 둘 다 사용할 수 있는 표준어다. 그런데 '민중 엣센스 한일사전'에는 '히로뽕'은 없이 '필로폰'만 나와 있고, '동아 새 국어사전'에는 '필로폰'은 '히로뽕'의 비표준어로 나와 있는가 하면, 같은 방송이나 같은 지면에서도 '히로뽕'과 '필로폰'을 혼용하기도 하여 혼란스러우나, 같은 지면에선 일률적으로 쓰는 게 좋다.

"미술을 그리세요."
(KBS '행복'. '99. 2. 19.)
"미술 잘 그리는 방법"
(지식 iN. 2009. 12. 29.)
"미술 그리는 법에 대해서"
(지식 iN. 2011. 5. 8.)
"미술을 그리는 방법이 아주 다양"
(네이버 블로그. 2013. 8. 12.)

어쩌다 이런 묘한 어법이 난무하게 되었는지 알 수가 없으나, 위 예문은 네 손가락 피아니스트 이희아 양 어머니의 얘기인데, '미술'은 '하는 것'이지 '그리는 것'이 아니므로, 이런 경우엔 '미술을 하세요.' 또는 '그림을 그리세요.'라고 말해야 한다. '미술 잘 그리는 방법'은 '그림 잘 그리는 방법' 또는 '미술을 잘하는 방법'으로 바로잡고, '미술 그리는 법'은 '그림 그리는 법'으로 바로잡되, '미술을 그리는 방법' 역시 '그림을 그리는 방법' 또는 '미술 하는 방법' 등으로 바로잡아야 한다.

"경찰 승진 청탁·인간관계가 중요"
(KBS TV 뉴스. 1999. 10. 12.)

위에서 말한 '청탁'은, 물론 승진하기 위한 경찰관들이 필수적으로 갖춰야 할 덕목인 청렴도를 뜻하는 '청탁(淸濁)'으로 쓴 말임이 분명하겠으나, 자막까지 한글로 표기해 놓아 무엇인가를 청하여 부탁한다는 뜻인 '청탁(請託)'으로 오인할 수밖에 없는 방송 내용이 되고 말았다. 이런 경우엔, 경찰이 승진하기 위한 필수 조건을 시청자들에게 제대로 전달하려면, 자막에 '청탁'을 한자로 처리하지 않기 위하여 자막에는 "경찰 승진, 청렴도·인간관계가 중요"라고 하더라도, 어나운스먼트로는 '경찰 승진에는 청렴도와 인간관계가 중요'라고 해야 한다.

"피로 회복을 어느 정도 했는지"
(SBS TV 골프 최강전. 1999. 9. 11.)

"피로 회복을 도와주는 온탕욕"
(중앙일보 기사. 1999. 7. 29.)'

"나른할 때, 힘들 때, **피로 회복**에"
(일양약품 원비-디 광고)

"지친 일상 **피로회복**에는 박카스"
(네이버 블로그. 2014. 5. 22.)

'회복(回復/恢復)'이란 말은 문자 그대로, 쇠퇴한 형세나 건강 등이 이전 상태로 되돌아감을 뜻하는 말이므로, 회복해야 할 것은 '피로'가 아닌 '원기(元氣)'다. 그런데도 돈 내고 피로를 회복하라는 그들은, '경기 회복'이나 '건강 회복'이란 말을 어떻게 설명할지 궁금하다. 아무튼 하루속히 '피로 회복'이 아닌 '**피로 해소**'나 '**원기 회복**'이 되길 바랄 뿐이다.

"재숙 씨는 가슴이 **설레였다.**"
(경향신문 콩트. 1991. 10. 20.)

"영화 팬들을 **설레이게** 하고"
(SBS TV 뉴스. 1999. 10. 14.)

마음이 가라앉지 않고 들떠 있는 상태를 말하는 '**설레다**'의 과거형은, '설레(동사 어간)＋었(과거형 선어말 어미)＋다(종결어미)＝**설레었다**'인데, 흔히 동사원형을 '설레이다'로 착각하여, '설레이었다→설레였다'로 잘못 쓰고들 있으며, '**설레게**' 역시 위에서처럼 '설레이게'로 잘못 쓰고들 있는 실정이다. '-였-'은, '진실하였다'나 '성공하였다' 등처럼, 용언의 어간 '하-' 아래에 쓰이는 과거 시제 선어말 어미인가 하면, '먹이었다/먹였다'나 '쓰이었다/쓰였다' 등처럼 '-이었-'의 준말로 쓰이기도 하나, '설레다'의 과거형 '설레었다(설렜다)'와는 무관하다.

"빳다 두 대씩 맞았을 때"
(SBS TV '나잘난'. '99. 10. 6.)

'빳다'는 '배터(Batter)'의 일본식 발음인 '밧타(バッタ)'를 경음화한 한일 잡탕어인데, 흔히들 '빳다를 치다'나 '빳다를 맞다' 등으로 쓰고들 있으나, 'Batter'는 야구 용어인 '타자'를 뜻하기도 하지만, '강타하다'나 '쳐부수다' 등의 동사로도 쓰인다. 따라서 '빳다를 치다'나 '빳다를 맞다'라는 말은, 결국 '타자를 치다'나 '타자를 맞다'라는 묘한 말이 되며, '강타하다'나 '쳐부수다' 등의 동사와 연결해도 어불성설이다. 따라서, '배트(Bat : 야구방망이)로 친다' 또는 '배트로 맞았다'라고 하거나, 그냥 '몽둥이(방망이)로 친다(맞았다)'라고 해야 하는 말이다.

"너무 좋은 거 같애요."
(MBC TV '행복한'. '99. 3. 2.)
"없어서 좋은 것 같아요."
(KBS TV 뉴스. 1999. 8. 8.)
"좋았던 것 같아요."
(OBS. '살맛 나는 세상'. 2015. 3. 5.)

요즘 젊은이들의 일상용어 중에서 가장 귀에 거슬리는 말이 바로 이 "뭐 같아요" 하는 어법인데, 참으로 줏대 없고 무책임한 말투가 아닐 수 없다. 위 예문의 경우에는 그냥 '너무 좋아요.', '없어서 좋아요.', '아주 좋았어요'라고 하면 그만인 걸, 자신은 저만치 밀쳐놓고 마치 남의 얘기라도 하듯이 '같아요'를 남발하며 스스로 주체성을 잃어 가고 있다. 물론, 상황 판단이나 자신의 감정에 확신이 서지 않을 경우엔 그렇다손 치더라도, 추위에 떨고 있으면서도 "추운 것 같아요.", 만발한 꽃을 보고 있으면서도 "꽃이 핀 것 같아요.", 무척 흐뭇해하고 있으면서도 "기분이 좋은 것 같아요."라고들 하니 참으로 딱한 노릇이다.

"우셔본 적도 있어요?"
(MBC R. '여성 시대'. '91. 6. 1.)

진행자 손숙 씨가 어느 세일즈 우먼과 전화로 통화한 내용 중의 일부인데, '울다'의 높임말은 '우시다'이지만, '울다'에 보조 동사 '보다'가 연결된 '울어 보다'의 높임말은, '우셔보다'가 아니라 '울어보시다'이므로, 이 경우엔 "**울어 보신 적도 있으세요?**"라고 해야 한다. 이 당시에, 위 프로그램의 공동 진행자인 김승현과 손숙 두 분께, 일상적으로 잘못 쓰고 있는 숱한 어법들에 관하여, 일일이 기록해 뒀던 예문까지 들어가며 꽤 장황하고 소상하게 팩스로 정성껏 일러 드린 바도 있으나, 별무효과였음은 물론 일언반구 아무런 반응조차 없었다.

"자신 있는 **십팔번**으로 노래해"
(KBS TV '본부'. 1999. 10. 24.)

"소위 **십팔번**으로 갖고 있어요"
(KBS TV '광장'. 1999. 10. 30.)

"제 **십팔번**은 남진의 '빈잔'"
(디트뉴스24. 2015. 3. 26.)

어디서든 오락 시간이면 '**십팔번**'이란 말이 으레 입에 오르내리게 되는데, 사전 풀이는 "가장 자랑으로 여기는 재주. 특히, 가장 즐겨 부르는 노래. 장기(長技)."로 되어 있다. 이 말은, 17세기 일본 에도(江戶) 시대에 가부키(歌舞伎) 명배우였던 이찌가와 단쥬로가, 가장 자신 있게 내놓을 만한 대표적인 레퍼토리 열여덟 개 중에서도, 마지막 열여덟 번째 '쿄겐(狂言)'이 백미라 하여, 가부키 집안의 '쥬하찌반(十八番)'이라고 명명한 데서 유래된 말이다. 결국 '잘하는 연극'이 '잘하는 노래'로 변질되고 말았으나, 이젠 노래 얘기를 할 땐 '**애창곡**'이라 하되 다른 장기(長技) 얘기를 할 땐 '**단골장기**'라고 하는 게 좋다.

"이거 용도는 어디에 쓰이나요?"
(SBS TV '호기심' 1999. 10. 17.)

'**용도(用途)**'는 '쓸 용(用)'과 '길 도(途)' 자로 된 한자어로서, 어떤 물건의 쓰이는 곳이나 쓰는 법을 뜻하는 말이다. 따라서 위 예문은 결국 "이거 쓰이는 곳은 어디에 쓰이나요?"라는 묘한 말이 되고 말았는데, "**이거 용도는 뭐죠?**"라고 하거나 "**이건 어디에 쓰이나요?**" 아니면 "**이건 어디에 쓰이는 거죠?**"라고 해야 하는 말이다.

"늦잠을 자신 적이 한 번밖에"
(방송대학 TV. 1999. 10. 27.)

'먹다'의 경어는 '먹으시다'가 아닌 '자시다(잡수다→잡수시다)'이듯이, '자다'의 존칭어 역시 '자시다'가 아니라 '**주무시다**'이다. 따라서 위 예문은 평교간이라면 "**늦잠을 잔 적이 한 번밖에**"라고 하되, 손위시라면 "**늦잠을 주무신 적이 한 번밖에**"라고 해야 어법에 맞는 말이 된다.

"미성숙한 인격에게나 어울리는 말"
(KBS TV 캠페인. 1999. 7. 23.)

'에게'는 '나에게 꿈이 있다.'처럼 딸린 대상을, '동생에게 물어 봐'처럼 행동이 미치는 상대편을, '염소에게 받혔다'처럼 행동을 일으키게 한 대상 등을 나타내는 부사격 조사로서, 유정명사 뒤에 붙어 쓰인다는 사실을 명심해야 한다. 그런데 위의 '인격'은 사람이나 짐승을 뜻하는 유정명사가 아니라 추상명사인 '인격'에다 '에게'를 연결할 수도 없거니와, 설사 '인격자'로 대체한다손 치더라도 '미성숙한 인격자'란 말도 어폐가 있으므로, '미성숙한 사람에게나'라고 해야 하는 말이다.

"학장들이 나한테 **자문을 얻으러**"
(KBS TV '곽규석 특집'. 1999. 9. 3.)

"환경 운동에 대한 **자문을 구했다.**"
(박숙희 '우리말 속뜻 사전 Ⅰ'. 162쪽)

"음악 전문가들의 **자문을 받는다.**"
(SBS TV 열린 TV 1999. 10. 16.)

'자문(諮問)'이란, 전문가나 특정 기관에 의견을 묻는다는 뜻의 말인데, '의논'이나 '타협' 등은 결코 주고받을 수 있는 성질의 말이 아니듯이, '자문' 역시 "모르면 **자문을 해야지**" 또는 "**전문가에게 자문해 봐**" 등으로 쓰되, '자문을 구한다'거나 '자문을 얻는다' 또는 '자문을 받는다' 등으로는 쓸 수 없는 말이다. 또한, 윗사람이 아랫사람에게 의논하는 걸 '자순(諮詢)'이라 하고, 자문하여 의논하는 걸 '자의(諮議)'라 하는데, 역시 '자순을 구한다'거나 '자의를 받는다'고 해선 안 된다.

"애들한테 그렇고 **부인한테** 그렇고"
(itv '경찰 24시'. 1999. 10. 18.)

범인을 체포하다가 발목 부상으로 입원한 어느 경찰관이, 가족에게 미안하다는 뜻을 전하며 한 얘기인데, '婦人'은 단순히 결혼한 여자를 뜻하지만, '夫人'은 남의 아내를 높여 부르는 말이다. 따라서 제한된 장소에서 남편이 아내에게 직접 '부인'이라고 호칭하는 거야 탓할 바 없겠으나, 불특정 다수를 상대로 하는 공영방송이나 공개석상에서 자기 처를 '**부인**'이라고 칭하거나, 자신을 '**아무개의 부인**'이라고 소개하는 건 넌센스이므로, 남자는 '**집사람·아내·처**'라 하고 여자는 '**아무개의 처**'라고 해야 한다. 그리고 '영부인(令夫人)'이란 호칭도, 대개 대통령 부인에게만 해당되는 경칭인 걸로 잘못 알고들 있으나, 남의 아내나 지체 높은 사람들의 아내에게 두루 통용되는 존칭어임을 알아야겠다.

"6학년 [교꽈서]에 실리기로"
(KBS 뉴스에서. 1999. 3. 5.)

"[교꽈서]에 있는 게 아녜요."
(SBS '서바이벌'. 1999. 8. 10.)

"중학교 [교꽈서]에 실렸습니다."
(YTN 스포츠 뉴스. 2015. 3. 12.)

　'전과서(全科書)'나 '단과반(單科班)' 등은 된소리인 〔전꽈서〕, 〔단꽈반〕으로 발음해야 하나, '교과서(敎科書)'는 예사소리인 〔교과서〕라고 발음해야 한다. 그런데도 교육 방송인 EBS에서마저 '학교 현장 보고'('99. 7. 3.)라는 프로그램에서, '똑같은 〔교꽈서〕', '쓰고 있는 〔교꽈서〕' 운운하고 있으니 한심한 노릇이다. 하긴 똑같은 음운론적 환경에서도 '방법(方法)'은 〔방법〕으로, '병법(兵法)'은 〔병뻡〕 등처럼 불규칙적으로 발음된다는 데에 적잖은 문제점이 있는 건 사실이지만.

"지금 현재 시간은 몇 시인가요?"
(연합뉴스. '맹찬형의 시사터치'. '15. 3. 6.)

　리퍼트 미국 대사 피습 사건에 관한 교민들의 반응에 대하여 맹찬형 진행자가, 현지 교민과 나눈 인터뷰 내용 중의 일부인데, 시간 중 어느 일정한 순간을 '시각(時刻)'이라 하고, 시각과 시각 사이를 '시간(時間)'이라고 하므로, "점심시간은 12시부터 13시까지 한 시간." 또는 "근무 시간은 09시부터 17시까지 여덟 시간." 등으로 써야 한다. 그러나 "출발 시간은 두 시, 도착 시간은 다섯 시" 또는 "현재 시간이 일곱 신데, 뉴욕 시간은 몇 시?"라고 하면 안 된다. 모두(冒頭)의 설명대로 "출발 시각은 두 시, 도착 시각은 다섯 시, 총 소요 시간은 세 시간" 등으로 써야 하므로, "지금 / 현재 시각은 몇 시인가요?"라고 하되, '지금'이나 '현재'는 동의어이므로 둘 중 하나는 생략해야 한다.

"여성들에게 없어서는 안 될 **파마**"
"한국 최초로 **파마** 보급"
(KBS TV '한국 톱 10'. '99. 11. 1.)

  '파마'라는 말은, 머리를 곱슬곱슬하게 지지는 행위나 그런 머리를 말하는 '**퍼머넌트 웨이브**(Permanent Wave)'의 일본식 발음인 '파마넨토웨부(パーマネントウェーブ)'를, 다시 줄여서 그냥 '**파마**'라고 하는 것을 한국에선 '**빠마**'로 변질되어 사용되고 있다. 옛날엔 '전기로 지진 머리'라는 뜻으로 '**전발**(電髮)'이라고도 했으나, 이것 역시 '**덴바쓰**(電髮 : でんばつ)'라는 일본어였다. 따라서 '**퍼머넌트**'라고 하거나 그냥 '**퍼머**'라고 하든지, 아니면 북한에서 다듬은 말처럼 '**볶음머리**'라고 하는 것도 좋을 듯 싶지만, 아프리카 흑인들은 곱슬머리를 펴지 못해 안달인가 하면, 우리 아주머니들은 빠글빠글 볶지 못해 안달들을 한다.

"그대는 몰라 울어라 **섹스폰**아"
(가요 '댄서의 순정' 노랫말)
"한 여름 밤바다에 **섹스폰** 소리"
(다음넷 블로그. 2015. 4. 6.)

  'Saxophone'은 1840년대 초 프랑스 파리에서 활동하던 벨기에 출신의 플루트·클라리넷 연주자이자 악기 제작자인 '아돌프 색스'의 이름에서 따 온 악기 이름인데, '**섹스폰**'은 '**색소폰**'을 잘못 쓰는 말이다. 위 예문에서뿐만 아니라, 너나없이 '**섹스폰**'이라고 잘못 말하고들 있어 적잖은 문제가 되고 있는데, 'Sexphone'이란 말은 따지고 보면 치한들이 전화(Phone)로 하는 섹스(Sex) 즉 음담패설을 뜻하는 말이 되므로 발음에 주의해야 한다. 그리고 원래 오페라 가수들의 목소리처럼 각 음역에 따라 '소프라노·알토·테너·바리톤' 등이 있듯이, 색소폰에도 각 음역에 따른 악기들이 따로 있다는 사실을 참고로 밝혀둔다.

"아들을 유괴하여 달아난"
(KBS TV 뉴스. '91. 6. 19.)
"신생아를 납치·유괴한 혐의"
(중앙일보 기사. '99. 10. 3.)
"가정집서 아기 훔쳐 도주"
(경향신문 제목. '92. 3. 20.)

 죄 없는 핏덩이를 안고 달아나는 건 용서받지 못할 범죄 행위임엔 틀림없겠으나, 말귀를 전혀 못 알아듣는 신생아를 감언이설로 속여 꾀어 낸 게 아니므로 '유괴'랄 수는 없다. 그렇다고 해서 아무런 반항 능력도 없는 처지라 폭력을 동원해 강제로 끌고 간 것도 아니므로 '납치'랄 수도 없음은 물론, 짐승이나 물건이 아니기에 '훔친다'고 하는 것도 가당찮은 말, 차라리 '아기보쌈'이라고 하는 게 어떨까 싶다.

"예, 너무너무 잘 했어요"
(EBS 'What's up'. 2000. 1. 6.)
"너무 너무 너무 예쁜 아기 사진"
(네이버 카페. 2015. 1. 14.)

 '너무'라는 부사는, '너무 늙었어', '너무 어려워' 등처럼 '한계가 정도에 지나치게, 분에 넘치게'라는 뜻으로 쓰는 말로서 '너무너무'는 '너무'를 강조한 말인데, 잘 했다고 칭찬하는 말에 '너무'라는 말을 넣어 표현하면, 과유불급이라 했듯이 지나치게 잘 했다는 묘한 말이 된다. 그러나 표준국어 대사전에서 '일정한 정도나 한계에 지나치게'로 풀이하여 긍정적인 서술어와 어울려 쓸 수 없던 '너무'를, 현실음의 추세에 따라 2015년 6월 15일 자로 '일정한 정도나 한계를 훨씬 넘어선 상태로'로 인정하여 '너무 좋다', '너무 예쁘다'처럼 긍정적인 서술어와도 어울려 쓸 수 있다고 했으나, **정말(아주) 좋다**나 '**무척(굉장히) 예쁘다**'라고 하면 그만인 것을, 왜 긁어 부스럼 만들었는지 알 수가 없다.

"혼배주(婚配酒) 원샷"
(SBS '만들기'. 2000. 1. 8.)

　술을 마실 때 직접 따라 마시는 걸 **'자작(自酌)'**이라 하고, 서로 마주하여 마시는 걸 **'대작(對酌)'**이라 하는가 하면, 권커니 잣거니 잔을 주고받으며 마시는 걸 **'수작(酬酌)'**이라고 한다. 그런데 술잔을 들고 건배를 할 땐 흔히들 '위하여!'라고 외치는 게 보통이나, '얼씨구!'엔 '절씨구!'로 응수하고, '곤드레!'엔 '만드레!'로 화답하는가 하면 '세평조통!(세계의 평화와 조국의 통일을 위하여)'이란 말까지 등장하고, "119(**한 가지** 술로 **1차**까지만 하고 **9시** 전에 집에 가자)", "남존여비(**남자의 존재** 이유는 **여자의** 비위를 맞추기 위하여)", "통통통(의사소**通**, 운수대**通**, 만사형**通**)"에다가 "SSKK(시키면 시키는 대로, **까**라면 **깐**다)"에다, 건배사의 원조격인 '건배(乾杯)'의 일본식 발음인 '**캄빠이**'에 '**원 샷**(One Shot)'이 고전으로 굳건한 위치를 확보하고 있다.

　그러나 **'원샷'**이란 말은 원래 **'주사 한 대'** 또는 **'총 한 방'**이란 뜻 외에도 **'술 한 잔'**이란 뜻도 포함되긴 하나, 영어권 사람들은 결코 이런 말을 쓰지 않는다. 대신, 단순히 술을 권할 땐 현지 발음으론 **'드링컵**(Drink up)'이라 하고, 술잔을 들고 '단숨에'라는 뜻으로 건배할 땐 **'바름접**(Bottoms up)'이라고 한다. 또한 '위하여!'는 'Here's to you!'라고 하며, '(우리의) 건강을 위하여'는 'To our health!'라고 하나, 흔히 그냥 'Cheers!'나 'Toast!'라고 한다. 아무튼 서로의 건강을 해치는 술을 권하면서도 "건강을 위하여"라고들 하니 무척 아이러니컬하기도 하나, 기왕 술 얘기가 나왔으니 이미 오래전에 써 두었던 **'자만(自滿)'**이라는 자작 한시(漢詩) 한 수를 소개할까 한다.

　　春風嫋嫋娘心悸 봄바람 산들산들 낭자 마음 두근두근
　　夏霎霏霏酒思興 여름비 부슬부슬 술 생각이 새록새록
　　蟲躍鳲鳴當極樂 메뚜기 폴짝 뻐꾹새 뻐꾹 예가 바로 극락인데
　　浮傾日月首霜增 뜨고 지는 해와 달에 백발만 늘어가네

"뭘 알아야 **면장을 하지?**"
(연속극 대사나 일상적인 대화)

문자 그대로 아는 게 있어야 군수는 못 할지언정 면장(面長)이라도 할 수 있다는 건 사실이다. 그러나 우리 속담의 본뜻은 시골 '면장'이 아니라, 담벼락을 대면하고 있는 것처럼 앞을 볼 수 없는 무식함을 비유하는 '**면장(面墻)**'에서 나온 말이다. 따라서 '면면장(免面墻)' 즉 알아야 무식(面墻)을 면(免)할 수 있다〔**免墻**〕는 뜻이다. 어원은 명심보감의 '타일면장 회지이로(他日面墻 悔之已老)' 즉, 훗날 담벼락을 대하듯 무식함을 알고 후회할 땐 이미 늦었음을 알게 된다는 뜻이다.

"**빗을 갚고** 나가겠다"
(KBS 뉴스. '99. 7. 21.)
"아내 명의로 **빗이 있었고**"
(jtbc '사건 반장'. 2015. 2. 23.)
"(미 정부에) **빗을 진 거죠**"
(YTN. '뉴스특보'. 2015. 3. 5.)
"내 **빛은 내가 갚고**"
(jtbc 사건 반장 2015. 2.15.)

'빗〔櫛〕'은 머리를 빗을 때 쓰는 도구를 말하며, '빚〔債〕'은 남에게 갚아야 할 돈을 말하는가 하면, '빛〔光〕'은 시신경을 자극하여 사물을 알아볼 수 있게 하는 것을 말한다. 그런데 위 예문의 '빗'이나 '빛'은 내용으로 보아 머리를 빗는 '빗'도 아니요, 광선을 뜻하는 '빛'도 아닌 '부채(負債)'를 뜻하는 '**빚**'임이 분명하므로, '빗을(비슬) 갚고', '빗이〔비시〕 있었고', '빗을〔비슬〕 진 거', '빛은〔비츤〕 내가' 등의 '빗'과 '빛'은 전부 '**빚을〔비즐〕 갚고**', '**빚이〔비지〕 있었고**', '**빚을〔비즐〕 진 거**', **빚은〔비즌〕 내가**' 등으로 쓰고 말해야 하는 것들이다.

"어려서부터 형네 집에 와서 **뗑깡치고**"
(MBN '특종 세상'. 2015. 3. 13.)
"덥다고 **뗑깡 부리지 마!**"
(타이포그래피. 2013. 7. 22.)

'**뗑깡**'은 우리말 '간질병'이나 '지랄병'을 뜻하는 '**덴칸**(癲癇:てんかん)'이라는 일본어를 경음화한 말로서, '미칠 전(癲)' 자에 '간질 간(癇)' 자로 구성되어 있다. 이토록 지랄병은 병 중에서도 아주 몹쓸 병인데도, 어원을 잘 몰라서인지 '뗑깡부린다'는 말을 방송인들까지 공개석상에서도 아무 스스럼없이 내뱉고들 있으나, 말뜻을 알고 보면 절대로 함부로 쓸 말이 아님을 알 수 있다. 아무튼 '뗑깡부리다'가 아니라 반드시 '**생떼를 쓰다(부리다)**', '**투정 부리다**', '**억지 부리다(쓰다)**' 또는 '**몽니를 부리다**' 등으로 순화해서 써야 하는 말임을 알아야 한다.

"'**외삼촌**'을 '**삼촌**'?"
(KBS '흔들리는 배')
(MBC '무동이네 집')

아버지의 남동생이 미혼일 땐 '삼촌', 결혼 후엔 '숙부'나 '작은아버지'라고 해야 하는데, 흔히들 무조건 '**삼촌**'이라고 부르고들 있으나, 실지로 '삼촌'이란 말은 촌수를 따질 때 쓰는 계촌(計寸) 용어일 뿐이므로, 부름말〔呼稱語〕로 쓰기엔 문제가 있는 말이다. 옛날엔 '서삼촌' 즉 조부의 서자는, 성혼(成婚)한 후에도 조카들이 '숙부'나 '작은아버지'라 하지 않고 평생 '**삼촌**'이라고만 낮춰 불렀다. 요즘 청소년들은 '외삼촌'마저 '삼촌'이라고 부르고들 있으나, 혼전의 친삼촌은 그냥 '**삼촌**'이라고 하더라도, 외삼촌은 반드시 그의 결혼 여부와 상관없이 '외-'라는 접두어를 붙여 '**외삼촌**'이라고 하는 게 원칙이다. 그리고 외삼촌을 비롯한 외척들은 내 조상의 기제사에 참여하지 않는 게 예법이기도 하다.

"구체적으로 간단하게 말씀드리자면"
(MBC TV. 특집 좌담에서)
"간결하면서도 구체적으로 밝힌"
(천태소지관. 2011.03.17)

광역 선거의 투개표가 완전히 끝난 날 아침, 특집 좌담 프로그램에서 어느 토론자가 한 말인데, 구체적으로 말하자면 간단하게 말할 수 없고, 간단하게 말하자면 또한 구체적이 될 수 없음은 재론할 필요가 없다는 건 주지의 사실이다. 따라서, 앞뒤의 문맥에 따라 "구체적으로 말씀드리자면" 아니면 "간단하게 말씀드리자면" 등으로 취사선택하여 어휘를 잘 조절해야 한다. 뒤 예문 역시 좌선법을 간결하면서도 구체적으로 밝힌 수행의 교과서라지만, 대체 어떻게 하면 간단하고 구체적으로 밝힐 수 있는 것인지 참으로 불가사의한 일이 아닐 수 없다.

"신나를 가지고 가서 살해를 하고"
(YTN. '뉴스 특보'. 2015. 2. 25.)
"가지고 온 신나를 뿌리고"
(TV 조선 '뉴스 속보'. 2015. 2. 25)

전자는 화성 연쇄 살인 사건에 관한 전 수서경찰서 강력팀장 백기종 씨의 대담 내용이며, 후자는 이자하 세종경찰서장의 세종시 총기사건 경찰 브리핑에서 나온 얘긴데, 도료(塗料)의 점성도(粘性度)를 낮추기 위하여 넣는 혼합 용제(溶劑)를 지칭하는 '시너(Thinner)'를 너나없이 '신나'라고 잘못 쓰고들 있는 실정이다. '서머(Summer)'나 '해머(Hammer)' 또는 '커닝(Cunning)'이나 '러너(Runner)' 등처럼, 외래어를 표기할 때 '-mm-'과 '-nn-'은, 'ㅁ'과 'ㄴ'을 겹쳐 적어선 안 된다. 그런데도 '시너(Thinner)'를 '신나'로 적게 된 이유는 '어'발음이 되지 않는 일본식 발음인 '신나(シンナ)'에서 비롯되었기 때문이다.

"할머니하고 **손녀딸** 내보냈다."
(PSB TV '현장 르포'. 1999. 7. 16)

"부산에 **양녀딸**로 데리고 가서"
(MBC TV '여성 시대'. 1994. 1. 14.)

　　형제자매의 딸을, 조카뻘되는 딸자식이라 하여 '**질녀**(姪女)' 또는 '**조카딸**'
이라고 한다. 그러나 '손녀'나 '양녀'는 '손자 손(孫)', '계집 녀(女)'와 '기를
양(養)', '계집 녀(女)' 자로 이루어진 한자어로서, '손자뻘 되는 딸'과 '데려다
기르는 딸'을 뜻하므로, 쓸데없이 군더더기인 '女'와 '딸'을 중복시킬 필요 없
이 그냥 '**손녀**', '**양녀**'면 충분하다. 다만, 남의 자식을 맡아 제 자식처럼 기르
는 '양녀' 즉 '수양(收養)딸'은 '수양+딸'로 분석되므로 그대로 '**수양딸**'이라고
해야 함은 물론이다.

"식사 후에 먹는 **달달한 음식**"
(채널 A. '몸신'. 2015. 2. 28.)

"매일 먹는 **된장**은 달달하고"
(MBC '오늘 아침'. 2015. 3. 2.)

"이렇게 **달달한 놀이기구**였나?"
(SBS funE. 2015. 3. 13.)

　　'달달'의 사전 풀이는 '작은 바퀴 등이 가볍게 굴러가는 소리가 나는 것' 또
는, 추위나 무서움으로 '달달 떨린다'거나, '사람을 달달 볶는다' 등으로 쓰는
부사인데, 새 우리말 큰사전에는 '달달하다'를 '달콤하다'와 동의어로 되어 있
으나, 거의 모든 사전에 사투리로 명시되어 있다. 그건 그렇다 치더라도 어
쩌다 놀이기구에까지 '**달달하다**'는 표현을 쓰게 되었는지 알 수가 없으나, 위
의 '달달한 음식'은 '**달콤한** 음식'으로, '된장은 달달하고' 역시 '된장은 **달콤
하고**'로, '달달한 놀이기구'는 당연히 '**재미있는** 놀이기구'라고 해야 하는 말들
이다.

“고생한 어머니 때문에 **목이 메이고**”
(KBS 2. 우문현답. 2015. 3. 14.)

“**목이 메인** 이별가를 불러야 옳으냐?”
(가요 '비내리는 호남선' 노랫말.)

하수도 구멍이 막히거나, 어떤 감정이 복받쳐 목소리가 잘 나지 않는 현상을 '메다'라고 하며, 기쁨이나 설움 따위가 북받쳐 목구멍이 막히는 현상을 '목메다'라고 한다. '목메다'라는 자동사 낱말 자체에 피동의 의미가 포함되어 있으므로 '목메다'에 피동의 '-이-'를 붙일 필요가 없게 된다. 따라서 '목이 메이다'가 아니라 '**목이 메다**'라고 해야 하므로, 위의 예문은 “어머니 때문에 **목이 메고**”로 바로잡고, “**목이 메인** 이별가”는 “**목이 멘** 이별가”로 바로잡아야 한다.

“**전:국**에서 비가 내리겠습니다.”
(TV 조선. 일기예보. 2015. 2. 28'.)

“내일부터는 **전:국**으로 확산”
(MBN. 일기예보. 2015. 2. 28.)

'온 나라'를 뜻하는 명사는 [전 : 국]이 아니라 [전국]이다. 즉 단음인 '전국(全國)'과 '춘추전국시대'라고 할 때의 장음 '전 : 국(戰國)'과는 고저장단에 엄연한 차이점이 있다는 사실을 간과하지 말아야 한다. '[전승(全勝)], [전력(全力)], [전원(全員)], [전패(全敗)], [전교(全校)], [전소(全燒)], [전생(全生)], [전권(全權)], [전액(全額)], [전체(全體)], [전성기(全盛期)]' 등 어떤 낱말도 '全-' 자가 장음으로 발음되는 예는 없다. 그런데도 비단 이들 기상 캐스터나 방송 관계자들뿐만 아니라 숱한 언중들이 앞다퉈 '[전 : 개(展開)], [전 : 경(戰警)], [전광(電光)], [전 : 동차(電動車)], [전 : 략(戰略)]' 등처럼 장음인 [전 : 국]으로 발음하고들 있어, 심히 걱정스럽다.

"저공천이 끝나면 **잠수를 탑니다**."
(채널A '직언직설'. 2016. 4. 14.)
"툭하면 **잠수 타는 남자친구**"
(다음넷 블로그. 2014. 9. 9.)

앞엣것은 20대 총선 다음날, 연세대 신지호 객원교수가 발언한 내용인데, **'잠수(潛水)'**는 잠긴다거나 자맥질한다는 뜻의 '잠길 잠(潛)'과 '물 수(水)'자로 구성된 한자어로서 "해녀들이 소라를 따기 위하여 **잠수를 한다**." 또는 "잠수부들이 해저 동굴을 탐험하기 위하여 **잠수를 한다**." 등으로 쓰는 '하다형 동사'다. 이렇듯, **'잠수'**라는 말 자체가 물속으로 들어가는 행위를 말하는데, 언제부터인가 남녀노소를 불문하고 엉뚱하게 **'잠수 탄다'**라고 하는 묘한 말들을 쓰고 있어 짜증스럽다. 아무튼 '잠수'는 하는 것이지 타는 것이 아니므로 위 예문은 **'잠수를 합니다.'** 그리고 **'잠수하는 남자친구'** 등으로 바로잡아야 하는 말이다.

"북한의 정권이 **풍지박산**이 되지 않을까"
(연합뉴스TV '북한은 오늘'. 2016. 4. 13.)
"나중에 **산수갑산을** 갈망정"
(다음넷 테디툴. 2009. 8. 14.)

"IMF 사태로 풍비박산된 회사" 등으로 쓰이는 **'풍비박산(風飛雹散)'**을 흔히 '풍지박산'으로 잘못 쓰고들 있으나, 한자 뜻 그대로 우박이 바람에 흩날려 사방으로 흩어짐을 비유한 말이다. '산수갑산' 역시 **'삼수갑산(三水甲山)'**을 잘못 쓰는 경우인데, '삼수'는 교통 불편은 말할 것도 없거니와, 겨울 날씨가 평균 영하 20°에 육박할 정도로 국내에서 가장 추운 지대에 속하는 오지이며, '갑산' 역시 삼수 못잖을 정도로 높고 험한 곳이라 최적의 유배지로 이름난 곳인데, 거기로 쫓겨 가는 한이 있더라도 뜻을 굽히지 않겠다는 의지를 표명할 때 쓰는 말이다.

"얇은 나뭇가지로"
(KBS '풍물'. '99. 12. 25.)
"손가락 별로 안 얇은 거 같은데"
(다음 카페. 2015. 3. 7.)

흔히들 '굵다'와 '두껍다', '가늘다'와 '얇다', '작다'와 '적다' 등을 잘못 사용하기도 하나, 나뭇가지나 철봉 등의 둘레를 표현할 땐 **'굵다'**거나 **'가늘다'**라고 해야 하므로, 위의 '얇은 나뭇가지'는 **'가는 나뭇가지'**, '안 얇은 거 같은데'는 **'가늘지 않은 것 같은데'**라고 해야 하는 말이다. 물론 영어로는 굵은 것이나 두꺼운 것 구별 없이 'Thick'라 하고, 가늘거나 얇은 것 역시 그냥 'Thin'이라고 해도 무방하나, 우리말의 '두껍다'나 '얇다'는 책이나 철판 같은 것의 두께를 말할 때 쓰는 말이다.

"화대비는 원하는 대로 다"
(MBC TV '수첩'. 1999. 6. 26.)
"식대비를 간이영수증으로"
(네이버 카페. 2013. 10. 7.)

'-대(代)'는 '도서대'나 '약대(藥代)' 등처럼, 일부 물질명사 밑에 붙어 그 대금임을 나타내는 접미사이며, '-비(費)' 역시 '재료비', '하숙비' 등처럼 일부 한자어 밑에 붙어 그 비용임을 나타내는 접미사다. 서울시에서는 '식대'와 '식비'가 일제 잔재라 하여 '밥값'으로 순화한다고 했으나, 일본에선 '쇼쿠히(食費 : しょくひ)'라고 하거나 '쇼쿠지다이(食事代 : しょくじだい)'라고 하지만 '식대'라고 하진 않는다. '해웃값'을 말하는 위의 '화대비'는 그냥 **'화대'**라 하고, '식대비'는 **'식대'**나 **'식비'**라고 하되 둘 다 비슷한 말이긴 하나, '식대'는 주로 식당 등에서 내는 음식 값을 말하며, '가족의 월 식비'처럼 어느 기간의 음식값을 말할 땐 '식비'라고 하는 것이 더 적절한 표현으로 보는 것이 일반적이다.

"앙꼬 없는 풀빵인가요?"
(TV조선 '시사탱크', 2015. 4. 3.)
"앙꼬 빠진 찐빵이라고"
(연합TV 뉴스. 이종걸. 2015. 12. 26.)

앞엣것은 진행자 장성민 씨, 뒤엣것은 새정치민주연합 이종걸 원내대표가 한 말이라, '앙꼬'가 일본말인지 모르고 한 말이건 알고 한 말이건 참으로 딱한 노릇이다. 아무튼 '앙꼬(あんこ : 餡子)'는 순수한 일본말이므로, '소'라고 하거나 '팥소'란 말을 써야 한다.

"그런 행동은 삼가하시는 게"
(EBS '생활 매너'. '99. 6. 3.)
"주류란 표현을 삼가해 줄 것"
(SBS TV 뉴스에서. 1999. 6. 7.)
"저속한 말은 삼가해야"
(KBS '듣습니다'. '99. 12. 5.)
"그런 초 치는 말은 삼가해 주시죠."
(TV조선 '위대한 이야기'. '15. 4. 22.)

'말을 삼간다'거나 '술·담배를 삼가라.' 등처럼, 몸가짐을 지나치지 않도록 조심하고 절제한다는 뜻의 동사는 '삼가다'이지 '삼가하다'가 아닌데도, 잘못 쓰는 말들을 지적하는 '시청자 의견을 듣습니다'라는 프로그램에 나온 아나운서마저, 위 예문에서처럼 "저속한 말은 삼가해야"라며 자막까지 곁들여 방영하기도 했다. 아무튼, 위의 '삼가하시는 게', '삼가해 줄', '삼가해야', '삼가해 주시죠' 등은, '삼가시는 게', '삼가 줄 것', '삼가야', '삼가 주시죠'라고 해야 하는데, 이 밖에도 '언행을 삼가라', '과음을 삼가랬잖아', '뭐든 삼갈 줄도 알게', '말씀 좀 삼가세요', '폭언을 삼가야지', '담배를 삼간다면' 등으로 써야 하는 말들이다.

"종가집 손맛의 대를 이어"
(KBS TV '나의 꿈'. '99. 10. 23.)
"처가집 말뚝이 잘 한 게 아닌데"
(다음넷 게시판. 2015. 3. 29.)

'宗家집'은 '家'와 '집'이 겹치는 말인데도, 대개 '宗家집 종손', '宗家집 맏며느리'라고 말하는 게 부인할 수 없는 언어 현실이다. 하긴 '관상(觀相)보다'의 '볼 관(觀)'과 '보다', '사기(沙器)그릇'의 '그릇 기(器)'와 '그릇' 등이 중복된다고 해서 그냥 '관상', '사기'라고만 할 수 없다는 데에 문제점이 있다. '상갓집 개→상가 개'나 '처갓집 말뚝→처가 말뚝' 등 역시 개운찮은 건 마찬가지다. 아무튼 '宗家집'도 익은말로 인정해야 한다면, 마땅히 '**종갓집**'으로 적고 〔**종가 찝 / 종갇 찝**〕으로 발음해야 한다. 위의 '처가집'은 '처갓집', 라면 상표인 '외가집'은 '외갓집'이라야 하나, '草家집'은 '초갓집'이 아닌 '**초가집**'이라야 한다.

"앞으로 점점 더 늘어나지 **않았을까**"
(YTN TV '이슈 오늘'2015. 3. 31.)
"앞으로 나를 만날 여자는 **큰일났어요.**"
(TVN '명단 공개'. 2015. 4. 3.)

앞 예문은 성범죄에 관한 대담 중 어느 토론자 발언 내용 중의 일부인데, 화두(話頭)가 '앞으로'로 시작되었으면 당연히 "앞으로 점점 더 늘어나지 않을까"로 종결되어야 하는데도, 미래형인 '앞으로'에 과거 의문형인 '않았을까?'로 연결되어 있다. 뒤 예문은 연예인들의 요리솜씨에 관한 방송 내용 중에 가수 성시경 군이 한 말인데, 미래형인 '앞으로'에 과거형인 '큰일났어요'로 구성되어 시제상으로 앞뒤가 전혀 조응(照應)되지 않는 말이 되고 말았으므로, "앞으로 나를 만날 여자는 꽤나 골치 아플 거예요." 등으로 정리해야 논리적인 말이 된다.

"옆으로 자빠지고, 앞으로 자빠지고"
(itv '건강 100세'. 1999. 5. 29.)

"과로나 과음으로 쓰러졌다."처럼, 힘이 빠지거나 외부의 힘에 의하여 서 있던 상태에서 바닥에 눕는 상태가 되는 것을 '쓰러지다'라고 하며, "역발산 기개세(力拔山氣蓋世)의 항우도 댕댕이덩굴에 걸려 넘어진다."처럼, 중심을 잃고 한쪽으로 쓰러지는 현상을 '넘어지다'라고 한다. 이렇듯 '쓰러지다'나 '넘어지다'는 방향과는 무관하지만, 사람이 뒤로 넘어지는 것은 '자빠지다'라고 하며, 앞으로 쓰러지는 것을 '엎어지다'라고 하므로, '자빠지다'와 '엎어지다'는 반드시 제대로 구별해서 써야 한다. 따라서 위 예문의 '옆으로 자빠지고'는 '옆으로 넘어(쓰러)지고'로, '앞으로 자빠지고'는 '앞으로 엎어지고'라고 해야 한다.

"마이킹은 아무나 주는 게"
(itv '김형곤 쇼'. '99. 8. 18.)
"상조회사에도 어음 와리깡이 있다?"
(네이버 블로그. 2012. 7. 14.)

'마이킹'은 '선금(先金)'을 뜻하는 일본어 '마에킨(前金 : まえきん)'을 잘못 쓴 말이다. 이 말은 주로 일반무대에 출연하는 연예인들이, 업주나 행사주최 측으로부터 미리 받는 출연료를 지칭하는 은어였는데, 60~70년대에나 쓰던 용어가 아직도 건재하고 있어 깜짝 놀랐으나, '선금·선불·계약금·전도금'이라는 우리말을 써야 한다. '와리칸(割勘 : わりかん)'은 '각자 부담'을 뜻하는 일본어 '와리마에칸조(割前勘定 : わりまえかんじょう)'의 축약형인데, 콩글리시로는 '더치페이'라 하고, 영어로는 '더치 트리트(Dutch Treat)'라고 한다. 사족이지만, 흔히 말하는 속칭 '카드(와리)깡'은 가짜 매출전표를 이용하여 급전이 필요한 자에게 일정량의 선이자를 떼고 빌려주는 불법 할인대출을 말한다.

"오늘 **햇빗이**[핻비시] 여름 같아요."
(채널뷰. '나는 자연인이다'. 2016. 4. 12.)
"주말의 **벚꼴은**[벋꼬튼] 절정을"
(연합뉴스TV. 모닝와이. 2016. 4. 9.)

위의 '햇빗이'와 '벚꼴은'은 '**햇볕이**〔핻뼈치〕'와 '**벚꽃은**〔벋꼬츤〕'으로 바로잡아야 한다. '햇빛'은 태양 광선을 뜻하는 말이며, '햇볕'은 해의 뜨거운 기운을 말한다. 따라서 "햇빛을 보지 못한 시"라고는 해도 "햇볕을 보지 못한 시"라고 할 순 없고, "햇볕에 말린 옷"이라고는 해도 "햇빛에 말린 옷"이라고 할 수 없다는 것만 봐도 능히 알 수 있다.

"우리 이모 나이는 **37살**이에요."
(SBS TV '좋은 세상'. 1999. 5. 29.)
"입대한 지 **2달**이 다 돼 갑니다."
(KBS TV '신고합니다'. 1999. 7. 13.)
"나이가 **18, 19홉** 순정도 아닌데 뭘"
(다음넷 블로그. 2007. 11. 15.)

'하나, 둘, 셋, 넷'을 〔일, 이, 삼, 사〕로 읽거나, '1, 2, 3, 4'를 〔하나, 둘, 셋, 넷〕으로 읽을 수 없듯이 '37살', '2달', '18, 19홉'은 어디까지나 〔삼십칠살〕, 〔이달〕, 〔십팔, 십구홉〕이지, 결코 〔서른일곱살〕, 〔두달〕, '〔열여덟·열아홉살〕로 읽을 수는 없다. 다만, 아라비아 숫자 다음에 나이를 세는 말인 '살' 대신 한자어 '세(歲)'를 붙여 '**37세**', 한 해를 열둘로 나눈 '달' 대신 '개월(個月)'을 붙여 '**2개월**'로 쓰면 〔삼십칠세〕, 〔이개월〕로 읽을 수 있으나, 굳이 〔서른일곱살〕이나 〔두달〕로 읽어 주길 바란다면, 반드시 '**서른일곱 살**', '**두 달**'로 표기해야 한다. 다만 '18, 19홉'은 이도 저도 아닌 기상천외한 표기법이지만, 당연히 '**열여덟·열아홉**'이라고 하든지 아니면 '**18~19세**'라고 쓰거나 말해야 한다.

"아주 부드럽고 **쫄깃쫄깃합니다**."
(채널 뷰 '테마 기행'. 2016. 4. 24.)

어느 연극배우가 필리핀 바기오족의 돼지고기를 먹으면서 '부드럽고 쫄깃쫄깃하다'고 했으나, '부드럽다'는 닿거나 스치는 느낌이 거칠거나 뻣뻣하지 않다는 말이며, '쫄깃쫄깃하다'는 말은 씹히는 맛이 매우 차지고 질긴 듯한 느낌이 있다는 뜻의 서로 상반되는 말이므로 논리에 맞지 않는 표현이다. '맛자랑' 같은 TV 프로그램에서 맛있다고 해야 한다는 뜻을 강조하려다 보니 음식을 입에 넣고 채 씹어보기도 전에 엄지손가락부터 내밀며 으레 "부드럽고 담백 운운"하고들 있어 가소롭다기보다 차라리 애처로운 생각마저 들기도 한다.

"열심히 **텃밧을** 닦았는데요."
(채널 A '직언직설'. 2016. 4. 14.)
"아, 여기 **텃밧이** 있었네요."
(채널 뷰 '자연인'. 2016. 5. 10.)

위의 '텃밧은'과 '텃밧이'는 화자(話者)들이 〔턷바슬〕, 〔턷바시〕라고 발음한 그대로 음사(音寫) 표기한 것들인데, 물론 **텃밭을**로 표기하고 "홑받침이나 쌍받침이 모음으로 시작된 조사나 어미, 접미사와 결합되는 경우에는, 제 음가대로 뒤 음절 첫소리로 옮겨 발음한다."는 표준 발음법 13항 규정에 따라 〔턷바 틀〕이라고 발음해야 한다. 다만, '텃밧이'는 **텃밭이**라고 표기하되 '곧이 〔고지〕', '맏이〔마지〕', '솥이〔소치〕', '팥이〔파치〕', '굳히다〔구치다〕', '받히다 〔바치〕' 등처럼 "'ㄷ, ㅌ' 받침 뒤에 종속적 관계를 가진 '-이(-)'나 '-히-'가 올 적에는 그 'ㄷ, ㅌ'이 'ㅈ, ㅊ'으로 소리 나더라도 'ㄷ, ㅌ'으로 적는다."는 구개음화 제6항 규정에 따라 **텃밭이**로 표기하고 〔**텃바치**〕라고 발음해야 하는데, '텃밭'은 닦는 것이 아니라 일구거나 가꾼다고 해야 하는 말이다.

"진주만 공격으로 **잊혀진**"
(MBC '진주만'. '91. 12. 8.)
"**닫혀진** 유치원 철문 잡고"
(네이버 카페. 2014. 7. 28.)

  타동사 '잊다'의 수동태는, '잊(동사 어간)+히(피동형 어간 형성 접미사)+다(종결어미)=**잊히다**' 또는 '잊(동사 어간)+어지다(음성 음절 피동형 종결어미)=**잊어지다**'가 되어야 하므로, '잊혀진'은 '**잊힌**'이나 '**잊어진**'으로 바로잡아야 한다. 이중피동형 '잊혀지다'는, '잊히(피동형 동사 어간)+어지다(음성 음절 피동형 종결어미)=잊히어지다→잊혀지다'로 분석되나, 능동형을 수동형으로 바꾸려면 동사 어간에 피동접사 '-기, -리, -이, -히' 등을 연결하거나 동사 어간에 '-어지다'를 접속해야 하는데, 피동접사인 '-히'에 다시 피동형 종결어미 '-어지다'가 이중으로 연결되어 있다고 하여 비문(非文)으로 취급된다. 그러나 실지 글말에서나 입말에서 '잊힌 여인'이나 '잊어진 계절' 등으로 쓰는 예는 극히 드문 반면에, '잊혀진 여인'이나 '잊혀진 계절' 등은 부지불식간에 굳어져버린 언어 습관들이다. '굳게 닫혀진 문' 역시 '굳게 닫힌 문'이라고 하는 사람은 간혹 있을지 모르겠으나, '굳게 닫아진 문'이라고 말하는 사람은 아무도 없다. 물론 '피동형+피동형=이중피동'은 금지되어야겠지만, '닫혀진 문'이나 '잊혀진 계절' 등은 어감상으로도 그렇거니와, 이미 구습화되어버린 일부 용언에 한하여 이중피동형도 허용할 수 있는 융통성을 발휘했으면 하는 마음이다. '숨다'의 사동형인 '숨겨진 비밀'이나, '끓다', '읽다' 등은 피동형도 되고 사동형도 되나 '무릎을 꿇리다'나, '책을 읽히다' 등은 사동형으로 쓰였으므로 당연히 허용된다. 이 밖에도 '굳다→굳히다(사동)→굳혀지다', '밝다→밝히다(사동)→밝혀지다', '좁다→좁히다(사동)→좁혀지다' 등 역시 '시멘트가 굳혀지다', '촛불이 밝혀지다', '간격이 좁혀지다'로 쓰이고 있으므로, '잊히다'나 '닫히다' 등 역시 사동형으로도 인정하게 되면 '잊혀지다'나 '닫혀지다'도 자연스럽게 허용되어 깨끗이 해결되리라고 본다.

3. 남북한의 어문 실태

1) 한글 자모의 명칭

훈민정음이 맨 처음 창제되었을 때의 자음 이름을 정확히 알 수는 없고 다만, '기, 니, 디, 리…' 등으로 불렀을 것으로 어림짐작할 순 있으나, 훈민정음 닿소리〔子音〕해설을 보면, 17개의 모든 자음에 받침이 없는 양성모음 아래에 쓰이는 주격조사(主格助詞/임자 자리토씨)인 '-는'을 붙여, 'ㄱ는, ㅋ는, ㅇ는……ㅿ는' 등으로 적고 있다. 그런가 하면 'ㅡ, ㅜ, ㅓ, ㅠ, ㅕ' 등의 음성모음 밑에는 전부 '-는'을, 그 밖의 'ㆍ, ㅣ, ㅗ, ㅏ, ㅛ, ㅑ' 등의 양성 음절 모음 밑에는, 전부 '는'을 쓰고 있음을 알 수 있다. (다만, 'ㅣ'는 중성 모음이므로 '-는, -는' 둘 다 무방) 따라서, 본래의 닿소리 이름이 '기역, 니은, 디귿…' 등이 아닌, 다른 어떤 받침 없는 양성 음절 모음이었던 것임이 분명해진다. 만약 처음부터 '기역, 니은, 디귿, 리을, 미음…'이었던 것으로 가정한다면, 이것들은 전부 음성 음절 모음이므로 받침 있는 음성 음절 주격 조사인 -은'으로 표기하는 게 당연하기 때문이다. 다만, 'ㅅ(시옷 : 時衣)'은 양성 음절이므로 'ㅅ온'이어야 한다. 아무튼, 한글 창제 당시의 자모 명칭에 관해선 전혀 언급되어 있지 않아 확인할 수는 없으나, 한때 한글 창제 자체를 극력 반대했던 어학자 최세진이 훈민정음으로 음과 훈을 쓰고 한문으로 주해를 붙여, 아동용 한문 교과서로 사용한 '훈몽자회'에서 처음으로 한글 자모 이름과 순서, 받침 등을 만들고 정리하여 우리 국문학 발전에 커다란 족적을 남기고 있음은 주지의 사실이다.

※ 훈몽자회(訓蒙字會) : 1527년에 최세진이 지은 한자 학습서로서, 《천자문》이나《유합(類合)》등의 추상적인 내용들을 어린이용으로 보완하여 지은 책. 생활 주변의 사물에 관한 글자로 되어 있어 국문 보급에도 공이 크며, 본문 한자를 국역한 것은 고어 연구에 귀중한 자료가 된다. 특히 범례는 국어학상 획기적인 자료로 '간·ㄱㆍ·위' 식의 이중모음 표기법을 창시했으며, 28자모에서 'ㆆ' 자가 없어진 27자의 명칭과 순서를 정리했다.

그럼 과연 그 자모들의 명칭은 어떠했는지, 우선 초성종성통용팔자(初聲終聲通用八字) 즉 첫소리와 받침소리 양쪽으로 다 쓸 수 있는 여덟 자음의 음운 체계별로 살펴보면 다음과 같다.

ㄱ=其役 (**기역**)	ㄴ=尼隱 (니은)
ㄷ=池末 (**디귿**)	ㄹ=梨乙 (리을)
ㅁ=眉音 (미음)	ㅂ=非邑 (비읍)
ㅅ=時衣 (**시옷**)	ㅇ=異凝 (이응)

등인데, 각 음가(音價)의 원리는 'ㄱ'을 초성으로 쓸 때 '기'의 첫소리와 같고, 받침으로 쓸 땐 '역'의 끝소리와 같다. 마찬가지로 'ㄴ'을 초성으로 쓸 때 '니'의 첫소리와 같고, 받침으로 쓸 땐 '은'의 끝소리와 같으며, 나머지 여섯 자도 똑같은 원리다. 그런데 각 명칭의 둘째 음절 초성과 중성이 전부 '으'로 되어 있는 데에 반해, 'ㄱ, ㄷ, ㅅ'은 '여, 그, 오'로 되어 있다는 데에 문제점이 있다. 물론, 최세진 역시 본래는 '기윽, 디읃, 시읏'으로 하여, 다른 자음들과 같은 원리로 구성하고 싶었겠지만, 한글을 이용하여 한자를 가르치는 것이 아니라, 한자를 이용하여 한글을 가르쳐야 하는 상황에서, '윽, 읃, 읏'에 해당하는 한자가 없어, 부득이 편법을 쓰지 않을 수 없었던 것으로 능히 짐작할 수 있다.

결국 '윽'은 비슷한 음인 '역'으로 바꿔 '기역(其役)'으로 대체할 수 있었으나, '읃, 읏'은 '귿, 옷'으로 대체해도 해당되는 한자가 없으므로, '끝'의 고어인 '귿 말(末)'과 '옷 의(衣)'의 새김을 따서 '**池末, 時衣**'로 표기하고, 〔**디귿, 시옷**〕으로 읽었음이 분명해진다. 다만, '디귿'의 '디'를 '池(지)'로 쓰게 된 이유는, 16세기 말 구개음화되기 이전에는 '둏다→좋다(好), 디다→지다(落)' 등처럼 'ㅈ'을 'ㄷ'으로 발음했기 때문이다. 명종 때의 유학자 유희춘이 한자 입문서로 저술한 '신증유합(新增類合)'에서도 '末'을 '**귿 말**'이라 하고, 최세진의 '훈몽자회'에서도 '梢'를 '**귿 쵸**'로 표기한 걸로 보아, '**끝**'을 '**귿**'으로 썼음을 확인할 수 있다.

그러나 앞에서도 지적했듯이, 훈몽자회 저술 당시의 제반 여건이나 상황으로 봐선, 부득이한 고육지책이었음을 충분히 이해할 수 있으나, 한자 음훈에 의존해야 할 아무런 이유가 없는 지금도 굳이 '기역, 디귿, 시옷'으로 고집해야 할 이유가 없으므로, 당연히 '기윽', '디읃', '시읏'으로 쓰는 것이 원칙임을 분명히 밝혀 둔다.

지금은 물론 모두 받침으로도 쓰지만, 당시의 초성독용팔자(初聲獨用八字) 즉, 받침이 아닌 첫소리로만 사용할 수 있는 여덟 글자로는,

ㅋ=箕(키)	ㅌ=治(티)
ㅍ=皮(피)	ㅈ=之(지)
ㅊ=齒(치)	△=而(ㅿ)
ㅇ=伊(이)	ㅎ=屎(히)

등이 있는데, 'ㅋ'을 '箕(키 기)'로 쓴 이유는, 전술한 바와 같이 한글을 이용하여 한자를 가르치는 것이 아니라, 한자를 이용하여 한글을 가르쳐야 하는 상황에서, '키'라는 한자가 없기 때문에 곡식을 까부르는 농구(農具)를 뜻하는 이 글자의 새김(訓)을 빌려 쓴 것이며, 'ㅎ'을 '屎'라고 한 이유는 대부분의 사람들이 '똥 시' 자인 줄로만 알고 있으나, 여기선 '앓을 히' 자로 봐야 하기 때문이다.

'티'를 '治(치)' 자로 쓴 이유 역시, '티다→치다(攻), 고티다→고치다(改)' 등과 같이, 구개음화되기 이전엔 '치'를 '티'로 썼음을, 정조 때에 우리나라의 속어를 어원적으로 고증한 정약용의 '아언각비(雅言覺非)'에서도 찾아볼 수 있다. 즉, "방언의 고기 이름은 반드시 '티(治)'를 붙여 '눌티, 준티, 갈티, 간티'라 한다."(方言魚名 必加治字 訥治, 俊治, 葛治, 諫治)고 한 내용으로 보아, '治(치)'를 '티'로 읽었음이 분명하며, '훈몽자회'에서도 '打(칠 타)'를 '틸 타', "打扮簪(타분증)"을 "들그믈 티다"라고 한 것으로도, 지금의 '치다'를 '티다'로 썼음을 알 수 있다.

끝으로, 가운뎃소리[中聲]의 어원에 관하여 살펴보면,

ㅏ＝阿(아)　　　　　ㅑ＝也(야)

ㅓ＝於(어)　　　　　ㅕ＝余(여)

ㅗ＝吾(오)　　　　　ㅛ＝要(요)

ㅜ＝牛(우)　　　　　ㅠ＝由(유)

ㅡ＝**應**(응 : 不用終聲)　※ 불용종성(끝소리는 쓰지 않음)

ㅣ＝**伊**(이 : 只用中聲)　※ 지용중성(다만 중성만 사용함)

丶＝**思**(사 : 不用初聲)　※ 불용초성(첫소리는 쓰지 않음)

등으로 요약되는데, 한자가 없는 'ㅡ(으)'를 '응 불용종성(應 不用終聲)'이라고 한 이유는, '응'의 끝소리[終聲 : ㅇ]는 쓰지 않는다(不用)고 했으므로 초성과 중성만 남아 '으'가 되기 때문이며, '丶(아래아)'를 'ㅏ(阿)'와 달리 '사 불용초성(思 不用初聲)'이라고 한 이유는 '사'의 첫소리[初終 : ㅅ]는 쓰지 않는다고 했으므로 첫소리 'ㅅ'은 탈락하고 중성(가운뎃소리) 'ㅏ'만 남게 되기 때문임을 충분히 알 수 있다.

음가가 없는 허자(虛字)인 'ㅇ'('ㆁ'과는 別字)과, 중성 모음인 'ㅣ'가 똑같은 '伊'로 되어 있으나, 'ㅇ'의 '이'는, 위에서 설명한 바와 같이 '初聲獨用(초성독용)'이라 하여 첫소리인 'ㅇ'만 쓰게 되어 있는 반면에, 'ㅣ'의 '이'는 '只用中聲(지용중성)'이라 하여 가운뎃소리(中聲)인 'ㅣ'만 쓰도록(用) 되어 있으므로, 서로 구별된다는 사실 또한 분명해진다.

한 가지 더 분명히 밝혀 둘 것은, 같은 자음인데도 'ㄱ, ㄴ, ㄷ, ㄹ, ㅁ, ㅂ, ㅅ, ㅇ'의 명칭은 '기역, 니은, 디귿, 리을, 미음, 비읍, 시옷, 이응' 등처럼 각각 두 음절로 되어 있는 데에 반해, 'ㅋ, ㅌ, ㅍ, ㅈ, ㅊ, ㅿ, ㆁ, ㅎ' 등은 지금의 두 음절과는 달리 '키, 티, 피, 지, 치, 싀, 이, 히' 등처럼 각각 한 음절씩으로 되어 있다는 점인데, 그 연유와 내력 등에 관하여 소상히 살펴보기로 한다.

앞에서 '기역'을 예로 들어 음가의 원리를 잠깐 설명한 바와 같이, 전자의 경우 '초성종성통용팔자(初聲終聲通用八字)'라 하여 첫 음절에선 첫소리[初聲]를 취하고, 뒤 음절에서는 받침[終聲]으로 취해야 하기 때문에 당연히 두 음절이 필요했던 것이다. 그러나 후자의 경우 '초성독용팔자(初聲獨用八字)'라 하여 받침으로는 쓸 수 없고, 글자의 첫소리[初聲]로만 쓰여(獨用) 두 음절로 써야 할 필요가 없었기 때문에 단음절로 되었음을 알 수 있다. 다만, 현행 표기법에선 자음 전부를 받침으로 써야 한다는 필요성에 따라, 1933년 한글맞춤법통일안에서부터 'ㅈ, ㅊ, ㅋ, ㅌ, ㅍ, ㅎ'도 모두 '지읒, 치읓, 키읔, 티읕, 피읖, 히읗'처럼, 두 음절로 고쳐 쓰게 된 것은 당연지사라 할 수 있다.

이상과 같이, 인체의 발음기관을 모방하여 만든 열여섯 자('ㆆ'은 제외)의 닿소리와 '하늘(天 : ㆍ), 땅(地 : ㅡ), 사람(人 : ㅣ)' 등 삼재(三才)의 상형(象形)을 본떠서 만든 열한 자 홀소리의 명칭에 관하여 필자 나름대로 열심히 살펴보았다. 그러나 한자의 음을 빌려 써야 할 하등의 이유가 없어진 지금은 'ㄱ, ㄷ, ㅅ'의 이름은 역시 '기윽, 디읃, 시읏'으로 하는 게, 온고지신(溫故知新)의 참뜻을 살리는 지름길이라고 생각한다. 만약 굳이 '기역', '디귿', '시옷'을 고집해야 한다면, 이들 자모에서 파생된 '키읔(ㅋ)', '티읕(ㅌ)', '지읒(ㅈ)', '치읓(ㅊ)', '히읗(ㅎ) 등도 역시 앞뒤 연관성으로 보나 논리적으로도 '키역', '티귿', '지옷', '치옷', '히옷'이라고 해야 한다는 문제점을 제기할 수 있다.

실지로 북한에선 한글 닿소리의 이름을 위와 같이 '기역(ㄱ), 디귿(ㄷ), 시옷(ㅅ)'을 '기윽, 디읃, 시읏'으로 쓰고 있는가 하면, '쌍기역(ㄲ), 쌍디귿(ㄸ), 쌍비읍(ㅃ), 쌍시옷(ㅆ), 쌍지읒(ㅉ)' 역시 '된기윽, 된디읃, 된비읍, 된시읏, 된지읒'으로 쓰고 있는데, 아마 '된소리'의 '된-'을 따서 붙인 이름인 것으로 짐작되나, 필자의 생각으로는 충분히 논리성이 있다고 본다. 이렇듯 최소한 어문 정책에서만은 북한이 우리보다 훨씬 더 체계적이고 적극적임을 능히 알 수 있다.

그뿐만 아니라 'ㄱ, ㄴ, ㄷ, ㄹ, ㅁ, ㅂ, ㅅ, ㅇ, ㅈ, ㅊ, ㅋ, ㅌ, ㅍ, ㅎ, ㄲ, ㄸ, ㅃ, ㅆ, ㅉ' 등 각 닿소리의 명칭을 '그, 느, 드, 르, 므, 브, 스, 응, 즈, 츠, 크, 트, 프, 흐, ㄲ, 뜨, 쁘, 쓰, 쯔'로도 쓰는 걸 허용하고 있는데, 'ㅇ'을 홀소리 'ㅡ[으]'와 구별하기 위하여 '으'라 하지 않고 '응'이라고 했다. 그리고 사전에 올리는 어휘의 배열순서도 우리와는 달리, 'ㅇ'을 맨 뒤로 돌린 것 또한 특기할 만한 사항이라 하겠다.

훈민정음에서 'ㄱ~ㅕ'까지의 배열순서는 각 조음 위치에 따라 '아음(牙音 : 어금닛소리)인 'ㄱ·ㅋ·ㅇ', 설음(舌音 : 혓소리)인 'ㄷ·ㅌ·ㄴ', 순음(脣音 : 입술소리)인 'ㅂ·ㅍ·ㅁ', 치음(齒音 : 잇소리)인 'ㅈ·ㅊ·ㅅ', 후음(喉音 : 목구멍소리)인 'ㆆ·ㅎ·ㅇ', 반설음(半舌音 : 반혓소리)인 'ㄹ', 반치음(半齒音 : 반잇소리)인 'ㅿ'에 이어, 성대의 진동을 받은 소리가 목이나 입·코의 통로를 거치면서도 아무런 장애를 받지 않고 나는 소리인 'ㆍ, ㅡ, ㅣ, ㅗ, ㅏ, ㅜ, ㅓ, ㅛ, ㅑ, ㅠ, ㅕ'로 분류된다.

이렇듯 'ㅏ·ㅑ·ㅓ·ㅕ·ㅗ·ㅛ·ㅜ·ㅠ·ㅡ·ㅣ' 단 10개의 모음(홀소리)과, 'ㄱ(ㄲ)·ㄴ·ㄷ(ㄸ)·ㄹ·ㅁ·ㅂ(ㅃ)·ㅅ(ㅆ)·ㅇ·ㅈ(ㅉ)·ㅊ·ㅋ·ㅌ·ㅍ·ㅎ' 등 14개의 자음(닿소리)만으로, 세상의 모든(?) 소리를 표기할 수 있음은 물론, 발음기호 없이도 읽고 쓸 수 있어 아주 배우기 쉬운 우리 한글이라, 지혜로운 자는 하루아침이면 능히 알 수 있고, 아무리 아둔한 자라 할지라도 열흘이면 배울 수 있다는 경이로운 문자임에 틀림없다. 반면에, 일본어는 한자의 초서나 변·방을 모방한 문자라, 한자 없이 가나만으로는 독자적인 문자 수행이 어렵기도 하거니와 배우기에도 무척 어려울 수밖에 없다. 게다가 5만여 자를 훌쩍 넘는 중국의 방대한 한자는 평생을 공부해도 못다 이룰 정도라, 중국의 문학가이자 사상가인 루쉰(魯迅)은 "한자가 망하지 않으면 중국이 망한다."며 탄식했듯이, 중국인들의 문맹률이 높은 이유를 알만도 하다. 게다가 컴퓨터로 문자를 입력하는 데에도 일본어나 중국어보다 일곱 배 정도의 속도 차이가 난다니, 일석다조(一石多鳥) 문자임에 틀림없다.

펄벅 여사는 "한글이 전 세계에서 가장 단순하면서도 가장 훌륭한 글자"라며 세종대왕을 '한국의 레오나르도 다빈치'라고 격찬을 하고, 영국의 언어학자인 샘슨 교수는 세종대왕의 흉상 앞에 엎드려 큰절을 하며 세종의 업적에 경의를 표했는가 하면, 하버드 대학의 라이샤워 교수도 한글이 세계에서 가장 훌륭하고 과학적인 글자라고 극찬했다. 게다가 유네스코는 1990년부터 국제적으로 글눈을 밝히는 데 큰 공을 세운 사람이나 단체에 주는 상인 '세종대왕 문해상(UNESCO King Sejong Literacy Prize)'을 제정해 놓고 꾸준히 시상해 오고 있다.

이렇듯 세계적인 석학들도 한글을 세계 공통어로 쓰자고 발제할 정도로 자랑스러운 우리 훈민정음 해례(解例)의 제자해(制字解)에, 한글은 철저히 인체 발음기관의 모양이나 움직임을 상형한 글자로서, "어금니 소리(牙音)인 'ㄱ'은 혀뿌리가 목구멍을 막는 모양을 본뜨고, 혓소리(舌音)인 'ㄴ'은 혀가 윗잇몸에 닿는 모양을 본떴으며, 입술소리(脣音)인 'ㅁ'은 입의 모양을 본뜨고, 잇소리(齒音)인 'ㅅ'은 치아의 모양을 본떴는가 하면, 목구멍소리(喉音)인 'ㅇ'은 목구멍의 모양을 본뜬 것이다. 'ㅋ'은 'ㄱ'보다 약간 거센소리라 획을 하나 더한 것이고, 'ㄴ'에 한 획을 더한 'ㄷ'에서 다시 한 획을 더하여 'ㅌ'이 되었으며, 'ㅁ'에 한 획을 더한 'ㅂ'에서 다시 한 획을 더하여 'ㅍ'이 된 것이다. 'ㅅ'에 한 획을 더한 'ㅈ'에서 다시 한 획을 더하여 'ㅊ'이 되고, 'ㅇ'에 한 획을 더한 'ㆆ'에서 다시 한 획을 더하여 'ㅎ'으로 한 것도, 각각의 소리에 따라 획을 더하게 되었으나, 오직 'ㆁ'만은 별도이며, 반혓소리 'ㄹ'과 반잇소리 'ㅿ'은 혀와 이의 모양을 본뜨고 체(體)를 달리했을 뿐 획을 더한 것은 아니다.(牙音 'ㄱ': 象舌根閉喉之形. 舌音 'ㄴ': 象舌附上齶之形. 脣音 'ㅁ': 象口形. 齒音 'ㅅ': 象齒形. 喉音 'ㅇ': 象喉形. 'ㅋ'比'ㄱ'聲出稍厲 故加畫. 'ㄴ'而'ㄷ', 'ㄷ'而'ㅌ'. 'ㅁ'而'ㅂ', 'ㅂ'而'ㅍ'. 'ㅅ'而'ㅈ', 'ㅈ'而'ㅊ'. 'ㅇ'而'ㆆ', 'ㆆ'而'ㅎ'. 其因聲加畫之義皆同. 而唯'ㆁ'爲異. 半舌音'ㄹ', 半齒音'ㅿ' 亦象舌齒之形 而異其體 無加畫之義焉).라고 명시함으로써 제자 원리까지 분명히 밝혀놓고 있다.

인간들이 사용하고 있는 문자를 세 종류로 분류되는데, 그 중 하나는, '水'나 '火'처럼 글자가 음에 상관없이 '물'이나 '불'이라는 일정한 뜻을 나타내는 뜻글자, 즉 '표의문자(表意文字)'를 말함이요, 또 하나는 'あ·い·う·え·お'처럼 한 음절이 한 글자로 되어 있어 그 이상은 나눌 수 없는 '음절문자(音節文字)'를 말한다. 나머지 하나는 하나하나의 글자가 단어의 음을 음소 단위까지 분석하여 표기하는 성질을 가진 낱소리글, 로마자나 우리 한글을 말하는데, 음소문자이면서도 소리 나는 대로 표기하는 표음문자가 바로 자랑스러운 우리 한글이다.

아무튼 한 나라의 군주가 어리석은 백성들을 일깨우겠다는 확고한 위민정신(爲民精神)으로, 이토록 과학적이고 체계적인 문자를 창조해 낸 동서고금 유일무이한 우리 한글은, 인류 역사에 영원히 남을 걸출한 발명품이요 위대한 문화유산이라 아니할 수 없다. 실지로 지난 1997년 유네스코는 훈민정음을 인류가 영원히 보전해야 할 '문화유산'으로 지정함은 물론, 사라져 가는 미국 인디언들의 언어를 한글로 채록하여 보존하려는 '세종 프로젝트'가 다양하게 진행되고 있다니 반갑기 그지없다. 영국 외교부에서는 세계에서 가장 어려운 언어 4개로 한국어, 일본어, 북경어, 광동어로 선정했다기도 하나, 언어학에 관한 한 타의 추종을 불허하고 있는 영국 옥스퍼드대학 언어대학에서, 전 세계 모든 문자들의 합리성·독창성·과학성 등을 위주로 한 엄밀한 심사에서도, 한글을 단연 '으뜸'이라고 발표했을 정도로 자랑스러운 우리 한글을, 더욱 열심히 갈고 다듬어 소중히 꽃피워 나갈 것을 다함께 다짐해야 하지 않을까 싶다.

2) 'ㄹ' 변칙활용의 문제점

　'ㄹ 변칙활용'은, 'ㄹ 받침 불규칙', 'ㄹ 받침 변칙', 'ㄹ 불규칙', 'ㄹ 벗어난 끝바꿈' 등으로 다양하게 쓰이고 있는 말인데, 통일 학교 문법에서는 '규칙활용'으로 인정하고 있다. 아무튼 명칭이야 어떻든, 특히 동사 '날다〔飛〕'의 'ㄹ 변칙활용'은 늘 논란의 대상이 되어 오고 있으나, 필자 나름대로 좀 더 통시적인 관점에서 근원적인 문제점을 분석하여 해결책을 찾아보기로 한다. 우선, 한글맞춤법의 관련 규정을 살펴보면,

제18항 다음과 같은 용언들은 어미가 바뀔 경우, 그 어간이나 어미가 원칙
　　　에 벗어나면 벗어나는 대로 적는다.

　1. 어간의 끝 'ㄹ'이 줄어질 적

갈　다 : 가니	간	갑니다	가시다	가오
놀　다 : 노니	논	놉니다	노시다	노오
불　다 : 부니	분	붑니다	부시다	부오
둥글다 : 둥그니	둥근	둥급니다	둥그시다	둥그오
어질다 : 어지니	어진	어집니다	어지시다	어지오

로 되어 있다. 이렇듯, 어미의 첫소리인 'ㄴ, ㅂ, ㅅ, (으)오' 앞에서, 어간의 'ㄹ 받침'이 규칙적으로 탈락한다고 하여, 일부 학자들을 비롯한 박용수 교열 기자도 'ㄹ 규칙활용'임이 분명하다고 주장했으나, 이 책에서는 변칙활용으로 처리했음을 미리 밝혀 둔다. 그런데 문제는, 위와 같이 'ㄹ 변칙활용'을 하게 되면 아래에 예시한 표에서 밝힌 바와 같이, 전혀 엉뚱한 낱말과도 완전히 같은 형태가 되어 버리고 만다는 점인데, 우선 다음 낱말들을 비교 검토해 보기로 한다.

원 형	-니	-ㄴ	-ㅂ니다	-시다	-오	-ㄹ수록
(논밭을) 갈다	가니	간	갑니다	가시다	가오	갈수록
(걸어서) 가다	가니	간	갑니다	가시다	가오	갈수록
(수염이) 길다	기니	긴	깁니다	기시다	기오	길수록
(엎드려) 기다	기니	긴	깁니다	기시다	기오	길수록
(자리를) 깔다	까니	깐	깝니다	까시다	까오	깔수록
(땅콩을) 까다	까니	깐	깝니다	까시다	까오	깔수록
(마차를) 끌다	끄니	끈	끕니다	끄시다	끄오	끌수록
(촛불을) 끄다	끄니	끈	끕니다	끄시다	끄오	끌수록
(하늘을) 날다	나니	난	납니다	나시다	나오	날수록
(눈물이) 나다	나니	난	납니다	나시다	나오	날수록
(소원을) 빌다	비니	빈	빕니다	비시다	비오	빌수록
(뱃속이) 비다	비니	빈	빕니다	비시다	비오	빌수록
(섬에서) 살다	사니	산	삽니다	사시다	사오	살수록
(물건을) 사다	사니	산	삽니다	사시다	사오	살수록
(낯 이) 설다	서니	선	섭니다	서시다	서오	설수록
(체면이) 서다	서니	선	섭니다	서시다	서오	설수록
(생쥐가) 쏠다	쏘니	쏜	쏩니다	쏘시다	쏘오	쏠수록
(화살을) 쏘다	쏘니	쏜	쏩니다	쏘시다	쏘오	쏠수록
(마당을) 쓸다	쓰니	쓴	씁니다	쓰시다	쓰오	쓸수록
(모자를) 쓰다	쓰니	쓴	씁니다	쓰시다	쓰오	쓸수록
(햅쌀을) 일다	이니	인	입니다	이시다	이오	일수록
(머리에) 이다	이니	인	입니다	이시다	이오	일수록
(사람이) 잘다	자니	잔	잡니다	자시다	자오	잘수록
(낮잠을) 자다	자니	잔	잡니다	자시다	자오	잘수록
(체중이) 줄다	주니	준	줍니다	주시다	주오	줄수록
(선물을) 주다	주니	준	줍니다	주시다	주오	줄수록
(반죽이) 질다	지니	진	집니다	― ― ―	지오	질수록
(등짐을) 지다	지니	진	집니다	지시다	지오	질수록
(나사를) 틀다	트니	튼	툽니다	트시다	트오	틀수록
(손발이) 트다	트니	튼	툽니다	트시다	트오	틀수록
(물건을) 팔다	파니	판	팝니다	파시다	파오	팔수록
(땅굴을) 파다	파니	판	팝니다	파시다	파오	팔수록
(오해를) 풀다	푸니	푼	풉니다	푸시다	푸오	풀수록
(물 을) 푸다	푸니	푼	풉니다	푸시다	푸오	풀수록

위에서 보는 바와 같이, 각 동사나 형용사 등의 용언을 활용하게 되면 원형만 다를 뿐, 아래위의 낱말들이 완전한 동음이의어가 되어, 전혀 구별이 되지 않는다는 사실을 확인할 수 있다. 물론 '(식칼을) 갈다'와 '(걸어서) 가다', '(수염이) 길다'와 '(엎드려) 기다', '(섬에서) 살다'와 '(물건을) 사다', '(밥이) 설다'와 '(체면이) 서다', '(햅쌀을) 일다'와 '(머리에) 이다', '(체중이) 줄다'와 '(선물을) 주다' 등의 활용형을 말로 표현할 경우엔, 인토네이션(억양)으로 발음이 구별되므로 그나마 다행이라 할 수 있다. 그러나 '(자리를) 깔다'와 '(땅콩을) 까다', '(마차를) 끌다'와 '(촛불을) 끄다', '(소원을) 빌다'와 '(뱃속이) 비다', '(생쥐가) 쏠다'와 '(화살을) 쏘다', '(마당을) 쓸다'와 '(모자를) 쓰다', '(나사를) 틀다'와 '(손발이) 트다', '(물건을) 팔다'와 '(땅굴을) 파다' 등의 활용형은, 글말(Written Language)이나 입말(Spoken Language)로도 전혀 구별이 안 된다는 데에 많은 문제점이 있음을 확인할 수 있다.

따라서 한글맞춤법에도 본문만으로 미흡할 경우엔 단서 조항을 두고, 규칙적인 활용만으로는 어법상 문제가 있을 경우에 한하여, 변칙 규정을 적용 - 물론, 남용되어선 안 되겠지만 - 할 수도 있을 것이므로, 현행 'ㄹ 변칙활용' 규정은 과연 적절한 조처인가를 재고해 봐야 하지 않을까 싶다. 아무튼 앞에서 예시한 낱말들을, 많은 여성들이 흔히 쓰고들 있는 입말처럼 조음소 '으'를 삽입하여 변칙활용이 아닌 규칙활용으로 재구성하면 어떻게 변하는지 다시 한 번 살펴보기로 한다. 사실, 옛날에는 성음 구조상 두 자음(어간 끝 받침과 어미의 첫 자음)의 상호 충돌을 피하기 위하여, 소리의 조화 역할을 하는 고름소리[調音素 / 媒介母音]로 양성 음절 뒤에서는 'ᄋᆞ', 음성 음절 뒤에서는 '으'를 삽입하여 사용해 오기도 했다. 그러다가 1933년에 제정된 조선어학회의 '한글맞춤법통일안'에서부터는, 'ᄋᆞ'를 완전히 없애 버리고 '으'로 통일시켜 버렸기 때문에, 실질적인 모음조화는 균형을 잃게 되었다는 사실을 참고로 밝혀 둔다.

원 형	-니	-ㄴ	-ㅂ니다	-시다	-으오	-ㄹ수록
(논밭을) 갈다 (걸어서) 가다	갈으니 가니	갈은 간	갈읍니다 갑니다	갈으시다 가시다	갈으오 가오	갈을수록 갈수록
(수염이) 길다 (엎드려) 기다	길으니 기니	길은 긴	길읍니다 깁니다	길으시다 기시다	길으오 기오	길을수록 길수록
(자리를) 깔다 (땅콩을) 까다	깔으니 까니	깔은 깐	깔읍니다 깝니다	깔으시다 까시다	깔으오 까오	깔을수록 깔수록
(마차를) 끌다 (촛불을) 끄다	끌으니 끄니	끌은 끈	끌읍니다 끕니다	끌으시다 끄시다	끌으오 끄오	끌을수록 끌수록
(하늘을) 날다 (눈물이) 나다	날으니 나니	날은 난	날읍니다 납니다	날으시다 나시다	날으오 나오	날을수록 날수록
(소원을) 빌다 (뱃속이) 비다	빌으니 비니	빌은 빈	빌읍니다 빕니다	빌으시다 비시다	빌으오 비오	빌을수록 빌수록
(섬에서) 살다 (물건을) 사다	살으니 사니	살은 산	살읍니다 삽니다	살으시다 사시다	살으오 사오	살을수록 살수록
(낮 이) 설다 (체면이) 서다	설으니 서니	설은 선	설읍니다 섭니다	설으시다 서시다	설으오 서오	설을수록 설수록
(생쥐가) 쏠다 (화살을) 쏘다	쏠으니 쏘니	쏠은 쏜	쏠읍니다 쏩니다	쏠으시다 쏘시다	쏠으오 쏘오	쏠을수록 쏠수록
(마당을) 쓸다 (모자를) 쓰다	쓸으니 쓰니	쓸은 쓴	쓸읍니다 씁니다	쓸으시다 쓰시다	쓸으오 쓰오	쓸을수록 쓸수록
(햅쌀을) 일다 (머리에) 이다	일으니 이니	일은 인	일읍니다 입니다	일으시다 이시다	일으오 이오	일을수록 일수록
(사람이) 잘다 (바람이) 자다	잘으니 자니	잘은 잔	잘읍니다 잡니다	잘으시다 자시다	잘으오 자오	잘을수록 잘수록
(체중이) 줄다 (선물을) 주다	줄으니 주니	줄은 준	줄읍니다 줍니다	줄으시다 주시다	줄으오 주오	줄을수록 줄수록
(반죽이) 질다 (등짐을) 지다	질으니 지니	질은 진	질읍니다 집니다	- - - - 지시다	질으오 지오	질을수록 질수록
(나사를) 틀다 (손발이) 트다	틀으니 트니	틀은 튼	틀읍니다 툽니다	틀으시다 트시다	틀으오 트오	틀을수록 틀수록
(물건을) 팔다 (땅굴을) 파다	팔으니 파니	팔은 판	팔읍니다 팝니다	팔으시다 파시다	팔으오 파오	팔을수록 팔수록
(오해를) 풀다 (물 을) 푸다	풀으니 푸니	풀은 푼	풀읍니다 풉니다	풀으시다 푸시다	풀으오 푸오	풀을수록 풀수록

실지로 적잖은 언중들이 위와 같이 말하고들 있는 예를 흔히 접할 수 있는데, 아예 이렇게 쓰도록 하면 앞서 말한 동음이의어의 혼란과 불합리성은 말끔히 해소될 것으로 믿는다. 오래 전부터 늘 논란의 대상이 되어 오고 있는 '날다'의 활용 역시, 군이 '르 불규칙 활용' 규정에만 끌어다 붙여 왈가왈부할 게 아니라, 앞에서 설명한 바와 같이 '으'를 조음소로 처리 즉, '날(어간)＋으(조음소)＋는(관형사형 전성어미)＝날으는'으로 분석하면, 논란의 여지를 불식시킬 수 있으리라고 본다. 만약, '나는 스파이더 맨', '나는 드래곤', '나는 곡예사'라고 했을 경우, '나는'이 날아다니는 '비행(飛行)'을 뜻하는 건지, 아니면 제1인칭 대명사인 '나[我]'에 주격 조사인 '는'이 연결된 건지 전혀 분간할 수가 없게 된다. 실지로 경향신문(1992. 2. 22.) 선데이 매거진에, "나브라틸로바 **나는 원더우먼**"이란 기사가 있었는데, 200자 원고지 예닐곱 매 분량의 기사를 다 읽고 나서도 끝내 공중을 날아다닌다는 '나는[飛]'인지 아니면 일인칭 대명사인 '나[我]는'인지 헷갈렸던 경우도 있었다.

만일 군이 명분상의 문제를 거론한다면, "어간이나 어미가 원칙에 벗어나면 나는 대로 적는다."는 제18항 규정도 있거니와, 입말이나 글말에서 관용어로 처리할 수도 있잖을까 싶다. 왜냐하면, '알다'라는 동사도 '르 불규칙 용언'임이 분명하므로, '알고 있는 척[체]'을 '안 척／안 체' 또는 '아는 척／아는 체'로 하는 것이 원칙인데도, '알은'을 굳어 버린 관용어로 인정하여, '알은척'이나 '알은체'로 쓰고 있는 예도 있잖은가? 물론 '아는 척'은 "쟤는 뭐든 아는 척한다."처럼 모르면서도 아는 것처럼 그럴듯하게 위장한다는 뜻으로 쓰는 말이며, '알은척'은 "그가 알은척(체)하며 미소를 짓더군."처럼 어떤 일에 관심을 가지는 듯한 태도나 상대방에게 낯이 익은 듯한 표정을 짓는다는 뜻으로 쓰는 말이다. 다만, '알은척(체)하다'는 '알은척'이라는 명사에 '－하다'라는 접미사가 연결된 형태이므로 붙여 써야 하며, '아는ˇ척(체)하다'는 '아는'에 '척(체)하다'라는 보조동사가 연결된 형태이므로 띄어 써야 하는데, 누구나 아는 척하는 태도는 버리되, 알은척하는 습관은 길러야겠다.

그럼 실지 일상생활에서 어떻게 쓰고들 있는지, 실례를 들어 본다.

"신발을 **털으십시오**."   → 터십시오
(암사동 선사 유적지)

"할미꽃처럼 **살으셨네**."   → 사셨네
(홍윤국 시의 제목)

"그 먼 나라를 **알으십니까**?"   → 아십니까?
(신석정 시의 제목)

"**녹슬은** 기찻길"   → 녹슨
(가요 제목)

"바다 멀리 물새가 **날으면**"   → 날면
('고향초' 노랫말)

"새가 **날으고** 구름이 **날으고**"   → 날고
(다음넷 블로그. 2008. 2. 1.)

"**날으는** 핀란드인"   → 나는
(경향 기사 제목. 1992.2.18.)

"**낯설은** 타향 땅에"   → 낯선
('울어라 기타 줄' 가사)

"**시들은** 장미꽃 이 마음 따라"   → 시든
('사랑했는데' 노랫말)

"내가 베껴 가서 **풀은 내용도**"   → 푼 내용
(소설 토정비결 中'. 90쪽)

"돌아다닌다면 이건 **돌은 사람**"   → 돈 사람
(이시형 박사. 1992. 2. 20.)

"눈을 지긋이 **내려깔은 채로**"   → 내리깐 채로
(김성동 '문학 동네'. 6쪽)

"아르바이트로 **벌은 돈**을 꼬박"   → 번 돈
(SBS TV '세계의'. 1994.2.27.)

"너까지 **물들은 거냐**?"   → 물든
(SBS TV '태극권'. '99.9.15.)

"소금 **절은** 양 등줄 꺼지게"   → 소금(에) 전
(박태일 시 '풀나라' 중에서)

서두의 신문·잡지, 방송 항에서 예시한 숱한 예문들 외에도 '늘은 술→는 술', '거칠은 세상→거친 세상', '덜은 밥→던 밥', '물은 자국→문 자국', '얼은 물→언 물', '물들은 옷→물든 옷', '짐을 들은 사람→짐을 든 사람', '물말은 밥→물만 밥', '땀에 절은→땀에 전' 등 이루 헤아릴 수 없이 많은 언중들의 입에 오르내리는 말투이기도 하다. 이처럼 부지불식간에 우리 일상생활 깊숙이 만연돼 있는 숱한 사람들의 언어 습관들이, 결코 어느 날 갑자기 생긴 우연한 입버릇 탓만은 아니리라고 본다. 사람들은 흔히 길이 아닌 길을 다니는 경우도 있다. 이유를 알고 보면 그 길이 가깝거나 편리하기 때문인데, 억지로 제지만 할 것이 아니라 가능한 한 그쪽으로 길을 내 주면 문제는 간단히 해결된다.

훈민정음 어지의 "새로 스물여듧 쫑를 밍ᄀ노니"의 '밍ᄀ노니'(원형은 '밍ᄀᆯ다')나, "남방 염천 씨는 날의 ᄲᅡ지 못 ᄒᆞᆫ 누비바지"(정조 때 안조원의 '만언사')의 'ᄲᅡ지'(원형은 'ᄲᅡᆯ다') 등처럼, 어간 끝 받침 'ㄹ'이 탈락되기도 했으나, 훈민정음으로 된 최초의 책으로서 15세기의 어법과 글자 사용법이 가장 규칙적인 문헌이자, 국어 문법 연구에 없어선 안 될 귀중한 참고 자료가 되고 있다는 '용비어천가' 중에서, 몇 가지 예문을 골라 검토해 보기로 한다.

第1章 해동 육룡이 [1)]ᄂᆞᄅᆞ샤 일마다 천복이시니
　　　(海東六龍飛 莫非天所扶)
第3章 주국 대왕이 빈곡에 [2)]사ᄅᆞ샤 제업을 [3)]여르시니
　　　(昔周大王 于豳斯依 肇造丕基)
第110章 몃 간 ㄷ 지븨 [4)]사ᄅᆞ시리잇고
　　　(幾間以爲屋)
第110~124章 이 ᄠᅳ들 닛디 [5)]마ᄅᆞ쇼셔
　　　(此意願毋忘)
第125章 님금하 [6)]아ᄅᆞ쇼셔
　　　(嗚呼嗣王監此)

위 글 중에서 어깨번호가 붙어 있는 낱말들을 분석해 보면,

(1) 느ᄅ샤(날으시어→나시어)   ※ 원형은 '놀다'
놀(어간)+ᄋ(양성 음절 조음소)+샤(존칭 보조어간 '시어'의 축약형)=
놀ᄋ샤→느ᄅ샤.
또는, 놀(원형)+ᄋ시(존칭 선어말 어미)+아(어미)=놀ᄋ샤→느ᄅ샤.

(2) 사ᄅ샤(살으시어→사시어)   ※ 원형은 '살다'
살(어간)+ᄋ(양성 음절 조음소)+샤(존칭 보조어간 '시어'의 축약형)=
살ᄋ샤→사ᄅ샤.
또는, 살(원형)+ᄋ시(존칭 선어말어미)+아(어미)=살ᄋ샤→사ᄅ샤.

(3) 여르시니(열으시니→여셨습니다)   ※ 원형은 '열다'
열(어간)+으(음성 음절 조음소)+시니(존칭 보조어미 '시니이다'의 축약
형)=열으시니→여르시니.
또는, 열(어간)+으시(존칭 선어말어미)+니('니이다'의 '이다'가 생략된
과거 평서형 존칭 어미)=열으시니→여르시니.

(4) 사ᄅ시리잇고(살으시겠습니까→사시리이까)   ※원형은 '살다'
살(어간)+ᄋ(양성 음절 조음소)+시리잇가(존칭 어미)=살으시리잇가→
사ᄅ시리잇고.
또는, 살(어간)+ᄋ시(존칭 선어말어미)+리(추량 보조어간)+잇고(존칭
의문형 어미)=살으시리잇가→사ᄅ시리잇고.

(5) 마ᄅ쇼셔(말으소서→마소서)   ※ 원형은 '말다'
말(어간)+ᄋ(양성 음절 조음소)+쇼셔(존칭 보조어미)=말ᄋ쇼셔→마ᄅ
쇼셔.
또는, 말(어간)+ᄋ쇼셔(존칭 명령형 종결어미)=말ᄋ쇼셔→마ᄅ쇼셔.

(6) 아ᄅ쇼셔(알으소서→아소서)   ※ 원형은 '알다'
알(어간)+ᄋ(양성 음절 조음소)+쇼셔(존칭 보조어미)=알ᄋ쇼셔→아ᄅ
쇼셔.
또는, 알(어간)+ᄋ쇼셔(존칭 명령형 종결어미)=알ᄋ쇼셔→아ᄅ쇼셔.
등과 같이 규칙적으로 활용되어 있음을 알 수 있다.

그뿐만 아니라, 조선 왕조 때의 음악 원리, 악기 배열, 무용 절차 등을 서술해 놓은 악학궤범(樂學軌範)의 정과정(鄭瓜亭)에도,

"아니시며 [1]거츠르신 둘 아으, 殘月曉星이 [2]아르시리이다." 하는 글이 있는데, 이를 다시 분석해 보면,

(1) 거츠르신(거칠다→거칠으신→거치신)   ※ 원형은 '거츨다'
   거츨(어간)＋으(음성 음절 조음소)＋신(존칭 보조 선어말어미)
   ＝**거츨으신**→거츠르신.
   또는, 거츨(어간)＋으신(존칭 선어말어미)＝**거츨으신**→거츠르신.

(2) 아르시리이다(알으시겠습니다→아시겠습니다)   ※ 원형은 '알다'
   알(어간)＋ᄋ(양성 음절 조음소)＋시리이다(존칭 종결어미)＝**알ᄋ시리이다**→아르시리이다.
   또는, 알(어간)＋ᄋ시(존칭 선어말어미)＋리이다(존칭 종결어미)＝**알ᄋ시리이다**→아르시리이다.

가 되는데, 여기서도 규칙적으로 활용되고 있음을 충분히 알 수 있다. 따라서 'ㄹ' 변칙활용에 관하여 관계 당국에선 장고(長考)가 있으시길 바라는 마음 간절하다.

3) 남북한의 어문 정책 약사(略史)

연도	변 경 내 역	
	남 한	북 한
1933.	• '한글마춤법통일안' 시행.	
1937.	• '한글마춤법통일안' 고친 판.	
1940.	• 개정한 '한글맞춤법통일안' 새 판. • '외래어 표기법 통일안'.	
1945.	• 국어 교과서 편찬 착수. 가로쓰기, 한자는 괄호 속에 넣음. • 美 군정청 학무국 조선 교육 심의회 한자 사용 폐지 결의.	• 평남 인민 정치 위원회 행정 권 인수.
1946.	• '한글맞춤법통일안' 일부 개정.	• '조선어문연구회' 발족.
1947.	• 美 군정청, 한국어를 공용어로 제정.	• 북조선 인민 위원회의 결정에 따라 '조선 어문연구회'를 개 편, 김일성대학에 두어 문법, 철자법, 가로쓰기, 한자 처리 등을 연구케 함.
1948.	• "대한민국의 공용문서는 한글로 쓴다. 다만, 얼마 동안 필요할 땐 한자를 병 용할 수 있다."라는 한글 전용법 제정, 법률 제6호로 공포. • 이승만 대통령은 "한글맞춤법이 괴이하 니 개량하는 것이 옳다."며 고칠 것을 지시. 한글 파동 발단. • 학술용어 제정 위원회 '외래어 표기법' 제정. • 개정한 '한글맞춤법통일안' 한글판.	• '조선어 신철자법'을 발표. 출 판은 1950년. 시행되지 않음. • 새로운 6자모 제정, 형태주의 에 입각한 'ㄹ, ㄴ'초성 허용. 사이표(') 사용. 예 : 락원. 녀자. 이'몸(잇몸). 등'불(燈-). • 북한 정권 수립. • 교육성 내에 '조선 어문연구 회' 설치.

1949.	• '조선어학회'를 '한글학회'로 개명. • 한글학회에서 '한글전용 촉진회'를 구성하여 한글전용법의 시행을 촉구. • 한자를 사용할 것을 국회에서 정부에 건의. • 한글전용 법률 6호 공포. • 정부, 한자 병용 허용.	• '조선어 문법'을 발간. • 조선어문연구회에서 《조선어사전》 (10만 어휘, 미간) • 한글전용으로, 한자 폐지 단행.
1950.	• 김효석 내무부 장관이 공무원들에게 "각의에 따라 한자를 섞어서 쓰기로 하라."고 지시. • 한글전용 촉진 운동 중단 상태.	
1952.		• '과학원' 창설.
1953.	• 이 대통령은, "한글맞춤법이 너무 복잡하고 어려우니 성경식으로 소리 나는 대로 적도록" 국무총리 훈령으로 옛 철자법 사용을 지시. (한글 파동 본격화). 교육, 문화, 언론계, 지식층에서 극력 반대.	
1954.	• 이 대통령이 공문서에 한글 전용할 것을 지시. • 상용한자 1,300자를 제정하여, 국민학교 고학년의 국어에 혼용.	• '조선어 철자법' 공포. '형태주의' 천명. • 40자모 채택, 어두의 'ㄹ, ㄴ' 표기. 사이표(') 사용.
1955.	• 문교부에서 "대한민국의 공용문서와 신문, 잡지, 공중 표지물은 한글로 쓴다. 다만, 학술 용어로 서 부득이한 용어는 한자를 괄호 안에 첨서한다."는 뜻의 '한글 전용법' 발표.	
1956		• '조선어 외래어 표기법'. 《조선어 소사전》
1958	• 개정한 '한글맞춤법통일안' 용어 수정판.	

1958.	• 한글전용 실천요강 발표, 실시. 간판, 문서, 관청, 도장 등에 한글전용. • '로마자의 한글화 표기법' 고시.	
1959.	• 문교부, 내무부 협조로 거리의 한자 간판 강제 철거. • 이 대통령이 "현행 한글맞춤법에 대하여 이상 더 문제 삼지 않겠으며, 민중들이 원하는 대로 하도록 자유에 붙인다."는 특별 담화문을 발표하여, 장장 7년을 끌어 온 한글 파동이 끝남. • 문교부에서 '외래어 표기법' 제정.	
1960.		• 1962년까지 '조선말 사전' 여섯 권 발행.
1962.	• '한글전용 원칙' 발표.	
1963.	• 문교부에서 '학교 말본 통일 전문 위원회' 구성, 말본 파동. • 한자 1,300자(국민학교 600자, 중학교 400자, 고등학교 300자) 교과서에 노출.	
1964.		• 김일성 교시 '조선어를 발전시키기 위한 몇 가지 문제' 문자 개혁론 반대, 언어와 민족의 관계 강조, 한자어와 외래어 정리, 띄어쓰기 문제 등을 언급.
1965.	• '한글전용법 개정안' 국무 회의 통과.	
1966.		• 김일성의 교시 '조선어의 민족적 특성을 옳게 살려나갈 데에 대하여' 외래어 정리.

1966.		• '표준어'를 '문화어'로 개칭하고, 글자 개혁은 통일 후로, '조선말 규범집'은 초안대로 언급. • '조선말 규범집' 맞춤법, 띄어쓰기, 문장 부호, 표준 발음법 등 4부로 구성. 사이표('), '준ㅎ' 폐기, 대단위로 붙여 쓰는 띄어쓰기 등.
1967.	• 문교부에서 상용한자 1,300자 중, 복잡하고 획수 많은 542자를 약자화 시도.	
1967.	• 박정희 대통령이, 단계적으로 한글 전용을 위한 연구를 각 관계 부처에 지시. • '약자화안'이 한글학회 등 학계의 거센 반발로 백지화. 12월에 다시 198자를 심의했으나, 1963년 3월에 완전 폐기.	
1968.	• 한국 신문 협회에서 신문 한자 2천자로 제한하여 사용키로 결의. • 한글전용 5개년 계획을 마련. (문교부). • 변호사 협회에서 "한자 일소 정책은 위헌"이라는 성명을 발표. • 국무 회의에서 '한글전용 5개년 계획'을 의결. • 박 대통령이 "우리는 모든 난관을 이겨내고, 한글전용의 이상을 실현하기 위하여, 1970년 1월 1일부터 온 국민이 모든 분야에서 한글을 전용토록, 충분한 연구와 준비로서 목표 연도까지 단계적으로 이를 실시할 것."을 선언. • 정부에서 '한글전용 7개 항' 발표.	• "한자 교육을 부활하라."는 김일성 교시에 따라, 3천 자의 한자를 정해 놓고, 국민학교 5학년에서 부터 교육. • 《현대조선말사전》 (제1판)

1969.	• 한글전용 반대 운동을 벌이다가, 파면 당한 충남 대학 유정기 교수가 파면 취소 소송을 내어, 서울 고등법원에서 승소 판결.	• '외국말 적기법'.
1970.	• 모든 관계 공문서, 간행물 등에 한글 전용 단행. 교과서를 전면 한글로 개편. • 문화공보부가 언론계와 출판계에 한 자 1,200자 제한 사용 종용. • 문교부, 학술원에 맞춤법 개정 작업을 의뢰.	
1971.	• '국어국문학회' 등 20개의 학술 단체 가 한자 교육을 다시 부활시킬 것을 건의.	
1972.	• 문교부에서 교육용 한자 1800자 확정 발표. 다만, 중·고등학교 각 900 자씩.	
1973.		• 《조선문화어사전》
1974.	• 교과서 한자를 괄호 속에 넣어 쓰기로 발표.	
1976.	• 박 대통령이 외국어 과열 현상을 들어 국어순화운동할 것을 지시. 문교부와 관계 부처에서 '국어순화 협의회'를 구성.	• '조선 문화어 문법 규범'.
1977.	• 신문편집인협회에서 외래어 표기 통일을 문교부에 건의. • 국어 조사 연구 위원회에서 2만 단어 표준말 개정안을 문교부에 제출하기로 결정. • 박 대통령이 상용한자를 늘리지 말고 현 상태 유지 지시. • '외래어 표기법' 재제정키로 결정. (문교부).	
1980.	• '한글맞춤법' 새 판.	

1981.	• 행정용어 순화 편람 착수.	• 《현대조선말사전》 (제2판)
1984.	• 행정용어 순화 편람 1~4권 발간.	
1984.	• 문교부에서 '국어의 로마자 표기법' 고시. • 예술원 산하 '국어 연구소' 설립.	
1985.		• '외국말 적기법'(개정편)
1986.	• '외래어 표기법' 고시.	• '전자계산기 프로그람 용어 사전'을 '과학백과사전 출판사'에서 발행.
1988.	• 문교부에서 '한글맞춤법'과 '표준어 규정'을 고시.	• '조선말 규범집'
1989.	• '한글맞춤법'과 '표준어 규정'을 3월 1일부터 시행. 다만, '표준어 규정'은 별도 사정이 필요한 부분은 본 규정에 따라 사정된 부분부터 적용키로.	
1991.	• 학술원 산하 '국어 연구소'를, 문화부 산하의 '국립 국어 연구원'으로 개편.	• 사회과학원 《한자말사전》
1992.	• 한국어문 교육 연구회 외 3개 단체에서 "한자, 한문 교육의 정상화를 위한 우리의 견해"란 건의서를 교육부에 제출. • 행정용어 바르게 쓰기 국무총리 훈령 제정.	• 사회과학원 《조선말대사전》 2권
1995.	• 로마자 표기법 개정 착수.	
1996.	• 쉬운 행정용어 모음집 발간.	
1997.	• 글자 위주인 전자법 방식의 시안을 마련 발표했으나 거부감으로 무산.	
1998.	• 국어 교육 연구회와 어문회 등에서, 초등학교 한자 교육 실시를 교육부에 건의.	
1999.	• 필요에 따라 국한문 혼용 허용. 로마자 표기법 개정 소위원회 구성.	

2000.	• 국어심의회 표기법 분과위원회를 개최하여 개정안 확정. • 국무총리 행정 용어 훈령 폐지. • 행정 용어 순화 작업을 각 부처별로 추진.	
2005.	• 국어 기본법 제정, 공공기관 등 공문서 어문규범에 따라 한글로 작성(14조).	
2006.	• 행정 용어 운용 실태 종합 진단, 민관 공동 추진.	
2009.	• 국립국어원 공공언어추진단 설립.	
2011.	• 정부 결제 시스템 '온누리' 행정용어 자동 정정 프로그램 탑재 예정.	
2012.	• 개정안 통과 확정 고시.	
2014.	• 한글맞춤법 일부 개정안 고시.	
2015.	• 1월 1일부로 일부 개정안 시행.	

　이상은, '국어 정책 32년(김충수)과, '어문 관계 주요 사건 연표'(송기중 교수), 그리고 한국교열기자회 세미나에서 발표한, 북한의 어문 관계 주요 사건 연표 및 기타 모든 참고자료들을 필자 나름대로 종합 정리, 재구성한 내용들이다. 앞에서 보는 바와 같이, 1949년도에 한자 사용을 전면 폐지하여 20여 년 간이나 한글 전용을 고집해 오던 북한에서도, 국어교육이 크게 잘못되어 가고 있다는 사실을 절감하고, 마침내 1968년에는 "한자 교육을 부활하라."는 김일성 주석의 교시에 따라, 초등학교 5학년에서부터 자그마치 3,000자의 한자를 정해 놓고, 열심히 가르쳐 오고 있다는 사실을 알 수 있다. 한자 교육을 다시 부활시킨 이유는 "대중의 언어 능력 향상은 물론, 남한의 여러 출판물과 옛 문헌의 독해를 위함."이라고 했다. 결국 북한 역시 그토록 의욕적으로 한자 폐지 운동을 벌였음에도 불구하고, 한글 전용 정책은 완전히 실패로 돌아가고 말았다는 사실을 뒤늦게나마 크게 깨닫고, 김일성이나 김정일까지 한자 교육을 부활하라는 지시를 내리게 되었음을 타산지석으로 삼아야 하지 않을까 싶다.

4) 한글 전용과 국한문 병용

어느 설문 조사에서던가 대학생 44%가 '家族(가족)'을, 25%가 '大韓民國
(대한민국)'을, 그리고 숱한 예비 학사들이 자신의 한자 이름을 제대로 못
쓰는가 하면, 1/3 정도의 대학생이 한자가 섞인 교재를 올바로 읽지 못해,
수업에 지장이 있을 정도라고 했다. 심지어 외국에서 학위까지 받은 모 박사
는, 자신의 한자 이름을 못 쓰는 경우도 있었다 고 하니, 울어야 할지 웃어
야 할지 참으로 난감하기 그지없는 일이다. 그뿐만 아니라, 1997년 9월에
육군사관학교 김종환 교수가, 전국 49개 대학 61개 학과 졸업생 일백 명을
대상으로, 중졸 수준으로도 충분히 쓸 수 있는 한자 여덟 자로 획순을 시험
해 본 결과, '물 수(水)' 자를 제대로 쓴 사람은 63%, '힘 력(力)' 60%, '아
홉 구(九)' 45%, '불 화(火)' 41%, '날 생(生)' 28%, '어미 모(母)' 23%,
'모 방(方)' 11%, '있을 유(有)'가 5%에 불과했을 정도라니, 대학 졸업생이
신문 해독(解讀)을 못 하는 거야 오히려 당연한 것인지도 모를 일이다. 하긴
서울시 중학생의 1.78%인 8968명이 한글을 제대로 해독하지 못하고, 덧셈
과 뺄셈도 하지 못해 초등학교 2·3학년 수준에도 못 미친다니 이 또한 참으
로 답답하기 그지없는 노릇이 아닐 수 없다. EBS 교육방송에 나온 어느 얼
굴 반반한 여대생은, 그 흔한 '박색(薄色)'이란 말을 정반대의 뜻인 '절세미인
(絶世美人)'으로 착각하고 있을 정도였으며, 경력 2십 수 년이나 되는 어느
지방 시청 공무원이, '이룰 성(成)' 자를 제대로 못 쓰고 난처해하는 경우를
직접 목격한 바도 있으니, 그야말로 일러 무삼하리오다. 하긴, 남북한의 어
문 정책이 얼마나 갈팡질팡해 왔었는가를 돌이켜 생각해 보면, 결코 한자를
모르는 그네들만의 잘못으로 돌릴 수도 없는 노릇이 아닌가 싶기도 하다. 게
다가 '컴퓨터'라는 문명의 이기(利器)가 나타나 글씨 쓰기는 물론, 한자 문맹
발전(?)에 더욱 큰 공헌을 하고 있는 것 같아 못내 안타까울 뿐이다.

우리 어문정책의 발자취를 더듬어 보면, 1933년 10월 19일 '한글맞춤법 통일안'이 공포 시행된 후, 1948년도에 한글 전용 법안이 통과되어 국어 교과서에서 한자가 사라졌다가, 1954년도에는 또다시 상용한자 1,300자를 제정, 1963년도에서부터 초등학교 국어 교과서에 국한문을 섞어 쓰게 되었다. 그러다가 1970년 1월에는, "모든 분야에서 한글 전용하라"는 박정희 대통령의 엄명이 있었으나, 한자 예찬론이나 사대주의 사상에서가 아니라, 한자를 알면 그만큼 어휘력이 풍부해 진다는 뜻에서, '한자 실력이 국어 실력'이라는 말이 절대로 과찬이 아닐 정도로 우리 국어사전의 70~80%를 차지하고 있다는 건, 피할 수도 없고 숨길 수도 없는 현실임을 인정하지 않을 수 없다. 1972년, '한국어문교육연구회'에서도 서울·경북·연세대 등, 전국 대학생들의 국어와 한자 실력을 조사해 본 결과, 평균 30점이라는 어처구니없는 점수가 나와, 교육 정책에 심각한 문제점이 있음을 뒤늦게나마 깨닫고, 상용한자 1,800자를 확정 발표, 중학교 기초 한자 교육을 부활시키는 등의 숱한 우여곡절을 겪어 왔으니, 한글 전용론자들의 등쌀에 또 언제 없어질지도 모를 한자 교육이 제대로 됐을 리 없지 않았을까 싶다.

　　그토록 한글 전용을 강요해 오던 북한에서도, 1964년과 1966년 두 차례의 김일성 교시에 따라, 1968년도에 다시 한자 교육을 부활시켜 어문 교육에 적극 활용했던 것으로 알고 있으며, 1980년대에는 김정일 국방위원장까지 한자 교육의 중요성을 지시하기도 했다. 1992년 7월 25일, 김달현 북한 정무원 부총리도 당시 노태우 대통령과 단독 면담한 자리에서, "해방된 직후부터 한문을 쓰지 않고 한글 개발에 많은 힘을 썼다. 그러나 최근 다시 한문 교육을 시키고 있다. 한문을 모르고 어디 우리 조선말을 제대로 이해할 수 있나요? 그래서 요즘 아이들에게는 한문을 가르치니, 그 아이들이 청년들보다 한문을 많이 알고 있다."며, 북한의 현 실정을 솔직히 털어놓기도 했다. 이렇듯, 무소불능이던 그네들도 한글 전용만은 어쩔 수 없이 두 손 들고 말았다는 얘기가 되는데, 실로 시사하는 바가 크다고 생각지 않을 수 없다.

지난 1992년 1월 29일에는 한국어문교육연구회 남광우 회장, 한국국어교육연구회 이응백 회장, 한자교육진흥회 이재전 회장, 한국국어교육학회 진태하 회장님 등 4개 단체장 공동 명의로, "한자, 한문 교육의 정상화를 위한 우리의 견해"란 건의서를 교육부 장관에게 제출하자, 안병욱 흥사단 이사장을 비롯한 민간인 다섯 분도, 한자는 초등학교에서부터 가르쳐야 한다는 주장에 적극 동조하고 나섰다. 이에 맞서 한글학회와 한글문화단체 모두모임에서는, "역사의 수레바퀴를 거꾸로 돌리려는 아둔한 발상"이라며 강력히 반발하고 나서기도 했다. 반면에 남광우 회장님은, 최고 학부인 대학을 나오고도 신문 하나 제대로 못 읽는 반문맹의 양산을 안타까워하면서, "중학교 교육용 한자 900자가 앞에 놓여 이뤄진 어휘 수는 62,374개, 뒤에 놓여 만들어진 말은 9,855개나 된다."며, 한자의 놀라운 조어력(造語力)의 장점을 역설하기도 했다. 진정한 의미의 한글 전용이란 전혀 한자의 뜻에 의존하지 않고도 충분히 의사전달이 돼야 하는 것이, 커뮤니케이션의 필수 선행 조건임은 재론할 필요도 없다. 고사성어나 한자어를 단순히 한글로 음사(音寫) 표기한다고 해서 한글 전용이라고 우길 순 없다.

　1998년 3월 17일, 한국국어교육연구회와 한국어문회를 비롯한 어문 관련 6개 학술 단체에서, "우리나라가 한자 문화권에 속해 있고, 국어 어휘의 70%, 학술 용어의 90%(북한에서는 한자어 60%, 우리말 35%) 이상이 한자어인데도 불구하고, 한자 교육이 제대로 이뤄지지 않고 있다."며, 초등학교에서부터 한자 교육을 실시할 것을 교육부에 건의한 바도 있다. 우선, 우리나라를 지칭하는 '朝鮮(조선), 大韓民國(대한민국), 高麗(고려 : 山高水麗), 韓半島(한반도), 韓國(한국), 東國(동국), 海東(해동), 靑丘(청구), 槿域(근역)' 등은 물론이거니와, '韓民族(한민족), 白衣民族(백의민족), 倍達民族(배달민족)'에 이르기까지, 어느 것 하나 순수 우리말로 된 게 없다는 사실을 간과하지 말아야 한다. 99.9%가 한자로 되어 있는 전국의 지명은 말할 것도 없거니와 인명(人名) 또한 한글로 표기하면 아무런 의미도 없는 기호가 되고 만다.

게다가, '아더메치'나 '아나바다'처럼 순우리말로 된 준말들은, 누군가의 설명을 듣지 않고는 전혀 감을 잡을 수 없다는 맹점도 있다. 그러나 '언개련(言改聯), 농진공(農振公), 민청련(民靑聯), 전교조(全敎組), 경실련(經實聯)' 같은 한자식 두음문자(Acronym)들은 비록 처음 보는 조립식 낱말일지라도, 무엇을 뜻하는 말인지 대뜸 짐작—한자는 표의 문자이기 때문에—해 낼 수 있다는 이점도 있다. 그렇다고 해서 한자 우월론을 펼치자는 뜻이 아니라, 한글은 한글대로의 큰 장점이 있는가 하면, 한자는 한자로서의 충분한 장점도 있으므로, 우리 실정에 맞는 한자들만 선별하여 활용한다면, '세계가 한 가족'이라는 국제화 시대에 더욱 풍부한 어문생활을 즐길 수 있으리라는 뜻에서일 뿐이다.

'개구리, 황소'를 'Gaeguri, Hwangso'로 적는다고 해서 영어라 할 수 없고, '이야기, 노랫소리'를 'イヤギ, ノレッソリ'로 쓴다고 해서 일본어가 되는 것도 아니다. '塞翁之馬', '邯鄲之夢', '切磋琢磨'를 '새옹지마', '한단지몽', '절차탁마'라고 쓴다고 해서 한글 전용한다고 착각해선 안 된다. 일본에서도, '硏究(연구), 旅行(여행)' 등의 각 한자 위에 'けんきゅう(겐큐)', 'りょこう(료코)' 등의 후리가나로 발음을 병기해 오다가, 한자를 없애자는 것이 아니라 후리가나 표기를 점차 없애고 있는 실정이다. 표음문자인 가나는 한자 보조용이나 외국인 이름과 지명 또는 한자로 표기할 수 없는 의성어나 의태어 등에 사용될 뿐임은 물론, 그마저 한자 '安'의 초서체나 '伊'의 왼쪽 변만 그대로 끌어와 뜻은 버리고 음만 따서 히라가나 'あ'와 가타카나 'イ'를 만들었듯이, 50음 모든 가나의 자원(字源) 자체가 중국 한자에서 따 왔으면서도 누구 하나 주체성이나 가나 전용 따지진 않는다. 물론, 국한문을 병용/혼용하려면 따로 한자 공부를 해야 하는 부담감이 있겠으나, 국어사전의 70% 이상 되는 한자 어휘를, 1800 상용한자만 제대로 알아도 국어 낱말 공부는 크게 향상될 것이며, 영어단어 외우는 정성의 반의반만이라도 신경을 쓰면 충분히 극복할 수 있다고 생각한다. 단언컨대, 국어를 제대로 모르고선 절대로 차원 있는 외국어를 구사할 수 없다는 사실이다.

참고로, 일본어 가나의 자원(字源)을 살펴보면,

히라가나	가타카나
'あ'는 '安'의 초서체	'ア'는 '阿'의 좌측 부분
'い'는 '以'의 초서체	'イ'는 '伊'의 좌측 부분
'う'는 '宇'의 초서체	'ウ'는 '宇'의 윗 부분
'え'는 '衣'의 초서체	'エ'는 '江'의 우측 부분
'お'는 '於'의 초서체	'オ'는 초서 '於'의 왼쪽
'か'는 '加'의 초서체	'カ'는 '加'의 좌측 부분
'き'는 '幾'의 초서체	'キ'는 초서 '幾'의 생략형
'く'는 '久'의 초서체	'ク'는 '久'의 생략형
'け'는 '計'의 초서체	'ケ'는 '介'의 생략형
'こ'는 '己'의 초서체	'コ'는 '己'의 윗부분
'さ'는 '左'의 초서체	'サ'는 '散'의 첫 부분
'し'는 '之'의 초서체	'シ'는 '之'의 초서체
'す'는 '寸'의 초서체	'ス'는 초서 '須' 끝 부분
'せ'는 '世'의 초서체	'セ'는 '世'의 초서체
'そ'는 '曾'의 초서체	'ソ'는 '曾'의 윗부분
'た'는 '太'의 초서체	'タ'는 '多'의 윗부분
'ち'는 '知'의 초서체	'チ'는 '千'의 전체
'つ'는 '川'의 초서체	'ツ'도 '川'에서
'て'는 '天'의 초서체	'テ'는 '天'의 생략형
'と'는 '止'의 초서체	'ト'는 '止'의 생략형
'な'는 '奈'의 초서체	'ナ'는 '奈'의 윗부분
'に'는 '仁'의 초서체	'ニ'는 한자의 '二'에서
'ぬ'는 '奴'의 초서체	'ヌ'는 '奴'의 우측 부분
'ね'는 '祢'의 초서체	'ネ'는 '祢'의 좌측
'の'는 '乃'의 초서체	'ノ'는 '乃'의 첫 획
'は'는 '波'의 초서체	'ハ'는 '八'의 전체
'ひ'는 '比'의 초서체	'ヒ'는 '比'의 한쪽
'ふ'는 '不'의 초서체	'フ'는 '不'의 일부
'へ'는 '部' 旁의 초서	'ヘ'는 '部' 旁의 약체
'ほ'는 '保'의 초서체	'ホ'는, '保'의 끝 부분

히라가나	가타카나
'ま'는 '末'의 초서체	'マ'는, '万'의 생략형
'み'는 '美'의 초서체	'ミ'는, '三'의 초서체
'む'는 '武'의 초서체	'ム'는, '牟'의 윗부분
'め'는 '女'의 초서체	'メ'는, 초서 '女'의 생략형
'も'는 '毛'의 초서체	'モ'는, '毛'의 생략형
'や'는 '也'의 초서체	'ヤ'는, 초서 '也'의 생략형
'ゆ'는 '由'의 초서체	'ユ'는, '由'의 생략형
'よ'는 '与'의 초서체	'ヨ'는, '與'의 우측 윗부분
'ら'는 '良'의 초서체	'ラ'는, '良'의 윗부분
'り'는 '利'의 초서체	'リ'는, '利'의 우측
'る'는 '留'의 초서체	'ル'는, '流'의 끝 부분
'れ'는 '礼'의 초서체	'レ'는, '礼'의 우측
'ろ'는 '呂'의 초서체	'ロ'는, '呂'의 생략
'わ'는 '和'의 초서체	'ワ'는, 고리의 부호 'ㅇ'에서
'ん'는 '无·毛'의 초서	'ン'은, 'レ'에서.

　얘기가 잠깐 빗나갔으나, 프랑스어를 제한 없이 받아들인 독일어도 그렇거니와, 영어가 세계 공용어로 인정받게 된 가장 큰 이유는, 무엇보다 독일어, 라틴어, 희랍어, 아랍어 등을 내치지 않고 폭넓게 수용했기 때문이라고 할 수 있다. 하긴, 우리 법률 조문은 한자어 75%에 아라비아 숫자가 15%인가 하면, 10%에 지나지 않는 우리말은 기껏 토씨 정도로만 쓰이고 있다는 건 이미 주지의 사실이다. 어느 일간지에서 조사한 '한글에 대한 인지도(認知度)'의 내용을 보면, 국민의 83.1%가 한글의 절대 우수성은 인정하나, 한글 전용에 대한 찬성 의견은 반수에도 못 미치는 48.4%였다고 한다. 물론 한자 공부에 대한 부담감이 따르겠지만, 한자를 알게 되면 어휘력뿐만 아니라, 한자 문화권의 사람들과 보디랭귀지와 필담으로라도 의사소통이 가능하며, 한자권의 언어 공부에도 엄청난 이점이 있다는 사실을, 필자는 이미 오래 전에 직접 체험해 본 사실이다. 한자는 표의문자이기 때문에 비록 처음 보는 낱말일지라도 각 글자의 뜻만 알면, 대개 그 뜻을 헤아려 짐작할 수 있다는 충분한 이점도 있으므로 일석다조(一石多鳥)라 할 수 있다.

그렇다고 해서, 절대로 우리의 주체성을 버리자거나 한자의 우월성을 논하자는 건 아니다. 국어에 대한 남다른 애착심을 가졌던 숱한 한글학자들이나, 최현배 선생, 그리고 카리스마적인 무소불능의 김일성 주석 역시, 70%에 가까운 우리 한자어들을 완전 한글화하기엔 아무래도 역부족이었음을 통감했으리라고 본다. 한글을 사랑한답시고 한글 전용 어깨띠나 두르고 목에 핏대 세운다고 절대로 해결될 일이 아니므로, 내칠 건 내치되 수용할 건 표용해서 폭넓게 활용하자는 얘기다. 따라서 외래어나 한자어의 한글화 작업은 어문 계통의 관계자나 한글학자들께서 백년대계로 꾸준히 갈고 닦고 다듬어 나감과 아울러, 묻혀 있는 우리 고유어도 발굴 활성화시켜 나가다 보면, 언젠가는 아름답고 순수한 우리말이 정착되리라고 생각한다.

우선 한글 전용에 가장 걸림돌이 되고 있는 현안부터 살펴보면, 한글로 그냥 '원수'라고 쓸 경우 국가의 수뇌인 '元首'인지, 오성 장군을 뜻하는 '元帥'인지, 아니면 불구대천지수(不俱戴天之讐)를 말하는 '怨讐'인지 당최 분간할 길이 없다. 실지로 야당 국회의원 장하나는 '元首'라는 말에 빗대어 현 대통령을 '국가의 원수(怨讐)'라는 막말 표현까지 쓰기도 했다. '元首와 元帥의 만남'을 한글로 쓰면 '원수와 원수의 만남'이 되는데, 이를 다시 한자로 옮겨 쓰라고 한다면, 아마 십중팔구 '怨讐와 怨讐의 만남'으로 표기하지 않을까 싶다. '정부'라면 '正否, 正副, 政府' 말고도 내연관계에 있는 여자를 말하는 '情婦'인지, 정조가 곧은 아내를 뜻하는 '貞婦'인지, 아니면 내연관계의 남자를 뜻하는 '情夫'인지를 알 수 없다. '情夫와 貞婦의 情死〔情事·情史〕'를 한글 전용식으로 표기하면 '정부와 정부의 정사'가 되는데, 다시 한자로 표기하라면 대개 '政府와 政府의 政事'로 표기하기 십상일 테고. '수상' 역시 '手上, 手相, 水上, 受像, 首相, 殊常, 樹上, 隨想' 등은 접어두고라도, 상을 주는 '授賞'이 있는가 하면 상을 받는 '受賞'이 있으며, 다 같은 '전수'인데도 무엇을 전해 주는 '傳授'가 있는가 하면 전해 받는 '傳受'도 있으니, 결코 쉽게 해결될 일이 아님을 알 수 있다.

'간부'라면 간통한 여자를 말하는 '姦婦'가 있고, 간통한 남자를 말하는 '姦夫'가 있으며, 간악하고 요사스러운 여자를 말하는 '奸婦'가 있는가 하면, 샛서방을 뜻하는 '間夫' 말고도 관리직을 뜻하는 '幹部'도 있으니 예삿일이 아니다. 그냥 '사장 어른'이라고 하면 회사의 '社長 어른'인지, 사돈집의 '查丈 어른'인지 알 수가 없고, '패자'라면 '이긴 사람'을 지칭하는 '覇者'인지 아니면 '진 사람'을 지칭하는 '敗者'인지, 아니면 '몹쓸 자식'의 '悖子'인지 헷갈리지 않고 배길 재간이 없다. '장편 소설'이라는 것도, 긴 소설을 뜻하는 '長篇小說'이 있고, 콩트를 말하는 '掌篇小說'이 따로 있다. 같은 '박학'인데도, 학문과 학식이 넓고 아는 것이 많다는 '博學'이 있고, 정반대의 뜻을 가진 학문과 학식이 얕고 아는 것이 적다는 '薄學'도 있으며, 기술이나 학업의 가르침을 받는 다는 '수업(受業)'이 있는가 하면, 지식이나 기능을 가르쳐 준다는 '수업(授業)'이 있으니 이 또한 예삿일이 아님은 물론이고.

'방화'는, 화재를 막는 '防火'가 있고, 불을 지르는 '放火'가 있는가 하면, '방범' 역시 범죄를 예방한다는 뜻으로 쓸 땐 '막을 방(防)' 자를 쓰는 '防犯'이 있고, 잡았던 범인을 놓아 준다는 뜻으로 쓸 땐 '놓을 방(放)' 자를 쓰는 '放犯'도 있다. 똑같은 '방수 작업' 역시 '防水作業'이라고 쓰면, 터진 강둑을 막거나 제방을 쌓아 물의 범람이나 침투를 막는 일을 뜻하게 되지만, '放水作業'이라고 쓰면 저장해 둔 저수지의 물을 공업용이나 관개용수로, 또는 홍수로 물이 범람할 때의 경우를 감안, 수위 조절상 수문을 열어 방류하는 일을 뜻하는 정반대의 뜻이 되기도 한다. '대상'도 '大祥', '代償', '對象', '隊商', '大喪', '大賞' 외에도 숱한 '대상'들이 있으니, 충분한 준비도 없이 어찌 한글 전용만으로 감당할 수 있다고 고집할 수 있겠는가? 우선 전혀 영어나 한자의 도움 없이 석사나 박사 학위 논문이 통과될 수 있겠는가를 묻고 싶다. 물론 풀어 쓰면 되지 않느냐고 항변할진 모르겠으나, 단 몇㎜의 공간을 따져야 하는 신문 기사 제목이나 최대한으로 축약해야 하는 광고문안 등을 작성할 때의 문제점을 어떻게 해결해야 할지도 아울러 묻고 싶다.

하고많은 숱한 고사성어 등의 처리 문제는 차치하고라도, 우선 '정사'라는 낱말이 실지로 어떻게 쓰이고 있는지, 국어사전이나 여타 참고 자료들을 필자 나름대로 종합 정리하여 다시 살펴보기로 한다.

1) 정사 (丁巳) : 육십갑자의 쉰넷째.
2) 정사 (正史) : 정확한 사실의 역사.
3) 정사 (正邪) : 바른 일과 간사한 일.
4) 정사 (正使) : 수석이 되는 사신.
5) 정사 (正射) : 정면에서 쏘는 것.
6) 정사 (正寫) : 글씨를 또박또박 베껴 쓰는 것.
7) 정사 (呈辭) : 관리가 사직원이나 휴가원을 내는 것.
8) 정사 (貞士) : 지조가 곧은 선비.
9) 정사 (政社) : 정사(政事)를 후원하려고 조직된 결사(結社).
10) 정사 (政事) : 정치 또는 행정에 관한 업무.
11) 정사 (亭榭) : '정자(亭子)'를 달리 이르는 말.
12) 정사 (情史) : 남녀의 애정을 다룬 소설.
13) 정사 (情死) : 사랑하는 남녀가 함께 죽는 것.
14) 정사 (情私) : 친족 간의 사사로운 정.
15) 정사 (情事) : 남녀 간의 사랑에 관한 일.
16) 정사 (情思) : 남녀가 서로 그리워하는 마음.
17) 정사 (情絲) : 길고 긴 사랑의 정을 말함.
18) 정사 (淨寫) : 초 잡은 글을 깨끗하게 베껴 쓰는 것.
19) 정사 (偵伺) : 적진에서 적정(敵情)을 염탐하는 것.
20) 정사 (精舍) : 학문이나 불도를 닦으려고 지은 집.
21) 정사 (精査) : 구석구석 빈틈없이 조사하는 것.
22) 정사 (靜思) : 조용히 생각하는 것.

등이 있는데, "情私를 떠나서 正邪를 가려 精査하는 貞士" 또는 "政事를 잊고 精舍에서 情死한 情事를 다룬 情史" 등을, 한글로 표기하거나 한글로 풀어쓸 생각을 하면 눈앞이 캄캄해질 수밖에 없다.

다시, '조사'란 낱말을 종합 정리하여 살펴보기로 한다.

  1) 조사 (早死) : 늙기도 전에 일찍 죽는 것. 요절(夭折).
  2) 조사 (弔詞) : 조상(弔喪)의 뜻을 나타낸 글·말. = 조사(弔辭).
  3) 조사 (弔死) : 죽은 이에 대하여 슬픈 뜻을 표함.
  4) 조사 (弔使) : 조문을 하러 가는 사자(使者).
  5) 조사 (助事) : 장로교에서 목사를 도와서 전도하는 교직.
  6) 조사 (助詞) : 우리말의 '토씨'를 이름.
  7) 조사 (助辭) : '어조사'(한문 토 : 於·乎·也·焉 등)의 준말.
  8) 조사 (徂謝) : 사람의 죽음을 일컫는 말.
  9) 조사 (祖師) : 어떤 학파나 종파의 개조(開祖).
 10) 조사 (曹司) : 관직, 계급, 재능 등이 째마리가 되는 사람.
 11) 조사 (造士) : 학문을 성취한 사람.
 12) 조사 (造寺) : 절을 짓는 것.
 13) 조사 (釣師) : 낚시꾼.
 14) 조사 (釣絲) : 낚싯줄.
 15) 조사 (措辭) : 글의 마디를 얽어서 만듦.
 16) 조사 (朝士) : '朝臣'과 같은 말.
 17) 조사 (朝仕) : 지난 날 관리가 아침마다 상사를 뵙던 일.
 18) 조사 (朝使) : 조정(朝廷)의 사신(使臣).
 19) 조사 (朝事) : 조정(朝廷)의 일. 아침 일찍 올리는 제사.
 20) 조사 (朝謝) : 고려 때 벼슬아치에게 주던 사령장.
 21) 조사 (朝辭) : 임금에게 사은(謝恩)하고 말미를 청하던 일.
 22) 조사 (詔使) : 옛날에 중국 사신을 일컫던 말.
 23) 조사 (粗砂) : 토양 입자 중 직경이 1.00~0.50㎜의 것.
 24) 조사 (照査) : 대조하여 조사함.
 25) 조사 (照射) : 햇빛 따위가 내리 쬠.
 26) 조사 (調査) : 사물의 내용을 자세히 살펴봄.
 27) 조사 (繰絲) : 고치나 목화 등에서 실을 뽑아 냄.
 28) 조사 (藻思) : 글을 잘 짓는 재주 외에 '弔事'나 '祖祠' 등도 있다.

1991년 4월 10일자 동아일보 기사에 "社債는 오르고 私債는 내림세"라는 제목이 있었는데, 이 글을 한글로 쓰게 되면 "사채는 오르고 사채는 내림세"라는 희한한 글이 되고 만다. 1992년 3월 19일자 경향신문에도, "대우의 역사(役事)는 끝없이 계속되고, 대우의 역사(歷史)는 항상 시작입니다"라는 글이 있었는데, 토목이나 건축 등의 공사를 뜻하는 '役事'와, 인류 사회의 흥망과 변천의 과정이나 그 기록 또는, 어떤 사물이나 사실의 오늘에 이르기까지 변화의 자취를 뜻하는 '歷史'를 한글로 쓰게 되면, "대우의 역사는 끝없이 계속되고, 대우의 역사는 항상 시작입니다"와 같은, 밑도 끝도 없는 말이 되고 만다.

자녀들 영어공부에는 기러기부부 신세를 감내하면서까지 글로벌리즘을 내세우며 사생결단하고 매달리면서도, 한자 혼용을 거론하면 사대주의자로 몰아붙이며 알레르기 현상을 일으키는 이율배반적인 반응을 보이기 일쑤다. '단일민족'임을 자랑하던 우리도 이미 다민족국가로 변질되어 가고 있는 세파에 주체성만 내세울 게 아니라, 아무리 인정하기 싫어도 인정할 것은 인정하고 그에 따른 대안을 마련해야 한다고 생각한다. 필자 역시 누구보다 우리 한글의 우수성을 충분히 인정하고 사랑하지만, 한자어에 대응할 만한 어휘가 턱없이 부족하다는 사실을 뼈아프게 느끼고 있다. '가장(家長)'은 '집 가'자에 '어른 장'자로 구성된 말이므로 '집안의 어른'이라는 말임을 알 수 있고, '화병(花瓶)'은 '꽃 화'자에 '병 병'자로 구성되었기에 '꽃병'인 줄을 알 수 있지만, 무조건 한글로 '가장'이나 '화병'으로 표기해 놓고 '집안어른'이나 '꽃병'으로 이해해 주길 바란다는 건 무리일 수밖에 없다. '남녀 합창단원'을 한글로 순화한답시고 '사내 계집 함께 노래 부르는 떼거리'라고 한다거나, '화장(化粧)한 여자(女子)'를 '화장품을 바르거나 문질러 얼굴을 곱게 꾸민 계집' 또는 '화장(火葬)한 여자(女子)'를 '시체를 불에 살라 장사 지낸 계집'으로 쓴다고 해서 한글 전용이 되는 것도 아니요, 그런다고 쉽게 해결될 일도 아니라는 사실을 솔직히 인정해야 한다. 게다가 조선왕조실록을 비롯한 숱한 고문서는 물론, 주옥같은 한시 작품이나 고사성어 등은 어떻게 처리할지도 심각하게 고려해 봐야 한다.

어문 관련 각 기관에서 중국 한자어나 일본식 한자어 또는 행정용어 등을 순화해 쓰기로 했는데, 무작위로 수집 정리해 보기로 한다.

기존 용어	순화한 용어	기존 용어	순화한 용어
가감(加減)	더하고(기) 빼기	가감승제(加減乘除)	덧·뺄·곱·나눗셈
가건물(假建物)	임시건물(臨時建物)	가계약(假契約)	임시계약(臨時契約)
가교(假橋)	임시(臨時)다리	가납(假納)	임시납부(臨時納付)
가내시(假內示)	사전통보(事前通報)	가담항설(街談巷說)	뜬소문(所聞)
가도(假道)	임시도로(臨時道路)	가등기(假登記)	임시등기(臨時登記)
가료(加療)	치료(治療). 병 고침	가매장(假埋葬)	임시매장(臨時埋葬)
가병(假病)	꾀병(-病)	가봉(假縫)	시침질
가불(假拂)	임시지급(臨時支給)	가사용(假使用)	임시사용(臨時使用)
가수금(假受金)	임시(臨時) 받은 돈	가승계(假承繼)	임시승계(臨時承繼)
가식(假植)	임시심기. 겉심기	가압류(假押留)	임시압류(臨時押留)
가주소(假住所)	임시주소(臨時住所)	가지불(假支拂)	임시지급(臨時支給)
가집행(假執行)	임시집행(臨時執行)	가차압(假差押)	임시압류(臨時押留)
가처분(假處分)	임시처분(臨時處分)	가출(家出)	집나감
가필(加筆)	고쳐 씀	각반(脚絆)	행전(行纏)
각위(各位)	여러분	각하(却下)	물리침
간식(間食)	샛밥. 새참. 군음식	감봉(減俸)	봉급(俸給)깎기
감사(監査)	지도검사(指導檢査)	감안(勘案)	생각. 고려. 참작
갑종(甲種)	일급(一級). 으뜸	강축(强蹴)하다	세게 차다
개간(開墾)	일굼	개소(個所)	군데
개인계(改印屆)	개인 신고서	개찰구(改札口)	표 보이는 곳
개화기(開花期)	꽃필 때	거래선(去來先)	거래처(去來處)
거류(居留)	머물러 삶	거마비(車馬費)	교통비(交通費)
건초(乾草)	마른풀	건폐율(建蔽率)	대지 건물 비율
건포도(乾葡萄)	마른(말린) 포도	검사역(檢査役)	검사인. 검사원
검시(檢視)	시체검사. 검시(檢屍)	검침원(檢針員)	(계량기) 조사원
게양(揭揚)	닮. 올림	격납(格納)	넣어둠
격무(激務)	힘든 일. 고된 일	격자문(格子門)	문살문
견본(見本)	본(보기)	견습(見習)	수습(修習)
견습기자(見習記者)	수습기자(修習記者)	견양(見樣)	서식. 보기. 본(보기)
견적(見積)	추산(推算). 어림셈	견적서(見積書)	추산서(推算書)

기존 용어	순화한 용어	기존 용어	순화한 용어
견출장 (見出帳)	찾아보기 책. 찾음장	견출지 (見出紙)	찾음표 (表)
견학 (見學)	보고배우기	결근계 (缺勤屆)	결근 신고 (서)
결로 (結露)	이슬 맺힘	결석계 (缺席屆)	결석신고 (서)
결손 (缺損)	모자람	결식아동 (缺食兒童)	굶는 아이
결실기 (結實期)	열매철	결재 (決裁)	재가 (裁可)
결집 (結集)	(한 데) 모음	경관 (景觀)	(아름다운) 경치
경락 (競落)	경매 (競賣)차지	경락 인 (競落人)	매수인 (買受人)
경상 (輕傷)	가벼운상처. 조금 다침	경시 (輕視)	얕봄. 깔봄
경어 (敬語)	높임말. 존댓말	경직 (硬直)	굳음
경품 (景品)	덤 상품 (賞品)	경합 (競合)	겨룸. 견줌
계주 (繼走)	이어달리기	계출 (屆出)	신고 (申告)
고가교 (高架橋)	구름다리	고객 (顧客)	(단골)손님
고리 (高利)	비싼 길미 (변리)	고수부지 (高水敷地)	둔치 (마당). 강턱
고지 (告知)	알림	고참 (古參)	선임 (자). 선참 (자)
곡자 (曲子·麴子)	누룩	곤로 (焜爐)	풍로 (風爐). 화로 (火爐)
곤색 (紺色)	감색. 검남색. 진남색	공란 (空欄)	빈칸
공람 (供覽)	돌려봄	공상자 (空箱子)	빈상자
공석 (空席)	빈자리	공수표 (空手票)	부도 수표. 가짜 약속
공시 (公示)	알림	공임 (工賃)	품삯
공장도가격	공장 (에서 내는) 값	공제 (控除)	뗌. 뺌
공중 (公衆)	(일반) 사람들. 일반인	공지 (空地)	빈땅. 빈터
공차 (空車)	빈차	과경 (過輕)한	너무 가벼운
과물 (果物)	과일	과세 (課稅)	세금 (稅金) 매김
과소비 (過消費)	지나친 씀씀이	과잉 (過剩)	지나침. 초과 (超過)
관목 (灌木)	작은키나무	괘도 (掛圖)	걸그림
교목 (喬木)	큰키나무	구근 (球根)	알뿌리
구독 (購讀)	사 (서) 읽음	구락부 (俱樂部)	단체 (團體). 클럽
구보 (驅步)	달리기	구인 (拘引)	끌어감
구입 (購入)	사 들임. 사들이기	구입선 (購入先)	구입처 (購入處)
구좌 (口座)	계좌 (計座)	국채 (國債)	나랏빚
굴삭기 (掘削機)	굴착기 (掘鑿機)	궐석재판 (闕席裁判)	결석재판 (缺席裁判)
규지 (窺知)	알아차림	규지 (窺知)하다	알아차리다
극광 (極光)	오로라 (aurora)	근거리 (近距離)	가까운 거리
금명간 (今明間)	오늘내일 사이. 곧	금반 (今般)	이번

기존 용어	순화한 용어	기존 용어	순화한 용어
금비(金肥)	화학비료(化學肥料)	금주(今週)	이번 주(週)
금회(今回)	이번(番)	급사(給仕)	사환(使喚). 사동(使童)
기라성(綺羅星)	빛나는 별	기망(欺罔)하다	속이다
기상(起床)	일어남	기입(記入)	써넣음
기중(忌中)	상중(喪中)	기중기(起重機)	들 틀. 들 기계(機械)
기증(寄贈)	드림	기초(基礎)	밑바탕
기포(氣泡)	거품	기합(氣合)	얼차려. 기(氣)넣기
나대지(裸垈地)	빈 집터	나염(捺染)	무늬찍기
낙과(落果)	떨어진 열매(떨어짐)	난조(亂調)	엉망. 흐트러짐
남발(濫發)	마구 냄	남벌(濫伐)	마구 베기
납기(納期)	내는 날	납기도래(納期到來)	납기일이 다가옴
납부(納付)하다	내다	납입(納入)	납부(納付). 냄. 치름
납입 최고(催告)	(보험료) 납입 재촉	내역서(內譯書)	명세서(明細書)
내주(來周)	다음 주	노견(路肩)	갓길
노반(路盤)	레일 바닥	노임(勞賃)	품삯
노점상(露店商)	거리가게	다반사(茶飯事)	예삿일. 흔한 일
단결(團結)	뭉침	단말기(端末機)	끝장치(裝置)
단합(團合)	뭉침	담합(談合)	짬짜미
답신(答申)	대답(對答)	당분간(當分間)	얼마 동안
당혹(當惑)	당황(唐慌)	대결(對決)	겨루기. 맞서기
대금(代金)	값. 돈	대금업(貸金業)	돈놀이
대금업자(貸金業者)	돈놀이꾼	대기실(待機室)	기다림방(房)
대다수(大多數)	대부분(大部分)	대미(大尾)	맨끝
대부(貸付)	돈 꾸기. 빌림	대절(貸切)	전세(專貰)
대체(代替)	바꿈	대출(貸出)	빌림
대폭(大幅)	많이. 크게. 넓게	대하(大蝦)	큰새우. 왕새우
대합실(待合室)	맞이(기다림) 방(房)	도과(徒過)하다	지나다
도금(鍍金)	(금)입히기	도난(盜難)	도둑맞음
도료(塗料)	(페인트)칠(漆)	도합(都合)	모두. 합계(合計)
독거노인(獨居老人)	홀로노인(老人)	독농가(篤農家)	모범 농부(농가)
두개골(頭蓋骨)	머리뼈	마대(麻袋)	포대(包袋). 자루
마호병(魔法瓶)	보온병(保溫瓶)	만개(滿開)	활짝 핌. 만발(滿發)
만수위(滿水位)	먹찬 물 높이	말소(抹消)	지움. 지워 없앰
망년회(忘年會)	송년 모임. 송년회	매도(賣渡)	팔아넘김

기존 용어	순화한 용어	기존 용어	순화한 용어
매립(埋立)	메움	매물(賣物)	팔 물건(物件). 팔 것
매상(賣上)	판매(販賣). 팔기	매상고(賣上高)	판매액(販賣額)
매상금(賣上金)	판매액(販賣額)	매수(買受)	사(들이)기
매입(買入)	사(들이)기	매장(賣場)	판매장(販賣帳)
매출(賣出)	판매(販賣). 팔기	맥고모자(麥藁帽子)	밀짚모자(帽子)
면식(面識)	안면(顔面)	면적(面積)	넓이
멸실(減失)	없어짐	명기(明記)	분명히 기록함
명년(明年)	내년(來年). 다음 해	명도(明渡)	내줌. 넘겨줌. 비워줌
명소(名所)	이름난 곳	명찰(名札)	이름표(標)
모포(毛布)	담요	물가고(物價高)	(높은) 물가(物價)
미불(未拂)	미지급(未支給)	미지불(未支拂)	미지급(未支給)
밀담(密談)	비밀(秘密) 이야기	반입(搬入)	실어 옴. 실어들임
발매(發賣)	팔기	방사(放飼)	방목(放牧). 놓아기르기
방화(邦畵)	국산영화(國産映畵)	백묵(白墨)	분필(粉筆)
변사(變死)	횡사(橫死)	별책(別冊)	딸림책(冊)
별첨(別添)	따로 붙임	보통인(普通人)	일반인(一般人)
보합세(保合勢)	주춤세. 멈춤세	복지(服地)	양복(洋服)감(천)
부지(敷地)	터. 대지(垈地)	부합(符合)하다	들어맞다
분비선(分泌腺)	분비샘(分泌-)	분배(分配)	노늠. 노느매기
불입(拂入)	납부(納付). 치름. 냄	불하(拂下)	매각. 팔아버림
비목(費目)	비용 명세(費用明細)	비상식(非常識)	몰상식(沒常識)
빙점(氷點)	어는점(點)	사료(飼料)	먹이
사물함(私物函)	개인(물건)보관함	사양(仕樣)	설명(서). 품목(品目)
사양서(仕樣書)	설명서. 시방서	사입(仕入)	사들이기
사입선(仕入先)	산 곳. 살 곳	삭도(索道)	밧줄. 하늘찻길
삼면기사(三面記事)	사회기사. 도막 기사	삽목(揷木)	꺾꽂이
상당액(相當額)	해당액(該當額)	상신(上申)	여쭘. 알림
색소(色素)	물씨	석녀(石女)	돌계집
선반(旋盤)	돌이판. 갈이판	선불(先拂)	선지급(先支給)
선착장(船着場)	나루(터)	선취(先取)	먼저 얻음
선하증권(船荷證券)	뱃짐증권(證券)	세공(細工)	공예(工藝)
세대(世帶)	가구(家口). 집	세대주(世帶主)	가구주(家口主)
소매(小賣)	산매(散賣)	소사(小使)	사환(使喚). 사동(使童)
소절수(小切手)	수표(手票)	소하물(小荷物)	잔짐

기존 용어	순화한 용어	기존 용어	순화한 용어
송달(送達)	보냄. 띄움	수갑(手匣)	(쇠)고랑
수당(手當)	덤삯. 일삯	수령(受領)	받음
수리(受理)	받음. 받아들임	수반(首班)	우두머리
수부(受付)	접수(接受)	수속(手續)	절차(節次). 순서(順序)
수순(手順)	차례(次例). 순서(順序)	수의시담(隨意示談)	가격협의(價格協議)
수인(手引)	길잡이	수입(手入)	손질
수입고(輸入高)	수입량(輸入量)	수입선(輸入先)	수입처. 수입국
수제품(手製品)	손치	수지(樹脂)	나뭇진(津)
수지고(手持高)	보유량(保有量)	수출고(輸出高)	수출량(輸出量)
수취(受取)	수령(受領). 받음	수취인(受取人)	받는이
수하물(手荷物)	손짐	수확고(收穫高)	수확량. 소출(所出)
숙박계(宿泊届)	숙박장부(宿泊帳簿)	순번(順番)	차례(次例)
승강장(昇降場)	타는 곳	승차권(乘車券)	차표(車票)
승환(乘換)	갈아타기	시달(示達)	알림. 전달(傳達)
시말서(始末書)	경위서(經緯書)	시방서(示方書)	설명서(說明書)
시사(示唆)	귀띔. 암시. 일러 줌	시정(施錠)하다	잠그다
시합(試合)	겨루기	식대(食代)	밥값
식부(植付)	심기	식비(食費)	밥값
식상(食傷)	싫증 남	신립(申立)	아룀. 신청(申請)
신입(申込)	신청(申請). 청약(請約)	실인(實印)	도장(圖章). 인장(印章)
십팔번(十八番)	단골 장기(노래)	씨명(氏名)	성명(姓名). 이름
압날(押捺)하다	찍다	압수(押收)	거둬 감
압정(押釘)	누름 못. 누름 핀	애자(碍子)	뚱딴지
야도(夜盜)	도둑	야맹증(夜盲症)	밤소경(병)
양도(讓渡)	넘겨주기	양생(養生)	굳히기 〈건설〉
양식(樣式)	서식(書式)	양자(陽子)	양성자(陽性子)
양체(兩替)	환전. 외국돈 바꾸기	어분(魚粉)	생선(물고기)가루
어획고(漁獲高)	어획량(漁獲量)	언도(言渡)	선고(宣告)
엄단(嚴斷)하다	무겁게 벌(罰)하다	여비(旅費)	노자(路資)
여입결의(戻入決議)	회수결정(回收決定)	역할(役割)	소임. 구실. 할 일
연면적(延面積)	총면적(總面積)	연와(煉瓦)	벽돌
연인원(延人員)	총인원(總人員)	연착(延着)	늦도착(到着)
염료(染料)	물감	엽기적(獵奇的)	괴기적(怪奇的)
엽연초(葉煙草)	잎담배	영접(迎接)	맞음. 맞이함. 맞이

기존 용어	순화한 용어	기존 용어	순화한 용어
오지(奧地)	두메(산골)	와사(瓦斯)	가스
요망(要望)	바람	용달(用達)	심부름
우수관로(雨水管路)	빗물관(管)	운임(運賃)	찻삯. 짐삯
운전수(運轉手)	운전기사. 운전사	원금(元金)	본전(本錢). 본밑
원망(願望)	소원(所願). 바람	원족(遠足)	소풍(逍風)
월부(月賦)	달붓기	월부금(月賦金)	달돈
위체(爲替)	환(換)	위촉(委囑)	맡김
유산(硫酸)	황산(黃酸)	유어행위(游漁行爲)	낚시
유지(油脂)	기름	유착(癒着)	부착(附着). 붙음
유황(硫黃)	황(黃)	유휴지(遊休地)	노는 땅
육교(陸橋)	구름다리	융통(融通)	변통(變通)
음용수(飮用水)	마시는 물. 먹는 물	이서(裏書)	뒷보증(保證)
이자(利子)	길미. 변(리)	익년(翌年)	다음 해. 이듬해
익월(翌月)	다음 달	익일(翌日)	다음 날. 이튿날
인계(引繼)	넘겨줌	인계(引繼)하다	넘겨주다
인도(引渡)	건네줌	인상(引上)	(값)올림
인수(引受)	넘겨받음	인수증(引受證)	받음표
인출(引出)	(돈)찾음	인하(引下)	(값)내림
일부(日賦)	날붓기	일부(日附)	날짜
일부인(日附印)	날짜 도장(圖章)	일수(一手)	독점(獨占)
일응(一應)	일단(一旦)	일조(日照)	볕쬠
일조권(日照權)	볕쬘 권리(權利)	일착(一着)	한 벌
임금(賃金)	(품)삯	임차(賃借)	세냄
입간판(立看板)	세움 간판(看板)	입구(入口)	어귀. 들목
입장(立場)	처지(處地)	입체(立替)	뀌어줌
입체금(立替金)	대신(代身) 낸 돈	입체(立替)하다	대신(代身) 내다
잉여(剩餘)	나머지	자장(磁場)	자기장(磁氣場)
잔고(殘高)	잔액(殘額). 나머지	잔반(殘飯)	남은 밥. 음식찌꺼기
잔반통(殘飯筒)	음식(飮食)찌꺼기 통	잔업(殘業)	시간외(時間外) 일
저리(低利)	싼 변(邊)	저인망(底引網)	쓰레그물
적립(積立)	모음. 모아 쌓음	적자(赤字)	결손(缺損)
적조(赤潮)	붉은 조류(潮流)	전도(前渡)	선지급(先支給)
전향적(前向的)	적극(진취)적. 앞서감	절상(切上)	올림
절수(節水)	물 아낌	절취(切取)	자름. 자르기

기존 용어	순화한 용어	기존 용어	순화한 용어
절취선(切取線)	자르는 선	절하(切下)	내림
점두(店頭)	장외(場外)	정부(正否)	옳고 그름
정사(精査)하다	자세(仔細)히 살피다	정찰(正札)	제값표(表)
정찰제(正札制)	제값받기	제규정(諸規程)	여러 규정(規程)
제본(製本)	책(冊)매기	제전(祭典)	축전(祝典). 잔치
조달(調達)	대어줌. 마련함	조립(組立)	짜(맞추)기
족축(足蹴)하다	차다. 발길로 차다	존속(尊屬)	손위(항렬)
종지부(終止符)	마침표(標)	중매인(仲買人)	거간(居間). 거간꾼
중절모자(中折帽子)	우묵모자(帽子)	지분(持分)	몫
지불(支拂)	지급(支給). 치름	지양(止揚)	삼감. 벗어남 〈철학〉
지입(持込)	갖고/가지고 들기	지입제(持込制)	몫들기
지참(遲參)	(뒤)늦게 참석(參席)	진검승부(眞劍勝負)	생사(生死)겨루기
진체(振替)	대체(對替)	집중호우(集中豪雨)	작달비. 장대비
차압(差押)	압류(押留)	차입(差入)	넣어 줌. 옥바라지
차장(車掌)	승무원(乘務員)	차출(差出)	뽑아냄
차출(差出)하다	뽑다. 뽑아내다	천연두(天然痘)	마마(媽媽)
첨두시(尖頭時)	가장 붐빌 때	첨부서류(添附書類)	붙임서류(書類)
청부(請負)	도급(都給)	체적(體積)	부피
추월(追越)	앞지르기	축제(祝祭)	축전(祝典). 잔치
출구(出口)	나가는 곳. 날목	출산(出産)	해산(解産)
출산율(出産率)	출생률(出生率)	출찰구(出札口)	표 사는 곳
출하(出荷)	실어내기	취급(取扱)	다룸
취명(吹鳴)하다	울리다	취소(取消)	무름. 말소(抹消)
취입(吹込)	녹음(錄音)	취조(取調)	문초(問招)
취체(取替)	갈아대기	취체(取締)	단속(團束)
취하(取下)	무름. 철회(撤回)	침목(枕木)	굄목
택배(宅配)	집 배달. 문앞 배달	통달(通達)	알림. 통첩(通牒)
투망(投網)	던짐 그물. 쳉이	투매(投賣)	막팔기
편물(編物)	뜨개것	평영(平泳)	개구리헤엄
품절(品切)	(물건)없음	피사체(被寫體)	찍히는 것
하구언(河口堰)	하굿둑	하락세(下落勢)	내림세
하명(下命)	명령(命令). 지시(指示)	하물(荷物)	짐
하주(荷主)	짐 임자. 화주(貨主)	하중(荷重)	(짐)무게
하청(下請)	아래도급. 밑도급	한발(旱魃)	가뭄

기존 용어	순화한 용어	기존 용어	순화한 용어
한천(寒天)	우무. 우뭇가사리	할당(割當)	몫 나누기. 벼름. 배정
할인(割引)	덜이	할증료(割增料)	웃돈. 추가금(追加金)
해소(解消)하다	풀다. 없애다	해태(懈怠)하다	게을리하다
행선지(行先地)	가는 곳	협잡(挾雜)	속임
호객(呼客)	손님 부르기	호언장담(豪言壯談)	큰소리
호열자(虎列刺)	괴질(怪疾). 콜레라	호우(豪雨)	큰비
호출(呼出)	부름	호칭(呼稱)하다	부르다
호환(互換)하다	(서로) 바꾸다	혹서(酷暑)	무더위
혹성(惑星)	행성(行星)	혹한(酷寒)	된추위
혼연일체(渾然一體)	한마음. 한뜻	혼입(混入)	섞어 넣음
혼적(混積)	섞어 실음	혼탁(混濁)	어지러움. 흐림
혼합아(混合芽)	혼합눈	혼효(混淆)	뒤섞음
혼효림(混淆林)	혼성림. 혼합림	홀대(忽待)	푸대접(待接)
홍보(弘報)하다	널리 알리다	화급(火急)하다	다급하다. 몹시 급하다
화두(火頭)	불머리	화락(和樂)하게	즐겁게
화물(貨物)	짐	화보(畵報)	사진(그림) 보도
화인(火因)	불난(화재) 원인	화장(火匠)	조리원. 불목하니
화재발생(火災發生)	불남	화접도(花蝶圖)	나비그림. 화접도
화조화(花鳥畵)	새그림. 화조도	화환(花環)	꽃다발
화훼(花卉)	꽃	화훼단지(花卉團地)	꽃 재배지(栽培地)
확고부동(確固不動)	끄떡없음	확대(擴大)하다	넓히다. 늘리다
확산(擴散)	퍼짐	확산(擴散)하다	퍼지다
확연(確然)히	뚜렷이	확장(擴張)	넓힘
확충(擴充)	넓혀 보충(補充)함	환금작물(換金作物)	수익(돈벌이) 작물
환기공(換氣孔)	공기(空氣)구멍	환기(喚起)하다	불러일으키다
환불(換拂)	돌려줌. 바꿔줌	환불(還拂)	되돌려줌
환불(換拂)하다	돌려주다. 바꿔주다	환산(換算)하다	바꾸어 계산하다
환송(歡送)하다	돌려보내다	환수(還收)	되거둠
환승(換乘)하다	갈아타다	환원(還元)	되돌림
환위험(換危險)	환율 변동 위험	환입(換入)	바꿔 넣기
활어(活魚)	산 물고기	황차(況且)	하물며
회람(回覽)	돌려보기	훈계(訓戒)하다	타이르다
훈육(訓育)	타이름	훼손품(毁損品)	흠간 물건(物件)
흔쾌(欣快)히	기꺼이	희석(稀釋)	묽힘

이상 살펴본 바와 같이 '가담항설(街談巷說)'을 '뜬소문'이라 하고, '가봉(假縫)'을 '시침질', '간식(間食)'을 '새참·군음식', '개간(開墾)'을 '일굼', '건초(乾草)'를 '마른풀', '견출지(見出紙)'를 '찾음표', '결손(缺損)'을 '모자람', '경시(輕視)'를 '얕봄·깔봄', '경합(競合)'을 '겨룸·견줌', '계주(繼走)'를 '이어달리기', '고가교(高架橋)'를 '구름다리', '고리(高利)'를 '비싼 길미(변리)'라고 순화한 것 등은 격려의 말씀을 전하고 싶다. 또한 '고지(告知)'를 '알림', '공란(空欄)'을 '빈칸', '공람(供覽)'을 '돌려봄', '패도(掛圖)'를 '걸그림', '구보(驅步)'를 '달리기', '국채(國債)'를 '나랏빚', '나대지(裸垈地)'를 '빈집터', '난조(亂調)'를 '흐트러짐', '남벌(濫伐)'을 '마구 베기', '노임(勞賃)'을 '품삯', '노점상(露店商)'을 '거리가게' 등으로 손질한 것 역시 수준작이라 할 수 있다. '다반사(茶飯事)'를 '예삿일'로, '담합(談合)'을 '짬짜미'라고 한 것과 '대결(對決)·시합(試合)'을 '겨루기·맞서기', '독거노인(獨居老人)'을 '홀로노인', '매립(埋立)'을 '메움', '분배(分配)'를 '노늠·노느매기', '삭도(索道)'를 '하늘찻길', '선착장(船着場)'을 '나루터', '수령(受領)'을 '받음', '수하물(手荷物)'을 '손짐', '시합(試合)'을 '겨루기', '애자(碍子)'를 '뚱딴지', '연와(煉瓦)'를 '벽돌', '엽연초(葉煙草)'를 '잎담배', '월부(月賦)'를 '달붓기', '월부금(月賦金)'을 '달돈', '위촉(委囑)'을 '맡김', '육교(陸橋)'를 '구름다리', '인수증(引受證)'을 '받음표', '일부(日賦)'를 '날붓기', '일조(日照)'를 '볕쬠', '일조권(日照權)'을 '볕쬘 권리', '입구(入口)'를 '들목', '정찰(正札)'을 '제값표', '정찰제(正札制)'를 '제값받기', '지분(支分)'을 '몫', '지불(支拂)'을 '치름', '집중호우(集中豪雨)'를 '작달비·장대비', '차출(差出)'을 '뽑아냄', '체적(體積)'을 '부피', '출구(出口)'를 '날목', '취급(取扱)'을 '다룸', '투망(投網)'을 '쳉이', '혹한(酷寒)'을 '된추위', '회람(回覽)'을 '돌려보기', '희석(稀釋)'을 '묽힘' 등으로 깔끔하게 순화하여, 애쓴 흔적을 엿볼 수 있다. 특히 '간식→새참', '삭도→하늘찻길', '수당→덤삯', '입구→어귀·들목', '출구→날목', '혹한→된추위' 등은 충분히 칭찬받아 마땅하며, 특히 '담합'을 '짬짜미'라 하고 '분배'를 '노늠·노느매기'로 순화한 것 등은 백미라 할 수 있다.

그러나 '가담항설'을 '뜬소문'이라고 한 것 등을 비롯한 '결손→모자람', '고가교→구름다리', '노임→품삯', '석녀→돌계집', '선착장→나루터', '소사→사환', '소하물→잔짐', '수하물→손짐', '승차권→차표', '대결·시합→겨루기', '엽연초→잎담배', '원금→본전', '원족→소풍', '체적→부피', '투망→쳉이' 등은 오래전부터 써 오던 말이며, 사전에도 이미 올라 있는 낱말들이라 새삼스러울 건 없다. '간식'은 밥뿐만 아니라 국수나 빵 같은 것도 먹게 되므로 '샛밥'이 아닌 '새참'이 좋을 것 같고, '건초'를 '마른풀'로 순화했으나 가축들의 먹이가 되는 건초는 제풀에 절로 마르는 풀이 아니라 일부러 베어서 말려야 하는 풀이므로, '말린풀'이라고 하는 것이 원칙이다. '고리(高利)'와 '저리(低利)'를 '비싼 길미', '싼 길미'라고 했으면 그만이지, 한자어인 '이자'나 '변(리)'이란 말은 사족이 아닌가 싶다. '과잉', '만개', '매상(賣上)', '역할'을 '지나침', '활짝 핌', '팔기', '구실·할 일'이라고 한 건 좋으나, '초과', '만발', '판매', '소임'이라고도 할 수 있다는 것 역시 사족이 될 수밖에 없다. '괘도'를 순화한 '걸그림'은 기존의 낱말인 '걸개그림'이 좋을 것 같고, '노점상'은 '거리가게'보다 '난장가게'라고 하는 편이 낫지 않을까 싶다. '만수위'를 완전히 한계에 이름을 뜻하는 '몃차다'의 동사 어간 '몃차'에 현재 시제를 나타내는 선어말 어미인 'ㄴ'을 받쳐 적어 '몃찬 물 높이'라고 한 건 그럴듯해 보이나, '사물함'을 '개인물건보관함', '엄단하다'를 '무겁게 벌하다'라고 한 건 국어 낱말 시험 답안지 같아 순화어라기엔 미흡한 것 같고, '선반'을 막연하게 '돌이판·갈이판'이라고 하는 것보다 '쇠깎이틀'이라고 하는 게 좋잖았을까 싶다. '영접'을 '맞음·맞이함·맞이·맞다·맞이하다'라고 하여 장황하게 늘어놓았으나, 정작 주어가 빠져 있으므로 당연히 '손님맞이'라고 해야 할 것이며, '용달'을 '심부름'이라고 했으나, '심부름'이라고 말할 경우 '용달'이란 말로 알아들을 수 있는 사람이 몇이나 될지가 궁금하다. 원래 '괴질'이란 원인을 알 수 없는 괴상한 질병들을 통틀어 뜻하는 말이므로, '콜레라'가 분명히 괴질의 일종이긴 하나, '콜레라'만을 지칭할 순 없는 말인데도 '콜레라'를 '괴질'이라고 한 건 아무래도 무리가 아니었나 싶다.

그뿐만 아니라, '가건물→임시건물', '가계약→임시계약', '가등기→임시등기', '가등기→임시등기', '가매장→임시매장', '가승계→임시승계', '가압류→임시압류', '가주소→임시주소', '가지불→임시지불', '가집행→임시집행', '가처분→임시처분' 등처럼, '가(假)' 대신 '임시(臨時)'란 말로 눈가림만 해놓고, 순화했다고 헛기침하는 배짱을 도저히 이해할 수 없다. '가(假)'와 '임시(臨時)'는 다 같은 한자어임이 분명한데, '가(假)'보다 '임시(臨時)'가 더 쉬운 말이라고 생각해서였을까? '각반(脚絆)'을 '행전(行纏)'이라 하고, '감사'를 '지도검사', '감안→고려·참작', '결근계→결근신고서', '결석계→결석신고서', '결재→재가', '궐석재판→결석재판', '당혹→당황', '대다수→대부분', '대절→전세', '매상고→판매액', '미지불→미지급', '사양서→시방서', '상당액→해당액', '세공→공예', '세대주→가구주', '숙박계→숙박장부', '순번→차례', '시말서→경위서', '연면적→총면적', '연인원→총인원', '융통→변통' 등은 늘 쓰고 있는 말인 데다, 한자어 굴레에서 한 발짝도 벗어나지 못했으면서 국어 순화 운운한다는 건 몰염치라고 할 수밖에 없다.

　게다가 '견습(見習 : みならい)'이나 '수습(修習 : しゅうしゅう)'은 같은 일본말인데도 굳이 '견습기자'를 '수습기자'라 했으며, '견적(見積 : みつもり)'이나 '추산(推算 : すいさん)'도 같은 일본말인데, 굳이 '견적서'를 '추산서'라고 순화(?)했으며, '출산(出産 : しゅっさん)'과 '출생(出生 : しゅっしょう)' 또한 일본말들인데도 굳이 '출산율'을 '출생률'이라 해놓아, 일본어 순화작업의 근본 취지도 의심하지 않을 수 없다. 이 밖에도 '결재(決裁 : けっさい)→재가(裁可 : さいか)', '경락인(競落人 : きょうらくにん)→매수인(買受人 : かいうけにん)', '계출(届出 : とどけで)→신고(申告 : しんこく)', '고참(古參 : こさん)→선임자(先任者 : せんにんしゃ)', '곤로(焜爐 : こんろ)→풍로(風爐 : ふろ)/화로(火爐 : かろ)', '과잉(過剰 : かじょう)→초과(超過 : ちょうか)', '기중(忌中 : きちゅう)→상중(喪中 : もちゅう)', '내역서(內譯書 : うちわけしょ)→명세서(明細書 : めいさいしょ)', '면식(面識 : めんしき)→안면(顔面 : がんめん)', '명년(明年 : みょうねん)→내년(來年 : らいねん)' 등도 애써 일본어에서 일본어로 땜질해 놓았다.

'방사(放飼 : はなしがい)→방목(放牧 : ほうぼく)'이나, '변사(變死 : へんし)→횡사(横死 : おうし)', '비상식(非常識 : ひじょうしき)→몰상식(没常識 : ぼつじょうしき)', '사양(仕様 : しよう)→품목(品目 : ひんもく)', '상당액(相當額 : そうとうがく)→해당액(該當額 : がいとうがく)', '세공(細工 : さいく)→공예(工藝 : こうげい)', '수부(受付 : うけつけ)→접수(接受 : せつじゅ)', '수순(手順 : てじゅん)→순서(順序 : じゅんじょ)', '시담(示談 : じだん)→협의(協議 : きょうぎ)', '수취(受取 : うけとり)→수령(受領 : じゅりょう)', '시달(示達 : じたつ)→전달(傳達 : でんたつ)', '신립(申立 : もうしたて)/신입(申込 : もうしこみ)→신청(申請 : しんせい)', '실인(實印 : じついん)→인장(印章 : いんしょう)', '씨명(氏名 : しめい)→성명(姓名 : せいめい)', '양식(樣式 : ようしき)→서식(書式 : しょしき)', '언도(言渡 : いいわたし)→선고(宣告 : せんこく)', '엽기적(獵奇的 : りょうきてき)→괴기적(怪奇的 : かいきてき)', '원망(願望 : がんぼう)→소원(所願 : しょがん)', '유착(癒着 : ゆちゃく)→부착(附着 : ふちゃく)', '융통(融通 : ゆうづう)→변통(變通 : へんつう)', '일수(一手 : いって)→독점(獨占 : どくせん)', '일응(一應 : いちおう)→일단(一旦 : いったん)', '적자(赤字 : あかじ)→결손(缺損 : けっそん)', '전도(前渡 : まえわたし)→선지급(先支給 : さきしきゅう)', '전향적(前向的 : まえむきてき)→적극적(積極的 : せっきょくてき)/진취적(進取的 : しんしゅてき)', '점두(店頭 : てんとう)→장외(場外 : じょうがい)', '제전(祭典 : さいてん)→축전(祝典 : しゅくてん)', '지불(支拂 : しはらい)→지급(支給 : しきゅう)', '차장(車掌 : しゃしょう)→승무원(乘務員 : じょうむいん)', '취소(取消 : とりけし)→말소(抹消 : まっしょう)', '취입(吹込 : ふきこみ)→녹음(錄音 : ろくおん)', '철회(撤回 : てっかい)→취하(取下 : とりさげ)', '통달(通達 : つうたつ)→통첩(通牒 : つうちょう)', '하명(下命 : かめい)→명령(命令 : めいれい)/지시(指示 : しじ)', '할증(割增 : わりまし)→추가(追加 : ついか)', '혹성(惑星 : わくせい)→행성(行星 : こうせい)', '혼효림(混淆林 : こんこうりん)→혼성림(混成林 : こんせいりん)/혼합림(混合林 : こんごうりん)' 등도 몽땅 일본어들임이 분명한데, 어쩌자고 이런 식으로 눈가림하고 아옹하려 드는지 도저히 이해할 수 없다.

너나없이 일본어 잔재들이 탐탁할 리가 없겠지만, 알고 보면 히라카나 가타카나 할 것 없이 중국 한자에서 따 온 글자들이므로, 일본어 역시 절대로 한자 문화권의 영역에서 벗어날 수가 없게 되어 있다. 따라서 싫건 좋건 어쩔 수 없이 한국과 중국, 일본에서 똑같이 쓰는 한자어들도 부지기수다. 우선 위에 예시한 낱말들 중에서도 '가감승제(加減乘除)', '계약(契約)', '사전통보(事前通報)', '견습(見習)', '추산(推算)', '출생(出生)', '신고(申告)', '화로(火爐)', '과잉(過剩)', '초과(超過)', '안면(顔面)', '명년(明年)', '내년(來年)', '방목(放牧)', '횡사(橫死)', '상식(常識)', '품목(品目)', '공예(工藝)', '접수(接受)', '순서(順序)', '협의(協議)', '전달(傳達)', '신청(申請)', '인장(印章)', '도장(圖章)', '성명(姓名)', '양식(樣式)', '선고(宣告)', '엽기적(獵奇的)', '부착(附着)', '융통(融通)', '변통(變通)', '독점(獨占)', '일단(一旦)', '적자(赤字)', '결손(缺損)', '적극적(積極的)', '진취적(進取的)', '장외(場外)', '제전(祭典)', '승무원(乘務員)', '출생률(出生率)', '취소(取消)', '말소(抹消)', '녹음(錄音)', '철회(撤回)', '취하(取下)', '통첩(通牒)', '명령(命令)', '지시(指示)', '추가(追加)', '행성(行星)', '혼효(混淆)', '혼성(混成)', '혼합(混合)' 등 이루 헤아릴 수도 없다. 물론 중국 한자는 1956년 문자 개혁에 따라 간체자를 쓰고, 일본에선 번체자와 약자를 쓰지만, 우리는 대개 해서체로 쓰고들 있으나, 근본적으로는 같은 글자들이다. 다만, 같은 글자에 다른 뜻[同字異義語] 즉, 우리가 '여자 중학교'를 뜻하는 '女中(죠쮸：じょちゅう)'을 일본에선 '여자 종업원·하녀·식모'란 뜻으로 쓰고, '東西'도 중국에선 '동서남북' 방위란 뜻과 함께 '물건'이란 뜻으로도 쓰는 등 전혀 다른 개념으로 사용되는 경우도 있으며, '평화(平和)', '소개(紹介)', '병사(兵士)', '형평(衡平)' 등을 중국에선 '和平', '介紹', '士兵', '平衡' 등으로 쓰기도 한다. 또한 어진 어머니에 좋은 아내란 뜻의 '현모양처(賢母良妻)'도, 중국에선 '현처양모(賢妻良母)'라 하는가 하면, 일본에선 '양처현모(良妻賢母)'라고 하여 순서를 바꿔 쓰기도 한다. 아무튼 중국식 한자는 괜찮지만 일본식 한자는 안 된다는 편견을 떠나, 머리를 맞대고 묘안을 강구해 내야 한다.

'거마비(車馬費)', '원족(遠足)', '입장(立場)', '제전(祭典)' 등은 일본에서 쓰는 말이므로 '교통비', '소풍', '처지', '축전'이란 말로 **바꿔 써야 한다고** 하나, 중국에서도 분명히 '車馬費', '遠足', '立場', '祭典'이라는 말을 쓰고들 있거니와, 우리말로 순화했다고 헛기침하는 '교통비(交通費)'나 '축전(祝典)'이란 말은 일본에서도 늘 쓰고 있다는 사실을 설마 몰라서였을까? 더욱 가관인 것은 땅이나 암석 따위를 파거나, 파낸 것을 처리하는 기계를 통칭하는 '굴착기'나 '굴삭기'를, 두산백과에선 굴삭기는 땅을 파거나 깎아내는 기계이고, 굴착기는 땅이나 암석에 구멍을 뚫는 것을 이른다고 했는가 하면, '표준국어 대사전'에선 둘 다 같은 말이라고 했다. 그런데 '온라인 가나다'에서는 '굴삭기'는 '掘削機(くっさくき)'에서 온 일본식 용어라는 연구 결과에 따라, 이를 '굴착기'로 순화하여 쓰도록 정한다고 했다. 그러나 일본에서도 처음에는 '掘鑿機'라고 쓰다가, 2차 세계대전 직후 개정된 상용한자에서 '뚫을 착(鑿)' 자가 획이 복잡하다는 이유로 뜻이 비슷한 '깎을 삭(削)' 자로 대체하게 된 것이 바로 '굴삭기(掘削機)'가 된 사실을 몰랐던 것 같다. 하긴 '掘鑿機'나 '掘削機'도 그들 발음으로 같은 '굿사쿠키(くっさくき)'이고 보면, 이러나저러나 일본어에서 벗어나지 못한 건 마찬가지다.

서울대 교수 안수길 박사는 "독립선언문 정도의 철학을, 그만한 분량의 한글로 수용할 능력이 있겠느냐?"는 회의론을 피력한 바도 있거니와, 한자어나 외래어를 순화한답시고 낱말풀이 식으로 고쳐 쓴다고 해서 해결될 일도 아님은 물론, 글자 수나 운율 등도 충분히 감안해야 한다는 사실을 간과하지 말아야 한다. '강타(强打)'라는 한자어를 풀어 쓰면 '세게 치다'가 되는데, 야구선수가 투수의 공을 '세게 친다'든지, 복서가 상대방 선수의 턱을 '세게 친다'고 하는 거야 조금도 탓할 바가 없다. 그러나 "暴騰한 油價가 庶民 家計 强打"라는 한자어들을 풀어 쓰면, "갑자기 크게 오른 기름 값이 일반 사람들 살림살이를 세게 침"이 되는데, 어감은 차치하고라도 열두 자에서 스물넉 자로 늘어난 글자 수를 각 신문사 데스크는 말할 것도 없거니와, 일반 어문 생활에서의 문제점들을 어떻게 풀어나갈지도 충분히 감안해야 한다.

특허청의 국어 순화 세칙 중에는 일본어 '후끼꼬무(吹き込む)'에서 온 '취입'이란 말을, '불어넣기'로 고쳐 쓴다고 했다. 혹 음주 측정기라면 '입김 불어넣기'라고 해도 별문제가 없겠으나, '경음악 취입(Light Music Recording)'을 '가벼운 음악 입김 불어넣기'라고 한다는 건 아무래도 무리가 아닐 수 없다. '장단(長短)'을 '길고 짧음'이라고 하는 건 어렵잖으나, "장단 맞춰 춤춘다"를 "길고 짧음 맞춰 춤춘다"고 하는 것도 우습긴 마찬가지이며, 쉽게 고친다는 법률 용어 역시 '고아'를 '부모 없는 아이'라고 한다니, '고아원'은 '부모 없는 아이들의 집'이 되고, '부모'까지 순화해서 고쳐 쓴다면 '엄마·아빠 없는 아이들의 집'이 되겠으나, 이건 사전식 낱말풀이는 될지언정 결코 국어 순화라고 할 순 없다. 또한 '내역서'를 '명세서', '상당액'을 '해당액', '경락인'을 '매수인'으로 대체해 놓고도 순화 운운한다는 건 참으로 가소로운 일이다. 물론 순우리말과 글만으로도 전혀 불편 없이 아름다운 문장이나 의사소통을 원활히 할 수 있다면 금상첨화이겠으나, 진정한 한글화 작업을 하려면 '밀약'이나 '분배' 등을 '짬짜미'나 '노느매기'라고 하듯이, 우리 국어사전에 실린 70%를 상회하는 한자어나 외래어들을 한자 풀이 식이 아닌 완전히 우리말로 창작—한글 순화가 아닌—해 쓸 때까진, 우리 국어 낱말이 턱없이 부족함을 인정할 건 인정하고, 유효적절하게 대처해 나가야 한다. 외솔 최현배 선생께서도, "한자어라도 익숙해져서 친근하고 평이한 느낌을 주는 것은 억지로 몰아낼 것이 아니라, 이보다 더 친근하고 쉬운 고유어에 의하여 점차 사라지기를 기대하는 것이 옳다."고 했다. 아무튼, 북한의 김일성 주석이 남긴 어록을 북한식 표기 그대로 참고로 예시하며, 이 장을 마무리할까 한다.

"물론, 이미 우리말로 완전히 되여 버린 한자어까지 버릴 필요는 없습니다. <방>, <학교>, <과학 기술>, <삼각형>과 같은 말은 다 우리말로 되였습니다. 우리가 <학교>를 구태여 <배움집>으로, <삼각형>을 <세모꼴>로 고칠 필요는 없습니다. 이것은 하나의 편향입니다."라고 천명했는데, 무작정 국어순화만을 부르짖는 한글전용론자들은 한 번쯤 음미해 볼 만한 얘기가 아닌가 싶다.

5) 북한의 문화어

남성우·정재우 두 교수님이 공저한 《북한의 언어생활》에서, "북한에서는 김일성의 교시에 의거하여 1966년 6월 이후, 내각 직속 '국어 사정 위원회'와, '사회과학원 국어 사정 지도처' 및 '언어학 연구소' 산하 18개 '전문용어 분과위원회'를 동원하여, 해당 부문 용어에 대한 말 다듬기 연구 토론을 추진하고, 그 내용을 매주 2~3회에 걸쳐 신문 지상에 게재하며, 이에 대한 독자들의 의견과 중지를 모아 학술 용어를 다듬어 왔다."고 했다. 이데올로기 정책만은 지구상에서 가장 폐쇄적이고 편협된 파시즘을 자행하고 있는 북한에서도, "표준어는 교양 있는 사람들이 두루 쓰는 현대 서울말로 정함을 원칙으로 한다."고 규정한 남한의 표준어에 대응하기 위해서인지, 어문 정책만은 꽤나 민주적이고 합리적인 방법으로 평양말을 기본으로 하는 문화어를 설정해 놓고, 꾸준히 갈고 다듬어 오고 있다고 하니 새삼 놀라지 않을 수 없다. 따라서 그들이 갈고 닦은 문화어들이 억지스럽고 불합리한 어휘들도 없잖으나, 꽤나 세련된 어휘들도 적잖이 눈에 띈다. 그러다 보니 남북 간의 어휘나 철자법, 발음 등에서 엄청난 차이가 생기고 말았는데, 정치적인 통일이건 사회적인 통일이건 평화적인 남북통일도 범국민적인 숙원사업이 되겠지만, 그에 못지않은 현안과제가 바로 남북한 말과 글의 괴리감이나 이질성부터 좁혀가야 하는 것이 아닌가 싶다. 중국에서 25년 간 조선어 문법 등을 가르쳐 온 연길 제13 중학교 김영창 교장 선생님 역시, "서울에 와서 보니 한국어와 북조선어, 중국 조선말 사이에 문법이나 단어 등에서 상당한 차이가 있다는 것을 알았습니다. 중국뿐만 아니라 남북 간의 왕래가 빈번해지고 있는 시점에서, 민족 동질성 회복과 화합을 위해 글자뿐만 아니라, 우리말과 글도 통일시켜 나가는 작업이 시급한 것으로 생각합니다."라며, 1992년 9월 4일자 경향신문 지상을 비롯한 각 언론 매체를 통하여 피력한 바도 있다.

북한에서는 우리말의 '표준어'에 해당하는 김일성의 어록과 평양말을 토대로 하여 다듬은 '문화어'를 만들어 쓰되, 노동계급의 계급적 지향과 생활 감정에 맞게 혁명적으로 세련되고 문화적으로 다듬어, 전체 인민이 규범으로 삼을 수 있도록 풍부하게 발전한 민족어로 규정한다고 했다. 다만 한자어는 한글 고유어로 대체하고 고유어가 없을 때에는 풀이말로 쓰며, 외래어 역시 고유어로 대체하고, 정치 용어는 사상교육에 활용하기 위하여 한자어라도 수정을 금하며, 과학기술용어나 대중화된 한자어와 외래어는 그대로 사용한다는 기본 방침을 세웠다. 이에 따라 사정된 북한의 문화어는 어떻게 변하고 있으며, 남한의 표준어와는 어떤 차이점이 있는가를 비교 검토해 보기로 한다.

　예를 들어 한자어일 경우 '가로수(街路樹)'는 '거리나무', '가발(假髮)'은 '덧머리', '건조실(乾燥室)'은 '말림칸'으로, '라면(←라면·老麵)'은 '꼬부랑국수'로, 외래어인 '골키퍼(Goalkeeper)'는 '문지기'로, '넘버링(Numbering)'은 '번호찍개'로, '파마(퍼머넌트 : Permanent)'는 '볶음머리'라고 하여 우리말과는 거리가 먼 낱말들도 없진 않으나, 무척 세련되게 잘 다듬어진 낱말들도 많아 반가운 마음이 앞선다. 그러나 일상용어인 '가을걷이'를 굳이 '벼가을'로 하고, '겨우살이'를 '겨울나이'로, '튀김'을 '기름떡'으로 사정한 것 등은 그냥 둬도 좋을 우리말들을 되레 긁어 부스럼 만든 꼴이 된 것들도 적잖은 것 또한 사실이다. 다만, 지나칠 정도로 까다로운 남한의 띄어쓰기와는 달리, 북한에선 대단위로 붙여 쓰는 띄어쓰기를 하고 있다고 한다. 그럼 북한에서 다듬은 말은 어떤 것들이 있는지 우선 살펴보기로 한다.

　아래 도표에 나온 약어 내용은 다음과 같다.
　(옛사) : 옛 사투리.　　(옛표) : 옛날 표기.　　(옛방) : 옛날 방언　　(고어) : 옛말.
　(북표) : 북한식 표기.　　(준말) : 줄인 말.　　(남표) : 우리도 쓰고 있는 말.
　(남방) : 북한에선 문화어로 취급되나, 남한에선 사투리나 방언,
　　　　　또는 비표준어로 처리된 말.
　(남없) : 남한의 국어사전에는 등재되어 있지 않은 말.

남한의 **현행표기**	북한에서 **다듬은 말**	비 고
가감법	더덜기	(加減法). 더하고＋덜기.
가끔/이따금	가담가담	
가난살이	애옥살이(남표)	(家難).
가로수	거리나무	(街路樹). 잘된 말이다.
가르치다	배워주다	
가물철	가물때	
가발	덧머리(남표)	(假髮). 좋은 말.
가사	집안거두매	(家事). '집안일'??
가속 페달	가속답판	(加速-). (加速踏板). '답판'은 '밟는 판'.
가수분해	물분해	(加水分解). (-分解).
가연성	불탈성	(可燃性). (-性).
가열	달굼	(加熱). '달굼질'??
가위바위보	가위주먹	'보'는? 일본어 '쟝켄(퐁)'에서 온 말.
가을걷이	벼가을(남표)	
가장자리	여가리	
가정주부	가두녀성	(家庭主婦). (街頭女性).
가지런하다	가쯘하다	
가깝다	가찹다(남방)	
가출	탈가	(家出). (脫家).
각다귀	깔따구(남방)	
각색	옮겨지음	(脚色). '번역(飜譯)'으로 오해하기 십상.
각선미	다리매	(脚線美). '눈매·몸매' 등의 '-매'.
각설탕	모사탕(남표)	(角雪糖). (-砂糖). 설탕=사탕?
간섭	간참	(干涉). (看參).
간식	새참(남표)	(間食). 남북 공용.
간통	부화	(姦通). (浮華).
갈고리달	갈구리달	초생달이나 그믐달 같은 이지러진 달.
갈치	칼치(남방)	
감광지	빛느낌종이	(感光紙). 한자 풀이 식.
감독	책임연출	(監督). (責任演出). 둘 다 한자어.
값싸다	눅다(남표)	
강기슭	강반(남표)	(江-). (江畔).
강낭콩	당콩	(唐-).
강도	세기(남표)	(強度).
같음표(=)	같기표	(-標). (-標). 등호(等號).
개간지	일군땅	(開墾地). 좋은 말.

남한의 **현행표기**	북한에서 **다듬은 말**	비 고
개고기	단고기	개고기가 달까?
개기일식	옹근일식	(皆旣日蝕). (-日蝕).
개똥벌레	반디(남표)	남한에선 둘 다 표준어.
개발도상국	발전도상국(남표)	(開發途上國). (發展途上國). 그게 그것.
개밥/개죽	개물	개물?
개숫물	가시물	가시(다)＋물→가시물?
개전	개준	(改悛). '悛'은 '고칠 전' 자인데.
갸름하다	갈람하다	
갹출	거출(남표)	(醵出). (醵出). (醵 : 술 추렴할 갹·거).
거머리	거마리(남방)	모음조화 원칙 무시.
거스름돈	각전	(角錢). 옛 한자어로 회귀.
거위	게사니(남방)	
거짓말	꽝포/겁소리	'거짓말'도 순수 우리말인데.
건널목	건늠길	남한식 표기는 '건넘길'.
건달	날총각	(-總角).
건더기	건데기(남방)	
건망증	잊음증(남표)	(健忘症).
건조	말리우기	(乾燥). 남한에선 '-우-'는 연자(衍字).
건조실	말림칸	(乾燥室). 좋은 말.
걸우다	걸구다	
검고 메마르다	갱핏하다	
검문소	차단소	(檢問所). (遮斷所). 차단만 할까?
검산	뒤셈	(檢算). 남한식 표기는 '뒷셈'.
겉치마	웃치마	
게시판	알림판(남표)	(揭示板). (-板). 좋은 말.
겨우살이	겨울나이	'겨울나기'라고 해야 하잖을까?
격일제 근무	하루돌이 근무	(隔日制勤務). (-勤務).
견인선	끌배(남표)	(牽引船). 잘된 말이다.
결과	후과(남표)	(結果), (後果).
경도	굳기(남표)	(硬度).
경사도	비탈도	(傾斜度). (-度).
경영손실	밑진돈(남표)	(經營損失). 경영손실이 꼭 돈만일까?
계단	디대	(階段). '신(神)'을 뜻하는 심마니들의 은어.
계단논	다락논	(階段-). 남한에선 '다랑논'.
계란	닭알	(鷄卵). '닭의 알'.
계란말이	색쌈(남표)	(鷄卵-). (色-). 기왕이면 '닭알말이'로.

남한의 현행표기	북한에서 다듬은 말	비 고
계란빵	닭알빵	(鷄卵-).
계란 프라이	닭알구이	(鷄卵-). '닭알튀김'??
계모	후어머니	(繼母). (後-). 남한에선 '새어머니'.
계인	맞춤도장	(契印). (-圖章). '주문 도장'과 혼동 우려.
계좌/구좌	돈자리	(計座/口座). '선회(旋回)한 자리'는?
계집아이	에미나이/갈라	
고가철도	가공철도	(高架鐵道). (架空鐵道). 그게 그것.
고금	예이제	(古今).
고급담배	특급담배	(高級-)'. (特級-).
고단한 기색	곤기	(-氣色). (困氣)
고딕체	고지크(천리마)체	(Gothic體). (千里馬體). '굵은 (글)체'??
고모부/고숙	고모아버지	(姑母夫/姑叔). (姑母-). '고모아저씨'??
고무신	코신(남표)	=코고무신.
고봉밥	곡상밥	(高捧-).
고생살이	강심살이	(苦生-).
고용살이	고농살이	(雇傭-). (雇農-). 농사일만 할까?
고종사촌	고모사촌	(姑從四寸), (姑母四寸).
고함치다	고아대다	(高喊-).
곡예/서커스	교예	(曲藝). (Circus). (巧藝).
곧	인차	생소한 말.
곧바르다	직바르다	(直-).
골대	꼴문대	(Goal-). (-門-).
골수염	뼈속염	(骨髓炎). (-炎).
골키퍼	문지기	(Goalkeeper). (門-). '문지기'도 '골키퍼'?
골재	속감	(骨材). '속감'은 쌍시(雙柿) 속에 든 감.
골조	뼈대(남표)	(骨組).
공금횡령	탐오랑비	(公金橫領). (貪汚浪費). 긁어 부스럼.
공무원	정무원	(公務員). (政務員).
공염불	말공부(남표)	(空念佛). (-工夫). '빈소리'??
공장장	직장장	(工場長). (職場長). 공장장=직장장?
공중회전	허공돌기	(空中回轉). (虛空-).
공항	항공역	(空港). (航空驛).
공휴일	휴식일(남표)	(公休日). (休息日). 기왕이면 '쉬는 날'로.
과감히	가감히	(果敢-).
과거	어제날	(過去). 남한식 표기는 어젯날. '지난날'??
과일주	우림술	우려낸 술.

남한의 현행표기	북한에서 다듬은 말	비 고
관광버스	유람뻐스	(觀光-). (遊覽-).
관광안내원	관광(안내)강사	(觀光案內員). (觀光講士). (案內講士).
관람홀	구경칸(남표)	(觀覽 Hall).
관솔불	광솔불(남방)	
관절통	뼈마디아픔	(關節痛).
광원	빛샘	(光源).
괘도	걸그림(남표)	(掛圖). '걸개그림'??
괜찮다	일없다(남표)	남한에선 대개 '필요없다'는 뜻으로 사용.
교대	대거리(남표)	(交代) (代-).
교도소	교화소	(矯導所). (教化所).
교미	쌍붙이	(交尾). '흘레'도 우리말. '쌍붙임'??
교탁	강탁	(教卓). (講卓).
교통경찰	교통안전원	(交通警察). (交通安全員).
구급차/청소차	위생차	(救急車). (清掃車). (衛生車).
구들장	구들돌(남표)	남한에선 복수표준어.
구렁이	구렝이(남방)	
구설수	말밥	(口舌數). 한 말 정도의 쌀로 지은 밥(남).
구성	엮음새	(構成).
구술시험	구답시험	(口述試驗). (口答試驗).
구유배	퉁궁이배	
구전	인민구두문학	(口傳). (人民口頭文學). 긁어 부스럼.
구토	게우기(남표)	(嘔吐).
국물	마룩	
군불	공불	(空-). 공불?
군인가족	후방가족	(軍人家族). (後方家族).
군집	모임떼	(群集). '떼모임'??
굳은살	썩살	
굴착기	기계삽	(掘鑿機). (機械-).
굵고 투박하다	뭉틀하다	
굽이돌이	굽인돌이	
궁금하다	궁겁다	다 같은 우리말.
궁리	궁냥	(窮理). 남한에선 '궁량'.
궐련	마라초	(←卷煙). 말아(卷) + 초(草)→마라초?
궤도	자리길	(軌道). 남한식 표기는 '자릿길'.
귀 기울이다	강구다	
귀빈석	주석단	(貴賓席). (主席壇). '주석(主席)'만 귀빈?

남한의 현행표기	북한에서 다듬은 말	비 고
귀앓이	귀쏘기	
귓바퀴	귀박죽	
규모 있게	분한있게	(規模-). (分限-).
균열	터짐(남표)	(龜裂).
그늘	능쪽	
그룹/동아리	그루빠	[끄루프]는 러시아 발음.
그릇에 덜 참	반실이	좋은 말. '반실(半失)이'는 모자라는 사람.
근방/부근	아근	(近方). (附近).
근육수축	가들기	(筋肉收縮).
근지럽다	그니럽다	
근처/부근	아근	(近處). (附近).
근터리	근터구	
글러브	타격장갑	(Glove). (打擊掌匣).
금관악기	쇠관악기	(金管樂器). 굳이 이렇게까지 해야 할까?
급사/급서	갑작죽음	(急死/急逝). 옳은 말.
기가 막히다	억이 막히다	(氣-).
기금	밑돈(남표)	(基金). =밑천.
기록영화	시보영화	(記錄映畵). (時報映畵).
기름지다	노랑지다	
기상대	기상수문국	(氣象臺). (氣象水門局). 긁어 부스럼.
기생동물	붙어살이동물	(寄生動物). '더부살이동물'??
기성복	지은옷	(旣成服).
기어오르다	게바라오르다	
기업	기업소	(企業). (企業所). 기업=기업소?
기역니은순	그느드르순	(-順).
기우뚱하다	기울써하다	
기침하다	깇다	'깇다'는 '기침하다'의 고어.
기회/때	까리	(機會).
긴장도	켕김도	(緊張度).
김매기	풀잡이	풀잡기??
깃받이/칼라	목달개	(Collar).
깊은 우물	굴우물(남표)	(窟-).
까치복	보가지	
깨끗하다	끌끌하다(남표)	
꼭짓점	꼭두점	(-點).
꽁보리밥	강보리밥	

남한의 현행표기	북한에서 다듬은 말	비 고
꽁생원	골서방	(−生員). (骨書房).
꾸러미	꾸레미(남방)	'부리망'의 북한어이기도 함.
꾸밈새	꾸림새	다 같은 순우리말.
끄나풀	끄나불(남방)	다 같은 순우리말.
꿈나라	잠나라	다 같은 순우리말.
낌새/형편	짬수	다 같은 순우리말.
나돌아다니다	게바라다니다	다 같은 순우리말.
나들이옷	갈음옷(남표)	갈아입는 옷.
나사못	타래못	(螺絲−).
나이프	밥상칼	(Knife). (−床−). 밥상에서만 쓰는 칼?
나이테	해돌이	좋은 말.
낙숫물	처마물	(落水−). '처맛물'(남방)
낙엽수	잎지는 나무	(落葉樹).
낙차	높이차	(落差). (−差).
난류	더운물흐름	(暖流·煖流). 한자 풀이 식.
난방	방덥히기	(煖房·暖房). (房−). '냉방'은 '방 식히기'?
난시	흩어보기	(亂視).
날씨	날거리	
남보다 나중	남나중(남표)	좋은 말.
남자 노인	두상태기	(男子 老人). 남자 노인을 홀하게 이르는 말.
낮도깨비	청도깨비	(靑−).
낯선 손님	난데손님	남한식 표기는 '난뎃손님'.
내구성	오래견딜성/질길성	(耐久性).
내야수	안마당지기	(內野手). 옳은 말.
내해	안바다(남표)	(內海).
냉대하다	미우다	(冷待−).
냉동선	얼굼배	(冷凍船). 좋은 말.
냉동식품	얼군제품	(冷凍食品). (−製品). '얼린 먹(을)거리'??
냉면	찬국수	(冷麵).
냉수욕	찬물미역	(冷水浴). 기왕이면 '찬물멱'으로.
냉주스	찬단물	(冷−). '주스'를 '단물'?
냉차	찬단물	(冷茶).
넋두리	넉두리(옛표)	1930년대 이전의 표기.
널따랗다	넓다랗다(옛표)	
널찍하다	널직하다(남없)	
널빤지	널판지(남방)	(−板−).

남한의 **현행표기**	북한에서 **다듬은 말**	비　　고
넓은 하늘	하늘바다	시적인 표현.
넓적다리	신다리	
넘버링	번호찍개	(Numbering). (番號-). 좋은 말.
넝쿨/덩굴	넉줄	굳이 손질해야 했을까?
네트	배구그물	(Net). (排球-). 옳은 말.
네트오버(배구)	손넘기	(Net Over). (排球). =그물넘기.
노려보다	지르보다	다 같은 순우리말.
노엽다	나무랍다	다 같은 순우리말.
노크	손기척	(Knock). 이런 말도 있는 것을.
노트	학습장(남표)	(Note). (學習帳).
녹내장	푸른동자	(綠內障). (-瞳子). 푸른동자?
녹두	녹두	(綠豆). 의외로 두음법칙 적용.
녹차	푸른차	(綠茶).
논밭	포전	(圃田). 남한에선 '남새(채소)밭'을 말함.
농지정리	포전정리	(農地整理). (圃田整理).
높은음자리표	고음기호	(-音-標). (高音記號). 우리말을 한자어로?
높임말을 쓰다	옙하다	
뇌물 돈	꾹돈	(賂物)-. 꾹 찔러주는 돈?
누룽지	가마치(남방)	
누명	감투	(陋名). 남한에선 대개 벼슬·지위를 뜻함.
눈 가장자리	눈가위	
눈대중	눈가량	(-假量).
눈두덩	눈덕	
눈사태	눈고패	(-沙汰).
눈시울	눈굽	긁어 부스럼. 시울=굽?
눈썰미	눈정신(남표)	(-精神).
눈총	눈딱총	
늪/소	사득판	(沼).
다다미	누비돗자리	훌륭한 말. (疊：たたみ).
다이빙	뛰어들기	(Diving). '곤두박질'??
단면도	자름면그림	(斷面圖). (-面-).
단면적	자름넓이	(斷面積). '자른넓이'??
단무지	무우겨절임	
단백질	계란소	(鷄卵素). (鷄卵-).
단비	꿀비(남표)	
단짝친구	딱친구	(-親舊).

남한의 **현행표기**	북한에서 **다듬은 말**	비 고
달걀/계란	닭알(남방)	(鷄卵). '닭의 알'.
닭고기 튀김	닭유찜	'닭 튀김'??
담숨에	대숨에	
담즙	열물	(膽汁). '쓸개물'??
당 간부 여비서	깔개	(黨 幹部 女秘書).
대걸레	밀걸레	밀고 당기는 '밀당걸레'??
대기실	기다림칸	(待機室).
대머리	번대머리	
대문자	큰글자	(大文字). (-字).
대입법	갈아넣기법	(代入法). (-法).
대장	굵은밸	(大腸).
대장장이	야장공	(冶匠工). 순우리말을 한자어로?
대중가요	군중가요	'大衆歌謠'. '群衆歌謠'. 그게 그것.
대중목욕탕	공동욕탕	(大衆沐浴湯). (共同浴湯). 그게 그것.
대치	갈아넣기	(代置).
대풍년	만풍년	(大豊年). (滿豊年).
대화	서로말	(對話). '말섞기'??
덜렁거리다	건숭맞다	
덤핑	막팔기	(Dumping). 그럴듯한 말.
덩굴/넝쿨	넉줄	
데이터	자료	(Data). (資料).
데이터베이스	자료기지	(Database). (資料基地).
도넛	가락지빵	(Doughnut).
도둑질	야경벌이	(夜警)-. 야경꾼들처럼 밤에 돌아다닌대서.
도수로	끌물길	(導水路). 참신한 말.
도시락	곽밥/밥곽	'도시락'도 우리말인데.
도통하다	들고꿰다	(道通-).
도화선	불심지	(導火線). (-心-).
도화지	그림종이	(圖畵紙).
독립가옥	외딴집	(獨立家屋).
독백	혼자말	(獨白). 남한식 표기는 '혼잣말'.
독수공방	공방살이(남표)	(獨守空房). (空房-).
독후감	읽은느낌	(讀後感).
돈놀이	변놀이(남표)	(邊-). '길미놀이'??
돌고래	곱등어	
돌연변이	갑작변이	(突然變異). (-變異). '돌연변이→우연변이'.

남한의 **현행표기**	북한에서 **다듬은 말**	비　　고
돌파구	구멍수(남표)	(突破口). '나갈구멍'??
돌풍	갑작바람	(突風). 좋은 말.
동료	일동무(남표)	(同僚). 좋은 말.
동시	어린이시	(童詩). (-詩).
동양화	조선화	(東洋畵). (朝鮮畵). '조선그림'??
동의어	뜻같은말	(同義語). 그냥 '같은 말'로도 충분.
된서리	강서리	(強).
두건	베감투	(頭巾).
두드러기	가렴돋이	가려움→가렴.
두루뭉실하다	두리뭉실하다(남방)	
두음법칙	첫소리법칙	(頭音法則). (-法則).
둑	뚝(남방)	'둑'의 경음화.
둔각	무딘각	(鈍角). (-角). 무딘모'??
뒤탈	등탈	(-頉). (-頉).
뒷걸음질	물레걸음	
뒷받침	안받침(남표)	
드라이클리닝	화학빨래	(Dry Cleaning). (化學-).
드러나다	발로되다	(發露-). 순우리말을 어려운 한자어로?
드레스	나리옷	(Dress). '나리꽃 / 참나리'의 '나리'?
드문드문	도간도간	
들길	벌길	
들창코	사자코/발딱코	(獅子-).
등장	나오기	(登場). '퇴장(退場)'은 '들어가기'?
등호(=)	같기표	(等號). (-標).
딜레마	난통	(Dilemma). (難-).
딸기잼	딸기단졸임	
때/기회	까리	(機會).
때때(고까)옷	고까옷	남한에선 복수표준어. =꼬까옷.
떠맡기다	밀맡기다	
떡고물	떡보숭이	
뜬소문	뜬말	(-所聞).
뜸하다	즘줏하다	
라면	꼬부랑국수	(←拉麵·老麵). 그럴듯한 말.
라이닝	안붙임	(Linning).
라이트 윙	오른쪽공격수	(攻擊手). 'Right Wing'을 직역한 말.
러닝셔츠	땀받이	(Running Shirts).

남한의 현행표기	북한에서 다듬은 말	비 고
레코드/음반	소리판(남표)	(Record). (音盤). (-板). 이미 써 오던 말.
레퍼토리	공연종목	(Repertory). (公演種目).
로맨티시즘	로만찌즘	(Romanticism). [로만찌즘]은 러시아 발음.
로션	물크림	(Lotion). (-Cream).
로열젤리/왕유	왕벌젖	(Royal Jelly). (王乳). (王-).
로터리	도는네거리	(Rotary). '갈랫길'??
롤러	굴개	(Roller). 그럴듯한 말.
롱패스	긴연락	'Long Pass'를 직역한 말. (-連絡)
리그전	련맹전	(League戰). (聯盟戰). 남한식 표기는 '연맹전'.
리듬(문학)	흐름새	(Rythm). (文學). 좋은 말.
리듬(음악)	장단(남표)	(Rythm). (音樂). (長短).
리듬체조	예술체조	(Rythm). (體操). (藝術體操).
리본	꽃댕기(남표)	(Ribbon). 아름답고 고운 말. 리봉(북).
리본체조	댕기체조	(Ribbon體操). (-體操).
링 운동(체조)	고리운동	(Ring運動). (體操). (-運動).
링커	중간방어수	(Linker). (中間防禦手).
마구	망탕	
마그마	돌물	(Magma). 남한에선 소용돌이치는 물흐름.
마네킹	몸틀	(Mannequin).
마른 솔가지	솔강나무	
마무르다	마무리다(남없)	
마무리	뒤거두매	남한식 표기는 '뒷거두매'.
마분지·판지	판종이	(馬糞紙). (板紙). (板-).
마스카라	눈썹먹(남표)	(Mascara). 남한에선 눈썹먹=눈썹연필.
마스크	얼굴가리개	(Mask).
마이너스	미누스	(Minus). 철자대로 발음한 러시아식 발음.
만원	자리없음	(滿員).
만장일치	일치가결	(滿場一致). (一致可決).
만조	참물(남표)	(滿潮).
만화	이야기그림	(漫畵).
만화영화	그림영화	(漫畵映畵). (-映畵).
말괄량이	사내번지기	
말똥말똥	마록마록	
맞벌이부부	직장세대	(-夫婦). (職場世代). 긁어 부스럼.
매니큐어	손톱물감	(Manicure).
매스 게임	집단체조	(Mass Game). (集團體操).

남한의 현행표기	북한에서 다듬은 말	비 고
매우 가깝다	살밭다	
매운바람	칼바람(남표)	남한에선 둘 다 표준어.
매춘부	공동변소(남표)	(賣春婦). (共同便所). 지나친 비속어.
매트	체조깔개	(Mat). (體操–).
맷돌	망돌	
머플러	목수건	(Muffler). (–手巾). [마후라](북·일).
먼 친척	결찌(남표)	(–親戚). 남한에선 둘 다 표준어.
메가폰	고깔나팔	(Megaphone). (–喇叭). 산뜻한 말.
메리야스	뜨게옷	(Medias). 남한식 표기는 '뜨개옷'.
메어꽂다	메여꼰지다	
메트로놈	박절기(남표)	(Metronome). (拍節器).
멜론	향참외	(Melon). (香–). '양(洋)참외'??
멜빵	멜바/질바	
멜빵바지	멜끈바지	
멱살	살멱	청개구리를 닮은 듯.
멸균	균깡그리죽이기	(滅菌). (菌–). 굳이 이렇게까지?
명란젓	알밥젓	(明卵–).
명령	지령(남표)	(命令). (指令).
명암	검밝기	(明暗).
모눈종이	채눈종이	
모닥불	우등불/무덕불	'우등불'은 '모닥불'의 옛말.
모둠발	모두발	
모락모락	몰몰	
모세혈관	실피줄	(毛細血管). 남한식 표기로는 '실핏줄'.
모자이크	쪽무늬그림	(Mosaic).
모질고 사납다	그악하다(남표)	
모터사이클	모또찌클	(Motorcycle). [모또찌클]은 '러' 발음.
목돈/뭉칫돈	주먹돈	
몰숨	모두숨	
몹시	되우(남표)	남한에선 둘 다 표준어.
몽둥이찜질	싸다듬이(남표)	남한에선 둘 다 표준어.
몽타주	판조립	(Montage). (版組立). 조립사진??
묘책	묘득(남표)	(妙策). (妙得).
무겁고 큰 걱정	된걱정	
무대막	주름막	(舞臺幕). (–幕).
무더기	무데기(남방)	

남한의 **현행표기**	북한에서 **다듬은 말**	비 고
무상교육	면비교육	(無償敎育). (免費敎育).
무심결	무중	(無心-). (無中).
무안을 당하다	꼴먹다	
무지개	색동다리	(色-). 참신한 말.
묵은 빚	구환	(舊圜).
문맹자	글장님	(文盲者). 좋은 말.
물가	물녘	남한식 표기는 '물녘'.
물갈퀴	발가락사이막	긁어 부스럼.
물개	바다개	남한식 표기는 '바닷개'.
물구나무서기	거꾸로서기	
물(에 만)밥	무랍	
물뿌리개	솔솔이	남한에서 '솔솔이'는 '솔기마다'라는 뜻.
물외	물오이(남없)	남한에선 물외=오이.
물장구	물탕	남한에선 비표준어.
못매	무리매	
뭉게구름(적운)	더미구름	(積雲).
뮤지컬	가무이야기	(Musical). (歌舞-).
미끄러지다	미츠러지다	
미소	볼웃음	(微笑). 좋은 말.
미숙아	달못찬아이	(未熟兒).
미풍	가는바람	(微風).
미혼모	해방처녀	(未婚母). (解放處女). 처녀에서 해방?
믹서기	전기분쇄기	(Mixer機). (電氣粉碎機).
민간요법	토법	(民間療法). (土法).
민속놀이	민간오락	(民俗-). (民間娛樂).
밑줄	아래줄	남한식 표시는 '아래˅줄'? '아랫줄'?
바다표범	넝에	(豹).
바보	미시리	
바쁘다	어렵다	남한에선 전혀 별개의 낱말.
바짓가랑이	바지가랭이(남없)	
박살나다	박산나다	
반격	반타격	(反擊). (反打擊).
반딧불이	불벌레	둘 다 좋은 말.
반바지	무릎바지(남표)	(半-).
반죽음	얼죽음	'(半-). 얼'은 '얼추'의 준말.
반찬	찔게	(飯饌).

남한의 현행표기	북한에서 다듬은 말	비　고
반환점	돌아오는점	(返還點).
발맘발맘	발면발면	
발췌	발취	(拔萃). (拔取).
밤을 새우다	밤을 패다	
방광(오줌통)	오줌깨	(膀胱). (-桶).
방년	꽃나이(남표)	(芳年). 좋은 말.
방부제	썩음막이약	(防腐劑).
방수복	물막이옷	(防水服). 그럴듯한 말.
방음벽	소리막이벽	(防音壁). (-壁).
방 청소	방거두매	(房淸掃). (房-).
방취제	냄새막이약	(防臭劑). (-藥).
방풍	바람막이(남표)	(防風). 남한에선 둘 다 표준어.
방화벽	불막이벽	(防火壁). (-壁).
배낭	멜가방(남표)	(背囊). 산뜻한 말이다.
배드민턴	바드민톤	(Badminton). [바드민똔]은 러시아 발음.
배웃기	배무이	'무이'는 '뭇다'의 명사형.
배수	곱절수	(倍數). (-數).
배우자	짝씨	(配偶者).
배웅	바램	'배웅'도 순우리말.
배웅하다	냄내다	
백일해	백날기침(남표)	(百日咳). (百-).
백혈구/흰피톨	흰피알	(白血球).
버라이어티쇼	노래춤묶음	(Variety Show).
번호	노메르	(番號). 'Nomer(號數)'는 러시아어.
벌렁코	발딱코/사자코	(獅子-).
벌집	벌둥지	
베란다	내밈대	(Veranda).
베어링	축받치개	(Bearing). (軸-). '축받침개'??
베레모	둥글모자	(Beret帽). (-帽子). 둥글납작하다고 해서.
벼락부자	갑작부자	(-富者). (-富者). 둘 다 좋은 말.
벼 타작	벼바심	(-打作).
변태	모습갈이	(變態). '꼴바꿈'??
볍쌀	벼쌀	
볍씨	벼씨(남없)	
보관증	맡음표	(保管證). (-標). 적절한 말.
보도	걸음길	(步道). 옳은 말.

남한의 현행표기	북한에서 다듬은 말	비 고
보름달	옹근달	둘 다 좋은 말.
보온성	따슴성	(保溫性). (-性). '따슴기(氣)'??
보온재	열막이감	(保溫材). (熱-). 남한식 표기는 '열막잇감'.
보일러	덥히개	(Boiler). 순수한 우리말.
보장	담보	(保障). (擔保). 보장=담보?
보조개	오목샘	
보증수표	지불행표	(保證手票). (支拂行表). 둘 다 한자어.
보증하다	담보하다	(保證-), (擔保-). 둘 다 한자어.
보충하다	봉창하다(남표)	(補充-). 아름다운 우리말.
보태주다	덧주다	둘 다 좋은 말.
보트	젓기배	(Boat).
복달임	복거리	(伏-). (伏-).
복어	보가지	(-魚).
볶음밥	기름밥	볶음밥=기름밥?
볼펜	원주필	(Ball Pen). '圓珠筆'? 영어를 한자어로.
부근/근처	아근	(附近). (近處).
부동액(동기유)	겨울기름	(不凍液). (冬期油). 겨울기름?
부뚜막/아랫목	가마목	
부랑자	꽃제비	(浮浪者). '부랑자'를 미화한 말.
부력	뜰힘	(浮力). 옳은 말.
부릅뜨다	흡뜨다	
부산을 떨다	설레발을 치다(남표)	남북 공통.
부서지다	마사지다	
부식	삭임	(腐蝕). '삭다'의 명사형 '삭음'??
북적북적	욱닥욱닥	
분무기/뿜이개	뿌무개	(噴霧器).
분유	가루젖	(粉乳).
분출구	뿜이구멍	(噴出口).
분풀이	뱀풀이	(憤-).
불도저	불도젤(평토기)	(Bulldozer). [불도젤]은 '러' 발음. '平土機'.
붉은 노을	불거리	
블라우스	양복적삼	(Blouse). (洋服-).
브래지어	가슴띠/젖싸개	(Brassiere). 옳은 말.
브레이크	정거대	(Brake). (停車-).
비동맹국	쁠럭불가담국가	(非同盟國). 'Bloc[쁠럭]'(러). (-不加擔國家).
비석	비돌	(碑石). (碑-).

남한의 현행표기	북한에서 다듬은 말	비　　　고
비염	코염	(鼻炎). (-炎).
비중	견줌무게	(比重).
비축미	예비곡	'備蓄米'. '豫備穀' 둘 다 한자어.
비커	실험고뿌	(Beaker). (實驗-). '고뿌(Kop)'는 네덜란드어.
빈정대는 투	비양청	(-套).
빈 포기	결주	(缺柱). 순우리말을 한자어로.
빙설	얼음눈(남표)	(氷雪).
빨랫방망이	물방치	
빨리	날래	
빨치산/유격대	빨찌산	(Partizan). (遊擊隊). [빨찌산]은 '러' 발음.
빼어닮다	먹고닮다	
뺨	손뺨(남없)	음편형(音便形)?
뾰두라지	뽀두라지(남없)	음편형(音便形)? 뾰두라지=뾰루지.
사과 잼	사과단졸임	(Jam).
사과 주스	사과단물	(Juice).
사나이답다	사내싸다	
사례 발표회	경험교환회	(事例發表會). (經驗交換會).
사로	죽음길	(死路). 옳은 말.
사무직 근로자	근로인테리	(事務職勤勞者). (勤勞Intelli.). '인텔리(남).
사실혼부부	뜨게부부	(事實婚夫婦). (-夫婦). 옛말.
사장	지배인	(社長). (支配人). 남한에선 다른 말.
사주	사촉	(使嗾). (使嗾). (嗾 : 부추길 수·주·촉).
사진 인화	사진깨우기	(寫眞 印畵). (寫眞-).
사탕수수	단수수	(砂糖-).
사팔눈/사시	삘눈	(斜視).
사회인	사회사람	(社會人). (社會-).
삭발	막머리	(削髮). 남한에선 '까까머리'라고도 함.
산꿀	산청	(山-). (山淸).
산란기	알쓸(낳)이철	(産卵期).
산수화	경치그림	(山水畵). (景致-).
산책로	유보도/거닐길	(散策路). (遊步道). '유보도'는 긁어 부스럼.
살균	균죽이기	(殺菌). (菌-).
살금살금	발면발면	
살 빼다	몸까다	
살피살피	고삿고삿	남한에선 '고샅고샅'.
삼투	꿰스밈	(滲透). 그냥 '스밈'만으로도 충분.

남한의 현행표기	북한에서 다듬은 말	비 고
삼투압	스밈압력	(滲透壓). (-壓力). '스미는힘'??
삿대질	손가락총질	
상여금	가급금	(賞與金). (加給金).
상이군인	영예군인	(傷痍軍人). (榮譽軍人).
상추	부루(남방)	
상호간	호상간	(相互間). (互相間).
새치기	사이치기	
색다르다	맛다르다	(色-).
샘의 근원	샘고	(-根源).
생떼	강떼	(生-).
생리통	달거리아픔	(生理痛)
생맥주	날맥주	(生麥酒). (-麥酒).
생활필수품	인민소모품	(生活必需品). (人民消耗品).
샤워실	물맞이칸	(Shower室).
샴페인	샴팡	(Champagne). 샴팡(シャンパン).
샹들리에	무리등/장식등	(Chandelier). (-燈). (裝飾燈).
서랍	빼람	
서명	수표	(署名). (手票). 서명=수표?'
서브	던지기뽈/처넣기	(Serve). (-Ball).
서커스/곡예	교예	(Circus). (曲藝). (巧藝).
석사	준박사	(碩士). (準博士). 옳은 말.
선반	당반	(←懸盤).
선수촌	체육촌	(選手村). (體育村). 선수촌=체육촌?
선잠	숫잠	
설날에 오는 눈	설밥	
설태	혀이끼	(舌苔). 옳은 말.
성숙아	자란아이	(成熟兒).
성우	배음사	(聲優). (配音士).
세배	설인사	(歲拜). (-人事).
세탁소	빨래집	(洗濯所). 좋은 말. 남한식 표기는 '빨랫집'.
센터링	중앙으로꺾어차기	(Centering). (中央-). 글자 수가 문제.
센터 포워드	중앙공격수	(Center Forward). (中央攻擊手).
셈	헴(남방)	'헤아리다'의 명사형 '헤아림'에서 '헴'으로?
셋방살이	동거살이	(貰房-). (同居-). 셋방살이=동거살이?
소/늪	달가니	(沼).
소꿉친구	송아지동무	(-親舊).

남한의 현행표기	북한에서 다듬은 말	비 고
소라	바다골뱅이	
소매치기	따기군	남한식 표기는 '따기꾼'.
소시지	고기순대/양순대	(Sausage). (洋-).
소시지	칼파스	(Sausage). 칼파스(←Kolbasa<러>).
소장	가는밸	(小腸).
소풍	들모임	(逍風). 좋은 말.
소프라노	녀성고음	(Soprano). (女性高音). 남한에선 '여성'.
소형택시	발바리차	(小型 Taxi). (-車). 깜찍한 말.
속눈썹	살눈섭	남한식 표기는 '살눈썹'.
속셈	속구구	
속임수	흐림수	
손가방	들가방	
손님치르기	일무리	어울리지 않는 말.
손도장/지장	수장	(-圖章). (指章). (手章).
손아귀	손탁	
손자	두벌자식	(孫子). (-子息). '증손자'는 '세벌자식'?
손짓	손세	
손힘	손맥	(-脈). 힘=맥?
솜털	보슴털	
수공	손노동	(手工). (-勞動). '손일'이 나을 듯.
수두룩이	수둑이	
수량	수더구	(數量).
수력	물힘	(水力). 옳은 말.
수면제	잠약	(睡眠劑). (-藥).
수상스키	물스키	(水上 Ski).
수신호	손신호	(手信號). (-信號).
수양버들	드림버들	(垂楊-).
수업시간	상학시간	(授業時間). (上學時間).
수영복	헤염옷	(水泳服). 남한식 표기로는 '헤엄옷'.
수유실	젖먹임칸	(授乳室). 옳은 말.
수제비	뜨더국	반죽을 뜯어 넣는대서 '뜯어(뜨더)국'?
수중 발레	예술헤염	'Artistic Swimming'을 직역한 말.
수축률	줄음량	(收縮率). (-量). '줄임량'??
수표	행표	(手票). (行票).
수학여행	배움나들이	(修學旅行). 좋은 말.
수화	손가락말	(手話). 맞는 말.

남한의 현행표기	북한에서 다듬은 말	비 고
숙면	속잠(남표)/굳잠	(熟眠).
숙모	삼촌어머니	(叔母). (三寸-). '삼촌ˇ어머니'는 '할머니'.
숙소	초대소	(宿所). (招待所).
순환도로	륜환도로	(循環道路). (輪環道路). 긁어 부스럼.
숨바꼭질	숨기내기	
슛	차넣기	(Shoot).
스위치	전기여닫개	(Switch). (電氣-). '레슬링·야구' 용어는?
스카이라운지	전망식당	(Sky Lounge). (展望食堂).
스카프	목수건	(Scarf). (-手巾).
스커트	양복치마	(Skirt). 양복은 남성용인데.
스크랩북	오림책	(Scrapbook). (-冊). 잘된 말.
스킨로션	살결물	(Skin Lotion).
스타킹	하루살이양말	(Stocking). (-洋襪).
스타플레이어	기둥선수	(Star Player). (-選手). 산뜻한 말.
스튜어디스	비행안내원	(Stewardess). (飛行案內員).
스파이크	순간타격	'Spike Shoes'는? (瞬間打擊).
스프레이	솔솔이	(Spray). 고운 말. 남한에선 =솔기마다.
스피드스케이팅	속도빙상	(Speed Skating). (速度氷上).
슬라이딩 태클	미끄러져빼앗기	(Sliding Tackle).
슬리퍼	끌신	(Slipper). [스리빠](러). [스립파](일).
습도	누기(남표)	(濕度). (漏氣). 둘 다 한자어.
승려/스님	중선생	(僧侶). (-先生). 중선생?
승무	중춤	(僧舞). 기왕이면 '스님춤'으로.
시나리오	영화문학	(Scenario). (映畵文學).
시동생/남동생	적은이	(媤同生). (男同生).
시디 플레이어	레이자전축	(CD Player). (Laser電蓄). 남한에선 '레이저'.
시럽	진단물	(Syrup).
시리즈	다부작	(Series). (多部作).
시발역	처음역	(始發驛). (-驛).
시원시원	우선우선	
시집간 딸	집난이	(媤-).
시청각 자료	직관물	(視聽覺資料). (直觀物). '듣볼거리'??
식권	밥표	(食券). (-票). 지당한 말.
식당	밥공장	(食堂). (~工場). '밥집'??

남한의 현행표기	북한에서 다듬은 말	비 고
식혜	밥감주	(食醯). (-甘酒).
신기록	새기록	(新記錄). (-記錄).
실격	자격잃기	(失格). (資格-).
실내화	방안신	(室內靴). (房-).
심술	골집	(心術).
싱검쟁이	싱검둥이	
싱크(개수)대	가시대	(Sink臺). (-臺). 그릇을 가시는 대.
싸구려 물건	눅거리	(-物件).
싸돌아다니다	바라다니다	
쌀밥	이밥(남표)	남한에선 둘 다 표준어.
쌍떡잎	두싹잎	(雙-).
쓸개/담낭	열주머니	(膽囊). (熱-).
아내	안해(옛말)	
아니꼽다	야시꼽다	
아랫목/부뚜막	가마목	
아이스크림	얼음보숭이	(Ice Cream). '얼음과자'??
아이스하키	빙상호케이	(Ice Hockey). [호케이]는 러시아 발음.
아직도	상기도	"소 치는 아이놈은 **상기** 아니 일었느냐?"
아첨	간신질	(阿諂). (奸臣-).
아파트	고층살림집	(Apart). (高層-).
악센트	세기마루	(Accent).
악착스럽게	이악하게(남표)	(齷齪-).
안료	색감	(顔料). (色-). 기왕이면 '빛감'??
안전벨트	걸상끈	(安全Belt). (-床-).
알랑방귀	노죽	
알쏭달쏭	까리까리	
암기하다	따로외우다	(暗記-).
압정	납작못	(押釘). 좋은 말.
앙상블	짜임새	(Ensemble). [안 쌈 블](북). 짜임새 있는 말.
애연가	담배질꾼	(愛煙家). '담배쟁이'??
유산	애지기	(流産).
액세서리	치레걸이	(Accessory). 좋은 말.
앵무새	팔팔아	(鸚鵡-). (八八兒).
야간경기	등불게임	(夜間競技) (燈-). 등불?

남한의 현행표기	북한에서 다듬은 말	비 고
야단법석 떨다	오구탕치다	(野壇法席).
야맹증	밤눈어둠증	(夜盲症). (-症). 한자 풀이 식.
야산	잔메	(野山). 잔(접두사)+메(山)=잔메.
약수	샘물	(藥水). 약수=샘물?
양계장	닭공장	(養鷄場). (-工場). 사육장=공장?
양돈장	돼지공장	(養豚場). (-工場). 사육장=공장?
양로원	양생원	(養老院). (養生院).
양미간	눔허리	(兩眉間).
양배추	가두배추	(洋-).
양치질	이닦기	
양파	둥글파	(洋-).
어귀	어구	
어둑새벽	진새벽	
어림없다	어방없다	
어림짐작	어방치기	(~斟酌).
어묵	고기떡	(魚-). '고기묵'??
어부	어로공	(漁夫). (漁撈工). 긁어 부스럼.
언저리	여가리	
얼간이	엇절이	
얼떨결에	어망결에	
얼음지치기	강타기	(江-). 강에서만 하는 놀이가 아닌데.
엇갈려 지나가다	사귀다	남한에선 '교제한다'는 뜻.
엉큼한 수단(꾀)	의뭉수	
에스컬레이터	계단승강기	(Escalator). (階段昇降機). '사다리승강기'??
에피소드	곁얘기	(Episode). '군얘기'??
여가시간	짬시간	(餘暇時間). '(-時間). 자투리시간'??
여과	거르기(남표)	(濾過). 남한에선 둘 다 표준어.
여편네/아낙네	에미네	
역류	거꿀흐름	(逆流).
역반응	거꿀반응	(逆反應). (-反應).
연고	무른고약	(軟膏). (-膏藥). 좋은 말.
연세	년세	(年歲). (年歲).
연소실	태움칸	(燃燒室).
연습	련습	(練習).
연애결혼	맞혼인(남표)	(戀愛結婚). (-婚姻). '맞선혼인'??
연시/연작시	이음시	(連作詩). (-詩).

남한의 **현행표기**	북한에서 **다듬은 말**	비　　고
연좌농성	앉아버티기	(連坐籠城). 좋은 말.
연해	곁바다	(沿海).
열도	줄섬	(列島). 줄줄이 늘어선 섬→줄섬.
염려	념려	(念慮). (念慮).
염색체	물들체	(染色體). (-體).
엽록체	풀색체	(葉綠體). (-色體).
영락없다	락자없다	(零落-). (落字-).
영특하다	녕특하다	(獰慝-). (獰慝-).
영화각본	영화문학	(映畵脚本). (映畵文學).
예방	미리막이	(豫防). '미리막기'??
예습	미리익힘	(豫習). '미리익히기'??
예인선	끌선	(曳引船). '끌배'??
오그라들다	가드라들다	
오두막	마가리	
오랜 옛날	고망년	
오류	오유	(誤謬). (謬 : 그릇될 **류·유**).
오막살이 초가집	초가마가리	(-草家). (草家-).
오븐 레인지	지짐곤로	(Oven Range). '焜爐(こんろ)'는 일본어.
오손도손	오순도순(남표)	남한에선 둘 다 표준어.
오전	낮전	(午前).
오줌통(방광)	오줌깨	(-桶). (膀胱).
오프라인	비직결	(Off-line). (非直結). 영어를 한자어로.
오프사이드	공격어김	(Offside). (攻擊-).
옥토	건땅(남표)	(沃土). 좋은 말.
온갖 시름	만시름	(萬-).
온라인	직결	(On-line). (直結). 영어를 한자어로.
온종일	해종일(남표)	(-終日). (-終日).
올케	오레미	
옷걸이	옷걸개	
와이퍼	비물닦개	(Wiper). 남한식 표기는 '빗물닦개'. 좋은 말.
완구/장난감	놀음감	(玩具). '놀잇감'.
완장	팔띠	(腕章). '머리띠·허리띠'의 '-띠'.
완전수/정수	옹근수	(完全數). (整數). (-數). 좋은 말.
왈가왈부	왈가불가	(曰可曰否). (曰可不可).
왕따	모서리주기	(王-).
왕복여비	안팎려비	(往復旅費). (-旅費).

남한의 **현행표기**	북한에서 **다듬은 말**	비　　고
왜가리	왁새	
왜곡	외곡	(歪曲). (歪 : 비뚤 왜·외).
왜소한 것	새알꼽재기	(矮小-).
외출복	갈음옷(남표)	(外出服). 나들이옷.
요도	오줌길	(尿道). 옳은 말.
요실금	오줌새기	(尿失禁).
요행수	까딱수(남표)	(僥倖手). (-手).
용량	들이	(用量). 접미사를 명사로?
우격다짐	욱다짐	
우울증	슬픔증	(憂鬱症). (-症).
우유	소젖(남표)	(牛乳).
우회로	에돌이길/두름길	=우회도로(迂廻道路). 좋은 말.
운동화	헝겁신	(運動靴). 남한식 표기는 '헝겊신'.
운석	별찌돌	(隕石).
웅담	곰열	(熊膽).
웅덩이	홈채기	
원가	본값(남표)	(原價). (本-).
원금/본전	밑자금	(元金). (本錢). (-資金). '밑천'.
원료	밑감(남표)	(原料). '안감·속감'의 '-감'.
원수	원쑤	(怨讐). (怨讐).
원양어업	먼바다고기잡이	(遠洋漁業). 한자 풀이 식.
원피스	달린옷/외동옷	(One Ppiece)
월동준비	과동준비	(越冬準備). (過冬準備). 둘 다 한자어.
월식	부분달가림	(月蝕). (部分-).
위기	고스락	(危機).
위약금	어김돈	(違約金). 맞는 말.
위염	가슴쓰리기	(胃炎). 밥통=가슴? '가슴쓰림'??
위통	위아픔	(胃痛). (胃-).
위하수증	위처지기	(胃下垂症). (胃-). '위처짐증'??
유머	우스개(남표)	(Humour). [유모아](북·일).
유모차	애기차	(乳母車). (-車). 지당한 말씀.
유방암	젖암	(乳房癌). (-癌).
유성	별찌	(流星).
유일무이하다	단벌가다(남표)	(唯一無二). (單-).
유제품	젖제품	(乳製品). (-製品).
유충/애벌레	새끼벌레(남표)	(幼蟲). 남한에선 셋 다 표준어.

남한의 현행표기	북한에서 다듬은 말	비 고
유치원 보모	교양원	(幼稚園 保姆). (敎養員).
육개장	소단고기국	(肉—醬). 남한식 표기는 '소단고깃국'.
윤활제	미끄럼약	(潤滑劑). (—藥). 좋은 말.
은행계좌	돈자리	(銀行計座).
은행원	은행경제사	(銀行員). (銀行經濟師).
음각	오목새김	(陰刻). 좋은 말. =요조(凹彫).
음담패설	고급세미나르	(淫談悖說). (高級Seminar). 한자어→외래어.
음역	소리너비	(音域). 한자 풀이 식이긴 하나 좋은 말.
음지	능쪽	(陰地).
음해하다	암해하다	(陰害—). (暗害—).
응고/응집	엉겨붙기	(凝固). (凝集). '엉김'??
응급치료	간이치료	(應急治療). (簡易治療). 둘 다 한자어.
응달	능달	
응접실	손님맞이방	(應接室). (—房—). 좋은 말.
응집/응고	엉겨붙기	(凝集). (凝固). '엉김'??
의붓자식	이붓자식(남방)	(←義父子息). (—子息). 예외로 '사이시옷' 허용.
의붓어미	이붓어미(남방)	(←義父—). 예외로 '사이시옷' 허용.
의식주	식의주	(衣食住). (食衣住). 북한에선 먹는 것이 우선?
의젓하다	의사스럽다	(意思—).
이내/곧	인차	
이따금/가끔	가담가담	
이맛살	골살	'머릿살'의 속어이기도 함.
이모부	이모아버지	(姨母夫). (姨母—). '이모아저씨'??
이모작	두벌농사	(二毛作). (—農事). 좋은 말.
이발사	까까쟁이	(理髮師). '—쟁이'는 비칭어인데.
이빨	이발	
이식수술	옮겨붙이기수술	(移植手術). (—手術).
이엉	나래(남방)	
이웃나라	린방	(隣邦). 남한식 표기는 '인방'.
이유나 근거	쪼간	(理由). (根據).
이자놀이	변놀이(남표)	(利子). (邊—). '길미놀이'??
이종사촌	이모사촌	(姨從四寸). (姨母四寸).
이탈	탈리(남표)	(離脫). (脫離).
이해	료해	(理解). (了解). 남한에선 '요해'.
인도	걸음길	(人道). 인도=사람길, 차도(車道)=찻길.
인력	끌힘	(引力).

남한의 현행표기	북한에서 다듬은 말	비 고
인비늘	살비듬	(人-).
인성	질김성	(靭性). (-性).
인삼주	삼로주	(人蔘酒). (蔘露酒).
인조견	인견(남표)	(人造絹). '인견(人絹)'은 준말.
인주	인즙	(印朱). (印汁).
인화성	불당김성	(引火性). (-性).
인화지	사진종이	(印畵紙). (寫眞-).
일개미	로동개미	(勞動-). 남한식 표기는 '노동개미'.
일광욕	해빛쪼이기	(日光浴). 남한식 표기는 '햇빛 쪼이기'.
일교차	하루차	(日較差). (-差).
일대기	일생기	(一代記). (一生記).
일식	부분해가림	(日蝕). (部分-).
일조량	해쪼임량	(日照量). (-量).
임기응변	경우맞춤	(臨機應變). (境遇-).
임신 / 잉태 / 회임	태앉기	(姙娠 / 孕胎 / 懷妊). (胎-).
임진왜란	임진조국전쟁	(壬辰倭亂). (壬辰祖國戰爭). '임진항일전쟁'??
입덧	입쓰리	'속덧'??
입주권	입사 권	(入住權). (入舍 權).
자기수양	자체수양	(自己修養). (自體修養).
자기스스로	자기절로	(自己-). (自己-).
자두	추리(남방)	
자수	수놀이	(刺繡). (繡-). '수놓기'??
자신감	자신심	(自信感). (自信心).
자연자원	자연부원	(自然資源). (自然富源).
자유투	벌넣기	(自由投). (罰-). '옳던지기'??
자유형(수영)	뺄헤염	(自由型). (水泳).
작살	뭇대	
작은 손도끼	좀도끼	
작은어머니	삼촌어머니	(三寸-).
작전타임	분간휴식	(作戰 Time). (分間休息).
잔돈	사슬돈(남표)	
잔물결	살물결	
잔소리	진소리	
잔소리꾼	잔말쟁이(남표)	
잘못된 말	빗말	빗나간 말.
잠깐 자는 잠	쪽잠(남표)	

남한의 현행표기	북한에서 다듬은 말	비 고
잠수교	잠김다리	(潛水橋). 좋은 말.
잠수부/해녀	무잠이	(潛水夫). (海女).
잡곡밥	얼럭밥	(雜穀-).
장난감/완구	놀음감	(玩具). 남한식 표기는 '놀잇감'.
장롱	장농(남방)	(欌籠). (欌籠). '籠'은 '농 롱' 자인데.
장구벌레	곤두벌레	
장단점	우단점	(長短點). (優短點).
장모	가시어머니	(丈母).
장식화	치레그림	(裝飾畵). 좋은 말.
장신구	치레걸이	(裝身具). 좋은 말.
장아찌	자짠지	
장인	가시아버지(고어)	(丈人).
장점	우점	(長點). (優點).
장조림	장졸임	(醬-). (醬-). '조리다'와 '졸이다'.
장학사	교학	(獎學士). (敎學). 남한에선 다른 말.
재고품	체화품	(在庫品). (滯貨品). 긁어 부스럼.
재떨이	재털이(남방)	떠는 거냐? 터는 거냐?의 문제.
쟁기	가대기	
저마다	저마끔	
적립금	세운돈	(積立金).
전광판	전기신호판	(電光板). (電氣信號板).
전기 드릴	전기송곳	(電氣 Drill). (電氣-).
전기면도기	전기면도칼	(電氣面刀器). (電氣面刀-).
전기 믹서	전기분쇄기	(電氣-). (電氣粉碎機).
전기밥솥	전기밥가마	(電氣-). (電氣-). '밥솥'도 순우리말.
전당포	편의금고	(典當鋪). (便宜金庫).
전매행위	되거리	(轉賣行爲).
전병	바삭과자	(煎餠). (-菓子).
전시물	직관물	(展示物). (直觀物).
전장	옹근길이	(全長). 순수한 우리말.
전조등	앞등	(前照燈). (-燈).
전지	옹근장	(全紙). (-張).
전화교환원	전화수	(電話交換員). (電話手).
절도범	훔친범	(竊盜犯). (-犯). '훔친 도둑'??
절이다	절구다(남방)	
점퍼	외투저고리	(Jumper). (外套-).

남한의 현행표기	북한에서 다듬은 말	비 고
점프력	조약력	(Jump力). (跳躍力). 남한에선 '도약력'.
점프볼	조약공	(Jump Ball). (跳躍-). 남한에선 '도약공'.
접두사	앞붙이	(接頭辭). '머리가지/앞가지'(남).
접영	나비헤염	(蝶泳). 남한식 표기는 '나비헤엄'.
접착제	붙임풀	(接着劑). 옳은 말.
정독	따져읽기	(精讀). '새겨읽기'??
정비례	바른비례	(正比例). (-比例).
정사각형	바른사각형	(正四角形). (-四角形). '바른네모꼴'이 정답.
정수/완전수	옹근수	(整數). (完全數). (-數). 좋은 말.
정신을 잃다	얼이치다	(精神-).
제거하다	없애치우다	(除去-). 없애다=치우다. ∴ 없애다.
제비꽃	씨름꽃	
제왕절개	애기집가르기	(帝王切開). '애기집열기'는?
제자리걸음	선자리걸음	
제초제	풀약	(除草劑). (-藥).
젤리	단묵	(Jelly).
조각/쪼가리	쪼각/쪼박	
조무래기	졸망구니	
조생종	올종/극올종	(早生種). (-種). (-種). 극히 올되는 종류.
조선	배무이	(造船). '뭇다'. '배모음 / 배뭇기'??
조혈제	피만듬약	(造血劑). (-藥). '만들다'의 명사형은 '만듦'.
족집게	동집게(남없)	
졸부/벼락부자	갑작부자	(猝富). (-富者). (-富者).
조약돌	조막돌	
족발	발족찜	(足-).
종아리	종다리	남한에선 '종다리=종달새'.
종착역	마감역	(終着驛). (-驛). '마지막역'??
좌약	끼움약	(坐藥). (-藥). 아무데나?
주름살	주글살	남한식 표기는 '쭈글살'.
주름치마	양산치마	(陽傘-).
주먹밥	줴기밥	
주민등록증	공민증	(住民登錄證). (公民證).
주발 뚜껑	보깨	(周鉢 -).
주방	부엌방	(廚房). (-房).
주스	과일단물	
주식시장	주권시장	(株式市場). (株券市場).

남한의 현행표기	북한에서 다듬은 말	비 고
주유소	연료공급소	(注油所). (燃料供給所).
주장	기둥선수	(主將). (-選手).
주저앉다	퍼더앉다	
주차장	차마당	(駐車場). (車-). '차 쉼터'??
주책없다	개채없다	
준설	준첩	(浚渫). 준첩? 渫(칠 **설**·출렁거릴 **접**).
줄곧 내리는 비	노박비	
줄달음질	장달음	
중소기업	중세소업	(中小企業), (中細小業). 그게 그것.
쥐가 나는 것	쥐살	남한에선 '소 앞다리에 붙은 고기'를 말함.
쥐똥나무	검정알나무	그대로도 좋은데.
쥘부채	접부채	접부채(←摺疊扇).
증류수	김물	(蒸溜水).
증인	증견자	(證人). (證見者).
증조부	로할아버지	(曾祖父). (老-). 남한식 표기는 '노할아버지'.
지겟작대기	작시미	
지긋한	지숙한	(至熟-). 순우리말을 되레 한자어로?
지난달	간달	'내달'은 '올달'? '오는달'?
지난번	간번	(-番). (-番).
지능지수	골	(知能指數).
지문	손가락무늬	(指紋). 길지만 순우리말.
지에밥	고두밥(남표)	남한에선 둘 다 표준어.
지역난방	구획난방	(地域煖房). (區劃煖房).
지조 없는 여자	재털이	(志操-). (女子). 문화어?
지하도	땅속건늠굴길	(地下道). '땅밑길/땅속길'??
지하수	땅속물	(地下水).
지하자원	지하부원	(地下資源). (地下富源).
직무유기죄	직무부집행죄	(職務遺棄罪). (職務不執行罪).
진정제	가라앉힘약	(鎭靜劑). (-藥). '(아픔)달램약'??
질경이	길짱구	
질척하다	즈분하다	
집 근처	집오래	(-近處).
집중호우	무더기비	(集中豪雨). '장대비'도 훌륭한데.
집짐승먹이	비알곡먹이	
징검다리	다리돌	'돌다리'가 나을 듯.
짙은 화장	진단장	(-化粧). (津丹粧).

남한의 **현행표기**	북한에서 **다듬은 말**	비　　고
짚검불	짚갈비	
짝사랑	외짝사랑	
쪼가리/조각	쪼박	
쪼개진 틈새	짜개미	좋은 말.
찌개	남비탕/지지개	(-湯). 남한식 표기는 '냄비탕'.
찌든 물건/사람	짜드라기	(-物件).
찐밥	떨렁밥	
차갑다	차겁다(옛표)	'차겁다'는 1930년대 표기.
차양	그늘지붕	(遮陽).
찬장	가시장	(饌欌). (-欌).
찬합	달개동이	(饌盒).
참견	간참	(參見). (看參).
창의성	창발성	(創意性). (創發性).
창피하다	열스럽다	(猖披).
채소	남새(남표)	(菜蔬). 남한에선 둘 다 표준어.
채송화	따꽃	(菜松花).
책상다리	올방자	(冊床-).
처가	가시집	(妻家). '가시'는 '계집'의 옛말.
처음/초기	초시기	(初期). (初時期).
천연자원	자연부원	(天然資源). (自然富源).
천일염	볕소금	(天日鹽). 좋은 말.
철새	계절조	(季節鳥). 순우리말을 한자어로?
철퇴	쇠망치(남표)	(鐵槌). 철퇴를 가한다=쇠망치를 가한다?
첩	곁마누라	(妾). 덧니/덧문' 등처럼 '덧마누라'??
청진	들어보기	(聽診). 들어만 보면 OK?
체증	배덧	(滯症). '뱃덧'. '배탈'. '배앓이'.
초등학교	인민학교	(初等學校). (人民學校).
초기/처음	초시기	(初期). (初時期).
초식동물	풀먹이동물	(草食動物). (-動物). '풀먹이짐승'??
초인종	전기종(남표)	(招人鐘). (電氣鐘).
초점	모임점	(焦點). (-點).
초주검	초벌죽음	(初-). (初-). 남한식 표기는 '초벌주검'.
촌뜨기	촌바우	(村-). (村-).
총알받이	과녁받이	(銃-).
출신성분	가정성분	(出身成分). (家庭成分).
출입문	나들문	(出入門). (-門). 아름다운 말.

남한의 현행표기	북한에서 다듬은 말	비 고
충동질	든장질	(衝動-). (-杖-).
충치/삭은니	삭은이	(蟲齒).
측력계	힘재개	(測力計).
치사율	죽는률	(致死率). (-率). 남한식 표기는 '죽는 율'.
치석	이돌	'齒石'. 한자를 직역한 말.
치어	갓난고기	(稚魚).
치통	이쏘기	(齒痛). 이앓이??
침대 시트	하불	(寢臺 Sheet).
침엽수림	바늘잎나무숲	(針葉樹林). 한자 풀이 식.
카네이션	향패랭이꽃	(Carnation). (香-).
카스텔라	설기과자/단설기	(Castella : 포). (-菓子). '가스테라'(북).
카탈로그	상품알림	(Catalogue). (賞品-). [까다로그](북).
칸막이	새막이	'새'는 '사이'의 준말.
칼라	목달개	(Collar).
캐러멜	기름사탕	(Caramel). (-砂糖).
캐비닛	까비네트	(Cabinet). [까비네트(Kabinet)]는 '러' 발음.
캠페인	깜빠니야	(Campaign). [깜빠니야(Kampaniya)](러).
커브	굽이길/굽인돌이	(Curve). [카브](북). '굽잇길'(남).
커튼	창문보/창가림막	(Curtain). (窓門褓). (窓-幕). 창문에만?
컨테이너	짐함	(Container). 짐을 싣는 함(函).
컬러텔레비전	색텔레비죤	(Color Television). (色Television).
컴퍼스	원그리개	(Compass). (圓-). '콤파스'(북). 좋은 말.
컴퓨터	전자계산기	(Computer). (電子計算機).
컵	고뿌	(Cup). '고뿌(Kop)'는 네덜란드어.
켤레	컬레(남없)	음편형(音便形)?
코나팔	코나발	(-喇叭).
코너킥	모서리공/구석차기	(Corner Kick). 모서리공?
코르셋	몸매띠	(Corset).
코뿔소/무소	서우	(犀牛). 우리말을 두고 한자어로?
코치	지도원	(Coach). (指導員).
콘돔	고무주머니	(Condom).
콘택트렌즈	접촉안경	(Contact Lens). (接觸眼鏡).
콜드크림	기름크림	(Cold Cream). (-Cream).
콧등	코허리(남표)	
콩고물	콩보숭이	
쾌속정	고속도선	(快速艇). (高速度船).

남한의 현행표기	북한에서 다듬은 말	비 고
크고 우람하게	거연히	(巨然-).
크랭크(축)	휘돌이축/굽은축	(Crank 軸). '크랑크축'(북). 굽은 축?
큰 물결	물멀기	
클라이맥스	큰마루	(Climax). '크라이막스'(북). '큰굽이'??
클로즈업	큰보임새	(Close-up).
타이어	다이야	(Tire). 일본식 발음은 [타이야(タイヤ)].
타이츠	양말바지	(Tights). (洋襪-).
타이트스커트	좁은통치마	(Tight Skirt).
타이틀	글자막	(Title). (-字幕). 타이틀 획득=글자막 획득?
탁상공론	지상공론	(卓上空論). (紙上空論).
탁아소	애기궁전	(託兒所). (-宮殿). 요즘은 '애기지옥'.
탈곡	낟알털이	(脫穀)
탈모증	털빠짐증	(脫毛症). (-症).
탈의실	옷벗는칸	(脫衣室). 한자 풀이 식.
태업	태공	(怠業). (怠工).
터널	차굴	(Tunnel). (車窟).
터무니없다	탁없다	
턱짓	턱질	
텃새	머물새	
테마/주제	쩨마	(主題). [쩨마]는 'Thema'의 러시아 발음.
텔레비전 채널	떼레비통로	(Television Channel). (-通路).
토막극	노래춤묶음	(-劇).
토막글	글토막	
토박이	토백이(남없)	남한에서도 입말은 대개 '토백이'.
토요일	문화일	(土曜日). (文化日).
통로	길/다님길	(通路).
통째	통채(남방)	병째·첫째, 산 채·굵은 채.
통풍	바람갈이	(通風). 훌륭한 말.
통화 중	말씀중	(通話中). 손아랫사람에게도?
퇴비	풀거름	(堆肥).
투명색	비침색	(透明色). (-色). 기왕이면 '비침빛깔'??
투사지	비침종이	(透寫紙).
투피스	동강옷/나뉜옷	(Two Piece).
튀김	기름떡	떡? 남한의 '기름떡'과는 다른 말.
튜브	속고무	(Tube).
튤립	울금향(남표)	(Tulip). (鬱金香).

남한의 **현행표기**	북한에서 **다듬은 말**	비 고
트랙터	뜨락또르	(Tractor). [뜨락또르(Traktor)]는 '러' 발음.
트레일러	도레라	(Trailer). 일본식 발음은 [토레라(トレーラー].
틀림없이	거의없이	틀림=거의?
TV 채널	떼레비통로	(Channel). (-通路).
파고	물결높이	(波高).
파마(퍼머넌트)	볶음머리	(Permanent). 좋은 말.
파생법	덧붙임법	(派生法). (-法).
파생어	가지친말	(派生語). '갈랫말'??
파스텔	그림분필	(Pastel). (-粉筆).
파스텔화	분필그림	(Pastel畵). (粉筆-).
파업	경제투쟁(남표)	(罷業). (經濟鬪爭).
파일	기록철	(File). (記錄綴).
파일북	종이끼우개	(File Book).
파지	헌종이	(破紙).
파철	헌쇠(남표)	(破鐵).
파충류	뱀거북류	(爬蟲類). (-類).
판가름	판가리	
판다	참대곰	(Panda).
판정승	점수이김	(判定勝). (點數-).
팔레트	갤판	(Palette : 프). (板). 그림물감을 개는 판.
팔방미인	사방미인	(八方美人). (四方美人). 의미 축소.
팔삭둥이	여덟달내기	(八朔-).
팥고물	팥보숭이	
패스	련락	(Pass). (連絡). 남한에선 '연락'.
팩시밀리	모사전송(남표)	(Facsimile). (模寫電送).
팬티스타킹	양말바지	(Pantystocking). (洋襪-).
페널티킥	11메타벌차기	(Penalty Kick). '미터'. '문앞옳차기'??
페인트	살짝공	(Feint).
페치카	뻬치카	(Pechka). [뻬치카(Pechka)]는 '러' 발음.
펜싱	격검	(Fencing). (擊劍).
편두통	쪽머리아픔	(偏頭痛).
평균대운동	가늠운동	(平均臺運動). (-運動).
평야지대	벌방지대	(平野地帶). (-地帶).
평영	가슴헤염	(平泳). 남한식 표기는 '가슴헤엄'.
폐쇄주의	관문주의	(閉鎖主義). (關門主義).
폐활량	폐숨량	(肺活量). (肺-量).

남한의 현행표기	북한에서 다듬은 말	비 고
포근히	포스근히	
포대기	띠개	
포물선	팔매선(남표)	(抛物線). 돌팔매질할 때 그려지는 선.
포복	배밀이(남표)	(匍匐).
포스터	선전화	(Poster). (宣傳畵). '광고그림'??
포유류	젖먹이류	(哺乳類). (-類).
포환던지기	철추던지기	(砲丸). (鐵椎). '쇠뭉치던지기'??
폭로되다	팔가지다	(暴露-).
폭로하다	까밝히다	(暴露-).
표백	바래기	(漂白).
표절/도작	도적글	(剽竊). (盜作). (盜賊-). 도둑글??
표준어	문화어(남표)	(標準語). (文化語).
표지	(책)뚜껑	(表紙). (冊-). '책꺼풀'??
푹 자는 잠	통잠(남표)	
푼돈	부스럭돈	
풋내기	생둥이	(生). '생짜배기/날짜배기'??
풍경	바람종	(風磬). (-鐘). 좋은 말.
풍치	바람이	(風齒). 남한식 표기는 '바람니'.
프라이팬	볶음판/지짐판	(Frypan). (-板). 남한식 표기는 '볶음판'.
프롤로그(문학)	머리이야기	(Prolouge). ↔Epilogue. 서시(序詩). 머리글??
프롤로그(연극)	머리막	(Prolouge). ↔Epilogue. 서막(序幕).
프리킥	벌차기	(Free Kick). (罰-). '옰차기'라고 해야.
프린터	인쇄기(남표)	(Printer). (印刷機).
플라스크	실험병	(Flask). (實驗瓶).
피로감이나 기색	곤기	(疲勞感). (氣色). (困氣).
피뢰침	벼락촉	(避雷針). (鏃). 교회에 피뢰침은 왜 세울까?
피망	사자고추	(Piment). (獅子-).
피스톤	나들개	(Piston). 고운 말.
피투성이	피자박	
필드하키	지상호케이	(Field Hockey). (地上). [호케이](러).
필터담배	려과담배	(Filter-). (濾過-).
필통	필갑통	(筆筒). (筆匣筒).
하드웨어	장치기술	(Hardware). (裝置技術).
하릴없이	할일없이	남한에선 다른 말.
하마	물말	(河馬). 물에서 사는 말.
하복	여름살이옷	(夏服). '여름옷'으로도 충분.

남한의 현행표기	북한에서 다듬은 말	비 고
하품 쌀	산따다기	(下品-).
하프 타임	구간시간	(Half Time). (區間時間).
학과장	강좌장	(學科長). (講座長).
학습지도안	학습제강	(學習指導案). (學習提綱).
한낮	중낮	
한밤중	재밤중	(-中).
한솥밥	한가마밥	한솥밥=한가맛밥.
한약	동약	(韓藥). (東藥). '동양약(東洋藥)'??
한의학	동의학	(韓醫學). (東醫學).
한평생	한당대	(-平生). (-當代).
할아비	하나비(남표)	'하나비'는 '할아버지'의 옛말.
합병증	따라난병	(合倂症). (-病). '덩달이병/덤탈'??
합선	줄닿이	(合線).
합성법	합침법	(合成法). (合-法).
항문	홍문	(肛門). '肛'은 분명 '똥구멍 **항**' 자인데.
해녀/잠수부	무잠이	(海女). (潛水夫).
해독제	독풀이약	(解毒劑). (毒-藥).
해마	바다말고기	(海馬). '바다말[馬]'로도 충분.
해수욕	바다물미역	(海水浴). '바닷멱[바단멱]'??
해열제	열내림약	(解熱劑). (熱-藥).
해조	바다마름류	(海藻). (-類).
해직	철직	(解職). '(撤職)'은 직장을 철수한다?
해초	바다풀	(海草).
해코지	남잡이	
핸드폰	손전화	(Handphone). (-電話).
핸들	조향륜	(Handle). (操向輪). 긁어 부스럼.
핸들링	손다치기	(Handling). '손닿기'??
햄버거	고기겹빵	(Hamburger).
햅쌀	햇쌀	
향토음식점	특산물식당	(鄕土飮食店). (特産物食堂).
허구	꾸밈	(虛構). '가짜', '야바위'.
허기증	초기증	(虛飢症). (-症).
허투루	허타이	
허파/폐	숨주머니	(폐). 좋은 말.
허풍/풍	꽝포	(虛風). '흰소리/큰소리'??
허풍쟁이	꽝포쟁이	(虛風-).

남한의 **현행표기**	북한에서 **다듬은 말**	비 고
헛걸음	공걸음	우리말 '헛-'을 한자어 '空-'으로?
헛소문	가을뻐꾸기소리	(所聞).
헤딩숏	머리받아넣기	(Heading Shoot).
헤어드라이어	건발기	(Hair Dryer). (乾髮器). 영어를 한자어로.
형광등	반디빛등	(螢光燈). (-燈).
형부	아저씨	(兄夫).
호흡	숨 쉬기(남표)	(呼吸). '호흡이 잘 맞는다'고 할 땐?
혼영	섞음헤염	(混泳). 남한식 표기는 '섞음헤엄'.
홀딩(배구)	머물기	(Holding). (排球). '공잡기'??
홍당무	홍무	(紅唐-). (紅-).
홍시	물렁감	(紅柿). 좋은 말.
화덕	화독(남없)	
화물열차	짐렬차	(貨物列車). (-列車). 남한식 표기는 '짐열차'.
화장실	위생실	(化粧室). (衛生室).
화장지	위생종이	(化粧紙). (衛生-).
화재경보기	불종(남표)	(火災警報器). (-鐘). 좋은 말.
화톳불	우등불	'우등불'은 '모닥불'의 옛말.
환기	공기갈이	(換氣). (空氣-). 옳은 말.
활엽수	넓은잎나무	(闊葉樹).
회람	돌려보기	(回覽). 권장하고 싶은 말.
회전문	도는문	(回轉門). (-門). 맞는 말.
횡단보도	건늠길	(橫斷步道). '건널목'도 훌륭한데.
횡재하다	호박(을) 잡다	(橫財-).
효과를 내다	은을 내다	(效果-).
훌라후프	돌림틀	(Hula Hoop).
훌륭하다	비슷하다	훌륭하다=비슷하다?
휘묻이	가지묻기	둘 다 일리 있는 말.
휘파람	회파람(남없)	
휴게소	휴계소	(休憩所). '憩'는 분명히 '쉴 게'자인데.
휴머니즘	구마니즘	(Humanism). [구마니즘]은 러시아 발음.
휴식시간	짬시간	(休息時間). (-時間).
휴양소	정양소	(休養所). (靜養所).
흐릿한 모양	새리새리	(模樣).
흡진기	먼지빨개	(吸塵機). 훌륭한 말.
히야신스	복수선화	(Hyacinth：ヒヤシンス). (複水仙花).
힘차게 일어서다	일떠서다(남표)	

이렇듯 우리는 "표준어는 교양 있는 사람들이 두루 쓰는 현대 서울말로 정함을 원칙으로 한다."고 되어 있으나, 북한에선 1966년 "우리는 혁명의 수도이며 요람지인 평양을 중심으로 쓰이는 평양말을 기준으로 언어의 민족 특성을 발전시켜 나가도록 하여야 하겠다."는 김일성 주석의 교시에 따라, 평양말과 함경도 사투리를 중심으로 한 '문화어'가 생겨나게 되었다. 그럼으로써 남북한이 함께 쓰던 서울말 중심의 표준어에서 점점 멀어져, 이젠 피차간에 통역이 필요할 정도로까지 심각한 지경에 이르고 말았다. 그런 안타까운 마음에서 북한 문화어에 대하여 이토록 많은 지면을 할애했으나, 앞에서 본 바와 같이 무척 참신하고 세련되게 다듬은 어휘들이 있는가 하면, 개중에는 한자 풀이 식이나 억지로 두들겨 맞춘 듯한 낱말들 또한 적잖음을 알 수 있다.

그뿐만 아니라, 북한은 전반적인 어문정책에서 한글화를 추구하고 있으면서도, 순우리말을 되레 한자어로 고쳐 쓰는가 하면, 일부러 남한의 표기와는 달리 쓰려고 애쓴 흔적 또한 심심찮게 눈에 띄어, 남북 간의 언어 장벽에 따른 괴리감을 불식시키는 데에, 상당한 걸림돌이 되지 않을까 싶다. 그러나 '가발'을 '덧머리'라 하고, '각선미'를 '다리매', '개간지'를 '일군땅', '견인선'을 '끌배'라고 한 것 등은 참신하다 싶어 반가운 마음이 앞선다. 이밖에도 '과일주→우림술', '그릇에 덜 참→반실이', '냉동선→얼굼배', '넘버링→번호찍개', '노크→손기척', '도수로(導水路)→끌물길', '돌풍→갑작바람', '동료→일동무', '라면→꼬부랑국수', '리본→꽃댕기', '무지개→색동다리', '문맹자→글장님', '방년→꽃나이', '브래지어→가슴띠', '샤워실→물맞이칸', '샹들리에→무리등', '세배→설인사', '세탁소→빨래집', '소풍→들모임', '수학여행→배움나들이', '스타플레이어→기둥선수', '스프레이→솔솔이', '압정→납작못', '액세서리→치레걸이', '예방→미리막이', '위약금→어김돈', '전장→옹근길이', '천일염→볕소금', '출입문→나들문', '컨테이너→짐함', '코르셋→몸매띠', '타이츠→양말바지', '퍼머넌트→볶음머리', '프라이팬→지짐판', '피스톤→나들개', '홍시→물렁감', '훌라후프'를 '돌림틀'이라고 한 것 등은 정녕 손뼉이라도 쳐 주고 싶은 마음이다.

다만, '각색'을 '옮겨지음'이라 하고, '골키퍼'를 '문지기', '서브'를 '던지기뽈', '하드웨어'를 '장치기술' 등으로 손질했으나, 문제는 '옮겨지음'이라고 하면 '각색'이 아니라 '번역'으로 오인하기 쉽고, '문지기'라고 하면 비단 축구의 '골키퍼'뿐만 아니라 은행, 아파트, 학교 등의 수위들도 '문지기'이며, '던지기뽈'이라고 하면 배구의 '서브'가 아니라 되레 야구의 캐치볼을 연상하기 십상이요, '장치기술' 역시 '하드웨어'를 생각하기 전에 인테리어나 무대장치를 떠올리기 십상이다. '보조개'를 '오목샘'이라고 했으나, '볼우물'이 아닌 무슨 샘(우물) 이름쯤으로 알기 쉽고, '아파트'를 '고층살림집'이라고 했으나, 아파트 1~3층 등의 저층(低層)에 사는 주민들에게마저 '고층살림집'이라고 한다는 건 문제가 있으며, '야간경기'를 '등불게임'이라고 했으나, 아무리 전력난이 심각하다 해도 무슨 민속 경기를 하는 것도 아닌 바에야, 설마 밤늦게 등불 켜고 운동할 리는 없을 테니 너무 시대착오적인 표현이 아닐 수 없으며, '임진왜란'을 '임진조국전쟁'이라고 하는 것도 어불성설이므로, '임진항일전쟁'이나 '임진구국전쟁'이라고 하는 것이 옳다.

　이 밖에도 숱한 문제점들이 있는데, 필자 나름대로 하나씩 짚어가며 검토해 보기로 한다. '醵'은 '추렴할 갹'도 되고 '추렴할 거' 자도 되어, '갹출(醵出)'과 '거출(醵出)'을 동의어로 보고 있는 우리와는 달리 북한에선 '거출'이라고만 쓰고, '悛'은 '고칠 전' 자인데도 불구하고 북한에선 '개전(改悛)'을 '개준'이라 하며, 글 중에서 필요하거나 중요한 부분만을 뽑아내는 것을 말하는 '발췌(拔萃)'를 그들은 굳이 '발취(拔取)'라고 한다. '嗾'도 '부추길 수·주'도 되고 '개 부릴 촉' 자도 되긴 하나, 우리가 '사주(使嗾)'로 쓰고 있는데도 그들은 '사촉(唆囑)'이라 하고, '謬'는 '그릇될 류'도 되고 '유'도 되긴 하나, 우리가 '오류(誤謬)'로 쓰는 데에 반해 그들은 두음법칙을 쓰지 않으면서도 엉뚱하게 '오유'라 하며, '歪'는 '비뚤 왜'도 되고 '비뚤 외' 자도 되긴 하지만, 우리는 '왜곡(歪曲)'으로 표기하고 있는 것을 그들은 굳이 '외곡'으로 고집하고 있는 데다, '항문(肛門)'의 '肛'은 분명히 '똥구멍 항' 자임이 분명한데도 '홍문'이라 하니, 옛 동화 속의 청개구리가 연상되기도 한다.

금강산도 식후경이라, '의식주(衣食住)'를 '식의주(食衣住)'라고 하는 건 그렇다손 치더라도, "하천이나 해안의 바닥에 쌓인 흙이나 암석 따위를 쳐내어 바닥을 깊게 하는 일"을 '준설(浚渫)'이라고 하는데, '渫'은 '칠 설(渫)'도 되고 '출렁거릴 접(渫)' 자도 되긴 하나, 뜻밖에도 '준첩'이라고 쓰고들 있으니 당최 그 연유를 알 수 없다. 아무런 탈없이 쓰고들 있는 순우리말 '지긋한'을, 굳이 한자어인 '지숙(至熟)한'으로 고쳐 혹을 붙이기도 했는가 하면, '건조'를 '말리우기'라고 했으나, 우리 문법상으로는 그냥 '말리기'라고 해야 한다. '-리-'는, '떨리다'나 '뚫리다' 등처럼 일부 동사의 어근에 붙어 사동이나 피동으로 만드는 접미사이며, '-우-' 역시 '깨우다', '비우다' 등처럼, 일부 동사 또는 형용사의 어근에 붙어 사동사나 타동사로 만드는 어간 형성 접미사인데, '말리우다'는 '-리-'에다 '-우-'까지 중복시켜 놓고 있다. '각선미(脚線美)'를, '脚(다리 각)'의 훈을 딴 '다리'에다 '눈매', '몸매', '옷매' 등처럼, 일부 명사 밑에 붙어 맵시나 모양의 뜻을 나타내는 접미사인 '-매'를 붙여 '다리매'라고 한 것까진 좋으나, '경영손실'을 '밑진 돈'이라고 한 건 아무래도 잘못 다듬은 말이 아닌가 싶다. '경영손실'이란 반드시 금전적인 손해만을 지칭하는 건 아니기 때문이다.

　'계란[달걀]'을 '닭알'이라고 했으나 [다갈]이나 [달갈]은 둘 다 방언이며, '계인(契印)'을 '맞춤도장'이라고 했으나, 자칫 '주문한 도장'으로 잘못 알기 쉽다. '녁두리'나 '차겁다'처럼 1930년대의 표기가 되살아나기도 하고, 남한의 '널따랗다'를 북한에선 '널다랗다'에서 '넓다랗다'로 바꿔 쓰는가 하면, '널찍하다'는 '넓직하다'에서 '널직하다'라고 하여 거꾸로 쓰고 있다. 나무는 해마다 바퀴 모양의 테가 하나씩 돌아간다고 하여, '나이테'를 '해돌이'라 하고, '포물선'을 돌팔매질할 때 그려지는 선 같다고 하여 '팔매선'이라고 했으며, 제철 아닌 가을철에 뻐꾹새 소리가 날 리 없다는 뜻으로 '헛소문'을 '가을 뻐꾸기 소리'라고 한 것 등은 기발하다 싶기도 하다. 그러나 우리말로 된 '높은 음자리표'를 한자어인 '고음기호(高音記號)'로, '대장장이'를 '야장공(冶匠工)', '맞벌이부부'를 '직장세대(職場世代)'라고 하여 되레 역행하고 있다.

'구전(口傳)'을 '인민구두문학'이라 하고, '멸균'을 '균깡그리죽이기', '비동맹국'을 '쁠럭불가담국가', '전기밥솥'을 '전기밥가마', '지하도'를 '땅속건늠굴길', '물갈퀴'를 '발가락사이막'이라고 했으나, 굳이 이렇게까지 억지로 뜯어 고쳐야 하는지 묻고 싶다. '궐련'은 종이로 말아 피우는 풀이라 하여, '말아→마라'에 '풀'을 뜻하는 '초(草)'를 붙여 '마라초'라 한 것 같으나 확인할 길은 없고, 눈에 전혀 이상이 없는 건강한 사람도 유전자에 따라 눈동자가 푸르게 보일 수도 있거니와 서양인들은 대개 푸른 동자를 가졌는데, '녹내장'을 '푸른동자'라고 한 건 잘못이다. 흔히 군인들은 '짬밥'이라 하고 죄수들은 '콩밥'이라고 하듯이, 기계를 만지는 엔지니어들은 '기름밥'이라고들 하는데, 밥을 볶을 때 식용유를 넣는다고 하여 '볶음밥'을 '기름밥'이라고 한 건 영 개운찮은 느낌이다. '롤러'를 '굴개'라고 했으나, '썩은 물 밑에 가라앉은 개흙'을 뜻하는 동음이의어가 있으며, '리본'을 '꽃댕기'라고 하여 우리말의 아름다움을 새삼 느끼게 되나, 알고 보면 오래 전부터 애창되어 오고 있는 '옛 생각'이라는 우리 대중가요에, "옛 동산 아지랑이 할미꽃 피면, 꽃댕기 매고 놀던 옛 친구 생각난다"라는 노랫말도 있는데, 표준 국어사전이나 표준국어 대사전 외엔 전혀 찾아볼 수도 없는 낱말이다.

'볍쌀'과 '볍씨'를 '벼쌀', '벼씨'라고 했으나, 우리 역시 굳이 'ㅂ'을 받쳐 '볍쌀', '볍씨'로 고집해야 하는지 모르겠다. 물론 '쌀'의 고어가 '뽈'인 데다, "두 낱말이 어울릴 적에 'ㅂ' 소리나 'ㅎ' 소리가 덧나는 것은 소리대로 적는다."는, 맞춤법 31항 규정에 따른 것이겠으나, 반드시 'ㅂ' 소리가 덧난다고 고집할 수도 없잖을까 싶다. 따라서 '벼의 단', '벼의 모', '벼의 줄기'가 '볏단', '볏모', '볏짚'이 되듯이, '벼의 쌀', '벼의 씨'도 '볏쌀', '볏씨'로 축약되겠으나, 뒤의 자모가 된소리인 'ㅆ'이므로, 그냥 '벼쌀'이나 '벼씨'라고 표기해도 좋을 듯싶다. 하긴, 지금까지 어느 사전에서도 볼 수 없던 '벼쌀'이, 언제부터인가 표준국어 대사전에 "흰쌀과 매조미쌀을 통틀어 이르는 말."로 등재되어 있으나, 정녕 '흰쌀(백미)·매조미쌀(현미)'을 말하는 '벼쌀'과, '입쌀(멥쌀)·찹쌀'을 말하는 '볍쌀'을 엄밀히 구별하여 쓰기 위함인지 묻고 싶다.

남한에선 대개 한집에 사는 것을 '동거'라기도 하나, 주로 정식 부부가 아닌 남녀가 함께 사는 걸 뜻하는 말이므로, '동거'와 '셋방살이'는 엄연히 구별되는 말인데도 불구하고, 북한에선 '셋방살이'를 '동거살이'라고 한다. 배구 경기 용어인 '스파이크'를 '순간 타격'이라고 한 것까진 좋으나, 구두 밑창에 대는 징이나 못 또는 그런 것을 박은 운동화를 뜻하는 '스파이크 슈즈(Spiked Shoes)'까지, '순간 타격'이라고 할 수 없다는 데에 문제가 있다. 흔히 '스파이크 슈즈'를 그냥 '스파이크'라고 하기 때문이다. '스피드 스케이팅'을 '속도 빙상(速度 氷上)'이라고 했으나, 각종 동계 올림픽 등에서 흔히 써 오던 '빙속 경기(氷速競技)'란 말을 두고 굳이 뒤집어 써야 했을까 싶기도 하다. '뺨', '뾰두라지', '켤레'는 현실 발음을 살려 홑홀소리〔單母音〕인 '손뺨', '뽀두라지', '컬레'로 손질했는데, 된소리〔硬音〕인 쌍비읍(ㅃ)에다 겹홀소리 〔二重母音〕인 'ㅕ'나 'ㅛ'로 결합된 이중발음을 피하기 위한 편법 즉, 일종의 음편형(音便形)일 것으로 짐작된다. 남한에서도 실지로 노인들이나 일부 지방 사람들은 〔뺨〕, 〔뽀두라지〕, 〔컬레〕 등처럼, 단모음으로 발음하고 있다는 사실을 알 수 있다.

　지금까지 북한에서는 '내일→래일', '양심→량심', '연락→련락' 등처럼 첫소리 법칙〔頭音法則〕을 인정하지 않고, 'ㄹ'이나 'ㄴ'의 초성을 가진 한자는 본래의 음절을 고정 표기해 왔다. 이토록 두음법칙을 인정하지 않는 이유 중의 하나는, 서울 표준어의 영향권에서 벗어나 그들만의 주체성을 찾기 위한 일종의 데몬스트레이션이 아닌가 싶기도 하다. 1988년도에 공포한 현행 '조선말 규범집'에선 '라사(羅紗)'를 '나사'로, '록두(綠豆)'를 '녹두' 등으로 고쳐 쓰고 있다. 즉, 'ㄹ, ㄴ' 초성(初聲) 표기를 완화함으로써, 부분적으로나마 두음법칙을 인정한 것까진 좋으나, '籠'은 '농 롱(欌籠)' 자임이 분명한데, '장롱(欌籠)'을 '장농'으로 고친 건 뜻밖이 아닐 수 없다. 우리는 우선 발음을 쉽게 하기 위한 편법에서 두음법칙을 인정하지 않고 있는데, 지금도 시골 노인들은 '라면'을 '나면'이라 하고, '로타리'를 '노타리', '라디오'를 '나지오'라고 발음하기도 하나, 두음법칙에 문제점이 있는 것만은 분명하다.

'깨보숭이'나 '떡보숭이' 등으로 쓰던 '보숭이'란 낱말이 점점 자취를 감추고 있으나, '아이스크림'을 '얼음보숭이'라고 했듯이, 우리도 살려 썼으면 하는 마음이다. '안하무인격'을 '저밖에 없는 듯이'로, '자문자답하다'를 '스스로 묻고 스스로 대답하다'라고 했으나, 이런 국어사전 낱말풀이 식은 지양되어야 한다. 아기들의 자가용이라고 할 수 있는 'Baby Carriage'를 '유모차'라고 한 건 애당초 잘못된 이름이므로 '애기차'라고 한 건 당연지사이겠으나, 한자어인 '음담패설(淫談悖說)'을 외래어까지 끌어다 붙여 '고급 세미나르'라고 했다. 남한의 '장조림'을 북한에선 '장졸임'이라고 했으나, '조리다'는 어육·채소 등을 양념하여 바짝 졸아들게 끓이는 걸 말하며, '졸이다'는 찌개 등의 국물이 증발하여 분량이 졸아들게 하는 '졸다'의 사동이므로, 음식물에 양념이 배어들게 하는 것이 위주라면 '조리다', 국물이 많아 졸게 하는 것이 목적이라면 '졸이다'로 구별해서 써야 하므로, '장졸임'이 아닌 '장조림'이어야 한다. '절도범(竊盜犯)'을 '훔친범'이라고 했으나, '범(犯)'은 '범인'을 뜻하는 한자로서 '진범(眞犯)', '범죄(犯罪)' 등처럼 한자와 어울려 쓰이는 글자이므로, '체포된 범인'을 '잡힌범'이라고 할 수 없듯이, '훔친 범인'을 '훔친범'이라고 하는 건 분명 잘못된 말이다.

　'정오표(正誤表)'는 '고침표'도 좋지만, '바루다'의 명사형인 '바룸표'도 좋을 듯싶고, '커튼(Curtain)'은 창문에만 쓰는 게 아니므로 '창문보'라기보다는 '가림보'라고 하는 것이 나았을 듯싶다. 모음이나 'ㄹ'로 끝난 용언을 명사로 만들려면, '기쁘다→기쁨', '알다→앎', '살다→삶' 등처럼, 어근에 명사형 전성어미인 '-ㅁ'을 받쳐 적어야 한다. 따라서 '만들다'도 '만들(어간)＋ㅁ(명사형 전성어미)＝만듦'이 되므로, '조혈제'를 말한 '피만듬약'도 '피만듦약'이 되어야 한다. '철퇴'를 '쇠망치'라고 했으나, '탐관오리들에게 철퇴를 가한다'는 말을 '쇠망치를 가한다'고 할 순 없을 것이며, '찍기'라고 한 '촬영'도 '사진찍기'라고 하면 모르겠거니와, '벽돌찍기', '명함찍기' 등 숱한 '찍기'들이 있는데 그냥 '찍기'라고 한 것과, PR용 소책자인 '카탈로그(까다로그 : 北)'를 '상품알림표'도 아닌 '상품알림'이라고 하여 미완성이 되고 말았다.

'고모ˇ아버지'나 '삼촌ˇ어머니'는 곧 '할아버지·할머니'가 되고, '고모ˇ사촌'은 곧 '오촌 당숙'이 되는데도, '고모부/고숙'을 '고모아버지', '숙모'를 '삼촌어머니'라 하고, '고종사촌'을 '고모사촌'이라 하여, 일가친척 많은 집안에선 어머니·아버지가 지천으로 깔릴 판이니, 가뜩이나 까다로운 계촌법(計寸法)이 더 혼란스럽게 되었다. '타이틀(Title)'을 '글자막'이라고 했으나, 영화나 연속극 제목이라면 모르겠거니와, '각종 타이틀전(戰)'을 '글자막 싸움'이라고 할 수 없음은 물론, '타이틀 획득'을 '글자막 얻음'이라고 할 순 없다. 북한의 '재털이'와 남한의 '재떨이'는, 담뱃재를 터는 것으로 보느냐, 아니면 떨어뜨리는 것으로 보느냐에 따라 표기도 달라지겠으나, 둘 다 일리가 있는 건 사실이므로, 어간 형성 접미사이인 '-뜨리다'와 '-트리다'처럼, '재털이'와 '재떨이'도 복수표준어로 인정해도 좋을 듯싶다. 여담이지만, 북한에선 지조 없는 여자를 '재털이'라 하고 당 간부의 여비서를 '깔개'라고 하는가 하면 '매춘부'를 '공동변소'라고 했는데, 아마 '재떨이'는 누구의 담뱃재(?)건 다 받아 준다는 뜻일 것이요, '깔개'는 아무나 깔고 앉는다는 뜻이며, '공중변소'는 누구든지 드나들 수 있다는 뜻이 아닐까 싶어 실소를 금할 수 없으나, 너무 지나친 비속어가 아닌가 싶기도 하다.

'안해(안히)'는 '아내'의 옛날식 표기로서 '안'은 '안팎'의 '안'이요, '-해'는 처용가의 "둘흔 내해엇고 / 둘흔 뉘해언고"에서처럼, 인칭대명사에 붙어 '그의 소유(것)'임을 나타내는 의존명사이므로, '안에 있는 사람'이란 뜻이 된다. 그러나 '선생'이란 말 자체가 존칭어이긴 하나, 도둑들에게도 '도선생(盜先生)'이라고 하는 판에 '스님'을 '중선생'이라 하는 것도 그렇거니와, 미혼모를 처녀에서 해방되었다고 하여 '해방처녀'라 하는 것 역시 은근히 비아냥거리는 말투 같아 마뜩찮다는 생각이 든다. '기생동물'을 '붙어살이동물'이라고 했으나 '더부살이동물'이라고 했더라면 하는 마음이 앞서고, '정사각형'을 '바른사각형'이라고 했으나, 기왕 제대로 순화하려면 '바른네모꼴'이라고 하는 것이 정답일 것이며, '제거하다'를 '없애치우다'라고 했으나, 없애는 거나 치우는 거나 같은 말이므로 그냥 '없애다'라고 해도 좋잖았을까 싶다.

'비축미(備蓄米)'를 '예비곡(豫備穀)'이라고 했으나, 한글로 쓰면 가수나 연주인들이 취입이나 리사이틀을 할 경우 만약을 위하여 따로 준비해 두는 곡을 뜻하는 '예비곡(豫備曲)'으로 오인하기 십상이다. '가정주부'는 북한에선 '주택가'를 '가두(街頭)'라 하므로 '직장녀성'의 대칭어로 '가두녀성(街頭女性)'이라고 했으나, 자칫 '길거리에 나앉은 여자'로 오인하지 않을까 싶어 걱정스럽다. '산책길'이 더 쉽고 어울리는 말인 것 같은데도, 왜 한자를 모르면 무슨 말인지 못 알아들을 '유보도(遊步道)'라 했으며, 콩글리시인 '핸들(Handle)' 역시 훨씬 더 어려운 한자어인 '조향륜(操向輪)'이라고 했는지도 궁금하다. 또한 '고용(雇傭)살이'를 '고농(雇農)살이'라 하고, '관광(觀光)버스'도 '유람(遊覽)버스', '대중가요(大衆歌謠)'를 '군중가요(群衆歌謠)', '보증(保證)하다'를 '담보(擔保)하다'로 고쳐 놓고 헛기침하는 것 같아 못마땅하기도 하다.

게다가, '개발도상국(開發途上國)'을 '발전도상국(發展途上國)'이라 하고, '고가철도(高架鐵道)'를 '가공철도(架空鐵道)', '고급(高級)담배'를 '특급(特急)담배', '관광안내원(觀光案內員)'을 '관광강사(觀光講士)', '금관악기(金管樂器)'를 '쇠관악기(-管樂器)', '기상대(氣象臺)'를 '기상수문국(氣象水門局)', '대풍년(大豊年)'을 '만풍년(萬豊年)', '생활필수품(生活必需品)'을 '인민소모품(人民消耗品)', '사례 발표회(事例 發表會)'를 '경험교환회(經驗交換會)', '수업시간(授業時間)'을 '상학시간(上學時間)', '영화각본(映畵脚本)'을 '영화문학(映畵文學)', '중소기업(中小企業)'을 '중세소업(中細小業)', '직무유기죄(職務遺棄罪)'를 '직무부집행죄(職務不執行罪)'라고 하는 등, 남한의 표기법과는 어떻게든 달리 해야겠다는 편견에서인 줄은 모르겠으나, 전혀 순화했다고 볼수 없는 비슷한 한자어들로 대체시켜 놓은 저의가 자못 의심스럽다. 더욱 가관인 것은 '공금횡령(公金橫領)'을 '탐오랑비(貪汚浪費)'라 하고, '농지정리(農地整理)'를 '포전정리(圃田整理)', '무상교육(無償敎育)'을 '면비교육(免費敎育)', '순환도로(循環道路)'를 '륜환도로(輪環道路)'라고 하는 등, 훨씬 더 어려운 한자어들로 바꿔놓아 말다듬기와는 전혀 거리가 먼 낱말들이 많아 되레 긁어 부스럼 만든 꼴이 되지 않았나 싶다.

'프리킥(Free Kick)'을 '벌차기'라 하고 '페널티킥(Penalty Kick)'을 '11 메타벌차기'라고 했으나, 상대 팀의 반칙에 대한 반대급부로 얻는 자유축을 말하는 것이므로, '벌차기'라고 하는 건 가당찮다. 따라서 '일을 잘못한 것에 대한 보상'이라는 뜻의 '옳'이란 순우리말이 있으므로, '프리킥'은 '자유축'이나 '옳차기'라 하고, '페널티킥'은 '문전옳차기'라고 해야 한다는 생각이다. '흡진기(吸塵機)'는, '진공청소기(眞空淸掃機)'보다 논리적인 말이긴 하나 더 어려운 한자어이며, '먼지빨개'는 '먼지＋빨('빨다'의 어근)＋개(명사형 전성어미)'로 분석되어 재치가 돋보인다. 그러나 남한에서 쓰는 말뜻과는 전혀 다른 문화어들도 심심찮게 눈에 띄는데, '기역니은순'을 '그느드르순'이라고 하는 건 그렇다 치고, '괜찮다'를 '일없다'라고 하지만, 우리는 대개 언짢을 때 "필요없다"는 뜻으로 쓰는 말이며, '구설수'를 그들은 '말밥'이라고 하나, 글로만 써 놓으면 우리는 '한 말 가량의 곡식으로 지은 밥'으로 알게 된다.

그들이 '공불'이라고 하는 '군불'은 방을 덥히기 위하여 지피는 불이므로, 맹탕 '공불'이라기엔 어폐가 있고, 그릇에 약간 덜 찬 상태를 '반실이'라고 했으나, 남한에선 신체의 기능이 떨어지거나 약간 덜떨어진 사람을 '반실이(半失-)'라고 하며, 남한에선 '남새밭'을 '포전'이라고 하는데 그들은 '논밭'을 '포전'이라고 한다. 옛 의관의 일종인 '감투'는 벼슬이나 지위를 뜻하는 말인데, 북한에선 뜻밖에도 '누명'을 '감투'라고 하니 황당하기 그지없고, 우리말 '바쁘다'를 북한에선 '어렵다'고 하니 이 또한 난감하기 그지없다. "그러다가 하릴없이 쪽박신세가 되어"처럼 달리 어떻게 할 도리가 없다거나, "하릴없이 생쥐꼴이 되어"처럼 조금도 틀림이 없음을 뜻할 때 '하릴없이'라 하고, "온종일 할ˇ일ˇ없이 빈둥거려?"처럼 아무것도 해야 할 일이 없음을 뜻할 때 '할ˇ일ˇ없이'라고 하는데, 북한에선 '하릴없이'를 '할일없이'라고 했으며, 우리는 '똥구멍'을 '항문(肛門)'이라고 하는 데에 반해, 북한에선 '홍문'이라고 하나, 실은 '홍문(紅門)'은 '정문(旌門)'이라고도 하는 '홍살문(紅-門)'의 준말이라, 앞으로 남북통일이 되어 남북한 사람들이 대화를 할 경우엔 누군가가 통역을 해야 할 것 같아 심히 걱정스럽다.

우리글 예사소리〔平音〕인 '골대', '둑', '조각' 등을 된소리〔硬音〕인 '꼴문대', '뚝', '쪼각' 등으로 표기하는가 하면, 외래어 표기에 있어서도 우리는 영어식 발음으로 'Plus'를〔플러스〕라 하고, 'Minus'를〔마이너스〕라고 하지만, 북한에선 영어 철자대로 읽는 러시아식 발음인〔플루스〕,〔미누스〕라고 쓰고들 있다. '빨치산(Partizan)'이나 '페치카(Pechka)' 등 역시 우리도 흔히들 실생활에 쓰고들 있는 말이긴 하나, '그룹(Group)' 또한 그들(북한)의 종주국이랄 수 있는 러시아 발음 그대로인 '그루빠'로, '로맨티시즘(Romanticism)'을 '로만찌즘'으로, '모터사이클(Motorcycle)'을 '모또찌클'로 쓰고 있는 것 또한 특기(特記)할 만하다. 사이시옷 규정 역시 '세째'에서 '셋째'로, '의부자식·의부어미'에서 '이붓자식·이붓어미'로 일부 제한적으로 허용했는가 하면, '새별(새로운 별)'과 '샛별〔金星〕', '비바람(비와 바람)'과 '빗바람(비가 오면서 부는 바람)' 등으로 구별하여 쓰는 건 충분히 인정되어야 할 것으로 본다. 아무튼 문화어도 좋고 순화어도 좋지만, 남북 할 것 없이 절대로 억지춘향식으로 무리하게 두들겨 맞춰 쓸 생각은 말아야 한다.

6) 북한의 복수표준어

북한에서 같은 뜻으로 함께 쓰는 말, 즉 '복수표준어'에 관하여 우리말과 어떻게 달라지고 있는지 비교 검토해 보기로 한다.

기존 낱말	인정된 말	남한 표기	비 고
가깝다	가찹다(남방)	가깝다	
갈래	가다리(남없)	갈래	
거의	거진(남방)		
겉/겉면	거충(남방)	겉/겉면	
겉절이	절이김치(남방)	겉절이	
고수머리	곱슬머리	고수(곱슬)머리	남한에서도 복수표준어.
광	고방	광/고방	(庫房). 남북 공용.
광솔불(남방)	솔광불(남방)	관솔불	
군입질	군것질	군입질/군것질	남북 공용.
근지럽다	그니럽다(남없)	근지럽다	
깨묵(옛사)	깨꾸지(남방)	깻묵	
꾸지람	꾸중	꾸지람/꾸중	남북 공용.
냅다	내구럽다(남방)	냅다	
넉넉하다	넉근하다	넉넉하다	남한에선 '너끈하다'.
눋은밥	가마치(남방)	눋은밥/누룽지	
늘이다	늘구다(남방)	늘이다	
닫히다	닫기다(남방)	닫히다	'-히-'='-기-'.
대님	고매끼(옛사)	대님	황해도 방언은 '고맷기'.
데우다	덥히다(남방)	데우다	'덥히다'(남사).
돋우다	돋구다	돋우다/돋구다	'돋우다'='돋구다'?
돌아서다	돌따서다(남방)	돌아서다	
디딜방아	발방아(남방)	디딜방아	둘 다 좋은 말.
딸꾹질	피끼(남없)	딸꾹질	옛 방언은 '피기'.
똑똑하게	딱히	똑똑하게	남한에서의 '딱히'는 별개.
뜯기다	뜯기우다(남없)	뜯기다	'-우-'는 연자(衍字).
락수물(남없)	기스락물(남방)	낙수물	(落水-).
막바지	막치기(남없)	막바지	
메꽂다	메꼰지다(남없)	메어꽂다	
물방개	기름도치(남없)	물방개	
반찬	찔게(남없)	반찬	(飯饌).
발자국	발자욱(남방)	발자국	

기존 낱말	인정된 말	남한 표기	비 고
병(瓶)	병사리(남방)	병(瓶)	'병사리'는 '병아리'의 방언.
부엌일	동자	부엌일/동자	남북 공용.
비방울	비꼬치(남방)	빗방울	방울=꼬치?
빠뜨리다	빠치다(남방)	빠뜨(트)리다	
빨리다	빨리우다(남없)	빨리다	'-우-'는 연자(衍字).
빨다	볼다(남없)	빨다	명령형은 '볼아라'?
뼈다귀	뼉다귀(남방)	뼈다귀	
사립짝	삽짝	사립짝/삽짝	남북 공용. '삽짝'은 준말.
사슴	누렁이	사슴	'누렁이'는 '누렁개'인데.
사향노루	궁노루	사향노루/궁노루	(麝香). 남북 공용.
서랍	빼람	서랍(←舌盒)	
섞갈리다	삭갈리다(남방)	섞갈리다	
속적삼	돌찌(남방)	속적삼	
수제비	뜨더국(남없)	수제비	뜯어+국→뜨더국?
숟가락	술(옛방)	숟가락/술	남북 공용.
쓸개	열(남방)	쓸개	
씻다	싳다(남방)	씻다	'씭다'는 중부 지방 방언.
아리숭하다(남방)	까리~하다(남방)	아리송하다	
아슬아슬하다	아짜~하다(남없)	아슬아슬하다	
안타깝이	안타깨비(남없)	안타깝이	'안타깨비'는 다른 말인데.
어퍼지다(남없)	어푸러지다(남방)	엎어지다	
엉뎅이(남방)	엉치(남방)	엉덩이	
옆	여가리(남방)	옆	'언저리'의 방언.
올케	오레미(남없)	올케	방언은 '오러미'.
왕개미	말개미	왕개미/말개미	남북 공용.
왜가리	왁새(남방)	왜가리	'왁새'는 평안도 방언.
원숭이	잰내비(남방)	원숭이	'잔나비'도 방언.
입천장	하느라지(남방)	입천장	
저/젓가락	절(남방)	저/젓가락	
존대하다	옙하다(남없)	존대하다	(尊待).
주먹밥	쮀기밥(남없)	주먹밥	
쪼각(남방)	쪼박(남방)	조각	'쪼각'은 '조각'의 경음화.
참붕어	농달치(남없)	참붕어	
콩나물콩	길금콩(남방)	콩나물콩/기름콩	길금콩→'기름콩'의 방언.
허수아비	허재비(남방)	허수아비	
흘기다	빨다(남방)	흘기다	

이렇듯, 남한에는 없는 말이나 방언들이 표준어 또는 복수표준어로 대폭 수용되어 있음을 알 수 있는데, 부슬부슬 내리는 비를 '부슬비'라 하고, 물렁물렁 연한 뼈를 '물렁뼈'라고 하는가 하면, 흔들흔들 움직이는 바위를 '흔들바위'라고 한다. 같은 맥락에서 곱슬곱슬 고부라진 머리를 '**곱슬머리**'라고 하여 '**고수머리**'와 함께 남북 공히 복수표준어로 사정(查定)되어 있는데도, 대부분의 우리 국어사전들은 '곱슬머리'를 비표준어로 취급하고 있다. 식어버린 된장찌개나 주전자 물을 가열할 경우엔 '데운다'고 하지만, 찬 방[冷房]이나 언 몸[凍身] 등은 '데운다'고 하지 않고 '덥힌다'고 한다. 그러나 표준국어 대사전 외엔 대부분의 국어사전에도 '덥히다'라는 낱말은 찾아볼 수가 없고, 다만 '새 우리말 큰 사전'에만 겨우 '데우다'의 사투리로 나와 있다. '찬물을 데워 세수를 했다'처럼 식었거나 찬 것을 덥게 한다는 뜻으로 쓸 땐 '데우다'라고 하지만, '군불을 지펴 방을 덥혔다'처럼 기온을 높이거나 몸에 느끼는 기운을 뜨겁게 한다는 뜻으로 쓸 땐 '덥히다'라고 해야 한다.

　'딱히'는 "딱히 뭐라고 단언할 순 없지만"처럼 '확실히'라는 뜻으로 쓰거나, '딱하다'의 부사형으로 쓰는 '**딱히**'를 북한에선 '**똑똑하게**'라는 뜻으로 쓰고 있다. 노름에서 돈을 잃거나 불량배들에게 돈을 갈취당한다거나, 모기에게 피를 빨리는 것을 '뜯기 : 다'('뜯다'의 피동형)라고 하지만, 소나 염소 등에게 풀을 뜯어 먹게 할 경우에는 동음이의어인 '뜯기다'('뜯다'의 사동형)라고 한다. 그런데 북한에서 '뜯기다'의 복수표준어로 인정한, '**뜯기우다**'와 '**빨리우다**'의 '-우-'는 연자(衍字)로 취급된다. '병사리'는 '병아리'의 황해도 방언이며, '누렁이'는 '누렁개(黃狗)'를 뜻하는 말인데, 어떻게 '병(瓶)'의 복수표준어와 '사슴'의 동의어가 되었는지 궁금하다. 평안도 방언이던 '**안타깨비**'는 쐐기나방의 유충이나 명주실 도막으로 짠 굵은 명주를 뜻하는 말인데, '곧잘 안타까워하는 사람'을 뜻하는 '**안타깝이**'의 동의어로 쓰고 있다. '숟가락'의 옛 방언이자 한 숟가락의 분량을 뜻하는 '**술**'을, '숟가락'의 동의어로 인정하고, 평안도 방언인 '**싳다**'도 '**씻다**'의 복수표준어로 인정했으나, 남한에선 '싳다'나 '씿다(손 씿어라 ×)'를 비표준어로 보고 있다.

곯아서 썩거나 삭아 빠지는 것을 '**고삭다**', 막무가내로 어쩔 수 없는 것을 '**다자꾸**', 함부로 매대기치는 것을 '**매닥질**', 서로 버티며 겨루는 것을 '**씨루다**' 등으로 다듬고 손질했다. 이 '**씨루다**'라는 말은, 지금도 경상도 지방에서 상용하고 있는 활어(活語)인데, 여타 국어사전에선 전혀 찾아볼 수 없고, '표준 국어 대사전'에만 실려 있긴 하나, 이 역시 힘겨운 일을 이루기 위하여 애쓴다는 말의 북한어라고 하여 방언으로 처리되어 있는 실정이다. 전송하는 것을 '**배웅**'의 평안도 방언이던 '**냄**'으로 하고, 시집간 딸은 출가외인을 뜻하는 '**집난이**'로 하여, 참신한 우리말의 순수한 매력이 한결 돋보이게 하는 것 같아 반가운 마음이 앞선다. 일의 뒤끝을 거두어 마무르는 솜씨나 모양새를 뜻하는 '**뒷거두매**'를, 북한에선 사이시옷이 없는 '**뒤거두매**'라고 했다. 이는 '앞뒤'의 '뒤'와, 손질하여 정돈하는 '거두다'의 어근인 '거두-'에, 맵시나 모양을 뜻하는 접미사 '-매'의 합성으로, '뒤거두매'가 된 것으로 짐작할 수 있으나, 만약 우리 맞춤법으로 표기한다면 당연히 사시시옷을 넣어 '**뒷거두매**'가 되었으리라.

매력적인 멋이 있어 보이는 것을 '**멋스럽다**' 하고, 어딘가 세련되지 못한 허술함을 '**촌스럽다**' 하며, 음식이 정갈하여 먹음직한 걸 '**맛깔스럽다**'고 한다. 이와 같이 접미사 '-스럽다'는 일부 명사의 어근에 붙어, 그러한 느낌이 있다는 뜻의 형용사가 되는 게 원칙인데, 북한에선 맛이 변변치 못하거나 제품 등의 질이 좋지 못한 것을 '**맛스럽다**'고 하니, 처음 듣는 우리들로서는 무척이나 당황스럽지 않을 수 없다. 남한에선 '깃발, 줏대, 젓가락' 등처럼 사이시옷을 쓰고 있는 데에 반해, 북한에선 '샛별, 빗바람, 이붓아비' 등, 극히 일부의 허용된 낱말 외엔 사이시옷 규정 자체를 인정하지 않고 있다. '논둑, 복수, 원수' 등도 예사소리로 쓰고 있는 남한의 표기와는 달리, '논뚝'이나 '복쑤', '원쑤' 등처럼 된소리로 표기하는가 하면 '색깔, 손뼉, 이빨' 등 된소리로 쓰는 건, 이와 반대로 '색갈, 손벽, 이발' 등처럼 예사소리로 표기하는 등, 의식적으로 우리 측 어문과의 차별성을 고집하며 대립각을 세우고 있는 것 같아 마음 한편으로 씁쓸한 기분을 숨길 수 없다.

1966년, 북한의 김일성 주석이 '국어의 발전에서 언어학자들이 수행해야 할 역할'에 대하여 발표한 담화 내용을 요약 정리해 보면, "공산주의자들인 우리는 우리말의 민족적 특성을 살리고, 한자말과 외래어를 고유한 우리말로 고쳐서 체계적으로 발전시켜 나가야 한다. 그런데 '표준어'라고 하면 마치 서울말을 표준하는 것으로 그릇되게 이해될 수 있으므로, '표준어'란 말을 그대로 쓸 필요 없이 다른 말로 바꿔 써야 한다. 사회주의를 건설하고 있는 우리가 혁명의 수도인 평양말을 기준으로 하여 발전시킨 우리말을 '표준어'라고 하는 것보다, '문화어'라고 고쳐 쓰는 것이 낫다."는 확고한 신념을 피력했다. 또 다른 교시에서는 "방언에서도 좋은 것들을 찾아내어 써야 한다. 우리가 방언들을 잘 조사해보면 지금도 쓸 수 있는 좋은 우리말들이 있을 것이다." 또는, "힘든 한자어를 쓰지 말고 군중이 알 수 있는 쉬운 말을 써야 한다는 것을 당적으로 널리 선전해야 한다."고 하여, 지금까지 북한 모든 언어 정책의 근간을 형성해 오고 있는 실정이다.

　　우리말의 언어정책은 해방 전에 지금 '한글학회'의 전신인 '조선어학회'가 1933년에 '한글 맞춤법 통일안'을 발표하고, 1936년에는 조선어학회에서 간행한 표준 어휘집인 '사정한 조선어 표준말 모음'을 발간함으로써, 근대 표준어의 주춧돌이 마련된 셈이었다. 그러나 해방 후 1954년에 북한에서도 '조선어 철자법'을 발표했으나 남북 간에 별문제 없이 이를 승계해서 써 오다가, 1960년대에 들어 그동안 써 오던 '조선어 철자법'을 개정하고 1966년에 '조선말규범집'을 따로 만들어 사용함으로써, 남북 간의 언어 차이가 점점 심각해지게 되었다. 게다가, 동족상잔의 6·25 전쟁을 치른 후 삼팔선을 경계로, 주권을 국민에게 두고 국민에 의한 정치를 하는 민주주의 시장경제와, 사유재산을 부정하고 자본주의의 붕괴와 계급투쟁에 따른 프롤레타리아 혁명을 주장하는 공산주의의 이념적 갈등으로 인한 적대감 등이 부지불식간에 쌓이게 됨으로써, 이데올로기는 말할 것도 없거니와 어문생활에까지 엄청난 영향을 미치게 된 것이라 할 수 있다. 그럼 그동안 남북 간에 달라진 어문정책의 요점만 간추려 살펴보기로 한다.

우선, 남한에선 두음법칙 규정에 따라 '르·ㄴ'이 첫소리에 올 수 없으므로 '泥田鬪狗', '老人', '料理店', '勞動階級', '旅館房', '旅客列車', '螺鈿漆器', 등을 우리는 두음법칙을 적용하여 '이전투구', '노인', '요리점', '노동계급', '여관방', '여객열차', '나전칠기'라고 발음하지만, 일부 특수한 경우 외엔 두음법칙을 인정하지 않는 북한에선 원래의 한자음 그대로 '리전투구', '로인', '료리점', '로동계급', '려관방', '려객렬차', '라전칠기' 등으로 쓰고 읽는다. 예사소리인 '조각', '둑', '안간힘' 등은 된소리인 '쪼각', '뚝', '안깐힘'으로 쓰ㄱ고 말하는가 하면, 우리가 된소리로 쓰는 '날짜', '눈썹', '맛깔스럽다', '잠깐' 등은 예사소리인 '날자', '눈섭', '맛갈스럽다', '잠간' 등으로 쓰고 말한다. 또한 남북 간에도 동음이의어가 있는데, '거들다'의 경우 남한에선 '이웃을 도와준다'거나 '곁에서 한 마디 거든다'고 할 경우를 말하지만, 그들은 남을 건드리거나 뭔가를 들춰내는 것을 말하고, '동무'도 남한에선 가까운 친구를 말하지만, 북한에선 혁명동지를 일컫는 말이 된다. '사귀다'는 남한에선 서로 교제하는 것을 말하나, 북한에선 서로 엇갈려 지나가는 것을 말하며, 남한에선 뭔가 못마땅할 때 '필요없다'는 뜻으로 '일없다'라고 하는데, 북한에선 '괜찮다'는 뜻으로 쓰이고 있다.

억양과 어조의 차이도 간과할 수 없는데, 우리말은 대체적으로 낮은 억양에 부드러운 어조라 안온하고 자연스러운 느낌을 주지만, 북한말은 또박또박 짧게 끊듯이 중국어의 4성처럼 위에서 아래로 뚝 떨어지는 어투라 과단성이 있고 약간 거친 느낌을 주게 된다. 그리고 남한에선 한글 순화운동에도 불구하고 여전히 한자어를 많이 쓰고들 있지만, 북한에선 '연좌농성(連坐籠城)'을 '앉아버티기', '수학여행(修學旅行)'을 '배움나들이', '산책로(散策路)'를 '거닐길' 등처럼 고유어로 고쳐 쓰고 있음은 물론, '스프레이(spray)'를 '솔솔이', '드레스(dress)'를 '나리옷', '브래지어(brassiere)'를 '가슴띠/젖싸개', '노크(knock)'를 '손기척' 등처럼 외래어도 대개 우리말로 바꿔 쓰고들 있다. 다만, 러시아어만은 '뜨락또르(트랙터)', '깜빠니야(캠페인)', '땅크(탱크)', '빨치산(파르티잔)' 등처럼 거의 현지발음을 위주로 쓰고들 있는 실정이다.

게다가, 남한에서는 자음동화를 인정하지만 북한에서는 이를 인정하지 않으므로, '득남'을 우리는 [등남]이라고 하는데도 그들은 곧이곧대로 [득남]이라 하고, '국물'을 [궁물(남)/국물(북)], '왕릉'을 [왕능/왕릉], '침략'을 [침냑/침략], '색유리'를 [생뉴리/새규리], '목양말'을 [몽냥말/모걍말], '진리'를 [질리/진리] 등으로 남북이 각각 달리 발음하고 있다. 그뿐만 아니라, 가장 두드러진 차이점은 그들은 'ㅓ'를 'ㅗ'로 발음한다는 점이다. '착청현상(錯聽現象)'인진 모르겠으나, 우선 그들의 노랫소리를 들어 봐도, 우리 민요 '아리랑'의 "아리랑 고개를 [노모←넘어]간다"나, '능수버들'의 "봄바람 [타고소←타고서]" 또는 '신고산 타령'의 "오랑 오랑 오호이야[어랑 어랑 어허야]" 등처럼, 'ㅓ'를 'ㅗ'에 가깝게 발음들 하고 있어, 실지 입말 역시 남북 간에 적잖은 차이가 있음을 실감하지 않을 수 없다. '건설[→곤솔]', '선생님[→손생님]'은 물론이거니와, 북한 퍼스트 레이디 리설주 '병사의 발자국'의 노랫말에 나오는 '어머니'의 발음도 [오모니]로 들리며, 북한 어린이 '대홍단 감자'의 노랫말 '너무 커서' 역시 [노무 코소]로 들림은 물론, 일상용어에서 '은가락지'도 [운가락지]로, '음악'도 [움악]으로, '즐겁게'도 '줄곱게'처럼 'ㅡ'가 'ㅜ'로 들리기도 한다.

게다가 한동안 북한 김정은의 본명이 '김정운'이라는 낭설이 떠돌기도 했으나, 알고 보면 김정일의 전속 요리사로 알려진 일본인 후지모토 겐지(藤本健二)도, 일본인들의 발음 구조상 '김정은'의 '은'을 발음할 수 없으므로 '김정운'이라고 발음한 것을 한국 매스컴 기자들이 곧이곧대로 '김정운'이라고 소개하는 바람에 적잖은 센세이션을 일으키기도 했었다. 그리고 됐어[돼써]'를 [돼서], '섭섭해[섭써패]'를 [섭서배]로, '개척할[개처칼]'을 [개처갈] 등으로 약화되는 'ㅎ 탈락 현상'이 나타나는데, 남쪽의 대표적인 인물은 DJ를 첫손가락에 꼽을 수 있잖을까 싶다. YS는 '환경'을 [항겡], '확실히'를 [학시리]라고 발음했는가 하면, DJ는 '북한[부칸]'을 [부간]이라 하고, '생각한다[생가칸다]'를 [생가간다] 등으로 발음하자, 한동안 방송인들도 덩달아 이런 식으로 발음하는 도미노현상이 일어나기도 했었다.

띄어쓰기 역시 남북 간에 확연한 차이점이 드러나는데, 우선 남한의 띄어쓰기 대원칙은 문장의 각 단어는 띄어 씀을 원칙으로 하도록 되어 있으나, 그들은 대단위로 붙여 쓰도록 되어 있었다. 그러나 2016년 4월에 띄어쓰기 규정을 개정한 '조선말 띄어쓰기규범'을 발표했는데, 그 중 가장 핵심적인 내용은 본용언과 보조용언은 붙여 써 왔으나, '만나˅보다', '먹어˅보다', '전개되여˅오다', '먹고˅있다', '가고˅있다' 등처럼, '-아', '-어', '-여'형 어미의 다음에 오는 낱말과 '있다'는 앞 말과 띄어 쓰되, 붙여 써오던 '눈멀다', '끝맺다' 역시 지금은 '눈˅멀다', '끝˅맺다', '파도˅사나운˅기슭', '꽃˅피는˅마을', '잠˅자다' 등처럼 품사가 다른 단어들은 원칙적으로 띄어 쓰도록 했다. 특히 의존명사는 앞말과 띄어 써야 하는 우리들과는 달리 그들은 여전히 붙여 쓰도록 하고, 본용언과 보조용언의 결합 역시 우리는 띄어 쓰는 것을 원칙으로 하되, 붙여 쓰는 것도 허용토록 하고 있다.

여담이지만, 혹 탈북자들을 만날 경우 우리는 아무런 사심 없이 그저 반갑다는 뜻으로 "반갑습네다."라고 하며 우선 말을 건넨다. 그러나 1999년 입국한 탈북자 김영진 씨는 남쪽 사람들이 북한 말투를 흉내 내어 흔히 '~네다'라는 말을 쓰지만, 북한에선 쓰지 않는 말투가 왜 남쪽에서 쓰게 되었는지 이해할 수도 없거니와, 자신들을 비하하고 깔보는 말투로 생각되어 "제일 듣기 싫은 말 중의 하나"라고 실토한 적도 있다. 단지, 남쪽 사람들이 '~네다'로 잘못 알아들을 뿐, 원래 그들은 분명히 '~니다'라고 발음한다는데, "농담 끝에 살인난다."는 속담도 있듯이, 무심코 내뱉은 우스갯소리가 절대로 상대방의 자존심을 상하게 해선 안 되리라고 본다. 아무튼, 남북 분단 60여 년 동안에 풍속과 사상의 변질은 말할 것도 없거니와, 5만여 개에 달하는 특수 학술용어를 비롯한 한자어나 외래어가, 우리 고유어 또는 신조어로 바뀌어, 우리 국어사전에 없는 어휘만 해도 이루 헤아릴 수 없을 정도로 넘쳐나고 있는 실정인데, 인터넷에 떠도는 자투리 북한말 외엔 그 흔한 세계 각국의 사전 중에 제대로 된 북한말 사전 하나 손쉽게 구해 볼 수 없는 우리의 언어현실이 참으로 안타깝기 그지없다.

4. 외래어 표기법의 문제점

1) 로마자 한글 표기

우리나라 최초의 외래어 표기는 세종 29년, 항간에서 잘못 쓰이고 있는 한자음을 바로잡기 위하여 신숙주, 박팽년, 이개, 성삼문 등이 한자 음운서로 공동 편찬한 '동국정운'을 효시로 보고 있다. 대한민국 건국 후, 현대 외래어 표기의 원칙을 최초로 정한 것은, 주시경과 그의 제자들에 의하여 발전된 국어 연구의 결실로서, 1930년 12월 13일 조선어학회 총회의 결의로 '한글맞춤법통일안'을 제정키로 하고 이희승, 최현배 등 위원 12명이 2년 간의 심의를 거쳐 1932년 12월 원안을 완성했다. 이에 1933년 "표음주의를 취하되 새로운 문자나 부호를 만들지 않는다."는 원칙 아래 이희승, 최현배 등 12명의 한국 학자들과 50명의 외국인이 참여하여 1940년 6월 한글학회에서 간행한 것을 문교부에서 '들온말 적는 법', '로마자의 한글화 표기법', '국어의 로마자 표기법'을 거쳐 '외래어 표기법 통일안'이 1941년 1월 15일 공포되었다.

1948년에는 문교부 학술용어 언어과학 위원회에서 '들온말 적는 법'을 심의·결정했으나, 조선어학회안의 일자일음 표기법(一字一音 表記法)에서 '들온말 적는 법'에서는 '일자다음 표기법(一字多音 表記法)'을 채택한 것 외에도, 음성기호 〔f〕를 'ㆄ'로, 〔v〕와 〔β〕를 'ㅸ'로, 〔z〕와 〔ʒ〕를 'ㅿ'로, 또 〔ʃ〕를 '쉬'로, 〔tʃ〕를 '쮜'로, 〔ch〕를 '취'로, 〔l〕을 'ㄹㄹ'로 적는 등 새로운 자모나 부호를 쓸 것을 규정했으나, 너무 전문적이고 복잡하여 널리 보급되지 못하고, 1953년 문교부에서 다시 '외국 인명·지명 표기법'을 제정했으나 역시 큰 실효를 거두지 못한 채 1956년부터 국어심의회 외래어 분과위원회로 하여금 로마자의 한글화 방안을 심의·연구토록 하여, 1958년 9월 30일 '로마자의 한글화 표기법'이 정부안으로서 제정·공포되었다. 이듬해인 1959년부터 이에 따른 시행안으로서 '편수자료'가 4집까지 나와, 장음부호와 파열음 종성 처리 등에 관한 다양한 변화를 보이는 등의 난항을 거듭해 왔다.

왜냐하면, 교과서는 '편수자료'의 표기법을 따르는가 하면, 대다수의 국어 사전들과 각종 신문들은 조선어학회안인 외래어 표기법 통일안의 표기법을 따랐기 때문이다. 가장 큰 차이점은 'Cap'이나 'Kick' 등도 편수자료에서는 '캡'과 '킥'으로 표기하고, 통일안에서는 '캡'과 '키크'를 고집하는가 하면, 'New York'도 편수자료에서는 '뉴우요오크'로 쓰고, 통일안에서는 '뉴요크'로 써야 한다는 등의 20여 종 외에도, 독일어나 프랑스어의 표기 역시 상당한 난맥상을 드러내기도 했다. 자국에서 생산되지 않는 물건의 수입과 함께 차용된 외래어의 동기를 '필요충족적동기(必要充足的動機)'라고 하듯이, 사실 어느 나라에서건 외래어는 있기 마련인데 일본어에는 53%, 영어에는 55%, 우리말에는 54.54%(큰사전 통계)가 외래어라고 한다. 우리말에는 약 30개 국의 외래어가 쓰이고 있다는데, 한글학회에서 발행한 '큰사전'의 총 어휘수 140,464단어 중 한자말이 81,362개(58%)이며, 순수한 우리말이 56,115 단어(40%)가 된다고 오동춘 시인이 발표한 바도 있다.

　우리말 순화 토론회에서는 한자말이 70%, 서양말이 6%, 일본어가 5% 정도라고 발표했는가 하면, 한글학회에서 집계한 통계로는 고유어가 43.6%, 한자어가 53.9%, 외래어가 2.5%라고 했다. 또한 한국 최초의 국어사전인 '우리말 사전'(1936년 문세영 저)에만 해도 2.1%, 1990년의 국어사전엔 12,700여 개로서, 5.5%의 외래어가 수록돼 있다고 했는가 하면, 최근 국립국어연구원의 '표준국어 대사전'에는 고유어 25.9%, 한자어 58.5%, 외래어 4.7%, 기타 10.9%로 구성되어 있다고 했다. 지난 1976년에는, 국어순화운동의 일환으로 '한국신문편집인협회' 내에 '보도용어 통일 심의위원회'가 상설기구로 설치되어 표기 원칙을 세우자, 문교부에서는 '국어심의회 외래어 분과위원'으로 하여금 1978년 5월부터 외래어표기법 개정 작업을 벌여, 12월에 개정시안을 발표하고 여론과 공청회를 거쳐 1979년 12월에 '외래어 표기법안'을 마련하게 되었다. 그러다 수차례 수정 보완한 것을 1985년 국어심의회 표기법 분과위원회의 심의를 거친 후, 1985년 12월 28일 문교부 고시 제85-11호인 현행 '외래어표기법'으로 자리 잡게 되었다.

1986년 제정된 외래어 표기법의 대원칙에도 외래어 하나의 음운은 하나의 기호로 적되, 원어민의 발음과 최대한으로 비슷하게 적는다고 했는데도, 당시 정희원 국립국어원 어문연구실장은 "외래어 표기법은 외래어를 우리 문자 체계로 받아들이는 사회적 약속이기 때문에 학습자 편의를 위해 변경해서는 곤란하다."고 말했다지만, 그럼 누구의 편의를 위해야 곤란하지 않은지 묻지 않을 수 없다. 1991년에 개원한 국립국어원에서도 그동안 외래어, 한자어, 일본 어투 용어 등 22,000여 개의 낱말들을 다듬고 손질해 왔으나, 일반 언중들의 호응을 제대로 얻지 못하고 있는 상태라고 할 수 있다. 옛날엔, 편집인 협회 용어심의위원회에서 발간한 '보도 용어집'의 개정 증보판인 '외래어 표기 편람'이나, 한국 교열 기자회에서 펴낸 '외래어 사전'이 한동안 이용자들의 지침서가 되기도 했으나, 지금은 그나마 믿고 쓸 만한 제대로 된 지침서를 접해 보기가 힘든 것도 사실이다. 현행 외래어 한글 표기의 문제점은, 규정은 규정대로 사전은 사전대로 입말(口語 : Parol)은 입말대로 저마다 각양각색이라, 결국 문자언어(Written Language)와 음성언어(Spoken Language)가 제각기 따로 쓰이고 있는 실정이다.

외래어 표기에는 우리 국어의 음운구조를 무시하고서라도 최대한현지음에 가깝게 표기하는 방법과, 현지음과는 다소 거리가 있더라도 우리의 음운구조에 동화된 대로 표기하는 방식이 있으나, 동시에 두 가지 방법을 혼용할 수도 없거니와 설령 혼용한다손 치더라도 완벽한 표기가 된다고 할 수도 없는 노릇이다. 한글은 열네 개의 자음과 열 개의 모음으로 구성된 문자 체계로 확연히 구분할 수 있지만, 로마문자에서 빌려온 영어 알파벳은 흔히들 스물한 개의 자음과 다섯 개의 모음으로 구성된 것으로만 알고들 있으나, 하나의 문자로 여러 발음기호로 표기될 수도 있는데다, 하나의 글자가 다양한 발음으로 소리 나기도 하여, 자음과 모음을 단정적으로 구분하기란 결코 쉬운 일이 아니다. 따라서 알파벳보다 소리, 즉 발음기호로 구분하게 되는데, 혀가 잇몸이나 입천장 등의 다른 기관을 거쳐서 소리가 나면 '자음'이고, 다른 기관을 거치지 않고 소리가 나면 '모음'이라 할 수 있다.

영어의 특성상 발음은 약간 시원찮더라도 장·단음과 악센트만 제대로 지켜 주면 알아들을 정도로 모음에서는 악센트로 소리를 구분하지만, 자음에서는 유·무성음으로 소리를 구분하게 된다. 그러나 소수의 언어학자들을 제외한 대다수의 한국인들은 유성음(有聲音)과 무성음(無聲音)에 관한 의식도 없고 관심도 없으므로 당연히 식별하지도 못한다. 우선 로마자는 'g·k', 'd·t', 'b·p'처럼 이중 체계로 구성되어 있으나, 한국어는 유·무성음의 구별이 없는 대신, 'ㄱ·ㄷ·ㅂ·ㅅ·ㅈ' 등의 예사소리와 'ㄲ·ㄸ·ㅃ·ㅆ·ㅉ' 등의 된소리, 그리고 'ㅋ·ㅌ·ㅍ·ㅊ' 등의 거센소리로 분류되는 독특한 음운 체계를 가지고 있다. 게다가 'ㄱ·ㄷ·ㅂ·ㅈ' 등의 무성음도 '고기', '두둔', '바보', '조준' 등에서처럼 각 낱말들의 뒤에 있는 'ㄱ·ㄷ·ㅂ·ㅈ'이 유성음과 유성음 사이에 놓이게 되면 유성음화된다는 사실조차 인식하지 못하고 있다. 그러기에 '고기'를 'Kogi' 로, '두둔'을 'Tudun', '바보'를 'Pabo', '조준'을 'Chojun'으로 표기하는 매큔-라이샤워 표기법의 뜻을 헤아리지 못하고 불만을 토로하거나, 무척 의아하게 생각할 수밖에 없게 된다.

　유성음과 무성음의 차이점을 알기 쉽게 설명하자면, 누군가의 질문에 건성으로 대답하는 '응!' 소리나, 조용히 하라는 뜻의 '쉬-' 소리가 바로 유성음이요, 주부들이 부엌에서 설거지할 때 내는 '스-'소리나, 독한 위스키 한 잔 들이키고 '카' 할 때의 소리가 바로 무성음에 속한다. 영어나 일본어는 유성음과 무성음으로 뜻이 구분되지만, 우리말은 무기음과 유기음으로 구분되는데, 한국어나 중국어, 타이어(語) 등이 이에 속한다. '유기음'이란, 촛불 앞에서 발음을 할 때 입바람에 불꽃이 흔들리는 'ㅊ·ㅋ·ㅌ·ㅍ·ㅎ' 등의 자음을 말하며, '무기음'이란 촛불이 흔들리지 않는 'ㅊ·ㅋ·ㅌ·ㅍ·ㅎ' 이외의 모든 자음이 이에 속한다. 그러나 한글로는 로마자의 유성음과 무성음을 표기할 수 없고, 로마자로는 한글의 유기음과 무기음을 구별해서 표기할 수 없다. 따라서 현행 표기법으로는 'g=ㄱ', 'd=ㄷ', 'b=ㅂ', 'p=ㅍ', 'k=ㅋ', 't=ㅌ'으로 적도록 되어 있으나, 실은 'g', 'd', 'b', 'j'는 유성음인 데에 반해 'ㄱ', 'ㄷ', 'ㅂ', 'ㅈ' 등은 모두 무성음들이므로 논리적인 모순이 생기게 된다.

그러나 한글에는 어두의 유성음 'g', 'd', 'b', 'j'에 대응될 만한 유성음 자모가 없으므로, 부득이 무성음 'ㄱ, ㄷ, ㅂ, ㅈ'으로 대신 적기로 하되, 된소리 표기는 외국어 음역에는 일률적으로 쓰지 않기로 된 것이다. 영어의 한글 표기 역시 'b'와 'v', 'j'와 'z', 'p'와 'f', 'l'과 'r' 등은 확연히 구분되는 발음인데도, 한글로는 'Ban(금지하다)'이나 'Van(화물자동차)'도 '밴'이요, 'Valance(휘장)'나 'Balance(균형)'도 '밸런스', 'Jane(계집애)'이나 'Zane(John의 별칭)'도 '제인', 'Zoe(여자 이름)'나 'Joe(Joseph의 애칭)'도 같은 '조'가 되고, 'Pace(보폭)', 'Face(얼굴)'도 똑같은 '페이스'가 되고 만다. 'Lead(이끌다)'나 'Read(읽다)'도 '리드'요, 'Lace(끈)'나 'Race(경주)'도 '레이스'라고 표기할 수밖에 없다. 더구나, 한국어에는 악센트는 물론 인토네이션이 없다는 공통점이 있어, 원음에 가깝게 표기하거나 발음하기엔 무리가 따를 수밖에 없다. 특히 'Thousand〔Θáuzənd〕', 'Month〔mʌnΘ〕' 등의 〔Θ〕 발음과 'Them〔ðem〕', 'Than〔ðæn〕' 등의 〔ð〕 발음, 'Dizzy〔dízi〕'나 'Zero〔zíərou〕' 등의 〔z〕 발음, 'Gentleman〔dʒéntl-mən〕'이나 'Jet age〔dʒeteidʒ〕', 'Jackson〔dʒǽksən〕' 등의 〔dʒ〕는 제 음가대로 표기하는 것도 그렇거니와, 발음 또한 무척 부담스러워하는 것들이다.

하긴, 같은 개 짖는 소리인데도 듣는 사람들의 음감에 따라 '컹컹'이나 '멍멍'으로 듣는 사람도 있듯이, '거울'을 '겨울', '마늘'을 '바늘', 'No Touch'를 '노다지', 'Shoe Shine Boy'를 '슈산뽀이'로 잘못 알아듣는 현상을 음성학적인 전문용어로는 '몬데그린 현상(Mondegreen Phenomenon)' 또는 '몬더(드)그린 현상'이라고도 한다. 이 말의 어원은 'The Bonny Earl of Murray(머리의 잘생긴 백작)'이라는 스코틀랜드 노래의 마지막 구절 "And laid him on the green(그리고 그를 풀밭에 뉘었지)."의 'Laid(레이드)'를 'Lady(레이디)'로, 'Him on the green(힘 온 더 그린)'을 'Mondegreen(몬데그린)', 즉 'And Lady Mondegreen(레이디 몬데그린)'으로 잘못 알아들었다고 고백한 미국 작가 실비아 라이트(Sylvia Wright)의 에세이집 'The Death of Lady Mondegreen(레이디 몬드그린의 죽음)'에서 비롯된 용어라고 한다.

이런 몬데그린 현상으로, 같은 총소리도 미국인들의 귀에는 '뱅뱅(Bang Bang)'으로 들리지만 우리 귀에는 '빵빵/탕탕'으로 들리고, 병아리 소리도 '칩칩(cheep-cheep)'으로 듣지만 우리는 '삐악삐악'으로 들으며, 시계 소리 역시 그네들은 '틱택(tick-tack)'으로 듣지만 우리는 '똑딱'으로 알아듣는다. 그뿐만 아니라, 같은 로마자인데도 각 나라마다 발음에 차이가 있어, 노르웨이 노벨상위원회 베르게 위원장은 2000년 노벨 평화상 수상자인 김대중(Kim Dae-jung) 대통령의 이름을 '김대융'이라고 발표한 웃지 못할 사건(?)도 있었다. 실지로 '예수 그리스도(Jesus Christ)'도 영어식으로는 '지저스 크라이스트'가 되고, '이삭의 아들 'Jacob'을 영어권에선 '제이컵'이라고 하지만 유럽에선 '야곱'이라 하고, 그리스 신화의 영웅 헤라클레스(Heracles)도 로마 신화에서는 '헤르쿨레스(Hercules)'라고 하는데, 미국식 영어로는 같은 철자인데도 '허큘리스(Hercules)'라고 하며, 로마의 정치가 'Julius Caesar'도 영어권에선 '줄리어스 시저'라고 하지만 유럽에선 '율리우스 카이사르'라고 하듯이, 대부분의 유럽 국가에서는 'J'를 'i'나 'y'로 발음하고 있기 때문에 '김대융'으로 발표하게 되었음을 알 수 있다.

이런 제반 사정으로 미뤄보아, 한국어와 로마자 표기 역시 일대일로 대응시켜 표기해야 한다는 건 사실상 무리가 아닐 수 없다. 특히 한국이나 프랑스에서는 정부 차원에서 어문 규정을 직접 관리하고 있지만, 영미권 국가에서는 역사적으로도 철자법이나 발음법 등에 관한 특별한 규정이나 통제가 없으므로, 제대로 성문화된 표기법이 없는 실정이다. 우선 'a'만 하더라도 'Dark', 'Calm', 'Charming' 등처럼 홑자음 앞에선 대개 〔아〕 발음이 나고, 'Jacket', 'Rabbit', 'Manager' 등처럼 'a' 뒤에 자음이나 겹자음이 있을 경우 대개 〔애〕 발음이 나며 'Cable', 'Face', 'Gate' 등처럼 자음 뒤에서 묵음되는 'e'가 있거나, 'Sailer', 'Rail', 'Chain' 등처럼 'a'와 'i'가 겹쳐질 경우엔 〔에이〕로 발음되는가 하면, 'Attack', 'Arrange', 'Again', 'Avail' 등에서는 〔어/에이〕로 발음되며, 'Autumn', 'August', 'Because' 등처럼 'a'와 'u'가 접속될 땐 〔오〕와 〔아〕를 합친 듯한 〔ɔ:〕로 발음되는 등 가지각색 천방지축이다.

'Eagle', 'Cream', 'Peace' 등처럼 'ea'가 합쳐지면 〔이 : 〕로 발음되고, 'Tear, Korea' 등은 〔이어〕로 발음되며, 'Health, Bread' 등처럼 〔에〕로 발음되는가 하면, 'Reagan', 'Steak'는 〔에이〕로 발음되어 '레이건', '스테이크'가 된다. 'Banana〔bənǽnə〕'나 'Canada〔kǽnədə〕' 등은 같은 단어 속에서도 'a'가 〔어〕와 〔애〕로 발음되어 '버내너', '캐너더'가 되고, 'Arrangeman〔əréindʒmæn〕'은 〔어, 에이, 애〕가 제멋대로 넘나들어 '어레인 지맨'이 된다. 같은 'i'인데도 'Milk(밀크)'에서는 〔이〕로 발음되고 'Mild (마일드)'에서는 〔아이〕로 발음되며, 'Child(차일드)'에서는 〔아이〕로 발음되는가 하면, 'Children(칠드런)'에서는 〔이〕로 발음된다. 'Human(휴먼)', 'Document(도큐먼트)' 등의 'u'는 알파벳 이름 그대로 〔유〕로 발음되는가 하면, 'Funny(퍼니)', 'Lunch(런치)' 등에서는 〔어〕로 소리 나고, 'Full(풀)', 'Pull(풀)' 등에서는 〔우〕로 발음된다. 이처럼 영어는 어떤 공식에 따라 기계적으로 발음되지도 않거니와, 스펠링과도 무관한 엉뚱한 발음이 나오기도 한다.

'e'도 'Ceremony(세레모니)', 'Demonstration(데몬스트레이션)' 등에서는 〔에〕로 발음되지만, 'News(뉴스)', 'Remember(리멤버)' 등에서는 〔이〕로 발음되는가 하면, 'Case(케이스)', 'Gate(게이트)' 등의 어말모음이 되면 'e'가 묵음되어 버리기도 한다. 'o' 역시 'Object(아브젝트)', 'Occupation(아 켜페이션)' 등에서는 〔아〕로 발음되고, 'Ocean(오우션)', 'Open(오우펀)' 등에서는 〔오우〕로 발음되며, 'Condition(컨디션)', 'Commercial(커머셜)' 등에서는 〔어〕로 발음되는가 하면, 'Oxen(옥슨)'이나 'Operate(오퍼레이트)'는 〔오〕로 발음되지만 'One(원)', 'Once(원스)' 등에서는 뜻밖에도 〔워〕로 발음되는 특수한 경우도 있으며, 'School(스쿨)'이나 'Room(룸)'처럼 'o'가 겹쳐질 땐 〔우〕로 발음되기도 한다. 여기서 꼭 한 가지 짚고 넘어가야 할 것은, '어'와 '오'의 중간 발음이라 할 수 있는 발음기호 〔ɔ〕의 한글 표기를 '오'로 표기할 수밖에 없으나, 혹여 한국식 발음으로 곤혹스러워하지 않으려면, 영어 발음에는 우리가 '오래'나 '오늘'이라고 말할 때의 딱 떨어지는 〔오〕 발음은 절대로 없다는 사실을 잊지 말아야 한다.

영어에서 'A', 'B', 'C'를 '에이[ei]', '비[bi :]', '씨[si :]'라고 한 건 각 알파벳들의 대표적인 발음을 내세워 이름을 붙였기 때문이지만, 라틴어, 스페인어, 그리스어, 아랍어, 독일어 할 것 없이 전 세계의 언어들을 무작위로 받아들여 하나의 문자에 다양한 음가로 표현되는 일자다음(一字多音) 체계인 영어 알파벳과 'ㄱ', 'ㄴ', 'ㄷ'이라는 자음에 각각 'ㅏ'나 'ㅗ', 'ㅜ' 등의 모음을 결합시켜 '가', '노', '두'라는 하나의 음절이 성립되는 일자일음(一字一音) 체계를 가진 한글 자모를, 일대일로 대응시킨다는 건 아무래도 무리가 따르지 않을 수 없다는 애기다. 다만 한 가지 분명한 것은, 일자다음 체계의 문자와 일자일음 체계의 불합리성을 최소화하려면, 로마자를 우리 한글 음운 체계에 맞춰 달라고 할 수는 없으므로, 한글 자모만으로도 가능한 한 최대한으로 가까이 다가갈 수 있는 표기가 되어야 함은 물론이다.

지금까지 로마자 한글 표기의 여러 가지 문제점을 짚어 보았으나, 특수한 경우를 제외하고 말과 글은 반드시 일치해야 한다는 소신에서, 동아 새 국어사전에 표제어(Entry)로 실린 외래어 중에서, 문제점이 있는 것들만 대강 선별하여 실지로 어떻게 달리 쓰이고 있는지, 관련 사전들을 통하여 비교 검토해 보기로 한다. 다만, 다음 표의 '실지 입말'란은, 만국 음성 기호나 현행 규정이야 어떻든, 현재 일상생활에서 언중들이 실지로 쓰고들 있는 통용 발음 그대로를 표기한 것들이다. 그리고 ⑨은, 일본식 발음이란 뜻이며, 기타 사전란에 나오는 사전들의 내용은 다음과 같다.

(엣한) : 민중 엣센스 한영사전(1993년 제2판)
(새사) : 동아 새 국어사전(1990년 발행)
(엣국) : 민중엣센스 국어사전(1998년 제4판)
(외사) : 외래어 사전(한국 교열기자회)
(외용) : 외래어 표기 용례집(국어연구소)
(한컴) : 한컴사전(한컴오피스)
(표국) : 표준국어 대사전(국립국어원)

단 어	영한사전발음	실 지 입 말	기타 사전들의 다른 표기
Narration	내[너]레이션	나레이션	나레~(엣한). 내레~(외용·엣국·한컴).
Dynamic	다이내믹	다이나믹	다이내믹(표국·엣국·한컴).
Diamond	다이[어]먼드	다이야몬드	~아~(새사·엣한·엣국·표국·한컴).
Delicate	델리킷[컷]	데리케이트	~컷(새국). ~킷(엣국·표국·한컴).
Doughnut	도우넛	도나쓰(일)	도넛(표국·엣국·한컴).
Lacquer	래커	라카	래커(국대표국·엣국·새국).
Runner	러너	런너/란나(일)	러너(표국·엣국·한컴).
Repertory	레퍼터[토]리	레파토리(일)	레퍼토리(표국·엣국·한컴).
Receiver	리시버	레시바(일)	리시버(표국·엣국·한컴).
Morphine	모르핀	몰핀	모르핀(표국·엣국·한컴).
Mystery	미스터리	미스테리(일)	미스터리(표국·엣국·한컴).
Master	마[매]스터	마스타(일)	마스터(표국·엣국·한컴).
Banjo	밴조	벤조	밴조(표국·엣국·한컴).
Balance	밸런스	바란스(일)	밸런스(표국·엣국·한컴).
Burner	버너	바나(일)	버너(표국·엣국·한컴).
Berkshire	버[바]크셔	바쿠샤(일)	버크셔(표국·엣국·한컴).
Butter	버터[러]	빠다	버터(표국·엣국·한컴).
Veneer	버니어	베니아	베니어(새사·외용·표국·엣국·한컴).
Bonnet	바[보]닛	본네트	보닛(표국·엣국·한컴).
Volume	볼[발]륨	보륨	볼륨(표국·엣국·한컴).
Buffet	버페이/버핏	부페	뷔페(새사·엣한·외용·엣국·표국·한컴).
Bridge	브리지	부릿지(일)	브리지(표국·엣국·한컴).
blouse	블라우스[즈]	부라우스(일)	블라우스(표국·엣국·한컴).
Blues	블루스[즈]	부루스(일)	블루스(새사·엣한·외용·엣국·표국·한컴).
Biscuit	비스킷	비스켓	비스킷(표국·엣국·한컴), 비스켓(엣한).
Sandal	샌들[덜]	샌달	샌들(표국·엣국·한컴).
Chamois	섀미/섀똬	쎄무(일)	섀미(엣한·외용·엣국·표국·한컴).
Chassis	섀시	샤시(일)/샷시	섀시(표국·엣국·한컴). 샤시(엣한).
Sentimental	센티[터]멘털	센치멘탈	센티멘털(엣한·표국·엣국·한컴).
Shutter	셔터[러]	샷다(일)	셔터(표국·엣국·한컴).
Sausage	소[사]시지	쏘세이지	소시지(표국·엣국·한컴).
Socket	소[사]킷	소케트	소켓(새사·엣한·외용·엣국·표국·한컴).
Stadium	스테이디엄	스타디움	스타디움(모든 국어사전).
Standard	스탠더드	스탠다드	스탠더드(표국·엣국·한컴).
Stewardess	스튜어디스	스츄어디스	스튜어디스(표국·엣국·한컴).
Spanner	스패너	스빠나(일)	스패너(표국·엣국·한컴).

단 어	영한사전발음	실 지 입 말	기타 사전들의 다른 표기
Sponge	스펀지	스폰지(일)	스폰지(옛한). 스펀지(표국·엣국·한컴).
Accelerator	액셀러레이터	악세레다	액셀러레이터(모든 사전들).
Accordion	어코디언	아코디온	아코디언(새사·엣국·표국·한컴).
Aluminum	얼루미[머]넘	알미늄	알루미늄(새사·외용·표국·엣국·한컴).
Angel	에인절	엔젤	에인젤(새사). 에인절(엣국).
Elevator	엘러베이터	에레베타(일)	엘리베이터(표국·엣국·한컴).
Washer	와[워]셔	와샤	와셔(표국·엣국·한컴).
Ukulele	유컬레일리	우쿠레레(일)	우쿨렐레(새사·외용·표국·엣국·한컴).
Humour	유[휴]머	유모아(일)	유머(표국·엣국·한컴).
Inflation	인플레이션	인푸레션	인플레이션(표국·엣국·한컴).
Counselor	카운설[슬]러	카운셀러	카운슬러(표국·엣국·한컴).
Caramel	캐러멜[멀]	캬라멜	캐러멜(표국·엣국·한컴).
Caravan	캐러밴	캬라반(일)	캐러밴(표국·국대·새큰·새국·엣국)
Carol	캐럴	캐롤	캐럴(표국·엣국·한컴).
Cabinet	캐비[버]닛	캐비넷	캐비닛(표국·엣국·한컴).
Kangaroo	캥거루	캉가루(일)	캥거루(표국·엣국·한컴).
Career	커리어	캐리어	캐리어(외사·외용). 커리어(한컴·엣국).
Commission	커미션	코미션	코미션(옛한). 커미션(표국·엣국·한컴).
Cover	커버	카바(일)	커버(표국·엣국·한컴).
Curtain	커튼[탄·틴]	카텐(일)	커튼(표국·엣국·한컴).
Conductor	컨덕터	콘닥터	콘덕터(옛한). 컨덕터(한컴·엣국).
Condition	컨디션	콘디션	컨디션(표국·엣국·한컴).
Control	컨트롤	콘트롤	콘트롤(옛한). 컨트롤(표국·엣국·한컴).
Colo(u)r	컬러	칼라	컬러(표국·엣국·한컴). '칼라'는 '옷깃'.
Compass	컴퍼스	콤파스(일)	콤파스(옛한). 컴퍼스(표국·엣국·한컴).
Climax	클라이맥스	크라이막스	클라이맥스(표국·엣국·한컴).
Classic	클래식	크라식	클라식(옛한). 클래식(표국·엣국·한컴).
Klaxon	클랙슨[선]	크락숀	클랙슨(표국·엣국·한컴).
Clover	클로버	크로바	클로버(표국·엣국·한컴).
Clinch	클린치	크린치	클린치(표국·엣국·한컴).
Television	텔러[리]비전	테레비(일)	텔레비전(새사·엣국·표국·한컴).
Tulip	튤[툴]립	츄립	튤립(표국·엣국·한컴).
Trot	트랏[롯]	도롯도(일)	트로트/트롯(외사·표국·한컴). 트롯(엣국).
T-shirts	티셔츠	티샤쓰	티샤쓰(옛한·외용). 티셔츠(표국·엣국·한컴).
Pilot	파일럿	빠이롯드	파일럿(표국·엣국·한컴).
Paradise	패러다이스	파라다이스(일)	파라다이스(엣국·표국·한컴).

단 어	영한사전발음	실 지 입 말	기타 사전들의 다른 표기
Pantomime	팬터마임	판토마임	팬터마임(표국·엣국·한컴).
Fantasy	팬터지[시]	판타지	판타지(엣한·엣국·표국·한컴).
Front	프런트	후론트	프런트(표국·엣국·한컴).
Premium	프리미엄	프레미엄	프리미엄(표국·엣국·한컴).
Plaza	플라[래]저	프라자	플라자(새사·엣국). 푸라자(일).
Flash	플래시	후라시	플래시(표국·엣국·한컴).
Plus	플러스	프라스	플러스(표국·엣국·한컴).
Flute	플룻	플룻	플루트(표국·엣국·한컴).
Finale	피날[낼]리	휘나레(일)	피날레(외용·엣한·표국·엣국·한컴).
Pyramid	피러미드	피라밋	피라미드(새사·외용·엣국). 피라밋(엣한).
Handling	핸들링	핸드링	핸들링(표국·엣국·한컴).

이 밖에도 '러닝셔츠(Running Shirts)'와 '런닝샤쓰', '멍키스패너(Monkey Spanner)'와 '몽키스빠나', '커프스버튼(Cuffs Button)'과 '카후스보당', '백넘버(Back Number)'와 '빽남바', '백 기어(Back Gear)'와 '빽구기아', '컨덕터(Conductor)'와 '콘닥터', '컨디션(Condition)'과 '콘디션', '레이디오(Radio)'와 '라디오', '엘리[러]베이터(Elevator)'와 '에레베타', '컨그래철레이션(Congratulation)'과 '콩그래츄레이션' 그리고 '퀘스천마크(Question Mark)'와 '퀘션마크' 등 이루 헤아릴 수도 없다. 그뿐만 아니라, 단모음인 '카바레(Cabaret : 프)'는 이중모음인 [캬바레]로 발음하는가 하면, 'Climax'의 현지 발음은 '클라이맥스'인데도 외래어 표기로는 '클라이막스'요 실지 입말은 '크라이막스'다. 이런 현상은 대개 일본식 발음의 잔재들인데, 같은 낱말을 두고 글 따로 말 따로인 묘한 언어문화 속에서 국어가 발전되길 바랄 순 없다. 심지어 같은 출판사 같은 책명의 사전인 '민중엣센스 국어사전'(이희승 감수)마저도, '91년 판과 '98년 판이 각기 다르게 표기된 국어나 외래어 또한 적지 않아, 무척 당황스럽기도 하다. 예를 들자면, 'Delicate', 'Chassis', 'Angel', 'Paradise', 'Fantasy' 등의 단어를, '델리키트↔델리킷', '샤시↔새시', '에인젤↔에인절', '패러다이스↔파라다이스', '판타지↔팬터지' 등으로 되어 있는데, 여타 사전들도 별반 다를 바 없다.

사실 외래어란, 중국인들처럼 될 수 있는 한 자국어로 번역·순화해서 쓰거나, 아니면 현지음에 가장 가깝게 음사 표기해 쓰는 것이 최선의 방법임은 재론할 필요도 없다. 그러나 각 민족마다 제각기 그 나름대로의 독특한 발음 구조와 어운(語韻)이 있기 마련이므로, 원음대로 완벽하게 음사 표기한다는 건 사실상 불가능할 수밖에 없다. 실지로 우리 영한사전의 발음기호 한글표기법과 현지 발음과는 상당한 거리가 있다는 건 누구나 다 아는 사실이다. 우선 어두의 'L'과 'R', 'F'와 'P'의 발음과 어중·어말 'r'의 발음 등은 차치하고라도, 어말의 'c'와 't' 등의 발음 즉 'Dynamic/Classic', 'Pilot/Hot' 등도 현행 외래어 한글 표기법으로는 분명히 '다이내믹/클래식', '파일럿/핫'으로 되어 있으나, 실지 현지인들은 〔다이내미크/클래시크〕, 〔파일러트/하트〕 등으로 발음하고 있다. 그러나 무엇보다 큰 문제점은 오래전부터 뿌리깊이 만연되어 있는 일본식 외래어 발음을 어떻게 불식시키느냐가 가장 시급한 현안문제가 아닌가 싶다. 무조건 일본식 발음이라 버려야 한다는 편견에서가 아니라, 다른 외국어 발음도 마찬가지지만 영어 발음 역시 세계에서도 가장 형편없는 발음으로 손꼽히게 때문이다.

　　외솔 최현배 선생이, "외국어의 한글 표기에 있어, 어느 발음 기호를 어느 한글 자모로 옮겨 적어야 하느냐?"고 질의했던 바, 당시 연세 대학 Lucoff 교수는, "외국어의 모든 소리는 한국 사람들이 듣기 쉽고 말하기 쉬운 대로 쓰라."는 회신이었다고 한다. 따라서 외국인을 위한 외국어가 아니라 동족간의 의사소통에만 필요한 경우라면, 반드시 현지인들의 원음에 얽매일 필요가 없다. 그러나 그야말로 빛의 속도로 변해가는 글로벌 시대에 싫든 좋든 국제 공용어로 인정받고 있는 영어를 외면할 수도 없는 세상에 살고 있다는 건 엄연한 현실이므로, 같은 값이면 내국인들끼리만 통하는 표기법이 아니라 좀 더 시야를 넓혀 국제간의 커뮤니케이션에도 도움이 될 수 있는 표기법을 쓰자는 것이 필자의 한결같은 바람이요 주장이다. 외래어 표기법은 한글맞춤법과 마찬가지로 의무적으로 지켜야 할 강제조항은 아니지만, 사회질서를 위한 공중도덕처럼 반드시 지켜야 할 준수사항임엔 틀림없다.

2) 외래어 순화의 바른 길

'한국민족문화 대백과'의 '외래어'에 관한 정의를 요약 정리하면, "고유어와 함께 국어의 어휘 체계를 형성하는 요소로서 '차용어(借用語)'라고도 하는데, 단어 외에도 음운이나 문법의 요소들도 차용된다. 외래어와 외국어를 분명히 구별하기는 어려우나, 다음과 같은 몇 가지 기준이 고려될 수 있다. 즉, 발음·형태·용법이 한국어의 특질과 근본적인 충돌을 일으키지 않고, 인용이나 혼용이 아니면서도 설명이나 주석 없이 한국 문장 속에서 자연스럽게 사용되어 외국어라는 의식 없이 우리 사회에서 오랫동안 널리 쓰이는 말"이라고 했다. 그런가 하면, 표준국어 대사전에서는 "버스, 컴퓨터, 피아노 등처럼 외국에서 들어온 말로 국어처럼 쓰이는 단어"라고 풀이해 놓았다. 우리말에 흡수된 정도에 따라 귀화어·차용어·외래어·외국어 등으로 분류되는데, 어제가 옛 세상이 되어가는 세계정세 속에서 끊임없이 쏟아지는 외래어들을 1 : 1로 대체하거나 순화해서 쓸 수 있다면 금상첨화이겠으나, 어쩔 수 없이 그대로 써야 할 경우 또한 적지 않은 것도 사실이다.

이에 국립국어연구원과 문광부에서 1990년부터 외래어 순화 작업을 지속적으로 전개해 오고 있으나, 숱한 논란 속에서도 노력에 따른 성과가 크게 나타나지 않는다는 데에 문제가 있다. 독일은, "국어는 국민정신에 의하여 형성되지만, 국민은 다시 국어에 의하여 형성된다."고 갈파한 철학자 피히테(Fichte)와, 언어 철학자인 훔볼트(Humbolt)가, 황폐한 독일어를 주옥같이 갈고 다듬어 써 오고 있다. 이렇듯 독일에서는 외국어와 외래어에 대하여 독일어의 구조를 어지럽히거나 오염시키는 외래어, 근원이 확실치 않고 도움이 되지 않는 외래어, 그리고 필요불가결한 외래어 등으로 분류하여 순화작업을 실행한다고 했다. 그럼 현재 우리나라의 외래어 순화 실태는 과연 어떤지, 국립국어원에서 순화한 낱말들을 통합 정리하여 분석 검토해 보기로 한다.

순화대상외래어	원 어	순 화 어
에이 보드	A Board	A자형 광고판
애드벌룬	Ad Balloon	광고풍선. 광고기구(氣球)
어드레스 버스	Adress Bus	번지 버스
어젠다	Agenda	의제(議題)
에어바운스	Air Bounce	풍선놀이틀
에어캡	Air Cap	뽁뽁이
에어컨(디셔너)	Air Conditioner	냉난방기. 공기청정기
올인	All-in	다걸기. 집중
올킬	All-kill	싹쓸이
에이매치	A Match	국가 간 경기
아메리칸 포메이션	American Formation	미국식 복식 대(진)형
백패킹	Backpacking	배낭 보도여행. 등짐. 들살이
바코드	Bar Code	막대 표시. 줄 표시
바코드 리더	Bar Code Reader	막대 부호 읽개 / 판독기
바자	Bazaar	(자선) 특매장
바이너리 서치	Binary Search	이진(二進) 찾기
바이오테크(날러지)	Biotech(nology)	생명 공학
블랙컨슈머	Black Consumer	악덕소비자
블랙마켓	Black Market	암시장
블랙아웃	Blackout	일시(적) 기억 상실
블랭킹	Blanking	비우기
블로그	Blog	누리사랑방. 누리방
보디케어	Body Care	몸 가꾸기
볼라드	Bollard	길말뚝
북클럽	Book Club	독서 모임
북 컨베이어	Book Conveyer	책 운반 장치
박스 오피스	Box Office	흥행수익
브레인스토밍	Brainstorming	난상토론. 발상 모으기
브랜드 네임	Brand Name	상표명
브랜드숍	Brand Shop	전속매장
브리핑	Briefing	요약 보고.
브리룸	Briefing Room	기자 회견실
브로마이드	Bromide	벽붙이사진
브런치	Brunch	어울참
번들링	Bundling	묶음 판매. 끼워 팔기
비즈니스 데스크	Business Desk	사업 부서. 사업 부서장

순화대상외래어	원 어	순 화 어
바이백	Buyback	(주식) 되사기
버즈워드	Buzzword	유행어
콜백 서비스	Callback Service	(전화) 회신서비스
콜센터	Call Center	전화 상담실
(선거) 캠프	Camp	(선거) 이동 본부. (선거) 임시 진영
캠프파이어	Camp Fire	모닥불놀이
캡션	Caption	짧은 설명문
카파라치	Carparazzi	교통 신고꾼
캐시백	Cashback	적립금 (환급)
캐시 카우	Cash Cow	돈줄. 금고
센터 서클	Center Circle	중앙원(中央圓)
클린 센터	Clean Center	청백리마당
클린 서포터스	Clean Supporters	청렴 홍보단
컬러바	Color Bar	화면
컬러푸드	Color Food	색깔먹거리. 색깔식품
컬러 모니터	Color Monitor	색채 화면기
컴프시어저	Compcierger	컴 도우미
컴퓨터	Computer	셈틀. 슬기틀
컴퓨터 시아르티	Computer CRT	컴퓨터 단말기
콘셉트	Concept	개념
콘텐츠	Contents	꾸림정보. 내용(물)
콘텐츠 리터러시	Contents Literacy	콘텐츠 이해(력). 콘텐츠 문해(력)
컨트롤 버스	Control Bus	제어 버스
카피라이터	Copywriter	광고문안가
시아이(CI)	Corporate Identity	기업 이미지 통합. 기업문화
카운터파트	Counterpart	상대방
컨트리 리스크	Country Risk	국가별 위험도
커플	Couple	짝. 쌍. 부부
커플룩	Couple Look	짝꿍차림
커플 매니저	Couple Manager	새들이
커플링	Couple Ring	짝 반지. 연인 반지
쿠폰	Coupon	할인권. 교환권. 이용권
크로스오버	Crossover	넘나들기
크루즈 관광	Cruise Tourism	순항(巡航) 관광
컬처 디스카운트	Culture Discount	문화적 절하
커튼콜	Curtain Call	재청(再請). 부름갈채

순화대상외래어	원 어	순 화 어
컷오프	Cutoff	탈락
사이버 멘토링	Cyber Mentoring	누리 상담
사이버머니	Cyber Money	전자 화폐
댄스 플로어	Dance Floor	무대
데드 크로스	Dead Cross	약세 전환 지표
딜러십	Dealership	판매권
디커플링	Decoupling	탈동조화(脫同調化)
데스크	Desk	부서장. 취재 책임자. 책상
디저트	Dessert	후식
데탕트	Detente	긴장 완화
다이어그램	Diagram	도표
다이어리	Diary	비망록. 일기장
다이어트	Diet	식이요법. 덜 먹기
디스카운트	Discount	에누리. 할인
디스카운트 스토어	Discount Store	할인 판매점
도슨트	Docent	전문 안내원. 전문 도우미
도메인	Domain	인터넷 주소
더블딥	Double Dip	이중 침체
더블마크	Double Mark	이중 방어
더블스택트레인	Double Stack Train	DST. 이단 적재 열차
다운사이징	Downsizing	감축. 줄이기. 축소
드레스룸	Dressroom	옷방
드라이브스루	Drive Through	승차 구매(점)
드라이클리닝	Dry Cleaning	마른 세탁. 건식세탁
더치페이	Dutch Pay	각자내기
얼리어답터	Early Adopter	앞선사용자
에코	Eco	친환경. 환경친화
에코백	Ecobag	친환경 가방
전자 바우처	Electronic Voucher	전자이용권
엘리베이터 카	Elevator Car	엘리베이터 탑승 칸
엘리베이터 스테이지	Elevator Stage	승강 무대
이메일 뱅킹	E-mail Banking	전자우편은행. 전자우편거래
이메일 리스트	E-mail List	전자우편 주소목록
이메일 마케팅	E-mail Marketing	전자우편 판촉
잉글리시 포메이션	English Formation	영국식 대형(테니스)
이실	E(lectronic)-Seal	전자 봉인

순화대상외래어	원 어	순 화 어
페이스 페인팅	Face Painting	얼굴그림
퍼내티시즘	Fanaticism	열광주의. 광신주의
패셔니스타	Fashionista	맵시꾼
패스트푸드	Fast Food	즉석 음식
피처 스토리	Feature Story	특집 기사
핑거푸드	Finger Food	맨손음식
피니시 라인	Finish Line	결승선
피트니스센터	Fitness Center	건강 센터
플랩북	Flap Book	날개책
포맷	Format	양식. 형식. 서식
포메이션	Formation	대형(갖추기). 진형(갖추기)
프레임	Frame	차체. 채 둘레. (채) 틀. 테두리
프랜차이즈	Franchise	가맹점. 연쇄점. 지역할당
프론트 데스크	Front Desk	현관 접수
풀코트 프레싱	Full Court Pressing	전면 압박 수비
펀더멘털	Fundamental	(경제) 기초여건
펑키룩	Funky Look	펑키 차림
개그	Gag	재담
개그맨	Gagman	익살꾼
갈라쇼	Gala Show	뒤풀이공연
게놈	Genom	유전체(遺傳體)
글로벌 파트너십	Global Partnership	국제적 동반관계
글로벌 소싱	Global Sourcing	국외 조달
글로벌 스탠더드	Global Standard	국제 기준
골 세리머니	Goal Ceremony	득점 뒤풀이
골든 크로스	Golden Cross	강세 전환지표
골든골	Golden Goal	끝내기골
골드 러시	Gold Rush	노다지 열풍. 금메달 행진/바람
가십	Gossip	촌평. 소문. 뒷공론
그린벨트	Greenbelt	개발제한구역
그린 프리미엄	Green Premium	환경덧두리
그린슈머	Greensumer	녹색소비자
그린 터치	Green Touch	컴퓨터 절전(프로그램)
그린워싱	Greenwashing	친환경 위장(僞裝)
개런티	Guarantee	출연료
가드레일	Guardrail	보호 난간

순화대상외래어	원 어	순 화 어
게스트	Guest	손님. 특별 출연자
가이드라인	Guideline	지침. 방침
행잉 유닛	Hanging Unit	매단 장치
하프타임	Harf Time	중간휴식(시간)
헤드셋	Headset	통신머리띠
헬프 데스크	Help Desk	도움창구
하이파이브	High Five	손뼉맞장구
하이라이트	Highlight	백미(白眉). 압권(壓卷)
히피룩	Hippie Look	히피 차림
할리우드 액션	Hollywood Action	눈속임짓
홈 어드밴티지	Home Advantage	개최지 이점
홈페이지	Homepage	누리집
홈시어터	Home Theater	안방극장
후크송	Hook Song	맴돌이곡
호스트 컴퓨터	Host Computer	주컴퓨터. 주전산기
핫라인	Hot Line	직통전화. 직통회선
아이덴티티	Identity	정체성
일러스트레이션	Illustration	도안. 삽화
이미지 메이킹	Image Making	이미지 만들기
임피딩	Impeding	방해
인큐베이팅 펀드	Incubating Fund	창업 보육 자금
이니셔티브	Initiative	주도권. 선제권
이너 서클	Inner Circle	패거리
인터넷	Internet	누리망. 누리그물
인터넷 커뮤니티	Internet Community	인터넷 동아리
인티파다	Intifada	무장봉기. 무장투쟁
아이러니	Irony	역설. 이율배반. 모순
정크본드	Junk Bond	쓰레기 채권
정크푸드	Junk Food	부실음식. 부실식품
정크머니	Junk Money	장기 지체성 자금
킥 앤드 러시	Kick and Rush	차고 달리기
키덜트	Kidult	애어른. 어른왕자
킬러 콘텐츠	Killer Contents	돌풍 콘텐츠
킬힐	Kill Heel	까치발구두
노하우	Knowhow	기술. 비결. 비법. 방법
랜딩비(費)	Landing비(費)	납품 사례비

순화대상외래어	원 어	순 화 어
랜드마크	Landmark	상징물. 마루지
랩타임	Lap Time	구간 기록.
레이아웃	Layout	배치. 배열. 판매김
리더십	Leadership	지도력
러닝머신	Learning Machine	달리기틀
라이선스	License	면허(장). 허가(장). 사용권
링크	Link	연결. 연결로(連結路)
링크텍스트	Link Text	연결 문서
립싱크	Lip Sync	입술연기. 입시늉
로비	Lobby	복도. 휴게실. 막후교섭
로그인	Log-in	접속
로고	Logo	보람. 상징
로그아웃	Log-out	접속 해지
로하스	LOHAS	친환경살이
러브콜	Love Call	부름공세(攻勢)
매직 넘버	Magic Number	우승 승수(勝數)
메인 프레스센터	Main Press Center	주 취재본부
메이저	Major	주류(主流). 대형
마마보이	Mama's Boy	응석받이. 치마폭 아이
맘모스	Mammoth	큰. 대형. 매머드
매니페스토	Manifesto	참공약
맨투맨	Man-to-Man	일대일
매뉴얼	Manual	설명서. 사용서. 안내서
마셜	Marshal	검색(요)원
매스컴	Mass Communication	대중전달. 언론(기관)
매스 데이터	Mass Data	대량 자료
메디컬 콜센터	Medical Call Center	의료 전화 상담실
메가트렌드	Megatrend	대세. 거대 물결
멤버십	Membership	회원(제)
메모	Memo	비망록. (쪽지)기록. 적바림
멘토 / 멘터	Mentor	(담당) 지도자. 인생길잡이
메타 데이터	Meta Data	(해당 대상) 설명 데이터
마이크로 블로그	Micro Blog	댓글나눔터
마인드맵	Mind Map	생각그물. 연상법
미니멈 개런티	Minimum Guarantee	최소 보장 금액
마이너	Minor	비주류(非主流)

순화대상외래어	원 어	순 화 어
마이너 캐릭터	Minor Character	주변 인물
마이너 패션	Minor Fashion	소수 패션
마이너리티	Minority	소수 집단
미션	Mission	임무. 중요 임무
모델하우스	Model House	본보기 집
모멘텀	Momentum	전환 국면
모니터	Monitor	감시자. 검색자
모니터링	Monitoring	정보수집. 점검. 감시. 검색
모럴 해저드	Moral Hazard	도덕적 해이
엠티	MT	수련 모임
머플러	Muffler	소음기(消音器). 목도리
멀티플렉스	Multiplex	다중
내러티브	Narrative	줄거리
내셔널 트러스트	National Trust	국민 신탁
내비게이션	Navigation	길도우미. 길안내기
넷북	Net Book	손누리틀
네티즌	Netizen	누리꾼
뉴스레터	Newsletter	소식지
뉴타운	New Town	새마을
니치마켓	Niche Market	틈새시장
님비	NIMBY	지역이기주의
노블레스 오블리주	Noblesse Oblige	지도층 의무
노코멘트	No Comment	논평 보류
노 개런티	No Guarantee	무보수. 무료
뉘앙스	Nuance	어감. 말맛. 느낌
오프 더 레코드	Off the Record	비보도(기자회견)
오므라이스	Omelet Rice	계란덮밥
온디맨드	On Demand	주문형(注文型)
오픈베타	Open Beta	공개 시험
오피니언 리더	Opinion Leader	여론 주도자. 여론 주도층
오리엔테이션	Orientation	예비 교육. 안내 (교육)
오티피(OTP)	One Time Password	일회용 비밀번호
아웃도어 룩	Outdoor Look	야외활동차림
페이스메이킹	Pacemaking	속도 조절
패널	Panel	토론자
패널[파넬] 스커트	Panel Skirt	패널치마

순화대상외래어	원 어	순 화 어
파노라마	Panorama	주마등
파노라마 선루프	Panorama Sunroof	전면 지붕창
파파라치	Paparazzi	몰래제보꾼
퍼레이드	Parade	행진. 행렬
패트롤	Patrol	순찰
패트롤카	Patrol Car	순찰차
파밍	Pharming	사이트 금융사기
포토데이	Photo Day	사진 홍보
포커페이스	Poker Face	무표정
풀 시스템	Pool System	공동 취재
포퓰리즘	Populism	대중(영합)주의
포퓰리스트	Populist	대중(영합)주의자
팝업북	Pop-up Book	입체책
팝업창(窓)	Pop-up창(窓)	알림창
팝업 스토어	Pop-up Store	반짝매장
포트폴리오	Portfolio	분산투자
포스트	Post	직위. 부서
포스트 플레이	Post Play	말뚝 작전
포스트 월드컵	Post World Cup	월드컵 이후
파워블로그	Power Blog	인기누리방
파워블로거	Power Bloger	유명 블로거
프리포트	Free Port	자유항
프리미엄	Premium	웃돈. 기득금. 할증금
프린트 포맷	Print Format	인쇄 형식
프라이빗 뱅킹	Private Banking	(PB). 맞춤은행
퍼블릭 도메인	Public Domain	자유 이용 저작물
펑크 스타일	Punk Style	펑크 양식
풋백 옵션	Putback Option	사후 손실 보전
퀴어	Queer	동성애
퀵서비스	Quick Service	늘찬배달
랭킹	Ranking	순위. 등수
리얼 버라이어티	Real Variety	생생예능
리베이트	Rebate	(음성) 사례비
리셉션	Reception	연회. 피로연. 축하연. 접수처
리퍼런스 매뉴얼	Reference Manual	참조 설명서
리허설	Rehearsal	예행 연습. 총연습. (무대)연습

순화대상외래어	원 어	순 화 어
렌터카	Rent-a-Car	임대차. 빌림차
리플라이	Reply	답변. 회답
리[레]포트	Report	보도
리포터	Reporter	보고자. 보도자
리바이벌 플랜	Revival Plan	재건 계획
알지비 모니터	RGB Monitor	삼원색 화면
리드미컬	Rhythmical	율동적
링크	Rink	경기장. 스케이트장
린스	Rinse	헹굼 비누
리플	Ripple	댓글
리스크	Risk	위험
라이벌	Rival	맞수. 경쟁자
로드킬	Roadkill	동물찻길사고. 동물교통사고
로드매니저	Road Manager	수행매니저
로밍	Roaming	어울통신
로밍폰	Roaming Phone	국외용 휴대전화
롤 모델	Role Model	본보기. 본보기상
로열티	Royalty	사용료. 저작권료
루머	Rumour	소문. 뜬소문. 풍문
샘플	Sample	본보기. 표본
샘플러	Sampler	맛보기묶음
샘플링	Sampling	표본(화). 표본추출
스케일	Scale	규모. 축척. 크기 (조정). 통
스케일 모델	Scale Model	축척 모형
스크린	Screen	화면. 영화
스크린^도어	Screen Door	안전문
서치	Search	(정보) 검색
서치 키	Search Key	찾음(글)쇠
시스루	See-through	비침옷
세미나	Seminar	연구회. 발표회. 토론회
셋톱박스	Set-top Box	위성(방송) 수신기
셋업맨	Setup Man	계투 요원
섀도 캐비닛	Shadow Cabinet	그림자 내각
셰어 하우스	Share House	공유(公有) 주택
숍인숍	Shop in Shop	어울가게
쇼핑 호스트	Shopping Host	상품 안내자. 소개인

순화대상외래어	원 어	순 화 어
쇼핑 카트	Shopping Cart	(장보기/쇼핑) 밀차. 장(보기) 수레
쇼케이스	Showcase	진열 상자
쇼(핑) 호스트	Show Host	방송 판매자. 상품 안내자
사이드카	Sidecar	호위 차량
사이드 메뉴	Side Menu	곁들이
실버 비즈니스	Silver Business	경로 산업
시뮬레이션	Simulation	모의실험. 현상 실험
스키니진	Skinny Jeans	맵시청바지
스키 패트롤	Ski Patrol	안전 요원
스카이박스	Skybox	고급 관람석. 전용 관람석
에스라인	S Line	호리병 몸매
슬로시티	Slowcity	참살이지역
스마트폰	Smartphone	똑똑(손)전화
소프트랜딩	Soft Landing	연착륙
스팸 메일	Spam Mail	쓰레기편지
스펙	Spec	공인자격
스탠딩 유닛	Standing Unit	세운 장치
스테이플러	Stapler	(종이)찍개
스타트 라인	Start Line	출발선
스트레이트 뉴스	Straight News	단신. 직접 뉴스
서든 데스	Sudden Death	즉각 퇴출. 단판 승부(골프)
스도쿠(數獨)	Sudoku	숫자넣기
선글라스	Sunglass	색안경
서포터스	Supporters	응원단. 후원자
서스펜디드	Suspended	(일시) 정지
서스펜디드 게임	Suspended Game	일시 정지 게임
스와핑	Swapping	(주식) 맞교환
테이블 다이어리	Table Diary	탁상일기
태스크포스(TF)	Task Force	(특별) 전담 조직. 특별팀
팀 컬러	Team Color	팀 색깔. 팀 성향. 팀 특징
템플 스테이	Temple Stay	사찰 체험. 절 체험
타이틀 롤	Title Role	주역. 주연
트레이드 머니	Trade Money	이적료(移籍料)
트레킹	Trekking	도보 여행
텀블러	Tumbler	통컵
튜닝	Tuning	조율. (부분) 개조

순화대상외래어	원 어	순 화 어
턴 어라운드 슛	Turn Around Shoot	돌아쏘기
터닝장(欌)	Turning장(欌)	회전장(廻轉欌)
터닝포인트	Turning Point	전환점
투잡	Two Job	겹벌이. 겸업
유비쿼터스	Ubiquitous	두루누리
유니섹스	Unisex	남녀 겸용
유닛	Unit	전시방
유닛 세팅	Unit Setting	다용도 장치
업사이클(링)	Up-cycle(ing)	새활용
업데이트	Up Dates	갱신.
업그레이드	Upgrade	상향 (조정). 향상
바캉스	Vacance(프)	휴가. 여름휴가
비전	Vision	전망. 이상(理想)
보이스피싱	Voice Phishing	사기전화
보이스 레코그니션	Voice Recognition	음성 인식
바우처	Voucher	상품권. 이용권
와플 클로스	Waffle Cloth	벌집직물. 봉소(蜂巢)직물
워터파크	Water Park	물놀이 공원
워터스크린	Water Screen	수막 영상
웹서핑	Web Surfing	누리 검색. 웹 검색. 인터넷 검색
화이트보드	White Board	흰칠판. 백판(白板)
와일드 카드	Wild Card	예외 규정
와일드 카드 캐릭터	Wild Card Character	두루(치기) 문자. 임의 문자
윈윈	Win & Win	상생
와이파이(Wi-Fi)	Wireless Fidelity	근거리 무선망
워크북	Workbook	익힘책
워킹홀리데이	Working Holiday	관광취업
워크아웃	Workout	기업 개선 작업
워크셰어링	Work Sharing	일자리 나누기
워크스테이션	Workstation	작업(실) 전산기
랩 어카운트	Wrap Account	종합 자산 관리
옐로카드	Yellow Card	경고 쪽지
제로베이스	Zero Base	원점. 백지상태
제로섬	Zero-sum	합계 영
제로섬 게임	Zero-sum Game	죽기살기 게임
존디펜스	Zone Defense	지역방어

이렇듯, 두 손 들어 환영할 만한 순화어들도 많은가 하면, 전혀 함량 미달의 순화어들 또한 적지 않음을 지적하지 않을 수 없다. 우선 '올인(All-in)'을 '다걸기'라 하고 '올킬(All-kill)'을 '싹쓸이', '볼라드(Bollard)'를 '길말뚝', '커플룩(Couple Look)'을 '짝꿍차림', '갈라쇼(Gala Show)'를 '뒤풀이공연', '후크송(Hook Song)'을 '맴돌이곡', '킬힐(Kill Heel)'을 '까치발구두', '마마보이(Mama's Boy)'를 '응석받이', '니치마켓(Niche Market)'을 '틈새시장', '포트폴리오(Portfolio)'를 '분산투자', '숍인숍(Shop in Shop)'을 '어울가게', '스와핑(Swapping)'을 '맞교환', 그리고 '워크셰어링(Work Sharing)'을 '일자리 나누기' 등으로 순화한 건 수준작이라 할 수 있고, '네티즌(Netizen ←Network+Citizen)'을 뜻하는 '누리꾼' 역시 언중들의 좋은 반응을 얻고 있어 다행이긴 하나, '엘리베이터 카(Elevator Car)'를 '엘리베이터 탑승 칸'이라 하고, '헤드셋(Headset)'을 '통신머리띠', '마인드맵(Mind Map)'을 '생각그물'이라고 한 것 등은 칭찬받기 어려울 듯싶다.

'에이매치(A Match)' 역시 '국가 간 경기'가 아니라 '국제경기'나 '국가대항전'이라고 했더라면 하는 마음이고, '바코드(Bar Code)'는 '막대 표시/줄 표시'라기보다는 '막대 기호'라고 하는 게 나았을 듯싶으며, '박스 오피스(Box Office)'를 '흥행 수익'이라고만 했으나, 정작 '매표소'란 말은 누락되어 있어 아쉬운 마음이다. '브런치((Brunch←Breakfast+Lunch)'는 흔히 '아점'으로 통용되어 오던 말이긴 하나, 역시 아침과 점심을 어우른다고 하여 '어울참'이라고 한 순수한 우리말에 정겨운 마음이 앞서며, '캡션(Caption)'을 '짧은 설명문'이라고 하면 너무 막연하므로 '화보 설명문'이나 '사진 설명문'이라고 하는 게 더 낫잖않을까 싶다. '교통 신고꾼'이라고 한 '카파라치(Carparazzi)'는 원래 타인의 위법 행위를 밀고하여 응분의 포상금을 노리는 사람을 뜻하는 이탈리아어 '파파라치(Paparazzi)'에서 파생된 말인데, 한편으론 긍정적인 측면도 없잖으나, 어떤 사회적인 공익을 위하여 신고하는 것이 아니라, 몰래 찍은 사진으로 **밀고**하여 이득을 챙기려는 포상금 사냥꾼들에게 '**신고 꾼**'이란 말은 가당찮다는 생각이 든다.

컬러텔레비전 화면의 컬러 조정을 하기 위한 기준 색상표를 '컬러 바(Color Bar)'라고 하므로, 그냥 '화면(Screen?)'이라고 할 것이 아니라 '색상 조정표'라고 하는 게 옳을 것 같다. '수십 년 동안 남녀노소 할 것 없이 거의 우리말처럼 쓰고들 있는 '컴퓨터(Computer)'를 '셈틀'이니 '슬기틀'이니 하고, '점퍼(Jumper)'를 '웃옷' 운운하고 있으나, '셈틀'은 '전자계산기'를 뜻하는 말이며, '웃옷'은 '두루마기'나 '외투' 등의 겉옷을 뜻하는 말인데, '셈틀'이나 '웃옷'이라고 한들 '컴퓨터'와 '점퍼'로 알아들을 사람이 있을지도 궁금하거니와, 굳이 이런 말들까지 억지로 칼질을 해야 하는지 묻고 싶다. 알파벳 'R'의 한글표기법은 '아르'임이 분명한데, 'Computer CRT(컴퓨터 단말기)'는 '컴퓨터 시아르티'라고 제대로 표기해 놓고도 'RGB Monitor(삼원색 화면)'는 웬일인지 '알지비 모니터'라고 하여 '아르'와 '알'을 혼용하고 있으나, '커플 매니저(Couple Manager)'를 혼인을 중매한다는 뜻인 '새들다'의 동사어간에 접미사 '-이'를 접속하여 '새들이'라고 한 건 칭찬할 만하다.

무도장에서 춤을 출 수 있도록 만든 마룻바닥을 뜻하는 '댄스 플로어(Dance Floor)'를 단순히 '무대'라고 하여 'Stage'와는 거리감이 있으나, '드레스룸(Dressroom)'을 '옷방', '더치페이(Dutch Pay)'를 '각자내기'라고 한 것 등은 수준작이라 할 수 있다. '친환경 가방'이라고 한 '에코백(Ecobag)'은, 원래 분해속도가 빠르고 재활용할 수 있는 비닐봉지 대용의 친환경적인 가방이었으나, 지금은 장바구니 형태의 간편한 가방을 통칭하는 말이 되었는데, 컴퓨터에 입력된 데이터를 입력원(Source)으로 되돌리는 '에코백(Echo Back)'과 혼동하지 않도록 주의해야 한다. 기왕에 '엘리베이터'를 '승강기'라고 했으면 '엘리베이터 카(Elevator Car)'도 '엘리베이터 탑승 칸'이라고 할 게 아니라, '승강기 칸'이라고 해야 하잖았을까? '패셔니스타(Fashionista)'는 '맵시꾼'도 좋지만 '멋쟁이'도 무난할 것 같고, '개그(Gag)'를 '재담'이라 하고 '개그맨'은 '익살꾼'이라 했으니 '개그우먼'은 '여자 익살꾼'이 되겠지만, '갈라 쇼(Gala Show)'를 '뒤풀이공연'이라 하고, '골든골(Golden Goal)'을 '끝내기골'이라고 했으나 '마무릿골'도 추천해 보고 싶다.

'그린 프리미엄(Green Premium)'을 '(환경)덧두리'라고 한 이유는, 조망권이나 일조권이 확보되는 데다 녹지대가 많아 공기가 맑은 쾌적한 주거 환경이라, 본래의 아파트 값에 덧붙여지는 덤이란 뜻에서 나온 말인 것으로 짐작되나, '덧두리'란 값싸게 사서 비싼 값을 받고 팔아서 얻는 이문(利文)이나, 물물교환을 할 때 값을 따져 모자라는 물건값을 따로 계산하는 '웃돈'이란 뜻의 순수한 우리말을 오랜만에 접하게 되어 반가운 마음이 앞선다. '하이파이브(High Five)'를 '손뼉맞장구'라고 한 건 환영할 만하나, '할리우드 액션(Hollywood Action)'은 '눈속임짓'이라고 하는 것보다, 억지로 부리는 엄살을 뜻하는 '엄부럭'에 '가위질', '삽질' 할 때의 접미사 '-질'을 붙여 '엄부럭질'이나 '엄살짓'이라고 해야 할 것 같고, '홈 어드밴티지(Home Advantage)'를 '개최지 이점'이라 하고, '홈시어터(Home Theater)'를 '안방극장', '후크 송(Hook Song)'을 '맴돌이곡'이라고 한 건 충분히 인정해야겠으나, '홈 어드밴티지'는 차라리 '텃세 이점'이라고 하는 게 어떨까 싶다. '이미지 메이킹(Image Making)'은 반쪽짜리 순화어인 '이미지 만들기'가 아니라, '표정관리'나 '표정가꾸기'라고 했더라면, 하는 마음이다.

 '인터넷(Internet)'은 분명 '누리망'이라 해 놓고도, '인터넷 커뮤니티(Internet Community)'는 왜 '누리망 동아리'가 아닌 '인터넷 동아리'라고 했는지 알 순 없으나, '킬힐(Kill Heel)'을 '까치발구두'라 하여 우리말을 제대로 살려 놓아 반갑기도 하고, 항해자 등의 길잡이가 되는 육상 지표(指標)나 경계표를 뜻하는 '랜드마크(Landmark)'를, '산마루'나 '등성마루' 등처럼 지붕이나 산 따위의 꼭대기를 뜻하는 '마루'에, 접미사 '지(地)'를 접속하여 '마루지'로 순화한 것 같으나, 원래는 탐험가나 여행자들이 각 지역을 돌아다니다가 길을 잃지 않도록 표지를 해 두는 것을 일컫는 말이었다고 한다. '부름공세'라고 한 '러브콜(Love Call)' 역시, '공세'는 유인이 아니라 공격 태세를 뜻하는 말이므로 '부름손짓'이라고 해야 할 것 같으나, '마마보이(Mama's Boy)'를 '응석받이/치마폭 아이'라고 한 것과, '멘토/멘터(Mentor)'를 '인생길잡이'라고 한 것 등도 충분히 인정해야 하지 않을까 싶다.

'마이크로 블로그(Micro Blog)'를 '댓글나눔터'라고 한 것도 좋지만 '댓글사랑방'도 무난할 듯싶고, '마인드맵(Mind Map)'은 '생각그물'보다 '얼개망(網)'이라고 하는 게 낫잖았을까 싶다. 일본식 외래어 발음으로 속칭 '마후라(マフラー)'라고 하던 '머플러(Muffler)'를 기계에는 '소음기(消音器)'라 하고 장신구로는 '목도리'라고 한 건 좋으나, '도우미'는 '보조원'이나 '(행사) 요원'이란 뜻의 낱말인데, 전자기기인 '내비게이션(Navigation)'을 '길도우미'라고 한 건 어폐가 있으므로, 길을 인도해 주는 사람이나 사물을 뜻하는 순우리말 '길(라)잡이들'이라고 하는 게 제격이 아닐까 싶다. '니치마켓(Niche Market)'을 '틈새시장'이라고 한 건 능히 칭찬받을 만도 하나, '논평 보류'라고 한 '노코멘트(No Comment)'는 논평을 보류하는 것이 아니라 아예 입을 닫아버린다는 뜻이므로 '무응답(無應答)'이라고 하는 게 옳을 것 같고, '아웃도어 룩(Outdoor Look)'은 '야외활동차림'이라는 것보다 '야외복차림'이나 '야외활동복'이라고 하는 게 좀 더 어울리는 말이 될 것 같다.

'패널스커트'를 '패널치마'라고 했으나, 기왕이면 '치레치마'나 '덧치마'라고 했더라면 어땠을까 싶고, '파파라치(Paparazzi)'를 '몰래제보꾼'이라고 했으나, 뜻이 너무 광범위하므로 부정적인 뜻을 살려 '사진밀고꾼'이라고 하는 게 옳을 듯싶다. '포커페이스(Poker Face)'를 '무표정'이라고 했으나, 포커페이스는 단순히 아무런 표정이 없다는 뜻이 아니라, 자신의 속내를 숨기려는 얼굴 형색을 말하는 것이므로, '내숭표정'이 더 어울릴 것 같다. '팝업 스토어(Pop-up Store)'를 '반짝매장'이라고 한 건 수준작이라 할 수 있으나, '말뚝작전'이라고 한 '포스트 플레이(Post Play)'는, 말뚝처럼 박혀만 있는 작전이 아니므로 '장대 작전'이라고 하는 게 더 어울릴 것 같고, '인기누리방'이라고 순화한 '파워블로그(Power Blog)'는 '인기사랑방'이라고 하는 게 더 살가울 것 같다. '퀵서비스(Quick Service)'를 능란하고 재빠르다는 순우리말 '늘차다'의 현재 시제인 '늘찬'을 대입시켜 '늘찬배달'이라고 했으나, 기왕이면 '배달(配達)'의 순우리말 '나르다'의 동명사형인 '나름'을 붙여 '늘찬나름'이라고 했더라면 하는 아쉬움이 남기도 한다.

'생생 예능'이라고 한 '리얼 버라이어티(Real Variety)'도 '생생 볼거리'가 무난할 듯싶고, 'Ripple(리플)'을 순화한 '댓글'은 아낌없이 칭찬하고 싶은 순화어에 오래 전부터 많은 사람들의 호응을 받고 있어 정겹기도 하다. '로드 매니저(Road Manager)'를 단순히 '수행매니저'라고 하는 것보다, 기왕이면 '일정 관리인'이나 '공연 도우미'라고 하는 것이 제격일 듯싶다. '로드킬(Roadkill)'을 '동물찻길사고'나 '동물교통사고'라고 한 건 말인즉슨 옳은 말이긴 하나, 길이가 배로 늘어나 과연 이 순화어를 쉽게 써 줄지가 궁금하며, '로밍(Roaming)'을 함께 서로 어울린다는 뜻의 '어울통신'이라고 했으나, 기왕이면 '통신'이란 한자어도 '어울'에 어울릴 만한 우리말로 다듬었더라면 하는 아쉬움이 남는다. '스크린 도어(Screen Door)'를 '안전문'으로 순화하고, '시스루(See-through)를 '비침옷'이라 순화한 것도 환영할 만하거니와, '인숍(Inshop)'이라고도 하는 '숍인숍(Shop in Shop)'을 '어울가게'라 하여 우리말의 아름다움이 한결 돋보이는 것 같아 반갑기도 하다.

'쇼핑 카트(Shopping Cart)'를 '장보기 밀차'나 '장보기 수레'라고 한 것도 나무랄 데가 없으나 '장바구니 수레'라고 하는 것도 무난할 듯싶고, 영어권에서 말하는 '사이드 디시(Side Dishes)'의 콩글리시인 '사이드 메뉴(Side Menu)'를 '곁들이'라고 한 것도 칭찬할 만하다. '선보임 공연'이라고 한 '쇼케이스(Showcase)'는 '맛보기 공연'도 좋을 것 같고, '에스라인(S Line)'을 '호리병 몸매'라고 한 것도 좋으나, '맵시 청바지'라고 한 '스키니 진(Skinny Jeans)'은, 통이 썩 좁은 바지를 뜻하는 순우리말 '홀태바지'도 권장해 볼 만하다. '참살이지역'이라고 한 '슬로시티(Slowcity)'는 기왕이면 우리말로 '참살이동네'나 '참살이마을'이라고 했더라면 하는 아쉬움이 남고, '스마트폰(Smartphone)'을 '똑똑(손)전화'라고 했으나, 발(足)로 하는 전화가 없는 바에야 굳이 손으로 하는 전화라고 하는 것도 우스운 일이므로, 차라리 '똑똑하다'라는 뜻의 형용사 어간 '똑똑'에 사람이나 사물을 지칭하는 접미사 '-이'를 붙여 '똑똑이전화'라고 하거나, '만능 전화' 또는 '도깨비 전화'라고 하는 것도 재미있을 것 같다는 생각이 든다.

'(종이)찍개'라고 순화한 '스테이플러(Stapler)'는 흔히들 '호치키스(Hotchkiss)'라고 불러 왔으나, '호치키스'는 원래 스테이플러를 고안해 낸 미국 발명가의 이름을 딴 상표이름이었으며, '클랙슨(Klaxon)'도 자동차 경적을 처음 생산한 제조 회사의 이름이었다. 지금은 '복사'나 '복사기'를 뜻하는 보통명사로 둔갑해버린 '제록스(Xerox)'도 1906년에 처음으로 시판된 건식 전자 복사기의 상표이름이었으며, 접착용 셀로판테이프를 뜻하는 '스카치테이프(Scotch Tape)' 역시 스코틀랜드에 있는 회사 제품의 상표이름이므로, '점착성 테이프'라는 뜻의 정확한 표현은 '스티키 테이프(Sticky Tape)'라고 하거나 '애드히시브 테이프(Adhesive Tape'라고 해야 한다. 이렇게 고유명사인 상품명이 보통명사인 물품이름으로 바뀌는 현상을 '에포님(Eponym)'이라고 하는데, 앞에 예시한 것 외에도 숱한 사례들이 있음을 참고로 밝혀 둔다.

'(주식) 맞교환'으로 순화한 '스와핑(Swapping)'은, 사전에 계약한 조건에 따라 서로 다른 방향의 자금흐름을 맞교환하는 금융기법으로서, '교환하다' 또는 '바꾸다'의 뜻을 가진 '스와프(Swap)'의 명사형이지만, '부부 교환(하다)'을 뜻하는 비속어로도 쓰여, 우리나라에서도 한때 이런 현상으로 엄청난 사회적인 물의를 일으키기도 했었다. '텀블러(Tumbler)'를 '통컵'이라고 했으나, '컵(Cup)'도 원래 네덜란드어인 '꼽뿌(Kop)'가 영어화한 외래어인 바에야 기왕이면 '통잔'이라고 했더라면 더욱 좋지 않았을까 싶지만, '투잡(Two Job)'을 '겹벌이'라고 한 건 충분히 인정해도 좋을 듯싶다. 그냥 '사기전화'라고 한 '보이스 피싱(Voice Fishing)'은 숱한 사기전화 중에서도 '금융사기전화'라고 해야 뜻이 분명해지지 않을까 싶고, '워크아웃(Workout)'을 '기업 개선 작업'이나 '군살빼기'라고 했으나, '군살빼기'라고 하면 누구나 '다이어트'를 연상하기 쉬우므로, 그냥 '구조 조정'이라고만 해도 굳이 탓할 수 없을 것 같다. '옐로카드(Yellow Card)'를 '경고 쪽지'라고 했으나, '경고(警告)'도 어차피 한자어인 바에야 '증서'의 뜻을 가진 접미사 '장(狀)'을 붙여 '경고장'이라고 하든지, 기왕 '쪽지'라는 우리말을 쓰려면 차라리 '잡도리 쪽지'라고 해야 하지 않았을까 싶다.

외래어 한글화 작업의 일환으로 사진작가 임병택 님과 서양화가 숨결새벌(본명 손동진) 님이, 7년여의 각고 끝에 한글화한 사진 미술의 전문 용어 일천여 개를 다듬은 것 중에서 일부를 발췌 분석하여 문제점들을 짚어 보기로 한다.

외래어 한글 표기	기존 번역어	순 화 어
센서티브페이퍼	감광지	빛느낌종이
마스킹	색 수정	빛깔 고쳐 손질하기
스포트라이트	집광성 광원	모음빛
디벨로핑	현상	꼴냄
프린트	인화	뜨기
렌즈		덧보기
컬러 밸런스	천연색 조화	빛깔고름
카메라	사진기	찍음틀
필름		빛막
셔터		여닫개
부스터	승압기	부추개
박스카메라		바구니찍음틀
시스템 카메라	교환렌즈사진기	갖춤덧보기갖춤찍음틀
매스커뮤니케이션	대중 전달	무리알림
휴먼 인터리스트	인간적 흥미	사람다운 느낌새
다크룸 램프	암실등(暗室燈)	어둠방 불빛
오리지널 네거티브	원판	으뜸박이
하프톤	중간색조	가운데밝기
래피드필름	고속필름	빨리 찍는 빛막
스냅숏 포토그래피	순간촬영기술	잽싼 빛박이
더블 익스포저	이중촬영	겹찍기

필자가 사진술(Photography)에는 전혀 문외한인지라 주제넘은 객기가 될는지도 모르겠으나, 이들 기존 전문 용어들을 적당히 활용하여 필자 나름대로 하나의 가상적인 사진 평론문을 작성한 후, 다시 한글화한 순화어로 대체해 봄으로써 외래어 한글화에 어떤 어려운 점들이 있는지도, 함께 살펴보기로 한다.

"래피드 필름을 장착한 시스템 카메라를 사용하여, 스냅숏 포토그래피로 더블 익스포저한 오리지널 네거티브 필름의 컬러 밸런스를, 더욱 익사이팅한 하프톤으로 마스킹했다. 게다가 강렬한 휴먼인터리스트를 스페셜 센서티브 페이퍼에 디벨로핑해 냄으로써, 매스커뮤니케이션의 화려한 스포트 라이트를 받았다."

이를 다시 위 도표에서 순화한 우리말로 옮겨 써 보면,

"빨리 찍는 빛막을 장착한 바꿈덧보기갖춤찍음틀을 사용하여, 잽싼 빛박이로 겹찍기한 으뜸박이 빛막의 빛깔고름을, 더욱 자극적인 가운데밝기로 빛깔 고쳐 손질하기했다. 게다가 강렬한 사람다운 느낌새를 특수 빛느낌종이에 표출 꼴냄해 냄으로써, 무리알림의 화려한 모음빛을 받았다."

로 되는데, 마치 신라 시대의 이두문자 번역본을 보는 것 같아 혼란스럽기 그지없다. 물론, 두 분의 열정과 노력은 높이 평가받아 마땅하겠으나, '카메라'를 '사진찍개'란 말을 두고 굳이 '찍음틀'이라 하여 '사진기'가 연상되기 전에, 연탄이나 벽돌 찍는 기계가 연상되니 딱한 노릇이다. '마스킹(색 수정)'은 '빛깔 고쳐 손질하기'로, '시스템 카메라'는 '바꿈덧보기갖춤찍음틀'이라 했는데, 너무 억지스럽기도 하거니와, 외화 더빙(재녹음)을 할 때나, 신문 기사 제목을 뽑을 땐, 무척 애를 먹겠다는 생각을 떨쳐버릴 수 없다. 또한 '바구니찍음틀'이라고 하면 누구나 '박스 카메라'가 생각되기 전에, 바구니를 찍어내는 기계 정도로 생각할 수밖에 없잖을까 싶다. 그럼, 가장 보편적인 일상용어들을 사용하여 절충식으로 다시 옮겨보면,

"고속필름을 장착한 다목적용 사진기를 사용하여, 속사(速寫) 기법으로 겹치기 촬영한 원판 필름의 색상 조화를, 더욱 자극적인 중간빛깔로 색상을 손질한 데다, 강렬한 인간적 흥미를 특수 감광지에 표출 현상해 냄으로써 대중매체의 화려한 각광을 받았다."

로 되는데, 이것 역시 대부분이 한자어들이라 문제가 있긴 하나, 순화어란 가능한 한 원어의 이미지와 뉘앙스를 살려 순화하는 것이 원칙이므로, 순화어의 내용이 참신해야 함은 물론, 번역할 때의 문제점 등을 감안해서라도 시나 노랫말일 경우의 운율 등을 도외시하거나, 낱말 풀이 식으로 억지로 꿰맞출 생각은 말아야 한다. 무엇보다 세종대왕께서 훈민정음을 창제했던 근본 취지가 백성들이 쉽게 읽고 쓸 수 있기를 바랐던 것처럼, 외래어보다 순화어가 더 낯설게 느껴지거나, 순화어를 이해하고 외우는 데에 외래어를 기억하기보다 더 귀찮고 까다롭게 생각되면, 일반 언중들의 호응을 받을 수 없게 된다. 다만, 이미 지극히 상식화되어 버린 '택시'나 '라디오', '피아노' 같은 외래어들까지 굳이 들쑤셔 혼란을 초래할 게 아니라, 수용할 건 수용하는 융통성도 있어야 한다. 싫든 좋든 끊임없이 수입되는 외래어에다, 건물마다 즐비한 각종 간판은 말할 것도 없거니와 순우리말로 된 국산 자동차나 담배 이름도 찾아보기 힘들 정도이니, 언젠가는 외래어사전이 국어사전보다 더 방대한 양이 되지 않을까 싶어 심히 걱정스럽기도 하다.

하긴 시도 때도 없이 밀려드는 외래어의 범람보다도 더욱 심각한 것은, 무분별하게 남용되는 학생들의 은어나 비속어들이 아닌가 싶다. 우선 지난해(2014년)에 국립국어원에서 초·중·고생 6,053명을 대상으로 조사한 은어 사용 실태를 보면, 초등생 97%, 중·고생들의 99.7%가 은어를 사용한 적이 있음을 시인했다고 한다. 게다가 중·고생들의 18.7%는 욕설이나 비속어 등을 대화할 때마다 사용하는가 하면, 22%는 매일 1~2회 이상 습관적으로 사용한다고 하니, 언어 오염현상이 얼마나 심각해져 가고 있는지 미루어 짐작할 수 있다. 거짓말을 계속 하다 보면 거짓말도 참말로 느껴지게 되고, 도둑질도 계속 하다 보면 죄의식마저 없어지듯이, 비속어를 계속 쓰다 보면 비속어가 비속어인 줄도 모르고 더욱 자극적인 말을 쓰게 되는 것이 인간들의 속성이다. 따라서 어렸을 때부터 각 가정에서나 초등학교 저학년에서부터 고운 말 쓰기나 언어 순화 운동을 통하여, 늘 품위 있는 올바른 언어 습관을 기를 수 있도록 정책적으로도 충분히 뒷받침되어야 할 것으로 본다.

국립국어원 김형배 연구사는 "은어가 하나의 사회적 흐름이 되고 있다. 공식적인 자리와 비공식적인 자리를 골라서 맞게 쓴다면 대학가 은어 역시 크게 문제가 되지 않는다고 생각한다."고 밝힌 바도 있다. 은어는 같은 환경에서 공동생활을 영위하는 한정된 집단이나 구성원들 사이에서 은밀히 발달하는 것이 보통인데, 그 구성은 비유형, 연상형, 외국어형, 의태어형, 의성어형, 음절 도치형(倒置形), 음운 첨가형, 음절 생략형 외에도 된소리나 거센소리를 이용한 것 등으로 분석된다. 은어 사용의 가장 큰 목적은, 자기들끼리의 언어 소통이 다른 집단의 사람들은 알아듣지 못하게 함으로써 비밀 유지는 물론, 공동체의식을 공유하기 위한 수단으로 사용되기 마련이다. 그렇다고 해서 반드시 인간들만을 대상으로 하는 게 아니라 때로는 짐승들을 대상으로 하기도 하는데, 요즘 도축장에선 모두 기계적으로 도살(屠殺)하게 되지만, 옛날의 백정들이 작은 망치 하나로 직접 소를 잡을 땐, 일상용어를 쓰지 않고 자기들만의 은어를 썼다고 한다. 이유인즉슨 죽어가는 소들의 영혼을 달래기 위한 주문의 뜻과 함께, 상용어를 쓰면 알아듣고 불안해 할 소들을 위한 배려라고 하니, 조선조의 청백리 황희 정승과 소를 몰고 밭을 갈던 늙은 시골 농부가 주고받은 일화에서 느낄 수 있는 가슴 뭉클한 휴머니즘이 문득 생각나기도 한다.

애기가 잠깐 빗나가고 말았으나, 청소년들이 즐겨 쓰는 '얼빵(얼굴이 빵점인 사람)'이나 '장미단추(장거리에서 보면 미인, 단거리에서 보면 추녀)', '안여돼(안경 낀 여드름 돼지)', '듣보잡(듣도 보도 못한 잡놈)' 또는 '삼권분립(못생긴 사람)'이나 '꼬댕이(공부도 못하면서 놀지도 못하는 학생)' 등에서도 알 수 있듯이, 타인의 용모나 인격을 비하하는 등의 역기능적인 면이 대부분이긴 하나, '쌩얼(화장하지 않은 얼굴)'이나 '얼짱(얼굴이 잘생긴 사람)', '열공(열심히 공부함)'에 '오래방(오락실이 있는 노래방)', '도촬(도둑 촬영)', '멘붕(Mental 붕괴)', '십장생(십대도 장래를 생각해야 함)', 'OME(Oh, My Eyes. : 목불인견)' 같은 일종의 두문자어(Acronym)라고 할 수 있는 이런 말들은, 산뜻한 재치까지 엿보여 굳이 거부해야 할 이유가 없잖을까 싶기도 하다.

다만 '샘, 안냐세요?(선생님, 안녕하세요?)', '방가방가(반가워요)', '어쏴여(어서 와요)', '설사라요(서울 살아요)', '겜방(게임방)', '조아(좋아)', '마니(많이)', '넘 덥당(너무 덥다)', '이짜나여(있잖아요)', '무러바(물어 봐)', '글쿤요(그렇군요)', '나 삐져따(나 삐졌다)', '쟴있져?(재미있죠?)', '추카함니다(축하합니다)', '그럼 20,000.(그럼 이만.)' 등으로 주고받는 문자 메시지들은, 가뜩이나 맞춤법에 많은 취약점을 안고 있는 청소년들이, 이런 어법이나 표기법에 깊이 물들어 있어 심각한 부작용을 초래 — 실지로 시험 답안지에 이런 표기들이 나타난다고 함 — 하고 있는 실정이라, 심히 걱정스럽지 않을 수 없다. 그러나 남의 게시물을 불법적으로 옮긴다는 뜻의 '불펌'이나, 인터넷에 다시 접속한다는 뜻의 '재접(再接)', 그리고 A4용지 등에 영어 단어 등을 빽빽하게 써 오라는 숙제 등을 뜻하는 '빽빽이'나, 언어 파괴자를 뜻하는 '언파자', '싸가지(방언)'를 비틀어 말한 '네가지', 십대도 장래를 생각한다는 뜻의 '십장생' 등은 누구나 사용해도 손색없을 정도의 훌륭한 슬랭들이 아닌가 싶다. 게다가 '♡.♡(반했어)', '☞^.^☜ (귀엽지?)', '^^(안녕하세요?)' 같은 이모티콘(Emotion+Icon) 등 역시, 청소년들다운 낭만적인 재치가 돋보여 차라리 권장하고 싶은 심정이기도 하다.

너나없이 국어순화운동, 외래어 한글화 작업 등에 적극 동참해야겠지만, 맹목적인 한글 사랑만으로 외래어와 한자어를 무조건 배척하려는 편협된 마음에서 벗어나야 한다. 아무리 "우리 것이 좋은 것이여!"를 강조해도 신토불이 음식만으로는 살 수 없듯이, 아무리 우리말과 글을 아끼고 사랑한다고 해도 이미 한글만으로는 유아독존할 수 없는 글로벌 시대가 되었음을 인정해야 한다. 한글전용이 천지개벽하듯 하루아침에 해결될 일이 아니란 사실도 직시하고, 우공이산(愚公移山)의 굳은 신념으로 함께 노력하자는 뜻이다. 사족이지만, 외래어를 흔히 '차용어(借用語)'라고 하나, '차용'이란 빌린다는 뜻이므로 물건 등을 얼마동안 쓰다가 원형대로 다시 돌려준다는 전제조건이 따르지만, 외래어란 아무런 조건이나 제약이 없으므로 '차용어'란 말은 부적절한 말이라고 생각되어 순화어인 '들온말'을 쓰도록 적극 권장하고 싶다.

3) 일본어의 한글 표기

　적잖은 언중들이 일본의 인명이나 지명 등의 고유명사 표기를 현지음이 아닌 우리 식 한자음으로 읽고 써야 한다고 주장하기도 한다. 물론, '도요토미 히데요시(豊臣秀吉)', '이토 히로부미(伊藤博文)', '도쿄(東京)', '오사카(大阪)'를, '풍신수길', '이등박문', '동경', '대판'으로 읽고 쓴다고 해서 크게 문제될 것은 없다. 왜냐하면, 역사 시간에 늘 들어오던 이름들이기 때문이다. 그러나 '아키히토(明仁)', '아베신조(安倍晋三)', '아카사카(赤坂)', '나가사키(長崎)' 등을 '명인', '안배진삼', '적판', '장기'라고 하면 알아들을 수 없게 된다. 더구나, 한자와 카나를 혼용하고 있는 '霞が(ケ)關(가스미가세키)', '御茶ノ水(오차노미즈)', '四ッ谷(요츠야)', '虎ノ門(도라노몽)' 등의 지명을 '하케관', '어다노수', '사쯔곡', '호노문' 등으로 쓴다거나, '高橋ゆかり(다카하시 유카리)', '土居のりこ(도이노리코)', '후쿠노베(福の辺)' 등의 인명을, '고교유카리', '토거노리코', '복노변'이라고 할 수도 없는 노릇이다.

　같은 한자인 '山村(산촌)'일지라도 산마을을 뜻할 땐 '산손(さんそん)', 인명으로 쓸 땐 '야마무라(やまむら)'라 하고, '寺內(사내)'도 절의 경내를 말할 땐 '지나이(じない)'라 하되, 인명으로 쓸 땐 '데라우치(てらうち)'라고 해야 한다. '上司(상사)'도 '부하'의 대립어로는 '죠시(じょうし)'라 하고, 인명으로 쓸 땐 '카미쯔까사(かみつかさ)'라고 해야 하는가 하면, '山上'도 산 위를 말할 땐 '산조(さんじょう)'라고 하되, 인명으로 쓸 땐 '야마가미(やまがみ)'가 되니, 그리 간단치가 않음을 알 수 있다. '宮城(궁성)', '氷上(빙상)'도 '궁궐'이나 '얼음 위'를 말할 땐 '규조(きゅうじょう)', '효조(ひょうじょう)'라고 해야 하지만, 지명으로 쓸 땐 '미야기(みやぎ)', '히카미(ひかみ)'라고 해야 한다. '神戸' 역시 지명으로 쓸 땐 '고베(こうべ)'가 되나, 사람 성씨로 쓸 땐 '간베(かんべ)'로 둔갑해 버리니 단순히 '신호'라고 할 수도 없다는 사실이 증명된다.

아무튼 일본어와 중국어는 받침을 가진 음절, 즉 폐음절이 거의 없다는 것이 세계 어디에서도 찾아보기 힘든 언어학적인 현상이라 할 수 있다. 그나마 있는 발음(撥音) 'ん'과 촉음(促音) 'っ'도 한자음의 받침을 표현하기 위한 하나의 방편일 뿐, 원래의 일본어는 완전히 모음으로 끝나는 개음절 언어였으며, 'きゃ·きゅ·きょ' 등의 요음(拗音)도 중국 음운학의 성모와 운모 사이에 개재되는 과도음을 따라 흡수된 것이라고 한다. 표음문자인 일본어는 한자의 초서체를 기본으로 하여 만든 '히라가나(平假名 : ひらがな)'와, 한자의 변이나 방을 끌어다 쓴 '가타카나(片假名 : カタカナ)'를 통틀어 '빌려 온 문자' 또는 '가짜 문자'란 뜻으로 '가나(假名 : かな)'라고 하는 데에 반해, 한자(漢字 : かんじ)는 모양[形]과 소리[音], 그리고 뜻[義]을 가진 진짜 문자라 하여 '마나(眞名/眞字 : まな)'라고 한다. 이렇듯, 가나는 한자를 보조하는 역할이나 한자로 표기할 수 없는 의성어나 의태어 또는 외래어 표기 등에 사용될 뿐이며, 히라가나와 가타카나의 음가(音價) 역시 로마자의 대문자와 소문자처럼 외양만 다를 뿐, 소리는 완전히 일치되어 있다.

　원래의 가나는 50음이었으나, 새로 생긴 글자도 있고 도태된 글자도 있어 지금은 46음으로 구성되어 있다. 훈민정음이 원래는 중국 한자 발음을 바로 잡기 위한 문자였듯이, 가타카나 역시 처음에는 남자들이 한자를 읽기 위한 발음 표기나 조사 등으로 쓰였으며, 히라가나는 한자의 초서를 본따 여성들이 간편하게 쓰기 위한 문자였다. 다만, 히라가나나 가타카나는 모양만 다를 뿐 음은 같은데, 'か/カ, さ/サ, た/タ' 등의 '청음(淸音 : せいおん)'은 무성음('ん'은 제외)에 속하고, 'が/ガ', 'ざ/ザ', 'だ/ダ', 'ば/バ' 등처럼 가나의 우측 어깨에 '니고리(濁り)'라는 두 점(〃)이 있는 탁음(濁音 : だくおん)은 유성음에 속하며, 'パ, ピ, プ, ペ, ポ'처럼 우측 어깨에 반탁음(半濁音 : はんだくおん) 부호(°)가 있는 가나는 무성음으로 구분된다. 이 밖에도 요음(拗音 : ようおん)이란 것도 있는데, 'い'를 제외한 'い 段', 즉 'き, し, ち, に, ひ, み, り'와 'ぎ, じ, び, ぴ'의 오른쪽 밑에 소문자 'ゃ, ゅ, ょ'를 붙여 쓴 'きゃ, きゅ, きょ' 등은 '기야, 기유, 기요'가 아니라 '갸, 규, 교'처럼 한 박자로 발음해야 한다.

한국인들은 일반적으로 'ㄱ=g', 'ㄷ=d' 식의 음운 대응을 생각하지만, 'ㄱ'과 'ㄷ'의 실제 음가는 어두와 어말에서는 [k]와 [t]가 된다. 물론 공명도가 높은 유성음과 유성음 사이에서는 [g]와 [d]로 발음되지만, 어중·어말에서 [ka], [ta]로 나타날 수 있는 한글은 '카', '타'나 '까', '따'가 된다. 다만, 어두의 위치에선 어중·어말보다 약화된 [k]나 [t]가 한국어의 'ㄱ'과 'ㄷ'이 어두에 있을 때의 음가인 [k], [t]의 음가와 같으므로, 한국인들에게는 'ㄱ'과 'ㄷ'으로 인식된다. 이렇듯 한국인들의 음운 인식 체계상으로는 어두의 청음과 탁음을 구분하지 못하고 '[k/g]'와 '[t/d]'를 같은 소리로 인식하고 있는데다, 한국어에서는 유성음인 [g], [d]가 어두에 나타나는 경우가 없기 때문에, 'が[ga]'나 'だ[da]' 등도 무성음인 '가[ka]', '다[ta]'로 들리게 된다. 그러나 'か[ka]', 'た[ta]'의 실지 음가는 한국어의 유기음 'ㅋ', 'ㅌ'보다 발음 강도가 약한 'ㄱ'과 'ㅋ', 'ㄷ'과 'ㅌ'의 중간 소리라 할 수 있는데, 현행 가나 한글 표기법으로는 구별 없이 '가', '다'로 표기토록 했다.

그러나 'が'와 'か'는 무성음과 유성음의 차이이지만, 한글의 '가'와 '카'는 유기음과 무기음의 차이가 있다. 일본어는 유성음과 무성음의 대립이 있고 유기음과 무기음의 대립이 없는 대신, 한국어는 유기음과 무기음의 대립이 있고 유성음과 무성음의 대립이 없다. 따라서, 일본인들은 우리말 '가, 카, 까'나 '다, 타, 따'를 어느 위치에서나 똑같은 'か[ka]', 'た[ta]' 소리로 듣는다는 사실을 피차 제대로 인식하지 못하고 있다. 한국어 표기의 기본 원칙은 소리 나는 대로 쓰는 데에 중점을 두고, 실제 일본어 발음이 한국 언중들에게 어떻게 들리는가를 고려해서 만들었기 때문에 어두에 오는 파열음 'か 행'과 'た 행'의 발음을 'ㄱ', 'ㄷ'으로 표기한다는 것과, 장음을 표기하지 않는다는 점이 중요한 특징이라고 할 수 있다. 그러나 1986년 1월, 문교부(현 교육부)에서 확정 고시한, '외래어 표기법'에 따른 '일본어의 가나와 한글 대조표'에도 적잖은 문제점을 안고 있어, 그 동안 많은 학자들을 비롯한 사계의 권위자나 실무자들 간에도 심심찮게 거론되어 오고 있으나, 필자 나름대로 좀 더 다른 각도에서 집중 분석 검토해 보기로 한다.

‘が·ぎ·ぐ·げ·ご’나 ‘ぎゃ·ぎゅ·ぎょ’ 등은 탁음, 즉 유성음인 데에 반해 한글에는 이에 대응할 만한 어두의 유성음이 없으므로 부득이 무성음인 ‘가·기·구·게·고’, ‘갸·규·교’로 표기할 수밖에 없으나, 청음인 ‘か·き·く·け·こ’나 ‘きゃ·きゅ·きょ’도 어두음에선 ‘가·기·구·게·고’, ‘갸·규·교’라 하니, 일본어 탁음부호인 니고리(˝)는 있어도 그만 없어도 그만인 셈이 되고 말았다. 그래서 ‘**きんめだる**(금메달)’나 ‘**ぎんめだる**(은메달)’가 똑같은 ‘긴메다루’가 되고, ‘かんきょう(환경)’, ‘がんきょう(안경)’도 똑같은 ‘간쿄’가 되고 만다. ‘くもん(고민)’의 ‘く’는 ‘쿠’, ‘ぐもん(우문)’의 ‘ぐ’는 ‘구’로, ‘かくしき(격식)’의 ‘か’는 ‘카’로, ‘がくしき(학식)’의 ‘が’는 ‘가’로 하고, ‘こしょく(고색)’의 ‘こ’는 ‘코’, ‘ごしょく(오식 : 誤植)’의 ‘ご’는 ‘고’로 반드시 구별되어야 한다.

‘だ행’ 역시 ‘だ·ぢ·づ·で·ど’와 어두의 ‘た·ち·つ·て·と’를 같은 ‘다·지·쓰·데·도’라고 했으나, ‘たきょう(타향)’의 ‘타’와 ‘だきょう(타협)’의 ‘다’, ‘てんき(天氣 : 날씨)’의 ‘텐’과 ‘でんき(傳記 : 전기)’의 ‘덴’, 그리고 ‘ととう(도당)’의 ‘토’와 ‘どとう(노도)’의 ‘도’ 등도 구분되어야 한다. ‘ださん(다산)’은 ‘다산’으로 적어야 하고, ‘たさん(타산)’은 ‘타산’이 되어야 하는데도, 현행 표기법으로는 ‘多産’도 ‘다산’이요 ‘打算’도 ‘다산’으로 적도록 되어 있다. 물론 어느 나라 말이건 동음이의어가 있기 마련이지만, 충분히 구분할 수 있는 방법을 두고도 구분하지 않는 것은 분명 잘못된 발상이다. 특히, 인명이나 지명 등의 고유명사를 청음과 탁음도 구별 없이 남용하게 되면 뜻밖의 낭패를 당할 수도 있다. 실지로 일본인들은 분명히 ‘かいだん〔카이당 : 계단〕’, ‘こんろ〔콘로 : 풍로〕’, ‘たばこ〔타바코 : 담배〕’라고 발음하는데도, 우리는 ‘가이당’, ‘곤로’, ‘다바꼬’로 알아듣고 그렇게들 발음하고 있는 것을 지금도 흔히 들을 수 있다. 반드시 어두에서뿐만 아니라 어중이나 어말에서도 이런 현상이 일어나 ‘히타치(ひたち : Hitachi)’나 ‘아타리(あたり : 當り)’, ‘카타로구(カタログ : catalogue)’, ‘잠파(ジャンパー : jumper)’, ‘타타키(たたき : 叩き/敲き)’ 등도 하나같이 ‘카다로구’, ‘히다치’, ‘아다리’, ‘잠바’, ‘다데기’ 등으로 발음하고들 있다는 사실도 알 수 있다.

하지만, 분명히 잘못된 표기임을 알면서도 'か', 'が'의 한글 표기를 뭉뚱그려 '가'로 적도록 해 놓고 있으나, 어차피 'が'는 유성음이고 어두의 '가'는 무성음이므로 'が'를 '가'로 표기해도 정확한 표기가 되지 않고, 'か'를 '카'로 표기해도 정확한 표현이 안 될 바엔 'が'와 'か'는 다른 글자인 것만은 분명하므로, 시각적인 구별을 위해서라도 'が'는 어중·어말 구별 없이 무조건 '가'로 하고 어두의 'か'는 '카'로 하며 어중·어말에선 '까'로 표기해야 한다는 것이 바로 필자의 주장이다. 다만, 띄어쓰기가 없는 일본어에서 '어두'나 '어중'을 제대로 구별해 내기란 일본어 초보자들에겐 결코 쉬운 일이 아니라는 건 사실이다. 그러나 탁음 'が·ぎ·ぐ·げ·ご'는 비음이 섞인 'ㅇ가·ㅇ기·ㅇ구·ㅇ게·ㅇ고' 정도로 발음하고, 청음인 'か·き·く·け·こ'는 '가·기·구·게·고'보다는 약간 거세고 '카·키·쿠·케·코'보다는 좀 약하게 발음하되 된소리인 '까'는 '카'보다 약간 강하게 발음만 하면, 그나마 이자동음(異字同音)의 불편함을 덞은 물론, 가장 논리적인 표기가 될 것으로 믿는다.

외래어 표기법은 애당초 내국인들 간의 커뮤니케이션을 위한 하나의 수단이요 방편일 뿐, 외국어 발음 교육을 위한 표기법이 아니므로, 원음에 연연해할 필요가 없다고도 한다. 그러나, 평생 외국인 얼굴도 한 번 보기 힘들었던 반세기 전만 해도, 어쩌다 해외에 나가게 되면 집안에 큰 인물이라도 났다는 듯이 온 집안사람들이 전송하느라 북새통을 떨던 시대라면야, 우물 안 개구리식으로 외국어도 우리들끼리만 통하면 그만이었으나, 지금은 누구나 세계 각처를 수시로 드나들 수 있는 충분한 여건이 마련되었으므로, 잦은 외국 여행길에 식사나 커피 한 잔이라도 제대로 주문해서 먹고 마실 수 있도록 될 수 있는 한 원음 표기법을 익혀 두는 것이 훨씬 더 유익하다고 생각한다. 이런 관점에서 일본어 가나 'か/が'와 'た/だ'의 표기에 대한 문제점들을 다음 표에서 비교, 검토해 보기로 한다. 다만, 아래의 '가한'은 현행 '일본어 가나의 한글 표기 규정'을 말하며, '외사'는 교열기자협회에서 펴낸 '외래어 사전'의 표기, '필안'은 필자가 주장하는 '표기안(변이음도 인정)' 등을 뜻하나, '엣센스 일한사전'의 발음 표기를 참조해 보시기 바란다.

'か'와 'が'의 발음 비교

	낱 말 (발음)	한 자	가한	외사	필안	비고
か·が	かくしき[kakushiki] がくしき[gakushiki]	格式(격식) 學識(학식)	가쿠시키 가쿠시키	가꾸시끼 가꾸시끼	카꾸시끼 가꾸시끼	か[ka] が[ga]
	かっかん[kakkan] がっかん[gakkan]	客觀(객관) 學監(학감)	갓칸 갓칸	각깡 각깡	칵깐 각깐	か[ka] が[ga]
	かんこ [kanko] がんこ [ganko]	歡呼(환호) 頑固(완고)	간코 간코	깡꼬 깡꼬	캉꼬 깡꼬	か[ka] が[ga]
き·ぎ	きちょう[kichō] ぎちょう[gichō]	記帳(기장) 議長(의장)	기초 기초	기쪼 기쪼	키쪼 기쪼	き[ki] ぎ[gi]
	きれつ [kiretsu] ぎれつ [giretsu]	龜裂(균열) 義烈(의열)	기레쓰 기레쓰	기레쓰 기레쓰	키레쯔 기레쯔	き[ki] ぎ[gi]
	きんがみ[kingami] ぎんがみ[gingami]	金紙(금지) 銀紙(은지)	긴가미 긴가미	깅가미 깅가미	킹가미 깅가미	き[ki] ぎ[gi]
く·ぐ	くぶつ [kubutsu] ぐぶつ [gubutsu]	供佛(공물) 愚物(우물)	구부쓰 구부쓰	구부쓰 구부쓰	쿠부쯔 구부쯔	く[ku] ぐ[gu]
	くもん [kumon] ぐもん [gumon]	苦悶(고민) 愚問(우문)	구몬 구몬	구몽 구몽	쿠몬 구몬	く[ku] ぐ[gu]
	くんぎ [kungi] ぐんぎ [gungi]	訓義(훈의) 群議(군의)	군기 군기	궁기 궁기	쿵기 궁기	く[ku] ぐ[gu]
け·げ	けっこう[kekkō] げっこう[gekkō]	決行(결행) 月光(월광)	겟코 겟코	겍꼬 겍고	켁꼬 겍꼬	け[ke] げ[ge]
	けっしょく[kesshoku] げっしょく[gesshoku]	血色(혈색) 月色(월색)	겟쇼쿠 겟쇼쿠	겟쇼꾸 겟쇼꾸	켓쇼꾸 겟쇼꾸	け[ke] げ[ge]
	けつまつ[ketsumatsu] げつまつ[getsumatsu]	結末(결말) 月末(월말)	게쓰마쓰 게쓰마쓰	게쓰마쓰 게쓰마쓰	케쯔마쯔 게쯔마쯔	け[ke] げ[ge]
こ·ご	こしょく[koshoku] ごしょく[goshoku]	古色(고색) 誤植(오식)	고쇼쿠 고쇼쿠	고쑈꾸 고쑈꾸	코쑈꾸 고쑈꾸	こ[ko] ご[go]
	こちょう[kochō] ごちょう[gochō]	誇張(과장) 語調(어조)	고초 고초	고쪼 고쪼	코쪼 고쪼	こ[ko] ご[go]
	こんご [kongo] ごんご [gongo]	今後(금후) 言語(언어)	곤고 곤고	공고 공고	콩고 공고	こ[ko] ご[go]

'た'와 'だ'의 발음 비교

	낱 말 (발음)	한 자	가한	외사	필안	비고
た·だ	たきょう[takyō] だきょう[dakyō]	他鄕(타향) 妥協(타협)	다쿄 다쿄	다꾜 다꾜	타꾜 다꾜	た[ta] だ[da]
	たつぶん[tatsubun] だつぶん[datsubun]	達文(달문) 脫文(탈문)	다쓰분 다쓰분	다쓰붕 다쓰붕	타쯔분 다쯔분	た[ta] だ[da]
	たんちょう[tanchō] だんちょう[danchō]	短調(단조) 團長(단장)	단초 단초	단쪼 단쪼	탄쪼 단쪼	た[ta] だ[da]
ち·ぢ	'가한'에선 'ぢ'도 '지', 어두의 'ち'도 '지'로 쓰고, 어중·어말에선 '치'로 쓰도록 되어 있으나, 'ぢ'는 어두나 어중·어말 상관없이 '지'로 하되, 'ち'는 어두에선 '치', 어중·어말에선 '찌'로 써야 한다.					
つ·づ	'가한'에선 어두·어중이나 어말 구별 없이 'つ'를 '쓰'로 적도록 되어 있으나, 'づ'는 어중·어말 상관없이 '즈'로 하고, 어두에선 '츠', 어중이나 어말에선 '쓰/쯔'로 써야 한다. ※ 'つ'는 '츠·쓰·쯔'의 중간 발음.					
て·で	てんかい[tenkai] でんかい[denkai]	展開(전개) 電解(전해)	덴카이 덴카이	뎅까이 뎅까이	텡까이 뎅까이	て[te] で[de]
	てんき[tenki] でんき[denki]	轉機(전기) 傳記(전기)	덴키 덴키	뎅끼 뎅끼	텡끼 뎅끼	て[te] で[de]
	てんけん[tenken] でんけん[denken]	點檢(점검) 電鍵(전건)	덴켄 덴켄	뎅껭 뎅껭	텡껭 뎅껭	て[te] で[de]
と·ど	とくがく[tokugaku] どくがく[dokugaku]	篤學(독학) 獨學(독학)	도쿠가쿠 도쿠가쿠	도꾸가꾸 도꾸가꾸	토꾸가꾸 도꾸가꾸	と[to] ど[do]
	とっこう[tokkō] どっこう[dokkō]	特講(특강) 獨航(독항)	돗코 돗코	독꼬 독꼬	톡꼬 독꼬	と[to] ど[do]
	ととう[totō] どとう[dotō]	徒黨(도당) 怒濤(노도)	도토 도토	도또 도또	토또 도또	と[to] ど[do]

외래어를 한글로 정확하게 표기한다는 건 사실상 불가능한 건 사실이지만, 이처럼 현행 표기법에 문제가 있음을 인정하지 않을 수 없으므로, 가나의 탁음과 청음은 물론, 어두와 어말 등의 가나 표기 등도 충분히 감안하여 가능한 한 논리적이고 원음에 가깝도록 표기할 수 있는 방안을 모색해 보자는 것이 필자의 변함없는 소신임을 밝혀 둔다.

'ぢゃ', 'ぢゅ', 'ぢょ'에 대한 한글 표기도 누락되어 있는데, 비록 사용 빈도도 낮은 데다 어두에 사용되는 예도 찾아볼 순 없으나, 현대 일본어 표기법에도 엄연히 쓰이고 있는 문자다. 물론, 'ぢゃ, ぢゅ, ぢょ'와 'じゃ, じゅ, じょ'의 발음에 미묘한 차이가 있긴 하나 우리 한글로는 달리 표기할 방법이 없으므로 'じゃ, じゅ, じょ'와 같이 표기할 수밖에 없다. 다만, 분명히 'ざ〔za〕'란 가나 글자가 따로 있는데 'じゃ〔ja〕'도 '자', 어두음 'ちゃ〔cha〕'도 '자'라 하고, 'ぞ〔zo〕'라는 글자를 두고도 'じょ〔jo〕'도 '조', 어두음 'ちょ〔cho〕'도 '조'로 써야 하며, 'じゅ〔ju : 쥬〕'와 어두음 'ちゅ〔chu : 츄〕'도 같은 '주'로 표기해야 한다는 건 아무래도 문제가 아닐 수 없다. 물론 영어에서도 'J'와 'Z'를 한글로서는 같은 'ㅈ'으로 표기하고, 일본어 가나의 'じ'나 'ぢ'도 '지'로 표기할 수밖에 없으나, '자, 조, 주'와 '쟈, 쥬, 죠'는 충분히 구별해서 쓸 수 있으므로, 'ざ〔za〕'는 '자'로 쓰고, 'じゃ〔ja〕'는 '쟈'로 쓰되 어두음의 'ちゃ〔cha〕'는 '챠'로, 어중어말의 'ちゃ〔cha〕'는 '쨔'로 구별해서 표기하면, 가나 표기의 제반 불합리성을 그나마 감소시킬 수 있을 것으로 믿는다.

사실 'ざ〔za〕', 'ず〔zu〕', 'ぜ〔ze〕', 'ぞ〔zo〕'의 발음기호 〔z〕는 마치 재미 코미디언 쟈니윤이 〔잠자리〕라고 말할 때의 'ㅈ' 발음과 비슷하여 우리 한글로는 제대로 표기할 수 없는 발음이지만, 'じ〔ji〕'는 우리말 〔지〕에 가깝다고 할 수 있다. 현대 한국어에서 'ㅈ·ㅉ·ㅊ'은 치경구개음으로, 그 자체가 경구개접근음 'j'를 수반하는 자음이므로 'ㅈ·ㅉ·ㅊ' 뒤에서는 이중모음 'ㅑ·ㅒ·ㅕ·ㅖ·ㅛ·ㅠ'와 단모음 'ㅏ·ㅐ·ㅓ·ㅔ·ㅗ·ㅜ'가 변별되지 않는다고 하여 '쟈', '쵸'를 '자', '초'로 적도록 했다고 한다. 따라서 영어의 한글 표기 역시 'ㅈ·ㅊ'이 이미 구개음이기 때문에 '져지·죠인트·쥬니어·챠트·쵸콜릿' 등으로 적지 않고, '저지·조인트·주니어·차트·초콜릿'으로 적고 있는 것도 사실이다. 그러나 영어에선 '조인트'나 '주니어'라고 하건 '죠인트'나 '쥬니어'라고 하건 뜻이 달라지는 건 아니므로 전혀 문제될 것이 없으나, 일본어의 경우는 글자나 발음도 다르고 뜻도 다른 'ざ/じゃ/ちゃ' 등은 충분히 '자/쟈/챠'로 구분해서 표기할 수 있는데도 왜 '자'로만 표기해야 하는지 묻고 싶다.

영어의 'R'와 'L', 'F'와 'P' 역시 글자도 다르고 발음까지 다른데도 불구하고 'Right(옳은)'도 '라이트'요 'Light(빛)' 역시 '라이트'가 되고 'Fashion(유행)'도 '패션'이요 'Passion(열정)'도 같은 '패션'이 되므로, 일본어의 탁음과 청음으로 인한 동음이의어 역시 걱정할 필요가 없다고도 한다. 그러나 영어의 'R'와 'L', 'F'와 'P', 'V'와 'B', 'J'와 'Z' 등을 우리 한글로는 도저히 달리 표기할 방법이 없으므로 부득이 같은 'ㄹ', 'ㅍ', 'ㅂ', 'ㅈ' 등으로 표기할 수밖에 없지만, 일본어 'ざ/じゃ/ちゃ'의 경우는 얼마든지 구분해서 표기할 수 있으므로 바로잡자는 얘기다. 설사 구개음화되어 '자/쟈'나 '차/챠'가 발음상으로 아무런 차이가 없다손 치더라도, '곡물'이나 '독물'이 〔공물〕, 〔동물〕로 발음된다고 해서 '곡물'을 '공물'로 쓰지 않고, '독물'을 '동물'이라고 표기하지 않으며, '격리'나 '학명' 등 역시 〔경리〕, 〔항명〕으로 발음된다고 해서 '격리', '학명'을 '경리'나 '항명'이라고 쓰지도 않듯이, 우선 시각적인 효과만으로도 충분히 분리 표기의 의의가 있을 것으로 확신한다.

고대 일본어에서는 'ぢゃ, ぢゅ, ぢょ'로 쓰기도 했으나 현대 일본어에서는 대개 'じゃ, じゅ, じょ'로 쓰는 것이 일반적이라곤 하나, 지금도 휴게소로 꾸민 찻집을 'やすみちゃや(야스미쟈야 : 休み茶屋)'라 하고, 'そうじゃ(소쟈 : 그렇지)'를 간혹 'そうぢゃ(소쟈 : 그렇지)', 'そうぢゃない(소쟈나이 : 그런게 아니야)'라고 쓰기도 하므로, 'じゃ, じゅ, じょ'와 함께 '쟈, 쥬, 죠'로 적도록 명시해야 한다. 그럼, 현행 일본어 가나 표기에서 어떤 문제점들이 있는지 다음 도표로 실증해 보기로 한다. 다만, 일본어 한글 표기는 필자의 표기안과, 헵번식 로마자 표기로 되어 있는 엣센스 일한사전의 발음법에 따라 'z=ㅈ', 'j=지'로 표기했음을 밝혀 둔다. '헵번식 로마자 표기법(Hepburn Romanization)'이란, 제임스 커티스 헵번(James Curtis Hepburn) 미국 선교사가 일영사전을 만들면서 일본어 발음을 로마자로 표기한 일본어 로마자 표기법인데, 일본의 모든 경찰서나 관공서 또는 도로 표지판이나 유적지 등의 표기에도 거의 일률적으로 사용되고 있어, 사실상 일본어 로마자 표기의 원전(原典) 역할을 하고 있으므로 충분한 참고서가 되시리라 믿는다.

낱말	발음	한자	가한	외사	필안
かんざ かんじゃ	kanza kanja	環座(환좌) 患者(환자)	간자 간자	간자 간자	칸자 칸쟈
かんぞう かんじょう	kanzō kanjō	肝腸(간장) 感情(감정)	간조 간조	간조 간조	칸조 칸쿄
ぎぞう ぎじょう	gizō gijō	僞造(위조) 儀仗(의장)	기조 기조	기조 기조	기조 기쿄
ぐんぞう ぐんじょう	gunzō gunjō	群像(군상) 群生(군생)	군조 군조	군조 군조	군조 군쿄
けいぞう けいじょう	keizō keijō	形像(형상) 京城(경성)	게이조 게이조	게이조 게이조	케이조 케이쿄
げきぞう けきじょう	gekizō gekijō	激增(격증) 劇場(극장)	게키조 게키조	게끼조 게끼조	게끼조 게끼쿄
げんぞう げんじょう	genzō genjō	現像(현상) 原狀(원상)	겐조 겐조	겐조 겐조	겐조 겐쿄
こうぞう こうじょう	kōzō kōjō	構造(구조) 恒常(항상)	고조 고조	고조 고조	코조 코쿄
ざいん じゃいん	zain jain	座員(좌원) 邪淫(사음)	자인 자인	자잉 자잉	자인 쟈인
ざきょう じゃきょう	zakyō jakyō	座興(좌흥) 邪敎(사교)	자쿄 자쿄	자꾜 자꾜	자꾜 쟈꾜
ざこつ じゃこつ	zakotsu jakotsu	挫骨(좌골) 蛇骨(사골)	자코쓰 자코쓰	자꼬쓰 자꼬쓰	자꼬쯔 쟈꼬쯔
ざせつ じゃせつ	zasetsu jasetsu	挫折(좌절) 邪說(사설)	자세쓰 자세쓰	자세쓰 자세쓰	자세쯔 쟈세쯔
ざっき じゃっき	zakki jakki	雜記(잡기) 惹起(야기)	잣키 잣키	작끼 작끼	작끼 쟉끼
ざっこく じゃっこく	zakkoku jakkoku	雜穀(잡곡) 弱國(약국)	잣코쿠 잣코쿠	작꼬꾸 작꼬꾸	작꼬꾸 쟉꼬꾸
ぞくげん ちょくげん	zokugen chokugen	俗言(속언) 直言(직언)	조쿠겐 조쿠겐	조꾸겡 조꾸겡	조꾸겐 쵸꾸겐
ぞくご ちょくご	zokugo chokugo	俗語(속어) 直後(직후)	조쿠고 조쿠고	조꾸고 조꾸고	조꾸고 쵸꾸고
どうぞう どうじょう	dōzō dōjō	銅像(동상) 同情(동정)	도조 도조	도조 도조	도조 도쿄
どくざ どくじゃ	dokuza dokuja	獨坐(독좌) 毒蛇(독사)	도쿠자 도쿠자	도꾸자 도꾸자	도꾸자 도꾸쟈
ぶぞく ぶじょく	buzoku bujoku	部族(부족) 侮辱(모욕)	부조쿠 부조쿠	부조꾸 부조꾸	부조꾸 부죠꾸

낱 말	발 음	한자	가한	외사	필안
れいぞう れいじょう	reizō reijō	冷藏(냉장) 令孃(영양)	레이조 레이조	레이조 레이조	레이조 레이죠
ざっか じゃっか ちゃっか	zakka jakka chakka	雜貨(잡화) 弱化(약화) 着火(착화)	잣카 잣카 잣카	작까 작까 작까	작까 쟉까 챡까
ざっかん じゃっかん ちゃっかん	zakkan jakkan chakkan	雜感(잡감) 弱冠(약관) 着艦(착함)	잣칸 잣칸 잣칸	작깡 작깡 작깡	작깐 쟉깐 챡깐
ぞうか じょうか ちょうか	zōka jōka chōka	增加(증가) 淨化(정화) 超過(초과)	조카 조카 조카	조까 조까 조까	조까 죠까 쵸까
ぞうかん じょうかん ちょうかん	zōkan jōkan chōkan	增刊(증간) 情感(정감) 長官(장관)	조칸 조칸 조칸	조깡 조깡 조깡	조깐 죠깐 쵸깐
ぞうせい じょうせい ちょうせい	zōsei jōsei chōsei	造成(조성) 情勢(정세) 調整(조정)	조세이 조세이 조세이	조세이 조세이 조세이	조세이 죠세이 쵸세이
ぞうせつ じょうせつ ちょうせつ	zōsetsu jōsetsu chōsetsu	增設(증설) 常設(상설) 調節(조절)	조세쓰 조세쓰 조세쓰	조세쓰 조세쓰 조세쓰	조세쯔 죠세쯔 쵸세쯔
ぞうせん じょうせん ちょうせん	zōsen jōsen chōsen	造船(조선) 乘船(승선) 朝鮮(조선)	조센 조센 조센	조셍 조셍 조셍	조센 죠센 쵸센
ぞうはつ じょうはつ ちょうはつ	zōhatsu jōhatsu chōhatsu	增發(증발) 蒸發(증발) 長髮(장발)	조하쓰 조하쓰 조하쓰	조하쓰 조하쓰 조하쓰	조하쯔 죠하쯔 쵸하쯔
ぞうよう じょうよう ちょうよう	zōyō jōyō chōyō	雜用(잡용) 常用(상용) 長幼(장유)	조요 조요 조요	조요 조요 조요	조요 죠요 쵸요

　이처럼 현행 규정이나 외래어 사전식의 표기는, 〔z〕 발음을 〔ㅈ〕으로 표기할 수밖에 없어 전혀 다른 낱말들이 동음이의어가 되어 버리고 말지만, 필자의 안을 따르면 비록 완벽하진 못할지라도, 그나마 논리적이고 합리적인 표기법이 될 것임은 물론, 최소한 현행 가나 표기법에 의한 동음이의어의 중복수만은 훨씬 줄일 수 있을 것으로 믿는다.

'づ'에 대한 표기 역시 늘 논란이 되고 있으나, 실지 발음은 한글에 없는 〔ts〕이며 로마자로는 'tsu'로서, '츠'도 아니고 '쓰'도 아니요 그렇다고 해서 '쯔'도 아닌 셋을 합친 혼합성 발음이라 할 수 있다. 현행 표기법에는 'づ'를 '쓰'로 쓰도록 되어 있으나, 사실 'づ'에 해당하는 음소가 한글에는 없으므로 표기할 수 없는 발음이다. 그러나 필자의 생각으로는 'づ'는 위치에 상관없이 무조건 '즈'로 표기하되, 'づ'의 현지 발음도 한국인들의 귀에는 화자(話者)와 청자(聽者)에 따라 '츠'로 듣는 사람이 있는가 하면 '쓰'나 '쯔'로 듣는 사람도 있으므로, 전후 사정을 고려하여 '**츠**메타이(つめたい〔tsumetai〕)', '와이 샤**쓰**/샤**쯔**(ワイシャツ)', '마**쯔** 리(まつり〔matsuri〕)' 등처럼 어두의 'づ'는 '츠'로 하고 어중·어말에선 '쓰'와 '쯔'로 상황에 따라 융통성 있게 쓸 수 있도록 하되, 항상 '쓰·쯔·츠'의 혼합형 발음이라는 사실을 항상 염두에 두고 쓰고 말하는 것이 그나마 가장 합리적인 방안이 되리라고 생각한다.

촉음(促音 : そくおん) 'っ'는 한글의 사잇소리(사이시옷 ×)에 해당되는데, 'か 행' 앞에선 'ㄱ〔k〕 받침'에 해당되고, 'さ 행' 앞에선 'ㅅ〔s〕 받침', 'た 행' 앞에선 'ㄷ〔t〕 받침', 'ぱ 행' 앞에서는 'ㅂ〔p〕 받침'에 해당되며, 촉음이 있을 땐 뒷 글자의 자음을 길고 세게 발음해야 하는 장자음(長子音)이 된다. 즉, 'さっきょく〔sakkyoku〕', 'あっさり〔assari〕', 'ぜったい〔zettai〕', 'やっぱり〔yappari〕' 등에서처럼 같은 글자 받침이 되는 '-kk-', '-ss-', '-tt-', '-pp-'로 거듭 표기(단, 'ch' 앞에서는 't' 받침)되어 있다는 사실을 알 수 있다. 다만, '앗사리(화끈하게)', '젯타이(절대)' 같은 경우는 현행 촉음 표기법에서도 'ㅅ 받침'으로 쓰도록 되어 있으므로 'さ 행'이나 'た 행'은 아무런 문제가 없으나, 'か 행'과 'ぱ 행'의 경우는 일본의 현실 발음이 무시되어 있음을 알 수 있다. 위의 일한사전 로마자 발음기호에서도 확연히 드러나듯이 '**삿**교쿠', '**얏**파리'가 아니라 분명히 '**삭**교쿠(작곡)', '**얍**파리(역시)'임이 드러난다. 이로 보아, 촉음 'っ'를 무조건 'ㅅ 받침'으로 하라는 현행 가나 한글 표기법은, 뒤에 오는 자음에 따라 발음이 바뀌는 변이음(變異音)이라는 사실을 외면한 채, 너무 편의주의에 치우쳤던 게 아닌가 싶다.

한국 교열 기자회의 외래어 사전에는 '혹까이도(北海道 : ほっかいどう), 후꾸오까(福岡 : ふくおか), 교또(京都 : きょうと), 오사까(大阪 : おおさか), 하꼬다떼(函館 : はこだて), 삽뽀로(札幌 : さっぽろ)' 등처럼, 어중이나 어말의 무성 파열음은 된소리로 표기하면서도, 바로 자신들이 교열하고 있는 각 일간지 기사에는 웬일인지 '홋카이도, 후쿠오카, 교토, 오사카, 하코다테, 삿포로' 등처럼 전부 거센소리로 쓰고들 있다. 물론, 한국어에서 수의적 자음동화를 인정하지 않는 이유는 '감기'를 〔강기〕, '난방'을 〔남방〕, '반공'을 〔방공〕 등으로 발음할 경우, '剛氣(강기)', '南方(남방)', '防共(방공)' 등으로 오인할 수 있기 때문이겠지만, 일본어에는 아예 'ㄱ·ㄹ·ㅁ·ㅂ 받침'에 해당되는 가나가 없으므로 전혀 염려할 필요가 없다. 그럼 다음 표의 낱말들을 직접 비교 검토해 보기로 한다. 단, 'か·た 행'의 어두음을 탁음 'が·だ 행'과 구별하기 위하여 '카·타'로, 어중·어말음은 '까·따'로, 어중의 'つ'는 '쯔'로 표기함.

	일 어	한 자	가한	외사	필자안
입술소리	いっぱい [ippai]	一杯(일배)	잇파이	입빠이	입빠이
	かっぱつ [kappatsu]	活潑(활발)	갓파쓰	갑빠쓰	캅빠쯔
	けっぱく [keppaku]	潔白(결백)	겟파쿠	겝빠꾸	켑빠꾸
	げっぺき [keppeki]	潔癖(결벽)	겟페키	겝뻬끼	켑뻬끼
	たっぴつ [tappitsu]	達筆(달필)	닷피쓰	답삐쓰	탑삐쯔
	にっぽん [nippon]	日本(일본)	닛폰	닙뽕	닙뽕
혀끝소리	かったつ [kattatsu]	活達(활달)	갓타쓰	갓따쓰	캇따쯔
	きっちょう [kitchō]	吉兆(길조)	깃초	깃쪼	킷쬬
	そっちょく [sotchoku]	率直(솔직)	솟초쿠	솟쪼쿠	솟쬬꾸
	はったつ [hattatsu]	發達(발달)	핫타쓰	핫따쓰	핫따쯔
	せっちゃく [setchaku]	接着(접착)	셋차쿠	셋짜꾸	셋쨔꾸
	とっしゅつ [tosshutsu]	突出(돌출)	돗슈쓰	돗슈쓰	톳슈쯔
여린입천장소리	いっかつ [ikkatsu]	一喝(일갈)	잇카쓰	익까쓰	익까쯔
	たっけん [takken]	卓見(탁견)	닷켄	닥껭	탁껭
	とっきゅう [tokkyū]	特級(특급)	돗큐	독뀨	톡뀨
	ぼっきゃく [bokkyaku]	墨客(묵객)	봇캬쿠	복꺄꾸	복꺄꾸
	やっきょく [yakkyoku]	藥局(약국)	얏쿄쿠	약꾜꾸	약꾜꾸
	りっかく [rikkaku]	律格(율격)	릿카쿠	릭까꾸	릭까꾸

발음(撥音) 'ん'의 한글 표기 역시 현실 발음을 무시하고 있는 셈인데, 발음(撥音)은 소리를 낸다는 뜻의 발음(發音 : pronounciation)이 아니라, 50음도의 마지막 글자로서 우리말의 응낙하는 소리인 '응(うん)'의 뜻으로도 쓰이는 것 외에 특수한 경우를 제외하곤 어두에서나 단독으로 쓰이는 예가 극히 드물다. 이 'ん'의 한글 표기법에서는 무조건 'ㄴ' 받침으로만 쓰도록 되어 있으나, 앞에서 설명한 촉음(促音) 'っ'와 마찬가지로, 뒤의 자모에 따라서 규칙적으로 변하는 변이음(變異音)이다. 이를테면, 발음 'ん'은 촉음 'っ'와 비슷하게 받침으로만 쓰이는 일종의 사잇소리로서 이것 역시 'あんこ(팥소)', 'まんが(만화)' 등은 '앙코', '망가' 등처럼 'か·が 행' 앞에선 'ㅇ〔ŋ〕받침'으로 소리 나고, 'せんせい(센세 : 선생)', 'ばんざい(반자이 : 만세), はんたい(한타이 : 반대), 'だんどり(단도리 : 절차)', 'みんな(민나 : 모두)', 'こんろ(곤로 : 풍로)' 등처럼 'さ·ざ·た·だ·な·ら 행' 앞에서는 'ㄴ 받침', 'げんば(겜바 : 현장)', 'さんぽ(삼포 : 산책)', 'せんむ(셈무 : 전무)' 등처럼 'ば·ぱ·ま 행' 앞에서는 'ㅁ〔m〕받침'으로 발음되지만, 'あ·は·や·わ 행' 앞이나 어말에서는 한글로는 표기할 수 없는 구개수 비음〔N〕이 된다.

그런가 하면, 똑같은 '책(冊)'을 뜻하는 'ほん(本)'일지라도, "좋은 책이다."라고 할 땐 "이이혼 다(いいほんだ)。", "책은 없다."라고 할 땐 "홍와나이(ほんはない)。", "책만 읽는다."라고 할 땐 "홈바카리요무(ほんばかりよむ)。" 등처럼 체언과 조사가 연음될 때에도, 소리의 동화 현상이 일어난다. 이처럼 처해진 상황에 따라 발음이 달라지는 현상을 음성학적인 용어로 '변이음(變異音)'이라고 하는데, 일종의 '역행동화(逆行同化)'라고 할 수 있다. 이런 변이음의 가장 기본적인 원칙은, 다음으로 이어지는 발음을 보다 쉽고 자연스럽게 하기 위함이므로, 굳이 그렇게 발음하려고 노력하지 않아도 자연발생적으로 일어나는 발음 현상임을 알 수 있다. 위의 'ほんはない。'나 'ほんばかりよむ。'를 현행 표기법대로 '혼 와나이.', '혼 바카리요무.'로 발음하는 것과 '홍와나이.', '홈 바카리요무.'라고 발음하는 것 중 어느쪽이 더 발음하기에 편한가를 직접 비교 발음해 보면, 충분히 감지할 수 있으리라고 본다.

우리 국어에서는 '신라〔실라〕', '독립〔동닙〕', '물난리〔물랄리〕', '협력〔혐녁〕' 등의 자음동화 현상은 인정하면서도 '짓거리〔진꺼리〕', '감기〔감 : 기〕', '꽃길〔꼰낄〕', '젖먹이〔전머기〕', '꽃밭〔꼳빧〕' 등은 〔직꺼리〕, 〔강기〕, 〔꼭낄〕, 〔점 머기〕, 〔꼽빧〕 등으로 발음하는 것을 인정하지 않는 건 당연한 처사라고 할 수 있다. 그렇다고 해서 남의 나라 어법(변이음)마저 우리 문법에 꿰맞춰, 촉음 'っ'와 발음 'ん'을 무조건 'ㅅ 받침'과 'ㅇ 받침'으로만 쓰도록 해 놓고 말았으니 딱한 노릇이다. 정확한 발음을 나타내는 것보다는 하나로 통일된 일음일자(一音一字) 표기를 준수하겠다는 외래어 표기법의 기본 원칙에 따른 것으로 생각할 수도 있으나, 어중·어말에서 각기 달리 표기하는 'か·た 행'을 생각하면 그도 아닌 것 같아 머리가 복잡해진다. 그네들이야 알아듣건 말건 우리들끼리만 통하면 그만이라고 생각한다면 재론할 필요조차 없겠으나, 이런 불합리성은 하루 속히 시정되어야 하지 않을까 싶다.

가나 한글 표기법에서 조사로 쓰일 경우의 'は'와 'へ'에 대한 표기법도 누락되어 있는데, 가나 50음도상의 'は 행'에서는 'は, ひ, ふ, へ, ぼ'가 '하〔ha〕', '히〔hi〕, 후〔hu〕, 헤〔he〕, 호〔ho〕'로 발음되긴 하지만, "あなたは私の 運命(아나타와 와타시노 운메 : 당신은 나의 운명)."나 "東へ 移動(히가시에 이도 : 동쪽으로 이동)." 등에서처럼 조사로 쓰일 땐 '하〔ha〕', '헤〔he〕'가 아니라 '와〔wa〕', '에〔e〕'로 발음된다는 별도규정이나 'にゃ〔냐〕, にゅ〔뉴〕, にょ〔뇨〕'에 대한 언급도 없거니와, 'パ'와 'ファ' 등에 관한 여타 외래어 표기 규정도 전혀 명시되어 있지 않다. 그러나 'Pan(냄비), Pound(화폐 단위), Pin(바늘), Perry(인명)' 등처럼 로마자 'P'를 표기할 땐 パン(판), パウンド(파운도), 'ピン(핀), ペリ-(페리)' 등처럼 'パ·ピ·プ·ペ·ポ(파·피·푸·페·포)'로 적고 'Fan(팬), Found(찾았다), Fin(지느러미), Ferry(연락선)' 등처럼 'F 음'을 표기할 땐 'ファン(환), ファウンド(화운도), フィン(휜), フェリ-(훼리)' 등처럼 'ファ·フィ·フ·フェ·フォ(화·휘·후·훼·훠)'로 적어야 한다. 이런 일본식 발음 탓으로 우리들까지 덩달아 'Fry(프라이)', 'Fighting (파이팅)', 'Finale(피날레)' 등을 '후라이', '화이팅', '휘나레'라고 쓰고들 있는 실정이다.

장음 규정 또한 결코 빼놓을 수 없는 문제 중의 하나인데, 장음은 따로 표기하지 않기로 한 일괄적인 규정 때문에, '할아버지'도 '오지상'이요 '아저씨'도 '오지상'이 되는가 하면, '할머니'도 '오바상'이요, '아주머니'도 '오바상'이 되고 마니, 북한의 호칭어와 마찬가지로 족보마저 뒤죽박죽이 되지 않을까 걱정스럽다. 그런데 'おじいさん', 'おばあさん'이나 'おじさん', 'おばさん'을 '오지상'이나 '오바상'으로 표기하는 건 어렵잖으나, 한글로 된 '오지상'이나 '오바상'이 '할아버지, 할머니'를 말하는 '오지이상(おじいさん), 오바아상(おばあさん)'인지 아니면 '아저씨, 아주머니'를 뜻하는 '오지상(おじさん), 오바상(おばさん)'인지를 전혀 구별할 도리가 없게 된다. 외래어 표기법에서 장음 표기를 생략하게 된 이유를 살펴보면, 한글에서도 장음인 '공[球]', '눈[雪]', '당[糖]', '밤[栗]'과, 단음인 '공[功]', '눈[眼]', '당[黨]', '밤[夜]' 등을 장단음 구별 없이 표기하고 있다는 점과, 'きょうと(京都)', 'とうきょう(東京)' 등의 영문 표기인 'Kyoto', 'Tokyo'를 다시 한글로 표기해도 '교토', '도쿄'로 적도록 되어 있기 때문일 것으로 짐작한다.

　　그러나 일어 가나를 직접 한글로 표기할 수 있는 쉽고 가까운 길을 두고, 굳이 로마나이즈된 일어를 개입시켜 긁어 부스럼 만들고 있는지 모르겠다. 일본어의 장음은 '눈[雪]'이나 '밤[栗]' 등의 우리말 장음이나, 영어의 장음 부호인 '매크론(:)'과는 달리, 완전히 독립된 하나의 음절을 갖고 있는 어엿한 문자임을 간과해선 안 된다. 'さようなら(사요나라 : 잘, 가세요!)'는 네 음절 다섯 박자, 'いらっしゃいませ(이랏샤이마세 : 어서 오세요)'는 여섯 음절 일곱 박자가 되듯이, 'びっくり(빗쿠리 : 깜짝 놀람) / いっぱい(잇파이 : 한 잔)'나 'てんぷら(덴푸라 : 튀김) / はんたい(한타이 : 반대)' 등도 세 음절이지만, [비ㅅ쿠리], [이ㅅ파이], [데ㄴ푸라], [하ㄴ타이] 등처럼 가나 한 글자마다 1모라(Mora)씩의 음가를 지니고 있기 때문에 네 음절 네 박자로 발음해야 한다. 다만 'ゃ', 'ゅ', 'ょ' 등의 요음은 반 박자 즉 'じゃがいも(자가이모 : 감자)'는 네 음절 네 박자, 'ミュージカル(뮤지카루 : Musical)'는 네 음절 다섯 박자, 'きょうと(교토 : 京都)'는 두 음절 세 박자가 된다.

한국어의 철자법에서 17세기 이래 장·단음을 구분하지 않았다고는 하나, 글말(Written Language)로는 장·단음 구별이 없을지라도 입말(Spoken Language)로는 엄연히 살아 있다. 흔히 '정부(政府)'를 〔정 : 부〕, '정상회담(頂上會談)'을 〔정 : 상회담〕으로 발음하고들 있기도 하나, 분명히 잘못된 발음들이다. 비록 문자상으로는 '눈'이지만 '눈(Eyes)'과 '눈(Snow)'을 가려서 발음해야 하고, '밤'도 '밤(Night)'과 '밤(Chestnut)'을 가려 읽어야 한다. 그러나 일본어와 우리 한글의 장음 체계는 근본적으로 다르므로 장음 표기를 위한 한 방편으로 장음부호 매크론(-)을 이용하자는 것이 필자의 주장이다. 외래어 표기 원칙에 국어의 현용 24자모만을 적는다고 하여, '토꾜'나 '큐슈'로 쓰자니 너무 야박(?)한 것 같고, '토오꾜오'나 '큐우슈우'로 적자니 너무 헤픈 것 같아, 긁자니 아프고 그냥 두자니 가려운 건 사실이다.

까마귀 소리인 'かあかあ(까아까아〔kākā〕)'나 물소리인 'さあさあ(사아사아〔sāsā〕)'처럼 'か'에 'あ'를 붙여 길게 발음하고, 'ぎんざ〔ginza〕'나 'ほんもの〔hommono〕', 'げんき〔genki〕' 등은 그냥 '긴자(銀座)', '혼호노(本物)', '겐키(元氣)'가 아니라 〔기ㄴ자〕, 〔호ㅁ모노〕, 〔게ㅇ키〕 등의 'ㄴ·ㅁ·ㅇ 받침'이나 'てっきり〔tekkiri〕', 'しっぷ〔shippu〕' 등의 촉음 'っ'도 그냥 '뎃키리(틀림없이)', '싯푸(濕布)'가 아니라 〔데ㄱ키리〕, 〔시ㅂ푸〕 등의 받침소리도 하나의 음절로 생각해야 한다. 다만 'せんせい(선생)', 'さんけい(産經)' 등은 '센세이〔sensei〕', '산케이〔sankei〕'라고 발음하는 것이 원칙이나, 'け, せ, て, ね, へ, め, れ' 같은 'え〔e〕' 뒤에 'い'가 붙으면 길게 '에에'로 발음하며, 'そうです(소데스 : 그래요)', 'ぼうし(보시 : 모자)' 등처럼 'こ, そ, と, の, ほ, も' 같은 'お〔o〕' 뒤에 'う'가 따를 땐 '소우데스', '보우시'가 아니라 '소오데스〔sō desu〕', '보오시〔bōshi〕'로 생각하고 길게 발음해야 한다. 다만, 외래어 가타카나에서는 '커튼'을 'カーテン〔kāten〕', '서비스'를 'サービス〔sābisu〕', '뉴욕'을 'ニューヨーク〔nyūūyōkū〕', '오케이(O. K.)'를 'オーケー〔ōkē〕' 등처럼 장음부호를 쓰고들 있으므로, 'とうきょう(東京)'를 '토-꾜-'로 'きゅうしゅう(九州)'를 '큐-슈-'로 적어서 안 될 것도 없다는 생각이다.

물론 그들도 매크론(-)은 외래어 장음을 표기할 때의 가타카나에만 쓰고 있긴 하나, 히라가나의 장음을 한글로 표기할 때에도 대증요법으로 빌려 쓸 수 있다는 단서 조항을 붙이면 간단히 해결될 수 있다는 얘기다. 우리도 옛날에 한동안 '주ㄱ 늘어서서', '화ㄹ짝 웃어' 등처럼 장음부호를 넣어 쓰기도 했으므로 그다지 새삼스러울 것도 없으리라고 본다. 특히 인명이나 지명 등의 고유명사는 반드시 장·단음이 구분되어야 하므로 절대로 가볍게 생각해선 안 된다. 우리가 따로 장음 표기를 하지 않는다고 해서, 문자로 따로 표기할 정도로 중시하고 있는 그들의 장음 표기를 완전히 무시해선 안 된다. '伊藤青柳(いとうやなぎ)'나 '怡土青柳(いとやなぎ)'는 전혀 다른 이름인데도 일본어 한글 표기로는 똑같은 '이토 야나기'가 되고, '大原義弘(おおはらよしひろ)'와 '小原義弘(おはらよしひろ)' 역시 완전히 다른 사람인데도 일본어 한글 표기로는 다 같은 '오하라 요시히로'가 된다. 그러나 필자가 제시하는 장음부호를 쓰면 '伊藤青柳'와 '怡土青柳'는 '이토- 야나기'와 '이토 야나기'로 구분되고, '大原義弘'와 '小原義弘'는 '오-하라 요시히로'와 '오하라 요시히로'로 구분됨을 알 수 있다.

물론, 다른 외국어 표기법과 달리 일본어 한글 표기에만 장음 표기를 허용하는 것도 문제라고들 하나, 로마자 표기나 발음도 나라마다 제각각인데 모든 외래어를 한 틀 속에 묶어 놓겠다는 건 분명 너무 편협된 생각이다. 영어는 강약을 중시하고, 중국어는 고저를 위주로 하는가 하면, 일본어는 장단음으로 뜻을 구별하는데, 이런 점을 깡그리 무시하고 형평성을 따지며 일률적으로 장음 표기를 할 수 없다는 건 너무 안이한 발상이라고 할 수밖에 없다. 한국어는 한국어 문법에 맞춰야 하고 중국어는 중국어 문법에 맞춰야 하며 일본어는 일본어 문법에 맞추는 것이 원칙이다. 물론 이런 외래어 표기법으로 각 나라의 문법까지 논할 필요가 없을진 모르겠으나, 비록 아마추어 가수가 팝송 하나를 부르더라도 발음이 엉망이면 당연히 외면당하고 말듯이, 기왕이면 상통할 수 있는 표기법을 쓰자는 뜻일 뿐, 학술적이거나 전문적인 분야까지 탐구하자는 얘기가 아님을 분명히 천명해 두고 싶다.

그럼, 장음표기 유무에 따라 어떤 문제점이 있는가를 함께 살펴보기로 한다. 다만, 아래위 각 낱말들의 차이점을 쉽게 대조해 보이기 위하여, 편의상 각 낱말의 글자들을 띄어 썼음을 밝혀 둔다.

낱 말	발음	한 자	가한	외사	필자안
こ こ	koko	此處(차처)	고 코	고 꼬	코 꼬
こ こう	kokō	虎口(호구)	고 코	고 꼬	코 꼬-
こうこ	kōko	江湖(강호)	고 코	고 꼬	코-꼬
こうこう	kōkō	高校(고교)	고 코	고 꼬	코-꼬-
こ しゅ	koshu	戸主(호주)	고 슈	고 슈	코 슈
こ しゅう	koshū	固執(고집)	고 슈	고 슈	코 슈-
こうしゅ	kōshu	公主(공주)	고 슈	고 슈	코-슈
こうしゅう	kōshū	講習(강습)	고 슈	고 슈	코-슈-
こ しょ	kosho	古書(고서)	고 쇼	고 쇼	코 쇼
こ しょう	koshō	呼稱(호칭)	고 쇼	고 쇼	코 쇼-
こうしょ	kōsho	高所(고소)	고 쇼	고 쇼	코-쇼
こうしょう	kōshō	高尚(고상)	고 쇼	고 쇼	코-쇼-
しょど	shodo	初度(초도)	쇼 도	쇼 도	쇼 도
しょどう	shodō	書道(서도)	쇼 도	쇼 도	쇼 도-
しょうど	shōdo	焦土(초토)	쇼 도	쇼 도	쇼-도
しょうどう	shōdō	商道(상도)	쇼 도	쇼 도	쇼-도-
そ こ	soko	其處(기처)	소 코	소 꼬	소 꼬
そ こう	sokō	素行(소행)	소 코	소 꼬	소 꼬-
そうこ	sōko	倉庫(창고)	소 코	소 꼬	소-꼬
そうこう	sōkō	草稿(초고)	소 코	소 꼬	소-꼬-
そ そ	soso	楚楚(초초)	소 소	소 소	소 소
そ そう	sosō	祖宗(조종)	소 소	소 소	소 소-
そうそ	sōso	曾祖(증조)	소 소	소 소	소-소
そうそう	sōsō	錚錚(쟁쟁)	소 소	소 소	소-소-
そ と	soto	外 (외)	소 토	소 또	소 또
そ とう	sotō	粗糖(조당)	소 토	소 또	소 또-
そうと	sōto	壯途(장도)	소 토	소 또	소-또
そうとう	sōtō	相當(상당)	소 토	소 또	소-또-
ど こ	doko	何處(하처)	도 코	도 꼬	도 꼬
ど こう	dokō	土侯(토후)	도 코	도 꼬	도 꼬-
どうこ	dōko	銅壺(동호)	도 코	도 꼬	도-꼬
どうこう	dōkō	動向(동향)	도 코	도 꼬	도-꼬-

낱 말	발음	한 자	가한	외사	필자안
と しょ	tosho	圖書(도서)	도 쇼	도 쇼	토 쇼
と しょう	toshō	渡涉(도섭)	도 쇼	도 쇼	토 쇼-
とうしょ	tōsho	島嶼(도서)	도 쇼	도 쇼	토-쇼
とうしょう	tōshō	凍傷(동상)	도 쇼	도 쇼	토-쇼-
と と	toto	父 (부)	도 토	도 또	토 또
と とう	totō	徒黨(도당)	도 토	도 또	토 또-
とうと	tōto	東都(동도)	도 토	도 또	토-또
とうとう	tōtō	等等(등등)	도 토	도 또	토-또-
と よ	toyo	桶 (통)	도 요	도 요	토 요
と よう	toyō	渡洋(도양)	도 요	도 요	토 요-
とうよ	tōyo	投與(투여)	도 요	도 요	토-요
とうよう	tōyō	東洋(동양)	도 요	도 요	토-요-
と ろ	toro	吐露(토로)	도 로	도 로	토 로
と ろう	torō	徒勞(도로)	도 로	도 로	토 로-
とうろ	tōro	登路(등로)	도 로	도 로	토-로
とうろう	tōrō	螳螂(당랑)	도 로	도 로	토-로-
よ こ	yoko	橫 (횡)	요 코	요 꼬	요 꼬
よ こう	yokō	豫行(예행)	요 코	요 꼬	요 꼬-
ようこ	yōko	養狐(양호)	요 코	요 꼬	요-꼬
ようこう	yōkō	要綱(요강)	요 코	요 꼬	요-꼬-
よ そ	yoso	四十(사십)	요 소	요 소	요 소
よ そう	yosō	豫想(예상)	요 소	요 소	요 소-
ようそ	yōso	要素(요소)	요 소	요 소	요-소
ようそう	yōsō	洋裝(양장)	요 소	요 소	요-소-

　이상과 같이, 현행 일본어 가나의 장음 표기와 외래어 사전식 장음 표기법으로는, 각기 전혀 다른 네 낱말들이 똑같은 한글 표기가 될 수밖에 없다는 사실 또한 충분히 검증되었으리라 믿는다. 다시 말하거니와 세계 어느 나라 말이건 동음이의어가 있기 마련이지만, 그것도 달리 표기할 방법이 없을 경우에 한해서다. 따라서 구분해서 쓸 수 있는 방법이 있는데도 불구하고 이를 외면하는 건 분명 잘못된 처사이므로, 최대한으로 구분해서 쓸 수 있는 방법을 강구하는 것이 어문정책의 기본 이념이 되어야 할 것으로 믿으면서, 관계 당국에서도 개선 방안에 대한 재검토 있으시길 바라는 마음 간절하다.

끝으로, 가나의 한글 표기에 관한 현행 규정의 모순과 개선 방안을 요약 정리해 보면, 우선 'か행'의 어두음은 'ㄱ〔g〕'과 'ㅋ〔k〕'의 중간 음 정도가 되겠으나, 현행 표기법에서는 탁음 'が 행'과 청음 'か 행'의 어두음을 구별 없이 '가·기·구·게·고'로 적도록 되어 있어 있다. 그러나 이미 예시한 가나와 한글의 구조적인 특성과, 음성학적인 측면에서 전후 사정을 두루 고려해 볼 때, 'が·ぎ·ぐ·げ·ご'는 무조건 '가·기·구·게·고'로 적고, 'か·き·く·け·こ'는 어두에서나 홀로 쓸 땐 '카·키·쿠·케·코'로, 어중이나 어말에선 '까·끼·꾸·께·꼬'로 표기하는 게, 그나마 가장 합리적인 방안이 되리라고 본다. 현행 표기법대로 어두나 홀로 쓸 때의 'か/カ·き/キ·く/ク·け/ケ·こ/コ'를 '가·기·구·게·고'로 표기할 경우, 'カ-(Car)'나 'キ-(Key)', 'クッキ-(Cookie)', 'ケネディ(Kennedy)', 'コリア(Korea)' 등도, 각각 '가', '기', '굿키', '게네디', '고리아' 등으로 적을 수밖에 없으므로, 이는 누구도 수긍할 수 없는 전혀 얼토당토않은 표기법임을 인정하지 않을 수 없으리라고 본다.

'だ·ぢ·づ·で·ど' 역시 위치에 상관 없이 무조건 '다·지·즈·데·도'로 하고, 'た·ち·つ·て·と'는 어두에서나 홀로 쓸 땐 '타·치·쓰·테·토'로 하되, 어중이나 어말에선 '따·찌·쓰·떼·또'로 쓰자는 것이다. 현행 표기법대로 어두에서나 홀로 쓸 때의 'た·ち·つ·て·と'를 '다·지·즈·데·도'로 표기할 경우, 'タウン(Town)', 'チ-ズ(Cheese)', 'テニス(Tennis)', 'ト-ン(Tone)' 등의 외래어 표기 역시 '다운', '지즈', '데니스', '돈'으로 표기해야 하므로, 원음과 너무 거리가 멀어질 수밖에 없다. 'ぱ·ぴ·ぷ·ぺ·ぽ' 또한 '파따빠따(톡톡 : ぱた ぱた)', '피까삐까(번쩍번쩍 : ぴかぴか)', '켐뻬이(헌병 : けんぺい)', '포뿌라(포플러 : ポプラ)' 등처럼 어두에서나 홀로 쓸 땐 '파·피·푸·페·포'로 쓰되, 어중·어말에선 '빠·삐·뿌·뻬·뽀'로 하자는 것이다. 아무튼, 지금까지 필자가 강조해 온 표기법을 도표로 요약 정리하면 다음과 같은데, 현행 일본어의 가나와 한글 대조표에는 전부 가타카나로 되어 있으나, 원래 가타카나는 외래어·전보문·의성어·의태어 등의 표기에 쓰는 문자이므로 여기선 전부 히라가나로 표기했음을 밝혀 둔다.

※ 다음 도표 중의 '———'는 바로 앞 표기와 같다는 뜻임.

일본어의 가나와 한글 대조표

구분 / 가나	현행표기 어두	어중·어말	외래어 사전 어두	어중·어말	필자 개정안 단독·어두	어중·어말
あいうえお	아이우에오	———				
かきくけこ	가기구게고	카키쿠케코	가기구게고	까끼꾸께꼬	카키쿠케코	까끼꾸께꼬
さしすせそ	사시스세소					
たちつてと	다지쓰데도	타치쓰테토	다지쓰데도	따찌쓰떼또	타치츠테토	따찌쯔떼또
なにぬねの	나니누네노					
はひふへほ	하히후헤호					
まみむめも	마미무메모					
やいゆえよ	야이유에요					
らりるれろ	라리루레로					
わゐうゑを	와이우에오					
ん	———	ㄴ		ㄴ ㅁ ㅇ	———	ㄴ ㅁ ㅇ
がぎぐげご	가기구게고					
ざじずぜぞ	자지즈제조					
だぢづでど	다지즈데도					
ばびぶべぼ	바비부베보					
ぱぴぷぺぽ	파피푸페포	———	언급 없음	빠삐뿌뻬뽀	파피푸페포	빠삐뿌뻬뽀
きゃきゅきょ	갸 규 교	캬 큐 쿄	갸 규 교	까 뀨 꾜	캬 큐 쿄	까 뀨 꾜
ぎゃぎゅぎょ	갸 규 교					
しゃしゅしょ	샤 슈 쇼					
じゃじゅじょ	자 주 조				쟈 쥬 죠	
ちゃちゅちょ	자 주 조	차 추 초	자 주 조	짜 쭈 쪼	챠 츄 쵸	짜 쮸 쪼
にゃにゅにょ	없 음	없 음	냐 뉴 뇨	냐 뉴 뇨	냐 뉴 뇨	냐 뉴 뇨
ひゃひゅひょ	하 휴 효					
びゃびゅびょ	뱌 뷰 뵤					
ぴゃぴゅぴょ	퍄 퓨 표		언급 없음	빠 뿨 뾰	퍄 퓨 표	빠 뿨 뾰
みゃみゅみょ	먀 뮤 묘					
りゃりゅりょ	랴 류 료					

다만, 'は[ha]', 'へ[he]'가 조사로 쓰일 땐 '와[wa]', '에[e]'로 쓴다.

4) 국어의 가나 표기법

  1987년 문교부 편수자료로 한국어를 가나 문자로 쓰는 표기법으로 제정되긴 했으나, 구속력이 있는 행정규칙이 아닌지라 다방면으로 크게 활용되진 못하고 있는 실정이다. 그러나 일본인들이 한국 가사로 노래할 경우나, 전철역과 전동차 실내 전광게시판의 역 안내용 또는 관광길의 이정표 역할 등으로 아주 유용하게 쓰이기도 한다. 그러나 일본어와 우리 어문의 근본적인 차이점으로 인하여, 우리말을 일어 가나로 표기하려면 가나를 우리말로 전사(轉寫)하는 것보다 훨씬 더 까다롭고 복잡해진다. 왜냐하면, 우리말의 'ㅐ·ㅒ·ㅓ·ㅕ'와 '두·투·디·티', 'ㄱ·ㄹ·ㅁ·ㅂ 받침', '스·쓰·즈·쯔'를 제외한 'ㅡ' 등에 해당하는 글자 자체가 없기 때문이다. 게다가, 국어의 가나 문자 표기법 폐음절 받침 규정에 "'っ/ッ'는 작게 적고, 'ん/ン'을 제외한 다른 글자는 어느 쪽도 허용한다."고 하여, '길 : キル/キル'와 '박 : パク/パク' 등을 예시해 놓고 있다. 그러나 필자는 'ハングク(한국), ベがム(백암), ナダル(낱알), ブルグクサ(불국사)', 'アムリョク(압력)', 'ナムサン(남산)' 등처럼, 'ン'을 제외한 모든 받침소리는 무조건 소문자로 쓸 것을 주장한다.

  왜냐하면, 받침을 다른 가나와 같은 크기로 쓸 경우 'ゴム'는 '곰'인지 '고무'인지, 'ナル'는 '날'인지 '나루'인지, 'サプ'는 '삽'인지 '사부'인지 아니면 '사푸'인지 알 수 없기 때문이다. 'ナムザ'는 '남자'와 '나무자(木尺)', 'ダルダ'는 '달다'와 '다루다', 'ミルダ'는 '밀다'와 '미루다', 'バクザ' 역시 '박자'와 '바꾸자' 등으로 혼동될 수밖에 없게 된다. 따라서 '곰'은 'ゴム', '고무'는 'ゴム'로, '날'은 'ナル', '나루'는 'ナル'로, '삽'은 'サプ', '사부'는 'サブ'로 표기하고, '남자'는 'ナムザ', '나무자(木尺)'는 'ナムザ'로, '달다'는 'ダルダ', '다루다'는 'ダルダ'로, '밀다'는 'ミルダ', '미루다'는 'ミルダ'로, '박자'는 'バクザ', '바꾸자'는 'バクザ' 등으로 구별해서 표기하면, 그나마 훨씬 혼란이 줄어들 것으로 확신한다.

물론, 세계적으로 영어 발음에 가장 열악한 언어 구조를 가진 일본인 특유의 성음 구조상 'ッ'나 'ン' 이외의 받침발음이 곤란하므로, 작게 쓰더라도 실지 발음상으로는 별다른 큰 의미가 없다고 속단할지도 모르겠으나, 요즘은 현대식 영어 교육을 받아 차차 받침발음이 가능한 경우도 있음은 물론, 설사 받침발음이 불가능하더라도 문법적인 데먼스트레이션이나 시각적인 효과만으로도 충분한 의의가 있을 것으로 믿는다. 그뿐만 아니라, 'キョンギ(경기)', 'プジョン(부전)', 'チェジュ(제주)', 'プルグクサ(불국사)', 'テドク(대덕)', 'チョタ(좋다)' 등의 어두 청음 표기에도 문제가 있음을 지적하지 않을 수 없다. 즉 '독립'과 '떡잎'이 똑같은 'トンニプ〔돈니푸〕'가 되고, '젖니(乳齒)'와 '첬니' 역시 'チョンニ〔존니〕'가 되는가 하면, '꽃게'와 '곧게'도 같은 'コッケ〔곳케〕'가 되고 만다. '같이'와 '까치'가 'カチ〔가치〕', '달'이나 '딸'이 'タル〔다루〕'가 됨은 물론, '개떡'과 '깨떡'마저 같은 'ケトク〔게토쿠〕'가 되고 만다. 그러나 '떡잎, 첬니, 꽃게, 까치, 딸, 깨떡' 등의 된소리나 거센소리는, 청음(淸音) 그대로 'トンニプ, チョンニ, コッケ, カチ, タル, ケトク'로 표기하되 '독립, 젖니, 곧게, 같이, 달, 개떡' 등의 예사소리는, 당연히 탁음인 'ドンニブ, ぞンニ, ゴッケ, ガチ, ダル, ゲトグ로 표기하면 그나마 구별될 수 있음은 물론, 원음에도 좀 더 근접할 수 있다는 얘기다.

국어의 가나 문자 표기 세칙 제6항 규정에, 다른 지명(地名)과 혼동될 우려가 있을 경우엔 괄호 속에 한자를 병기한다는 사족을 붙여, '정주 : チョンジュ(井州), '청주 : チョンジュ(淸州)'를 예시해 놓고 있으나, 'ゾンジュ(종쥬)' 또는 'ゾンズゥ'로 적으면 그만인 것을, 왜 굳이 'ジョン(종)'도 아닌 'チョン'으로 써서 '정주'인지 '청주'인지 헷갈리게 하는지 알 수가 없다. '도평동(都坪洞)'은 'ドピョンドン〔도퐁동〕', '토평동(土坪洞)'은 'トピョンドン〔토퐁동〕'으로 쓰고, '대천리(大泉里)'는 'デチョン里〔데쵼리〕', '태천리(台川里)'는 'テチョン里〔테쵼리〕'로 구분해서 쓸 수도 있는데, '도'도 'ト', '토'도 'ト'로 써야 하고, '대'도 'テ', '태'도 'テ'로 써야 한다니 혼란스럽다. '제주' 역시 그냥 'ゼズゥ(제주)'라고 하면 그만인 것을 왜 굳이 'チェジュ(체쥬)'로 비틀어서 써야 하는지 묻고 싶다.

물론, 일본인들은 'ㄱ/ㅋ/ㄲ', 'ㄷ/ㅌ/ㄸ', 'ㅂ/ㅍ/ㅃ' 등도 어차피 'k', 't', 'p'로밖에 듣지 못하는 데다, 한국어의 어두에는 무성음으로밖에 표기할 수 없으므로 무성음인 '정주'의 '정'이나 '대천'의 '대'에 맞춰 무성 청음인 'チ'와 'テ'를 쓰게 된 것임을 모르는 바 아니다. 그러나 음운학적으로는 다소 모순이 있을지라도 한국어 어두의 무성음 '자'나 '다' 등은 가나의 유성 탁음 'ザ', 'ダ'로 하고, '차'나 '타' 등은 무성 청음 'チャ', 'タ'로 구분해서 쓰면, '장동'인지 '창동'인지 헷갈리는 'チャンドン'보다는 '장동'은 'ザンドン', '창동'은 'チャンドン'으로 표기하는 것이 예사소리와 거센소리의 구분이 확연한 한글로서는 훨씬 더 현실적인 표기가 되리라고 생각한다. '간간이'는 'ガガンイ'로 '칸칸이'는 'カガンイ'로 적어야 하고, '도로(道路)'는 'ドロ', '토로(吐露)'는 'トロ'로 표기해야 하며, '보고(報告)'는 'ボゴ', '포고(布告)'는 'ポゴ'로 표기하면, 실지 발음은 안 될지라도 그 차이점은 인지할 수 있으리라고 본다.

  이상과 같이, 국어의 가나 문자 표기법의 문제점에 관하여 다방면으로 분석 검토해 보았으나, 일본인들의 우리말 발음 상태를 알아보기 위하여, 그들이 즐겨 부르는 대중가요 '이별'과 '돌아와요 부산항에'를 예로 들어 어떤 식의 발음으로 노래하는지 살펴볼까 한다. 한글 표기는 실지 일본인들의 현지 발음 그대로 표기한 것이므로, 본래의 노랫말과 비교해 가며 직접 소리 내어 불러보면, 더욱 실감이 나시리라 믿는다. 뜬금없이 불쑥 들이미는 대중가요 인용에 의아해하실 독자분들이 계실지도 모르겠으나, 일본인들이 가장 애창하는 노래, 특히 '돌아와요 부산항에'는 한때 일본 열도가 들썩거릴 정도로 즐겨 부르던 노래라, 그들의 실지 한국어 발음이 어떤지 견본으로 예시한 것이므로 양지해 주시기 바란다. 영어 공부에 팝송이 제격이듯이, 타국의 말이나 글을 가장 부담없이 접할 수 있는 것이 바로 노래임은 누구나 다 아는 사실이므로, 이 가사의 발음 패턴 정도만 제대로 이해해도 일본인들의 발음 실상을 능히 짐작할 수 있으리라 믿는다. 다만, 가나 표기는 필자가 주장하는 표기안에 따랐으므로, 현행 한글 가나 문자 표기법과의 차이점을 직접 비교 검토해 보시기 바란다.

※ 일본어에는 'ㄱ·ㄹ·ㅂ' 받침은 물론, 'ㅐ·ㅒ·ㅓ·ㅕ·ㅙ·ㅜ(두·주·추·투), ㅟ·ㅡ(스· 쓰·쯔·츠 등은 제외)·ㅢ'에 해당하는 글자가 없음을 상기할 것.

イ ビョル
이뵤루
(이 별)

길옥윤 작사·작곡

オ チョ ダ センガ ギ ナ ゲッ チ ネンゾンハン サ ラ ミ ジ マン
오쬬다 셍가기 나겟찌 넹종한 사라미지만

グ ロッケ サ ランヘッ トゥン ギ オ グ ル イ ズ ル スゥ ヌン オ ブ スゥ ル コ ヤ
구록께 사랑헷또운 기오구루 이즈루스ㅜ눈 오부스우루꼬야

テ ロ ヌン ボ ゴ バ ジ ゲッ チ ドゥングンダ ル ル チョ ダ ボ ミョン ソ
테로눈 보고빠지겟찌 도웅군다루루 쵸다보묜소

グ ナ ル バ ム グ オンヤ グ ル センガ ク ハ ミョン ソ
구나루빠무 구온야구루 셍가꾸 하묜소

ジ ナンナ ル ル フ ヘ ハ ル コ ヤ
지난나루루 후헤하루꼬야

サ ヌ ル ノ ム コ モ ル リ モ ル リ ヘ ヨ じょっ チ マン
사누루 노무꼬 모루리모루리 헤요쬣찌만

バ ダ ゴン ノ ドゥ マ ウ ミ ト ロ じょっ チ マン
바다곤노 도우마우미 토로쬣찌만

オ チョ ダ センガ ギ ナ ゲッ チ ネンゾンハン サ ラ ミ ジ マン
오쬬다 셍가기 나겟찌 넹종한 사라미지만

グ ロッケ サ ランヘッ トゥン ギ オ グ ル イ ズ ル スゥ ヌン オ ブ スゥ ル コ ヤ
구록께 사랑헷또운 기오구루 이즈루스ㅜ눈 오부스우루꼬야

도라와요 부산항에
(돌아와요 부산항에)

황선우 작사·작곡

꼿피 눈 동 베꾸소에 보미 왓 꼰만

흉제토 난 부산 항에 가루 메기 만 스루피 우네

오 류꾸또 도라가 눈 요루라꾸 손 마 다

몽 메오 부루로 봐도 대다부 오우눈 네 흉제 요

도라와요 부산 항에 구리운 네 흉제 요

가고빠 모기 메오 부루돈 이 고리 눈

구리워 소 헤메이돈 긴 긴 나레 쿠미옷찌

온 제 나 마리 오우눈 죠무루 께루 도우루 또

부디쵸 스루뽀 하묘 가눈기루루 마갓 솟 찌

도라왓따 부산 항에 구리운 네 흉제 요

5) 중국의 외래어 표기

훈몽자회 성음법(聲音法)에, "무릇 글자는 반드시 합쳐져야 음절이 된다 (凡字必合而成音)."고 했듯이, 한글 자모는 세계 문화유산으로 지정될 정도로 과학적인 문자이긴 하나, 표의문자와는 달리 단독으로는 아무런 말뜻을 가질 수 없는 취약점도 있는 것 또한 사실이다. 지구상의 각 언어들을 형태론적인 구조상(Morphologic Construction)으로 분류해 보면, 굴절어(屈折語 : Inflected Language), 교착어(膠着語 : Agglutinative Language), 고립어(孤立語 : Isolating Language) 등으로 대별된다. 따라서 영·불·독·일어 등은 굴절어로서 'Look→Looks→Looked→Looking' 등처럼 어형이나 어미가 변화되는 게 특징이며, 한국어나 일본어는 체언이나 용언에 조사나 어미가 추가되어 어절을 형성하는 교착어로 분류되는가 하면, 각 글자마다 독자적인 어의(語義)와 성조(聲調)를 가지고 있는 한자는, "我愛她(워 아이 타 : 나는 그녀를 사랑한다)."나 "她愛我(타 아이 워 : 그녀는 나를 사랑한다)." 등처럼, 시제나 인칭 변화가 없고 언어의 배열 순서[語順]에 따라 말뜻이 달라지는 고립어에 속한다고 할 수 있다. 그리고 일어는 장단에 무게를 두고, 영어는 강약에 중점을 두지만, 중국어는 고저를 중시하는 표의문자다. 1986년 문교부에서 '중국어의 주음부호(注音符號)와 한글 대조표'를 제정하고, 91년에 다시 수정 보완하여 사용되고 있으나, 옛 중국어 성조는 당송 때에 '평(平)·상(上)·거(去)·입성(入聲)' 등의 사성으로 정립되어 오다가 지금은 '1성', '2성', '3성', '4성' 등으로 바꿔 쓰고 있다. '입성'이란, 'ㄱ·ㄹ·ㅂ 받침'을 가진 '촉각(觸覺)', '발달(發達)', '합법(合法)' 등처럼 끝을 빨리 닫는 소리를 말하는데, 현대 중국어에선 '촉각', '발달', '합법' 등도 〔추줴〕, 〔파다〕, 〔허파〕라고 발음하듯이 'ㅐ·ㅒ·ㅙ'나 '고·노·도·로', 'ㄴ(n)', 'ㅇ(ŋ)'과 '首爾(서우얼)'이나 '安琪兒(안치얼)' 등의 'ㄹ 받침 '얼(er)' 외엔 받침발음이 없다.

따라서 한국에선 외국의 어떤 브랜드가 수입되었을 경우, 수입물품의 상표로 쓰인 알파벳 그대로 사용하거나, 상품 이름의 발음을 한글로 표기하여 쓰거나 누구도 강제로 규제하진 않는다. 다만, 외래어 남용이니 한글 순화 운운하여 약간의 반대 여론이 있을 뿐이다. 실지로 한국에선 'KFC(Kentucky Fried Chicken)'을 'KFC'라고 간판을 달건 'Kentucky Fried Chicken'이라고 광고를 하건 '켄터키 프라이드 치킨'이라고 내붙이건 그냥 '켄터키 치킨'이라고 하건 저작권법 외엔 전혀 제재를 받지 않는다. 영업 허가를 내거나 광고를 하는 데엔 전혀 제약이 없다. 그러나 중국의 경우엔, 그들의 대표적인 외래어 사전이라고 할 수 있는 '漢語外來語詞典(한어외래어사전)'에 일만여 단어가 수록되어 있다고 하는데, 본래 브랜드의 이름이나 뜻이야 어찌 됐든 '맥도날드(McDonald)'를 '麥當勞(맥당로)'라 쓰고 그 음을 따서 '마이땅라오'라 하고, '햄버거(Hamburger)'는 '漢堡包(한보포)'라 쓰고 '한빠오빠오'라고 하듯이, 무조건 중국어로 창씨개명을 해야만 브랜드 등록이 가능하다고 한다.

중국어가 표의문자인 데다 병음 표기상의 숱한 제약 때문에, 외국 인명 같은 특수한 경우를 제외하곤 거의 대부분이 의역으로 대처하고 있다. 그래선지 외래어 표기 방법에 관한 성문화된 어떤 규정이 있는것이 아니라, 주요 언론기관이나 교육기관 등에서 각 분야별로 "외래어는 가장 비슷한 중국어 발음으로 표기한다."는 아주 원론적인 간단한 내부지침에 따라 운영되고 있다고 한다. 결국 숱한 모음발음과 받침발음이 없는 한어 문자 체계로는 '앰뷸런스', '팬클럽', '글로벌', '골킥', '햄릿' 등의 받침소리 그대로를 중국어로 음역(音譯) 표기할 방법이 없으므로, 어쩔 수 없이 'Jerusalem(예루살렘)'을 '耶路撒令(예루싸렁)', 'Landmark(랜드마크)'를 '蘭德馬克(란더마커)', 'Maradona(마라도나)'를 '馬拉多納(마라둬나)', 'Tolstoi(톨스토이)'를 '托爾斯泰(퉈얼쓰타이)' 등으로 비슷하게 음역을 하거나, 'Chameleon(카멜레온)'을 '變色龍(벤써롱)', 'Gag(개그)'를 '揷科打諢(차커따훈)', 'Option(옵션)'을 '選項(쉬엔샹)' 등처럼 의역을 할 수밖에 없다는 사실을 알 수 있다.

그럼, 실지로 중국에서 연 평균 800여 개에 달하는 신조어를 탄생시키고 있다는데, 그들의 외래어 표기 실태는 어떠한지, 우리들이 일상생활에서 흔히 쓰고들 있음직한 외래어들을 무작위로 추출 정리하여 살펴보기로 한다. 다만, 아래 도표 중 '중국식 발음란'의 한글 표기는, 필자가 중국어 발음에 대한 충분한 소양도 없거니와, 설사 전문가라 할지라도 중국 발음을 한글로 표기한다는 건 사실상 불가능하므로, 참고로 제시한 한글 표기에 너무 연연하지 말았으면 하는 마음이다. 그리고 중국어는, '証(證), 傳(傳), 体(體), 灵(靈), 鋼(鋼), 電(電), 熱(熱)' 등의 간체자를 쓰는 게 원칙이겠으나, 독자들의 이해를 돕기 위하여 전부 한국에서 쓰고 있는 정자로 쓰되, 'ㄱ·ㄷ·ㅂ·ㅅ·ㅈ' 등의 예사소리와 'ㄲ·ㄸ·ㅃ·ㅆ·ㅉ' 등의 된소리 표기 등이 정부에서 고시한 중국어 병음과 현지발음에 차이가 있어, 현행 표기와 현실음을 필자 나름대로 정리하여 둘 다 병기해 놓았으므로 참고하시기 바란다.

물론 외래어 표기법에 된소리는 쓰지 않기로 한 원칙 때문인 것으로 알고 있으나, 특히 중국어에서 된소리를 쓰지 말라는 것은 아예 중국어를 포기하라는 말과 다를 바가 없다. 그리고 "'ㅈ, ㅉ, ㅊ'으로 표기되는 자음 'ㅐ〔j〕, ㅗ〔zh/zhi〕, ㅜ〔z/zi〕, 〈〔q〕, ㅓ〔ch/chi〕, ㄌ〔c/ci〕' 뒤의 'ㅑ, ㅖ, ㅛ, ㅠ' 음은 한글 맞춤법식으로 'ㅏ, ㅔ, ㅗ, ㅜ'로 적는다."고 하여 '쟈'는 '자', '졔'는 '제' 등으로 적도록 하고 있으나, 중국인들은 엄연히 이런 이중모음도 사용하고 있다는 사실을 간과하지 말아야 한다. 그러나 중국어 '모', '보', '뽀', '포' 등의 발음은 뒤에 '어'를 살짝 덧붙이는 기분으로 '모어(뭐)', '보어(붜)', '뽀어(뿨)', '포어(풔)' 등으로 발음하고, '너', '더', '떠', '러', '터', '꺼', '커', '허' 등의 발음은 앞에다 '으'를 살짝 덧붙이는 기분으로 '느어(늬)', '드어(듸)', '뜨어(띄)', '르어(릐)', '트어(틕)', '끄어(끡)', '크어(킄)', '흐어(흭)' 등으로 발음해야 하며, 'Apolo(阿波羅 : 아보뤄)'의 '보'와 '러' 사이, 또는 'Aurola(奧羅拉 : 아오뤄라)', 'Motorola(摩托羅拉 : 모퉈뤄라)' 등의 '뤄'와 '라' 사이 등에는 영어 'L(ㄹㄹ)' 발음을 살짝 삽입하여 '아볼뤄', '아오뤌라', '모퉈뤌라'에 가깝게 발음해야 한다는 사실을 참고로 일러둔다.

중국의 외래어 표기와 한글 표기 대조표

원 어	중국식 표기	규정/현지발음	외래어한글표기
Aaccordion	手風琴(수풍금)	서우펑친/서우펑친	아코디언
Acount	帳戶(장호)	장후/짱후	어카운트
Adam´s Apple	喉結(후결)	허우제/허우제	아담 애플
	亞當的蘋果(아당적빈과)	야당더핑궈/-땅-꿔	아담스 애플
Adapter	適配器(적배기)	스페이치/스페이치	어댑터
Advice	勸(권)	취안/취엔	어드바이스
After Service	在服務(재복무)	짜이푸우/짜이푸우	애프터서비스
Agency	機構(기구)	지거우/지거우	에이전시
Agenda	議程(의정)	이청/이청	어젠다
AIDS	艾滋病(애자병)	아이쯔빙/아이쯔삥	에이즈
Airport	飛機場(비기장)	페이지창/페이지창	에어포트
Alarm	警報(경보)	징바오/징빠오	알람
Album	專輯(전집)	쫜지/짠지	앨범
Alexande	亞歷山大(아력산대)	야리산다/야리산다	알렉산더
Alibi	阿利比(아리비)	아리비/아리삐	알리바이
Allergy	過敏(과민)	궈민/꿔민	알레르기
All Right	好吧(호파)	하오바/하오빠	올라잇
Amateur	業餘(업여)	예위/예위	아마추어
Amazon	亞馬遜(아마손)	야마쉰/야마쉰	아마존
Ambulance	(구호차)	주후처/쮸후처	앰뷸런스
Amen	阿門(아문)	아먼/아먼	아멘
Anchor	錨(묘)	마오/마오	앵커
Angel	安琪兒(안기아)	안치얼/안치얼	에인절
Angle	角度(각도)	자오두/짜오두	앵글
Animation	動畫(동화)	둥화/똥화	애니메이션
Antenna	天線(천선)	톈셴/톈셴	안테나
Anti-	反(반)	판/판	안티
Apache	阿帕奇(아파기)	아파치/아파치	아파치
Apart(ment)	公寓(공우)	궁위/꽁위	아파트
Apollo	阿波羅(아파라)	아보뤄/아보뤄	아폴로
Apple	蘋果(핀과)	핑궈/핑꿔	애플
Arcade	拱廊(공랑)	궁랑/꽁랑	아케이드
Area	區(구)	취/취	에어리어
Aria	詠歎調(영탄조)	융탄댜오/융탄따오	아리아

원 어	중국식 표기	중국 발음	외래어한글표기
Armchair	扶手椅(부수의)	푸서우이/푸서우이	암체어
Aspirin	阿司匹林(아사필림)	아쓰피린/아쓰피린	아스피린
Assembly	裝配(장배)	쫭페이/쫭페이	어셈블리
Assist	助攻(조공)	주궁/쭈꿍	어시스트
Audio	音頻(음빈)	인핀/인핀	오디오
Audition	面試(면시)	몐스/몐스	오디션
Aurora	極光(극광)	지광/지꽝	오로라
	奧羅拉(오라랍)	아오뤄라/아오뤄라	오로라
Automatic	自動(자동)	쯔뚱/쯔똥	오토매틱
Background	背景(배경)	베이징/뻬이찡	백그라운드
Badge	徽章(휘장)	후이장/후이짱	배지
Balance	平衡(평형)	핑헝/핑헝	밸런스
Bally Dance	肚皮舞(두피무)	두피우/두피우	밸리댄스
Banana	香蕉(향초)	샹자오/샹짜오	바나나
Barbecue	燒烤(소고)	사오카오/사오카오	바비큐
Barometer	晴雨表(청우표)	칭위뱌오/칭위빠오	바로미터
Bâton [프]	指揮棒(지휘봉)	즈후이방/쯔후이빵	바통
Beethoven	貝多芬(패다분)	베이뒈펀/뻬이뒈펀	베토벤
Best Seller	暢銷書(창소서)	창샤오수/창샤오수	베스트셀러
Bikini	比基尼(비기니)	비지니/삐지니	비키니
Blog	博客(박객)	보커/보커	블로그
BMW	寶馬(보마)	바오마/빠오마	비엠더블류
Bodyguard	保鏢(보표)	바오뱌오/빠오뺘오	보디가드
Boiler	鍋爐(과로)	궈루/꿔루	보일러
Bonus	獎金(장금)	장진/쨩찐	보너스
Bouquet	花束(화속)	화수/화수	부케
Bowling	保齡(보령)	바오링/빠오링	볼링
Boycott	杯葛(배갈)	베이거/뻬이거	보이콧
	抵制(저제)	디즈/디쯔	보이콧
Boy Scouts	童子軍(동자군)	퉁쯔쮠/퉁쯔쮠	보이스카우트
Brake	制動(제동)	즈뚱/쯔똥	브레이크
Brassiere	乳罩(유조)	뤼자오/뤼짜오	브래지어
	胸罩(흉조)	슝자오/쓩짜오	브래지어
Buffet	自助餐(자조찬)	쯔주찬/쯔쭈찬	뷔페
Bungalow	平房(평방)	핑팡/핑팡	방갈로
Bus	公共汽車(공공기차)	궁궁치처/꿍꿍치처	버스

원 어	중국식 표기	중국 발음	외래어한글표기
Cafeteria	自助餐廳(자조찬청)	쯔주찬팅/쯔쭈찬팅	카페테리아
Calendar	日曆(일력)	르리/르리	캘린더
Camera	照像機(조상기)	자오샹지/짜오샹지	카메라
	開麥拉(개맥랍)	카이마이라/같음	카메라
Camouflage프	僞裝(위장)	웨이좡/웨이쫭	카무플라주
Caramel	焦糖(초당)	자오탕/짜오탕	캐러멜
Carnival	狂歡節(광환절)	쾅환제/쾅환제	카니발
Carrefour	家樂福(가락복)	자러푸/짜러푸	까르푸
Cashmere	開司米(개사미)	카이쓰미/카이쓰미	캐시미어
Casino	賭場(도장)	두창/두창	카지노
Castella	卡斯特拉(잡사특랍)	카쓰터라/카쓰터라	카스텔라
Casual	休閑服(휴한복)	슈셴푸/쓔셴푸	캐주얼
Catalogue	目錄(목록)	무루/무루	카탈로그
Catcher	接球手(접구수)	제추서우/제츄서우	캐처
Chameleon	變色龍(변색룡)	벤써롱/벤써롱	카멜레온
Champagne	香檳(향빈)	샹빈/샹삔	샴페인
Character	字符(자부)	쯔푸/쯔푸	캐릭터
Cheese	奶酪(내락)	나이라오/나이라오	치즈
Chocolate	巧克力(교극력)	차오커리/챠오커리	초콜릿
Chopin	肖邦(초방)	샤오방/샤오빵	쇼팽
Christmas	聖誕節(성탄절)	성단제/성딴제	크리스마스
Cigar	雪茄(설가)	쉐자/쉐짜	시가
Cinema	電影院(전영원)	뎬잉위안/뎬잉위엔	시네마
Clinton	克林頓(극림돈)	커린둔/커린뚠	클린턴
Coca Cola	可口可樂(가구가락)	커커우커러/같음	코카콜라
Cocaine	可卡因(가잡인)	커카인/커카인	코카인
Cocktail	鷄尾酒(계미주)	지웨이주/지웨이쮸	칵테일
Cocoa	可可(가가)	커커/커커	코코아
Coffee	咖啡(가배)	카페이/카페이	커피
Combination	組合(조합)	쭈허/쭈허	콤비네이션
Combine	結合(결합)	제허/제허	콤바인
Community	社區(사구)	서취/서취	커뮤니티
Computer	電腦(전뇌)	뎬나오/뎬나오	컴퓨터
Condom	保險套(보험투)	바오셴타오/빠-	콘돔
	避孕套(피잉투)	비윈타오/삐윈타오	콘돔
Conductor	導體(도체)	다오티/따오티	컨덕터

원 어	중국식 표기	중국 발음	외래어한글표기
Consulting	咨詢(자순)	쯔쉰/쯔쉰	컨설팅
Control	控制(공제)	**쿵즈/콩쯔**	컨트롤
Copy	複制(복제)	푸즈/**푸쯔**	카피
Counselor	顧問(고문)	구원/구원	카운슬러
Count	計數(계수)	지수/지수	카운트
Curriculum	課程(과정)	커청/커청	커리큘럼
Cylinder	圓筒(원통)	**위안 통/위엔통**	실린더
Dadaism	達達主義(달달주의)	다다주이/다다**쭈**이	다다이즘
Dam	壩(패)	**바/빠**	댐
Damage	損壞(손괴)	쑨화이/쑨화이	대미지
Data	數據(수거)	수쥐/수쥐	데이터
Database	數據庫(수거고)	수쥐쿠/수쥐쿠	데이터베이스
Deadline	截止日期(절지일기)	제즈리치/**제쯔리치**	데드라인
Decoration	裝飾(장식)	**좡스/쫭스**	데코레이션
Default	默認(묵인)	모런/모런	디폴트
Deflation	通貨緊縮(통화긴축)	**퉁훠진쒀/퉁훠찐쒀**	디플레이션
Delay	延遲(연지)	옌츠/옌츠	딜레이
Delete	刪除(산제)	산추/산추	딜리트
Delicate	精巧(정교)	**징차 오/찡챠 오**	델리케이트
Department	部門(부문)	부먼/부먼	디파트먼트
Design	設計(설계)	서지/서지	디자인
Desktop	桌面(탁면)	**쥐몐/쭤몐**	데스크톱
Dessert	甛點(첨점)	**톈뎬/톈뗸**	디저트
Diagram	圖(도)	투/투	다이어그램
Dial	撥號(발호)	보하오/보하오	다이얼
Dialogue	對話(대화)	두이화/**뚜**이화	다이얼로그
Diet	健怡(건이)	**젠이/쪤이**	다이어트
Digest	文摘(문적)	원**자**이/원**짜**이	다이제스트
Dilemma	進退兩難(진퇴양난)	**진투이량난/찐-**	딜레마
Director	主任(주임)	**주런/쭈런**	디렉터
Disco	迪斯科(적사과)	디쓰커/디ㅆ一커	디스코
Discovery	發現(발현)	파셴/파셴	디스커버리
Documentary	紀錄片(기록편)	지루펜/지루펜	다큐멘터리
Dollar	美元(미원)	메이위**안**/메이위**엔**	달러
Dominica	多米尼加(다미니가)	둬미니**자**/둬미니**짜**	도미니카
Doosan	斗山(두산)	**더우산/떠우산**	두산

원 어	중국식 표기	중국 발음	외래어한글표기
Drama	電視劇(전시극)	뎬스쥐/뗸스쥐	드라마
Dream	夢想(몽상)	멍샹/멍샹	드림
Dress	連衣裙(련의군)	롄이췬/롄이췬	드레스
Drill	鉆頭(첩두)	짠터우/짠터우	드릴
Drink	喝(갈)	허/허	드링크
Drive	駕駛(가사)	쟈스/쨔스	드라이브
Drone	無人機(무인기)	우런지/우런지	드론
Duty Free	免稅(면세)	몐수이/몐수이	듀티 프리
Dynamic	動態(동태)	둥타이/똥타이	다이내믹
Dynamite	炸藥(작약)	쟈야오/쨔야오	다이너마이트
Earphone	耳機(이기)	얼지/얼지	이어폰
Echo	回波(회파)	후이보/후이보	에코
	回聲(회성)	후이성/후이성	에코
Eden	伊甸園(이전원)	이뎬위안/이뗸위엔	에덴
Effect	影響(영향)	잉샹/잉샹	이펙트
Elevator	電梯(전제)	뎬티/뗸티	엘리베이터
	昇降機(승강기)	성쟝지/성쨩지	엘리베이터
Elf	精靈(정령)	징링/찡링	엘프
Élite [프]	精英(정영)	징잉/찡잉	엘리트
E-Mart	易買得(이매득)	이마이더/이마이더	이마트
Embargo	禁運(금운)	진윈/찐윈	엠바고
Emblem	徽(휘)	후이/후이	엠블렘
Emotion	情感(정감)	칭간/칭깐	이모션
Endorphin	內啡肽(내배태)	네이페이타이/같음	엔돌핀
Energe	能源(능원)	넝위안/넝위엔	에너지
Engine	發動機(발동기)	파둥지/파똥지	엔진
Ensemble	合奏(합주)	허쩌우/허쪼우	앙상블
Entry	條目(조목)	탸오무/탸오무	엔트리
Episode	揷曲(삽곡)	차취/차취	에피소드
Error	錯誤(착오)	춰우/춰우	에러
Escort	護送(호송)	후쑹/후쏭	에스코트
Eskimo	愛斯基摩(애사기마)	아이쓰지모/같음	에스키모
Esperanto	世界語(세계어)	스제위/스제위	에스페란토
Fanclub	粉絲俱樂部(분사구락부)	펀쓰쥐러부/같음	팬클럽
Fanta	芬達(분달)	펀다/펀다	환타
Farewell	永別了(영별료)	융볘러/용뼤러	페어웰

원 어	중국식 표기	중국 발음	외래어한글표기
Fashion	時尙(시상)	스상/스상	패션
Fast Food	快餐(쾌찬)	콰이찬/콰이찬	패스트푸드
Fax	傳眞(전진)	촨전/촨쩐	팩스
Feedback	反饋(반궤)	판쿠이/판쿠이	피드백
Feel	感覺(감각)	간줴/깐줴	필
Feminism	女性主義(여성주의)	누싱주이/누씽쭈이	페미니즘
Fencing	擊劍(격검)	지졘/지쪤	펜싱
Ferry	渡船(도선)	두촨/두촨	페리
Fiction	小說(소설)	샤오숴/샤오숴	픽션
Figaro	費加羅(비가라)	페이쟈뤄/페이쨔뤄	피가로
Fighting	戰鬪(전두)	잔더우/짠떠우	파이팅
Filter	過濾(과려)	궈뤼/꿔뤼	필터
Fingering	指法(지법)	즈파/쯔파	핑거링
Fireman	法爾曼(법이만)	파얼만/파얼만	파이어맨
Fishing	釣魚(조어)	댜오위/땨오위	피싱
Flight	飛行(비행)	페이싱/페이씽	플라이트
	航班(항반)	항반/항빤	플라이트
Folksong	民歌(민가)	민거/민거	프크송
Football	足球(족구)	쭈추/쭈츄	풋볼
Forum	論壇(론단)	룬탄/룬탄	포럼
Foundation	粉底霜(분저상)	펀디솽/펀디솽	파운데이션
Fountain pen	自來水筆(자래수필)	쯔라이수비/-삐	파운틴펜
	鋼筆(강필)	강비/깡삐	파운틴펜
Frankfurter	法蘭克福(법란극복)	파란커푸/파란커푸	프랑크푸르트
Freestyl	自由泳(자유영)	쯔유융/쯔요우융	프리스타일
Fresh	新鮮(신선)	신셴/씬셴	프레시
Friendship	友誼(우의)	유이/요우이(意)	프렌드십
Frontdesk	前臺(전대)	쳰타이/쳰타이	프런트데스크
Fruit	水果(수과)	수이궈/수이꿔	프루트
Function	功能(공능)	궁넝/꽁넝	펑크션
Fund	基金(기금)	지진/지찐	펀드
Future	未來(미래)	웨이라이/웨이라이	퓨처
Gag	揷科打諢(삽과타원)	차커다훈/차커따훈	개그
Galaxy	星系(성계)	싱시/씽시	갤럭시
Garage	車庫(차고)	처쿠/처쿠	개러지
Garden	花園(화원)	화위안/화위엔	가든

원 어	중국식 표기	중국 발음	외래어한글표기
Gasoline	汽油(기유)	치유/치요우	가솔린
Gateway	網關(망관)	왕관/왕꽌	게이트웨이
General	將軍(장군)	장쥔/쨩쥔	제너럴
Generator	發電機(발전기)	파뎬지/파뗸지	제너레이터
Gentle	平緩的(평완적)	핑환더/핑환더	젠틀
Geography	地理(지리)	디리/디리	지오그래피
Germany	德國(덕국)	더궈/더꿔	저머니
Ghost	幽靈(유령)	유링/요우링	고스트
Giant	巨人(거인)	쥐런/쮜런	자이언트
Gipsy	吉普賽(길보새)	지푸싸이/지푸싸이	집시
Giraff	長頸鹿(장경록)	창징루/창찡루	지라프
Girdle	腰帶(요대)	야오다이/야오따이	거들
Glass	玻璃(파리)	보리/보리	글라스
Global	全球(전구)	취안추/취엔츄	글로벌
Glove	手套(수투)	서우타오/서우타오	글로브
Goal Kick	球門球(구문구)	추먼추/츄먼츄	골킥
Goethe	哥德(가덕)	거더/거더	괴테
Golden	金色的(전색적)	진써더/찐써더	골든
Golden Rule	黃金法則(황금법칙)	황진파쩌/황찐파쩌	골든룰
Golf	高爾夫(고이부)	가오얼푸/까오얼푸	골프
Goodbye	再見(재견)	짜이졘/짜이쪤	굿바이
Gorbachov	戈爾巴喬夫(과이파교부)	거얼바차오푸/-빠챠-	고르바초프
Gossip	閑話(한화)	셴화/쎈화	가십
Gospel	福音(복음)	푸인/푸인	가스펠
Grade	年級(년급)	녠지/녠지	그레이드
Grammar	語法(어법)	위파/위파	그래마
Grandeur	宏偉(굉위)	훙웨이/훙웨이	그랜저
Greenbelt	綠地帶(녹지대)	뤼디다이/뤼디따이	그린벨트
Grill	烤架(고가)	카오자/카오쨔	그릴
Ground	地面(지면)	디몐/디몐	그라운드
Guarantee	保證(보증)	바오정/빠오쩡	개런티
Guardrail	護欄(호란)	후란/후란	가드레일
Guest	客人(객인)	커런/커런	게스트
Guide	向導(향도)	샹다오/샹따오	가이드
Handkerchief	手帕(수파)	서우파/서우파	행커치프
Handmade	手工制造(수공제조)	서우궁즈짜오/-꿍쯔-	핸드메이드

원 어	중국식 표기	중국 발음	외래어한글표기
Happiness	幸福(행복)	싱푸/씽푸	해피니스
Hacker	黑客(흑객)	헤이커/헤이커	해커
Haircut	剪頭發(전두발)	**젠**터우파/**쪤**터우파	헤어컷
Hamlet	哈姆雷特(합모뢰특)	하무레이터/같음	햄릿
Hammer	錘子(추자)	추이쯔/추이쯔	해머
Handbag	手提包(수제포)	서우티바오/-**빠**-	핸드백
Handball	手球(수구)	서우추/서우**츄**	핸드볼
Handbook	手冊(수책)	서우처/서우처	핸드북
Handsome	英俊(영준)	잉쥔/잉쥔	핸섬
Happyhour	歡樂時光(환락시광)	환러스광/환러스**꽝**	해피아워
Harmonica	口琴(구금)	커우친/커우친	하모니카
Headset	耳機(이기)	얼지/얼지	헤드셋
Healthfood	健康食品(건강식품)	**젠**캉스핀/**쪤**캉스핀	헬스푸드
Hearing	聽力(청력)	팅리/팅리	히어링
Heine	海涅(해열)	하이네/하이네	하이네
Helicopter	直昇机(직승기)	즈성지/**쯔**성지	헬리콥터
Hemoglobin	血紅蛋白(혈홍단백)	쉐훙단바이/-훙**딴빠**-	헤모글로빈
Hidden Card	隱卡(은잡)	인카/인카	히든카드
Highcolour	高彩色(고채색)	가오차이써/**까**-	하이컬러
High Noon	正午(정오)	정우/**쩡**우(意)	하이눈
Holiday	假日(가일)	자르/**짜**르	홀러데이
Hollywood	好萊塢(호래오)	하오라이우/같음	할리우드
Helmet	頭盔(두회)	터우쿠이/터우쿠이	헬멧
Homesick	想家(상가)	샹자/샹**짜**	홈식
Honey	蜜糖(밀당)	미탕/미탕	허니
Horse	馬(마)	마/마	호스
Hospital	醫院(의원)	이위안/이위**엔**	호스피틀
Hostel	宿舍(숙사)	쑤서/쑤서	호스텔
Hotdog	熱狗(열구)	르궈/르꿔	핫도그
Hotline	熱線(열선)	러셴/러셴	핫라인
Humanism	人道主義(인도주의)	런**다**오주이/-**따**-쭈-	휴머니즘
Husband	丈夫(장부)	**장**푸/**짱**푸	허즈번드
Husky	沙啞(사아)	사야/사야	허스키
Huyndai	現代(현대)	셴**다**이/셴**따**이	현대
Hybrid	混合動力(환합동력)	훈허둥리/훈허**똥**리	하이브리드
Hystery	歇斯底裏(헐사저리)	셰쓰디리/**쎼**쓰디리	히스테리

원 어	중국식 표기	중국 발음	외래어한글표기
Ice-cream	氷激淋(빙격림)	빙지린/삥지린(意)	아이스크림
Icedancing	冰上舞蹈(빙상무도)	빙상우다오/삥-따-	아이스댄싱
Idol	偶像(우상)	오우샹/오우샹	아이돌
Identity	身分/身份(신분)	선펀/선펀	아이덴티티
Illustration	揷圖(삽도)	차투/차투	일러스트레이션
Image	形象(형상)	싱샹/씽샹	이미지
Imitation	仿制(방제)	팡즈/팡쯔	이미테이션
Impression	印象(인상)	인샹/인샹	임프레션
Inflation	通貨膨脹(통화팽창)	통훠펑장/통훠펑쨩	인플레이션
Initiative	倡議(창의)	창이/창이	이니셔티브
Innovation	革新(혁신)	거신/거씬	이노베이션
	創新(창신)	창신/창씬	이노베이션
Insert	揷(삽)	차/차	인서트
Intern	實習生(실습생)	스시성/스시성	인턴
International	國際(국제)	궈지/꿔지	인터내셔널
Internet	互聯網(호련망)	후롄왕/후롄왕	인터넷
Index	引得(인득)	인더/인더	인덱스
Iran	伊朗(이랑)	이랑/이랑	이란
Ivory	象牙(상아)	샹야/샹야	아이보리
Joke	玩笑(완소)	완샤오/완샤오	조크
Jacket	夾克(협극)	자커/쨔커	재킷
Jet Engine	噴氣發動機(분기발동기)	펀치파둥지/-똥-	제트엔진
Jerusalem	耶路撒冷(야로살랭)	예루싸렁/예루싸렁	예루살렘
Jingle bell	叮鈴鈴(정령령)	딩링링/띵링링	징글벨
Joint	聯合(련합)	롄허/롄허	조인트
Josephine	約瑟芬(약슬분)	웨써펀/웨써펀	조저핀
Judge	法官(법관)	파관/파꽌	저지
Jungle	叢林(총림)	충린/총린	정글
Kangaroo	袋鼠(대서)	다이수/따이수	캥거루
Karaoke	卡拉OK	카라오케이/같음	가라오케
Kenedi	肯尼迪(긍니적)	컨니디/컨니디	케네디
Keyboard	鍵盤(건반)	젠판/쪤판	키보드
Key point	關鍵(관건)	관젠/꽌쪤(意)	키포인트
Kingdom	王國(왕국)	왕궈/왕꿔	킹덤
Kiss	接吻(접문)	졔원/졔원	키스
Kitchen	廚房(주방)	추팡/추팡	키친

원 어	중국식 표기	중국 발음	외래어한글표기
Knight	騎士(기사)	치스/치스	나이트
Knitwear	針織品(침직품)	**전즈핀/쩐쯔핀**	니트웨어
Koala	考拉(고랍)	카오라/카오라	코알라
Kodak	柯達(가달)	커다/커다	코닥
Konglish	韓式英語(한식영어)	한스잉위/한스잉위	콩그리시
Koran	可蘭(가란)	커란/커란	코란
Korea	韓國(한국)	**한궈/한꿔**	코리아
Kremlin	克裏姆林宮(극림모림궁)	**커린무린궁/-꿍**	크렘린
Label	標簽(표첨)	**뱌오첸/빠오첸**	레이블
Labour	勞動(로동)	**라오둥/라오똥**	레이버
Landing	降落(강락)	**장뤄/쨩뤄**	랜딩
Landmark	蘭德馬克(란덕마극)	란더마커/란더마커	랜드마크
Language	語言(어언)	위옌/위옌	랭귀지
Leader	領袖(영수)	**링슈/링쓔**	리더
Legal	法律(법률)	파뤼/파뤼	리걸
Library	圖書館(도서관)	**투수관/투슈꽌**	라이브러리
Libya	利比亞(리비아)	**리비야/리삐야**	리비아
Lighter	打火機(타화기)	다훠지/다훠지	라이터
Lincoln	林肯(림긍)	린컨/린컨	링컨
Lisbon	里斯本(리사본)	**리쓰번/리쓰뻔**	리스본
Logic	邏輯(라집)	뤄지/뤄지	로직
London	倫敦(륜돈)	**룬둔/룬뚠**	런던
Lucky	幸運(행운)	**싱윈/씽윈**	러키
Makeup	化妝(화장)	**화좡/화쫭**	메이크업
Mandolin	曼多林(만다림)	만둬린/만둬린	만돌린
Maradonald	馬拉多納(마랍다납)	마라둬나/마라둬나	마라도나
Maria	馬利亞(마리아)	마리야/마리야	마리아
Maupassant	莫泊桑(막박상)	모보쌍/모보쌍	모파상
Melody	梅洛迪(매락적)	메이뤄디/메이뤄디	멜로디
	旋律(선률)	쉬안뤼/쉬엔뤼	멜로디
Microphone	傳聲器(전성기)	촨성치/촨성치	마이크로폰
	擴音器(확음기)	쿼인치/쿼인치	마이크로폰
	麥克風(맥극풍)	마이커펑/마이커펑	마이크로폰
Miniskirt	迷你裙(미니군)	미니췬/미니췬	미니스커트
Miss	密斯(밀사)	미쓰/미쓰	미스
Model	模特(모특)	모터/모터	모델

원 어	중국식 표기	중국 발음	외래어한글표기
Montage	夢太奇(몽태기)	멍타이치/멍타이치	몽타주
Moses	摩西(마서)	모시/모시	모세
Motor	馬達(마달)	마다/마다	모터
	電動機(전동기)	**몐둥지/몐똥지**	모터
Motorola	摩托羅拉(마탁라랍)	모퉈뤄라/모퉈뤄라	모토롤러
Mouse	鼠標(서표)	수뱌오/수**뺘**오	마우스
Movie	電影(전영)	**몐잉/몐**잉	무비
Mozart	莫札特(모찰특)	모자터/모**짜**터	모차르트
Multimedia	多媒體(다매체)	둬메이티/뒤메이티	멀티미디어
Natural	自然(자연)	쯔란/쯔란	내추럴
	天然(천연)	톈란/톈란	내추럴
Nectar	花蜜(화밀)	화미/화미	넥타
Newface	新面孔(신면공)	신몐쿵/**씬**몐**콩**	뉴페이스
New Guinea	新幾內亞(신기내아)	신지네이야/**씬**-	뉴기니
New Delhi	新德里(신덕리)	신더리/**씬**더리	뉴델리
Nicotine	尼古丁(니고정)	니구딩/니구**띵**	니코틴
NIMBY	鄰避(린피)	린비/린**삐**	님비
Nobel	諾貝爾(낙패이)	눠베이얼/눠**뻬**이얼	노벨
Nocturne	夜曲(야곡)	예취/예취	녹턴
No Comment	無可奉告(무가봉고)	우커펑**가**오/-**까**-	노 코멘트
Nonfiction	非小說類(비소설류)	페이샤오쉬레이/같음	논픽션
Nurse	護士(호사)	후스/후스	너스
Observers	觀察員(관찰원)	관차위안/**꽌**차위**엔**	옵서버
Ocean	海洋(해양)	하이양/하이양	오션
Office	辦公室(판공실)	반궁스/**빤꿍**스	오피스
Olympic	奧林匹克(오림필극)	아오린피커/같음	올림픽
Omega	歐米茄(구미가)	오우미자/오우미**짜**	오메가
	奧米伽(오미가)	아오미**자**/아오미**짜**	오메가
Omelet Rice	蛋包飯(단포반)	단바오판/**딴빠**오판	오므라이스
One Way	單程(단정)	단청/**딴**청	원웨이
Online	在線(재선)	짜이셴/짜이셴	온라인
Opera	歌劇(가극)	거쥐/거쥐	오페라
Option	選項(선항)	쉬안샹/쉬엔샹	옵션
Orange	橙子(등자)	청쯔/청쯔	오렌지
Orthodox	正統(정통)	정퉁/**쩡**퉁	오소독스
Oscar	奧斯卡(오사잡)	아오쓰카/아오쓰카	오스카

원 어	중국식 표기	중국 발음	외래어한글표기
Outside	外面(외면)	와이몐/와이몐	아웃사이드
Overcoat	大衣(대의)	다이/다이	오버코트
Overeat	吃得過多(흘득과다)	츠더궈더/츠더꿔더	오버이트
Pagoda	寶塔(보탑)	바오타/빠오타	파고다
Panama	巴拿馬(파나마)	바나마/빠나마	파나마
Pakistan	巴基斯坦(파기사탄)	바지쓰탄/빠지쓰탄	파키스탄
Palace	宮殿(궁전)	궁뎬/꿍몐	팰리스
Panty	內褲(내고)	네이쿠/네이쿠	팬티
Parachute	降落傘(강락산)	쟝뤄싼/쨩뤄싼	파라슈트
Paradigm	範式(범식)	판스/판스	패러다임
Paradox	悖論(패론)	베이룬/뻬이룬	패러독스
Passport	護照(호조)	후자오/후짜오	패스포트
Pearl	珍珠(진주)	전주/쩐쭈	펄
Pedal	踏板(답판)	타반/타빤	페달
Penicillin	盤尼西林(반니서림)	판니시린/판니시린	페니실린
	靑黴素(청미소)	칭메이수/칭메이수	페니실린
Pepsi Cola	百事可樂(백사가락)	바이스커러/빠-	펩시콜라
Philippine	菲律賓(비률빈)	페이뤼빈/페이뤼뼨	필리핀
Piano	鋼琴(강금)	강친/깡친	피아노
Pincette[프]	鑷子(섭자)	녜쯔/녜쯔	핀셋
Pineapple	菠蘿(파라)	보뤄/보뤄	파인애플
Ping Pong	乒乓(병병)	핑팡/핑팡	핑퐁
Pizza	比薩(비살)	비싸/삐싸	피자
Plastic	塑料(소료)	쑤랴오/쑤랴오	플라스틱
Playboy	花花公子(화화공자)	화화궁쯔/화화꿍쯔	플레이보이
Plaza	照片店(조편점)	자오펜뎬/짜오펜몐	플라자
Poker Face	撲克臉(박극검)	푸커롄/푸커롄	포케페이스
Print	打印(타인)	다인/다인	프린트
Prince	王子(왕자)	왕쯔/왕쯔	프린스
Proud	驕傲(교오)	자오아오/짜오아오	프라우드
Quality	質量(질량)	즈량/쯔량	퀄리티
Quartet	四重奏(사중주)	쓰충쩌우/쓰총쪼우	쿼텟
Queen Bee	女王蜂(여왕봉)	뉘왕펑/뉘왕펑	퀸비
Question	提問(제문)	티원/티원	퀘스천
QuickService	快速服務(쾌속복무)	콰이쑤푸우/같음	퀵서비스
Quintet	五重奏(오중주)	우충쩌우/우총쪼우	퀸텟

원 어	중국식 표기	중국 발음	외래어한글표기
Radar	雷達(뢰달)	레이다/레이다	레이더
Radiator	散熱器(산열기)	싼러치/싼러치	라디에이터
Radio	收音機(수음기)	서우인지/서우인지	라디오
Rail Way	鐵路(철로)	톄루/톄루	레일웨이
Reaction	反應(반응)	판잉/판잉	리액션
Reagan	裏根(리근)	리건/리껀	레이건
Red Carpet	紅地毯(홍지담)	훙디탄/훙디탄	레드카펫
Report	報告(보고)	바오가오/빠오까오	리포트
Remember	記得(기득)	지더/지더	리멤버
Restaurant	餐廳(찬청)	찬팅/찬팅	레스토랑
Revival	復興(부흥)	푸싱/푸씽	리바이벌
R(h)umba	倫巴(륜파)	룬바/룬빠	룸바
Rinse	沖洗(충세)	충시/총시	린스
Risk	風險(풍험)	펑셴/펑셴	리스크
Road Map	道路地圖(도로지도)	다오루디투/따-	로드맵
Rolls Royce	勞斯萊斯(로사래사)	라오쓰라이쓰/같음	롤스로이스
Roosevelt	羅斯福(라사복)	뤄쓰푸/뤄쓰푸	루스벨트
Rucby	橄欖球(감람구)	간란추/깐란츄	럭비
Rule	規則(규칙)	구이쩌/꾸이쩌	룰
Rumour	謠言(요언)	야오옌/야오옌	루머
Salad	沙拉(사랍)	사라/사라	샐러드
Salon	沙龍(사룡)	사롱/사롱	살롱
Samsung	三星(삼성)	싼싱/싼씽	삼성
Sandwich	三明治(삼명치)	싼밍즈/싼밍쯔	샌드위치
Semiar	硏討會(연토회)	옌타오후이/같음	세미나
Sensation	轟動(굉동)	훙둥/훙똥	센세이션
Seoul	首爾(수이)	서우얼/서우얼	서울
Sevenup	七喜(칠희)	치시/치시	세븐업
Shakespeare	莎士比亞(사사비아)	사스비야/사스삐야	셰익스피어
Shampoo	香波(향파)	샹보/샹보	샴푸
Shopping Cart	購物車(구물차)	거우우처/거우우처	쇼핑카트
Silk Road	絲綢之路(사주지로)	쓰처우즈루/-쯔-	실크로드
Simulation	仿眞(방진)	팡전/팡쩐	시뮬레이션
Smartphone	智能手機(지능수기)	즈넝서우지/쯔-	스마트폰
Sofa	沙發(사발)	샤파/사파	소파
Sony	索尼(색니)	쒀니/쒀니	소니

원 어	중국식 표기	중국 발음	외래어한글표기
Sparta	斯巴達(사파달)	쓰바다/쓰빠다	스파르타
Sponge	海綿(해면)	하이몐/하이몐	스펀지
Star	星星(성성)	싱싱/씽씽	스타
Stalin	斯大林(사대림)	쓰다린/쓰다린	스탈린
Stendhal	斯湯達(사탕달)	쓰탕다/쓰탕다	스탕달
Supermarket	超市(초시)	차오스/차오스	슈퍼마켓
Syndrom	綜合症(종합증)	쭝허정/쫑허쩡	신드롬
Takehome	帶回家(대회가)	다이후이쟈/따-쨔	테이크홈
Talmud	塔爾穆德(탑이목덕)	타얼무더/타얼무더	탈무드
Tambourine	鈴鼓(령고)	링구/링구	탬버린
Tank	坦克(탄극)	탄커/탄커	탱크
Taskforce	專案組(전안조)	쫜안쭈/쨘안쭈	태스크포스
Teacher	老師(로사)	랴오스/랴오스	티처
	敎師(교사)	쟈오스/쨔오스	티처
Telephone	德律風(덕률풍)	더뤼펑/더뤼펑	텔레폰
Thinh Tank	智囊團(지낭단)	즈낭퇀/쯔낭퇀	싱크탱크
Tolstoi	托爾斯泰(탁이사태)	퉈얼쓰타이/같음	톨스토이
Tomorrow	明天(명천)	밍톈/밍톈	투모로우
Top Gun	壯誌淩雲(장지릉운)	쟝즈링윈/쨩쯔링윈	톱건
Topic	話題(화제)	화티/화티	토픽
Trunk	後備箱(후비상)	허우베이샹/-뻬-	트렁크
Tuxedo	燕尾服	옌웨이푸/옌웨이푸	턱시도
Tyson	泰森(태삼)	타이썬/타이썬	타이슨
Ultra	超(초)	차오/차오	울트라
Umbrella	雨傘(우산)	위싼/위싼	엄브렐러
Unbalunce	不平衡(불평형)	부핑헝/부핑헝	언밸런스
Uncle	叔叔(숙숙)	수수/수수	엉클
Underground	地下(지하)	디샤/디쌰	언더그라운드
Uniform	制服(제복)	즈푸/쯔푸	유니폼
Union Suit	聯盟套裝(련맹투장)	롄멍타오좡/-쫭	유니온 수트
Unit	單元(단원)	단위안/딴위엔	유니트
Unique	獨特(독특)	두터/두터	유니크
University	大學(대학)	다쉐/다쉐	유니버시티
Vacation	假期(가기)	쟈치/쨔치	버케이션
Vaccine	疫苗(욕묘)	이먀오/이먀오	백신
Valentine Day	情人節(정인절)	칭런졔/칭런졔	발렌타인 데이

원 어	중국식 표기	중국 발음	외래어한글표기
Value	價值(가치)	자즈/쨔쯔	밸류
Valve	閥門(벌문)	파먼/파먼	밸브
Very Good	很好的(흔호적)	헌하오더/헌하오더	베리굿
Vibrato	顫音(전음)	찬잉/찬잉	비브라토
Victory	勝利(승리)	성리/성리	빅토리
Video	視頻(시빈)	스핀/스핀	비디오
Vinyl house	塑料大棚(소료대붕)	쑤랴오다펑/같음	비닐하우스
Violin	小提琴(소제금)	샤오티친/샤오티친	바이올린
Voice	語音(어음)	위인/위인	보이스
Volume	音量(음량)	인량/인량	볼륨
Wallet	錢包(전포)	첸바오/첸빠오	월릿
Washington	華盛頓(화성돈)	화성둔/화성뚠	워싱턴
Waltz	華爾茲(화이자)	화얼쯔/화얼쯔	왈츠
Web Site	網站(망참)	왕잔/왕짠(意)	웹사이트
Weddingdress	結婚禮服(결혼례복)	졔훈리푸/졔훈리푸	웨딩드레스
Welcome	歡迎(환영)	환잉/환잉	웰컴
Whisk(e)y	威士忌(위사기)	웨이스지/웨이스지	위스키
Window	窓(창)	촹/촹	윈도우
Wink	眨眼(잡안)	자옌/짜옌	윙크
Win-Win	雙贏(쌍영)	솽잉/솽잉	윈윈
Wonderful	精彩(정채)	징차이/찡차이	원더풀
World Cup	世界杯(세계배)	스졔베이/스졔뻬이	월드컵
Wrestling	摔跤(솔교)	솨이차오/솨이챠오	레슬링
Xerox	施樂(시락)	스러/스러	제록스
Xtra	額外(액외)	어와이/어와이	엑스트라
Yellow	黃色(황색)	황써/황써	옐로우
Yesterday	昨天(작천)	쭤텐/쭤텐	예스터데이
Yesteryear	去年(거년)	취녠/취녠	예스터이어
Yogurt	酸奶(산내)	쏸나이/쏸나이	요구르트
Youngman	年輕人(년경인)	녠칭런/녠칭런	영맨
	揚曼(양만)	양만/양만	영맨
Youth Hostel	靑年旅館(청년려관)	칭녠뤼관/칭녠뤼꽌	유스호스텔
Zebra	斑馬(반마)	반마/빤마	제브라
Zeus	宙斯(주사)	저우쓰/쩌우쓰	제우스
Zipper	拉鏈(랍련)	라롄/라롄	지퍼
Zoo	動物園(동물원)	둥우위안/똥우위엔	주

이상 살펴본 바와 같이, 'Alexander(알렉산더)'는 한어 병음에 'ㄹ', 'ㄱ' 받침이 없으므로 비슷한 음을 따서 '亞歷山大〔야리산다〕'라 하고, 'Ambulance(앰뷸런스)'의 'ㅐ'와 'ㅁ·ㄹ' 받침소리가 없어 의역(意譯)으로 '救護車〔주후처〕'라 하지 않았나 싶다. 'Apache(아파치)'는 뜻이야 어떻든 '阿帕奇'로 표기하고 '아파치'라 하고, 'Bouquet(부케)'를 꽃묶음이라 하여 '花束〔화수〕'이라 하며, 'Boy Scout(보이스카우트)'를 어린이 군대라 하여 '童子軍〔퉁쯔쥔〕'이라 했다. 스스로 챙겨 먹는 식사라 하여 'Buffet(뷔페)'를 '自助餐〔쯔주찬〕'이라 하고, 'Cafeteria(간이식당)'를 '自助餐廳〔쯔주찬팅〕'이라 했다. 영상을 비치는 기계라 하여 '카메라'를 '照像機〔자오샹지〕'로 의역해 놓고도, 음역(音譯)으로는 '開麥拉〔카이마이라〕'이라 했는가 하면, 미치도록 즐거운 날이라 하여 'Carnival'을 '狂歡節〔쾅환제〕'이라 하고, (임신)위험에서 보호해 주는 봉투라 하여 'Condom'을 '保險套〔바오셴타오〕'라고 했는가 하면, 잉태(임신)를 막아 주는 봉투라 하여 '避孕套〔비윈타오〕'라고도 했다.

공을 접수하는 선수라 하여 'Catcher'를 '接球手〔제추서우〕'라 하고, 전자식 두뇌라 하여 'Computer'를 '電腦〔뎬나오〕', '텔레비전(電視)'으로 보여주는 '극(劇)'이라 하여 'Drama'를 '電視劇〔뎬스쥐〕'라고 했다. 되돌아오는(回) 파장(波)이라 하여 'Echo'를 '回波〔후이보〕'라 하고, 되돌아오는(回) 소리(聲)라 하여 '回聲〔후이성〕'이라고도 했으며, 오르내리는 기계라 하여 'Elivator(엘리베이터)'를 '昇降機〔성장지〕' 또는 전기사다리 같다 하여 '電梯〔뎬티〕'라고도 했다. 윗옷(衣)과 치마(裙)가 붙었다(連) 하여 'Dress(드레스)'를 '連衣裙〔롄이췬〕'이라 하고, 폭발(炸)하는 약이라 하여 'Dynamite(다이너마이트)'를 '炸藥〔자야오〕'라 하며, 손쉽게(易) 사서(買) 손에 넣을 수 있다(得)고 하여 'E-Mart(이마트)'를 '易買得〔이마이더〕'라고 했으며, (기사를) 옮기지(運) 말라(禁)는 뜻의 'Embargo(임바고)'를 '禁運〔진윈〕'이라고 했다. 보호(護)하여 보낸다(送)는 뜻으로 'Escort(에스코트)'를 '護送〔후쏭〕'이라 하고, 물을 건너게 하는(渡) 배(船)라는 뜻으로 'Ferry(페리)'를 '渡船〔두촨〕'이라 하는 등, 그 나름대로의 온갖 기지를 발휘하고 있다.

물(水 : 잉크)이 절로 흘러내리는(自來) 필(筆)이라 하여 ‘Fountain Pen (만년필)’을 ‘自來水筆〔쯔라이수피〕’ 또는 강철(鋼)로 만든 필(筆)이라 하여 ‘鋼筆〔강비〕’이라 하고, 목(頸)이 긴(長) 사슴(鹿)이라 하여 ‘Giraff(지라프 : 기린)’를 ‘長頸鹿〔창징루〕’라고 했다. ‘Girdle(거들)’은 허리(腰)에 두르는 띠 (帶)라 하여 ‘腰帶〔야오다이〕’라 하고, ‘Goodbye’를 다시 만나자는 뜻으로 ‘再見〔짜이졘〕’이라 했으니, ‘안녕히 가세요’라고 하는 것보다 훨씬 더 정감이 가는 인사말이 아니가 싶다. 한가한(閑) 얘깃거리(話)라 하여 ‘Gossip(가십)’을 ‘閑話〔셴화〕’라 하고, 난간(欄)을 보호(護)한다고 하여 ‘Guardrail’을 ‘護欄 〔후란〕’이라고 했다. ‘Hacker(해커)’를 블랙컨슈머(Black＋Consumer)가 연상되는 검은(黑) 손님(客) 즉 ‘黑客〔헤이커〕’이라고 했는가 하면, ‘NYMBY (님비)’ 역시 이웃을 피한다는 뜻의 의역인 ‘隣避(인피)’에 음역으로 〔린비〕라 했으며, ‘Radar(레이다)’를 번개(雷)처럼 빨리 전달(達)된다고 하여 의역으로 ‘雷達(뇌달)’이라 하고 음역으로 〔레이다〕라고 하여 음역과 의역을 한꺼번에 해결해 놓기도 했다.

‘Harmonica’를 입(口)으로 부는 악기(琴)라 하여 ‘口琴〔커우친〕’이라 하고, 바로(直) 오르내리는(昇) 기기(機)라 하여 ‘Helicopter(헬리콥터)’를 ‘直昇機〔즈성지〕’라 하며, 고향집(家)을 생각한다(想)는 뜻으로 ‘Homesick(홈식)’을 ‘想家〔샹자〕’라 했다. 자루(袋)를 가진 쥐(鼠) 같다 하여 ‘Kangaroo (캥거루)’를 의태어로 ‘袋鼠〔다이수〕’라 하고, ‘Karaoke(가라오케)’는 ‘비었다’는 뜻의 ‘空(가라)’와 ‘Orchestra(오케스트라)’의 앞부분만 잘라 만든 일본식 조어로서, 실지 연주자들의 반주가 아닌 음향기기의 가짜 반주라는 뜻으로, 한자에다 영어 알파벳까지 동원하여 ‘卡拉OK(카라오케이)’라 해 놓고도 시시덕거리고 있는 것 같아, 그야말로 丁口竹天(可笑)이 아닐 수 없다. ‘Kiss(키스)’는 입술을 접촉하는 행위라 하여 ‘接吻〔제원〕’ － 우리 대학가의 슬랭으로는, 혀가 왔다 갔다 한다 하여 ‘설왕설래(舌往舌來)’라고 하던가? － 이라 하고, ‘Knitwear(니트웨어)’는 뜨게바늘(針)로 짠(織) 물품(品)이라 하여 ‘針織品〔전즈핀〕’이라고 했다.

'Microphone(마이크로폰)'을 의역으로는 소리(聲)를 전(傳)하는 기기(器)라 하여 '傳聲器〔촨성치〕' 또는 소리(音)를 확대(擴)시켜 주는 기기(器)라 하여 '擴音器〔쿼인치〕'라고도 하는가 하면, 뭐가 모자라선지 음역으로까지 '麥克風〔마이커펑〕'이라고 했다. 'Miniskirt(미니스커트)'는 '迷你裙〔미니췬〕' 즉 미니 치마라고 하여 음역(迷你 : 미니)과 의역(裙 : 췬)을 혼합시켰으며, 'New Guinea(뉴기니)'를 뜻하는 '新幾內亞〔신지네이야〕'나 'New Delhi(뉴델리)'를 뜻하는 '新德里〔신더리〕' 역시 의역(New : 新)과 음역(幾內亞 : 지네이야, 德里 : 더리)이 혼합되어 있다. 'Omelet Rice(오므라이스)'를 새알(蛋 : 계란)로 덮은(包) 밥(飯)이란 뜻으로 '蛋包飯〔단바오판〕'이라 했으며, 'Pedal(페달)'은 밟는(踏) 발판(板)이란 뜻으로 '踏板〔타반〕'이라고 했다. 1971년 핑퐁(Ping Pong) 외교로 유명했던 탁구를 물건 부딪치는 소리를 뜻하는 '乒(병)'과, '퐁' 소리를 뜻하는 '乓(병)'이라는 글자를 접속하여 '핑팡(乒乓)'이라고 했는데, 이 글자를 나란히 맞붙여 뒤집어 놓고 보면 마치 탁구대 위에서 탁구공이 왔다갔다 하는 형상이 연상되기도 한다.

'Question(퀘스천)'을 의문(問)을 제시(提)한다는 뜻으로 '提問〔티원〕'이라 하고, 'Radio(라디오)'를 소리(音)를 받아들이는(收) 기기(器)라 하여 '收音器〔서우인지〕'라 했으며, 'Shopping Cart(쇼핑카트)'를 물건(物)을 구입(購)할 때 쓰는 수레(車)라 하여 '購物車〔거우우처〕'라고 했다. 차 뒤쪽(後)에 갖춰져(備) 있는 박스(箱)라 하여 'Trunk(트렁크)'를 '後備箱〔허우베이샹〕'이라 하고, '바이올린'은 작은 제금이라 하여 '小提琴〔샤오티친〕'이라 했으며, 깜짝이는(眨) 눈(眼)이라 하여 'Wink(윙크)'를 '眨眼〔자옌〕'이라 했다. '코카콜라(Coca Cola)'는 코카(Coca) 나뭇잎과 콜라(Cola) 열매 등을 혼합하여 만든 탄산음료인데, 만약 이 '코카콜라'란 외래어를 한국인들의 적성에 맞게 한글화하려면 아마 주시경·최현배 선생이 환생을 해도 꽤나 힘겨워할 수밖에 없을 테지만, 표의문자를 쓰고 있는 중국인들은 '코카콜라'의 뜻이나 출생내력이야 어떻든, 자기들 의향대로 그저 '마시니까 입이 즐겁다'는 뜻으로 '口可口樂〔커커우커러〕'라 해 놓고 마냥 즐거워들 하고 있다.

'Pepsi Cola(펩시콜라)' 또한 '마시면 가히 만사가 즐거워진다'는 뜻의 '百事可樂[빠이스커러]'이라 했으며, '코코아(Cocoa)'는 '그래그래, 맞아 맞아'라는 뜻에선지 '可可(가가)'로 표기하고 [커커]라고 발음하여 '코코아'와 발음도 비슷하며 뜻도 그럴 듯하다 싶어 실소를 자아내게도 한다. 한국의 소주 이름인 '처음처럼' 역시 '처음 마실 때처럼 즐겁다'는 뜻으로 '初飮初樂[추인추러]'이라 쓰고 있어 뜻과 발음을 한꺼번에 챙긴 일거양득의 실익을 챙기기도 했다. 한국인들은 대개 스트레스를 해소하기 위하여 술을 마시지만, 중국인들은 콜라 한 잔, 소주 한 잔 마시는 데도 이렇게 즐거움을 추구하듯이 '뚜레쥬르(多樂之日)', '러시 앤 캐시(樂金快金)', '롯데리아(樂天利)' 등에서처럼 '즐거울 락(樂)' 자를 즐겨 쓰고들 있으니 그들 만만디(慢慢的) 기질의 넉넉함을 엿볼 수도 있어, 한편으론 부럽기도 하다. '핫도그(Hot Dog)' 역시 '뜨거운 개'란 뜻을 그대로 직역하여 '熱狗(러거우)'라고 했는데, 이에 대한 다양한 설들이 있긴 하나, 그 중 가장 신빙성 있는 내용을 요약 정리해 보면, 미국의 핫도그는 한국식의 핫도그, 즉 막대기에 소시지를 꽂고 밀가루를 덧씌워 식용유에 튀긴 '콘도그(Corn Dog)'가 아니라, 길쭉하게 생긴 햄버거에 야채, 겨자, 케첩, 소시지 등을 뜨겁게 익혀 넣은 서양식 빵을 말한다. 그런데 이 빵의 길쭉한 생김새가 마치 독일산 사냥개인 '닥스훈트(Dachshunt)'를 닮았다고 해서 붙인 이름이라는데, 이것을 글로 옮긴이가 'Dachshunt'라는 독일식 철자를 제대로 몰라 그냥 'Dog'라고 하여 '핫도그'가 탄생된 것이라고 한다.

아무튼 오바마 대통령도 '아오바마(奧巴馬)'라 하고 '힐러리 장관'도 '시라리(希拉里)'라 하는 건 차치하고라도, 같은 한자 이름인 반기문 총장도 '판지원(潘基文)'이요, 박근혜 대통령도 '퍄오진훼이(朴槿惠)'라고 할 수밖에 없듯이, 한자 발음 체계로는 외래어 발음을 제대로 소화해 낼 수 없는 표의문자인 데에 반해, 우리 한글은 아주 미묘한 문제점 외엔, 세계 어느 나라 말이든 즉석에서 가장 가깝고 폭넓게 소리 나는 대로 적을 수 있는 표음문자라는 것만은 분명하므로, 보배로운 우리 한글의 우수성에 대한 충분한 자긍심을 가져도 좋으리라 믿는다.

5. 한글의 로마자 표기법

1) 한글 로마니제이션의 문제점

　문화관광부의 '국어의 로마자 표기법'은 2000년 7월에 고시된 우리나라의 공식적인 표기 체계로서, 정부에서 고시한 네 번째 표기법이다. 문교부에서는 광복 직후 1948년에 '들온말 적는 법'의 부록으로 '한글을 로마자로 적는 법'을 제정했다가 1959년에 폐기하고, 다시 '한글의 로마자 표기법'을 제정 공포하여 교과서나 정부 간행물, 그리고 지명과 도로명 등을 표기해 왔다. 그러나 언중들의 별다른 호응을 얻지 못한 채 1984년 매큔-라이샤워 표기법을 근간으로 하는 '국어의 로마자 표기법'을 제정하고, 반달표(ˇ)와 어깻점(') 등 특수 부호를 사용토록 했으나, 컴퓨터나 문서편집기로 타이핑하기에 불편하다 하여 현행 표기법으로 개정(문광부 고시 제2000-8호)하기에 이르렀다.

　현행 한글 로마자 표기법을 간단히 요약 정리하자면, 국어의 발음에 따라 적는 것을 원칙으로 하되 특수 부호는 사용하지 않는다. 자음 'ㄱ·ㄷ·ㅂ'은 'g·d·b'로 적어야 하나 받침소리로 사용될 땐 'k·t·p로 적는다. 'ㄹ'을 모음 앞에서는 'r', 어말에서는 'l'로 적되 'ㄹㄹ'은 'll'로 적는다. 모음의 경우 'ㅓ'는 'eo'로, 'ㅡ'는 'eu'로 적는다. 다만, 'ㅢ'는'ui', 'ㅝ'는'wo'로 적는다. '종로[종노]'나 '신라[실라]' 등처럼 음운변화가 일어날 땐 'Jongno', 'Silla'로 적고, '학여울[항녀울]', '알약[알략]' 등처럼 'ㄴ'이나 'ㄹ'이 덧날 땐 'Hangnyeoul', 'Allyak'으로 적되, '해돋이[해도지]', '같이[가치]' 등처럼 구개음화가 될 땐 'Haedoji', 'Gachi'로 적는다. '좋고[조코]', '놓다[노타]' 등처럼 'ㄱ·ㄷ·ㅂ·ㅈ'이 'ㅎ'과 결합되어 거센소리로 날 땐 'Joko', 'Nota'로 적고, '묵호[무코]', '집현전[지펀전]' 같은 체언에서 'ㄱ·ㄷ·ㅂ' 뒤에 'ㅎ'이 올 경우엔 'Mukho', 'Jiphyeonjeon'처럼 'ㅎ'을 밝혀 적되, '낙동강', '팔당' 등은 [낙똥강], [팔땅] 등으로 된소리가 나더라도 표기에 반영치 않고 'Nakdonggang', 'Paldang' 처럼 예사소리로 적는다는 것 등이다.

현행 한글로마자 표기법 이전에는 'Kukes(그것)'처럼 형태음소를 중시하는 '예일식'과, 'Kŭgŏt(그것)'처럼 영어 발음을 위주로 하는 매큔-라이샤워식, 그리고 'Geugeot(그것)'처럼 음소를 중시하는 문화관광부식 표기법으로 변천되어 왔다. 1984년 이전에 쓰던 한글 로마자 표기법의 경우에는 받침에서도 'ㄱ'은 'g', 'ㄷ'은 'd', 'ㅂ'은 'b' 등으로 썼으나, 현행 표기법에서는 'k'를 종성 'ㄱ'과 초성 'ㅋ'에, 't'를 종성 'ㄷ'과 초성 'ㅌ'에, 'p'를 종성 'ㅂ'과 초성 'ㅍ'에 동시에 쓰도록 했다. 그러나 'ㅂ·ㅃ·ㅍ/ㄷ·ㄸ·ㅌ/ㄱ·ㄲ·ㅋ' 등의 파열음과 'ㅈ·ㅉ·ㅊ' 등의 파찰음 중에서도, 소위 평음(예사소리)인 'ㄱ·ㄷ·ㅂ·ㅈ'을 무성음 로마자 'k·t·p·ch'로 적을 것인지, 아니면 유성음 'g·d·b·j'로 적을 것인지 늘 논란의 불씨가 되어 왔다. 물론 이 소리들의 고유 음가는 'k·t·p·ch'에 가깝지만, 원래 무성음이던 'ㄱ·ㄷ·ㅂ·ㅈ' 등의 자음도 어중의 유성음 사이에선 유성음인 'g·d·b·j'에 가깝게 실현된다.

자음 중에서 유성음은 'ㄴ·ㄷ·ㅁ·ㅇ'뿐이지만, 무성음 'ㄱ·ㄷ·ㅂ·ㅈ'을 어두에선 같은 무성음인 'k·t·p·ch'로 적되, 어중에선 유성음인 'g·d·b·j'로 적어 각각 'Kogi(고기)', 'Todal(도달)', 'Pabo(바보)', 'Chaju(자주)' 등으로 표기하는 것이 원칙인데도, 현행 표기법으로는 어두나 어중에 상관없이 유·무성음을 불문하고 같은 음소로 보아 '고기(Gogi)', '도달(Dodal)', '바보(Babo)', '자주(Jaju)' 등처럼 'g·d·b·j'로 적도록 되어 있어 문제가 되고 있다. 우리말 'ㄱ'도 영어에서는 유성음과 무성음의 차이를 'g'와 'k'로 구분하지만, 한국어에서는 유·무성음의 구분이 없다. 그러기에 한국어의 'ㄱ·ㄷ·ㅂ'이 어두에 올 땐 모두 무성음으로 발성되므로, 영어권에선 하나같이 'k·t·p'로 알아듣는다. 그런 반면에 외국인들이 유성음 'g·d·b'를 발음해도 우리들 귀엔 무성음 'ㄱ·ㄷ·ㅂ'으로 인식될 뿐만 아니라, 우리는 '그〔g〕', '드〔d〕', '브〔b〕'를 발음한다고 해도 자연히 〔크〕, 〔트〕, 〔프〕 비슷한 발음으로 들리게 되므로, 결국 피차에 같은 글자를 달리 읽어도 같은 발음으로 인식하게 된다는 몬더그린 현상이 나타나 어두의 'ㄱ·ㄷ·ㅂ'을 'g·d·b'로 쓰게 된 것이겠으나, 득보다 실이 많다는 사실을 알아야겠다.

따라서 서양인들은 '국'이나 '밥'을 각각 'guk', 'bap'으로 적는 것마저도 좀체 이해하지 못한다. 그들의 관점에서는 '국'의 초성 'ㄱ'과 종성 'ㄱ'은 똑같은 〔k〕 발음이요, '밥'의 초성 'ㅂ'과 종성 'ㅂ'도 똑같은 〔p〕 발음에다 음성학적으로도 '국'의 두 'ㄱ'과 '밥'의 두 'ㅂ'이 똑같은 무성음이므로, 결국 하나의 음운에 두 가지의 표기 즉, 'g'와 'k', 'b'와 'p'로 달리 적는 이유를 선뜻 이해할 수 없게 된다는 것이다. 무성음이나 유성음에 별다른 관심도 없거니와 차이점도 느끼지 못하는 한국인들과는 달리, 유성음과 무성음을 명확히 구분하는 서양인들의 감각이라 '고깃국'은 'Gogitguk'보다 'Kogitkuk'이 훨씬 더 논리적이고, '구경거리' 역시 'Gugyeonggeori'보다 'Kugyeongkeori'가 훨씬 더 직관적이라고 생각할 수밖에 없게 된다. 아무튼 '한글 로마자 표기법 규정'의 근본 취지가 내국인이 아닌 외국인들의 편의를 위한 표기이므로, 이유 여하를 막론하고 그들이 발음하기 좋고 알아듣기 쉬운 표기법을 강구하는 것이 원칙이요 최선책이라고 생각한다.

　한글의 음운 체계와 로마자의 음운 체계가 서로 달라 한글 로마니제이션(Romanization)이나 로마자 코리아니제이션(Koreanization)에 숱한 제약이 따를 수밖에 없겠으나, 특히 영어에선 악센트와 장단음이 중시되지만 우리 한글에는 사실상 고저장단(高低長短) 표기가 없어진지 이미 오래인 데다, 한글로는 제대로 표기할 수 없는 영어 발음 또한 적잖은 것 또한 사실이다. 우선 로마자는 'g·k', 'd·t', 'b·p'처럼 이중 체계로 구성되어 있지만, 한국어는 'ㄱ·ㄲ·ㅋ', 'ㄷ·ㄸ·ㅌ', 'ㅂ·ㅃ·ㅍ'처럼 평음(예사소리), 격음(거센소리), 경음(된소리)의 삼중 체계로 구성되어 있는 데다, 한글은 열 개의 모음이 있는 데에 반해, 로마자는 다섯 개의 모음 체계로 구성되어 있다. 게다가 한글로는 로마자의 유성음과 무성음을 표기할 수 없는 반면에, 로마자로는 한글의 유기음과 무기음을 달리 표기할 재간이 없다. 이렇듯 한국어와 영어는 음운학적으로나 음성학적으로 근본적인 차이점이 있다는 사실을 분명히 인지하고, 한국어와 로마자를 완벽하게 일대일로 대응시키겠다거나 문법적으로 완벽을 기하려는 강박관념에서부터 우선 벗어나야 한다.

특히 한국이나 프랑스에서는 어문 규정을 정부 차원에서 직접 관리하고 있지만, 영미권에서는 철자법이나 발음법 등에 관한 엄격한 규정이나 통제가 없으므로, 제대로 명문화된 표기법이 없다. 우선 'a'만 하더라도 'Dark', 'Charming' 등처럼 홑자음 앞에선 대개 〔아〕 발음이 나고, 'Jacket', 'Rabbit' 등처럼 'a' 뒤에 자음이나 겹자음이 있을 땐 〔애〕 발음이 나며, 'Cable', 'Face' 등처럼 자음 뒤에 묵음되는 'e'가 있거나, 'Sailer', 'Rail' 등처럼 'a'와 'i'가 겹쳐질 땐 〔에이〕로 발음된다. 'Attack', 'Again' 등처럼 약세일 땐 〔어〕로 발음되며, 'Autumn', 'August' 등처럼 'a'와 'u'가 접속될 땐 〔오〕와 〔아〕를 합친 듯한 〔ɔ:〕로 발음된다. 'e'와 'a'가 합쳐져 'ea'가 되면 'Eagle', 'Cream' 등처럼 〔이:〕로 발음되고, 'Tear, Korea' 등은 〔이어〕로 발음되며, 'Health', 'Bread' 등은 〔에〕로 발음되고, 'Reagan〔réigən〕', 'Steak'는 〔에이〕로 발음되어 '레이건', '스테이크'가 된다. 심지어 'Banana〔bənǽnə〕'나 'Canada〔kǽnədə〕' 등은 같은 낱말 내에서도 'a'가 〔어〕와 〔애〕로 발음되어 '버내너', '캐너더'가 되고, 'Arrangeman〔əréindʒmæn〕'은 〔어, 에이, 애〕가 넘나들어 '어레인지맨'이 되는 복잡한 성음 구조를 가진 영어 알파벳과, 한 자모에 하나의 음운 체계를 가진 한글 자모를 정확히 일대일로 대응시키려는 건 이기적인 욕심일 뿐이다.

영국 외교부가 선정한 세계에서 가장 어려운 네 개의 언어로 바로 '한국어, 일본어, 북경어, 광동어'를 꼽았다고 한다. 사실 현행 한국어 로마자 표기법 중에서도 가장 문제가 되고 있는 것은 무엇보다 'ㅓ', 'ㅡ', 'ㅐ'의 로마자 표기라고 할 수 있는데, 1984년부터 2000년에 걸쳐 남한에서 쓰였던 한국어 로마자 표기법에서도 '서울'은 'Sŏul'이라고 하는 것이 원칙이었으나, 영어에서 'Seoul'로 통용되고 있다는 핑계로 'Seoul'로 적는다는 예외 규정을 두었다는 것이다. 그러나 정확한 사연은, 프랑스 선교사들이 'Sé-oul' 즉, 'Sé'를 '쎄', 'oul'을 '울'로 의도하고 '쎄울'이라고 했던 것이었는데, 누군가가 'Seo-ul'로 잘못 알고 'ㅓ'를 'eo'로 표기한 이후로 'ㅐ'를 'ae', 'ㅡ'를 'eu' 등으로 표기하게 된 것이라 하니, 참으로 딱한 노릇이 아닐 수 없다.

그러나 영어권의 언어학자들도 이미 반세기 이상 매큔-라이샤워 표기법의 'ŏ(ㅓ)', 'ŭ(ㅡ)'에 익숙해져 버린 데다 'eo', 'eu', 'ae' 발음 등이 무척 생소하고 부담스러워, 현행 국어의 로마자 표기법을 선뜻 받아들이기는 결코 쉽지 않으리라고 본다. 사실 'eo', 'eu'를 항상 분리해서 발음하는 그들에겐 'ŏ', 'ŭ'를 쓰는 것이 더 편리하고 논리적일 수도 있으나, 'ㅓ=ŏ', 'ㅡ=ŭ' 등의 특수 기호도 그렇거니와 'ㅐ=ae'의 표기 또한 영원히 논란의 불씨가 될 수밖에 없다. 물론 1990년대에만 해도 정보 기술이나 컴퓨터 자판 등의 문제점 등으로 인하여 한때 논란이 되었던 반달표나 어깻점 등의 특수 부호 등도, 현대의 문서 편집기나 웹 브라우저 등은 거의 완벽하게 유니코드를 지원하고 있기 때문에 전혀 문제될 것이 없다곤 하나, 이 표기법 또한 적잖은 취약점들을 안고 있는 것 또한 사실이다. 다시 한 번 강조하거니와, 국어의 로마자 표기법 제정의 근본 취지는 세종 큰 임금님의 훈민정음 창제의 근본 취지에서 밝힌 것처럼, 민중들이 쉬이 익혀 일상생활에 편리하게 사용할 수 있도록 배려해야 함은 두말 할 나위도 없다.

사실 문법이나 맞춤법은커녕 낫 놓고 'ㄱ' 자도 모르는 노인네들도 자기 할 말은 다 하고 살아가고 있다. 그기에 문법을 가르치려다 말을 잃어버리게 해선 안 된다는 얘기다. 따라서 한국말을 알고 싶어하는 일반 외국인들이 한글학자가 되어 주길 바라는 게 아니라면, 국어 문법을 가르칠 생각은 말아야 한다. 그것은 전공분야에 속하므로 전문적인 학술을 원하는 외국인들은 해당 교육기관에서 따로 공부를 하면 된다. 그런데도 너무 논리에만 꿰맞추려다 보니 국문학자들도 이해하기 어려운 표기법을 제정해 놓고 헛기침하는 것 같아 안쓰럽기 그지없다. 로마자 한글 표기 역시 'Road'나 'Load'도 '로드'이고 'Pool'이나 'Fool'도 '풀'이요, 'Jap'이나 'Zap'도 똑같은 '잽'으로 쓰고들 있듯이, '간·깐·칸', '담·땀·탐', '불·뿔·풀', '종·쫑·총' 등의 평음과 격음 그리고 경음들을 확실히 구별하여 발음할 수 있는 데에 반해, 영어권 사람들은 이 소리들을 구분하지 못하고 그냥 '간·깐·칸=kan', '담·땀·탐=tam', '불·뿔·풀=pul', '종·쫑·총=chong'으로 인식하게 된다.

따라서 영어권 사람들에게 '가게·기구', '도다리·디디다', '부부·비바리'란 낱말들을 들려주고 들은 대로 표기해 보라고 하면, 그들 누구나 'Kage·Kigu', 'Todari·Tidida', 'Pubu·Pibari'로 표기하리라고 본다. 따라서 유·무성음이나 유·무기음을 따지기 전에 먼저 그들의 음운체계에 맞춰 무조건 한글 어두의 'ㄱ·ㅋ'은 'k'로, 'ㄷ·ㅌ'은 't'로, 'ㅂ·ㅍ'은 'p'로 표기토록 하는 것이 지당하리라고 본다. 더불어 필자가 파격적으로 제안하고 싶은 대안은, 'ㅓ'를 'o', 'ㅡ'를 'u', 'ㅐ'를 'e'로 표기하자는 것이다. 물론 이론상으로는 불합리한 점도 없잖으나, '걱정거리'를 'Geokjeong-geori(게옥제옹게오리)'로 읽히는 것보다는 차라리 'Kokjongkori(콕종코리)'라고 하는 것이 말하기도 수월하고 듣기도 편할 것이요, '더덕구이'를 'Deodeokgu-i(데오데옥구이)'로 읽히는 것보다는 'Todokgu-i(토독구이)'라고 하는 것이, 그나마 원음과도 가장 비슷하게 들릴 것이며, '범벅타령' 역시 'Beombeok-taryeong(베옴베옥타리에옹)'으로 읽히기보다는 '폼복타룽(Pomboktaryong)'이라고 하는 것이 훨씬 더 가까운 표기법이 될 것으로 믿기 때문이다.

이 밖에도 '서너너덧 개(Seoneo-neodeot Gae : 세오네오네오데옷가에)'는 'Sononodot Ke(소노노돗 케)', '정거장('Jeonggeojang : 제옹게오장)'은 'Chonggojang(총고장)', '더벅머리(Deobeong-meori : 데오베옹메오리)'는 'Tobongmori(토봉모리)', '덜렁덜렁(Deolleong-Deolleong : 데올레옹데올레옹)'은 'Tollongtollong(톨롱톨롱)', '새근새근(Saegeun-Saegeun : 사에게운사에게운)'은 'Segunsegun(세군세군)',으로, '흐르다(Heureuda : 헤우레우다)'는 'Huruda(후루다)', '개개비(Gaegaebi : 가에가에비)'는 'Kegebi(케게비)'로 적는다. '스스럼없이(Seuseureom-eopsi : 세우세우레옴에옵시)'는 'Susuromopsi(수수롬옵시)'로, '밴댕이(Baendaeng-i : 바엔다엥이)'는 'Pendeng-i(펜뎅이)'로, '새색시(Saesaek-si : 사에사엑시)'는 'Seseksi(세섹시)' 등으로 표기하면, 누구나 잘못 읽기 십상인 현행 표기법보다는 파격적인 필자의 표기안이, 그나마 오독(誤讀)하거나 잘못 알아들을 확률을 훨씬 줄일 수 있다는 것만은 확신해도 좋으리라고 본다.

그럼, 우선 지난 2012년 월간문학 '한국을 빛낸 문인'에 명작선으로 실렸던 필자의 자작 시조 '번뇌'를 현행 로마자 표기법으로 옮겨 쓰되, 한글 표기는 한국어를 모르는 외국인이 읽었을 경우를 표기한 것.

Baekpalbeonnoe tteolchiryeogo
바엑팔베온뇌 떼올치리에오고

Baekpal baereul hada boni
바엑팔 바에레울 하다 보니

Geunsim geokjeong teolgo namyeon
게운심 게옥제옹 테올고 나미에온

Museun jaemiro salkka sipeo
무세운 자에미로 살카 시페오

Saebyeokgil doedoraseonda
사에이비에옥길 되도라세온다

Eopdeon beobyeol chaeng-gyeo neoko
에옵데온 베오비에올 차엥 기에오 네오코

로 되는데, 각자병서(各字竝書) 'kk＝ㄲ', 'tt＝ㄸ', 'pp＝ㅃ', 'jj＝ㅉ' 등의 시시비비는 차치하고라도, 위의 한글 표기처럼 한국어를 모르는 외국인이 이대로 읽게 했을 경우, 무슨 말인지 제대로 알아들을 수 있는 한국 사람이 과연 몇이나 될는지 궁금하기 그지 없다. 그러나 필자의 주장대로 초성 'ㄱ＝g', 'ㄷ＝d', 'ㅂ＝b', 'ㅈ＝j' 대신 'ㄱ·ㅋ＝k', 'ㄷ·ㅌ＝t', 'ㅂ·ㅍ＝p', 'ㅈ·ㅊ＝ch'로 바꾸고 'ㅓ＝eo', 'ㅡ＝eu', 'ㅐ＝ae' 대신 'ㅓ＝o', 'ㅡ＝u', 'ㅐ＝e'를 대입(代入)시켜 로마자로 다시 옮겨 써 보기로 한다.

Pekpalbonnoe ddolchiryogo
펙팔본뇌 똘치료고

Ppekpal berul hada boni
펙팔 베룰 하다 보니

Kunsim kokjong tolgo namyon
쿤심 콕종 톨고 나묜

Musun Chemiro salkka sipo
무순 체미로 살카 시포

Sebyokgil toedorasonda
세복길 퇴도라손다

Opdon pobyol chenggyo notko
옵돈 포볼 쳉교 놋코

쯤으로 되는데, 이 정도만 해도 비록 처음 듣는 사람일지라도 아마 무슨 말인지 거의 새겨들을 수 있으리라고 본다. 여기서 이 시조의 원문을 밝혀 두므로, 직접 한 번씩 비교 검토해 보시기 바란다. 아무리 훌륭한 명언이라도 상대방이 알아듣지 못하면 그야말로 우이독경에 소리의 공해가 될 뿐이라는 사실을 명심해 둘 필요가 있다.

번 뇌

김 상 민

백팔번뇌 떨치려고 백팔 배를 하다 보니
근심 걱정 털고 나면 무슨 재미로 살까 싶어
새벽길 되돌아선다 없던 법열 챙겨 넣고

2) 한글 이름 영문 표기

1999년 연말에 '국립국어연구원'에서 발표한 새로운 한글 로마자 표기법 개정 시안이, 2000년 7월 4일 문화관광부 발표를 통하여 최종 확정되었다. 이 시안에서는 기존의 한글 로마자 표기법에 있던 'ŏ', 'ŭ'의 '반달표(˘)'와, 자음의 거센소리 'ㅋ, ㅌ, ㅍ, ㅊ'을 위하여 'k, t, p, ch'의 오른쪽 윗부분에 쓰던 어깻점(′) 등의 특수 부호를 사용하지 않도록 했다. 대신 'k', 't', 'p', 'ch'로 표기하던 'ㄱ', 'ㄷ', 'ㅂ', 'ㅈ' 등의 자음을 'g', 'd', 'b', 'j' 등으로 교체토록 했으나, 같은 알파벳 'k, t, p'도 프랑스나 스페인 등의 라틴계 언어권에선 'ㄲ, ㄸ, ㅃ'으로 발음된다는 점을 외면한 채 영국, 미국, 독일 등의 게르마닉계 언어권을 위주로 하여 외국어나 외래어는 무조건 거센소리 'ㅋ, ㅌ, ㅍ'으로 표기토록 했다.

그러면서도 굳이 'ㄲ, ㄸ, ㅃ'을 'ㅋ, ㅌ, ㅍ'과 구별해야겠다는 한글식 표기만 생각하여 'ㄲ, ㄸ, ㅃ'을 'kk, tt, pp'처럼 겹쳐서 쓰게 된 것으로 짐작이 되나, 핀란드의 화폐 단위인 'Markka(마커/마르카)'나 인명인 'Pekka(페카)에 'k'가 겹쳐졌다고 해서 '마꺼/마르까'로 읽거나 '페까'라고 읽지도 않거니와, 'Twitter(트위터)'나 'Cotton(카튼)'의 'tt' 역시 'ㄸ'으로 보고 '트위떠'나 '카뜬'으로 읽을 외국인은 물론, 'Flapper(왈가닥/파리채)'나 'Slipper(슬리퍼)'도 더블 'p'라고 해서 〔플래삐〕나 〔슬리삐〕로 읽어 줄 사람도 없다. 게다가 'Groggy〔그로기〕'의 'g'가 겹쳤다고 해서 〔그로끼〕라고 발음해 주지도 않을 뿐더러, 'Daddy〔대디〕'의 'd'가 쌍둥이라고 해서 아빠를 〔대띠〕라고 부를 리도 없을 것이며, 'Class〔클래스〕'의 's'가 줄지어 섰다고 해서 〔클래쓰〕라고 발음하지도 않을 것임은 물론, 'Lobby〔로비〕'의 'b'가 둘이라고 해서 〔로삐〕라고 읽을 외국인도 물론 없다. 이렇듯 'ㄱ+ㄱ=ㄲ', 'ㄷ+ㄷ=ㄸ', 'ㅂ+ㅂ=ㅃ', 'ㅅ+ㅅ=ㅆ', 'ㅈ+ㅈ=ㅉ'이라는 우리들만의 수학적인 공식을, 일반 외국인들도 선뜻 호응해 줄 것으로 기대하는 건 망상이다.

'Skyline', 'Mistake', Strike', 'Special' 등처럼 's' 뒤에 홀로 있을 때 되레 〔스까일라인〕, 〔미스떼이크〕, 〔스뜨라이크〕, 〔스뻬셜〕 등처럼 된소리 발음이 나거나, 'Sandbag(샌드백)', 'Sample(샘플)', 'Safe(세이프)', 'Sing a Song(싱 어 송)', 'Single(싱글)', 'Searchlight(서치라이트)', 'Seven(세븐) 등처럼 's'가 단독으로 쓰일 때 되레 〔쌘드백〕, 〔쌤플〕, 〔쎄이프〕, 〔씽 어 쏭〕, 〔씽글〕, 〔써치라이트〕, 〔쎄븐〕 등처럼 그나마 '씨'에 가깝게 발음된다. 실지로 1981년 9월 30일 밤, 1988년 제24회 올림픽 개최국을 발표할 때 사마란치 국제올림픽위원장이 서독의 바덴바덴에서 '쎄울, 꼬레아'라고 선언했던 사실을 생생히들 기억하고 있다. 영어 스펠링이 'Gammer(시골 노인)'나 'Hammock(그물침대)' 또는 'Banner(현수막)'나 'Funny(익살맞은)' 등 역시 '-mm-'이나 '-nn-'이 중복되었다고 해서, 〔갬머〕나 〔햄먹〕이 되는 게 아니라 〔개머〕나 〔해먹〕이 되고, 〔밴너〕나 〔펀니〕가 아닌 〔배너〕나 〔퍼니〕라고 발음해야 한다는 건 누구나 다 알고 있는 사실이다.

한글의 단모음은 'ㅏ, ㅓ, ㅗ, ㅜ, ㅡ, ㅣ, ㅔ, ㅐ' 등의 여덟 개인 데에 반해, 로마자에는 'a, e, i, o, u'의 다섯 개밖에 없어, 'ㅐ, ㅓ, ㅡ'를 부득이 복합모음인 'ae, eo, eu'로 표기해 오고 있으나, 외국인들은 절대로 우리가 기대했던 것처럼 'ㅐ, ㅓ, ㅡ'로 발음해 주지 않는다는 데에 문제가 있다. 현대자동차 '현대(Hyundai)'의 'Hyun'을 영어권에서 'Hy-un'으로 분석하므로 미국식 발음으로는 〔히언다이〕라고 하거나 아예 'y'를 묵음 처리하고 〔헌다이〕라기도 하며, 영국에서는 〔하이언다이〕라고도 했으나, 지금은 홍보 탓인지 〔현돼〕라고 발음하는 추세라고 한다. 영어권에서 한국인 최(Choi)씨 명함을 보면 당연히 '미스터 초이'라고 읽는가 하면, 'Samsung(삼성)'을 〔쌤성/쌤숭〕이라 하고, 'Samba'도 영국에선 〔삼바〕라고 발음하지만, 미국에선 〔샘버〕라고 발음한다. 같은 'A/a'도 'Arcade〔아케이드〕', 'Academy〔어캐더미〕', 'Abraham〔에이브러햄〕', 'Almost〔올모스트〕', 'Cambodia〔캠보디어〕', 'Baby〔베이비〕', 'Ball〔볼〕', 'Dans〔댄스〕' 등처럼, 'a'의 쓰임새만 해도 〔아・어・에이・오・애〕 등 다양하게 발음된다는 사실을 이미 앞서 설명한 바 있다.

'ㅐ'의 로마자 표기 역시 'ae'로 쓰도록 되어 있으나, 'Aegean(에게 해)'는 〔이지언〕, 'Maestro'는 〔마이스트로〕, 'Aerobic'은 〔에어로빅〕, 'Caesar'는 〔시저/카이사르〕라고 하는가 하면, 한국의 국기로 자부하고 있는 'Taegwondo' 역시 〔태권도〕가 아닌 〔테이권도〕라고 하듯이, 어느 외국인도 우리들 계산대로 'ae'를 'ㅐ'로 발음해 주지 않는다. 이에, 대증요법인 필자의 사견이긴 하나, 'ㅐ'에 가장 근접한 발음은 역시 'e'가 될 수밖에 없다고 생각한다. '태백산'은 'Taebaeksan'이 아닌 'Tebeksan'으로 하면 〔테벡산〕이 되고, '해운대'는 'Haeundae'가 아닌 'Heunde'로 하면 〔헤운데〕가 되어 그나마 가장 근접한 발음이 될 수 있기 때문이다. 'ㅓ' 또한 'eo'로 표기토록 되어 있으나, 'ㅓ'는 'o'로 표기하면 다른 'ㅐ'나 'ㅡ'처럼 이론적으로는 역시 모순이 있을지라도, 현실적으로는 그나마 차선책은 되리라고 본다. 실지로 영어권에선 'Geography'는 〔지오그러피〕, 'Leo'는 〔리오〕, 'Leonard'는 〔레너드〕, 'Neon Sign(네온사인)', 'People(피플)' 등으로 읽을지언정 어떤 경우에도 'eo'를 〔어〕로 봐 주지 않는다는 데에 문제가 있다.

따라서 'Deobeongmeori(더벅머리)'를 〔더벙머리〕라고 제대로 읽어 줄 외국인도 없고, 'Teokggeori(턱걸이)'를 〔턱꺼리〕' 비슷하게라도 발음해 줄 사람은 우리들 외엔 없다. 차라리 'Dobongmori〔도봉모리〕'나 'Tokkori〔톡코리〕'라고 하면 쓰거나 읽기도 쉽거니와, '더벅머리'를 〔도봉모리〕라 하고 '턱걸이'를 〔톡코리〕로 발음한다고 해서 못 알아들을 한국인도 없다. 'ㅡ' 역시 'eu'로 표기하면 'Deuce'를 〔듀스〕, 'Neutron'을 〔뉴트론〕, 'Feu'를 〔피우〕, 'Leucine'를 〔루신/류신〕, 'Meum'을 〔미엄〕, 'Zeus'를 〔제우스〕 등으로 읽고 쓰는 그들은 'eu'를 〔으〕로 보는 예가 없으므로, 그나마 가장 비슷하게 표기할 수 있는 방법은 역시 대증요법인 'ㅡ'를 'u'로 표기하는 길밖에 없다. 즉 '느긋한'이나 '늘그막에'를 'Neugeutan'이나 'Neulgeumage'라고 써 놓고 아무리 설명해도 제대로 발음해 줄 외국인은 없을 것이므로, 차라리 'Nugutan〔누구탄〕'이나 'Nulgumage〔눌구마게〕'라고 하면, 그나마 비슷한 발음이 될 수 있다는 생각이다.

외국인들 역시 우리말 '꼬까신'이나 '따따부따', '뽀뽀', '짭짤한' 등을 'kokasin〔코카신〕'이나 'tatabuta〔타타부타〕', 'chapchalhan〔참찰한〕', 'popo〔포포〕'라고 말한대서 못 알아들을 한국인도 없을 테니 크게 문제될 건 없으리라고 본다. "Olguri kekutago maumsiga tatutan popai azosi(올구리 케쿠타고 마음시가 타투탄 포파이 아조시)."라고 해도, 한국인이라면 누구나 "얼굴이 깨끗하고 마음씨가 따뜻한 뽀빠이 아저씨."란 말뜻으로 충분히 새겨들을 줄 안다. "Tetero kolkuropgo ponponsuroun jolmunidurul boltemada maumi supsurejinda(테테로 콜쿠롭고 폰폰수로운 졸무니두룰 볼 테마다 마우미 숩수레진다)."라며 더듬거려도, "때때로 껄끄럽고 뻔뻔스러운 젊은이들을 볼 때마다 마음이 씁쓸해진다)."라는 말임을 한국인이라면 누구나 알아듣는다.

자국어 발음 외엔 한계점을 드러낼 수밖에 없는 일본인들이, "안농하시무니카? 소우루 나루시는 오톳스무니카?"라고 해도 한국인이라면 당연히 "안녕하십니까? 서울 날씨는 어떻습니까?"라는 말뜻임을 대뜸 알아들을 수 있지만, 우리말을 전혀 모르는 사람이라면 아무리 완벽하게 표현한다 해도 쓸데없는 기호나 외계어에 지나지 않게 된다. 외국어를 자국어로나 자국어를 외국어로 정확하게 표현한다는 건 사실상 불가능할 수밖에 없으므로, 그나마 가장 가까운 길을 찾는 것이 최선의 방법이다. 커뮤니케이션의 궁극적인 목적은 자국어의 문법을 가르치는 것이 아니라 상호 의사소통에 있기 때문이다. 이에 필자의 대안을 요약 정리하자면 'ㄲ/ㅋ→k', 'ㄸ/ㅌ→t', 'ㅃ/ㅍ→p', 'ㅐ=e', 'ㅓ→o', 'ㅡ→u'가 되는데, 'ㄲ'과 'ㅋ', 'ㄸ'과 'ㅌ', 'ㅃ'과 'ㅍ' 등이 중복되는 정도의 불편 정도는 감수해야 한다. 'ㄲ, ㄸ, ㅃ, ㅆ, ㅉ'도 'gg, dd, bb, ss, jj'로 할 것이 아니라 그냥 'k, t, p, s, ch'로만 표기하고 발음은 그들의 재량에 맡기는 수밖에 없다. 설사 아무리 애를 써서 비슷한 표기를 해 준다손 치더라도 전문적인 발성 공부를 하기 전엔 그들의 성음 구조 자체가 아예 거센소리를 할 수 없게 되어 있다. 우리들 역시 'Gas(가스)', 'Double(더블)', 'Bonus(보너스)', 'Sample(샘플)', 'Jazz(재즈)' 등을 '까스', '따블', '뽀너스', '쌤플', '째즈' 등으로도 발음하고 있다.

서론이 너무 길어졌으나, 세계 200여 개국 중에서 우리나라처럼 성과 이름순으로 쓰는 나라는 헝가리, 스리랑카, 중국, 일본, 베트남, 대만 등의 7~8개국뿐이라고 한다. 가계(家系)보다 개인의 역량을 우선시하는 서양인들은 상대방의 집안보다 당사자가 어떤 사람인가를 중시하는가 하면, 개인보다 혈통을 중시하는 한국인들은 당사자의 인품보다 어떤 집안의 자손인가를 중시한다. 항렬에 대한 집착 역시 빼놓을 수 없는 우리 한민족들만의 독특한 씨족문화가 아닐까 싶다. 그런데도 한글 이름 로마자 표기는 성과 이름을 쓰는 순서도 각각이거니와 철자법도 다양하여, 민족적인 자긍심을 내세워인지 성을 먼저 쓰고 이름을 뒤에 쓰는가 하면, 서양인이나 일본인들처럼 성을 이름 끝에 붙여 쓰기도 하나, 실은 미국에서도 전화번호부나 무슨 목록 같은 걸 작성할 땐 우리들처럼 성과 이름순으로 쓴다는데, 서류상으로 관리하기에 편리하기 때문이라고 하니 아이러니가 아닐 수 없다.

　한국인들도 영어 발음을 어려워하듯이 외국인들 역시 한국인들의 이름을 발음하기에 무척 부담스러워하기 때문에, 까다로운 이름은 발음을 소상히 일러 준다 해도 금방 정확한 발음으로 불러 주리란 생각은 기대하지 않는 게 좋다. 그러나 자기네들끼리도 서로 명함을 주고받을 때 정확한 발음을 묻는 것을 전혀 실례로 생각진 않는다. 특히 일본인들의 경우에는 인명이나 지명 등에 관한 읽기사전이 별도로 존재할 정도로 특수하게 발음되는 훈독(訓讀)들이 따로 있어 이를 '나노리(なのり : 名乘)라고 하는데, 그들 전문가들도 혀를 내두를 정도로 무척 까다롭다. 따라서 그들 역시 명함에 새겨진 이름 읽는 법(よみかた : 讀み方)을 묻는 건 전혀 실례로 생각지 않게 된 것이다. 아무튼 현행 우리 인명 표기법은 성과 이름순으로 띄어 쓰고 이름은 붙여 쓰는 것을 원칙으로 하되, 이름 사이에는 '붙임표(-)'를 넣어 쓸 수도 있도록 했다. 하긴 한때는 서구식으로 이름을 먼저 쓰고 성을 뒤로 하여, '김상민'을 'Sang-Min, Kim'으로 썼던 적도 있으나, 현행 표기법으로는 'Kim Sangmin' 또는 'Kim Sang-min'처럼 성을 앞으로 내세우고, 이름 끝 자의 첫 알파벳을 소문자로 쓰도록 했다.

이런 이름표기 문제로 인한 웃지 못 할 해프닝이, 지난 1991년 4월 21일자 미국 성조지(聖條紙)의 머리기사(Headline)에서 연출되었다. 내용인즉슨, 대한민국의 노태우 대통령과 러시아의 고르바초프 대통령의 한소 정상회담 보도에 따른 양국 원수(元首)에 대한 화보 설명(Caption)이, "Gorbachev, Woo toast each other banquet Friday night."였는데, 번역하면 "'고르바초프'와 '우'가 금요일 밤의 연회석상에서 서로 건배를 하고 있다."는 내용이 된다. 이렇듯 한 나라의 국가 원수의 이름인 '노태우'의 노씨가 졸지에 우씨 즉 '우노태'로 창씨 개명되어 버리고 말았으니, 사전에 확인해 보지 않은 담당 기자의 큰 실수임엔 틀림없겠으나, 이름자(Given Name)를 먼저 쓰고 성(Family Name)을 뒤에 쓰는 국제적인 관습을 알고 보면, 어쩜 필연적인 실수였는지도 모를 일이다. 만약 상대가 미국 아닌 일본의 어느 신문사였다면 대일 국민감정 등으로 미뤄 보아, "고의적인 국가 원수 모독 운운"하여 국제적인 문제로까지 비약되었을 것이며, 국내에서 이런 일이 일어났더라면, 아마 한바탕 태풍이 몰아치지 않았을까 싶기도 하다.

이름자에 붙임표를 넣게 된 이유는 만약 '김충일'이란 이름을 'Kim Chungil'로 붙여 쓸 경우, '김춘길(Kim Chun-gil)'인지 아니면 '김충일(Kim Chung-il)'인지 알 수가 없으며, 'Han Changyeong' 역시 '한창영(Han Chang yeong)'인지 아니면 '한찬경(Han Chan gyeong)'인지 구분할 수 없으므로, 이름은 붙여 써도 좋고 붙임표를 넣어 써도 좋도록 배려한 것으로 볼 수 있다. 따라서, '송창우'는 'Song Changu' 또는 'Song Chang-u', '김영일'은 'Kim Yeongil' 또는 'Kim Yeong-il', '이덕만'은 'Lee Deokman' 또는 'Lee Deok-man' 등으로 표기하도록 되어 있다. 다만, 이름에서 일어나는 음운 변화나 연음 현상은 표기에 반영하지 않도록 되어 있기 때문에, 겹받침이나 'ㅎ 받침' 등이 들어가는 순우리말 이름의 표기가 본래의 발음과 동떨어지게 되고 말아, 적잖은 논란의 씨앗을 남겨 놓고 있다. 한국말은 영어권 언중들이 가장 배우기 까다로운 언어 중 하나로 알려져 있는 데다, 이름의 영문 표기법마저 너무 복잡하여 더욱 어려워들 하고 있는 것도 사실이다.

게다가 한글 이름을 선호하게 된 요즘은 간혹 특이한 이름도 접하게 되는데, '김해맑음〔김해말금〕'은 'Kim Haemakeum(김해막음)', 즉 〔김해마금〕이 되고, '나꽃닭이〔나꼳달미〕'는 'Na Kkotdami(나꼳담이)', 즉 〔나꼳다미〕가 되고 만다. 국어에서 '곧, 옷, 젖, 빛, 밭'은 〔곧, 온, 젇, 빋, 받〕 등의 홑받침은 대표음 〔ㄷ〕으로 발음되고, '삯, 여덟, 삶, 값' 등의 겹받침은 〔삭, 여덜, 삼, 갑〕 등처럼 어말에서 둘 중 하나로만 발음된다고 하여 각각 'sak, yeodeol, sam, gap'으로 적도록 되어 있기 때문에 일어나는 기현상이라 할 수 있다. 더욱 가관인 것은 '삯이〔삭씨〕'는 'saki〔사기〕', '여덟으로〔여덜브로〕'는 'yeodeoleuro〔여더르로〕', '삶이란〔살미란〕'은 'samiran〔사미란〕', '값을〔갑쓸〕'은 'gap〔가블〕' 등으로 표기되고 발음된다는 사실을 정녕 몰랐던 것일까? 아니면 이렇게 쓰고 말해도 괜찮다는 걸까? 그게 아니라면 당장에라도 겹받침도 대표 발음 하나만을 표기해야 한다는 단서 조항을 삭제하고, 음소를 위주로 하는 전자법(轉字法) 표기로 전환을 해야 이런 폐단이 없어져 자기 본래의 이름을 되찾을 수 있으리라고 본다.

로마자 표기법 제3장 8항에, "학술 연구 논문 등 특수 분야에서 한글 복원을 전제로 표기할 경우에는 한글 표기를 대상으로 적는다. 이때 글자 대응은 제2장(표기 일람)을 따르되 'ㄱ·ㄷ·ㄹ·ㅂ'은 'g·d·l·b'로만 적는다. 음가 없는 'ㅇ'은 붙임표(-)로 표기하되 어두에서는 생략하는 것을 원칙으로 한다. 기타 분절의 필요가 있을 때에도 붙임표(-)를 쓴다."고 되어 있다. 이 규정에 따라 위에 예시한 이름을 전자법으로 표기하면, '김해맑음〔김해말금〕'은 'Kim Haemakeum〔김해마금〕'에서 'Kim Haemalgeum(김해맑음〔김해말금〕)'이 되고, '나꽃닭이〔나꼳달미〕'는 'Na Kkochdami〔나꼳담이〕'에서 'Na Ggochdalmi(나꽃닭이〔나꼳달미〕)'로 되살아나게 된다. 전음법과 전자법의 큰 차이점은, 전자법은 'ㄱ·ㄷ·ㄹ·ㅂ·ㅈ'에 'g·d·l·b·j'만을 쓴다는 것과, 초성 'ㄹ'을 'r'가 아닌 'l'로 표기해야 한다는 점인데, 학술적으로 필요할 경우엔 이런 전자법을 현실성 있게 수정 보완해서 사용하면, 위의 김해맑음이나 나꽃닭이 같은 어처구니없는 해프닝은 없어지리라고 본다.

경우에 따라 이름 사이에 붙임표(-)를 쓸 수도 있게 했으나, 사실 붙임표(-)는 원래 사전 등에서 파생어나 합성어, 접사나 어미임을 뜻하는 문장부호인데, 고유명사인 인명에 하이픈을 넣어 분절시킨다는 건 동명이인으로 처리되거나 또 다른 문제점이 야기될 수도 있으므로, 해도 그만 안 해도 그만이라는 어정쩡한 규정을 둬선 안 된다. 서구 언어권에서는 'Brown-Evans'나 'Thompson-Williams' 등처럼 두 개의 서로 다른 이름을 함께 표기할 경우에 사용하기도 한다. 우리 이름의 이니셜 표기 역시 많은 문제점을 안고 있는 실정인데, 'J F Kennedy', 'R W Reagan', 'B Clinton', 'G W Bush', 'B H Obama' 등은 '케네디', '레이건', '클린턴', '부시', '오바마'처럼, 기븐 네임을 뺀 패밀리 네임만으로도 충분히 누구 이름인지를 대뜸 알 수 있으나, 'S Rhee', 'J Park', 'D Jeon', 'T Roh', 'Y Kim', 'D Kim', 'M Lee', 'G Park'을 보고 누구도 '이승만', '박정희', '전두환', '노태우', '김영삼', '김대중', '이명박', '박근혜'로 알아볼 수 없다는 치명적인 취약점을 안고 있다.

세계 인구의 1/5에 56여 종족을 가진 중국인들의 성씨나, 세계의 인종 전시장 같은 3억 명 미국인들의 성씨 현황은 통계조차 낼 수도 없거니와, '외래어 사전'에 실린 일본인들의 성씨만 해도 3,222종류로 나와 있으나, 현재 쓰고 있는 성씨는 15만 개를 훌쩍 넘는다니, 어지간한 사람은 성씨만으로도 통용될 수가 있다. 그러나 5천만 남한 인구에 270여 개 성씨밖에 되지 않는 단일민족(?) 한국인의 경우, 특히 전국 인구의 대부분을 차지하는 김·이·박·최씨, 그 중에서도 전 인구의 10%에 육박하는 김해김씨의 경우 4백만을 상회하는 숫자이지만, 성씨에 대한 통계숫자도 낼 수 없는 미국이나 중국, 일본 등의 경우와는 비교할 수 없을 정도로 동성(同姓) 인구가 많다는 사실을 쉽게 알 수 있다. 일본 치바(千葉)에서 열린 제41회 세계탁구 선수권대회 때에, 텔레비전 자막으로 나온 '유남규', '현정화', '김택수' 선수들의 영문 이름이 'N Yoo', 'J Hyun', 'T Kim'이었는데, 선수들의 얼굴과 이름을 알고 있는 한국인이 아니라면 동족인 우리들마저 '유 엔', '현 제이', '김 티'로밖에 달리 부를 방법이 없으니 딱한 노릇이 아닐 수 없다.

실지로 성은 조상 대대로 물려받는 혈족의 상징이며, 이름 두 자 중 한 자는 돌림자[行列]라 싫고 좋고를 따질 계제가 아니고 보면, 엄밀히 말해서 한국인의 진짜 자기 이름은, 석 자 중 한 자밖에 되지 않는 실정이므로, 이런 특성을 감안하여 이름 끝 자도 반드시 대문자로 표기해야 한다는 것이 바로 필자 나름대로의 지론이다. 남산에서 돌을 던지면 맞는 사람은 '김가' 아니면 '박가'라는 우스갯소리가 있을 정도로, 그 흔한 'Kim'에다 'T' 자 하나 붙여 놓고 '김택수'로 알아주길 바란다는 건, 전혀 우리 한민족 씨족문화의 실정을 외면한 서구식 발상임을 논박하지 않을 수 없다. 실지로 만일 '김택수'의 항렬이 '택' 자라면, 그의 이니셜 이름은 사실상 유명무실해져 버리는 셈이 되므로, 이름 끝 자를 빼거나 알파벳 소문자로 처리해서도 안 된다는 이유가 바로 여기에 있다. 동년배 간에 애칭으로 부를 경우에도, '홍길동'이나 '김철수'를 '동아!' 또는 '수야!' 하고, 이름 첫 자가 아닌 이름 끝 자를 쓴다는 사실만 봐도 충분히 그럴 만한 이유가 있으리라고 본다.

　하긴 미국인들은 'Sang Min Kim'이라는 이름도, 'Sang'은 당연히 본이름(Given Names)일 것이요, 'Min'은 중간이름(Middle Name)일 것이며, 'Kim'은 성(Surname)일 것으로 믿는 그들은 미들네임을 별로 중시하지 않고 이니셜로 처리하거나 아예 빼버리기도 하므로, 결국은 'Sang Kim'으로 표기될 수도 있다. 현행 표기법대로 'Kim Sangmin'으로 표기하거나 서구식대로 'Sangmin Kim'으로 해도 크게 달라질 건 없다. 이보다 더욱 큰 문제점은 필자의 경우 남자 형제(사촌 포함)들만 17명이나 되었는데, 전부 '尙' 자 돌림이라, 만약 집안 전체가 미국으로 이민을 가게 되었을 경우, 형제들 모두가 'S Kim'이 되고 만다는 문제점을 배제할 수 없다는 것도 사실이다. 다만, 국제기구인 유네스코 문서 작성 지침에도 한국·중국·일본인들의 성명 표기 방식을 '성과 이름순'이라고 하여 영국 BBC방송, AP통신, 뉴욕타임스 등 세계 주요 언론기관들도 이에 호응하고 있다는 실정이므로, 한국인들에겐 중간이름이란 개념이 없다는 사실만 덧붙여 주지시켜 준다면, 줄지에 이름 한 자가 사라져 버리는 걱정은 하지 않아도 좋으리라고 본다.

미국인들의 성씨는 대개 부계를 따르고, 미들네임은 모계 쪽을 따르는 것이 통상적이다. '오바마'의 풀네임은 'Barack Hussein Obama Ⅱ'로서 그의 아버지, 즉 '버락 후세인 오바마'의 이름 그대로인 '버락 후세인 오바마 2세'인데, '버락'은 스와힐리어로 '신의 축복을 받은 자'라는 뜻이며, 미들네임인 '후세인'은 무슬림인 그의 조부 이름에서 따온 것으로서, '버락'은 이름이요 '성'은 '오바마'다. 그러나 미들네임을 중시하지 않는 그들로선 'Barack H. Obama'처럼 주로 이니셜로 처리하거나 생략해 버리기도 하고, 아버지 오바마는 'Obama Sr.(Senior)', 아들 오바마는 'Obama Jr.(Junior)'라기도 하며, '오바마 2세(Obama Ⅱ)'처럼 세대로 표시하기도 한다. 클린턴 전 대통령의 본명은 '윌리암 제퍼슨 블라이드 4세(William Jefferson Blythe Ⅳ)'로서, 이름 '윌리암(William)'에 '제퍼슨(Jefferson)'은 미들네임, '블라이드(Blythe)'는 성이었다. 클린턴(Clinton)의 친아버지(외판원)는 빌이 태어나기 3개월 전에 이미 교통사고로 죽은 후, 재혼한 어머니의 남편, 즉 계부(繼父)였던 '로저 클린턴'의 성을 따라 'Clinton'이 된 것이라고 한다.

　한국인이 만약 영어권에서 생활할 경우, 'Brian'이나 'Christina'처럼 현지어로 된 이름을 쓸 수도 있으나, 법적으로 인정받는 이름이 되려면 현지 시민권을 따서 개명 절차를 밟아야 한다. 즉, 법적인 이름인 '리걸 네임(Legal Name)'과는 별도로 자신이 선호하는 이름인 '프리퍼드 네임(Preferred Name)'이라는 개념이 있기 때문에, 사적으로는 전혀 별개의 이름을 쓸 수도 있다. 즉, 자신의 법적인 이름은 '홍길동'이지만, '알렉스(Alex)'라는 이름이 마음에 들 경우 그렇게 불러 달라고 하면 누구나 그대로 불러 준다. 하긴 동남아시아의 미얀마나 인도네시아 같은 나라에서는 아예 성씨가 없다고도 하지만, 초혼이나 재혼 후에도 본인이 원한다면 남편 성씨와 함께 혼전 성씨를 계속 사용할 수도 있는 서양 풍속과는 달리, 일본에서는 본인이 원하더라도 혼전 성씨를 사용할 수 없으므로, 실질적으로는 자신의 성이 없는 거나 마찬가지다. 그에 비하면 중국이나 한국 여인들은 떳떳이 자기 성과 이름으로 일생을 마치게 되니 그나마 다행이라면 다행인지도 모르겠다.

한국인 성씨의 로마자 표기법 역시 "성의 표기는 따로 정한다."고 하여 '선(宣)'은 'Sun(태양)'으로 표기할 수도 있고, '성(成)'은 'Sung(노래했다)', '영(永/榮/影)'은 'Young(젊다)' 등으로도 쓸 수 있도록 했으나, 모두 좋은 이미지를 가진 낱말들이므로 별달리 문제될 것은 없다. 다만, '고(高)'를 'Go', '노(魯·盧·路)'를 'No', '박(朴)'을 'Bark', '피(皮)'를 'Pee', '방(方·邦·龐)'을 'Bang', '조(趙·曺)'를 'Joe', '강(姜·康)'을 'Gang', '손(孫)'을 'Son' 등으로 표기할 경우, 각 성씨의 말뜻이 '간다', '아니요', '(개가) 짖다', '오줌 누다', '총소리', '여보게/자네', '아들', '폭력단'이라는 좋지 않은 뜻이 되므로 문제가 된다. 한글에 대한 로마니제이션이므로 원어의 뜻을 대입시킬 필요가 없다기도 하나, 좋은 표기를 두고 굳이 어감상 좋지 않은 표기를 고집할 이유가 없잖을까 싶다. 잠시만 기다리라는 일본말인 줄은 뻔히 알면서도 한국인이 "촛토맛테(ちょっとまって)"라고 하면, 우리들에겐 우스갯소리로 들리는가 하면, TV 방송에서도 '예시팔'이라는 어느 촌노의 실명(實名)을 듣고 우습기도 하고 민망스럽기도 했던 적도 있다.

특히 '문(文)'을 'Moon(달)'으로 표기할 경우, 장단음의 차이점은 차치하고라도 중국이나 한국 문화권에서는 이태백이가 노닌다거나 월궁 속의 선녀 항아를 연상하게 되는 시인묵객들의 낭만적인 시상은 말할 것도 없고, 계수나무와 방아 찧는 토끼를 떠올리며 아련한 무지개 꿈을 그리는 철없는 어린이들에게까지도 동경의 대상이 되고 있는 동양 문화권과는 달리, 서양인들은 달이 뜨면 드라큐라나 늑대인간들이 설치고 다닌다는 부정적인 의미로 쓰이고 있다는 사실도 그렇거니와, '당(唐)', '동(董)', '황(黃)' 역시 'Dang', 'Dong', 'Whang'으로 표기하면 남자의 성기 즉 '음경(陰莖)'이라는 비속어가 되기도 하며, '신(申·辛·愼)'을 'Sin'으로 표기하면 종교나 도덕상의 '죄악'을 뜻하는 말이 된다는 사실도 감안해야 한다. 또한 "'ㅏ'에서 받침이 'ㅇ'인 성씨는 '-a'로 표기(장→Jang)한다고 했으나, '강씨'를 'Gang'으로 표기하면 속칭 한국식 발음의 '깽'이 되므로 그냥 웃고 넘길 일이 아님은 물론, '이씨'를 'Lee'나 'Yi'가 아닌 'I'로 쓰는 것도 생각해 볼 문제다.

3) 한글 지명 영문 표기

　본론에 들어가기에 앞서, 우선 우리나라 수도 서울이 세계 어느 나라 역사에서도 유례를 찾아볼 수 없는 그야말로 한국 특유의 지명이라 할 수 있는 '특별시(Special City)'라는 특수 지명이 붙게 된 사연부터 살펴보기로 한다. 1394년 태조 이성계가 조선 개국과 함께 '한양'이라는 이름으로 도읍지의 면모를 갖추게 된 후, 조선 중엽부터 '한양부'를 '한성부'로 고쳐 부르다가 1910년 일제 강점기 때 '한성부'에서 다시 '경성부'로 강제 개칭(改稱)되었다. 이렇듯 조선조 때 행정과 사법을 맡은 관아였던 '한성부'가 8·15 광복으로 일본인들이 물러간 후, 서울은 이제 경기도 관할에서 완전히 벗어나 자유롭고 특별한 시가 되었다는 뜻으로, 당시 미 군정청 공보부에서 광복 1주년 기념으로 '서울특별자유시'라는 특수 지명을 선사하게 된 것인데, 1949년에 '서울특별시'로 개칭하여 지금까지 이어져 오고 있으나, 한 가지 특이한 점은 대한민국의 모든 지명이 한자로 되어 있는 데에 반해, '서울'은 한글로 되어 있다는 점도 특이하다. 하긴 우리말 지명이 정상이긴 하지만.

　그런가 하면, 보통명사로서의 '서울'이란 어원에 대한 설로는, 신라/경주의 옛 이름인 '서벌/서라벌'이 바로 '서울 경(京)'과 같은 뜻이라기도 하고, 고려 때의 서울(四京)이었던 '동경(東京 : 경주)'과 '서경(西京 : 평양)', '남경(南京 : 서울)', '중경(中京 : 개성)' 또는 일본의 수도 '동경(東京)', 중국의 옛 수도인 '남경(南京 : 난징)과 북경(北京 : 베이징)' 등에서도 알 수 있듯이, 옛날부터 써오던 말이라고도 한다. 다만, 한 가지 분명한 사실은, 한시 운서 사전이라고 할 수 있는 '규장전운(정조 때 규장각에서 편찬)'에도 '京'을 '왕거(王居 : 왕의 거처)'라 했으며, 세종 때 조선의 창업을 칭송한 '용비어천가'에서도 '서울'을 '셔블 賊臣이 있고 /셔봀 使者를 쩌리샤(憚京使者)'의 '셔블'과 '셔봀'이라 했으므로, 최소한 그보다 훨씬 이전으로 거슬러 올라가야 할 것으로 본다.

우리나라의 각 지명은 통일신라 시대의 경덕왕(757년) 때 전국의 모든 지명을 한자로 바꿔 쓴 이래, 고려조와 조선조 때의 지명을 거쳐 일제 강점기 땐 창씨개명(創氏改名) 뿐만 아니라 땅 이름까지 창지개명(創地改名)한 이후로, 국토개발로 인하여 소멸된 지명이 있는가 하면 행정자치구역의 신설에 따른 새로운 지명이 탄생된 경우도 적지 않으나, 우리나라 대부분의 지명이 일제 강점기 때 강제로 개명된 지명 그대로를 아직도 쓰고들 있는 실정이라 가슴이 먹먹할 뿐이다. 그나마 다행인 것은 서울시에서 국어의 로마자 표기법을 기준으로 한 로마자 표기를 위하여 '외국어(영어) 표기 기준'을 마련하고 도로명의 로마자 표기법, 도로표지 영문 표기법, 문화재 명칭 영문 표기의 기준 규칙 등을 제정해 놓았다는 점이다. 이에, 로마자 표기법이 개정될 당시 종전에 이미 설치된 도로, 광고물, 문화재 등의 표지판들은 2005년 12월 31일까지 개정된 표기법을 따라야 한다는 부칙을 명시하고, '로마자 표기 용례 사전'과 함께 전국 주요 지명과 문화재명 등 약 8,000여 항목을 종전의 표기와 비교하여 로마자로 표기해 놓고 있다.

다만, 한글 지명 로마자 표기법은 가능한 한 우리 국어의 발음을 외국인들이 가장 비슷하고 쉽게 발음할 수 있도록 표기하는 것이 기본 원칙이 되어야 한다. 만약 '세종로[세종노]'를 전음법(轉音法)인 현행 문화관광부식 표기법으로 'Sejongno'라고 표기하면, 원래의 한글 표기가 '세종로'인지 '세종노'인지 아니면 '세족로'인지 그도 아니면 '세족노'인지 알 수가 없다. 그렇다고 해서 전자법(轉字法)인 'Sejongro'로 쓴다 해도 원래의 지명이 '세종로'인지 아니면 '세족로'인지 그도 아니면 '세존그로'인지도 알 수 없거니와, 실지 발음과도 거리가 멀어진다는 데에 문제가 있다. '천안' 역시 현행 로마자 표기법인 'Cheonan'으로 쓰면 '처난'인지 아니면 '체오난'인지 그도 아니면 '체온안'인지 알 수가 없고, 매큔-라이샤워 표기법인 'Chŏnan'으로 쓴다 해도 '천안'인지 '처난'인지 헷갈리긴 마찬가지이지만, 전음법과 전자법을 병용할 수도 없거니와 설사 병용한다손 치더라도 쉽게 해결될 일도 아니라는 사실이, 한글 로마자 표기의 가장 큰 애로점이라 할 수 있다.

우선 현행 지명 표기법에 '도(do)나 시(si), 군(gun), 구(gu), 읍(eup), 면(myeon), 리(ri), 동(dong), 가(ga)' 등의 행정구역 단위 앞에는 붙임표(-)를 넣되, '-' 앞뒤에서 일어나는 음운 변화는 반영하지 않도록 되어 있다. 즉, '충청북도', '익산시', '울진군', '송악면' 등이 비록 〔충청북또〕, 〔익싼시〕, 〔울찐군〕, 〔삽꾜읍〕, 〔송앙면〕 등으로 발음되더라도 이를 무시하고 'Chungcheongbuk-do', 'Iksan-si', 'Uljin-gun', 'Sapgyo-eup', 'Songak-myeon'으로 적되 '시, 군, 읍' 등의 행정 구역 단위는 생략할 수도 있도록 했다. 다만, 같은 고유명사인데도 '죽림원'은 'Jugrimwon / Jukrimwon'이 아닌 'Jungnimwon〔중님원〕'이 되고, '독립문'도 'Dogripmun/ Dokribmun'이 아닌 'Dongnimmun〔동님문〕'으로 적어야 하므로, 형평상으로도 그렇거니와, 이런 전음법은 발음은 비슷할지라도 전자법과는 달리, 다시 한글로 전환할 경우 본래의 형태로 환원할 수 없다는 결점도 안고 있다.

도로표지나 문화재 안내, 지도 등에 표기하는 지명(Geographical Names) 등에 관한 문화체육관광부의 영문표기 지침(안)에서도, 한강의 영문 표기를 'Hangang River'로 쓰라는 것에 대하여, 부경대 김선일 교수가 반론을 제시했다. 내용을 요약하자면, '허드슨 리버(Hudson River)'나 '처치 스트리트(Church Street)' 등의 지명은 고유어와 분류어로 구성된 복합어로 보는데, '한강'을 'Hangang River'라고 하면 고유어 '한(Han)'과 '강(Gang)'에 다시 '리버(River)'가 중복되어 영문법과 국제적 양식에 어긋나므로, 'Han Gang'이나 'Han River'로 표기해야 한다는 내용이었다. 이에 한국 외대 통번역 대학원 곽중철 교수는, '한강(Hangang River)'이나 '경복궁(Gyeongbokgung Palace)' 등에 쓰인 'River'와 'Palace' 등은 우리말 지명의 보존은 물론, 어떤 성격의 장소인지 간략한 설명을 덧붙인 것이므로, 우리 실정에도 부합되며 유엔 권고안과도 상충되지 않는다는 댓글을 올렸으나, 'River'나 'Palace'는 괄호로 처리해버리면 쉽게 해결되리라는 게 필자의 생각이다. 물론, 한국관광공사 담당자는 "시각적으로 복잡하여 괄호를 쓰지 않기로 했다." 곤 하나, 그런 이유라면 아예 빼버리는 것이 낫잖을까?

한글 로마자 표기의 문제점인 'ㅐ', 'ㅓ', 'ㅡ'의 표기 문제에 관해선 이미 충분히 논술했으므로 여기선 생략기로 하고, 지금도 늘 논란이 되고 있는 유성음과 무성음에 관하여 필자의 견해를 피력해 보기로 한다. 우선 아무 탈 없이 잘 써오던 '부산(Pusan)', '김포(Kimpo)', '동대문(Tongdaemun)' 등을, 느닷없이 'Busan', 'Gimpo', 'Dongdaemun' 등으로 고쳐 쓰도록 하여 긁어부스럼 만든 꼴이 되고 말았다. 한국어의 'ㄱ·ㄷ·ㅂ·ㅈ'은 어중이나 어말에선 각각 〔g·d·b·j〕로 발음되지만, 어두에 올 땐 〔k·t·p·ch〕로 발음되는데, 우리 국어에서는 무성음과 유성음을 구별하지 않는다고 하여 'Tongdaemun'으로 써 오던 것을 지금처럼 'Dongdaemun'으로 적기로 하되, 외국인들에게는 유성음과 유성음 사이에 있는 'd'를 빼고는 'd'로 적더라도 't'로 발음해 주길 바라고 있으니, 대체 누구를 위한 표기법인지 묻지 않을 수 없다.

다시 말하거니와, 우리말의 음운 체계상 'ㄱ', 'ㄷ', 'ㅂ', 'ㅈ' 등의 자음도 어중·어말의 모음과 모음 사이에선 유성음이 되지만, 어두의 초성으로 올 땐 본래의 무성음이 된다. 즉, '거제군/금호강', '다도해/도동면', '배봉리/부벽루', '주장면/자정리' 등의 '-군/-강', '-해/-동-', '-봉-/-벽-', '-장-/-정-' 등은 모음과 모음 사이에 있으므로 무성음이 유성음으로 변하게 되지만, '거-/금-', '다-/도-', '배-/부-', '주-/자-'처럼 낱말의 첫소리로 올 땐 당연히 본래의 무성음이 된다는 얘기다. 따라서 '부산', '김포', '동대문' 등의 어두음인 '부-', '김-', '동-'의 첫소리 'ㅂ', 'ㄱ', 'ㄷ'은 무성음이므로, 로마자 표기 역시 유성음 'B', 'G', 'D'가 아닌 무성음 'P', 'K', 'T' 즉 'Pusan', 'Kimpo', 'Tongdaemun'으로 표기하는 것이 원칙이라는 얘기다. 외국인들의 이런 음운 체계를 무시한 채 우리 입맛에만 맞춰 'Busan', 'Gimpo', 'Dongdaemun'으로 표기한다는 것이 문제다. 게다가, 유·무성음과는 상관없이 'Gimpo(김포)'가 'General(제너럴)'이나 'Giant(자이언트)' 등처럼 〔짐포〕로 읽혀질까 봐 염려하기도 한다. 물론 'g'는 모음 'a, o, u' 앞에선 대부분 'ㄱ', 'e'나 'i' 앞에선 'ㅈ'으로 발음되긴 하나, 'Give(기브)'나, 'Girl(걸)', 'Gear(기어)', 'Get back(겟백)' 등처럼 'ㄱ'으로도 쓰이고 있다.

영어는 유기음과 무기음이 아닌 유성음과 무성음, 강세와 억양 등으로 뜻을 구별하지만, 한국어나 중국어는 반대로 유성음과 무성음이 아닌 유기음과 무기음으로 소리를 구분하기 때문에 이런 표기법의 문제가 생기게 되는 것이다. 기식(氣息)을 동반하는 'ㅊ·ㅋ·ㅌ·ㅍ·ㅎ' 등의 거센소리가 강한 유기음이요, 어두의 예사소리는 약한 유기음이 된다. 영어에서는 어두나 강세를 받은 음절의 'k·t·p'가 이에 해당되며, 기식을 동반하지 않는 소리, 즉 'ㄲ·ㄸ·ㅃ·ㅆ·ㅉ' 등의 된소리가 이런 무기음에 해당되는데, 영어에선 무성마찰음의 뒤나 강세를 받지 않는 'k·t·p'가 이에 해당된다. 우리는 무심코 'ㄱ·ㄷ·ㅂ' 등의 발음을 해도 영어권 사람들은 'k·t·p' 발음으로 인지하게 되므로, 분명히 '가가호호', '도도히', '부부동반'이라고 말하는데도 그들은 당연히 〔kagahoho (카가호호)〕, 〔Todohi(토도히)〕, 〔Pubutongban〔푸부통반〕으로 알아듣는다. 각 어두의 '가', '도', '부'의 'ㄱ', 'ㄷ', 'ㅂ'은 무성음이지만, 두 번째의 'ㄱ', 'ㄷ', 'ㅂ'은 전부 모음과 모음 사이에 끼어있으므로 유성음이 된다는 사실을 대개 피차 인식하지 못한다.

　영어 역시 'Korea'의 'K'는 유기음인 〔kʰ〕로 발음되지만, 'Bank'의 'k'는 무기음인 〔k〕로 발음되고, 'Today'의 't'는 유기음인 〔tʰ〕로 발음되지만, 'Stress'의 't'는 무기음인 〔t〕로 발음되며, 'Pocket'의 'p'는 유기음인 〔pʰ〕로 발음되지만, 'Special'의 'p'는 무기음인 〔p〕로 발음된다는 사실도 인식하지 못할 뿐이다. 만약에 미국인들에게 '강동구(Gangdong-gu)', '광복동(Gwangbok-dong)', '도봉산(Dobongsan)', '당산동(Dangsan-dong)', '불국사(Bulguksa)', '분당(Bundang)', '종각(Jonggak)', '장안동(Jangan-dong)' 등의 낱말을 들려주고 각자가 들은 대로 로마자로 표기해 보라고 하면 그들은 틀림없이 'Kangdong-gu', 'Kwangbok-dong', 'Tobongsan', 'Tangsan-dong', 'Pulguksa', 'Pundang', 'Chonggak', 'Changan-dong' 등으로 표기하리라고 확신한다. 그렇다면 당연히 그들의 언어 습관에 따라 우선 어두의 'ㄱ(g), ㄷ(d), ㅂ(b), ㅈ(j)'을 'k, t, p, ch'로 표기하는 것이 당연하다. 우리가 쓸 로마자 표기가 아니라 외국인들이 써야 하는 표기이기 때문이다.

그럼 현재 우리 지명 표기는 어떻게 쓰고들 있는지 현황들을 살펴보기로 한다. 우선 '연세대학교'에 대한 현행 한글 로마자 표기로는 'Yeonsedaehakgyo'임이 분명하고, 매큔-라이샤워식으로도 'Yŏnse-daehakkyo'임이 분명한데, 뜻밖에도 'Yonsei University'라고 했으니, 결국 한글 로마자 표기와 외국어를 뒤섞어 놓은 것도 그렇거니와, 짧은 식견으로 아무리 뜯어봐도 '연세대학교'가 아닌 '욘세이 유니버시티'로 볼 수밖에 없으니 딱한 노릇이다. 더욱 가관인 것이 '고려대학교'는 'Goryeodaehakgyo'가 되고, MR식으로도 'Koryŏdaehakkyo'가 되어야 할 것 같은데도, 이건 아예 'Korea University'라고 했으니, '고려대학교'가 아닌 '한국유니버시티'가 돼 버리고 말았다. '우리은행'은 'Urieunhaeng(현행)/Uriŭnhaeng(MR)'도 아닌 'Wooribank(우리뱅크)'를 고집하고 있으며, 전철역 '가산 디지털 단지'도 'Gasan Dijiteol Danji(현행)/Kasan Tijit'ŏl Tanji(MR)'도 아닌 한영 혼합형인 'Gasan Digital Complex[가산 디지털 콤플렉스]'라고 했다.

'서울시청'의 현행 로마자 표기 역시 'Seoulsicheong'이라고 하는 게 정상일 텐데도 'Seoul City Hall'이라 하고, 부산 '자갈치시장'도 'Jagalchisijang'이라고 해야 할 것 같은데, 'Jagalchimarket[자갈치 마켓]'이라고 했는가 하면, '잠실체육관' 역시 'Jamsilcheyukgwan'이 아닌 'Jamsil Gsymnasium[잠실 짐네이지엄]'으로 쓰고 있다. 더욱이 울산 '태화강 선바위와 십리대밭'은 차라리 'Taehwagang Seonbawi & Simnidaebat'이라고 하는 것이 훨씬 더 주체성 있고 간결할 것 같은데, 친절하게도 'Seonbawi and Simnidaebat of Taehwagang River'라고 했다. 어차피 '강'에다 'River'를 덤으로 얹어 줄 바에야 '바위'엔 'Rock/Crag', '대밭'엔 'Bamboo Grove/Thicket'도 붙여줘야 하지 않을까? 하긴 '국립민속박물관'은 아예 영문으로 'National Folk Museum of Korea'라 하고, '국립국악원'도 'National Center for Korean Traditional Performing Arts'라고 했는가 하면, '국립중앙극장'도 통째 영문으로 'The National Theater of Korea'라고 해 놓아 한글 로마자 표기와는 거리가 먼 표기들을 하고 있다.

그뿐만 아니라, '표준 발음법' 제29항에 "합성어 및 파생어에서, 앞 단어나 접두사의 끝이 자음이고 뒤 단어나 접미사의 첫음절이 '이, 야, 여, 요, 유'인 경우에는, 'ㄴ' 음을 첨가하여 [니, 냐, 녀, 뇨, 뉴]로 발음한다."고 명시되어 있다. 따라서 '학여울'이나 '목양말' 등의 경우에는 'Hagyeoul[하겨울]', 'Mogyangmal[모걍말]'이 아닌 'Hangnyeoul[항녀울])', 'Mongnyangmal[몽냥말]'이 되듯이, '색유리'나 '색연필'은 'Saegyuri[새규리]', 'Saegyeonpil[새견필]'이 아닌 'Saengnyuri[생뉴리]', 'Saengnyeonpil[생년필]', '백여우', '백연와' 역시 'Baegyeou[배겨우]', 'Baegyeonwa[배겨놔]'가 아닌 'Baengnyeou[뱅녀우]', 'Baengnyeonwa[뱅녀놔]'가 된다. '군입질'은 'Gunnipjil[군닙질]', '눈엣가시'는 'Nunetgasi[누넫가시]', '담요'는 'Damnyo[담뇨]', '막일꾼'은 'Mangnilkkun[망닐꾼]', '밭일'은 'Bannil[반닐]', '속요량'은 'Songnyoryang[송뇨량]', '양요리'는 'Yangnyori[양뇨리]', '잔잎'은 'Jannip[잔닙]', '참열매 [眞果]'는 'Chamnyeolmae[참녈매]', '판유리'는 'Pannyuri[판뉴리]', '홑이불'은 'Honnibul[혼니불]'이 된다.

그런가 하면 똑같은 조건인데도 '목요일', '역이용'은 'Mongnyoil[몽뇨일]', 'Yeongniyong[영니용]'이 아닌 'Mogyoil[모교일]', 'Yeogiyong[여기용]'이 되고, '백영사(白靈砂)'는 'Baegyeongsa[배경사]'가 아닌 'baegyeongsa[뱅녕사]'가 되지만, '흑염소'는 'Heungnyeomso[흥념소]'인지, 'Heugyeomso[흐겸소]'인지 아리송하기 그지없고, '안양(지명)'은 'Anyang[아냥]'인데, '안양반(안주인)'은 'Anyangban[아냥반]'이 아닌 'Annyangban[안냥반]'이 되는가 하면, '이죽이죽', '야금야금'은 [이중니죽], [야금냐금]도 되고 [이주기죽], [야그먀금]도 허용된다고 하니 헷갈릴 수밖에 없다. 결국, 'ㄴ'을 첨가할 경우는 '표준 발음법' 제29항에 따른다는 것이요. 'ㄴ' 첨가 없이 발음하는 경우는 "접두사처럼 쓰이는 한자가 붙어서 된 말이나 합성어에서, 뒷말의 첫소리가 'ㄴ' 소리로 나더라도 두음법칙에 따라 적는다."는 두음법칙 규정에 따른 것이겠으나, 'ㄴ' 소리가 나고 안 나고는 주관적일 수도 있어 논란의 여지가 있어 머리가 꽤나 복잡해진다.

아무튼 만사 제쳐두고라도 지명이나 문화재 등의 고유명사만은 한글 이름 로마자 표기와 마찬가지로, 본래의 표기로 환원시켜야 할 경우도 있음을 감안하여, 연음으로 인한 음운 변화와 상관없이 철저히 음소 위주로 표기하는 것이 옳은 처사가 아닌가 싶다. 왜냐하면, 경상북도 영주의 '석륜사'나 전라남도 곡성의 '성륜사'도 현행 표기로는 똑같은 'Scongnyunsa'가 되고, 경상북도 포항의 '죽림산'이나 경기도 양평의 중림산 역시 똑같은 'Jungnimsan'이 되며, 평북 영변에 있는 '독림고개'와 철산에 있는 '동림고개'도 철자법 하나 틀림없는 'Dongnim-gogae'가 되어 학술상으로도 그렇거니와, 어쩌다 보면 민형사상으로 충분히 분쟁의 씨앗이 될 수도 있기 때문이다. 실지로 국내용은 '문광부식'에 외국인용은 '매큔-라이샤워식'인 데다, 외국인 학자용으로는 '예일식'이라는 묘한 표기 체제로 돌아가고 있는 실정이다.

아무튼, 학술용으로는 예일대의 한국어 학자로 유명한 새뮤얼 마틴 (Samuel Martin) 교수가, 2차 세계대전 중 미군이 동아시아 언어를 로마자로 표기하기 위하여 가장 작은 단위의 대표 음소를 선정 표기하던 '예일 표기법'이라 할 수 있는데, 이것은 형태음운론적 구조를 표현하는 데에 주안점을 두고 있어, 매큔-라이샤워식의 경우와는 달리 로마나이즈된 한글을 다시 원형으로 복원할 수 있다는 장점 때문에, 외국 언어학자들이 가장 선호하고 있다고 한다. 물론, 이 역시 한글의 겹받침과 발음 등으로 인한 문제점이 없는 건 아니지만, 'Psalm (讚頌歌)'이나 'McDonald' 같은 낱말을 처음 접하게 되면 누구도 [사:ㅁ]이나 [맥도날드]로 읽을 수 없듯이, 어느 나라 글이든 해당 언어에 대한 사전 지식 없이는 아무리 완벽한 표기법을 써도 아무 소용이 없게 된다. 따라서 한글 표기를 위하여 'ㄲ, ㄸ, ㅃ'이나 'ㅒ, ㅓ, ㅡ' 등에 대응할 만한 새로운 알파벳을 만들기 전엔 완벽한 표기도 불가능하거니와, 설사 그런다손 치더라도 그들은 'ㄲ, ㄸ, ㅃ, ㅉ' 등의 된소리 발음을 할 수도 없는가 하면, 인도인들은 'ㄲ, ㄸ, ㅃ' 발음은 되면서도 'ㅋ, ㅌ, ㅍ' 발음은 안 된다고 한다. 어찌 됐든, 학술적인 방면으로 한국어가 필요한 사람이라면 당연히 그 정도의 불편은 감수해야 하지 않을까 싶다.

6. 일제 외래어

1) 조립식 일제 영어

일본어에는 우리말의 'ㅐ·ㅒ·ㅓ·ㅕ'와 '두·투·디·티', 'ㄱ·ㄹ·ㅁ·ㅂ 받침', '스·쓰·즈·쯔'를 제외한 'ㅡ' 등에 해당하는 가나도 없고 발음도 되지 않는다. 따라서 'Handle(핸들)'의 'ㅐ'와 '드', 'ㄹ 받침' 발음이 되지 않으므로 '한도루(ハンドル)'라 하고, 'Rearview Mirror(리어뷰 미러)'의 일본식 영어인 'Back Mirror(백미러)'마저도 'ㅐ'와 'ㅓ' 발음이 되지 않아 '밧쿠미라(バック ミラ-)'라고 한다. 'Option(옵션)'의 'ㅂ 받침'과 'ㅕ' 발음도 되지 않으므로 '오푸숀(オプション)'이라 하고, 'Homesick(홈식)'도 'ㅁ 받침'과 'ㄱ 받침' 발음이 되지 않으므로 부득이 '호무시쿠(ホムシク)'라고 할 수밖에 없게 되어 있다.

그런데도, 우리는 의식적이건 무의식적이건 일본어 잔재는 말할 것도 없거니와, 이런 엉터리 발음을 아직도 각계각층에서 남용하고 있는 실정이다. 사라(皿 : 접시), 가이당(階段), 곤죠(根性), 뎀뿌라(天麩羅 : 튀김), 만땅(滿+Tank), 아나고(穴子 : 붕장어), 사시꼬미(差し込み : 플러그), 앗싸리(깨끗이), 앙꼬(餡子 : 팥소), 요지(楊枝 : 이쑤시개), 쿠세(癖 : 버릇), 뗑깡(癲癇 : 천식. 속칭 '지랄병'), 카부시끼(株式), 붐빠이(分配), 와리깡(割勘)' 등의 일본어 잔재들뿐만 아니라, '카우스 보당(Cuffs+Botão), 콤비(Combination), 미싱(Sewing Machine), 도란스(Transformer), 난닝구(Running Shirts), 홈드라마(Home+Drama), 백미러(Rear View Mirror), 리모콘(Remote+Control), 오라이(All Right), 레미콘(Ready-Mixed Concrete), 골든 아워(Prime Time), 오므라이스(Omelette+Rice) 등의 숱한 쟁글리시(Janglish : Japan+English) 즉 조립식 일제 영어들까지 우리 일상생활 깊숙이 스며들어, 일본어 잔재인 줄도 모른 채 너 나 할 것 없이 방송매체에서까지 무분별하게 남용하고들 있으니 딱하기 그지없으나, 우선 일제 조립식 영어에는 어떤 것들이 있는지 살펴보기로 한다.

아래 표의 [그]는 그리스어, [독]은 독일어, [스]는 스페인어, [이]는 이탈리아어, [포]는 포르투갈어, [네]는 네덜란드어, [프]는 프랑스어, '+'는 합성어임을 뜻하며, 비고란의 영문은 오리지널 영어를 표기한 것들이다. 다만, 가나의 'カ 행'과 'タ 행'은 현행 표기법대로 '가', '다'로 표기했으며, 발음(撥音) 'ン'과 촉음(促音) 'ッ' 역시 현행 표기법대로 무조건 'ㄴ 받침'과 'ㅅ 받침'으로 표기해 놓았으므로, 과연 어떤 문제점들이 있는지 각자 검증해 보시기 바란다.

(조립식) 일제외래어	일본식 발음	외래어 한글표기	비 고
Action+Star	아쿠숀스타	액션스타	
Auto+Bicycle	오토바이	오토바이시클	Motorcycle/~Bike
Back+Mirror	밧쿠미라	백미러	Rear View Mirror
Back+Net	밧쿠넷토	백네트	Back Stop
Bargain+Sale	바겐세루	바겐세일	
Baton+Touch	바톤닷치	배턴터치	Baton Pass
Beach+Parasol	비치파라소루	비치파라솔	Beach Umbrella
Bikini+Pants	비키니 판츠	비키니 팬츠	
Blouse+Suit	부라우스 스츠	블라우스 슈트	
Brake+Oil	부레키 오이루	브레이크 오일	
Camera+Face	가메라 훼스	카메라 페이스	
Car	가	카	
Caster+Bag	갸스타 밧구	캐스터 백	바퀴 달린 여행가방
Cashmere+Nylon	가시미론	캐시미어 나일론	Cashmilon
Catch+Ball	갓치보루	캐치볼	Playing Catch
Cell+Motor	세루모타	셀모터	Cell Starter
Christmas+Cake	구리스마스 게키	크리스마스 케이크	
Commercial+Song	고마송	커머셜송	
Cost+Down	고스토 다운	코스트 다운	Reduction in Cost
Cost+Up	고스토 앗푸	코스트 업	Increase in Cost
Cream+Pão[포]	구리무빵	크림빵	Cream Bun
Cuffs+Button	가후스 보탄	커프스 버튼	Cuff Links
Dance+Party	단스파티	댄스파티	a Dance
Double+Mistake	다부루 미스	더블 미스테이크	
Double+Punch	다부루판치	더블펀치	One Two Punch
Dump+Car	단푸카	덤프카	Dump Lorry/~Truck
Electric+Guitar	에레키 기타	일렉트릭 기타	'에레키'라고도 함.
Engine 調子	엔진 조시	엔진 조시	Engine Condition
Erotic+Elegant	에로간토	에로틱 엘레간트	
Free+Batting	후리밧틴구	프리배팅	Batting Practice

(조립식) 일제외래어	일본식 발음	외래어 한글표기	비 고
Free+Talking	후리도킨구	프리토킹	
Full+Base	후루베스	풀베이스	야구 용어.
Game+Set	게무 셋토	게임 세트	Game and Set
Gas+Lighter	가스라이타	가스라이터	
Gossip+Maker	고싯푸 메카	가십 메이커	Gossip (Monger)
Gas+Stove	가스 스토부	가스 스토브	
Girl+Hunt	가루한토	걸헌트	
Golden+Hour	고루덴아와	골든아워	Prime Time
Golden+Week	고루덴위쿠	골든위크	
Goal+In	고루인/고린	골인	Scoring a Goal
Gom[네]+Boat	고무보토	고무보트	Rubber Boat
Go+Stop	고스톳푸	고스톱	
Ham+Salad	하무사라다	햄샐러드	Ham and Salad
High+Ball	하이보루	하이볼	야구 용어.
High+Sense	하이센스	하이센스	Good Taste
High+Teens	하이딘	하이틴	16~19세의 남녀.
High+Tempo[이]	하이덴포	하이템포	Fast Tempo
Hit+Album	힛토 아루바무	히트 앨범	
Home+Drama	호무도라마	홈드라마	
Home+In	호무인/호민	홈인	야구 용어.
Home+Steal	호무스치루	홈 스틸	야구 용어.
Husband+Hunt	하즈한토	허즈번드 헌트	남편감 사냥?
In+Course	인고스	인코스	야구 용어.
Jumper+Skirt	잔파스카토	점퍼스커트	
Key+Point	기포인토	키포인트	
Kiss+Mark	기스마쿠	키스마크	
Korea	고리아	코리아	
Location+Hunting	로케한	로케이션 헌팅	
Low+Teen	로딘	로틴	13~16세의 남녀.
Madam+Killer	마다무 기라	마담 킬러	
Mambo[스]+Style	만보 스타이루	맘보 스타일	
Mass+Production	마스푸로	매스 프로덕션	대량 생산.
Milk+Caramel	미루쿠갸라메루	밀크캐러멜	
Milk+Coffee	미루쿠고히	밀크커피	White Coffee
Miss+Pass	미스 파스	미스 패스	Pass Miss
Miss+Punch	미스 판치	미스 펀치	복싱, 전산 등.

(조립식) 일제외래어	일본식 발음	외래어 한글표기	비　　고
Model＋Change	모데루 젠지	모델 체인지	
Modern＋Boy	모단 보이	모던 보이	줄여서 '모보'.
Modern＋Girl	모단 가루	모던 걸	줄여서 '모가'.
Mother＋Complex	마자 곤푸렛쿠스	머더 콤플렉스	
My＋Car(族)	마이가(조쿠)	마이카(족)	Ownerdrivers
Name＋Value	네무바류	네임밸류	
Necktie＋Pin	네쿠타이핀	넥타이핀	
News＋Show	뉴스쇼	뉴스쇼	
New＋Voice	뉴 보이스	뉴 보이스	
Night＋er	나이타	나이터	Night Game
Night＋Show	나이토 쇼	나이트 쇼	
No＋Game	노게무	노게임	
No＋Play	노푸레	노 플레이	
No＋Stocking	노 스톳킨구	노 스타킹	
No＋Touch	노닷치	노터치	
Oil＋Shock	오이루쇼쿠	오일쇼크	
Omelet〔프〕＋Rice	오무라이스	오믈렛 라이스	
One＋Touch	완닷치	원터치	
Orchestra	오케스토라	오케스트라	
Out＋Course	아우토고스	아웃코스	야구 용어.
Pink＋Mood	핀쿠 무도	핑크 무드	Amorous Mood
Plastic＋Tile	푸라스다이루	플라스틱 타일	
Plus＋Alpha〔그〕	푸라스아루파	플러스알파	Plus Something
Radio＋Cassette	라지가세	라디오 카세트	
Radio＋Doctor	라지오 도쿠타	라디오 닥터	
Rear＋Car	리야가	리어카	Barrow/Pushcart
Revival＋Boom	리바이바루 부무	리바이벌 붐	
Romance＋Gray	로만스구레	로맨스그레이	
Room＋Charge	루무자지	룸차지	
Running＋Shirts	란닌구샤쓰	러닝셔츠	Sweatshirt
Safety＋Bunt	세후티반토	세이프티번트	
Salon〔프〕＋Music	사론뮤짓쿠	살롱뮤직	Saloon
Season＋In	시즌인/시즈닌	시즌인	
Season＋Off	시즌 오후	시즌 오프	
Service＋Girl	사비스 가루	서비스 걸	
Sharp＋Pencil	샤푸펜시루	샤프펜슬	Mechanical Pencil

(조립식) 일제외래어	일본식 발음	외래어 한글표기	비 고
Side+Brake	사이도부레키	사이드브레이크	
Single+Hit	신구루 힛토	싱글 히트	
Sister+Boy	시스타 보이	시스터 보이	
Sky+Parking	스카이 파킨구	스카이 파킹	
Solar+House	소라하우스	솔라하우스	
Solo[이]+Homer	소로 호마	솔로 호머	야구 용어.
Speed+Down	스피도 다운	스피드 다운	
Sponge+Racket	스폰지라켓토	스펀지라켓	
Spring+Coat	스푸린구고토	스프링코트	Top Coat
Stand+Bar	스탄도바	스탠드바	
Start+line	스타토라인	스타트라인	Starting Line
Symbol+Mark	신보루마쿠	심벌마크	
Texas+Hit	데키사스힛토	텍사스히트	Texas Leaguer
Thema[독]+Song	데마손구	테마송	
Time+Up	다이무앗푸	타임업	Time's Up
Title+Back	다이토루밧쿠	타이틀백	
Trade+Money	도레도 마네	트레이드 머니	
Training+Camp	도레닌구걈푸	트레이닝캠프	
View+Student	뷰덴토	뷰 스튜던트	TV 과외 학생.
Vinyl+Nylon	비니론	비닐 나일론	Vinylon
White+Shirts	와이샤쓰	화이트셔츠	'Y (셔츠)'는 취음.
Woman+Power	우만 파와	우먼 파워	
Zigzag+Machine	지구자구 미신	지그재그 머신	

　이렇게 일제 영어에 관해서 필자 나름대로 열심히 수집 검토해 보았으나, 일본어의 'カ·タ 행'과 촉음 'ッ', 'ン'의 한글 표기와 발음에 관하여 재검토해 보기로 한다. 필자는 이미 앞에서도 어두의 'カ·タ 행'의 한글 표기를 '카키쿠케코', '타치쯔테토'로 표기해야 한다고 주장한 바 있으나, 만약 현행 표기법대로 '가기구게고', '다지즈데도'로 표기하고, 촉음(促音) 'ッ'를 무조건 'ㅅ 받침', 발음(撥音) 'ン'도 무조건 'ㄴ 받침'으로만 표기하면 어떤 현상이 일어나는지 이미 감지하셨으리라 믿는다. 다만, 이들 가나의 발음에 관한 필자의 음운학적인 설명은 앞에서 이미 설명했으므로 여기선 재론하지 않기로 한다.

우선 'カ 행'의 'Camera(카메라)'는 '가메라→카메라'로 바로잡아야 하고, 'Camp(캠프)'는 '갼푸→캠푸', 'Car(카)'는 '가→카'로, 'Caramel(캐러멜)'은 '갸라메루→캬라메루', 'Caster(캐스터)'는 '갸스타→캬스타'로, 'Catch(캐치)'는 '갓치→캿치', 'Complex(컴플렉스)'는 '곤푸렛쿠스→콤푸렉쿠스', 'Cost(코스트)'는 '고스토→코스토', 'Course(코스)'는 '고스→코스', 'Cream(크림)'은 '구리무→쿠리무', 'Keypoint(키포인트)'는 '기포인토→키포인토', 'Kiss(키스)'는 '기스→키스', 'Killer(킬러)'는 '기라→키라', 'Korea(코리아)'는 '고리아→코리아' 등으로 바로잡아야 한다.

'タ 행'의 'Talking(토킹)'은 '도킨구→토킹구'로 바로잡아야 하고, 'Tempo(템포)'는 '덴포→템포'로, 'Texas(텍사스)'는 '데키사스→테키사스', 'Theme(테마)'는 '데마→테마', 'Tile(타일)'은 '다이루→타이루', 'Time(타임)'은 '다이무→타이무', 'Title(타이틀)'은 '다이토루→타이토루', 'Touch(터치)'는 '다치→타치', 'Training(트레이닝)'은 '도레닌구→토레닝구' 등으로 바로잡아야 한다.

발음(撥音) 'ン'의 'Dump Car(덤프카)'는 '단푸카→담푸카'로 바로잡고, 'Jumper(점퍼)'는 '잔파→잠파', 'Machine(머신)'은 '미신→미싱', 'Mambo(맘보)'는 '만보→맘보', 'Parking(파킹)'는 '파킨구→파킹구', 'Pink(핑크)'는 '핀쿠→핑쿠', 'Salon[프](살롱)'은 '사론→사롱', 'Single(싱글)'은 '신구루→싱구루', 'Spring(스프링)'은 '스푸린구→스푸링구', 'Symbol(심볼)'은 '신보루→심보루', 'Talking(토킹)'은 '도킨구→토킹구', 'Tempo(템포)'는 '덴포→템포', 'Training(트레이닝)'은 '도레닌구→토레닝구' 등으로 바로잡아야 한다.

촉음 'ッ'의 'Back(백)'은 '밧쿠→박쿠'로 바로잡고, 'Complex(콤플렉스)'는 '곤푸렛쿠스→콤푸렉쿠스', 'Cost Up(코스트업)'은 '고스토앗푸→코스토압푸', 'Gossip(가십)'은 '고싯푸→고십푸', 'Music(뮤직)'은 '뮤짓쿠→뮤직쿠', 'Stocking(스타킹)'은 '스톳킨구→스톡킹구', 'Stop(스톱)'은 '스톳푸→스톱푸', 'Time Up(타임업)'은 '다이무앗푸→타이무압푸'로 바로잡듯이 현행 표기법도 바로잡아야 한다.

2) 일본식 축약형 외래어

'NGO, ASCAP, UNICEF, UNESCO, IAEA,' 등처럼 각 낱말의 이니셜로 만든 말을 '애크러님(Acronym)'이라 하고 'Doc.', 'Bldg.', 'Etc.', 'Mr.', 'Apt.', 'Ltd.' 등처럼 스펠을 생략하거나 단축해서 쓰는 것을 '어브리비에이션(Abbreviation)'이라 하며, 'Let's', 'Wouldn't', 'They'll' 등처럼 두 낱말을 하나로 축약하는 걸 '컨트랙션(Contraction)'이라 하는데, 이 컨트랙션의 명인이 바로 일본인들이다. 회담장이나 법정 등에서 쓰는 속기용 타자기를, '속기(速記)'의 '速(소꾸)'와 'Typewriter'의 'Type'를 합성 조립해서 '소꾸타이푸(速＋type)'라 하는가 하면, '마시다'의 '노무(飮む)'와 '커뮤니케이션'을 접속 축약해서 '노무꼬미(飮む＋Communication)'라고 한다. 어린이들의 과잣값 나올 구멍이 친조부모, 외조부모, 부모의 호주머니를 합쳐 여섯 개가 된다고 하여, '싯쿠스 포켓토(Six Pocket)'라는 말을 만들어 쓰기도 한다.

한 때 선풍적인 인기를 끌었던 장난감 '다마곳찌(たまごっち)'라는 말도, '계란'을 뜻하는 '다마고(卵/玉子)'와 '시계'를 뜻하는 'Watch'의 '치'를 합성시킨 일제 조어이며, 한때 청소년들이 선호했던 '스티커 사진'을 말하는 '프린트 그래프(Print Graph)'도 '푸리구라(プリぐラ)'라고들 했다. 일본 프로 야구 리그의 하나인 '센트럴 리그'를 '센토라루' 또는 '세 리구'라 하는가 하면, '퍼시픽 리그'를 '파시픽쿠' 또는 '파 리구'라 하는 것도 시원찮아, 아예 거두절미하고 그냥 '세'나 '파'라고까지 축약해서 쓰고들 있을 정도이다. '태업(怠業)'을 뜻하는 프랑스어인 '사보타주'의 '사보(Sabo)'와 '하다'라는 뜻을 가진 '수루(する)'의 'る'를 잘라 붙여, '사보루(サボる)'라는 기상천외한 신조어를 만들어 쓰기도 한다. 그런가 하면 '워드프로세서(Word Processor)'와 '퍼스널 컴퓨터(Personal Computer)'도, 일본식 발음에다 그네들 멋대로 잘라 붙여 '와푸로(ワープ)', '파소콘(パソン)'이라고들 한다.

그뿐만 아니라, 한 단어로 된 멀쩡한 외래어까지 머리 떼고 꼬리까지 잘라 〔去頭截尾〕 무소불위로 쓰고들 있는 실정인데, 그 실상은 또 어떤지 예를 들어 함께 살펴보기로 한다.

원 어	일본식 발음	외래어 한글 표기
Accelerator	아쿠세루	액셀러레이터
After Recording	아후레코	애프터리코딩
Air Conditioner	에아콘	에어컨디셔너
Aluminium	아루미/뉴무	알루미늄
Amateur	아마	아마추어
Amplifier	앰프	앰프리파이어
Anachronism	아나쿠로	아나크로니즘
Analog Computer	아나콘	아날로그 컴퓨터
Animation	아니메	애니메이션
Announcer	아나	아나운서
Apartment	아파토	아파트먼트
Après Guerre 〔프〕	아푸레	아프레게르
Arbeit 〔독〕	아루바이/바이토	아르바이트
Automatic	오토	오토매틱
Automation	오토메	오토매틱 오퍼레이션
Avant Guerre 〔프〕	아방	아방게르
Ballpoint pen	보루펜	볼 포인트 펜
Bandmaster	반마스	밴드마스터
Birth Control	바스콘	버스 컨트롤(임신 조절)
Bodybuilding	보디비루	보디빌딩
Bonus	나스	보너스
Brass Band	부라방	브라스밴드
Building	비루	빌딩
Butterfly	바타	버터플라이
Capital	캽푸	캐피털
Car Repair Shop	카센타	카센터
Cinema Scope	시네스코	시네마스코프
Coaltar	코루타	콜타르
Combination	콤비	콤비네이션
Connection	코네	코넥션
Continuity	콘테	콘티뉴이티

원　　어	일본식 발음	외래어 한글 표기
Diamond	다이야	다이아몬드
Dynamite	마이토	다이너마이트
Erotic	에로	에로틱
Eroticism	에로	에로티시즘
Esperanto	에스고(語)	에스페란토
Evening Dress	이브닝구	이브닝드레스
Floor Manager	후로마네	플로어 매니저
General Strike	제네스토	제너럴 스트라이크
Goalkeeper	키파	골키퍼
Guarantee	갸라	개런티
Hair Dryer	도라이야	헤어 드라이어
Handicap	한데	핸디캡
Handkerchief	항카치	행커치프
Hunger-Strike	한스토	헝거 스트라이크
Husband	하즈	허즈번드
Hysterie 〔독〕	히스	히스테리
Illustration	이라스토	일러스트레이션
Impotenz	임포	임포텐츠
In Drop	인도로	인드롭
Inflation	인후레	인플레이션
intelligentsia	인테리	인텔리겐치아
Interchange	인타	인터체인지
International	인타	인터내셔널
Los Angeles	로스	로스앤젤레스
Masturbation	마스	마스터베이션
Microphone	마이쿠	마이크로폰
Minicomputer	미니콘	미니컴퓨터
Misprint	미스푸리	미스프린트
Mistake	미스	미스테이크
No-good	노구	노굿
Negative	네가	네거티브
Outdrop	아우도로	아웃드롭
Overcoat	오바	오버코트
Pamphlet	판후	팸플릿
Pantomime	마이무	팬터마임
Part Timer	파토	파트타이머

원 어	일본식 발음	외래어 한글 표기
Permanent Wave	파마	퍼머넌트 웨이브
Picket	피케	피켓
Pineapple	파이/파인	파인애플
Pocket	폭케	포켓
Positive	포지	포지티브
Prescoring	푸리스코/-레-	프리스코어링
Professional	푸로	전문가
Program	푸로	프로그램
Pro Wrestling	푸로레스	프로(페셔널) 레슬링
Propeller	페라	프로펠러
Radio Control	라지콘	라디오 컨트롤(원격 조정)
Remote Control	리모콘	리모트 컨트롤
Sabotage [프]	사보루(サボる)	사보타주
Sandwich	산도	샌드위치
San Francisco	시스코	샌프란시스코
Screen Process	스쿠프로	스크린프로세스
Screw Driver	도라이바	스크루 드라이버
Sewing Machine	미싱	소잉 머신
Sharf Pencil	샤프	샤프 펜슬
Short Pants	쇼판	쇼트 팬츠
Shuttlecock	샤토루	셔틀콕
Signature	사인	시그너처. Sign
Slow-motion	스로모	슬로모션
Sound Track	산토라	사운드 트랙
Supermarket	스파	슈퍼마켓
Tape Recorder	테레코	테이프 리코더
Terminal Building	타미나루 비루	터미널 빌딩
Toilet	토이레	토일렛
Training Pants	토레판	트레이닝 팬츠
Transistor Glamour	토라구라	트랜지스터 글래머↔킹사이즈
Transformer	토란스	트랜스포머
Trumpet	펫토	트럼펫
Underground	앙구라	언더그라운드 (美: Sub Way)
Upright Piano	압푸라이토	업라이트피아노
VIP/V.I.P.	빕푸	브이(비)아이피
Waiting System	웨이팅구	웨이팅 시스템(야구 용어)

3) 일본어의 잔재들

일본어에 관하여 이토록 많은 지면을 할애하면서까지 장황하게 늘어놓는 이유는, 우리 문화와 어문 생활에 끼치고 있는 심각한 폐해를 좌시할 수 없기 때문인데, 실질적으로 우리 생활 깊숙이 파고들어 있는 일본어 잔재들은 어떤 것들이 있는지 현황을 살펴보기로 한다.

다만, 다음 '일제 외래어'란은 현재 우리가 쓰고 있는 실지 발음 그대로를 표기한 것이며, '현지 발음'란은 앞에서 말한 필자의 개정안 발음 표기(장음표기는 제외)에 따랐음을 미리 밝혀 둔다.

일 제 외래어	일 본 어	현지발음	낱 말 뜻
가끼도메	かきとめ (書留)	카끼또메	등기(登記).
가께모찌	かけもち (掛持)	카께모찌	겸임(兼任). 겹치기.
가께우동	かけうどん (掛-饂飩)	카께우동	가락국수.
가다	かた (型)	카따	본. 골. 거푸집.
가다찌	かたち (形)	카따찌	모양. 형상. 형체.
가라	から (空)	카라	빔. 허공. 거짓.
가라스	ガラス (硝子)	가라스	유리.
가미소리	かみそり (剃刀)	카미소리	면도칼.
가부시끼	かぶしき (株式)	카부시끼	주식(株式). 추렴(←出斂).
가오	かお (顔)	카오	얼굴.
가오다시	かおだし (顔出~)	카오다시	낯내기. 출석함.
가이당	かいだん (階段)	카이당	계단. 층층대.
간쓰메	かんづめ (缶詰)	칸즈메	통조림.
간조	かんじょう (勘定)	칸죠	계산. 셈. 회계.
간지	かんじ (感~)	칸지	감각. 느낌.
감빠이	かんぱい (乾杯)	캄빠이	술자리의 구호.
갑빠	カッパ (合羽)	캅빠	비옷. 우의(雨衣).
갸꾸	ぎゃく (逆)	갸꾸	역(逆). 거스르다. 반항하다.
게다	げた (下駄)	게따	일본 나막신.
겐노	げんのう (玄翁)	겐노	큰 쇠메.
겐또	けんとう (檢討)	켄또	검토
겐세이	けんせい (牽制)	켄세이	견제(牽制).

일제 외래어	일 본 어	현지발음	낱 말 뜻
고도리	ごとり (五鳥)	고또리	화투 용어.
고바이	こうばい (勾配)	코바이	비탈. 물매.
곤로	こんろ (焜爐)	콘로	풍로(風爐)
곤조	こんじょう (根性)	콘죠	근성. 본색.
구루마	くるま (車)	쿠루마	자동차. 손수레.
기레빠시	きれはし (切れ端)	키레하시	자투리. 끄트러기.
기리	きり (錐)	키리	송곳.
기리까에	きりかえ (切替)	키리까에	값. 바꿈. =切換.
기마이	きまえ (氣前)	키마에	기질.
기스	きず (傷)	키즈	상처. 흠. 결점.
기지	きじ (生地 / 素地)	키지	옷감. 천. 본바탕.
긱가께	きっかけ (切っ掛け)	킥까께	동기. 꼬투리. 음악 용어.
꼬봉	こぶん (子分)	코붕	부하. 졸개.
나가리	ながれ (流-)	나가레	유찰. 깨짐. 파토.
나가시	ながし (流し)	나가시	떠돌아다님. 개수대.
나까마	なかま (仲間)	나까마	동아리. 한패. 중간시세.
나라비	ならび (並び)	나라비	늘어선 모양. 줄서기.
나라시	ならし (慣し)	나라시	길들이기. 연습.
나라시	ならし (均し)	나라시	고루펴기.
나마까시	なまがし (生菓子)	나마가시	생과자.
나와바리	なわばり (繩張り)	나와바리	(주로 불량배들의) 세력권.
네지	ねじ (螺子)	네지	나사. 태엽 감는 장치.
노가다	どかた (土方)	도까따	노동자. 막벌이꾼.
노깡	どかん (土管)	도깡	토관(土管).
노리까이	のりかえ (乘換)	노리까에	갈아타기. 바꿔타기.
니즈꾸리	にづくり (荷造)	니즈꾸리	짐을 쌈. 짐꾸리기.
니혼다떼	にほんだて (二本立て)	니혼다떼	동시상영.
다꽝	たくあん (澤庵)	타꾸앙	단무지.
다노모시	たのもし (賴母子)	타노모시	계(契).
다대기	たたき (敲き)	타따끼	잘게 다진 고기.
다라이	たらい (盥)	타라이	함지. 큰 대야.
다마	たま (玉)	타마	구슬.
다마네기	たまねぎ (玉蔥)	타마네기	양파.
다비	たび (足袋)	타비	일본식 버선.
다시	だし (出し汁)	다시	'다시지로(出し汁)'의 준말.
다이	だい (台)	다이	대. 받침대.

일제 외래어	일 본 어	현지발음	낱 말 뜻
다찌노미	たちのみ (立飲み)	타찌노미	선술.
단도리	だんどり (段取)	단도리	채비. 준비. 방도. 절차.
단스	たんす (箪笥)	탄스	옷장. 장롱.
데꾸보꾸	でこぼこ (凹凸)	데꼬보꼬	울퉁불퉁. 올록볼록.
데끼리	てっきり	텍끼리	틀림없이. 아니나다를까.
데모도	てもと (手元)	테모또	조수. 허드렛일꾼.
뎀뿌라	てんぷら (天婦羅)	템뿌라	튀김. =天麩羅
뎁빵	てっぱん (鐵板)	텝빵	철판.
뗑깡	てんかん (癲癇)	텡깡	간질. 지랄병.
도꾸리	とくり (德利)	토꾸리	목이 잘록한 니트.
도꾸이	とくい (得意)	토꾸이	단골(손님).
도끼다시	とぎだし (研-出-)	토기다시	갈아서 윤을 냄.
도로보	どろぼう(泥棒/泥坊)	도로보	도둑질. 도둑놈.
도리우찌	とりうち (鳥打ち)	토리우찌	사냥모자.
돔부리	どんぶり (丼)	돔부리	덮밥.
마구로	まぐろ (鮪)	마구로	다랑어.
마도메	まとめ (纏め)	마또메	마무리. 끝손질. 요약.
마이가끼	まえかけ (前掛)	마에까께	앞치마.
마이가리	まえがり (前借り)	마에가리	가불.
마이킹	まえきん (前金)	마에낑	선금. 전도금.
만땅(꾸)	まんタン (滿タン)	만땅	꽉 참. (滿＋Tank).
망가	まんが (漫畫)	망가	만화.
메가네	めがね (眼鏡)	메가네	안경.
메꾸라	めくら (盲·瞽)	메꾸라	장님. 까막눈.
모구리	もぐり (潛リ)	모구리	잠수. 자맥질.
모꾸네지	もくねじ (木捻子)	모꾸네지	나사못.
모도시	もどし (戻し)	모도시	되돌리기.
모찌	もち (餅)	모찌	떡.
모찌꼬미	もちこみ (持込み)	모찌꼬미	반입. 지참. 가지고 옴.
몸메	もんめ (匁)	몸메	돈쭝.
몸뻬	もんぺ	몸뻬	여성용 일본식 바지.
무대뽀	むてっぽう (無鐵砲)	무텝뽀	무작정. 막무가내. ＝むこう見ず.
미다시	みだし (見出し)	미다시	제목. 표제(어).
방까이	ばんかい (挽回)	방까이	만회.
벤또	べんとう (弁當)	벤또	도시락.
붐빠이	ぶんぱい (分配)	붐빠이	분배.

일 제 외래어	일 본 어	현지발음	낱 말 뜻
비까비까	ぴかぴか	피까삐까	반짝반짝. 번쩍번쩍.
사까다치	さかだち (逆立ち)	사까다찌	곤두서기. 물구나무서기.
사꾸라	さくら (櫻)	사꾸라	벚꽃. 벚나무.
사라	さら (皿)	사라	접시.
사시꼬미	さしこみ (差込み)	사시꼬미	플러그(Plug).
사시미	さしみ (刺身)	사시미	생선회.
삼마이	さんまい (三枚)	삼마이	희극배우.
삼뽀	さんぽ (散步)	삼뽀	산책.
세꼬시	せごし (背越し)	세고시	뼈째 잘게 썬 생선회
센누끼	せんぬき (栓拔き)	센누끼	따개. 마개뽑이.
셈방	せんばん (旋盤)	셈방	선반(旋盤)
쇼당	そうだん (相談)	소당	상담. 의논. 상의. 화투 용어.
쇼부	しょうぶ (勝負)	쇼부	승수. 결판내다.
스시	すし (壽司)	스시	초밥.
시다	した (下)	시따	조수. 보조공.
시로도	しろうと (素人)	시로또	초심자. 풋내기.
시마이	しまい (仕舞)	시마이	마감. 끝.
시보리	しぼり (絞り)	시보리	물수건. 조리개.
시아게	しあげ (仕上げ)	시아게	마무리. 끝손질.
시아시	ひやし (冷-)	히야시	차게 함. 냉각시킴.
시오야끼	しおやき (鹽燒)	시오야끼	소금구이.
시찌부	しちぶ (七分)	시찌부	칠 분(七分). 칠 할(七割).
심마이	しんまえ (新前)	심마에	신참. 풋내기.
심삥	しんぴん (新品)	심삥	새것. 신품.
신쭈	しんちゅう (眞鍮)	신쮸	놋쇠.
시푸	しっぷ (濕布)	십뿌	습포. 찜질(하는 천).
쎄쎄쎄	せっせっせ	셋셋세	아이들 놀이. 일본 동요.
쓰끼다시	つきだし (突出し)	츠끼다시	전채(前菜). 곁들이(안주).
쓰리	すり (掏摸·掏兒)	스리	소매치기.
쓰메끼리	つめきり (爪切り)	츠메끼리	손톱깎이.
아까지	あかじ (赤子)	아까지	적자. 결손.
아나고	あなご (穴子)	아나고	붕장어.
아다라시	あたらしい (新しい)	아따라시	새로운.
아다리	あたり (当り)	아따리	적중. 명중. 당첨.
아다마	あたま (頭)	아따마	머리. 두부(頭部).
아시바	あしば (足場)	아시바	발판.

일제 외래어	일본어	현지발음	낱 말 뜻
아이노꾸	あいのこ (合の子)	아이노꼬	혼혈아. 중간치. =間の子.
아이노리	あいのり (相乗)	아이노리	합승.
앗사리	あっさり	앗사리	깨끗이. 말끔히. 산뜻이.
앙꼬	あんこ (餡子)	앙꼬	팥소.
야끼마시	やきまし (燒増し)	야끼마시	복사. 추가 인화.
야리꾸리	やりくり (遣り繰り)	야리꾸리	둘러치기. 변통.
야마시	やまし (山師)	야마시	속임수. 사기.
야메	やみ (闇·暗)	야미	암거래. 뒷거래. 어둠.
야스리	やすり (鑢)	야스리	줄.
야지	やじ (野次)	야지	야유. 놀림. =彌次.
에리	えり (襟)	에리	깃. 칼라. 동정. 목덜미.
엑기스	エキス	에키스	추출물. 농축액. Extract.
엥꼬	えんこ	엥꼬	다 떨어짐. 고장. 퍼져버림.
오까네	おかね (お金)	오까네	돈. 금전.
오꼬시	おこし (粔籹)	오꼬시	밥풀과자.
오뎅	おでん (御田)	오뎅	꼬치안주.
오또꼬	おとこ (男)	오또꼬	사나이.
오라이	おうらい (往來)	오라이	왕래. 교제.
오미야게	おみやげ (御土産)	오미야게	토산물. 선물. 장난감.
오봉	おぼん (御盆)	오봉	쟁반. '분(盆)'의 공손한 말.
오야	おや (親)	오야	우두머리. 계주(契主).
오야붕	おやぶん (親分)	오야붕	두목. 우두머리.
오야지	おやじ (親父)	오야지	어버이. 부모.
오야지	おやじ (親仁 / 親爺)	오야지	직장의 책임자. 어른.
오이꼬시	おいこし (追越)	오이꼬시	앞지르기.
오와리	おわり (終り)	오와리	끝. 마지막. 임종. 그만!
와꾸	わく (枠)	와꾸	틀. 액자. 테.
와리	わり (割)	와리	할당. 비율.
와리깡	わりかん (割勘)	와리깡	추렴(←出斂). 각자 부담.
와리바시	わりばし (割箸)	와리바시	소독저. 나무젓가락.
와리비끼	わりびき (割引)	와리비끼	할인.
와사비	わさび (山葵)	와사비	고추냉이.
와이당	わいだん (猥談)	와이당	음담(淫談). 'Y談'은 취음.
와이루	わいろ (賄賂)	와이로	뇌물(賂物).
요비링	よびりん (呼鈴)	요비링	초인종(超人鐘).
요지	ようじ (楊枝)	요지	이쑤시개. =楊子.

일제 외래어	일 본 어	현지발음	낱 말 뜻
우라	うら (裏)	우라	뒤, 뒷면. 뒤쪽.
우라가끼	うらがき (裏書)	우라가끼	배서(背書). 이서(裏書).
우라까이	うらかえ (裏返)	우라까에	뒤집기. =우라까에시.
우와기	うわぎ (上着)	우와기	윗도리. 저고리.
운쨩	うんちゃん (運)	운쨩	운전수(うんてんしゅ : 運轉手).
유도리	ゆとり	유또리	여유.
이노꼬리	いのこり (居殘り)	이노꼬리	잔업. 잔류.
이다	いた (板)	이따	널빤지. 판자.
이다바	いたば (板場)	이따바	숙수. 주방.
이리꼬무	いりこむ (入り込む)	이리꼬무	잠입하다. 뒤섞이다.
이모노	いもの (鑄物)	이모노	무쇠붙이. 주물.
이찌루	いちりゅう (一流)	이찌류	일류. 제일급.
입빠이	いっぱい (一杯)	입빠이	한 잔. 한 그릇. 가득.
자바라	じゃばら (蛇腹)	쟈바라	주름 상자. 주름진 물건.
자부동	ざぶとん (座蒲團)	자부동	방석.
조시	ちょうし (調子)	쵸시	가락. 상태. 컨디션. 형편.
조바	ちょうば (帳場)	쵸바	계산대. 경리.
조끼	ジョッキ	죡키	손잡이 달린 맥주잔.
지리	ちり	치리	냄비 요리의 일종.
짬뽕	ちゃんぽん	챵뽕	중국요리의 일종. 한데 섞음.
찌라시	ちらし (散らし)	치라시	삐라(Bill). 광고전단지.
카도	かど (角)	카도	모퉁이. 귀퉁이.
쿠세	くせ (癖)	쿠세	버릇. 습관.
하꾸	はこ (箱)	하꼬	상자.
하꾸가다	はこがた (箱型)	하꼬가따	상자형.
하바	はば (幅)	하바	너비. 〔幅〕.
한소대	はんそで (半袖)	한소데	반소매.
함바	はんば (飯場)	함바	현장 합숙소. 공사장 식당.
호리가다	ほりがた (堀型)	호리가따	굴파기(기초공사).
홈모노	ほんもの (本物)	홈모노	진짜. 실물. 전문가.
홈방	ほんばん (本番)	홈방	연습 아닌 실연(實演).
후까시	ふかし (吹-)	후까시	티를 내다. 엔진 고속 회전.
히끼	ひき (引き)	히끼	끎(당구 용어).
히네루	ひねる (捻)	히네루	비틀다. 비꼬다.
히니꾸	ひにく (皮肉)	히니꾸	비웃음. 빈정거림. 야유.
히야까시	ひやかし (冷かし)	히야까시	놀림. 놀리는 사람.

이밖에도 '가꾸(角)+목(木)', '사진+가꾸(額)', '양복+기지(生地)', '마호(魔法)+병', '하꼬(箱)+방', '다마(玉)+치기', '셈방(旋盤)+공장', '소라(空)+색', '오뎅(御田)+백반', '곤(紺)+색', '나까마(仲間)+시세', '전기+다마(球)', '피까(ぴか)+번쩍' 등처럼 한일 합작으로 된 낱말들도 부지기수다. 그런가 하면 '오시핀(押+Pin)', '쫑 파티(ちょん+Party)', '나가시 뺀드(流し+Band)', '큐 부레끼(急+Brake)', '빵꾸 나오시(Puncture+直し)', '가라오께(空+Orchestra)', '다루마 스위치(だるま+Switch)', '도꾸리 샤쓰(德利+Shirts)', '하리핀(針+Pin)', '한스봉(半+jupon〔프〕)' 등처럼 잡탕으로 된 말도 숱하게 발견된다. '모찌(瓶)'가 떡인데 다시 '떡'을 갖다 붙이고, '다시(出汁)'가 국물인데 다시 '국물'을 덧붙이며, '카마(釜 : かま)'가 바로 '솥'인데 '가마솥'이라고 해야 직성이 풀린다. '왔다갔다'라고 하면 그만인 걸 '갔다왔다'라는 일본어 '잇따리킷따리(いったりきったり)'의 '리(り)'를 끌어다 붙여 '왔다리갔다리 운운'하고 있는 판국이니, 딱한 노릇이 아닐 수 없다.

이 밖에도 알게 모르게 쓰고들 있는 일본어 잔재들을 역시 한국식 발음 그대로 옮겨 써 보면, '엔진 조시(調子)', '오야지 가오다시(親爺顔出し)', '입뽄 다찌 쇼부(一本立ち勝負)', '시보리 히야시(絞り冷やし)', '다찌노미 입빠이(立飲み一杯)', '가미가제 도꼬다이(神風特攻隊)', '다노모시 오야(賴母子爺)', '땡땡가라 도꾸리샤쓰(点点から德利シャツ)', '가다마이 에리(片前襟)', '모도시 빠꾸오라이(戻しバックオーライ)', '무대뽀 쿠사리(無鐵砲腐り)', '아까지 방까이(赤字挽回)', '노가다 데모도(土方手もと)', '아부나이 쿠세(危ない癖)', '고부고부 모찌꼬미(五分五分持込み)', '사바사바 와이루(さばさば賄賂)', '쓰리꾼 네다바이(摸꾼ねたばい)', '덴조 시아게(天井仕上げ)' 등도 있다. 한 걸음 더 나아가 "시아게하고 시마이하래.", "구찌빤치로 구라 치고 곤죠 부려.", "가꾸목 들고 뗑깡 부리고 히야까시하니까 야마 돌지.", "쓰끼다시로 나온 마구로 사시미 한 사라", "쟨 아다마가 빠가라 유도리가 없어.", "오야붕들 나와바리 싸움에 꼬붕들만 곤야꾸된다." 등으로 남용하고들 있어, 안타까운 마음 홀로 달래며 아쉬운 필을 놓는다.

졸문을 끝내면서

오래 전에 발표된 영국의 언어 정책을 살펴보면, 파텐 교육부 장관이 전국 커리큘럼(교육 과정) 위원회의 권고에 따라, 문법이나 철자법, 고전 문학 등 전통적 교육법을 중시하되, 표준 영어를 사용하도록 공식 발표했다고 한다. 이어서 "언어에 대한 기본적 기술의 습득 여부는 다른 모든 학습을 좌우하는 것으로서, 이 기술은 교육 문화 발전뿐만 아니라, 경제 발전과 경쟁력 향상에 있어서도 매우 중요하다."는 사실을 강조한 바 있다. 이에 따라 각 학교의 교사들은, 학생들의 잘못된 발음이나 철자법을 교내나 교외를 막론하고 교정해 줘야 할 의무를 지게 됨은 물론, 고전 문학 중시 교육의 일환으로 14세의 어린이들에게는 셰익스피어의 '줄리어스 시저', '한여름 밤의 꿈', '로미오와 줄리엣' 등에 관하여 실력 테스트도 하게 된다고 했다. 그런가 하면, 이스라엘 백성들은 B.C. 4세기경에 멸망하여 2,000여 년을 세계의 보헤미안으로 유랑하면서도, 모국어인 헤브라이어를 잊지 않고 정신적인 지주로 삼아, 늘 투철한 국가관과 민족의식으로 똘똘 뭉쳐, 드디어 1948년 자주 독립을 이룩하고 말았다.

이들 유태인의 성서랄 수 있는 탈무드에 보면, 부득이한 사정으로 무엇을 팔아야 할 경우 금, 보석, 주택, 토지의 순으로 하되, 책은 절대로 팔아선 안 된다고 했다. 더욱 놀라운 건 1736년 라트비아의 유태인 거리에선, 책을 빌려 달라는데도 거절하면 지식의 적으로 간주하고 가차 없이 벌금형에 처했다고 하니, 그들의 숭고한 시오니즘(Zionism)이야말로 존경받아 마땅하리라고 본다. 그런가 하면, 중국인들은 세계 어느 나라에서든지 교포 몇 세가 되건, 현지 언어가 아무리 능숙하더라도 자기네 동족이나 가족들끼린, 반드시 모국어를 고집하고 있음을 어렵잖게 확인할 수 있다. 그러나 700만 해외 거주 우리 한민족들은 교포 2세만 되어도 모국어를 전혀 모르고 사는 경우가 허다하니, 참으로 속상하고 안타까운 마음 금할 길이 없다.

아무쪼록, 홀로 애쓴 보잘 것 없는 글, 끝까지 읽어 주신 독자 제현들의 고마우신 정 가슴 깊이 새기면서, 주옥같은 우리 한글을 더욱 알차게 갈고 다듬으며, 싱그럽게 꽃피워 나갈 것을 다시 한 번 굳게 다짐함과 아울러, 우리 국민들은 말할 것도 없거니와 세계 모든 인류의 행복과 평안을 기원하며 개정 증보판에서 다시 만날 날을 기약한다.

2016년 570돌 한글날에 즈음하여
자운 김 상 민 합장

바른말 옳은 글

2016년 7월 15일 인쇄
2016년 7월 20일 발행

지은이 : 김 상 민
펴낸곳 : 대양미디어
펴낸이 : 서 영 애

서울시 중구 퇴계로45길 22-6(일호빌딩) 602호
등록일 : 2004년 11월 8일(제2-4058호)
전화 : (02)2276-0078
E-mail : dymedia@hanmail.net

ISBN 978-89-92290-99-9 03710
값 43,000원

이 도서의 국립중앙도서관 출판예정도서목록(CIP)은 서지정보유통지원시스템 홈페이
지(http://seoji.nl.go.kr)와 국가자료공동목록시스템(http://www.nl.go.kr/kolisnet)에서
이용하실 수 있습니다.(CIP제어번호: CIP2016017293)